Gesundheitslexikon der Esoterik

Esoterik Band 3

Gesundheit und Lebensfreude durch spirituelle Erkenntnis

Spirituelle Erfahrung und Selbsthilfe

Ich widme dieses Buch
allen Menschen dieser Erde,
die ihre eigene Natur besser begreifen möchten,
um ihren Lebensplan zu verwirklichen
und um ganz bewußt als lebendiger Teil
der großen, göttlichen Harmonie zu leben.

Sat nam

Esoterik Band 3

Gesundheitslexikon der Esoterik

Gesundheit und Lebensfreude durch spirituelle Erkenntnis

Die Sprache Deines Körper: Organe und Symptome

Heilmethoden, Therapien, Lebensberatung

Ernährung, Vitamine, ätherische Öle Blütenessenzen, Heilmittel

Chakraheilung und Chakralehre mit Meditations - Mandalas

Arbeit mit dem Energiekörper Energytraining

D. Harald Alke Kyborg Institut

Alke, D. Harald: Gesundheitslexikon der Esoterik. Gesundheit und Lebensfreude durch spirituelle Erkenntnis / D. Harald Alke. - Flörsheim-Dalsheim : Kyborg Institut & Verlag., © D. Harald Alke Kyborg Institut & Verlag Postfach 20, Silvanerring 17
D-67592 Flörsheim-Dalsheim Tel. 06243-7057 Fax. 06243 – 7058
Email: Kyborg@t-online.de Internet: www.alke.org

Die mit → versehenen Begriffe sind Querverweise zu anderen Abschnitten, die das Thema behandeln oder ergänzen, oder direkt zur Literaturliste am Ende des Buches!

Bei „Exkurs" handelt es sich um extra Themen, die zum Hauptthemenbereich des jeweiligen Kapitels gehören, jedoch als Beispiel oder wegen ihrer Bedeutung ausführlicher dargestellt werden sollen. Über dem Inhalt der „Exkursion" sollten Sie nicht den Faden verlieren. Viele Teile sind so komplex, dass man sie alle miteinander darstellen müsste. Das geht aber nicht auf zwei-dimensionalem Papier und in fortlaufenden Zeilen.

Ich danke meiner Frau Verena für Ihre Geduld mir mir, wenn ich gestresst war, weil meine Gedanken nur noch in diesem Buch steckten und der PC mal wieder streikte, meinem Freund Jan Harlfinger für seine engagierte Mithilfe bei der Anfertigung der Fotos und beim Einrichten meines PCs, meiner Tochter Celina, für ihre Geduld als Modell, sowie den vielen Hilfe suchenden Menschen, die in den vergangenen Jahren vertrauensvoll in meine Beratung kamen und mir so die vielen Lebenserfahrungen zugänglich machten, die schließlich dieses Buch ermöglichten.

Titelfoto innen: Der junge Pharao channelt die Götter Thoth und Horus. Sie füllen Weisheit (Thoth) und Gerechtigkeit (Horus) in seine Aura.

ISBN 3-924722-55 – 2

*"Jede Kunstfertigkeit wie z.B. im Sport
oder das Spielen eines Musikinstrumentes
muß ständig geübt werden, sonst verliert sich die Routine.
Die Kunst des Erkennens jedoch, mit der es uns gelingt, unser
Leben, unsere Welt und andere Menschen zu begreifen, wächst, ist
sie erst einmal erwacht,
ganz von allein immer weiter!"*

Yogavasistha 786 n.C.

Teil 1
Ausführliche Darstellung gesundheitlich relevanter Themen

Erfolgreich leben bedeutet für mich, daß ich meine Ziele erreiche und mich dabei so gut fühle, daß ich mein Leben genießen kann.

Vorwort

Der Autor (geb. 1946) ist Biotechniker mit Staatsexamen von 1966, sowie einer Ausbildung zum medizinisch-technischen Assistenten in den medizinischen Fachlabors der Stoffwechselklinik Bad Mergentheim 1968.
Er arbeitete in der Grundlagenforschung im Institut für Strahlenbiologie des Kernforschungszentrums Karlsruhe (Genforschung und Gefahren der Radioaktivität), in den Labors für innere Medizin der Stoffwechselklinik Bad Mergentheim, in der Mikrobiologie-Forschung der Universität Kaiserslautern (Antibiotika-Forschung), im Institut für Botanik und Mikrobiologie Uni Hamburg (Erforschung von Krankheitserregernder) und in der Universitätsklinik Eppendorf / Hamburg (Erforschung von Eisenpräparaten gegen Blutarmut).
Er hat die hier berichteten Erfahrungen und Methoden in den vergangenen 25 Jahren selbst erarbeitet, u.a. in einer Lehrzeit von 14 Jahren unter der Anleitung durch Kundalini Yoga Meister und Ayurveda-Heiler Yogi Bhajan, bei ZEN Meister Roshi Tetsuo Nagaya

und bei dem indianischen Schamanen Phillip Deere. Er wendet sie seit 25 Jahren konsequent an.
Der Autor geht davon aus, daß das Phänomen der Reinkarnation eine Tatsache ist. In Folge dessen ist jeder Mensch für sein Leben und seine Gesundheit selbst verantwortlich. Die Erscheinungen in unserem aktuellen Leben sind die Folge unserer Aktivitäten und Erfahrungen aus früheren Leben, sowie der Verarbeitung der Lebens-erfahrungen zwischen zwei Inkarnationen. Das alles nennen wir Karma.
Hinzu kommt, daß Raum und Zeit durchlässig und Rückwirkungen in der Zeit möglich sind. Wir existieren gleichzeitig auf verschiedenen Ebenen und unser Leben auf Erden ist nur ein kleiner Ausschnitt unserer tatsächlichen kosmischen Existenz. Wir existieren in Facettenwelten.
Die Mitteilungen erfolgen nach bestem Wissen. Die Mitteilungen über psychosomatischen Zusammenhänge basieren auf den Erkenntnissen des Kundalini Yoga, des indianischen Schamanismus, der praktischen Beratungs- und Therapie-Arbeit und den Channelbotschaften von Horus und anderen Lichtwesenheiten, die mich seit langer Zeit betreuen.
Die Trainingsprogramme dienen zur Entwicklung einer guten Gesundheit. Sie wenden sich an durchschnittlich gesunde Menschen. Jeder Mensch ist angehalten, sie entsprechend seiner eigenen Verfassung sinnvoll anzuwenden. Wer bestimmte Krankheiten oder Gebrechen hat, sollte notfalls einen Arzt zu Rate ziehen. Richtig umgesetzt, kann dieses Wissen durch ein höheres Maß an Eigenverantwortung zu einer wesentlichen Reduktion der Krankheitskosten beitragen. Daran hat die Krankheitsindustrie aber kein Interesse, der Euro muß rollen!
Die hier dargestellten Inhalte sollen es dem Leser ermöglichen, seinen Horizont zu erweitern und gesundheitliche Fragen und Probleme von unterschiedlichen Standpunkten aus zu betrachten. Die Mitteilungen und Übungsprogramme entheben den Leser nicht einer persönlichen Sorgfaltspflicht für seine Gesundheit und für seine geistige Verfassung.
Eine Haftung des Autors für irgendwelche unerwünschte gesundheitliche oder sonstige persönliche Auswirkungen wird hiermit ausgeschlossen.
In meiner Darstellung wechsle ich zwischen Du und Sie, weil die Art der Ansprache verschiedene Wirkungen auf uns hat. Ebenso rede ich beim "er" vom Menschen und nicht einseitig von Männern.

Ich erlaube mir, meinen eigenen Stil zu verwenden und nicht unbedingt "das übliche".
Dieses Buch enthält eine sehr ernsthafte und vielseitige Diskussion der Erscheinung Mensch, Energie, Gesundheit und Krankheit. Wenn Sie es nutzen wollen, können Sie überall nachschlagen. Doch um ein vollständiges Bild zu bekommen, werden Sie die allgemeinen Kapitel nicht nur ganz, sondern mehrfach lesen müssen. Es enthält einen sehr konzentrierten Wissensschatz mit z.T. fremdartigen und neuartigen Kombinationen. Fremde Gedanken kann man nicht immer sofort integrieren. Manche Aspekte werden aus unterschiedlicher Sicht dargestellt. Eine einzelne Aussage könnte ein völlig falsches Bild ergeben, wenn Sie das jeweilige Kapitel nicht zu Ende lesen.
Bei vielen Aussagen handelt es sich um eine mögliche (meine) Betrachtungsweise auf der Grundlage der Hermetischen Philosophie. Es kann noch andere, ebenfalls gültige Überlegungen geben, ohne daß das ein Zeichen für Fehler oder ein Widerspruch wäre. Wir leben in einem Multiversum. Lernen Sie vielseitig denken!
Mit diesem Buch möchte ich einen Teil meines Wissens über Gesundheit und Krankheit einer breiteren Öffentlichkeit zugänglich machen. In den vergangenen 25 Jahren habe ich mich mit sehr vielen kranken und gestörten Menschen beschäftigt. Ich konnte vielen von Ihnen helfen, wo eine konventionelle Therapie keine Ergebnisse brachte. Das liegt an meinem erweiterten Horizont. Eigentlich sollten spirituelle Lehrer wie ich und normale Fachärzte zusammenarbeiten. Es wäre für die Patienten optimal. Natürlich wäre es noch besser, wenn eine spirituelle Schulung in die Ausbildung der Ärzte integriert würde. Dann käme alles Wissen um Gesundheit und Entwicklung aus einer Hand. Dann würden Ärzte wieder zu Heilern und zu Priestern, die dem Volke dienen. Aber das ist von der Krankheitsindustrie nicht erwünscht.
Ich bin nicht gegen die moderne Medizin oder die Ärzte eingestellt, wie man vielleicht meinen möchte, aber ich bin strikt gegen überholte, autoritäre Denkstrukturen, die die Mehrheit der Menschen dumm halten, um sie besser ausbeuten zu können. Ich bin gegen jede Art von Profit, der mit dem Leid anderer Wesen erzielt wird. Es besteht kein Grund, andere Wesen zu übervorteilen oder zu schädigen. Es steht unbegrenzt kosmische Energie zur Verfügung. Sie kann von uns bewußt und gezielt eingesetzt werden.
Ich bin allerdings auch gegen die heute im Studium der Medizin generell vermittelte Haltung, daß man einem Apparat mehr trauen

kann, als einem intuitiven Arzt. Die vielen Fehler in der modernen Medizin haben ihre Ursache u.a. darin, daß die jungen Ärzte nach ihrem Studium nicht mehr in der Lage sind, einfühlsame Entscheidungen zu treffen, sondern nur noch auf die Anzeigen von Apparaten reagieren. Wenn Intuition, Einfühlung, sensitive Ahnung und die heilenden Kräfte eines gesunden Menschen systematisch aberzogen werden, bleiben Behandlungsfehler nicht aus. Menschen sind keine Roboter und Ärzte ebensowenig. Die menschliche Komponente muß im Rahmen der modernen Meidizin wieder einen Platz bekommen. Jeder Mensch guten Willens kann bereits ein bischen positive Lebensenergie auf einen hilfesuchenden Menschen übertragen. Das haben auch alle guten Ärzte unbewußt immer getan. Gerade in den vergangenen 15 Jahren haben wir einerseits erlebt, daß das Interesse an Esoterik, Spiritualität und geistiger Heilung stark zugenommen hat, bis hin zu interessierten Ärzten und Heilpraktikern. Doch auf der anderen Seite haben konservative Ärzte, Psychologen, Anti-Sekten-Priester und Politiker ein Feindbild gegen die geistigen Kräfte aufgebaut, um die Versuche der sanften Medizin zu unterdrücken.

Mach' Dir bewußt:
Du bist nicht das, was man Dich gelehrt hat!

Ich bin außerdem gegen einen Mangel an Verantwortung, gespielte Dummheit, die eigentlich nur Faulheit bedeutet und gegen gespielte Erkrankungen, die auf Kosten der Mitmenschen gehen. Wir müssen von den Ärzten und dem Krankenkassensystem mehr Aufrichtigkeit fordern. Was von großen staatlichen Behörden zu halten ist, wurde gerade im Fall der betrügerischen Methoden in den Arbeitsämtern mehr als deutlich: Bis zu 80% unrechtmäßige Vermittlungsbuchungen, die nie statt gefunden haben. Das erinnert mich an der Erfolg unseres medizinisches Systems.
Doch ebenso müssen wir von uns selbst und von unseren Mitmenschen eigene Anstrengungen fordern, um zu lernen, wie man aus eigener Kraft und Verantwortung gesund werden und bleiben kann. Wir werden ums lernen, um das Ablegen kindischer Verhaltensweisen, um die Überwindung von Ignoranz und Faulheit nicht herumkommen, wenn wir wirklich glücklicher und gesünder leben möchten. Wir müssen bei uns selbst anfangen!
Konflikte sind eine Aufforderung, bei unserer Arbeit das spirituelle Anliegen besser zu beachten. Die Welt, in der wir uns bewegen,

hat einen zutiefst spirituellen, magischen Ursprung. Ich werde auf die geheimnisvollen Kräfte eingehen, die uns geschaffen haben und mit denen wir unsere Welt formen und gestalten.
Wann immer jemand anfängt, diese spirituellen Methoden und neue Erkenntnisse praktisch, egoistisch und primitiv zu nutzen, dann werden sie nach und nach banal und "der Geist verschwindet aus der Flasche". Der wirkliche "Geist Gottes", das *Universale Bewußtsein* zieht sich von den banalen Dingen zurück. Es kann dann kommerzialisiert werden. Der "wahre Geist" verlagert sich danach in andere Bereiche.
Ich neige heute zu der Ansicht, daß "Spiritualität" nicht nur näher an Gott ist oder die lichten jenseitigen Welten erforscht, sondern daß Spiritualität eine Art sensitiver Vorwegnahme zukünftiger "normaler" Ereignisse und Fähigkeiten darstellt. Mit anderen Worten: Was für uns heute normal ist, z.B. elektrische Effekte, war in früheren Kulturen magisch. Auf diese Weise werden bis dato unbekannte Kräfte der jenseitigen Welten in unsere Realwelt herübergeholt und nach und nach verfügbar gemacht. In diesem Sinne ist Spiritualität der Vorreiter für weit vorausreichende Zukunftstechnologie. Und doch wird es jenseits davon immer den großen Geist geben.
Nehmen wir einmal ein ganz ungewöhnliches Bildmotiv zu Hilfe: Begeben Sie sich einmal in Gedanken in die Position einer Mikrobe. Sie können diese Welt, in der die Menschen leben, gar nicht wahrnehmen. Sie leben vielleicht in unglaublich großen Abwasserfluten, die von diesen Menschen erzeugt werden, vielleicht sogar in einem Menschen, und wissen nichts von seiner Existenz. Vielleicht leben wir in ähnlicher Weise in einem Überwesen, daß wir als Gott annehmen, erahnen, ohne daß der im einzelnen weiß, daß es uns nun wieder gibt. Wir sind wirklich ein Teil des Großen Ganzen, und es ist die Frage, ob wir in dem großen, kosmischen Gefüge harmonisch mitmachen, oder uns beständig widersetzen.
Worüber unterhalten sich zwei Ameisen, die sich auf ihrer Straße treffen? Einfach nur über die Arbeit wie zwei Roboter? Das kann ich nicht glauben. Vielleicht reden sie darüber, wie es der Königin geht oder das sie jene Kollegin getroffen haben und wann sie mal Pause machen möchten. Wir werden es nie im Detail erfahren, doch ich bin sehr vorsichtig mit Einschätzungen oder gar Geringschätzung anderer Wesen, nur weil wir nicht mit ihnen reden können. Wenn es uns gelingt, die Borniertheit unserer selbst erschaffenen Begrenzungen zu überwinden, wird auch unsere Fähigkeit zu

Kommunikation zunehmen, mit unseren Mitmenschen und mit fremden Wesen auf allen Ebenen des Universium.
Wir haben unbegrenzte Möglichkeiten, aus eigener Kraft erfolgreich, glücklich und gesund zu leben. Wie Sie davon profitieren können, erfahren Sie in diesem Buch. Wer diese Botschaft begriffen hat, kann die eigene Zukunft kreativ gestalten!

Bereits die Idee frei verfügbarer Energie aktiviert die Kräfte Deines Unterbewußtseins!

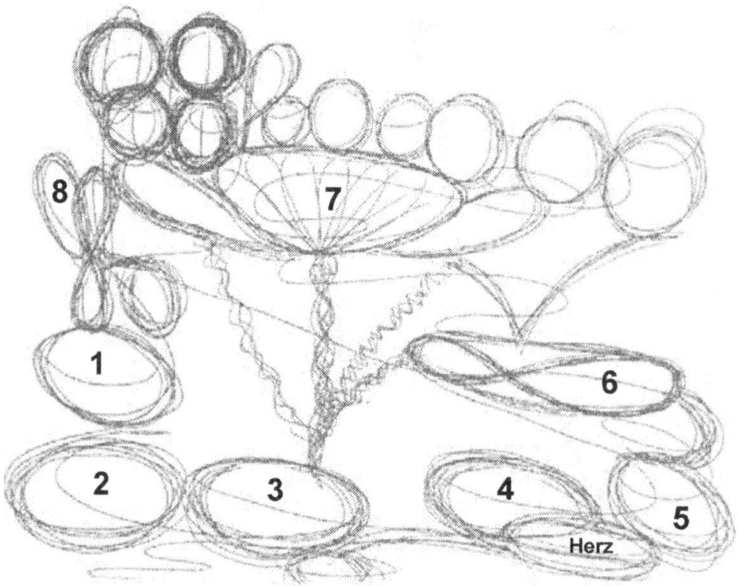

Skizze vom Energiekörper des Menschen:

Nach einer Channelsitzung mit Horus channelte er mir diese Skizze. Alle Chakras sind weit geöffnet. Die ganze obere Reihe und das Zentrum ist mein 7. Chakra, wo ich die Botschaften empfange. Es ist über zwei Trichter direkt mit dem 6. und dem 3. Chakra verbunden. Alle anderen Chakras gruppieren sich darum. Das 5. ist außerdem über einen feinen Faden mit dem 8. auf dem Rücken verbunden.

Sei (k)ein Frosch!

Es waren einmal zwei Frösche, die hüpften in einem trockenen Sommer auf einem Bauernhof herum. Ihr Teich war ausgetrocknet, und sie waren auf der Suche nach einem erfrischenden Bad.
Frösche haben ein gutes Gespür für Feuchtigkeit. So zog es sie in die Milchkammer, wo die Magd gefüllte Milchkannen und das mit Sahne gefüllte Butterfaß abgestellt hatte.
Die Frösche spürten die Feuchtigkeit und begannen zu hüpfen. Doch die Kannen waren zu hoch und obendrein verschlossen. So landeten sie schließlich, indem sie sich fest vom harten Erdboden abstießen, in dem Butterfaß mit der Sahne.
Oh weh! DAS war wohl nicht das gesuchte Naß! Verzweifelt bemühten sie sich zu entkommen. Da das Gefäß nur halb gefüllt war und sie keinen festen Stand hatten, wollte und wollte es ihnen nicht gelingen.
Nach einigen Stunden gab der erste Frosch auf und rief, "Hier kommen wir nie mehr heraus!" Es verließen ihn die Kräfte und der Mut, und er ertrank. Der andere paddelte verzweifelt, doch unermüdlich weiter.
Und siehe da, als der Morgen kam und noch ehe ihn die Magd vielleicht erwischt und erschlagen hätte, da hatte er durch seine fleißigen Schwimmbewegungen die Sahne zu Butter geschlagen.
Er stieß sich von einem großen Butterklumpen ab - und sprang in die Freiheit!

Hier ist zu Ende mein Gedicht
und die Moral von der Geschicht'
die magst Du selbst Dir überlegen!
Ich wünsch' Dir Glück auf allen Wegen!

Der Mensch, seine Gesundheit und die Gesellschaft

"Der Mensch an sich selbst,
sofern er sich seiner gesunden Sinne bedient,
ist der größte und genaueste physikalische Apparat,
den es geben kann.
Und das ist dann das größte Unheil der neuen Physik,
daß man die Experimente gleichsam vom Menschen
abgesondert hat und bloß in dem,
was künstliche Instrumente zeigen, die Natur erkennt,
ja was sie leisten kann, dadurch beschränken und beweisen will."

Goethe in Wilhelm Meisters Wanderjahre.

"Der Mensch und seine Gesundheit" ist ein Thema, das heute jeden Menschen interessiert. Wenn wir die Zusammenhänge begreifen wollen, kommen wir nicht umhin, auch einen Blick auf die politischen Verhältnisse zu werfen, in denen wir gerade stecken. Noch nie wurde so viel über Gesundheit geredet. Noch nie waren so viele Menschen krank. Noch nie mußten wir so viel Geld für die Krankenkassen ausgeben wie heute. Hinter den Krankenkassen steht wie ein Gigant die Krankheitsindustrie, die Pharmakonzerne, die Kurindustrie, die Ärzteschaft und die Heilpraktikerverbände. Vor den Toren der Krankenkassen tummeln sich Millionen von kränkelnden Menschen, denen das Wissen um Gesundheit immer mehr abtrainiert wird. Die gezielte und beabsichtigte Verdummung des Menschen über seine eigene Natur schreitet mit Riesenschritten voran.

Die Ausbeutung des Menschen gallopiert: Von unserem Lohn verschwinden 25 - 48% sofort als Steuer. 15% verschwinden für Krankenkassen. 13% verschwinden für die Altersversorgung, werden dann aber von den Politikern für andere Zwecke verwendet, z.B. um Krieg zu führen in Afghanistan. Von dem was übrig bleibt, verschwinden 16% Mehrwertsteuer über alle Ausgaben und Anschaffungen die wir tätigen. Hinzu kommen weitere Steuern auf Benzin und Heizöl von bis zu 70% vom Verkaufspreis, die Solidaritätssteuer für Ostdeutschland, die Pflegeversicherung, die Grund- und Gemeindesteuer, wenn jemand ein Haus hat (wenn nicht, zahlt sie der

Vermieter), und soweit ich informiert bin, wurden die Schutzsteuern und Zölle auf Zucker, Genußmittel, Alkohol, Tabak und Salz niemals abgeschafft. Nicht zu vergessen die unzähligen Subventionen für verschiedene Gewerbebereiche, um deren Preis im internationalen Vergleich so niedrig zu halten, wie es angemessen erscheint. Wenn wir das alles zusammen rechnen, kommen wir auf 80 - 90 % Abgaben an den Staat und jene, die sich auf diesem Weg aus unseren Taschen bedienen.
Eine Gesellschaftsstudie in den USA um 1980 erbrachte damals das Ergebnis, daß ein Mensch krank wird, wenn er nicht wenigstens ca. 30% (1/3) seiner selbst geschaffenen Werte (das Ergebnis seiner Arbeitskraft) behalten kann. Dann entsteht ein Gefühl der Hilflosigkeit und der Sinnlosigkeit des Lebens. Wenn ich über 80% abgenommen bekomme, trotzdem meine Rente privat zahlen soll, keine Sicherheit am Arbeitsplatz habe oder in einer angenehmen Wohnung leben darf, wozu lebe und arbeite ich dann noch? Der gesellschaftlich-soziale Frust ist also verständlich. Und wenn wir mit diesen Zuständen fertig werden wollen, müssen wir uns wohl so benehmen wie der 2. Frosch, sonst ertrinken wir in der wertvollen "Milch des Lebens", in der wir schwimmen.

Exkurs: Bedürfnisse

Ein Mensch muß seine Bedürfnisse zu 30-40 % ausleben können. Ansonsten ist kein “normales Leben” möglich. Sind die “normalen Bedürfnisse" nicht wenigsten bis zu 30 % befriedigt, kommt es zum Rückschritt, zur geistig-seelischen Regression. Eine →Regression ist ein Rückschritt in der geistigen Entwicklung. Wenn eine Situation verstandesmäßig nicht korrigiert werden kann, übernimmt das Alt- oder Reptilhirn die Kontrolle. Der Mensch regrediert. Er fällt, oft unbemerkt von sich selbst, immer mehr in kindlich-naive Verhaltensmuster zurück. Er beginnt Sachen zu essen, die für Kinder typisch sind. Er reagiert kindisch auf Kritik. Er kann zu impulsiven Reaktionen neigen oder beginnt zu weinen. In dieser Verfassung zieht sich der betreffende Mensch in alte, bereits bekannte, früher erlebte, positive Situationen und Muster zurück. “Ich bin ein kleines Baby, denn da war die Welt noch in Ordnung.” Das Schlafbedürfnis nimmt zu. Er ißt zuviel (eine tierische Reaktion). Er beginnt vielleicht zu rauchen (nuckeln mit Betäubungseffekt). Er beginnt vielleicht zu trinken. Wenn in der Werbung mit Erwachsenen Reklame

für süße Milchprodukte gemacht wird, dann zielt man auf diesen Effekt.
In der heutigen Zeit ist das Steueraufkommen inclusive der Sozialabgaben höher als im Mittelalter. Wenn der durchschnittlich verdienende Mensch seine normalen Rechnungen bezahlt hat, bleibt nichts mehr übrig. Wer unter dem Durchschnitt verdient, muß an allen Ecken und Enden sparen. Das bedeutet, die genannten 30% Selbstverwirklichung sind nicht mehr gewährleistet.
Aus diesem Grund flüchten sich viele Menschen in Krankheiten, Aggressionen, Drogen oder ständigen Fernsehkonsum. Die regelmäßig auftretenden Fälle von Amoklauf, die hohe Zahl von Selbstmord und die totale Politikverdrossenheit gehören in diesen Problembereich. Die Menschen fühlen sich nicht mehr verstanden, sondern ausgebeutet. Die jungen Menschen sehen "no futur". Wenn das Stammhirn (Reptilhirn) die Kontrolle übernimmt, treten also die primitiven, infantilen Reaktionen auf.
In dem Maße, wie ein Mensch lernt, seine Bedürfnisse auszuleben, lassen die negativen Reaktionen nach. →Autogenes Training kann Abhilfe schaffen aus diesem Teufelskreis. Das Autogene Training ist ein guter Weg aus seelischer Zerrüttung, zurück zu einem normalen Lebensgefühl, trotz unbefriedigender Gesellschaftsverhältnisse. Man könnte sagen, unser Stammhirn ist eine Art Notfallstation aus alten Zeiten, die heute nur noch in Kraft tritt, wenn die höheren Hirnfunktionen nicht mehr mit den Konflikten fertig werden. AT leitet eine kontrollierte Regression ein. Die Fehlfunktionen werden abgeschaltet, und das Großhirn (Cortex), sowie die Gefühlsreaktionen aus dem Zwischenhirn (Limbisches System) übernehmen wieder die Organisation.
Im Autogenen Training lösen wir, bevor es zum Zusammenbruch kommt, bewußt, willentlich und kontrolliert Streß- und Frustreaktionen auf. Wir nehmen dabei Einfluß auf ruhige Atmung, den Wachheitsgrad, Kreislauf, das Wärmegefühl (die Durchblutung). Es kommt zu einer gezielten Reduktion der Reizaufnahme. Das Wärmegefühl im Körperzentrum nimmt zu (Solarplexus). Es entsteht ein Gefühl der inneren Ruhe und ein Geborgenheitsgefühl. Der Kopf wird kühl. Der Verstand nervt nicht mehr so.

Wir sind von Reichtum umgeben, aber offensichtlich halten sich in der heutigen Zeit die Herrschenden die ausgebeutete Masse mit geistiger Unterentwicklung vom Hals, statt mit dem Schwert wie vor 500 Jahren. Früher kamen die Raubritter mit dem Schwert und der

Keule, heute kommen die Ärzte mit dem Skalpell und die Politiker mit Steuergesetzen. Die Methoden sind also wesentlich kultivierte geworden und zugleich wesentlich effektiver. In der vorchristlichen Zeit zahlten die alten Germanen 10% an ihren Fürsten. Bald danach mußten sie einen weiteren Zehnten an die Kirche zahlen. Da waren es schon 20%. Und heute sind wir bei über 80% angekommen. Um zu verhindern, daß noch irgend jemand etwas nebenher verdient, will man in einigen Jahren Bargeld völlig abschaffen und nur noch Konten mit Plastikkarten führen, damit alles vollkommen transparent wird, um uns vor den bösen Terroristen zu schützen (sic!)!

Früher baute man Burgen auf die Berge. Die Ritter schützten das Volk vor fremden Räubern und trieben mit dem Schwert die Steuern ein.
Heute baut man Krankenhäuser zum Schutz vor Krankheit und benutzt nur noch Skalpelle.
Die Krankenhäuser sehen aus wie Burgen aus Beton.
Es ist fast das Gleiche, nur kultivierter.

Wenn Sie noch Zweifel haben an meinen Angaben über die Höhe des Steueraufkommens und der Ausbeutung, dann bedenken Sie bitte, daß Sie effektiv nicht nur jeden Monat ein Gehalt von vielleicht 3.800,- DM brutto verdienen (das ist nicht brutto, was Sie da bekommen!), sondern daß Sie ja echt Ihr sogenanntes Bruttogehalt plus die Sozialabgaben verdienen, die Ihr Arbeitgeber noch drauf zahlen muß, damit Sie für ihn arbeiten dürfen.
Das heißt im Klartext: Damit ein Unternehmer Arbeitskräfte beschäftigen darf, muß er an das krankhafte Sozialsystem noch einmal die gleichen Abgaben leisten wie Sie selbst! Man kann das wohlwollend als Führsorge für die Arbeiter bezeichnen, aber man kann es auch als Steuer an die Kaste der Weißkittelpriester und die dahinter stehende "Krankheits-Tempel-Industrie" betrachten.
Auf das Gehalt meiner Sekretärin von 3000,- DM muß ich noch 1000,- DM an Abgaben drauf zahlen. Das Mädchen bekommt aber nur 1900,- DM heraus, wovon dann alle anderen erwähnten Abgaben weggehen. Also wird schon der kleine Arbeiter mit über 50% direkt versteuert, wenn er es wagt, arbeiten zu gehen. Kein Wun-

der, daß so viele Menschen langfristig arbeitslos sind, aus welchem Grund auch immer.
Wenn wir in diesem System noch eine Chance haben wollen, dann sollten wir uns wirklich mit der Kraft der Gedanken befassen. Der kranke, frustierende Zustand von großen Teilen der Bevölkerung kann also nicht von der politischen Situation abstahiert werden. Die Erlösung aus diesem Übel kommt sicherlich nicht aus den Gewehrläufen, wie manche Revoluzzer von Zeit zu Zeit anpreisen, sondern aus der Selbsterkenntnis. Die Überwindung eines scheinbar allmächtigen Übels kann nur aus dem Selbst heraus erfolgen. Eine neue Motivation kann nur mit der Erweckung der inneren Kraft entstehen. Eine kritische Diskussion läßt sich nicht vermeiden. Politik ist eine Art Seuche, und Dummheit ist eine Krankheit, die es zu überwinden gilt.
Die Überwindung dieser Übel geschieht durch die Übernahme von Verantwortung für das eigene Leben, mit allen seinen Schwierigkeiten, und durch die Mobilisierung des Urvertrauens, das in jedem von uns ruht. Die geheimnisvolle Kundalini ist die Quelle all unserer Energie. Das 7. Chakra verbindet uns mit dem Universalen Bewußtsein, der höchsten göttlichen Ebene.
Diese Zusammenhänge müssen wir studieren, um uns selbst als eigenständige, denkende Wesen wiederzuerkennen. Wir müssen die Spiele des Lebens durchschauen, die wir selbst bisher unbewußt gespielt haben. Die Verwirrungen dieser Außenwelt sind Teil unseres eigenen Spiels. Wir sind niemandem verantwortlich, als uns selbst und dem allmächtigen, göttlichen Bewußtsein. Wir sind trotz aller äußerer Verwirrungen unsterblich. Wir sollten uns dieses kosmische Wissen zurückerobern und der gesellschaftlichen Unwissenheit entfliehen.
Es geht nicht an, daß wir falschen Göttern huldigen, daß wir Politiker wählen, die unsere Kinder in die Kriege der Amerikaner schicken und für Menschen arbeiten, die für Profit über Leichen gehen.
Es gilt, daß Licht zu bewahren, daß in jedem Wesen brennt, es weiter zu geben an andere, die bereit sind, es zu entflammen. Das Licht brennt auch in Dir. Wecke es auf, nähre es, laß es in die Welt hinausscheinen und die Finsternis durchdringen.

Als Biotechniker befasse ich mich bereits seit meinem Studium mit Gesundheitsfragen. Das war vor rund 35 Jahren. Seit rund 25 Jahren befasse ich mich mit Fragen alternativer Heilverfahren.

Den Winter 1978 verbrachte ich 3 Monate in den französischen Pyrenäen, ohne Heizung. Feuer benutzte ich nur zum Essen kochen. Morgens stand ich um 4.30 Uhr auf und wusch mich mit kaltem Wasser oder rollte nackt durch den Schnee. Danach praktizierte ich täglich 2 Stunden Kundalini Yoga und eine Stunde Mantrameditation. Ich war zum ersten Mal in meinem Leben frei von jeglichen gesundheitlichen Wehwehchen wie Schnupfen, Husten, Grippe oder Bronchitis. Ich arbeitete täglich 12 - 16 Stunden am Wiederaufbau eines alten Bauernhofes (Le Braquet). Das ist ein alter heiliger Platz, der auf einer der großen Leylines gelegen ist. Ich schlief täglich nur 4-5 Stunden.
Es war eine interessante Erfahrung, die mir ganz andere Maßstäbe bewußt machte, als das übliche, dekadente Leben in den Städten, im Büro oder der Universität, wo jeden Winter Millionen erkranken, trotz oder gerade wegen Heizung und allem Komfort.
Von 1978 - 1986 bewirtschaftete ich in den Pyrenäen den 20 ha großen Hof biologisch, sammelte viele Erfahrungen mit dem Anbau von Heilpflanzen, experimentierte mit alternativen Möglichkeiten im Gartenbau und in der eigenen Ernährung. Gleichzeitig hatte ich mir ein eigenes Labor für Homöopathie, Alchimie und Pflanzenextrakte eingerichtet. Es gab mir die Möglichkeit, Blütenessenzen, homöopathische Heilmittel, alchimistische Präparate, ätherische Öle, Tees, Kräuterpasten, Naturkosmetika und vieles andere selbst herzustellen.
Es waren gute Jahre, in denen ich durch die Kombination der eigenen Land- und Gartenwirtschaft unabhängig war, meinen Tag selbst einteilen konnte, viel Zeit für Yoga hatte und mich zugleich optimal selbst ernähren konnte. Da meine Adresse schon bald als Tip in alternativen Kreisen kursierte, kamen viele Menschen zu mir, um neue Ideen zu bekommen, um für einige Zeit auszusteigen, um sich von der Zivilisation zu erholen, oder um Hilfe und Heilung zu finden. So hatte ich genug Gelegenheit, meine Erfahrungen mit anderen zu teilen und mein Wissen und meine Naturheilmittel in der praktischen Anwendung zu testen.
Mir standen einige alte und zahlreiche neue Bücher der Pflanzenheilkunde zur Verfügung. Es ist so einfach, wenn man in der Natur und mit der Natur lebt. Das Leben wird schwieriger und kränker, je mehr wir uns von der Natur entfernen. Bei der Herstellung, Anwendung und Beurteilung alter und neuer pflanzlicher Produkte, homöopathischer Essenzen, sowie Bach-Blütenessenzen, kann kein Mensch Schaden nehmen. Es genügt, das überlieferte Naturheil-

wissen sinnvoll anzuwenden. Es ist erstaunlich, wie effektiv simple Pflanzenextrakte sind.
Beispiel: Ein frisch zubereiteter Tee von Spitzwegerich ist z.B. nicht nur gut gegen Bronchitis, sondern er erweitert sogar das Bewußtsein. Das 3. Auge wird angeregt. Frischer Löwenzahnsalat und die ersten Blätter der Brennessel sind hervorragend gegen Frühjahrsmüdigkeit, gegen Blutarmut und gegen Nierenprobleme.
Die Überprüfung der Wirksamkeit und des Nutzens für den Einzelnen testete ich stets mit Hilfe der Kinesiologie, denn "der Körper lügt nicht"! Wenn man die Muskeltests beherrscht, braucht man keinem Menschen auf gut Glück ein Mittel zu geben, daß ihm nichts nutzt.
Im Zentrum unsere Bemühungen stand und steht spirituelles Wachstum. Die Kombination von Yoga, Meditation, gesunder Natur, Gartenbau, vollkommene Ruhe, kein Fernsehen und der Austausch zwischen aufgeschlossenen Menschen, erwies sich als optimal. Bei meinen vielfältigen eigenen Naturprodukten und Naturarzneimitteln zeigte es sich, daß nicht die geringste Notwendigkeit besteht, Arzneimittel mit negativen Nebenwirkungen zu produzieren. Nicht einmal in der Testphase gibt es irgendwelche Risiken. Das alte Heilwissen aus Büchern über den Nutzen der Pflanzen ist aus den Erfahrungen der vergangenen 1000 Jahre gewachsen. Es ist umfassend und korrekt. Wenn Sie mein Buch in passender Weise ergänzen wollen, kaufen Sie sich noch einige Bücher über die Heilwirkung von Pflanzen (➔Literatur). Die Natur selbst gibt uns so ziemlich alles, was wir brauchen, wenn wir uns nicht grob fahrlässig gegen die Natur und gegen unsere eigenen Bedürfnisse wenden. Mit ein bischen Intuition oder erst recht mit der gesteigerten sensitiven Wahrnehmung aus dem Energytraining tun sich ganz neue Wege auf, die sehr schnell zu guten Ergebnissen führen.
In meiner Kindheit, kurz nach dem letzten Weltkrieg, wußten die Menschen noch recht gut über Naturheilmittel Bescheid. Sie mußten sich selbst helfen und wußten sich selbst zu helfen. Die Chance zur Selbsthilfe geriet jedoch immer mehr in Vergessenheit. Die Medizin trieb Blüten, bei denen einem normal denkenden Menschen nichts mehr einfiel: In den fünfziger Jahren vertraten manche Mediziner die Meinung, daß Milch geben zu Brustkrebs führen würde! Mit dieser Absurdität gab man vielen Frauen "zu ihrem Schutz" eine Spritze zum "Abstillen". Das Baby bekam "gesunde Flaschennahrung". Der Umsatz mit Babykost ging hoch, die psychosomatischen Frustrationskrankheiten und die Störungen im Immunsystem

bei Mutter und Kind auch. Die Anzahl der Brustkrebserkrankungen nahm weiter zu. Man muß nur lange genug danach suchen, dann wird man schon etwas finden! Es dauerte bis in die sechziger Jahre, bis man endlich von dieser lebensfeindlichen Haltung wieder herunter kam.
Und wenn die weibliche Brust nicht von allein krank wird, dann sollte man wenigstens 2x im Jahr zur vorsorglichen Strahlen-Durchleuchtung gehen. Irgendwann ist man dann so weit. Das Abstillen mit der Spritze ließ sich nicht lange aufrecht erhalten, aber die "Vorsorge" mit Strahlenkanone boomt ungebrochen. Erst 1999 waren zaghafte Berichte im Fernsehen zu hören, daß tatsächlich diejenigen Frauen am häufigsten an Brustkrebs erkranken, die regelmäßig schon in jungen Jahren zur "Durchleuchtung" gehen. Was sind das für Männer, die sich ein System ausdenken, um regelmäßig die zarten Brüste der Frauen zu durchstrahlen oder mit Ultraschall zu behämmern, an denen ein gesundes Baby, ebenso wie ein gesunder Mann, am liebsten seinen Spaß hat?
Die weibliche Brust ist eine außerordentliche Energiequelle, nicht nur im biologischen Sinn für die Milchproduktion. Nach der Lehre des Kundalini Yoga vom Energiekörper des Menschen, ist die weibliche Brust eine Energiequelle, die über zwei Nebenchakras die Milch und jegliche Art von Nahrungsaufnahme aus der materiellen Welt für den Körper des Babies mit kosmischer Energie aufbereitet. Ein Kind, das nicht die Brustmilch bekommt, wird also immer schwächlicher sein, als ein gut mit Muttermilch versorgtes Kind.
Ebenso ist es normal, daß Männer gern mit dem Busen der Geliebten spielen und hierbei einen Kontakt zu den kosmischen Energieebenen aufnehmen, von denen wir einst gekommen sind. Erotische Spiele haben stets einen energetischen Hintergrund (→Tantra).
Die Bestrahlung oder Beschallung der Brust ist also nur die verfeinerte, vertuschte Folter, die oft genug im Mittelalter praktiziert wurde. Damals quälte man attraktive Frauen zu Tode, weil sie bei den Priestern, die selbst keinen Sex haben durften, lüsterne Gefühle auslösten. Folglich waren die Frauen schuld und "vom Teufel besessen". Man folterte sie mit glühenden Nadeln, die man in alle attraktiven Körperteile stieß, um die Teufelskräfte auszutreiben.
Jeder Schrei wurde von den Priestern der Inquisition minutiös dokumentiert, als "Reaktion des Satans", der nun den geschundenen Körper verlassen mußte, den die perversen Priester nicht lieben durften. Die Folterberichte der Inquisition sind z.T. überliefert. (→Literatur)

Denken Sie in diesem Zusammenhang an den gerade im Frühjahr 2002 wieder aufgewühlten Konflikt über den permanenten Mißbrauch von Kindern durch katholische Priester, primär in den USA. Seit Jahrzehnten werden diese Zustände vertuscht. Jeder andere Mann, der sich an einem Kind vergeht, würde längst im Knast sitzen. Bei Priestern ist es nur peinlich, und sie machen weiter. Die Kardinäle zahlen den Eltern Schweigegelder aus der Kollekte.
In einer Sondersendung des WDR am 28.4.2002 um 16.30 Uhr berichtete der um Aufklärung bemühte Dominikanerpriester Tom Doyle (USA), daß von rund 4000 Fällen ausgegangen wird. Die katholische Kirche hatte für derartige "Schwierigkeiten" extra Versicherungen abgeschlossen! Die gerichtlichen Schadenersatzforderungen belaufen sich inzwischen auf rund 40 Mio. $. Gerechnet wird nach Abschluß der Verfahren mit 1,2 bis 3 Mrd. $. ("Fromme Täter - ein Priester bricht das Schweigen" WDR 2002). Pater Doyle wurde zur Strafe nach Deutschland versetzt, weil er den Mund aufgemacht hat.
Schlimm sind jedoch nicht diese Klagen, sondern die Tatsache, daß die Kardinäle mit in diese Affären verstrickt waren und sie mehr als 30 Jahre wissentlich deckten. Das heißt, diese Zustände hat es immer gegeben. Was wir hier beobachten sind die gleichen Verhaltensweisen wie bei der Hexenverfolgung im Mittelalter oder bei der Vernichtung Andersgläubiger in vielen Ländern der Erde im Zuge des Kolonialismus und Missionarimus. Wann immer Sexualität, ein elementarer Naturtrieb, unterdrückt wird, kommt es zu perversen Entgleisungen.
Die Unterdrückung der Sexualität verursacht Leid und Krankheit. Die regelmäßige Bestrahlung der weiblichen Brust ist ein Angriff auf die Freiheit und Gesundheit der Frauen. Die Notwendigkeit einer derartigen "vorbeugenden Behandlung" ist für mich mehr als zweifelhaft.
Generell betrachtet die moderne Medizin eine →Schwangerschaft als einen riskanten Krankheitszustand. Darum muß jede Schwangere mindestens einmal im Monat zur Untersuchung. Die Frauen sind immer mehr gezeichnet von der schlechten, dekadenten Lebensweise in unserem Land. Offiziell spricht man von 70% Risikoschwangerschaften. Das ist sicherlich zu schlimm dargestellt, damit der Umsatz stimmt, doch ein erheblicher Teil der jungen Frauen ist zu schwach und labil, um noch allein gesunde Kinder zu bekommen.

Es sieht so aus, als wenn sich die Deutschen von allein durch ihre Lebensumstände von der Erdoberfläche wegsterilisieren. Dabei spielen nicht nur die minderwertigen Nahrungsmittel eine Rolle, sondern ebenso die deprimierenden politischen Verhältnisse, die flächendeckenden Bestrahlungen mit Satelliten-Sendungen, mit Handy-Anlagen, die Mikrowellengeräte in allen Haushalten und die chemische Umweltbelastung mit Abgasen und Pestiziden.
Im Anschluß an den Irrweg mit der Antimilchspritze kam die Epoche, in der man den Frauen bei der Geburt "die Schmerzen ersparen wollte". Darum erfand man Spritzen, z.B. direkt ins Rückenmark, die den Unterleib "still legen". Die Folge waren Lähmungen, Kaiserschnitte usw. Das Geschäft lohnt sich. Heute gibt es erfreulicherweise wieder einen gewissen Prozentsatz an Ärzten, die eine natürliche Geburt nicht für lebensgefährlich halten.
Nun werden Sie sich vielleicht fragen, warum ich diese bedenklichen Aspekte von Schwangerschaft und Geburt so ausführlich darlege. Unser irdisches Leben beginnt mit der Zeugung. Die Phase von der "Wieder-Gestalt-Werdung (Reinkarnation)" bis zu einem Alter von ca. zweieinhalb Jahren ist die entscheidende Prägephase, in der alle unsere späteren Anlagen und Eigenheiten vorbereitet werden. Schäden und Störungen in dieser Phase wirken sich auf unser ganzes Leben aus.
Wenn ein Interesse daran bestünde, die Menschheit so gesund wie möglich zu erhalten, dann wäre es angebracht, gerade junge Frauen in der ersten Schwangerschaft einschließlich des heranwachsenden Lebens liebevoll zu betreuen. Ziel müßte es sein, die junge Mutter anzuleiten, daß sie sich stark und gesund fühlt. Dem Baby sollten wir ein Gefühl der Sicherheit vermittelt und das Gefühl, erwünscht zu sein. Wer oder was auch immer das neue Leben in Frage stellt, übt einen negativen Einfluß aus.
Wenn jedoch ein Interesse besteht, unmündige, unsichere und kranke Menschen zu produzieren, die man über das Krankenkassensystem, die Pharmaindustrie und die Ärzteschaft kontrollieren und ausbeuten kann, dann kann man alles so lassen wie es jetzt ist. Dazu äußert sich ein kritischer Arzt mit folgenden Worten:
"Die Ärzte entscheiden in ihren Gremien selbst, welche Heilmethoden anerkannt und angewandt werden dürfen. Wenn ein Arzt davon abweicht, macht er sich strafbar. Im Zweifel beruft das Gericht die gleichen Ärzte zu Gutachtern, so daß die Ärzte zum Schluß mit Hilfe der Gerichte alles selbst machen. Was nicht als erwiesen gilt, wird nicht zugelassen und nicht von den Kassen bezahlt, die siche

ebenfalls an die Behandlungskataloge der Ärzte halten." (→Dr. Hartinger, Sanumpost 38/97). So haben wir tatsächlich die klassische Situation der früheren Priesterkasten, die ebenfalls außerhalb des Gesetzes oder über dem für andere Bürger geltenden Gesetz standen. Das Gesetz schreitet nur ein, um die von den Medizinern vorgegebene Ordnung wieder herzustellen.
So wie die Ärzteschaft ihre eigene Gesetzgebung hat und die Justiz zu ihrem Schutz agieren lassen kann, so verwalten die Ärzte auch die Erträge aus ihrer Arbeit selbst. Am 7.9.2000 um 22.50 Uhr kam in der ARD ein aufschlußreicher Bericht über den laufenden Abrechnungsbetrug. Die zuständigen Kriminalisten fanden ihre Ergebnisse so gravierend, daß sie im September 2000 eine Presse-Veranstaltung organisierten, um über die entdeckten Zustände zu informieren. Man entdeckte 1999 bei 13.476 Ärzten und Apotheken in Süddeutschland abgerechnete Behandlungen und Laborleistungen, die nie am Patienten gemacht wurden, sondern nur auf dem Papier. Der Schaden bei den aufgedeckten Fällen beläuft sich auf über 20 Millionen DM. "Und das ist nur die Spitze des Eisbergs" sagte der Untersuchungsbeamte. In der TV-Zeitschrift "Auf einen Blick" 44/2000: "Fahnder schlagen Alarm!...Der Schaden geht in die Millionen - die Zeche zahlen die Versicherten. Der Sprecher des BKA: Der Abrechnungsbetrug hat längst die Dimensionen der organisierten Kriminalität erreicht!" Es ist der gleiche Zustand wie mit den betrügerischen Abrechnungen der Arbeitsämter, was im Januar 2002 aufgedeckt wurde. Am 19.3.2002 wurde der nächste derartige Abrechnungsbetrug von "Frontal-TV" aufgedeckt. Diesmal ging es um Ermittlungen um ca. 1000 Ärzte.
Um diese Fälle untersuchen zu können, mußten die Kripobeamten erst nach Fachleuten suchen, die das, was da läuft, überhaupt verstehen und durchschauen können. "Die kassenärztlichen Vereinigungen kontrollieren sich selbst. Außenstehende blicken nicht durch. Die Versicherungen müssen glauben, was man ihnen vorrechnet. Die Laborbetriebe sind im großen Stil an den betrügerischen Abrechnungen beteiligt." usw. Auch hier sind die Ärzte unter sich. Natürlich ist nicht jeder Arzt ein Betrüger, doch wenn der Patient keine Ahnung hat, was da abgerechnet wird, es auch nie erfährt, dann verleitet das System zum Betrug.
In der TV-"Drehscheibe Deutschland" am 5.3.02 um 12.20 Uhr erfahren wir, daß nach Bildung zahlreicher Kripo-Sonderkommissionen der Abrechnungsbetrug der Ärzte inzwischen auf ca. 440 Millionen Euro jährlich geschätzt wird (860 Millionen DM!).

Dringende Empfehlung in dieser Sendung an die Patienten: "Wenn Ihnen ein Arzt sagt, Sie müßten zuzahlen, weil die Kasse bestimmte Leistungen nicht übernimmt, fragen Sie unbedingt Ihre Kasse! Viele derartige Angaben sind nicht richtig und helfen nur den Ärzten, ihre Taschen mit Privatbeiträgen zu füllen."
Es ist das gleiche Verhalten wie früher in den Priesterkasten, wo die Aussagen der Priester für die kleinen Leute unantastbar waren. Derartige Systeme vom "Staat im Staate" haben noch nie der Menschheit gedient, sondern nur den Machtgruppierungen, die sich derartige Positionen erobert haben. Es ist eine Protektionswirtschaft zur Sicherung von Pfründen, die auf der Ausbeutung des jeweiligen Volkes beruhen. Dieses System ist dringend reformbedürftig, und es ist die Frage, wann das Faß überläuft und auch die bezahlten Politiker sich veranlaßt sehen, Änderungen vorzunehmen.
Wir können die Reihe der Mißstände noch verlängern. Jeder Bürger, der sich in einem Beschäftigungsverhältnis befindet und weniger als 6.500,- DM im Monat verdient, ist gezwungen, sich in den gesetzlichen Krankenkassen zu versichern. Das bedeutet, 90% der Bevölkerung muß Zwangsabgaben an die Krankheitsindustrie entrichten, ob sie wollen oder nicht, ob sie gesund sind oder nicht, ob es vielleicht andere Versicherungen gäbe oder nicht. Keine Chance. Die Sondersteuer "Krankenversicherung" muß entrichtet werden. Das bedeutet zugleich, daß diese Kassen und die eben zitierte "Kassenärztliche Vereinigung" machen können, was sie wollen.
Private Versicherungen sind gezwungen, sich nur mit dem kleinen Prozentsatz der freiwillig Versicherten mit den hohen Einkommen abzugeben. Im Dezember 2001 gibt die gequälte Gesundheitsministerin bekannt, daß man die Krankenkassenpflicht von 6.500,- DM "Bemessungsgrenze" auf 8.800,-DM Monatsgehalt erhöhen will. Das bedeutet, ein noch größerer Teil der Gehaltsempfänger wird den gesetzlichen Krankenkassen in den unersättlichen Schlund geworfen. Das ist die begnadete "soziale und demokratische Politik".
Es gibt noch einen Mißstand, der die Funktion dieses Systems zeigt: Wenn eine bestimmte Behandlung, z.B. die Akupunktur, nicht von der deutschen Ärzteschaft anerkannt ist, dann darf sie von keinem Mediziner angewandt werden, sonst wird er von seinen mißgünstigen Kollegen angezeigt und verurteilt.
Wenn ein Anderer so eine Methode anwendet und das als "Fitnesstraining" deklariert, dann kann man ihm erst einmal nichts tun, so

lange sich seine Kunden nicht beklagen und keine fragwürdigen Eingriffe in die Gesundheit stattfinden. Dann entstehen z.B. alternative Beratungen, kleine Institute usw., in denen die Menschen eine sanfte Behandlung bekommen.
Wenn sich eine Methode jedoch ausbreitet, weil sie gut ist, den Menschen nützt und eine Nachfrage entsteht, dann nehmen die Ärzte diese Methode in ihren "Behandlungskatalog" auf. In diesem Moment ist es plötzlich eine "medizinische Behandlung" und nun kann jeder Arzt, ob er nun Ahnung davon hat oder nicht, die Methode anwenden und abrechnen. Doch zugleich dürfen andere Personen, die sich vielleicht die Methode in Asien angeeignet und jahrelang trainiert haben, diese nicht mehr anwenden, denn dann machen sie sich strafbar!
Ist es eine Methode aus dem ärztlichen Behandlungskatalog, dann ist es eine ärztliche Handlung, und das ist nur Heilpraktikern und Ärzten erlaubt! Auf diese Weise werden alle in Deutschland neuen Methoden erst einmal abgelehnt, und wenn sie sich bewährt haben, für private Therapeuten verboten und die Ärzteschaft kassiert ab. So ist es inzwischen mit der Akupunktur, die man eigentlich ablehnt, aber es lohnt sich, die Leute fragen danach. Chinesische Ärzte bekamen Prozesse angehängt, als sie zusammen mit deutschen Kollegen praktizieren wollten (z.B. in einem Institut in Bad Dürkheim), weil ausländische Ärzte eben keine sind, nicht wahr? Lieber kauft sich ein deutscher Arzt eine Schachtel Nadeln, besucht einen Wochenendkurs und probiert es auch einmal. Und wenn es nicht klappt, sagt man: "Na bitte, ich verschreibe Ihnen lieber wieder die guten alten Pillen!"
Wenn ich richtig informiert bin, ist die Fußreflexzonenmassage inzwischen in den Behandlungskatalog der Ärzte aufgenommen worden. Das bedeutet streng genommen, daß sich eine kleine Yogalehrerin strafbar macht, wenn sie einem Klienten die Füße massiert. Zumindest darf bei uns in keiner Weise mit dem gesundheitlichen Nutzen einer Methode geworben werden. Man muß schauen, daß man nicht erwischt wird. Die Methoden der Krankheitsmafia sind rigide.
Es gibt tatsächlich schon politische Bestrebungen, das Wissen um Gesundheit und die positive Wirkung natürlicher Produkte, wie z.B. Kartoffeln (sie enthalten viel Kalium, das ist gut fürs Nervensystem), generell zu unterdrücken. Nur noch die Krankheits-Spezialisten dürften dann über den gesundheitlichen Nutzen von Naturstoffen sprechen und schreiben (➔Dr. Rath).

Das ist nicht neu: Die Arbeiten der ersten Wissenschaftler im Mittelalter wurden durch die Inquisition in ähnlicher Weise behindert. Damals verbrannte man die Männer und Frauen zusammen mit ihren Büchern (z.B. Giordano Bruno).
1957 (!) bescheinigte ein Gericht in den USA, "das es Lebensenergie nicht gibt". Als Folge wurden die Bücher von →Wilhelm Reich über die Orgon-Lebensenergie (Prana) und Tesla (neue Energiesysteme) in den USA verboten und z.T. sogar öffentlich verbrannt.
1997 (!) bescheinigten mir deutsche Gerichte, daß es "Prana und Pyramidenenergie nicht gibt". Mein Buch über dieses Thema wurde verboten.
Mit der Verbreitung meines "Gesundheitslexikons" können wir einen aktiven Beitrag zur Neugestaltung unseres Lebens und zur Lösung der aktuellen Aufgaben leisten. Es zeigt sich immer deutlicher, daß meine Leser geistig aufgeschlossene Menschen sind, die ihr Leben erfolgreich in die eigenen Hände nehmen wollen. Wenn ein Mensch das Gefühl bekommt, daß er sein eigenes Leben tatsächlich aus eigener Initiative gestalten kann, ist das der Anfang einer kreativen Lebensphase. Man geht daran, seine unbefriedigende Vergangenheit aufzuarbeiten, um neue Maßstäbe zu setzen, mit denen man endlich seine eigenen Ideale verwirklichen kann.
Ich möchte diese Betrachtungen abschließen. Es scheint mir wichtig zu sein, daß der einzelne, bewußte Leser weiß, in was für einem System wir leben und wer hier das Sagen hat. Betrachten Sie diese Zustände als Anreiz, daß jeder von uns an allererster Stelle selbst Verantwortung übernehmen muß. Es ist sehr wichtig, daß wir selbst gut informiert sind, daß wir uns eine Meinung über Gesundheit und Krankheit bilden können, daß wir fähig werden, Entscheidungen zu treffen, in unserem eigenen Interesse und im Interesse unserer Kinder.

Der Keim für spätere Erkrankungen wird bereits in der Embryonalphase und den ersten Kinderjahren gelegt. Wenn Sie chronische Erkrankungen haben, sollten Sie im Rahmen einer Rückführung die Zeit von der Schwangerschaft (als Sie noch in Mutters Bauch waren) bis zum 3. Lebensjahr untersuchen. Wenn Sie noch Kinder bekommen möchten, achten Sie auf eine positive Vorbereitung bis zur Schwangerschaft und speziell in den ersten Jahren auf eine gesunde Lebenshaltung. Es ist prägend für das spätere Leben Ihrer Kinder.

Grundlage unseres Lebens sind unsere Lebenserfahrungen, die bereits in früheren Inkarnationen entstanden sind. Ohne das Phänomen der ➔Reinkarnation in Rechnung zu stellen, werden wir die grundlegenden Fragen unserer Existenz nicht begreifen. Betrachten wir einmal den Geist als unsterblich, die Seele als unseren "Gefühlskörper" und den Körper als das "Fahrzeug der Seele". Wenn der Körper unseren Anforderungen nicht mehr genügt, wenn wir ihn verschlissen haben, dann suchen wir uns einen neuen. Dafür müssen wir sterben.
Der ➔Tod ist also ein Fortschritt. Er ist die Vorbereitung darauf, daß wir in einem zukünftigen Leben wieder frisch, munter und um viele Erfahrungen reicher am Leben der Menschheit teilhaben können. Wenn der Tod ein Fortschritt ist, besteht kein Grund, davor ➔Angst zu haben.
Doch wenn wir sogar schon vor dem jetzigen Leben gelebt haben, dann müssen wir auch bedenken, daß kein Grund besteht, irgend jemanden für Schwierigkeiten anzuklagen, die uns im neuen Leben geschehen. Aus der Reinkarnationstherapie mit vielen Klienten in den vergangenen 20 Jahren kann ich Ihnen versichern, daß diese früheren Leben existiert haben und zukünftige kommen. Der Geist des verstorbenen Menschen weiß sehr genau, was da auf ihn zukommt. Er plant sein zukünftiges Leben in der Phase zwischen den Inkarnationen. Er wählt sich seine Eltern selbst aus. Er weiß, auf was er sich einläßt. Aus diesem Grund können wir die Schwierigkeiten, die uns im Leben widerfahren, nicht als "Verschulden der Anderen" verurteilen. Das hat keinen Nutzen, und es ist falsch.
Durch die Einbeziehung der Reinkarnation müssen wir die Verantwortung übernehmen. Das Leben war von uns so geplant, wie es jetzt verläuft. Wenn das stimmt, dann dürfen wir auch nicht über die bösen Ärzte oder habgierige Industrielle schimpfen. Es hat keinen Sinn, korrupte Politiker zu beschuldigen. Wir selbst sind es, die eingeplant haben, daß wir an diesem Leben mit all seinen Eigenarten teilnehmen.
Die Frage nach dem Ärger mit einer verfehlten Medizin, mit gesundheitlichen Schäden oder angeborenen Behinderungen muß also anders gestellt werden: Jedes Risiko in unserer Umwelt ist eine Prüfung, eine Herausforderung. Wenn wir in ein Problem hineingeraten, einen Unfall erleiden oder betrogen werden, dann ist es die Frage, was wir daraus lernen können. Das gilt auch für die heutige medizinische Situation. Die Ärzte sind z.T. sehr wohl in dem Glauben, das Richtige zu tun. Dabei sind sie ganz von ihrem

Wissen überzeugt und merken nicht einmal, was sie teilweise für Fehler machen.
Die Patienten auf der anderen Seite sind zu desinteressiert, sich selbst um ihre Gesundheit zu kümmern. Sie spielen z.T. krank, weil sie nicht zur Arbeitsstelle gehen wollen, und wissen es oft nicht einmal, was mit ihnen geschieht. Sie lassen sich frühzeitig pensionieren und machen sich auf Kosten der anderen Menschen ein bequemes Leben. Das ganze soziale System ist revisionsbedürftig! Der Sozialstaat ist überholt. In einem korrupten System, wo jeder geschröpft wird und alle sich gegenseitig betrügen, muß man sich nicht wundern, wenn sich die Betrügereien von den kleinsten Fällen bis zu den schlimmsten Sachen selbständig machen. Der deutsche Sozialstaat ist am Ende.

Was können wir daraus lernen? Der eine Mensch wird vom Arzt falsch behandelt und leidet darunter. Trotzdem geht er ständig wieder hin. Eine junge Mutter merkt, daß die ganzen Vorsorgeaktionen in der →Schwangerschaft nur →Angst und Unsicherheit verbreiten und geht nicht mehr hin. Sie zieht einen anderen Schluß, sucht sich einen naturkundlich orientierten Arzt oder eine Hebamme und macht eine Hausgeburt. Das Kind in ihrem Bauch fühlt, daß Mutter sich durchsetzt und einen eigenen Weg geht. In diesem Fall nutzt die junge Mutter das Problem, um zu wachsen. Doch wir sollten nicht übersehen, daß auch eine Hausgeburt verpfuscht werden kann. Es liegt in der Bestimmung und in der Verantwortung des Einzelnen, was ihm widerfährt. Wer sich ein Leben lang schlecht behandeln läßt und nicht zur Selbständigkeit in seinem Denken gelangt, der hat diese Entwicklungschance verpaßt, und er ist mit verantwortlich.
Noch einmal in anderen Worten: Gute und schlechte Ärzte, Priester, Politiker, Ehepartner usw. hat es immer gegeben. Manche Menschen benutzen das Problem, um zu wachsen, die anderen scheitern daran. Ein Mensch läßt sich korrumpieren und beginnt andere zu betrügen, der andere sagt: Das mache ich nicht mit!
Es geht also um die Frage, wie wir in jeder einzelnen Situation in unserem Leben reagieren. Es geht nicht darum, die "Bösen" zu verurteilen, sondern es selbst besser zu machen. Verurteilen wir nicht die Anderen, bessern wir uns selbst in unseren Reaktionen.
Channelbotschaft von Horus, 16.05.01, 11.30 Uhr, auf die Anfrage von einer alten, kranken Frau. Horus antwortet ihr: *"Sie sollte Gott vertrauen und den Ärzten. Gott allein führt den Ärzten die Hand.*

Wenn Du nicht mehr glaubst, dann geschehen Fehler. Glaubst Du tief innerlich an Gott, den Allmächtigen, so kommt alles ins Lot. Diene dir selbst, indem Du Gott vertraust."

Das bedeutet: Die Menschen denken heute oft, daß die Ärzte nichts taugen, aber es gibt gute und schlechte Ärzte wie in jedem Beruf. An wen man gerät, daß liegt letztlich in Gottes Hand. Ein guter Arzt kann einen Fehler machen, und ein schlechter Arzt kann mal etwas richtig machen, je nachdem, wie das Schicksal es für uns bestimmt. Unser Schicksal liegt in Gottes Hand. Wenn wir darauf nicht vertrauen können, dann kann er uns auch nicht helfen. So wird schon alles ins rechte Lot kommen, wenn der rechte Glaube da ist.

Werfen wir einen Blick auf die Geschichte der Medizin. Früher haben sich die Schamanen und Medizinmänner um die Kranken gekümmert. Auch da gab es gute und schlechte, Könner und Scharlatane. Doch sogar ein guter Scharlatan kann einem Kranken einreden, er werde nun gesund, und wenn der daran glaubt, wird er es - sehr zur Verwunderung des Betrügers!

Ebenso kümmerten sich die naturheilkundigen Frauen um die Gesundheit und um die Geburtsangelegenheiten der Menschen. Das europäische, christliche Mittelalter war schlichtweg eine Katastrophe für die Naturmedizin. Die germanischen Hollefrauen wurden als Vertreterinnen einer alten Naturreligion verteufelt, zu Hexen verdammt und eine halbe Million Frauen wurde auf übelste Weise gefoltert, verbrannt und ermordet. Neuere Berichte sprechen sogar von über 3 Millionen Ermordeten ➔"Hexenverbrennungen". Lange Zeit wurde jede Krankheit als Zeichen der Sünde, als Gottes Strafe betrachtet. Aus diesem Grund gab es zwischen 1200 - 1500 so gut wie keine einheimischen Ärzte, sondern nur "Bader und Wundscher". Das waren Leute, die in den Kriegen den Menschen die Wunden auswuschen, kaputte Gliedmaßen abschnitten usw. Das war eine sehr grobe Sache. Daneben gab es arabische und jüdische Ärzte, die ihre Kunst teuer verkauften.

Die Heiler-Frauen zogen sich auf die Geburtenfürsorge zurück. Sie wurden Hebammen. Als Heb- ammen organisierten sie sich ähnlich den Männerzünften in Vereinen, die alles Wissen um Zeugung, Geburt, Frauenleiden und Kinderfürsorge weitergaben. Dieser Hebammenkult war die einzige Möglichkeit, um im gesellschaftlichen Leben Einfluß zu nehmen. Die Hebammen wußten in der Regel, wer ein Kind bekam, von wem es war und ob es z.B. illegal war.

Sie beseitigten unerwünschte Kinder, gaben die illegalen Nachkommen reicher Eltern in Pflegefamilien oder ins Kloster und hielten sich bereit, um im Notfall mit diesen verheimlichten Nachkommen die Familien zu erpressen oder auszuhelfen, wenn der 1. Erbfolger verstarb.
Sie hielten heimlich für Notfälle die gewünschten männlichen Erbfolger bereit und machten so insgeheim eine unmoralische Politik. Das ging so: Durch magische Rituale versuchte man Einfluß zu nehmen, ob ein Kind ein Junge wird. Wenn dann eine adlige Mutter niederkam, lag in einem verborgenen Nebenzimmer eine andere Wöchnerin bereit und gebar in der gleichen Nacht ebenfalls ein Kind. Gebar die reiche Dame eine Tochter, so war schnell ein 2. Kind bereit und die Chance für einen Knaben groß. Dann wurde das fremde Kind untergeschoben und der glückliche Fürst hatte seinen Thronfolger. Das adlige Mädchen wurde in einem Kloster verwahrt und der fremde Knabe, der von einer einfachen Frau stammte, wuchs in den Adel hinein. Über ihn konnte man später auf die Politik Einfluß nehmen, die Mutter erpressen usw.
Es ist nicht bekannt, wieviele Adelsfamilien in Europa auf diese Weise "nachgebessert" wurden, um den Erbfolge-Wunsch zu erfüllen. Auf Grund dieser intriganten Politik der Ammen und Hebammen wuchs der Wunsch der Männer, sich auch in diesen Dingen auf Männer verlassen zu können. Das war die Geburtsstunde der modernen Ärzte. Diese Zeit, wo die Hebammenkulte und die neuen Ärzte aufeinander trafen, begann im 15. Jahrhundert. Es begann die Zeit der Bauern- und Religionskriege. Zunehmend wurden Beraterposten im Adel und in der Politik nicht nur von Offizieren, Priestern und Astrologen besetzt, sondern auch von Ärzten.
Die Religion geriet langsam ins Hintertreffen. Man erkannte die gewaltigen Irrtümer. Die Erde war keine Scheibe und nicht mehr der Mittelpunkt des Universums. Die ersten wissenschaftlichen Versuche zeigten ganz neue Möglichkeiten der Naturbeherrschung und -analyse. Es war das Zeitalter des Dr. Faustus, der offen die Kirche verhöhnte und so gewaltige Zaubertricks auf Lager hatte, daß man sich nicht traute, ihn zu vernichten. Dr. Faust hat wirklich gelebt.
In der 1. Version von Goethes Faust gewann ja Dr. Faust mit Hilfe des Teufels und seiner Magie gegen die Kirche und die Gesellschaft. Das war dem Adel und den Pfaffen zuviel. Goethe wurde ausgebuht und mußte den Faust umschreiben.

Wann immer eine bestimmte Einrichtung und damit eine bestimmte Gesellschaftsgruppe Einfluß gewinnt, macht sich diese Gruppe selbständig. Die aus der Not der Intrigen herbeigesehnte männliche Ärzteschaft wuchs zu einer überheblichen Clique von Beratern heran, die in allen wohlhabenden Kreisen anzutreffen waren. Es war schick, Krankheiten zu haben und sich teure Ärzte leisten zu können. Nach und nach entstand der heutige Ärztestand.
In den vergangenen 100 Jahren lief ein vergleichbares Spiel noch einmal ab: Seit Sigmund Freud's Erfindung der "psychoanalytischen Beichte" entstand eine Kaste von Analytikern und parallel dazu eine Kaste von Nervenärzten und →Psychiatern, die jetzt primär in den USA ähnliche Machtpositionen innehaben und alle bedeutenden Leute beraten, bis hin zum Präsidenten. Wer keinen Psychiater oder Analytiker hat, ist nicht gesellschaftsfähig.
Die Bemühungen von weitsichtigen Ärzten, die wirklich nur das Beste für die Menschheit wollen, sind eher die Ausnahme. Ich denke da an Männer wie Parcelsus, Albert Schweitzer, Semmelweiß oder Hahnemann. Für die meisten Vertreter dieses Berufsstandes stehen in der Regel Image, Einfluß und Geld über den Erfordernissen für eine wirkliche Volksgesundheit.
Wir brauchen uns nicht speziell darüber zu erregen. Das sind ganz normale menschliche Verhaltensweisen. Ärzte sind einfach auch nur Menschen, mit allen Vorzügen und Mängeln. Wenn unser Gefühl etwas anderes sehen möchte, dann liegt es daran, daß wir Ärzte unbewußt in die Rolle eines Priester-Heilers erheben, der uns aus der Not retten soll und danach enttäuscht sind, wenn das nicht stimmt.
Augenscheinlich ist es dem Menschen kaum möglich, ein gesundes Mittelmaß in allen Dingen einzuhalten und Selbstkontrolle zu üben. Die Versuchung ist groß, den einmal erworbenen Einfluß zu halten und Macht auszuüben. Und wenn es eine Möglichkeit gibt, Macht zu gewinnen, dann sind schnell andere Zeitgenossen dabei, die nichts mit dem Beruf an sich zu tun haben. Denen geht es nur um den Einfluß, die Macht und das Geld. Das war wohl in allen Priesterkulten so, und es ist heute in den Heilberufen der Fall. →Scientology und Psychiater

Im Oktober 2001 haben gerissene Leute eine neue Methode gefunden, die Angst der Menschen auszunutzen und ihren Profit zu erhöhen. Die Trittbrettfahrer des internationalen Terrorismus verschicken Briefe mit Anthraxerregern (Milzbrand). Sofort steigen die

Aktien jener Pharmafirmen, die Impfstoffe dagegen verkaufen. Eine japanische Firma, die ihre derartigen Impfstoffe bisher nicht in die USA verkaufen durfte, hat plötzlich beste Chancen. Im Januar 2002 wurde dann bekannt, daß diese Milzbrandbazillen definitiv genetisch veränderte Erreger aus dem eigenen Bestand der US-Regierung waren, die eigenen Biowaffen! Damit haben die USA nachweislich gegen die selbst vor 15 Jahren unterzeichnete Erklärung gegen die Produktion von Biowaffen verstoßen. Es bleibt offen, wer die Stoffe in Umlauf brachte. Das US-Militär? Der CIA?
Bereits in dem US-TV-Film "Stormcatcher" mit Dolph Lundgren, 1999, wird ausführlich geschildert, wie rechtsextreme US-Militärs ein Kampfflugzeug entführen, um das Weiße Haus zu vernichten und außerdem einen Militärtransport mit Anthrax entführen, um das eigene Volk in Angst und Schrecken zu versetzen, zwecks Machtübernahme. Der Film lief am 2.3.2 um 20.15 in Pro 7. Das Drehbuch entspricht bis auf ein paar unwichtige Details dem Attentat vom 11. September.
Parallel zu diesen beängstigenden Nachrichten startete die deutsche Pharmaindustrie im Oktober 2001 einen neuen Großangriff auf die verängstigten Menschen. In "informativen Sendungen zur Gesundheit" (keine Werbung, ach woher denn!) will man uns näher bringen, daß fast alle erwachsenen Deutschen "keinen ausreichenden Impfschutz mehr haben!" Laufen Sie jetzt schnell zum Arzt, lassen Sie sich gegen alles impfen, was man sich in den vergangenen 100 Jahren ausgedacht hat! Die nächste Beitragserhöhung ist schon geplant. Die Pharmaindustrie und die Ärzteschaft wird unseren Staat ausbluten wie eine Horde von Vampiren. Wir sind Sklaven der Angst, der Gerüchte und der Dummheit.
Wenn die Aktien nicht anziehen, nun, dann verschickt man noch ein paar Briefe mit irgendwelchen Erregern! Das kann jeder. Das Risiko ist gering. Daß vermutlich die Impfungen mehr Menschen töten und mehr dauerhaft geschädigte Kinder produzieren als irgendeine sonstige Methode, können Sie in den qualifizierten →Fachbüchern nachlesen, die ich hinten aufgelistet habe. Ich muß das nicht wiederholen. Z.B. die im Oktober 2001 im Fernsehen proklamierten "Nachimpfungen" gegen Kinderlähmung bei allen Erwachsenen sind ausgemachter Unsinn, lebensgefährlich und überflüssig. Es heißt nicht umsonst Kinderlähmung. Wenn Erwachsene diesen Impfstoff bekommen, unterliegen sie einem hohen Risiko, genau diese Krankheit zu bekommen. Vielleicht wird hier gerade das Zeitalter des Medizinterrorismus eingeleitet. Egal wer

dahinter steckt, es sind vermutlich zahlreiche unabhängige, skrupellose Geschäftemacher mit passenden Aktienpaketen. Die Gelegenheit ist günstig. Man nutzt die Gunst der Stunde.
Es gilt, die Ursachen der aktuellen Probleme zu begreifen und nach Lösungen zu suchen. Wir müssen neue Mittel und Wege finden, um unsere Krankheiten und die sozialen Schwierigkeiten zu überwinden. Unser gegenwärtiges politisches System ist ebenso überholt wie das Ostblocksystem. Das müssen wir berücksichtigen, wenn wir unsere Zukunft planen. Beide Systeme scheitern an zu viel Bürokratie, die den aktiven Menschen die Luft zum atmen nimmt. Das politisches System vergeudet immer mehr volkswirtschaftliche Werte. Durch Vorschriften und Gesetze wird uns das Leben selbst unerträglich gemacht. Aus diesem Grund ist in der Bevölkerung so wenig Bereitschaft da, aktiv mitzuarbeiten. Die Mehrzahl der Menschen ist müde geworden, weil sie ihre ureigensten Interessen nicht mehr erfüllen können, weil zu viel von ihrer Hände Arbeit vom staatlichen System vergeudet wird, ohne daß es ihnen wieder zugute käme.

Es gilt, daß Leben zu entfalten, anstatt es zu verwalten!

Exkurs: Die Impflüge

Seit Jahrzehnten boomt das Geschäft mit der Impfung. Alle Mütter werden schon vor der Geburt darauf vorbereitet, daß sie riskieren ihr Kind zu verlieren oder es krank werden zu lassen, wenn sie es nicht wie vorgeschrieben gegen ein Dutzend Krankheiten impfen lassen. Es wird an einer empfindlichen Stelle Angst verbreitet, die Angst um den geliebten Nachwuchs. Dabei ist nach internationalen Untersuchungen die Massenimpfung eines der größten Gesundheitsrisiken unserer Zeit.
Geison, Historiker der Princeton Universität, übergab im Februar 1993 die 100 Privattagebücher Pasteurs der Öffentlichkeit. Dazu die Süddt. Zeitung am 18.2.93: "Besonders negative Versuchsergebnisse hatte Pasteur nur darin eingetragen, die veröffentlichten Daten dagegen geschönt und manchmal - gerade bei seinen spektakulären Impf-Experimenten - bewußt gelogen."
In den Ländern der Dritten Welt wird seit Jahrzehnten sehr viel geimpft, z.T. mehr als bei uns; und doch grassieren dort gerade die Seuchen, gegen die am meisten geimpft wird. Der größte Impftest der WHO gegen Tuberkulose in Indien an 260.000 Menschen wurde nicht fortgeführt, weil die Impfung völlig erfolglos war.

Das Buch →"Impfschutz - Irrtum oder Lüge?" protokolliert die Geschichte der Impfungen und die offiziellen Statistiken, also den Verlauf von Pocken, Diphtherie, Kinderlähmung, TB, Keuchhusten, Tetanus usw. in jeweils mehreren Ländern: Vor Einsetzen der Impfungen, während der Massenimpfungen und nach ihrem Absetzen. Die Ergebnisse zeigen unmißverständlich auf, daß die Massenimpfungen selbst als Auslöser der grassierenden Epidemien in den Ländern der 3. Welt zu sehen sind.
Doch diese Impfpolitik ist nicht auf die 3. Welt beschränkt. Denken Sie daran, daß in allen "zivilisierten" Ländern Vorschriften für Impfprogramme bestehen und unsere Ärzte gerade jungen Müttern massiv Angst machen, unbedingt ihre kleinen Kinder gegen alles Erdenkliche impfen zu lassen. Außerdem sind die meisten Impfungen Pflicht, wenn Sie ihr Kind in einen Kindergarten stecken wollen. Um ihr Geld zu kassieren und gleichzeitig Zeit zu sparen, werden heute meistens 2 - 4 verschiedene Impfstoffe gleichzeitig verabreicht, was die Belastung des kindlichen Organismus noch einmal erhöht. Man kann sich wundern, daß trotz dieser massiven Eingriffe noch so viele Kinder gesund bleiben.
Harris L. Coulter. *"Bis in die sechziger Jahre kamen autistische Kinder und Kinder mit seelischen Schäden fast nur in wohlhabenden US-Familien vor. Seit den 70er Jahren ist Autismus gleichmäßig auf Reich und Arm verteilt. Was ist geschehen? Ende der 60er Jahre wurden bestimmte Impfprogramme, die sich vorher nur Reiche leisten konnten, auch auf arme Bevölkerungsschichten ausgedehnt."* Ähnliche verblüffende Parallelen zeigt der Autor auch in anderen Ländern.
In dem Aufsehen erregenden Buch →"Impfungen - der Großangriff auf Gehirn und Seele" analysiert der amerikanische Medizinhistoriker Harris L. Coulter 50 Jahre medizinischer Spezialliteratur zum Thema Autismus, Minimalhirnschaden, Entwicklungsstörungen, Hyperaktivität, Lernbehinderungen, Allergien und Impfungen. Die Arbeit wird durch drei Interviewreihen mit Eltern neurologisch und geistig geschädigter Kinder ergänzt. So ist eine einmalige medizinisch-wissenschaftliche und gleichzeitig menschliche Analyse des Kinderimpfprogramms und seiner Auswirkungen, verbunden mit einer Geschichte der ärztlichen Anschauungen, entstanden.
F.Hirthammer: "Coulters fünfzig Jahre umfassende Analyse der Fachliteratur ist alarmierend. Sie zeigt, daß die genannten Störungen und Schäden, meist als "Entwicklungsstörungen" bezeichnet, fast immer von Enzephalitis (Gehirnentzündung) verursacht sind.

Und die Hauptursache für Enzephalitis ist in den Vereinigten Staaten und anderen Industrienationen das Impfprogramm für Kinder. Die Schäden sind sehr zahlreich und beeinträchtigen Vorwärtskommen, Berufswahl und das ganze Leben."
Coulter wörtlich: "Etwa 20% der amerikanischen Kinder – eins von fünf - leiden an einer solchen, 'Entwicklungsstörung'. Das ist eine verblüffende Zahl. Würde ein feindlicher Staat unserem Land dermaßen zusetzen, so würden wir ihm den Krieg erklären. Aber die Analyse der nationalen Gesundheitsberichte beweist, daß wir uns selbst dermaßen zusetzen. Und wir hören und hören nicht auf damit."
Coulters Forschungen sind so sorgfältig dokumentiert, daß sie den amerikanischen Kongreß veranlaßten, im Dezember 1986 das "Bundesgesetz zur Kompensation von Impfschäden bei Kindern" zu erlassen. Das Gesetz hat zur Folge, daß jetzt Eltern viel häufiger klagen und nicht mehr der Staat, sondern Impfärzte und Impfstoffhersteller jeweils für die Millionenschäden, die sie verursachen, zahlen müssen.
Coulter: "Man braucht das Bewußtsein eines Kamikazefliegers, um sich selbst impfen zu lassen; um jedoch sein eigenes Kind impfen zu lassen, muß man bereits die dunklen Abgründe der Gewissenlosigkeit erreicht haben. Jede Impfung ist wissenschaftlich gesehen ein Skandal!"
Dr. B. Rimland: "Seine Beweise sind so zwingend wie sie alarmierend sind."
Dr. E. Buttram: "Eine Meisterarbeit, eines der wichtigsten Werke mehrerer Jahrzehnte."
F. und S. Delarue (Paris) liefern in ihrem Buch →"Impfungen - der unglaubliche Irrtum" eine grundlegende Studie über Impfungen und neurolog. Schäden, →AIDS, →Krebs, →Herzschäden, plötzl. Kindstod, genetische Schäden, →multiple Sklerose usw.
Und die Impfstoffe der Zukunft? Die schlechte Qualität der herkömmlichen Impfstoffe wird heute offenbar. Dafür wartet ein neuer, äußerst lukrativer Markt: Impfstoffe aus der Gentechnologie. Sie werden bereits an Tieren getestet, die stets, je nach Wahl der Spezies und Versuchsanordnung, jede gewünschte Auskunft geben. Die Pharmariesen setzen den Gesetzgeber unter Druck.
Impfen oder nicht? In den kritischen Büchern aus dem Hirthammer-Verlag finden Sie ausführliche Dokumentationen, die nur einen Schluß zulassen: Wir werden über die Impfprogramme von der Pharmaindustrie zur Schlachtbank geführt, massiven Risiken aus-

gesetzt, denen keinerlei echter, praktischer Nutzen gegenübersteht, und die gesunde, geistige Existenz unserer Kinder wird mit jeder Impfung aufs Spiel gesetzt. Weitere Hinweise finden Sie bei einer Selbsthilfegruppe gegen Impfschäden: www.aegis-schweiz.ch (gratis Buchkatalog unter info@aegis-schweiz.ch)
Gerade esoterisch interessierte Menschen sollten diese Maßnahmen einmal auf sich wirken lassen. Im Mittelalter sagten die Menschen, daß die schwarzen Pocken und die Pest ein Ausdruck des Bösen sind, der die Menschen ergreift und vernichtet. Die Sünden kommen in den schwarzen Flecken als Licht. In der Neuzeit verbreiten unsere Ärzte systematisch die "Saat des Bösen" auf alle unsere Kinder, um sie noch einmal dieser Gefahr auszusetzen. Das kann es wohl nicht sein! Wenn eines Tages die Kaste der Weißkittelpriester, der autorisierten Drogenhändler und die Konzerne der Giftmischer verschwinden, dann werden auch diese Krankheiten Vergangenheit sein.
Bezeichnender Weise wurde gerade jetzt (31.1.2) offenbar, daß die US-Regierung insgeheim bereits an neuen Generationen von Biowaffen, tödlichen Erregern wie Milzbrand arbeitet, um nicht nur wohl dosiert das eigene Volk zu impfen und auszubeuten, sondern um im großen Stil andere Völker damit auszurotten. Als erste Maßnahme für den neu angekündigten Irak-Krieg wurden deutsche Spezialtruppen mit ABC-Waffen-Spürpanzern nach Kuwait verlegt. Warum wohl, wenn man diese tödlichen Waffen nicht einsetzen und an der Bevölkerung testen will?
Vielleicht hatten die Menschen im Mittelalter gar nicht so unrecht, wenn sie ansteckende Krankheiten als Saat des Bösen bezeichneten. Zumindest kultiviert das Böse diese Krankheiten in ungeheurer Menge in seinen Biolabors, um damit andere Völker auszurotten. Vielleicht stehen bösartige jenseitige Kräfte bei diesen Maßnahmen Pate. Denn als menschlich kann ich das nicht bezeichnen.
Und wenn in dem Action-Film 'Blade' behauptet wird, daß alle wichtigen Ämter in den USA von Vampiren besetzt sind, dann erfaßt mich doch ein gewisser Schauer und ich frage mich, ob die Autoren Recht haben. Ähnlich wird in dem SF-Comic "Die Zeitlose Reise" die These aufgestellt, daß düstere Kräfte die Menschheit über Gewaltverherrlichung "melken", daß uns die Massenmedien, die Kriegstreiber und die dahinter stehenden Mächte seelisch ausbeuten. In diesem Roman ist Yoga und Meditation das einzige Mittel gegen diese geplante Negativität. Dem stimme ich zu.

An derartigen Zuständen wird deutlich, wie sehr die Menschheit und unsere Erde einen positiven geistigen Einfluß brauchen. Meine Leser sollten sich vor Augen halten, daß der Schutz der eigenen Kinder vor Impfungen ein wichtiger Schritt zu geistiger Gesundheit und Freiheit sein kann. Beschäftigen Sie sich mit diesem Thema. Fragen Sie Ihren Heilpraktiker. Lesen Sie wenigstens eines der Bücher über Impfprobleme, um sich ein ausführliches Bild zu machen (➔Literaturliste).

Ein starker, gesunder Geist wird natürlich auch mit einer Impfung fertig, doch wir müssen unsere Kinder nicht erst diesem Härtetest unterziehen. Ebenso unsinnig sind die Impfungen gegen Tetanus und die meisten Vorsorgeimpfungen bei Reisen in die 3. Welt. Früher hielt ich das für sinnvoll. Ich hatte es in meinem Studium so lernen müssen. Inzwischen habe ich zahlreiche Menschen kennen gelernt, die öffter als ich in der 3. Welt waren und sich nie impfen ließen. Sie sind der Meinung, daß auch die Ansteckungsgefahr mit allen beschworenen Krankheiten der 3. Welt primär eine Frage des Geistes ist. Dem stimme ich heute zu.

Ein Freund von mir fährt seit vielen Jahren durchschnittlich dreimal pro Jahr nach Indien, ohne sich je impfen zu lassen. Er hat noch keine der beschworenen Krankheiten bekommen, weder Malaria, Gelbfieber, Thyphus oder Diphterie. Er macht nicht besonders viel Yoga. Er lebt nicht in guten Hotels. Er trampt einfach durch verschiedene Landsteile, weil ihm das Land gefällt. Das sollte uns zu denken geben.

Das Hauptproblem mit ➔Infektionskrankheiten, ➔Durchfall usw. beruht nicht einmal auf Erregern, sondern darauf, daß wir die fremde Energie in diesen Ländern nicht gut vertragen. Wir müssen uns erst anpassen. Wer schon vorher hier in Deutschland asiatische Küche mag und scharfe Gewürze, wer Yoga macht und viel Knoblauch ißt, hat in Asien kaum Probleme. Natürlich sollte man schmutziges Wasser vermeiden. Aber wenn hier ein deutscher Koch mit einer schlechten Gesinnung in der Küche steht und dann das Essen noch in der Mikrowelle zerstört wird, dann wird mir davon übel und nicht von einem Essen in Bangalore oder Dehli.

Benutzen Sie dieses Impfkapitel, um Krankheiten neu zu überdenken und um in Zukunft noch mehr auf die geistige Gesundheit zu achten. Der Geist regiert die Materie, nicht umgekehrt. Die seit unserer Kindheit geschürten Ängste machen uns anfällig für die Ärztekrankheit: Für die Angst, krank zu sein und für die Bereitschaft, Angst zu haben, für die Bereitschaft, unsere Eigenverant-

wortung und unser Selbstvertrauen abzugeben an einen Priester im weißen Kittel.
Das muß aufhören! Gewinnen Sie ihre Eigenverantwortung zurück! Lösen Sie sich aus diesem medizinischen Wahn und vertrauen Sie wieder ihrer inneren Stimme! Benutzen Sie die Ärzte als Helfer und Ratgeber, wo es erforderlich ist. Wenn Sie sich unterdrückt oder nicht ernst genommen fühlen, wechseln Sie den Arzt.

Affirmation: Ich vertraue meiner eigenen Natur und bleibe gesund!

Mit diesen Ausführungen möchte ich Sie wachrütteln. Es reicht nicht, sich als Esoteriker(in) zu betrachten. Es reicht nicht, sich theoretisch mit Gott und dem Universum im Einklang zu fühlen. Wir müssen die bedenklichen Verhältnisse um uns herum zur Kenntnis nehmen, ohne uns groß darüber aufzuregen. Wachen Sie auf! Schauen Sie sich ganz aufmerksam um!
Doch anstatt sich aufzuregen, nutzen Sie bitte Ihre Kräfte von nun an für die bewußtere Gestaltung ihres eigenen Lebens. Wir sind es unseren Kindern schuldig, daß wir ihnen eine Welt übergeben, in der es sich noch zu leben lohnt. Die Bereitschaft, an sich selbst zu arbeiten, ist die Grundlage für ein erfülltes Leben. Es gilt, das eigene Leben ganz bewußt neu zu gestalten. Das geht jedoch nur, wenn wir die elementaren Gesetze der Natur begreifen. Es geht nur, wenn Sie die Prinzipien begreifen, nach denen Ihr eigenes Leben abläuft und funktioniert. Nur wenn Sie diese Zusammenhänge verstehen, werden Sie allen Schwierigkeiten zum Trotz erfolgreich und glücklich leben können. Die Naturgesetze sind für jeden von uns gleich. Egal, ob wir König sind oder Bettelmann. Was der Einzelne daraus macht, ist verschieden.

Wie schon gesagt, sind das die Spiele des Lebens. Wir spielen irgendwo in diesem großen Spiel mit, so wie wir es uns vor der letzten Inkarnation zurecht gelegt haben. Es gibt also keinen Grund, aus dem Herzen heraus böse zu sein oder sich aufzuregen. Es sind Spiele. Auf welcher Ebene jemand mitspielt, hat er sich selbst ausgesucht. Wenn wir erkennen, daß gewisse Umstände nicht gut für uns sind, dann sollten wir ernsthaft nach einer Alternative suchen. Das Leben hält alles für uns bereit, was wir für ein gesundes, erfreuliches und erfolgreiches Leben brauchen. Ob wir mitspielen und ob wir uns die richtige Position aussuchen, daß liegt ganz im Rahmen des Spiels.

Seien Sie unverzagt: Dieses Leben haben Sie sich selbst ausgesucht. Und Sie hatten einen guten Grund dafür. Also, nur Mut, lassen Sie sich nicht Angst einjagen von irgendwelchen Leuten, die vielleicht mächtiger sind oder mehr wissen. Das sind alles Illusionen.
Die persönliche Identität eines Menschen ist unverwechselbar und kann nicht ohne seine Zustimmung verändert werden. Alle Störungen in unserer Gesundheit oder in unserem Lebenslauf erfolgen mit unserer heimlichen Zustimmung oder sie waren bereits vor unserer Zeugung, in der Vorbereitungsphase für das kommende Leben, auf der geistigen Ebene eingeplant.
Florence Nightingale und Mutter Theresa sind über Jahrzehnte in mitten tausender schwer infektiöser, totkranker Menschen nicht daran gestorben, weil sie an ihre Berufung und an ihren Gott glaubten.
Seien Sie ganz sicher, daß jeder seines Glückes Schmied ist. Jeder von uns hat die Chance, und zwar jeden Tag aufs neue, sein Schicksal zu wenden und einen besseren Weg einzuschlagen. Es geht. Viele Menschen haben es getan. Und wenn Sie wollen: Machen Sie mit!
Wenn man erst einmal erkannt hat, daß das Leben nicht unabänderlich schwierig oder schlecht ist, sondern von uns selbst geformt und verändert werden kann, dann hat man eigentlich schon gewonnen. Wenn Sie Ihr Leben in die eigenen Hände nehmen wollen, dann werden Sie in diesem Buch eine Menge Hinweise finden, um das Leben, Ihren Körper, Ihre inneren Organe, Ihre Gesundheit und natürlich auch Ihre Mitmenschen besser zu verstehen. Es ist so einfach: Man muß nur einen Blick dafür bekommen. Es ist eine Frage des bewußt Seins.

Unsere Einstellung zur Krankheit

"Gedanken töten Viren und aktivieren die Abwehrpolizei des Körpers."
Ergebnis einer Untersuchung in einer Krebsklinik in Texas

Wenn wir gesund bleiben wollen, ist vorbeugen und gar nicht erst krank werden der beste Weg. Erstaunlicherweise wird in unserer Gesellschaft über Krankheiten sehr viel geredet. Wenn Sie genau hinhören, wird in Tageszeitungen, Fernsehen, Presse usw. das Thema Krankheit immer sehr stark betont.
Die raffinierteste Werbung überhaupt lautet "Fragen Sie Ihren Arzt oder Apotheker!" Dieser Spruch hämmert in jeder Werbesendung für die unsinnigsten Produkte täglich 1000 Mal von der Mattscheibe. Da hat man einen Treffer gelandet! Das prägt sich ein. Das Thema Gesundheit wird weniger betont, es füllt nur die Annoncen mit den unterschiedlichsten Angeboten, um gesund zu werden.
Wenn Sie überlegen, daß unsere eigenen Gedanken, die wir jeden Tag und jede Nacht denken und außerdem unsere Gefühle die Voraussetzung für das sind, was wirklich in unserem Leben geschieht, dann tut jeder von uns gut daran, so zu denken und sich so zu fühlen, daß er gesund bleibt.
Also sollten wir unser Denken so orientieren und ausrichten, daß wir uns mit unserer Gesundheit und mit unserem eigenen Körper in einer positiven Art und Weise beschäftigen. In dem Immunreport der Zeitschrift Brigitte von 6/1988 wurde bereits ausführlich dargelegt, daß wir "durch unsere Gedanken die →Viren in unserem Körper töten können. Das Gehirn redet mit der Abwehrpolizei!" Ein Fernsehbeitrag über Kinder in einer Krebsklinik in Texas 1992 und ein weiterer TV-Beitrag im Frühjahr 2000 bestätigten aus ganz anderen Quellen diesen Bericht. Dabei erklärte man kleinen, krebskranken Kindern, daß sie mit einem Computerspiel Jagd auf die Krebszellen bzw. auf Virusinfektionen machen sollten. Tatsächlich wurden die Kinder gesünder, in dem Maße, wie sie das Computerspiel erfolgreich beherrschten!
Wenn einmal kleine Wehwehchen oder ein bischen Verspannung auftreten, oder man stößt sich irgendwo, oder man ist ein bischen verschnupft, dann sollte das nicht Anlaß sein, gleich aller Welt mitzuteilen: Ich habe dies und jenes. Man braucht auch nicht gleich zum Arzt rennen. Das ist eine Frage des inneren Vertrauens in die eigene Kraft.

Mit den Klagen wollen sich die Menschen wichtig tun und auffallen. Dadurch geben Sie dem kleinen Beginn einer Krankheit oder einem kleinen Unfall erst den Charakter, daß es wichtig wäre. Wenn jemand so reagiert, gehört er sicher zu der ängstlichen und unselbstständigen Bevölkerungsmehrheit in unserem Land.
Ein grundsätzlich gesunder, naturverbundener Mensch, z.B. ein Almbauer in Bayern oder ein Förster im Harz würde schon aus seiner Nähe zur Natur nicht derartig überzogen reagieren. Die "naturnahen" Menschen haben stets ein größeres Vertrauen in ihre Gesundheit und eine bessere Intuition bezüglich ihrer Bedürfnisse.
Je weiter sich die Menschen von der Natur entfernen, desto empfindlicher reagieren sie auf gesundheitliche Störungen, Kratzer oder auch auf Tiere aller Art. Der Gärtner schaut gar nicht hin, wenn ihm eine Spinne über den Weg läuft, eine Frau im Büro beginnt vielleicht hysterisch zu kreischen.
Richte ich meine Energie auf solche Kleinigkeiten, die mich im Alltag stören, dann werden diese Lapalien zunehmen. Vielleicht nutze ich dann die Situation und sage: Ach, jetzt habe ich ein bischen Kopfweh und kann nicht arbeiten gehen. Oder ich behaupte, ich sei in irgendeiner Form krank und könnte deswegen nichts tun, einfach weil ich keine Lust habe, etwas zu tun. Steigern Sie sich dann noch etwas hinein, wird die Krankheit stärker.
Ich habe früher wie die Menge der Menschen als Angestellter gearbeitet. Manchmal gab es Tage, an denen ich keine Lust hatte hinzugehen. Dann rief man seine Dienststelle an und mußte eine Entschuldigung bringen. Man kann ja nicht sagen: Ich habe keine Lust. Weil ich eigentlich ein ehrlicher Mensch bin, dachte ich mir: Du kannst ja nicht grundlos anrufen. Also habe ich in mich hineingehorcht, ob ich nicht Bauchweh oder etwas ähnliches hätte. Ich habe festgestellt, daß ich alleine durch diesen Unwillen vom Sonntagabend am Montagmorgen brav meine Magenbeschwerden oder Durchfall oder etwas ähnliches hatte. Es war nicht übermäßig schwierig genau das herbeizuführen.
Ich denke, das kennen alle Menschen, wenn sie ehrlich sind und gut beobachten. Wenn wir von diesem Beispiel in die Breite gehen, dann können wir →Magenbeschwerden durch starke Gedanken genausogut herbeirufen wie überwinden. Damit wird vielleicht deutlicher, warum Menschen mit einem überzogenen Willen, die viel erreichen wollen, die "den Hals nicht vollbekommen" verstärkt zu Magenproblemen neigen. Sie können das, was sie alles wollen, nicht "verdauen". Es ist einfach zu viel. Löst sich der Knoten und

können diese Menschen einen Teil ihrer Vorhaben loslassen, dann beruhigt sich ihr anstrengendes "Arbeitsprogramm". Gleichzeitig verbessert sich die Situation ihres Magens.
Es gibt ähnliche Fälle, die jeder von Ihnen schon einmal als Kind erlebt hat. Manche von uns haben selbst Kinder. Da kommt ein Kind zu Ihnen und will etwas. Auf dem Weg stößt es sich, stolpert, schlägt sich, schreit. Es tut ihm weh. Es ist aufgeregt, verärgert, und es hat Schmerzen. Wenn in diesem Moment etwas für das Kind Wichtiges geschieht, was das Kind ablenkt, wie wir es nennen, ist sofort der Schmerz vergessen. Das Thema ist erledigt. Es kann wieder springen und alles ist klar.
Wenn das Kind aber Kummer hat und die Aufmerksamkeit der Eltern möchte, und die Eltern sagen: Nein, laß mich in Ruhe, ich will jetzt nicht oder ich kann jetzt nicht, dann kann es sein, daß sich das Kind genau deswegen die nächste kleine Panne, einen Defekt oder Unfall leistet. Jetzt müssen Sie es trösten!
Bei meinen eigenen Kindern habe ich oft beobachtet, daß das systematisch so abläuft. Wenn ich dann sagte: "Ja, es ist schon gut. Es ist vorbei." Und es eben nicht gut war, dann stolpert es beim Weggehen oder eine Minute später, kaum, daß es aus der Tür war. Mein zweiter Sohn war darin Spezialist. Er ging aus der Tür, stolperte und fiel die Treppe hinunter. Das hat er bestimmt zehnmal gemacht. Er hatte dann die volle Aufmerksamkeit. Er hat seine Unfälle ohne weitere Schäden gut weggesteckt. Er ist ein sehr aufgewecktes Kind. Er ist sehr geschickt und stark. Entsprechend waren seine Aktionen, um etwas unter Beweis zu stellen, auch "stark". Wenn wir diese Überlegungen einbeziehen, dann werden wir ohne Schwierigkeiten dahinter kommen, was ein Kind braucht, das jetzt Aufmerksamkeit oder Liebe will.
Ähnlich ist es mit uns Erwachsenen. Die Spiele gehen weiter. Ich habe einmal einen Unfall beobachtet. Der Mann, den man mit gebrochenem Bein aus seinem völlig kaputten Auto wegtrug, war richtig glücklich. Er strahlte. Es war Montag früh um 7.30 Uhr.
Manchmal müssen wir sagen: Ich brauche Ruhe, ich brauche Abstand, ich brauche dies oder jenes, oder ich muß einmal einen Tag im Bett bleiben, anstatt zur Arbeit zu gehen. Kinder denken sich dann etwas aus und wir auch. Doch wenn es uns unbewußt oder bewußt gelingt, uns in so einen paralysierten Zustand zu versetzen, dann wird es auch möglich sein, daß wir uns aktivieren und in einen positiven Zustand bringen. Wenn die Gedankenkraft ausreicht, krank zu werden, dann kann sie uns auch gesund machen.

Ich habe viele Fälle bei mir in Beratungsgesprächen erlebt. Ein krasser Fall war ein Mann von 54 Jahren, der Angst gehabt hatte vor seinen Prüfungen als Tierarzt. Er hat relativ spät angefangen, alle möglichen Probleme erlebt und studierte bis er 38 Jahre war. Dann starb ihm, als er Ende 30 war, der Vater, der ihn die ganzen Jahre finanziert hatte. Von da an wurde es katastrophal. Er lastete alle Schuld der Umwelt auf. Er entdeckte bei seinen Professoren immer mehr Probleme. Zum Schluß war die Welt ganz böse, und er war das arme Dummerchen, das herumgeschubst und schlecht behandelt wurde. Schließlich wurde er disqualifiziert und von der Uni entlassen.
Die Ärzte bescheinigten ihm eine →Psychose. Das bedeutet, er ist unheilbar krank. Dieser Mensch wurde 4 Jahre später mit Anfang 40 als Frührentner anerkannt und für den Rest seines Lebens krank geschrieben. Er arbeitete nicht mehr. Er tyrannisierte seine Familie und lebte von der Sozialversicherung. Nachdem ich sein Vertrauen gewonnen hatte, ließen seine üblichen psychotischen Symptome schnell nach und ich konnte ganz normal und differenziert mit ihm reden. Im Verlauf weniger Sitzungen analysierten wir seine ganze Situation. Abschließend erklärte er mir lachend, es habe ihm sehr gut getan, er blicke jetzt durch, wisse auch, daß er zwar gestört und verzweifelt, aber nicht verrückt war, und daß er jetzt gesund sei und wieder arbeiten gehen könnte...
"Aber ich bin ja nicht blöd!" meinte er, ging heim, bekam seinen Anfall und wurde wieder eingeliefert. *"Da erhole ich mich immer,"* hatte er mir erklärt. Er wurde erst wieder richtig gesund, als klar war, daß er nicht mehr arbeiten muß, mit 58. Seitdem geht es ihm gut.
Wir können das weiter treiben. In Deutschland ist es relativ leicht, denn wir haben die Sozialversicherung. Es ist nicht so problematisch wie in den USA, wo fast jeder relativ teuer und unbequem seine Versicherungen selbst bezahlen muß und sehr viele Menschen überhaupt nicht versichert sind. Hier können wir leichter einmal krank werden. Das verführt dazu, krank zu spielen und krank zu bleiben.

Denken Sie einmal darüber nach, was für Sie der richtige Lebensweg ist. Ich habe volles Verständnis dafür, wenn jemand am Fließband steht oder eine andere monotone Tätigkeit macht und dann irgendwann sagt: Ich mache das nicht mehr mit. Welche Lösung kann man einem Menschen empfehlen, damit er aus dieser

Schwierigkeit heraus kommt? Zuerst muß er akzeptieren, daß er sich selbst in diese Situation gebracht hat. Er muß die Verantwortung übernehmen für das, was bereits in seinem Leben geschehen ist. Er hat es selbst herbeigeführt.
Wenn Ihnen die Arbeit nicht mehr gefällt, wenn Sie da heraus müssen, dann sollten Sie sich lieber mit geeigneten Methoden, z.B. der →Psychokybernetik oder dem →Energytraining die nötige Power besorgen, um den Absprung in eine andere Tätigkeit zu finden. Bedenken Sie bitte, daß es tatsächlich eine ausgleichende Gerechtigkeit in diesem Universum gibt. Das ist kein strafender Gott, sondern es ist das Gesetz von Ursache und Wirkung!
Die Inder bezeichnen das als Karma. Es bedeutet wörtlich übersetzt "Mutter der Handlungen". Also, was wir verursachen, das hat Folgen. Und wenn jemand meint, daß er die Gesellschaft betrügen kann, dann wird er irgendwann seine Zeche bezahlen. Im Verlauf der letzten 20 Jahre waren zahlreiche Patienten mit Behinderungen bei mir in der →Reinkarnationstherapie, Behinderungen z.B. durch Unfallschäden, oder bei den eigenen Kindern schon ab der Geburt. In einigen dieser Fälle waren die jetzt behindert geborenen Kinder Opfer aus einem KZ. Sie wurden im Haus ihrer alten Peiniger geboren, die sich nun für den Rest ihres Lebens um die Opfer kümmern müssen.
Doch in einem Fall war es umgekehrt. Der Folterknecht wurde als behindertes Kind seiner Opfer wiedergeboren, jeweils im nächsten Leben.
Die beteiligten Personen waren bereits seit Jahrhunderten in schwierige und heftige, gegenseitige Beziehungen verstrickt. Es wäre viel zu kurzsichtig, aus einem aktuellen Problem auf nur eine Ursache zu schließen. Unsere verschiedenen Erdenleben sind oft in einer sehr komplizierten und vielschichtigen Weise miteinander verwoben.
Ein anderer Mann bezeichnete sich selbst als total überheblichen, arroganten und tyrannischen Typ, bis ein Autounfall dem ein Ende setzte und er auf seine freundliche und liebevolle Ehefrau bedingungslos angewiesen war, die er jahrelang tyrannisiert und ausgenutzt hatte.
Wir sind die Ursache für das, was in unserem Leben geschah und noch geschieht. Sie schaffen durch Ihre Gedanken und Gefühle die Ursachen für Ihre Zukunft. Also können Sie sich ausdenken, wie Sie so korrekt, so sauber, so gesund, so positiv, so lebensfroh und so liebevoll leben, daß Ihnen das Leben wirklich Freude bereitet.

Wenn wir uns mit Gesundheit oder Krankheit befassen, sollten wir bedenken, daß kein Mensch 1000 Tage Sonnenschein aushält. Überlegen Sie einmal selbst: Wenn jeden Tag standardmäßig 30° wären, würden wohl viele Menschen nach Skandinavien fahren, damit sie wieder einmal bei minus 10° Ski fahren können und wieder einmal Schnee sehen, oder sie würden trotz der 30° nach Afrika fahren, wo sie täglich 45° haben.
Abwechslung spielt in unserem Leben eine wichtige Rolle. In welchem Bereich wir diese Abwechslung ablaufen lassen, müssen wir gut überlegen. Es liegt in unserer Macht, es zu tun. Sie können sagen: "Es geht mir prima. Ich akzeptiere es, wenn ich einmal verschnupft oder verkatert bin, oder irgendeine Veränderung in meinem Körper spüre. Das hat einen verborgenen Sinn. Was will mir die Krankheit sagen? Nun, in Kürze ist es vorbei und es geht mir wieder gut."

Betrachten wir die Krankheit als einen Ratgeber. Ein steifes Genick ist ein Zeichen von zu viel Streß oder von einer Überlastung mit Verantwortung. Es kann aber auch ein negativer gedanklicher Einfluß von anderen, vielleicht nahestehenden Personen sein oder eine →Besetzung. Bei unseren Analysen müssen wir vorsichtig sein. Die naheliegende Erklärung ist nicht immer richtig. Das Leben hat wirklich Freude an äußerst komplizierten Arrangements, die dann wiederum sehr einfach gestaltet werden. Das eben ist ja das Leben in seiner Fülle!
Eine Erkältung kann ein Zeichen für einen Mangel an Liebe sein. Wenn wir zu sehr im Streß sind, werden wir gereizt. Es ist eine Abwehrhaltung. Wer den Hals nicht voll bekommt, bekommt auch Magenbeschwerden. Sehe ich meine Fehler ein, gehen die Symptome bald wieder weg.
Wenn ich nichts unternehme, schickt der Körper eine Dauermahnung und sagt: Jetzt schalte endlich einmal ab! Das geht dann vielleicht einige Wochen oder Monate gut, vielleicht sogar einige Jahre, je nachdem, wie schwer das eigentliche Problem ist, aber irgendwann ist Schluß. Wenn Sie auf die Mahnungen Ihres Körpers dauerhaft nicht hören wollen, dann schickt er eine chronische Mahnung, einen Dauerzustand, und zum Schluß kommen schwerwiegende Pannen, Unfälle und Katastrophen.
Es kann auch sein, daß Sie sich einen Unfall leisten, der einen dauerhaften Schaden mit sich bringt. Und zum Schluß, wenn Sie das alles nicht mehr hören wollen, wird der Apparat abgeschaltet.

Dann kommt der →Tod. Wenn Sie dann tot sind, werden Sie mer-merken, daß es hinterher gleich wieder in einer anderen Weise weitergeht.
Wenn wir die Möglichkeit haben, hier auf der Erde positiv weiterzumachen, dann ist das besser, als wenn wir unseren Körper in irgendeiner Form ruinieren, indem wir rauchen, was garantiert schädlich ist, indem wir nicht nur ab und zu einmal ein Gläschen Alkohol trinken, sondern routinemäßig täglich Wein, Bier und Schnaps. Wenn wir systematisch unseren Organismus überlasten, oder systematisch zuviel Fett, zuviel Fleisch oder zuviel Süßigkeiten essen, dann ist das der Beweis für unbefriedigende Lebensumstände. Wir müssen dann die Umstände ändern. Sonst können wir die schlechten Angewohnheiten nicht abstellen.
Die Vorbeugung durch einen höheren Grad an Bewußtsein ist der sicherste Weg zu einem erfüllten Leben. Dafür kann ich Ihnen vor allem das Energytraining empfehlen. Noch viel wichtiger ist jedoch eine gute Partnerschaft. Experimente in Mexiko haben schon vor vielen Jahren bewiesen, daß zwei Menschen "neuronale Felder aufbauen, die über ihre Gehirne direkt aufeinander einwirken und Informationen austauschen." Es war der wissenschaftliche Beweis für Telepathie. (→Psychologie Heute, 4/89) Wenn sich zwei Partner nicht vertragen, wirken sie natürlich im negativen Sinne ebenfalls aufeinander ein. Das weiß wohl jeder, der schon einmal Schwierigkeiten in einer Partnerschaft erlebt hat.
Wenn uns die Partnerschaft unerfüllt läßt oder krank macht, müssen wir eine Trennung in Erwägung ziehen. →Energytraining (ET) gibt Ihnen garantiert die Kraft, um eigene Wege zu gehen. Mit ET können Sie so gut in Form bleiben, daß Sie spielend 80 oder 100 Jahre alt werden können, ohne ständig zum Arzt zu gehen.
Wir müssen wirklich einen Blick und ein Gefühl dafür bekommen, wann wir einen Arzt brauchen und wann nicht. Das hat sehr viel mit unserem inneren Selbstvertrauen zu tun, mit dem Gefühl für den Zustand unseres Körpers.

Leitsatz:

**Mein Körper und mein Tun
sind auf wundervolle Weise formbar
und ein Produkt des sie durchdringenden Geistes.**

Der Energiekörper des Menschen: Die verschiedenen Schwingungen der Aura

Was ist denn überhaupt der Mensch, sein Leben, seine Seele und seine Gesundheit?
Wir können die menschliche Erscheinung in 4 Bereiche gliedern.
Der Mensch besteht aus Körper, Seele, Geist und Ego. Man kann sagen, daß unser Körper der dichteste Teil davon ist. Der dichteste Teil unseres Körpers sind dann die →Zähne. Sie sind bereits natürlich gewachsene Kristalle.
Unsere Seele (Ätherkörper) wird als feinstofflich bezeichnet. Der Geist ist eine noch feinere Energie und wird als Astralkörper bezeichnet.
Der Begriff Mentalkörper umfaßt den "denkenden Teil des Astralkörpers" und das Ego. Anders formuliert könnte man sagen, daß der Mentalkörper der Teil unseres Energiekörpers ist, der aus den oberen Chakras und aus den Aktivitäten unseres Gehirns gebildet wird. Das Ego selbst wird wiederum als Teil des Mentalkörpers dargestellt.
Der Begriff Aura bezeichnet pauschal das feinstoffliche und energetische Feld des Menschen. Mit dem Begriff der Aura werden verschiedene Energiefelder und Strahlungen zusammengefaßt.
Natürlich sehen manche spirituellen Forscher das etwas anders und liefern eine andere Beschreibung. Diese Darstellung beruht auf meinen eigenen Erfahrungen und wir können gut damit arbeiten.

1. Nadis und Chakras: Die feinen Energiekanäle im Astralkörper bezeichnen die Yogis als Nadis. Sie verlaufen weitgehend in unserem Körper, aber auch auf seiner Oberfläche und in der Aura. Sie gehören mit den Chakras, unseren Energiezentren, zusammen. Ihre gemeinsame Energiequelle ist die Kundalini, die Basis-Energie. Sie können noch nicht direkt gemessen werden. Nur die Auswirkungen davon sind z.B. mit Hilfe der Kinesiologie registrierbar.
Das Nadisystem ist dem Nervensystem übergeordnet und keineswegs identisch. Die Chakras sind Energiezentren, die aus dem Hauptkanal in der Wirbelsäule (Shushumna) gleich feinen Tulpen hervorkommen, den Körper und bestimmte innere Organe durchdringen und dann ca. 5 cm außerhalb des Körpers münden. Über sie kommunzieren wir im Energiebereich unseres Geistes mit der Außenwelt. →Chakras und Drüsen.

2. Mitosestrahlung: Das ist die Zellkommunikation auf der Ebene des Infrarotlichtes, also im Bereich der Wärmestrahlung. Sie wurde von →Dr. Popp entdeckt und bildet wesentliche Teile der außen sichtbaren Aura. Ihre Quelle ist die Mitosestrahlung aus den Zellkernen. Das ist die Wellenlänge der Zellkommunikation. Sie steht also in direktem Zusammenhang mit unserer DNA. Es ist völlig normal, daß ein Wissenschaftler als erstes diese feine Zellkommunikation entdeckt. Sie ist noch am ehesten Teil seiner materiellen Welt, die er erforscht.
Irgendwann werden wir vielleicht in der Lage sein, die "Körpersprache der Zellen" im Infrarotbereich richtig zu lesen. Dann könnten wir aus den Schwingungen genau herauslesen, was einem Menschen fehlt. Außerdem könnten wir ihn dann über eine gezielte Bestrahlung mit dieser feinen Energie zur Heilung anregen. Chemische Analysen oder organische Eingriffe gehören dann der Vergangenheit an.
In der Serie "Raumschiff Enterprise – The Next Generation" wird ständig davon geredet. Da die Filmemacher von Fachleuten der NASA beraten werden, wird also dieses Thema bereits in Forscherkreisen diskutiert.

3. Meridiane: Die Kräfte zwischen (1.) und (2.) werden von der Energie im Meridiansystem der Akupunktur überlagert und durchdrungen. Das ist nicht die gleiche Energie, doch soweit ich es beurteilen kann, sind die Nadies die oberste Steuerungsebene und Teil des Geistes, während die Meridiane Teile des "Energiekokons des Menschen" sind, die in einer direkten Wechselwirkung mit den inneren Organen stehen, also mit der Mitosestrahlung.
Es ist falsch, wenn gewisse Mediziner meinen, die Inder oder Chinesen hätten nur nicht richtig begriffen und das System der Nadis und der Meridiane sei einfach nur das Nervensystem. Es gibt natürlich Verbindungen von den Meridianen zum Nervensystem und ebenso zum Lymphsystem. Die Einzelheiten wurden in der →Kinesiologie sehr gut aufgeklärt. Doch diese verschiedenen Systeme sind nicht identisch. Die westliche Überheblichkeit, daß die anderen "primitiven" Forscher mal wieder nichts kapiert haben und man es selbst besser weiß, ist oberflächlich und muß korrigiert werden. Die östliche Wissenschaft ist einige tausend Jahre älter, als die westliche Technik.

4. Urenergie: Es gibt noch ein weiteres Energiesystem, das von den Tibetern entdeckt wurde. Sie bezeichnen es als "Urenergie". Diese Energie kreist in zwei großen Unendlichkeitsschleifen vor unserem Körper, und zwar auf 2 Ebenen, einmal links und einmal rechts herum. Die erste Schleife befindet sich ca. 5 cm über dem Körper auf der Ebene der Chakras und die zweite dicht darüber. Diese Energie könnte eine Sammelwirkung der Chakras 1 bis 5 sein. Zwei weitere derartige Schleifen, nur viel kleiner, kreisen direkt vor unserer Stirn. Sie stehen direkt mit dem 3. Auge in Verbindung. Wenn ein Mensch geschwächt ist, bewirkt eine Behandlung der Urenergie kleine Wunder.

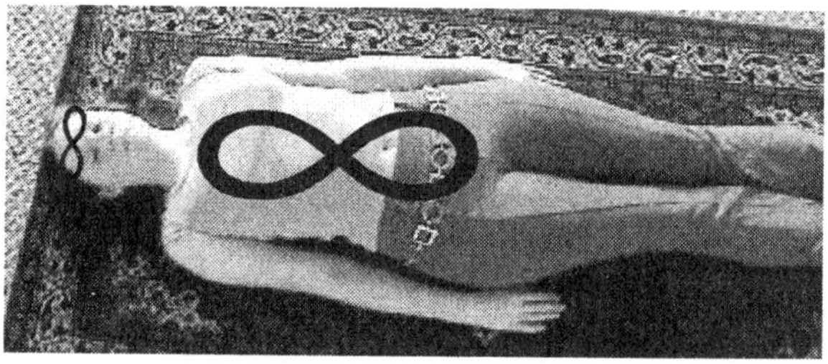

Zur Aktivierung stets so über den Körper streichen, daß Du zuerst von links unten nach rechts oben beginnst und auch wieder aufhörst, und anschließend von rechts unten nach links oben beginnst und auch wieder aufhörst!
Also stets mit einem Aufwärtsstrich beginnen und beenden, nicht etwa zum Abschluß die Energie herunterziehen!

Test der Urenergie: Um zu testen, ob die Urenergie richtig fließt und stark genug ist, machen wir folgende Übung:
Die Testperson legt sich auf den Rücken. Der Therapeut kniet sich daneben. Zuerst wird der linke Arm am Ohr vorbei nach oben ausgestreckt und ca. 50 cm hoch gehalten, ebenso wird das rechte Bein ca. 50 cm gestreckt hochgehalten. Der Therapeut greift nun im Bereich Ellenbogen und Wade an Arm und Bein, und versucht in dieser Position Arm und Bein hochzuziehen. Die Testperson hält dagegen.
In dieser Position hat der Therapeut nicht viel Gewalt in den Händen. Der Testperson fällt es bei gesunder Urenergie leicht, dagegen zu halten. Wenn sie trotzdem nicht gegen halten kann, ist die-

ser Energiekreislauf geschwächt. Es ist der Kreislauf, der von rechts unten kommt und in Richtung linker Arm aufsteigt.
Anschließend erfolgt erst noch der Test mit dem rechten Arm und dem linken Bein. Nachdem beide Richtungen getestet wurden, legt die Testperson die Arme entspannt neben den Körper, und der Therapeut fährt im seiner rechten Hand die Urenergieschleife nach, in der Weise und Richtung, wie der Test schwach war. Meist reichen schon 3-4 Kurvenbewegungen.
Danach werden beide Tests wiederholt.

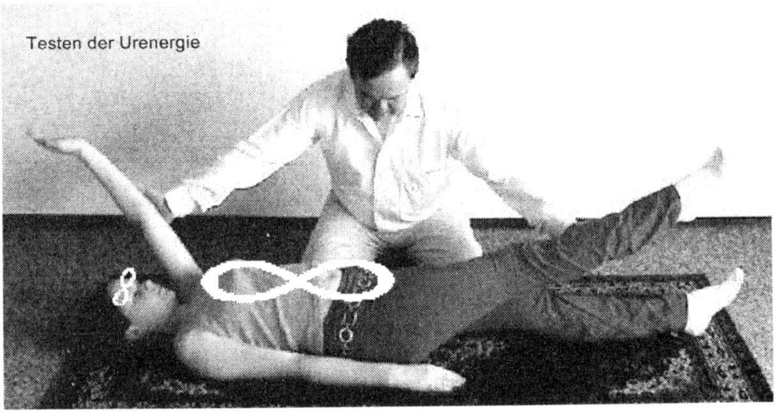
Testen der Urenergie

Kopftest: Die Arme liegen neben dem Körper. Die Testperson hebt im Liegen den Kopf etwas an. Der therapeut drückt mit leichtem Druck auf die Stirn, ca. 0,5 - 1 kg Druck. Testen Sie die Stärke Ihres Drucks mit einer Haushaltswaage!
Wenn die Testperson diesen Druck nicht aushalten kann, ist sie in Bezug auf Erkältungskrankheiten gefährdet und die Urenergie vor dem Kopf ist zu schwach, folglich auch das 3. Auge.
Zur Stärkung der Energieschleife vor der Stirn (vom 6. Chakra) deuten wir mit den Fingerspitzen Richtung Stirn und ziehen diese Schleife ebenfalls nach. Wir machen die Bewegung nur in der Luft. Die Stirn wird nicht berührt.
Wenn Du diese Bewegung für einen Patienten machst, kannst Du es auf Deiner eigenen Stirn fühlen! Über diese Energie stehen wir immer mit unseren Kontaktpersonen in Verbindung. Auch hierbei stets mit einer Aufwärtsbewegung beginnen und beenden.

Die verschiedenen Energiefelder unter Punkt 1 - 4 liefern alle gemeinsam Beiträge zur Aura. Mit diesen Erläuterungen wird deutlich, warum hellsichtige Menschen unterschiedliche Wahrnehmungen habe. Wir sind es nicht gewohnt, all das wahrzunehmen. Die westliche Erziehung verbietet es. Wenn wir dann hellsichtige Wahrnehmungen haben, sehen wir Teile dieser verschiedenen Kräfte, je nachdem wie wir es gelernt haben. Verschiedene Berichte über die Aura sind also kein Widerspruch, sie ergänzen sich.
In der traditionellen indischen Lehre von den verschiedenen Körpern wird von 3 (4) verschiedenen Körpern gesprochen, sowie deren Widerspiegelung auf den jeweils anderen Ebenen. So kommen wir also zu 3 x 3 bzw. 4 x 4 Körpern (9 oder 16). Yogi Bhajan spricht z.B. von 9 + Ego = 10 Körpern. Bei derartigen Betrachtungen sollten wir aber bitte nicht schon wieder spießig werden. Es ist wichtiger, bestimmte, wertvolle Einsichten in die energetische Natur des Menschen zu bekommen, als daß man versucht, sofort einen differenzierten Katalog von 16 Körpern anzulegen. Die verschiedenen Körper oder Schwingungsbereiche durchdingen sich sowieso und sind oft schwer zu unterscheiden.

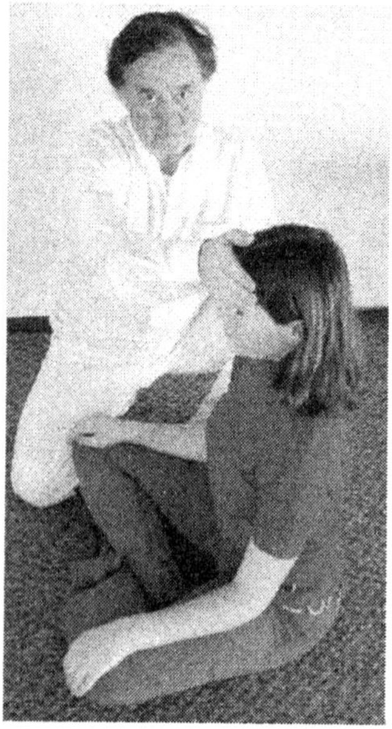

Stressrelease-Übung:

Bei Unruhe, Kopfschmerzen, Spannungen oder Angst halte dem Patienten eine Hand locker dicht vor oder auf die Stirn, die andere Hand hinten im Rücken in einem Bereich von Brustwirbelsäule bis Nacken, je nachdem, welche Position der Patient am angenehmsten empfindet und wo die Energie am besten durch Deine Hände zirkuliert. So kommt die Energie des Patienten wieder in Fuß und seine Spannungen, die auch Blockaden sind, verschwinden.

Die verschiedenen Energieebenen unserer Existenz

1. Unser Geist hat sich "das alles ausgedacht, was wir Leben nennen". Der Geist verwirklicht seine Vision von diesem Leben hier auf Erden. Dazu gehört der **Astralkörper,** das ist die Lebensenergie an sich. Die geistige Ebene kann formuliert werden in Begriffen der Physik (Energie). Sie ist der chemischen Ebene übergeordnet.
Wir müssen unterscheiden zwischen dem Geist mit seinen Zielen und dem Körper mit seinen Bedürfnissen, seinem Verlangen. Dabei ist zu berücksichtigen, daß die heutige, aktuelle Struktur unseres Geistes relativ neu ist. Der Geist kommt über die Bewußtwerdung im Körper zum Ausdruck. Die Entwicklung des Verstandes, die Intellektualisierung, hat im Laufe unserer Entwicklung immer mehr zugenommen.

2. Unser Ego hat die Fähigkeit zu erkennen, daß wir existieren und das wir erkennen. "Ich denke, also bin ich!" Das Ego ist ein spezieller Teil des Geistes. Auch jede Pflanze und jedes Tier hat einen Geist, aber kein Ego in diesem menschlichen Sinne, sondern ein Gruppenbewußtsein, ein Gruppenego.
Es ist jedoch die Frage, wieviel Selbstbewußtsein oder Ego in einem Tier erwachen kann, wenn es eine gute und intensive Beziehung zu einem Menschen hat. Es ist mir immer wieder aufgefallen, daß fast alle Tiere, die ich irgendwann hatte, bzw. die in meiner Familie lebten, bereits nach kurzer Zeit einen ganz anderen Augenausdruck bekamen, bewußter und intelligenter reagierten, als es fremde Tiere irgendwo tun. Das gilt auch für manche anderen engen Beziehungen zwischen Mensch und Tier. Es scheint sehr wohl mit der Intelligenz des jeweiligen Menschen und mit seinem Grad an Bewußtheit zusammenzuhängen, weniger mit der Art der Tiere. (→Tiere sprechen mit uns!)
Ich halte also bewußtseinssteigernde Beziehungen bis hin zu einem Ego bei den unterschiedlichsten Tieren für möglich, und ich verwechsle das keineswegs mit einem Nachahmungstrieb. Selbstverständlich gibt es auch die Telepathie zwischen Mensch und Tier.
Das Ego der Tiere und Pflanzen ist also von Natur her nur rudimentär oder gar nicht vorhanden. Auf der anderen Seite haben wohl alle Tiere und Pflanzen eine Art Kollektivbewußtsein. Es ist mir

immer wieder möglich gewesen, zu einzelnen Tieren und über die einzelnen Tiere oder Pflanzen einen geistigen Kontakt zum kollektiven Bewußtsein dieser Pflanzenart oder Tiergattung herzustellen. Beobachten Sie einmal einen Vogelschwarm im Herbst oder einen Fischschwarm in einem Tierfilm. Die großen Schwärme reagieren oft mit Millionen von einzelnen Lebewesen in perfekten, harmonischen Bewegungen. Das ganze Jahr über leben die Singvögel verteilt in ihren Revieren, verstreut über hunderte von Quadratkilometern, doch im Herbst sammeln sie sich. Sie vereinigen sich zu einem einzigen, großen Gemeinschaftswesen, daß nach dem Start perfekt harmonisch reagiert. Offensichtlich werden sie von einer höheren, geistigen Kraft gesteuert, denn mit einer vernünftigen Überlegung wären sie nicht in der Lage, alle schon eingeordnet an ihrem Platz zu fliegen. Sie würden dauernd zusammenstoßen und es gäbe ein einziges Chaos. Das macht den Unterschied deutlich zwischen unserem Verstandesdenken und der geistigen Einheit in einem mentalen Kollektiv.

Am offensichtlichsten und am höchsten ausgeprägt ist dieses kollektive Bewußtsein bei den staatenbildenden Insekten. Man braucht sich nicht groß anzustrengen: Es ist offensichtlich, daß alle Bienen eines Stammes wie EIN Lebewesen handeln. Das Gleiche gilt für einen Ameisenhaufen und seine Bewohner.

Ich meine, daß das Kollektivbewußtsein eines Ameisenhaufens in seiner Funktion dem ausgeprägten Bewußtsein eines gut entwickelten Menschen zumindest ähnlich ist, nahe kommt, vielleicht sogar überlegen ist.

Und wenn ich die vielen dumpfen, geistig unterentwickelten Menschen sehe, die am Rande der Gesellschaft in den sogenannten "asozialen Kreisen" ihr Dasein fristen, dann bin ich sicher, daß ein Ameistenstamm entschieden besser und höherwertiger organisiert ist.

Auf der anderen Seite sind einzelne Ameisen ohne ihre Beziehung zum Kollektiv nur maximal 3 Tage lebensfähig. Wenn wir sie vom Kollektiv trennen und in ein Glas sperren, sterben sie innerhalb von 3 Tagen ab, weil ihr Leben keinen Sinn mehr ergibt.

Dabei sollten wir beachten, daß eine Ameise die Zeit ganz anders empfindet als wir. Sie wird nur ca. 18 Tage alt. Wenn wir das mit unserer Lebenserwartung von rund 80 Jahren vergleichen, dann wäre für eine Ameise ein Tag bereits 4 Jahre. Wundert es uns, wenn eine Ameise nach 12 Jahren Einzelhaft stirbt?

Wenn wir nun die andere Seite betrachten, dann könnte es sein, daß ein einzelner, asozialer Mensch, wenn er plötzlich in eine Katastrophe hineingerät, z.B. nach einem Erdbeben oder in einer Kriegssituation, neuen Überlebenswillen zeigt und sich profiliert. Es könnte sogar sein, daß diese "primitiven Menschen" am Rande unserer Gesellschaft deshalb nicht richtig an unsere Kultur angepaßt sind, weil sie in ihrem Bewußtsein vielleicht tatsächlich nach uralten Mustern vergangener Epochen funktionieren.
Ich habe früher in Frankreich oft Clochards als Tramper mitgenommen und war verblüfft, wieviele gebildete Menschen sich unter ihnen befanden. Sie hatten nur einen Grund, sich dieser Gesellschaft zu verweigern.
Die Fähigkeiten eines großen Kollektivs und die Fähigkeiten eines ausgeprägten Egos bieten also unterschiedliche Vorteile. Hüten wir uns vor Überheblichkeit! Wir sollten diese Überlegungen nutzen, um das Leben an sich besser zu begreifen.

3. Unsere Seele. Darin werden unsere Gefühle erzeugt und zum Ausdruck gebracht. Das wird auch als feinstofflicher Körper oder als **Ätherkörper** bezeichnet. Die Seele ist ein Produkt der Einwirkungen des Geistes auf die organische Ebene (1. und 2. auf 4.). Sie ist also ein Produkt der chemischen Ebene und Vermittler zwischen Geist und Körper.
Gefühle sind in erster Linie chemische Reaktionen und werden durch Gewohnheiten geprägt. Es ist das Gebiet, wo der Geist sich der Materie mitteilt. Folglich ist es das Gebiet, in dem Spannungen entstehen und abgeglichen werden. So dienen unsere Gefühle dem Geist, um den Zustand des Körpers zu beobachten und zu kontrollieren. Und ein Körper mit intensiven animalischen Bedürfnissen und Reaktionen kann sehr wohl einen schwachen Geist schachmatt setzen. Das Fleisch ist willig, der Geist ist schwach!
Der Sektor in unserem Gehirn, wo die Gefühle entstehen, ist das sogenannte Limbische System. Wir können sagen, daß unterhalb des Limbischen Systems der Körper, die Sinnesorgane und das Stammhirn (Reptilhirn) liegen, während oberhalb des Limbischen Systems das Großhirn liegt, in dem unsere geistige Aufnahme, Verarbeitung und Planung ablaufen. Das Limbische System filtert tatsächlich alle Daten und Informationen, die von außen kommen, und gibt sie zensiert ans Großhirn weiter. Umgekehrt macht das Limbische System Probleme, wenn wir dem Körper ganz neue und

fremde Gedanken mitteilen wollen, damit sie in der Außenwelt ausgeführt werden.
Das Limbische System wird offensichtlich durch Erziehungsmaßnahmen programmiert. Im Gefühlssektor wird durch einen Filter festgelegt, was wir dürfen oder nicht. Tabus werden hier geprägt. Wir wissen später nicht einmal, was da alles programmiert ist! Nehmen wir ein einfaches Beispiel: Sobald wir geschlechtsreif sind, drängt unser Reptilhirn, unser Instinkt, nach dem Impuls der Vermehrung. Eigentlich würden wir von den Instinktreaktionen her gerne und häufig →Sex haben mit jedem attraktiven Partner, der uns gerade über den Weg läuft. Das würde jedoch bei der Dichte der menschlichen Zivilisation zu einem Chaos führen. Aus diesem Grund hat sich die menschliche Rasse tausende von Regeln ausgedacht, um die sexuelle Energie zu kanalisieren und um trotz der Bevölkerungsdichte eine gewisse geregelte Beziehung zu ermöglichen, ohne daß alles aus den Fugen gerät.
Diese Programmierungen, was wir dürfen, im Unterschied zu dem, was wir instinktiv wollen, sind Teil des Limbischen Filters. Je mehr dieser Filter programmiert wird, z.B. indem ein Mensch nicht nur zu gewissen Regeln angehalten wird, sondern indem man diese gesellschaftlichen Regeln noch durch religiöse Verbote untermauert, desto mehr werden alle Entscheidungen in das Großhirn und die Verstandesebene verlagert. Die →Instinkte werden unterdrückt. Sie verkümmern. Unterdrückte Instinkte können eine Zeitbombe darstellen, die irgendwann hochgeht. Der Mensch dreht durch und lebt seine unterschwelligen Instinkte explosionsartig aus. Er wird gewalttätig, pervers oder akut krank.
Menschen, bei denen man durch eine verklemmte Erziehung die natürlichen Bedürfnisse des Körpers abgeschaltet hat, neigen zu allen gängigen Zivilisationskrankheiten. Außerdem neigen sie dazu, alle Erkenntnisse zu intellektualisieren. Die Gefühle werden gar nicht mehr richtig erkannt, da das Limbische Gefühlssystem weitgehend durch Erziehungsbefehle programmiert und blockiert ist. Das ist die Quelle unzähliger Krankheiten. Es ist die Ursache, für immer schlechtere gesellschaftliche und partnerschaftliche Beziehungen.
Die Entfremdung der Menschen untereinander, die modernen Krankheiten und sozialen Mißstände, haben ihre Ursache in der sexualfeindlichen christlich-religiösen Erziehung der vergangenen 1000 Jahre plus der zunehmenden Intellektualisierung der vergangenen 200 Jahre der "industriellen Revolution". Die Zunahme an

Perversionen ist so zu verstehen, daß nach einer gewissen Dauer der Unterdrückung die animalischen Bedürfnisse wieder durchbrechen und dann jegliche Kultur vermissen lassen, da die Kultur selbst als emotional feindseelig und unterdrückend erfahren wurde.

4. Unser physischer Körper ist ein Säugetier. Wir haben uns diese "Fahrzeuge" für unsere Seele und für unseren Geist in Jahrmilliarden herangebildet, um auf diese Weise hier auf Erden leben zu können. Organisches Leben ist eine spezielle Form der Wechselwirkung chemischer und energetischer (physikalischer) Kräfte in einem flüssigen System. Als das organische Leben auf Erden entstand, haben wir im Wasser existiert. Später haben die Tiere einen Teil des Wassers in sich hineingenommen, so daß die Lebensprozesse in unserem Inneren unter kontrollierten Bedingungen ablaufen können.

Die animalische Ebene, unser Körper mit seinen Bedürfnissen, ist nach Meinung der Wissenschaftler als Säugetier-Struktur ca. 160 Millionen Jahre alt oder noch wesentlich älter. Die Anlage der schleimproduzierenden Sexualorgane ist eine Errungenschaft der Mollusken (Weichtiere, konkret die Schnecken) und 500 Millionen Jahre alt oder noch älter.

Wasser kann große Mengen Wärmeenergie speichern. Aus diesem Grund ist Wasser optimal geeignet, um Energie zu halten und zu regulieren. Allerdings kann anorganische Materie wesentlich größere Mengen Energie sammeln, halten und transportieren als organisches Material. Organische Materie ist auf ein sehr schmales Spektrum beschränkt. Unsere Körpertemperatur muß z.B. in der geringen Bandbreite von 36°-42° bleiben, und eigentlich ist nur genau 36,5° gesund.

Ebenen des Bewußtsein - die kosmische Hierarchie

Manche philosophisch orientierten Forscher meinen, die Gedanken eines Menschen seien nur die Oberschwingung, eine Summe der Lebensimpulse seiner Zellen und speziell seines Blutes, in Wechselwirkung mit der Umwelt. Betrachten wir einmal jedes Organ als eine Stadt und den ganzen Körper als Abbild der Erde. In diesem Sinne wären unsere Gedanken nur die Oberflächenschwingungen von Myriaden einzelner Impulse, die zusammengefaßte Gesamteindrücke liefern. So, als wenn wir alle Radioimpulse von den Satelliten um die Erde zusammenfassen und als dreidimensionales Netz darstellen. Jeder Blutstropfen wäre dann ein holografisches Modell der Welt oder gar des Universums mit den entsprechenden Informationen.

Jedes rote Blutkörperchen weist Eigenschaften auf, die die Forscher vermuten lassen, daß sie ein Eigenleben haben. Folglich müßte es möglich sein, aus einem Blutstropfen den ganzen Menschen oder die Welt zu analysieren! Und es gibt auch verschiedene Untersuchungsmethoden, die so arbeiten (➔Dr. Aschoff-Test, ➔Prof. Enderlein). Aus den Untersuchungen von Dr. Popp wissen wir, daß sich die Zellen alle untereinander mit Infrarotsignalen unterhalten.

So betrachtet, wäre ein Mensch die Summe verschiedener Geister oder "Energie-Einheiten", die jeweils ein Organ steuern. Es kommt darauf an, daß sich die Teile miteinander vertragen. Kommt es zu Störungen im System, wird der Organismus krank. Oder ein Organ beginnt wild zu wachsen, hält sich nicht mehr an die Regeln, und der Mensch bekommt ➔Krebs.

Wir können vermuten, daß es ebenso eine Oberschwingung der Fülle menschlicher Gedanken gibt, z.B. in einer Stadt, Region, einem Volk, Land, Erdteil oder der ganzen Erde. Und wer liest und versteht die? Die Engel, Mutter Erde, Vater Sonne oder Gott?

Exkurs: Die kosmische Hierarchie der Theosophen und Anthroposophen.

Rudolf Steiner hat es seinerzeit um 1920 so beschrieben, daß die Engel eine ganze Entwicklungsepoche über uns stehen und daß ein Engel eine größere Anzahl von Menschen betreut. Der Körper der Engel hier auf Erden wird durch das Element Wasser gebildet. Also Wasser in jeglicher Form. Wenn es regnet, nehmen die Engel

Einfluß auf eine bestimmte Region. Manche Menschen mögen den Regen, anderen ist er zuwider.

Die Erzengel sind noch eine Entwicklungsstufe höher und dirigieren als einzelne höhere Wesen jeweils eine ganze Rasse, ein Land oder ein Volk. Das bedeutet, der Charakter eines Volkes oder eines unabhängigen Landes wird letztlich durch den Erzengel bestimmt, der dieses Volk dirigiert. Der Erzengel der Juden war Jehova. Der Erzengel der Indianer war Manitou. Den physischen Körper der Erzengel sah Rudolf Steiner in der Luft und in der Kraft des Windes.

Alle reden vom Wetter, nicht wahr? Tatsächlich wird ein riesiger Aufwand getrieben, um das Wetter vorherzusagen, und trotz modernster Technologie sind diese Vorhersagen oft nicht viel wert. Es ist eben nicht möglich, die Pläne der höheren Wesenheiten mit Meßapparaten vorher zu bestimmen. Ich könnte mir jedoch vorstellen, daß die Wettervorhersagen dann besser werden, wenn die Meteorologen das religiöse Element wieder einbeziehen und glauben könnten.

Nach Meinung von Steiner, den Theosophen, Anthroposophen und Kabbalisten kommen über den Erzengeln die Feuergeister oder Elohim. Sie dirigieren die Entwicklung der Erde, wohnen im Inneren der Sonne und einer von Ihnen hält die Erde selbst warm, damit sich unsere Art von Leben darauf entwickeln konnte. Die Anzahl der Elohim in der Sonne soll 8 betragen. Sie <u>sind</u> die Sonne! Und der Elohim der Erde heißt Gaia. Man sollte derartige Gliederungen der geistigen Welt nicht zu mechanistisch betrachten, doch es kann uns helfen, die jenseitigen Welten zu begreifen. Alle alten Kulturvölker hatten ähnliche Vorstellungen. Bei den Juden, wie auch bei den Indern, gibt es 8 Namen oder Erscheinungsformen Gottes (Elohim).

Der Überlegung, ob es Erzengel gibt und diese dann ein ganzes Volk leiten, steht die neuere Überlegung gegenüber, daß die Summe der Menschen, die zu einem Volk gehört, eine Art kollektives Überbewußtsein hat. Wenn die Summe der Gedanken und Gefühle eines Volkes eine Oberschwingung verursacht, dann könnte es sein, daß dieser postulierte Erzengel eben nur diese Oberschwingung <u>ist</u>, und vielleicht von noch höherer Warte aus betrachtet, tatsächlich eine Art Überwesen darstellt. Dieses Wesen wäre dann dem Kollektivbewußtsein eines Ameisenhaufens vergleichbar.

So hat tatsächlich jedes unserer Organe seine eigene Schwingung hat und nur im Verbund mit den anderen Teilen unseres Körpers funktionieren kann. Als Oberschwingung verursachen diese Organe dann das, was wir als den physischen Geist des Menschen bezeichnen können. Er ist hier auf der Erde entstanden, ein Produkt der Erde, ein Kind der Erde, und er sorgt für die einwandfreie und harmonische Funktion des tierischen Körpers.

Ihm gegenüber steht der höhere Geist des Menschen, der seit Äonen existiert und der sich seit Jahrmilliarden hier auf der Erde damit beschäftigt hat, diesen organisch-tierischen Körper heranzubilden, als Fahrzeug für sich und die Seele, um dieses Erdenreich zu er-fahren.

Wenn wir uns in einer bestimmten Region aufhalten, haben wir gewisse Empfindungen. Das hängt von der Landschaft ab, aber auch von den Menschen, die in dieser Region leben. Wenn wir nach Bayern fahren, ist das anders als in Norddeutschland. Wenn wir nach England fahren ist das anders als in Frankreich. Eigentlich wissen das alle Menschen, und Sie sollten es von nun an bewußter zur Kenntnis nehmen. Es wird Ihnen helfen, sich selbst und Ihr Befinden besser einzuschätzen.

Die Schwingung eines Volkes oder einer Volksgruppe hat also ihre Eigenart, hier auf Erden und in den geistigen Regionen. Je nach der Herkunft des animalischen Körpers, also nach der Abstammung, fühlen wir uns zu gewissen Regionen und zu den im übergeordneten Sinne "Verwandten" hingezogen oder auch nicht.

Der Landstrich selbst, wo wir aufgewachsen sind, die Schwingung der Erde, der Natur, die Umgebung, die Pflanzen und Tiere, ganz konkret die Ernährungsgewohnheiten der Region, bestimmen unsere angeborenen und kurz nach der Geburt angewöhnten Beziehungen. Ein Kind der Berge wird sich an der See völlig anders fühlen und umgekehrt. Die Alpen haben eine ganz andere Schwingung als die Pyrenäen oder der Harz. Die Nordsee vermittelt eine völlig andere Energie als das Mittelmeer oder der offene Atlantik an der französischen Westküste.

Je nachdem, wer wir im letzten Leben waren, wo wir inkarniert waren, welcher Rasse oder welcher Religionsgemeinschaft wir angehörten, ändern sich unsere Empfindungen. Als nächstes ist es von Bedeutung, ob wir diesen Faktoren im positiven oder im negativen Sinn angehörten, ob wir uns positiv verwirklichen konnten oder vielleicht wegen unserer Überzeugung verfolgt wurden. All diese Faktoren entscheiden letztlich darüber, wo sich unser Körper wohl fühlt, wo sich unser Geist wohlfühlt, ob das nun wieder zusammen paßt, oder ob Körper und Geist verschiedene Interessen

haben. Aus diesen vielen verschiedenen Bedingungen wird der "Schicksalsteppich" von den Nornen gewebt, wie die alten Germanen zu sagen pflegten. Es ist wirklich nicht mit einem Schicksalsfaden getan. Es ist ein sehr komplexer Teppich mit tausenden von Fäden, die letztlich wieder in der Anzahl der Nadis Ausdruck finden, die wir in den Nanosekunden vor der Zeugung zusammenraffen können, und aus denen dann im Prozeß der Embryonalentwicklung unser Körper, die neue Seele und auch die Strukturen unseres Astralkörpers neu gestrickt werden.
Der kurze Aufenthalt in einem fremden Land kann uns bereits neue Impulse geben. Bewußt oder unbewußt steigen Ahnungen in unserem Inneren auf, daß wir dort vielleicht schon einmal gewesen sind. Wir haben vielleicht ein déjà-vu Erlebnis und fühlen uns zugleich in frühere Zeiten versetzt. Das kann der Grund sein, warum es manche Menschen immer wieder in einen bestimmten Urlaubsort zieht, obwohl es in den Folgejahren gar nicht mehr so interessant ist.
Wer sich längere Zeit an einem Ort aufhält, an dem er früher einmal gelebt hat, der zeigt vielleicht wieder Charaktereigenschaften, die ihm damals zueigen waren. Er wird seinen heutigen Mitmenschen fremd. Er entwickelt vielleicht wieder die alten Ängste, weil er damals dort gestorben ist. Oder es mag ihm gelingen, in den Ahnungen von Gestern und mit dem Wissen von heute die alten Belastungen zu überwinden. Wenn es uns gelingt, das Gestern aufzuarbeiten und beide Füße im hier und heute auf den Boden der Erde zu bekommen, dann macht das Leben mehr Spaß und das Bewußtsein wird klarer. Wir beginnen hier und heute, befreit vom alten Karma, richtig neu zu leben.
Leider mangelt es der Masse der Menschheit an derartigen Einsichten. Ohne Bewußtsein für die kosmische Realität der geistigen Welt und ihre irdischen Inkarnationsspiele, fallen sie immer wieder und wieder auf die illusionäre Realität der Außenwelt herein. Natürlich, auch das ist ein Teil des Spiels, das wir Leben nennen. Doch es ist so, als wenn Du einen Film im Fernseher siehst, dich damit identifizierst, schließlich bildest Du dir ein, Du lebst in dem Film, küßt die Braut, leidest mit den Opfern, haßt mit den Kriegern, und plötzlich fällt die Kiste aus und Du stehst geschockt in einem verwahrlosten Haus, das einmal dein Traum gewesen ist. Gib acht! Alle Deine Träume können Wirklichkeit werden, und auf einer bestimmten höheren Ebene sind sie es schon.
Verliere Dich nicht in den →Träumen der Realität. Macht ist eine Illusion, Träume sind die einzige Realität. Lerne sie bewußt wahr-

zunehmen. Steuern Deine Träume Dich oder Du Deine Träume? Was hat das mit Deiner Gesundheit zu tun? Wenn der Abstand zwischen Deinen Traumwelten und Deiner hiesigen Realität zu groß ist, oder wenn Du die Bedürfnisse Deines Körpers vernachlässigst, dann verlierst Du dich zwischen den Welten. Achte darauf, daß alles im Lot bleibt. Respektiere die Bedürfnisse Deines Körpers. Respektiere Deinen Bedarf nach geistigen Anregungen. Sei Dir stets dessen bewußt, daß es in diesem Universum unermeßlich viel freie, schöpferische Energie gibt, und daß jeder von uns, also auch Du, die Möglichkeit besitzt, durch die Kraft der Gedanken die Schöpfungsenergie neu zu aktivieren und für seine persönlichen Interessen fließen zu lassen.
So lange Du die Neuen 4 Gebote achtest, ist alles okay, und Du kannst tun, was Du willst. Sie bedeuten kurz gefasst: Tue Gutes, verletzte niemand. Schöpfe aus dem Urgrund, verwirkliche Dich selbst mit allen Deinen kosmischen Möglichkeiten.

Medial übermittelte Gebote und Gesetze,
mit denen wir unser Leben neu organisieren können:

Das Universale Gesetz

1. Alles ist in Allem enthalten
2. Alles spiegelt sich in Allem
3. Alles ist geschaffen aus dem Licht

Die neuen 4 Gebote

Reinheit der Seele ist das 1. Gebot
Liebe zum Nächsten ist das 2. Gebot
Gnade dem Bösen ist das 3. Gebot
Rechtschaffenheit auf Erden und im Himmel ist das 4. Gebot

Rechtschaffenheit bedeutet, daß wir teilnehmen an der Schaffung neuer Gesetze und Rechtsmaßstäbe, denn z.Zt. unterliegen wir den Rechtsmaßstäben, die andere vor uns geschaffen haben.
Wer vorgibt, das Universale Gesetz nicht zu kennen oder nicht zu begreifen, mag in dieser Illusion leben. Spätestens im Angesicht seines Todes und sofort danach wird ihm die Wahrheit offenbart.

Wer sind wir, und was können wir von unserem eigenen Körper lernen?

Ich bin mir nicht sicher, wer Du bist oder wer ich bin, doch ich bin mir sicher, daß ein reines Bewußtsein jegliche Gestalt annehmen kann, die es nur will. Dessen bin ich mir wirklich sicher. Folglich kann ich alles sein, ebenso wie Du. Wie sollen wir da wissen, wer wir sind, außer, daß wir alles sind. Folglich sind wir wohl Gott, der durch uns spricht, mit unseren Augen schaut, mit unserer Nase riecht, mit unserem Mund schmeckt, mit unseren Händen fühlt und so die Welt erfährt, die er anders nicht erfahren könnte. Denn wenn ich alles sein kann, was sollte ich wohl sonst sein außer Gott, aus dem ich hervorgegangen bin?
Nur mit dem Gemüt beginnt die Seele zu schwanken und zu leben, mit ihren Gefühlen, Wünschen und Bedürfnissen, und nur so kann sie die Unterschiede des Lebens bewußt fühlen und wahrnehmen. Also ist das Gemüt ein Instrument der Erkenntnis, der Wahrnehmung. Darum braucht die Erkenntnis das, was es abzulegen gilt, das Gemüt. Wenn wir dereinst das Gemüt überwunden haben und wiederum im ewigen Sein zur Ruhe gekommen sind, werden wir lachen. Gott lacht mit uns. Er hat uns so geschaffen.

Nachdem für mich im Studium und im Rahmen des westlichen, universitären Wissens mehr Fragen offen blieben, als daß man sie beantwortet hätte, suchte ich die Antworten bei anderen Wissenden. Die Wissenschaft des Kundalini Yoga als "die älteste Wissenschaft von der Natur des Menschen" lieferte mir schon bald faszinierende neue Erfahrungen. Nach und nach entstanden daraus ganz neue Einsichten. Auf der Grundlage des alten indischen Wissens habe ich mein Leben neu orientiert und neu gestaltet. Inzwischen lebe ich voll und ganz auf dieser Wellenlänge. Mein Leben verläuft erfolgreich und befriedigend.
Rund 25 Jahre habe ich mich mit Beratung befaßt, um anderen Menschen auf Grund meines Wissens Hilfestellung für ihre Problemlösungen zu geben. Es war mir ein Anliegen, diese positiven Erfahrungen weiterzugeben. Es wurden viele Fragen an mich gestellt. Ich habe viele Fragen beantworten können. Dabei hat sich gezeigt, daß viele Krankheiten und vor allem das Verhältnis der Menschen zu ihrem eigenen Körper durch Unwissenheit geprägt ist. Die Frage, wie wir Krankheiten und Störungen aller Art ein-

schätzen sollen, spielt bei der Frage, ob wir gesund bleiben können oder nicht, eine große Rolle.
Krankheiten sind notwendige Veränderungen. Wenn sie vorüber sind, dann befinden wir uns auf einer neuen Bewußtseinsstufe. Würden wir solch eine sinnvolle Veränderung unterdrücken, weil wir bei jeder Krankheit sofort Angst haben, daß etwas schief gelaufen ist, dann verhindern wir eine positive Entwicklung.

Energie-Ausgleichsübung:

Wenn ein Mensch Schmerzen oder Spannungen im Kopf hat oder im unteren Bereich der Wirbelsäule, dann ist vielleicht das untere Energieschloß in Gürtelhöhe blockiert, wo die Energie vom 1. und 2. zum 3. Chakra aufsteigen soll. Oben ist es das Nackenschloß, wo die Energie vom 5. zum 6. und 7. Chakra auf- oder absteigen steigen will.
Der Patient legt sich flach auf den Boden, die Beine ausgestreckt oder angezogen. Wir halten die linke, aufnehmende Hand über den Bereich, der zu hohe Energie hat und schmerzt, die rechte, gebende Hand dorthin, wo zu wenig Energie ist.
Sein Energieüberschuß fließt dann durch unsere Hände, Arme und Schultern, also über unsere Nebenchacras im vorderen Bewegungsapparat. Auf diese Weise bauen wir die Spannungen und Blockaden im Patienten ab. Es kann allerdings sein, dass wir vorübergehend selbst seine Spannungen fühlen.
Wenn der Energietransfer vom Kopf zum Unterleib nicht gut genug fließt, lassen wir die Energie bis zu den Füßen fließen. Die Füße sind bei Spannungen im Kopf oft genug kalt. Sie werden sich erwärmen, und die Energie steigt von dort aus wieder auf.

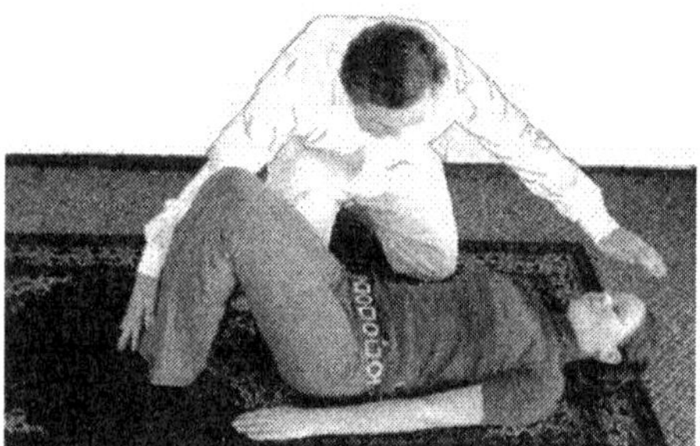

Grundlegende Probleme der heutigen Medizin

1. Die Menschen werden so erzogen, daß angeblich nur der Arzt weiß, was richtig ist. Der einzelne Mensch ist dumm und weiß nicht was mit ihm und seinem Körper los ist. Diese Ideologie dient nur dem Profitdenken in der Medizin. Es wird versäumt, die Menschen über Gesundheitsfragen so aufzuklären, daß sie wissen was sie tun, was mit ihnen geschieht und wie sie gesund bleiben können. Das müssen wir uns also selber aneignen.
Würde unser Staat dafür sorgen, daß jedes Kind in der Grundschule Autogenes Training lernt, dann würden die Krankheitszahlen sehr schnell um mindestens 20 - 30 % fallen, und zwar bei Kindern und Lehrern. Außerdem würden die Schulleistungen besser, die Pubertät würde glatter verlaufen und die Liebesfähigkeit würde zunehmen. Der Frust würde nachlassen. Später würden Schwangerschaften und Geburten glatt verlaufen. Die Leute würden besser wissen, was gut für sie ist. Alles das sind natürlich für die Ärzte-, Pharma- und Krankenkassen-Industrie erschreckende Vorstellungen. So werden wir das sicher nicht erreichen.
Im Gegenteil, in der "Codex alimentarius"-Kommission der Weltgesundheitskommission und der Ernährungs- und Landwirtschaftskommission der UNO laufen Bestrebungen, per Gesetz die freie Verbreitung von Gesundheitsinformationen wegen "gewisser Risiken" zu verbieten. Alle nicht von den großen Firmen und Ärztekreisen abgesegneten Methoden sollen verboten werden, angeblich um die Menschheit vor Schäden zu bewahren. (→Dr. Rath, Das Berliner Tribunal und Das Chemnitzer Programm) Man will also das Wissen um jegliche Selbsthilfe verbieten.

2. Wenn die Rolle unseres Geistes und unserer Seele nicht in der richtigen Weise einbezogen wird, dann kann immer nur kuriert werden. Es wäre richtig, wenn man den Patienten betreut, aber ihn den Kampf mit einer Infektion selbst ausfechten läßt. Die Medizin sollte mehr beobachten und nur im Notfall eingreifen. So würden die Menschen mehr Widerstandskraft gegen fremde Erreger entwickeln. Es gibt immunstärkende Maßnahmen. Die Impfungen gefährden nicht nur die Mikroben, sondern auch den Menschen. Das betrifft die gesamte Impfproblematik. Es betrifft ebenso das Problem mit den Antibiotika, die schon bei Bagatellen verabreicht werden.

Inzwischen sieht es so aus, daß die Antibiotika am Ende sind und wir ernste Sorgen haben müssen, um eine Zukunft ohne derartige Hilfsstoffe und mit einem schwachen Immunsystem, das von der Medizin ständig ausgetrickst wurde.
Im Januar 2001 gehen die Horrormeldungen von total gedopten und verseuchten Schweinen durch die Presse, kaum daß die Verbraucher den BSE-Schock halb überwunden haben. Wer regelmäßig Schwein und Pute gegessen hat, der kennt alle Antibiotika auswendig. Man braucht nicht in die Apotheke bei der nächsten Grippe, man kann sich auch ein Schnitzel holen. Das ist übrigens billiger und schmeckt besser. Wie wir jetzt erfahren, sind sogar die aktuellsten Hautschutzmittel gegen Neurodermitis mit drin! Einfach toll, und das alles ohne Krankenschein.
Genauso sieht es mit den normalen Kinderkrankheiten aus, die man systematisch ausgerottet hat - meint man. Durch die sogenannten "Schutzimpfungen" werden vermutlich mehr Menschen infiziert, als daß für die Kinder ein Nutzen entstünde. Das Immunsystem wird sabotiert und die Chance, aus eigener Kraft gesund zu werden, wird vernichtet. Gerade durch diese Impfungen entsteht das Gefühl, daß wir Ärzte brauchen, um zu überleben. →Qualifizierte Fachliteratur von aufgeklärten Ärzten zu diesem heißen Thema finden Sie im Anhang verzeichnet. Es geht wirklich anders. →Die Impflüge

3. Die Beziehung des Menschen zum Tod muß revidiert werden. Die Menschen haben Angst vor dem Tod. Man möchte möglichst nicht darüber sprechen. Tatsache ist, daß der Tod fester und normaler Bestandteil unseres Lebens ist. Wer glaubt, er könne diesem Thema ausweichen, irrt sich. Je mehr er sich verweigert, desto jämmerlicher geht es ihm später, wenn er damit konfrontiert wird.
Wenn Sie bedenken, daß es tatsächlich das Phänomen der Wiedergeburt gibt, daß wir also wiederholt auf Erden geboren werden, dann erscheint der Tod sofort in einem anderen Licht. Es erhebt sich dann die Frage, ob es wirklich sinnvoll sei, einen durch schwere Krankheit oder hohes Alter ruinierten Körper mit allen Mitteln am Leben zu erhalten, anstatt dem Menschen einen würdevollen Abschied und einen gesunden Neubeginn in einem anderen Körper zu ermöglichen.
Der Tod ist nicht das Ende. Er ist der Anfang von einem neuen, hoffnungsvollen Leben. Je klarer und selbst-bewußter ein Mensch

aus dem jetzigen Leben scheidet, desto klarer wird er sich später im Jenseits für einen gesunden Neubeginn entscheiden.
Je wirrer ein Mensch ist, je mehr er sich an das hiesige, materielle Leben klammert, desto größer wird die Angst sein, daß "mit dem Tod alles zu Ende ist". Das ist der Anfang von einer verkrampften Illusion, die den Menschen an seine seelischen Ängste kettet. So kann es sein, daß er seine Ängste mit hinüber nimmt ins nächste Leben. Auf Grund seiner wirren inneren Einstellung kann er mit Problemen belastet wiedergeboren werden. So werden die Fehler, die wir in diesem Leben nicht korrigieren, zu unseren "Altlasten" im nächsten Leben. Das ist Karma.
Wer das hiesige Leben nicht loslassen kann, der erleidet buchstäblich "Höllenqualen" im "Fegefeuer", wenn sich nach dem physischen Tod Geist und Seele vom Körper trennen. Viele Tote versuchen weiterzuleben, haben die Illusion, daß sie noch leben, doch nach und nach beginnt sich der feinstoffliche Seelenleib zu verflüchtigen, zu zerfallen. Das ist mit einem wachsenden Verlust an Gefühlen verbunden. Was zum Schluß bleibt, ist der Geist.

4. Zusammengefaßt können wir sagen, daß die heutige Medizin die gleiche Position einnimmt wie eine dogmatische Priesterkaste in früheren Kulturen. Am Anfang stand der Wunsch der Menschen nach Befreiung von einem Übel, von der Krankheit. Im Laufe der Zeit wurden jedoch immer mehr Menschen aus Profitdenken Ärzte und nicht um der Sache willen.
Heute entscheiden die Vorstände der Ärztekammern gleich den Bischofsordinariaten im Mittelalter, was geglaubt und praktiziert werden darf oder nicht. Diese Ärzte-Führer arbeiten eng mit der Pharmaindustrie zusammen. Ebenso werden die Führungskräfte des Bundesamtes für Arzneimittelzulassung von der Pharmaindustrie bestellt und bezahlt. Angeblich hat unser Staat nicht genug Geld, um diese besonderen Fachleute zu bezahlen. Ein Witz in sich. Die größten deutschen Pharmaunternehmen schicken ihre Unterhändler auf diese Posten. Damit es keinen Ärger untereinander gibt, wechseln sie sich ab. Wir haben also einen Staat im Staate, denn diese Leute machen ihre Gesetze auch selbst, ebenso wie die Weißkittel-Priester.
Wann immer es etwas zu verdienen gibt, finden sich Leute, die nur noch am Profit Interesse haben. Die Manipulation von Ärzten und vom gesamten Gesundheitssystem ist perfektioniert worden. Heute gehören die Pharmafirmen zu den Machthabern in unserem Land,

ebenso wie die Banken und die Ölkonzerne. Auf der einen Seite läßt sich das nicht vermeiden. Ich sehe das sehr pragmatisch.
Doch auf der anderen Seite ist es eine Tatsache, daß z.B. die gesamte Pharmaindustrie mit all ihrer Macht fallen würde, wenn wir in den Schulen Autogenes Training und Anleitungen zu einem gesunden Lebensstil einführen würden und wenn es nur noch wie in der DDR ca. 200 Medikamente geben würde, die dann auch noch den Menschen gesund machen, statt ihn krank zu halten. In der DDR oder in Rußland sterben ja nicht wesentlich mehr Menschen an Krankheiten, obwohl gleichzeitig die Ernährung schlechter ist, sondern eher weniger.
Rußland hat z.B. die niedrigste Rate an Kindersterblichkeit von allen großen Industrienationen, fast keinen "frühen Kindstod", fast keinen Brustkrebs bei Frauen und kaum Gebärmutterkrebs, um nur ein paar Faktoren zu nennen, die ich recherchieren konnte. Dabei ist der Alkoholkonsum wesentlich höher, ebenso wie in Frankreich, das auch gesundheitlich etwas besser dasteht als Deutschland.
Die gesündeste Gesellschaftsgruppe in Westeuropa sind übrigens die französischen Chlochards, die unter den Brücken leben, viel Alkohol trinken, rauchen und wenig essen. Komisch, nicht wahr?
Alle am Gesundheitssystem Beteiligten haben ein vitales Interesse, das System und die Millionen von Kranken zu erhalten. Jeder Kranke sichert den Profit und jeder Behinderte ist eine Goldgrube. Die alten Menschen werden mit nutzlosen Medikamente vollgestopft. Wenn Sie eine ausführliche und kritische Analyse der Rolle der Pharmaindustrie in der westlichen Welt lesen möchten, empfehle ich das Buch von Medizin-Prof. Szasz aus New York ➔"Das Ritual der Drogen". Es schildert die Verpflechtungen der Industrie und der Politik seit 1900. Ein weiteres qualifiziertes Buch ist die ➔"Pharma-Story". ➔Literatur

5. Es geht also darum, die religiöse Scheu vor dem medizinischen System zu verlieren und der Tatsache ins Auge zu sehen, daß Ärzte keine Wunderpriester sind. Die Medizin ist eine ewige Geschichte von bestimmten Meinungen über die Natur von Krankheiten und deren Heilung, die sich von einem Irrtum zum nächsten hangelt.
a) Früher war der Grund für eine Krankheit an erster Stelle die "Strafe Gottes" für den Sünder, und das Allheimittel war beten.

b) Daneben wurden die Kranken zur Ader gelassen, was sie meist noch mehr schwächte. Heute weiß keiner mehr, wozu diese zwei Überzeugungen gut sein sollten.
c) Früher hing man sich Amulette mit frommen Sprüchen gegen die Pest um den Hals. Wieviel das geholfen hat, wissen wir alle.
d) Als man bei der Sektion von toten Soldaten um 1870 die Thymusdrüse unter dem Brustbein entdecke und dieser Thymus nur eine verklebte graue Masse war, behaupteten die Ärzte allen Ernstes, der Thymus habe keine Funktion, sei vermutlich nur ein Überrest, so eine Art veralteter Abfall der Natur.
Der Witz ist nur, daß eben bei einem Toten der Thymus verklebt, weil er als erstes stirbt. Die Meinung über die Nutzlosigkeit des Thymus hielt sich noch bis in die Zeit, als ich studiert habe, 1964, also rund 100 Jahre. Erst danach entdeckte man, daß der Thymus quasi ein Signal für Lebensenergie ist.
Bei gesunden Menschen ist er sehr aktiv, bei schwer kranken kaum. Heute weiß man, daß der Thymus ganz entscheidend am Immunsystem beteiligt ist. Aber als ich z.B. in der Universität Hamburg 1978 über meine Erfolge mit dem Kundalini Yoga berichtete, u.a. über die Funktion des Thymus, wurde ich dort von einem ewig gestrigen Mediziner angegriffen, der noch die Meinung von 1870 vertrat.
e) Den Fall "Milch geben verursacht Krebs" habe ich schon geschildert.
f) Griechische Ärzte verbreiteten in der Zeit der faschistischen Diktatur 1969 die These, daß Sex bei den Frauen Muttermundkrebs verursacht. Also Leute, verzichtet auf Sex! Es tötet die Frauen! Die Natur muß echt blöd sein. Die Fortpflanzung führt also zu Krebs! Danach wären wir vermutlich schon in der Steinzeit an Krebs ausgestorben. Diese irrige These wurde einige Jahre lang auch im Westen diskutiert und erst im Sommer 2000 noch einmal von einem deutschen Arzt in einer Fernsehdiskussion herausgekramt.
g) Mediziner vertraten bis vor wenigen Jahren die These, daß die Zirbeldrüse nutzlos sei, weil sie nicht wußten, wozu sie gut ist. Sie dient der hormonellen Steuerung und gehört zum 6. Chakra. Ohne diese Drüse ist unser Kanal zu den göttlichen Ebenen und zum 6. Sinn geschlossen. Die Zirbeldrüse ist die organische Quelle unserer PSI-Fähigkeiten. Typisch, daß genau diese Drüse "nutzlos" ist. Für die Ärzte, weil man selbst keinen Sinn dafür hat?
In den letzten Jahren, seit ca. 1990 in den USA und 1995 in Europa, diskutiert man den Nutzen von Melatonin. Ich habe es in einem

Test mit einem Arzt und einer Heilpraktikerin an mir selbst ausprobiert. Es machte mich nur müde, schläfrig, eher depressiv. Ich war jedes Mal froh, wenn die Wirkung nachließ.
Wie bezeichnend: Das Melatonin aus der Zirbeldrüse wird nun als nützlich entdeckt, doch es ist wohl nur der Stoff, der uns abschaltet. Das mag ja für Neurotiker beruhigend sein, aber für geistig aufgeweckte und für spirituelle Menschen ist es eher eine Bremse. Und somit ist es garantiert nicht der Stoff, der unsere paranormalen Fähigkeiten verursacht.
Eine den Geist dämpfende Droge wird wieder hochgelobt, doch eine den Geist aktivierende Droge wurde noch nicht offiziell zugelassen. Da könnte ja jeder kommen! Zum Schluß durchschauen die Leute mit der Durchblick-Droge dieses System?
h) Die Ärzte vertreten die Meinung, daß Nervenzellen und unser Gehirn schon fix und fertig auf die Welt kommen und ab der Geburt nicht mehr wachsen. Werden Nervenzellen geschädigt, ist das endgültig und man erleidet einen Verlust.
In den medizinischen Fachzeitschriften von 1963 fand ich Forschungsergebnisse, daß bei hohen Gaben von Vit. B 6 beschädigte und gelähmte Nervenzellen wieder aktiv werden und sogar nachwachsen können! Es war also schon lange bekannt, es wollte nur keiner hören.
Im Sommer 2000 erklärte ein Arzt bei einer TV-Diskussion, daß inzwischen bekannt ist, daß sogar die innere Organisation des Gehirns ein Leben lang weiter schreitet, also vom Körper verbessert wird, solange ein Anreiz da ist.
Grob gesagt, bei den dumpfen Menschen passiert nach der Geburt nichts mehr, bei geistig aktiven läuft die Hirnorganisation bis ins hohe Alter. Aber was passiert bei einem Studenten, der lernen und Examen darüber schreiben muß, daß seine Nervenzellen nicht mehr weiter wachsen können seit er geboren wurde? Ist dieser Faktor vielleicht der Grund für die bekannte Fachborniertheit? Wenn unsere Gedanken die Ursache für unsere Lebensprozesse sind, und sich jemand einprogrammiert, daß sein Gehirn nicht mehr entwicklungsfähig ist, was dann?!
i) Angeblich unterscheiden uns 2 Chromosomen vom Affen, das mußte ich vor 35 Jahren in der Fachschule im Studium lernen. 2 Chromosomen sind eine Menge. Heute weiß man, daß uns vom Schimpansen nur wenige Gene unterscheiden. Man könnte also theoretisch eine menschliche Zelle leicht zum Schimpansen umbauen oder umgekehrt. Ich vermute, man arbeitet in den Genlabors

schon daran. Chromosomen darstellen und zählen konnte man 1965 auch schon, also warum gab man an, wir hätten 44 und die Affen 42? Konnte man es nicht aushalten, wie nahe uns die Affen sind und schummelte 2 herunter?

j) Bereits Pasteur hat seine Forschungsergebnisse gefälscht, um seine Idee mit der "Schutzimpfung" zu beweisen. Die ganze Sache ist ein gigantischer Betrug. Es gibt keine "Schutz"-impfung. Jede Impfung ist ein gefährlicher Eingriff und die Fachleute gehen davon aus, daß weltweit mehr Menschen durch die Impfungen erkranken und getötet werden, als durch die Erreger selbst. Die Belege finden Sie in der hinten aufgelisteten →Fachliteratur zum Thema Impfen.

Lösen Sie sich also bitte vom Glauben an die priesterliche Oberhoheit der Ärzte. Die Verantwortung für Ihr Leben liegt bei Ihnen selbst. Lernen Sie unterscheiden und vor allem der inneren Stimme zu vertrauen. Doch darüber hinaus sollte sich jeder aufgeklärte Mensch eine gute gesundheitliche Allgemeinbildung aneignen. Es dient allen, Ihnen, Ihren Kindern und als Vorbild auch anderen Menschen.

6. 1997 wurde in Deutschland das Transplantationsgesetz verabschiedet. Er erklärt, daß Menschen mit Hirntod bereits endgültig tot sind, obwohl der ganze Körper noch arbeitet und Reaktionen zeigen kann. Man hat dieses Gesetz verabschiedet, um an frische Körper zu kommen. →Jakoby: "Nicht zuletzt gelten Sterbende als begehrte Ressourcen für verwertbare Körperteile. Der Patient gilt als endgültig verstorben, wenn sein Gehirn tot ist, der übrige Körper aber noch lebt! Der Sterbeprozess des Spenders kann je nach Bedarf angehalten werden, oder sein Tod wird durch die sofortige Organentnahme praktisch beschleunigt. In der Praxis treten Unsicherheiten auf, da hirntote Spender häufig Reflexe aufweisen. Ein toter Mensch müsste eigentlich auch nicht narkotisiert werden zur Organentnahme, aber genau das wird gemacht!

In Wahrheit ist ein Hirntoter nicht tot, sondern ein Sterbender, der unserer menschlichen Zuwendung bedarf. Die Praxis der Organspende verweigert genau dies: Der Sterbende wird zum Objekt degradiert. Er wird sozusagen entseelt und dann auch noch um einen friedlichen Tod betrogen, da er im Moment des Sterbens, der Ablösung der Seele vom Körper, also des Übergangs in die andere Form des Seins, zwanghaft im Sterbeprozess aufgehalten wird. Geheim gehaltene Studien belegen bei Organentnahmen häufig

Blutdruckanstieg und Schwitzreaktionen, die von der Medizin normalerweise als Zeichen des Schmerzes interpretiert werden."
Die Organtransplantation verlängert und verschiebt lediglich das Leid. Da hat jemand seine eigene Niere ruiniert, weil er mit seinem Leben und seiner Partnerschaft nicht mehr klar kam. An seinem fehlerhaften Verhalten, daß den Körper ruinierte, wird sich nichts ändern. Er hofft sogar inständig darauf, daß endlich ein anderer Mensch für ihn stirbt. Die Operierten müssen zur Unterdrückung der Abstoßung der fremden Organe ein Leben lang Medikamente schlucken. Viele müssen mehrfach operiert werden und sterben trotzdem frühzeitig.
Jakoby: "Die häufigsten Todesursachen nach einer Organtransplantation sind Krebs, schwere Nierenschädigungen und Stoffwechselstörungen. In der Werbung für eine Organspende werden der Öffentlichkeit die vielfältigen Komplikationen und Nebenwirkungen einer Transplantation vorenthalten."
Die Umsätze der Ärzte und der Lieferanten sind jedoch immens gestiegen und groß genug, um sowohl die Organlieferanten, als auch die Ärzte in Versuchung zu bringen. In zahlreichen TV-Filmen hat man dieses Thema aufgegriffen und zum Teil schonungslos dargestellt. Z.B. zeigt der französische Film "Der Vampir der Karibik", der auf Tatsachen beruht, schonungslos offen den Handel mit Organen und Blutkonserven von armen Menschen dort für die Medizin und das Rote Kreuz in Europa. Die Realität bei der Organbeschaffung steht den Krimis in nichts nach.
Auch wenn die Ärzte noch so sehr um einen "seriösen" Organhandel bemüht sind, werden in Rußland oder Südamerika Organe "im Auftrag" beschafft. Die Verbrechen, die hier begangen werden, schaffen in unübersehbarer Weise neues Karma. Die geistigen Strukturen führen zurück ins Mittelalter, wo Hexenverbrennung und Folter eine "völlig normale" Methode war, um die Gesellschaft im Namen der herrschenden Kirche "rein zu halten". Es hat schon immer Menschen gegeben, die für Macht und Geld über Leichen gehen.

7. Wenn Sie sich in diese kritischen Gedanken hineinsteigern, dann werden Sie bald keine ruhige Minute mehr haben. Sie werden entweder aggressiv und regen sich über den Pharma-Polit-Thriller auf, oder Sie werden depressiv und verlieren die Lust, noch etwas zu unternehmen. Statt einen nutzlosen Krieg gegen das System zu führen oder einfach zu resignieren, sollten Sie die Ruhe bewahren,

sehr aufmerksam leben und Ihr Möglichstes tun, um die eigene Gesundheit und das eigene Leben optimal zu nutzen.
Je mehr wir uns über fremde Umstände aufregen, desto mehr von unserer Energie fließt in diese Richtung! Je mehr wir uns um die Regelung unserer eigenen Angelegenheiten kümmern, desto mehr Energie haben wir selbst zur Verfügung. Und je mehr Menschen wirklich aufmerksam ihre eigenen Interessen wahrnehmen und sich dem üblen System der Krankheit, Bevormundung und Ausbeutung entziehen, desto mehr sinkt der Einfluß des Systems.
Nutzen Sie Ihre eigene Energie und leben Sie bewußt! Genießen Sie das Leben, daß Sie sich selbst kurz vor Ihrer letzten Inkarnation ausgesucht haben. Es lohnt sich in jedem Fall, gelebt zu werden!

In den vergangenen Jahren habe ich eine ganze Reihe Bücher geschrieben, die alle dazu dienen, daß Leben lebenswerter zu gestalten. Im ➔"Erfolgskonzept" finden Sie kurz gefaßt die entscheidenden Regeln. Im ➔"Pranayama" finden Sie Atem- und Konzentrationsübungen für ein gesundes und erfolgreiches Leben. Diese Übungen sind so einfach, daß sie auch von kranken Menschen und von Kindern praktiziert werden können. Mit dem ➔"Autogenen Training und der Psychokybernetik" können Sie Streß abbauen und zu sich selbst finden. Es ist sehr gut für alle Menschen geeignet, auch für kranke, schwache, alte und für Kinder. Im ➔"Energytraining" finden Sie ein umfangreiches Trainingsprogramm, mit dem Sie dauerhaft gesund leben können. In ➔"Energie für Millionen" schildere ich u.a. die Entwicklungsstufen des Menschen im Verlauf seines Lebens. All das möchte ich hier nicht wiederholen. Hier möchte ich Ihnen eine Sammlung von Notizen, Hinweisen, Erläuterungen und Erfahrungen mitteilen, die alle die Gesundheit des Menschen betreffen.
Im vorliegenden Buch geht es um die richtige Haltung zu uns selbst, um den Weg des Erkennens und um die Sprache unseres Körpers und unserer Organe. Alles in unserem Leben hat einen Sinn. Die Natur selbst geht strikt systematisch vor. Lernen Sie die Sprache der Organe und Symptome verstehen, dann haben Sie den Schlüssel zu einer Verbesserung ihrer Lebenssituation in der Hand.
<u>Bedenken Sie wohl</u>: Es hat keinen Wert, pauschal die ganze Medizin zu verdammen, nur weil das System destruktiv ist. Es gibt gute

Ärzte. So schwer es fallen mag, jeder muß lernen, selbst die Verantwortung zu übernehmen und die für ihn richtige Hilfe zu finden. Wer sich vielleicht in eine schlimme Krankheit hineinmanövriert hat, der kann nicht in letzter Sekunde auf die ganze Medizin schimpfen und dann erwarten, daß Gott ihn über Nacht heilt. Wer keine Ahnung von alternativen Heilverfahren und Mentaltraining hat, der sollte sich gut überlegen, ob er auf eine medizinische Behandlung verzichten kann oder nicht.

Andererseits ist der ➔Tod ein guter Ratgeber. Wer plötzlich mit der Todesgefahr konfrontiert wird, der kann vielleicht seine geistigen Reserven mobilisieren und einen Weg aus der Todesfalle finden. Es sind inzwischen so viele Fälle von Spontanheilungen und der Genesung von Krebs bekannt, daß wir jedem Menschen diese Chance zubilligen müssen. Es gibt die "Heilung aus dem Selbst"! Wie ich gehört habe, möchten die Ärzte die "Spontane Selbstheilung" bereits in ihren Behandlungskatalog aufnehmen.

Das Schlimmste, was einem Kranken passieren kann, ist die Meinung eines "guten, erfahrenen Arztes", der dem Kranken sagt, "Sie haben nur noch 6 Monate zu leben." Die Bedrohung mit dem Tod läßt bei den meisten Menschen die Lebensenergie zusammenbrechen. Sie verlieren den Mut, geben sich auf, und der Arzt behält Recht. Das ist schwarze Magie. Das ist ➔Voodoo! Doch einige schaffen es und überleben trotzdem. (➔Dr.Simonton, Krebs)

Also guten Mut! Es gibt die Möglichkeit, sich selbst aus der eigenen, inneren Kraft zu heilen. Egal was es ist, jeder von uns hat diese Chance. Ob er sie nutzt oder nicht, liegt in der Seele des Einzelnen verborgen. Wer sich vielleicht gerade in einer Situation befindet, in der er dringend Hilfe sucht, der sollte sich mit Literatur beschäftigen, die Fälle schildert, wo Menschen sich selbst aus schwierigen Situationen retten konnten, z.B. die Bücher von ➔Elisabeth Hay. Das positive Vorbild schafft eine gute Energie.

Nutzen Sie mein Buch als Nachschlagewerk und als Anregung, um so manches zu überdenken, was mit Ihrer Gesundheit zu tun hat. Versuchen Sie, auf eigenen Füßen zu stehen. Seien Sie kritisch. Glauben Sie an die eigene Kraft, leben Sie positiv. Meine Bücher dienen der Bewußtwerdung, und vorbeugen ist stets besser als heilen. Je bewußter Sie leben, desto größer sind Ihre Chancen, gesund und erfolgreich zu leben und erfreulich gut alt zu werden. Lernen Sie ihre eigene Situation zu analysieren, um neue Wege aus den Problemen und in eine erfolgreiche und gesunde Zukunft zu finden.

Auf dem Weg in ein bewußtes Leben

"Es gibt keine Macht auf der Erde,
die sich einem entschiedenen Gedanken entgegenstellen kann!"

Yogavasistha.

Wir sind es gewohnt, daß wir für alles, was in unserem Leben passiert, oder was wir tun wollen, eine Erlaubnis brauchen. Auf diese Weise entstehen die Tabus für Handlungen, die verboten sind. Oft ist es gerade bei neuen Aufgaben oder neuen Wegen von Bedeutung, daß uns jemand die Erlaubnis gibt. In diesem Sinne möchte ich den Menschen die Genehmigung erteilen, sich endlich einmal selbst mit den Funktionen ihres Geistes und ihrer Gefühle auseinanderzusetzen, ohne Kontrolleure, die jede Leitung unter Kontrolle haben und alles darüber besser wissen als der, um dessen Kopf und Geist es hier gerade wieder einmal geht. Setzen Sie sich mit Ihrem Geist und Ihren Erfahrungen auseinander! Lernen Sie jetzt neu dazu, wie man selbstständige Gedanken denkt. Und denken Sie daran: Ihr Gehirn ist immer noch entwicklungsfähig, wenn es einen Anreiz bekommt!

Wer bin ich?
Warum lebe ich hier?
Was ist meine Lebensaufgabe?
Haben Sie sich das auch schon einmal gefragt?
Von der Antwort auf diese Fragen hängt die Erfüllung unseres Lebens ab.

Das moderne Leben in der heutigen Zeit bietet so viele Ideen und Anreize, daß wir uns oft fragen müssen, was wir wirklich wollen und wer wir wirklich sind. Unter diesen Umständen ist es wichtig, den eigenen Standpunkt zu bestimmen. Jeder Mensch hat in seinem Leben Aufgaben zu erfüllen. Doch wie lauten seine individuellen Programme? Was ist anerzogen, was sind eigene Bedürfnisse, was ist fremd, was gilt als Tabu?
Es gibt Mittel und Wege, diese psychischen Programme zu identifizieren. Bei der Aufklärung dieser Fragen hat die →Transaktionsanalyse gute Dienste geleistet. Wenn wir das Konzept der Transaktionsanalyse (TA) durch den spirituellen Aspekt und durch das Wissen um →Wiedergeburt und den →Energiekörper des Men-

schen ergänzen, dann bekommen wir ein sehr effektives System der Analyse.
Durch Metaprogramming können unerwünschte Erziehungsmuster gelöscht werden. Z.B. prägt uns jeder Unfall oder Schock einen neuen Auftrag ein, der uns ein Leben lang behindern kann. Mit den Methoden des →Autogenen Trainings, der →Psychokybernetik, der →Transaktionsanalyse, der →Gestalttherapie und dem →Metaprogramming können wir Lebensaufträge erkennen und selbst neu definieren. Dem gleichen Zweck dienen auch die →Rückführungen, zuerst bis in die eigene frühe Kindheit, dann über die →Geburt hinaus, durch die eigene →Schwangerschaft, zurück bis zur →Zeugung und schließlich bis in frühere Erdenleben.
Die →Selbsterkenntnis und die neue Selbstbestimmung kann zu Differenzen mit der Umwelt führen, denn unsere Mitmenschen haben ein bestimmtes Bild von uns. Sie möchten uns am liebsten so behalten, wie sie uns schon kennen. Nur wenige haben Lust, ihr Leben neu zu gestalten.
Viele haben Angst, ihren Einfluß auf uns zu verlieren. Denken Sie einmal an Ihre liebsten Freunde, an die Nachbarn, an die Verwandten. Wer davon ist wirklich Ihr guter Freund, der sich tatsächlich über Ihre weitere Entwicklung freut? Viele werden nur neidisch, wenn es uns besser gehen sollte. Viele sind es gewohnt, daß sie sich bei uns ausjammern, wenn es ihnen nicht gut geht. Aber was nutzt das? Das Gejammer ist eine schlechte Angewohnheit. Es nutzt niemandem.
Wenn wir etwas positiv verändern wollen, dann müssen wir es tun. Wir müssen handeln, nicht darüber reden! Es ist gut, wenn wir uns mit einem Menschen austauschen können, um im Gespräch Mittel und Wege zu finden für ein besseres Leben. Doch dann gilt es, die Erkenntnisse in die Tat umzusetzen.
Wir sollten also gut unterscheiden zwischen "Freunden", die uns nur die Ohren voll jammern und hinterher keinen Ratschlag befolgen, sondern immer so weiter machen wie vorher, sowie anderen Menschen, die wirklich in einem sinnvollen Gespräch Rat und Lösungen suchen und hinterher etwas damit anfangen. Den Letzteren wird es bald besser gehen. Bei den Ersteren ändert sich nie etwas. Es geht immer so weiter.
Es ist hilfreich, derartige Erkenntnisschritte im Rahmen einer Gruppe und eines Seminares zu machen. In einer Gruppe aufgeschlossener Menschen, die alle an ihrer individuellen Weiterentwicklung

arbeiten, lassen sich solche Erkenntnisschritte leichter vollziehen, als allein daheim. Erkenntnisse und praktisches Training werden hier gemeinsam vermittelt.
Geben Sie jedoch acht: In vielen Selbsthilfegruppen und Selbsterfahrungsgruppen werden nur Woche für Woche Probleme und Geschichten erzählt und umverteilt, ohne wirklich daheim eine Veränderung zu bewirken. Manche dieser Gruppen drehen sich jahrelang im Kreis, und es gibt keine Besserung für die Teilnehmer. Man verteilt nur die Probleme an alle. Oft werden solche Gruppen zur Bühne für die Selbstdarstellung einiger wirklich seelisch kranker Menschen, und die anderen meinen, sie müßten helfen. Das sind keine erstrebenswerten Lösungen aus der Krankheit. Es führt nicht in die Freiheit.
Seit 20 Jahren boomt die esoterische Szene. Es wurde viel über die schlechten Seiten geredet, über Menschen, die andere falsch betreuen usw. Das mag schon richtig sein. Nicht alle Seminare sind gut. Doch viele Menschen geben sich ernsthaft Mühe, die eigene Ausbildung voranzubringen. Und letztlich gilt immer wieder der Spruch, daß wir es uns selbst aussuchen. Wer Angst hat, an den Falschen zu geraten, der wird Recht behalten. Wer längere Zeit in einer Gruppe bleibt, obwohl es ihm nichts bringt, ist selbst schuld.
Wenn die Zeit reif ist, werden wir stets den richtigen Lehrer bekommen. Wir entscheiden aus dem Urgrund unserer Seele, was uns widerfährt. Also geben Sie gut acht, was Sie denken und von wem Sie sich beeinflussen lassen. Es gilt, die Prinzipien des Lebens zu begreifen, damit alles ganz bewußt den richtigen Weg gehen kann.
Wer den Sinn seines Lebens erfassen will, der braucht eine tiefschürfende, der Natur des Lebens angepaßte Beobachtungsmethode. Wir brauchen eine Methode, die Welt mit ihren eigenen Prinzipien zu analysieren. Die Essenz menschlichen Denkens findet sich in der Hermetischen Philosophie. Die Hermetische Philosophie geht zurück auf den Weisen Hermes Trismegistos aus dem Übergang der ägyptischen zur griechischen Hochkultur. Dahinter stehen die Weisheitslehren der ägyptischen Hohepriester.
Horus teilte mir mit, daß Imhotep der erste bedeutende Priester war, der diese Erkenntnisse aufzeichnete. Sie bieten uns ein holistisches Weltbild, das heute in der Quantenphysik seine Bestätigung findet. Diese Philosophie besagt kurzgefaßt, daß sich das Modell des universalen Ganzen in jedem seiner Teile wiederfindet. Das Große spiegelt sich im Kleinen und umgekehrt.

Einmal richtig verstanden, bietet dieses Denkmodell die Möglichkeit, jede Situation zu analysieren. Diese Philosophie hat mir die Aufbereitung des Kundalini-Yoga, die Analyse der einzelnen Übungen und die Schaffung des Energytrainings möglich gemacht. Sie lieferte mir das analytische Konzept, um aus den Lebensweisheiten der Japaner, Inder, Indianer und Europäer eine neue synergetische Methode entstehen zu lassen: Energytraining. Es ist eine optimale Methode, um das eigene Leben zu regeln.

Damit berühren wir den zweiten entscheidenden Faktor: Wenn wir es lernen, unsere Welt immer besser zu verstehen, dann brauchen wir auch eine Methode, um das neue Wissen umzusetzen. Wissen allein wird nicht genügen. Wir müssen danach handeln! Unsere Erziehung behindert uns vor allem dort, wo wir versuchen, neue, fremde Wege zu gehen. Die gesellschaftliche Anpassung dient dazu, daß wir uns konform verhalten. Das hat durchaus seinen Sinn. Doch wer nach mehr Unabhängigkeit strebt oder mit den Methoden der Gesellschaft nicht mehr zurecht kommt, braucht eine neue Kraft, eine neue innere Stärke und Klarheit, um sein Leben erfolgreich zu gestalten.

Mit der Anwendung der hermetischen Gesetze entfaltet sich eine neue Sicht der Realität in ihrer praktischen Auswirkung auf unser alltägliches Leben. Dabei wird auf neue Weise deutlich, was →"Positives Denken" und →"Gedankenkontrolle" bedeuten und was Energytraining wirklich heißt. Die hermetischen Gesetze geben uns die Einsichten und Energytraining (ET) gibt uns die Kraft für die Praxis.

Bitte verwechseln Sie ET nicht mit herkömmlicher Gymnastik. Durch die Art und Kombination der Übungen werden tiefgreifende Wirkungen erzielt, die mit Gymnastik und Sport nicht zu erreichen sind. Die Kombination von Körperübungen, Atemtraining und Meditation ist optimal. Sport und Gymnastik sind gut für die persönliche Gesundheit und Fitness, doch sie nutzen wenig für die Entwicklung unseres Geistes.

Energytraining braucht wie das alltägliche Leben den Wechsel von Aktion und Ruhe. Energytraining schließt stets mit einer Meditation ab. Durch diese Phase innerer Ruhe und Konzentration beginnt die Kraft zu wirken, die wir vorher mit aktiven Übungen freigesetzt haben. Meditationen sind der beste Schutz vor Streß und vor den Anforderungen des Alltags. Auch meditieren sollten Sie lernen, denn im Gebet will der Mensch etwas von Gott, in der Meditation spricht Gott zum Menschen.

Energytraining bedeutet stets eine Bewußtseinserweiterung. Nur wer auf dem Laufenden bleibt, kann seinen Verstand und seine Intelligenz optimal einsetzen. Wissen hat erst dann einen Nutzwert, wenn wir in der Lage sind, es praktisch umzusetzen. Außergewöhnliche und zugleich praktisch nutzbare Erkenntnisse dienen am besten der Bewußtseinserweiterung.
Das Leben in unserer Zeit kann eine Offenbarung sein, wenn wir bereit sind, die positiven Seiten zu erkennen und zu nutzen. Es gibt gute Gründe, sich des Lebens zu erfreuen und die Zeit zu nutzen. Wir haben diese Herausforderung angenommen. Energytraining ist unsere Antwort auf drängende Fragen unserer Zeit und wir laden sie ein: Machen Sie mit!
Im April 2002 wurde eine neue Studie veröffentlicht, die zu dem tollen Ergebnis kam, daß Sport gut fürs Denkvermögen ist. Vor allem fettleibige Kinder in Süddeutschland wurden veranlaßt, täglich vor dem Unterricht eine Stunde Sport zu treiben. Alle Kinder verbesserten sich ganz wesentlich gegenüber den anderen, die nur eine Stunde pro Woche Sport hatten. Man entdeckte einmal mehr aufs neue, daß kompliziertere Bewegungsabläufe das Lernvermögen in Mathemathik und die Fähigkeit, kompliziertere Dinge zu lernen, verbessern. Toll. Das fordern aufgeklärte Menschen wie ich schon seit Jahrzehnten. Energytraining ist durch sein kompliziertes System von Atmung, Konzentration, Bewegungen, Körperpositionen plus Mantras mehr als kompliziert. Kein Wunder, wenn es den Zustand eines Menschen in allen seinen Eigenarten verbessern kann.
Es ist das Beste, was Sie für sich und ihren Körper tun können. Wenn Sie es regelmäßig anwenden, gibt Ihnen Energytraining die Kraft, um mit allen Schwierigkeiten des Lebens und mit allen Krankheiten fertig zu werden. Durch die präventive Anwendung werden Sie gar nicht mehr ernsthaft krank und im Schadensfall schneller wieder gesund.

"Schon ***gedacht*** heute?!
Ohne Energytraining verlasse ich nie mein Büro!"

Die Frage der Religion

"Man braucht Gott nicht zu beweisen, er existiert,
und wenn wir ihn nicht fühlen, ist das um so schlimmer für uns.
Ihn nicht fühlen ist eine Krankheit, die wir eines Tages
überwinden werden, ob wir wollen oder nicht."

M.Ghandi

Wenn wir uns mit den grundlegenden Fragen der menschlichen Gesundheit befassen, dann müssen wir auch einen Blick auf die Religion des Menschen werfen. Der Mensch hat ein Bedürfnis nach Rückbesinnung (lat.: religio). Der Mensch hat ein gewisses Bedürfnis nach innerer Besinnung auf seinen eigenen Ursprung. Diese Rückbesinnung erfaßt jeden irgendwann.
Sie beginnt in der Regel damit, daß sich ein Mensch irgendwann in seinem Leben fragt, wozu er überhaupt hier auf Erden existiert.
Wozu mache ich das überhaupt, was ich da als Beruf erleben?
Wozu habe ich diesen Streit mit meinem Ehepartner?
Warum muß ich das erleiden?
Wozu ist das alles gut?
Die Frage nach dem Sinn kann ohne sinn-volle Antwort bleiben und einen Menschen in die Depression treiben. Alles erscheint sinnlos, man verliert die Lust zu arbeiten und die Lust zu leben.
Das sind die Momente, wo sich Menschen für Esoterik, Religion, Meditation und Philosophie öffnen. Wenn die großen Religionen ihren Sinn nicht mehr erfüllen können, geraten die Anhänger in eine Krise. Sie müssen neue Wege suchen.
Nachdem die große christliche Kirche über Jahrhunderte die Menschen drangsaliert hatte, wandten sich die modernen Wissenschaftler immer mehr von jeder Religion ab, und die materialistische Weltanschauung entstand. Der Materialismus, der Kommunismus und die Psychoanalyse sind die direkte Folge der Religionsverdrossenheit des westlichen Menschen.
Die Folge der Religionsverdrossenheit ist die ökologische Katastrophe. Die Wissenschaftler, die nur noch glauben, was ihnen ein Meßgerät zeigt, das sie selbst entwickelt haben, finden Gott nicht mehr in ihren Geräten. Und wenn es keinen Gott mehr gibt, der vielleicht doch für eine höhere Gerechtigkeit sorgt, wenn auf der anderen Seite die Verbrechen im Namen Gottes durch die letzten 1000 Jahre bekannt sind (Inquisition, Kolonialismus, Missionare

usw.), dann kommt schnell der Punkt, wo sich ein Mensch für nichts mehr verantwortlich fühlt.
Und wenn diese Welt hier angeblich seine einzige Chance ist, irgendetwas zu erleben und zu erreichen, dann entsteht bald das Gefühl von "nach mir die Sintflut!" Die Menschen versuchen, auf Kosten der Natur und auf Kosten ihrer Mitmenschen zu leben. Gleichzeit erleben wir die "No futur - Generation" in den Schulen und überall im öffentlichen Leben. Verantwortung wird klein geschrieben und schuld sind immer die Anderen. Wenn alle so denken, dann werden die Starken und Machtgierigen an die Spitze geraten und die Schwächeren werden ausgebeutet. Das ist die aktuelle politische und gesellschaftliche Situation.
Wir sollten diese Überlegungen im Auge behalten, denn es berührt sehr wohl die Fragen der persönlichen Gesundheit! Es sind die Lebensverhältnisse, die uns krank machen und es ist der Mangel an Verantwortung. Wenn immer andere schuld sind, dann auch für unsere Krankheiten!
Und schnell sind Ärzte zur Hand, die die Schuld auf irgendwelche Bakterien und "Organschwächen" schieben, ohne zu hinterfragen, warum denn die Organe schwach werden oder warum uns diese Bakterien anfressen können. Es hat keinen Wert, sich persönlich über ein Organ aufzuregen oder über die Bakterien.
Es wäre besser, als Allererstes selbst die Verantwortung zu übernehmen für die Zustände, in denen wir uns befinden. Wenn wir eine Lösung für unsere Probleme suchen, sollten wir damit beginnen zu sagen:
Okay, ich weiß vielleicht nicht wie, aber dieses Leben wurde von mir vor meiner Wiedergeburt so geplant. Also bin ich auch selbst verantwortlich für das, was hier geschieht. Was mir hier passiert, ist eine Prüfung. Es gilt, etwas zu lernen. Ich muß es anders und besser machen als bisher, dann werde ich sicher wieder gesund.
Wenn ich meine Probleme durchschaue, werde ich auch einen Weg finden, um anders und besser als bisher zu leben. Ich werde vielleicht den Beruf wechseln, der mich krank macht. Wenn ich erst einmal ein Erfolgsbewußtsein entwickelt habe, dann wird es mir sicher gelingen, Freude am Leben zu entfalten. Und Lebensfreude ist die beste Garantie gegen Erkrankungen und Probleme aller Art!

In meinen Büchern und Seminaren möchte ich den Menschen Mittel und Wege der Selbstbesinnung und der Problemlösung zeigen. Das ist das Beste und zugleich das Einzige, was wir für einen an-

deren Menschen tun können. Ich kann niemanden verändern, und ich will es auch gar nicht. Jeder muß an sich selbst arbeiten und sich entwickeln, gemäß seinem eigenen, inneren Auftrag. Dafür sind wir ja auf Erden. Das ist unsere Bestimmung. Es geht um die Entfaltung des göttlichen Bewußtseins in uns!
Wenn Sie einen Beweis für das Ewig-Göttliche in uns brauchen, dann beobachten Sie einmal kleine Kinder. Jedes Neugeborene, jedes Baby ist bereits eine vollkommene Persönlichkeit. Es ist den Eltern nur begrenzt ähnlich. Der Körper wird vererbt, nicht aber der Geist. Der Geist existiert ewig und ergreift immer wieder einen neuen Körper, um ihn zu beseelen.
Manche Babies sehen bestürzend alt aus. Es sind die Gesichter alter Menschen, klein zusammengeschrumpft, die sich nun zu einem neuen Erwachsenen entfalten, und wenn sie im Alter das Gebiß verlieren, dann sehen die ganz alten, zusammengeschrumpfen Gesichter schon wieder wie Babies aus!
➔Fehlgeburten und Abtreibungen in den ersten Monaten einer Schwangerschaft können ihre Ursache darin haben, daß sich kein Geist inkarnieren wollte, z.B. weil der Körper unvollkommen war, oder weil ein starker Konflikt zwischen dem Geist des Ungeborenen und der Mutter auftrat. Manchmal will sich ein Geist in einer ganz bestimmten Frau inkarnieren und drängt praktisch die ausgewählten Eltern zur Zeugung. Doch die Frau war gar nicht dafür bereit und veranlaßt eine Unterbrechung.
Diese Beispiele beruhen auf meinen langjährigen Erfahrungen mit der ➔ Reinkarnationstherapie. Wir tun gut daran, alle heute üblichen Moralvorstellungen zu hinterfragen. Unsere Weltanschauung kommt aus dem Mittelalter und ist schon lange revisionsbedürftig. Wir müssen unsere eigenen Standpunkte hinterfragen. Es gilt, an sich selbst zu arbeiten und sich selbst zu entfalten.
Im Yoga heißt es u.a. "Ahnenstolz ist eines der größten Hindernisse auf dem Weg zur Erkenntnis." Können Sie sich daran erinnern, wie oft wir in der Kindheit gehört haben, daß Deutschland ein besonders tolles Land ist, mit besonders vielen tollen Errungenschaften, besonders vielen berühmten Wissenschaftlern usw.? Diese Ideologie stammt noch aus dem Anfang der deutschen Nation im alten Preußen vor 250 Jahren. Ich weiß nicht einmal, ob es damals richtig war. Heute jedoch haben uns viele Länder rechts und links überholt, und es gibt kaum noch einen Grund, stolz zu sein. Wenn ein Volk zu lange auf seiner früher einmal richtigen, später nur

noch eingebildeten Größe beharrt, dann verpaßt es den internationalen Anschluß.
Diese eingebildete Haltung, wie wichtig man sei, behindert ebenso die ehrliche Einschätzung des einzelnen Menschen. Selbstüberschätzung und Wichtigtuerei ist ein weiteres Hindernis, bewußt zu werden. Jeder ist aufgefordert, seinen eigenen Standpunkt zu überprüfen. Wir müssen beharrlich an unserer eigenen Entwicklung arbeiten. Das ist der Sinn des Yoga. Yoga bedeutet, freiwillig ein Yoch auf uns zu nehmen, das Yoch einer freiwilligen Selbstdisziplin. Wir müssen beharrlich an uns arbeiten, mit geeigneten Trainingsmethoden und Meditation, um wieder zum Wesenskern unserer Seele zu finden. Viele Menschen sind bereits auf diesem Weg, und es werden immer mehr, die in der heutigen Zeit ein Bewußtsein für die natürliche *religio* entwickeln.
Um eine neue, bewußte Verbindung zu den ursprünglichen kosmischen Kräften herzustellen, sind → Mantrameditationen ein gutes Mittel. Die Mantrameditationen des Kundalini Yoga verwenden Silben und Sprüche aus dem Sanskrit, die vermutlich älteste Kultursprache der Menschheit, die noch von den weisen Brahmanen Indiens gesprochen wird. Durch regelmäßige, langfristige Anwendung der Sanskritmantras lösen wir uns aus den heutigen Erziehungsmustern und stellen eine Verbindung zum → Akshara her. Wir beginnen Sinn und Unsinn unserer Erziehung zu durchschauen. Wir beginnen die kosmischen Schwingungen in uns zu fühlen. Wir beginnen, unsere Existenz zu begreifen.
Ich glaube, daß eine neue Religiosität im entstehen ist. Sie entsteht in den Menschen selbst. Wir müssen achtsam sein, wenn wir von Religion sprechen. Die meisten Leute denken bei Religion an eine übermächtige Institution, die überall gegenwärtig ist. Junge Menschen sind fassungslos, wenn sie von Hexenverbrennungen und Inquisition hören. Die Angst davor steckt noch in uns. Die Angst, von einer allmächtigen, hinterhältig und verlogenen Moral-Polizei gefoltert zu werden, steckt in unseren Genen. Wir wissen es in unserem Unterbewußtsein, weil wir damals dabei gewesen sind.
Religio heißt, sich auf den Ursprung besinnen. In diesem Sinn schafft das Wissen um die kirchlichen Verbrechen der letzten zweitausend Jahre Konflikte im Menschen. Wer sich auf seinen Ursprung besinnt, sinnt über seine Vergangenheit nach. →Literatur
Die katholische Kirche leugnet seit dem Konzil von Konstantinopel 553 n.Chr. das Phänomen der Reinkarnation. Vorher war es normaler Bestandteil der Bibel wie auch aller anderen asiatischen

Religionen. Warum leugnen sie die Wiedergeburt? Ich glaube, sie müßten sich dann zu allen Taten der Kirche bekennen, die in den vergangenen zweitausend Jahren begangen wurden und an denen sie beteiligt waren. Die offiziellen Kirchenvertreter müßten in die Erbfolge der Verbrechen der organisierten Christen eintreten, und sie müßten die Verantwortung dafür übernehmen. Dann hätte vermutlich kaum noch jemand Lust, in dieser großen Sekte mitzumachen.
Bitte verstehen Sie mich richtig! Es hat in jeder Religion immer gute, fähige und fortschrittliche Menschen gegeben. Sie sind das überzeugende Fundament jeder Religion und jeder Kirche. Ich selbst kenne positive Vertreter aus allen großen Religionen. Doch jeder große Machtapparat verleitet auf Macht versessene Menschen dazu, dort einzutreten.
Es ist keine Frage der Religiösität. Sie reißen die Macht an sich, scharen willfähige Diener um sich und kontrollieren Andere. Je mehr Anhänger eine religiöse Idee gewinnt, desto mehr muß organisiert werden. Die guten Organisatoren und Techniker sind nicht unbedingt fromme Menschen. Dazu hat Hermann Hesse einmal gesagt, "Wenn der Ansturm der Nur-Begabten auf die verantwortlichen Ämter in einer Religion einsetzt, dann ist es gewiß schwer, den Glauben zu erhalten."
Ich weiß, daß wir alle das ewige Leben haben und ich glaube daran, daß man Gott nicht zu fürchten braucht. Wer ihn fürchtet, den wird er bestrafen! Das ist das → Universale Gesetz von Ursache und Wirkung. Eine Religion, die schon die kleinen Kinder lehrt, daß Gottes Reich nicht von dieser Welt sei und dann in einer scheinbarer Logik diese Welt mit ihren Freuden ablehnt oder als List des Teufels darstellt, behindert die normale gesellschaftliche Entwicklung.
In der Erziehung gibt es viele Widersprüche zwischen den natürlichen Bedürfnissen an allem was Freude macht und dem was man darf. Das erzeugt bei Kindern innere Spannungen, Unruhe, Angst und ein schlechtes Gewissen. Dadurch wird die freie Entfaltung des betroffenen Kindes behindert. Wenn in der Erziehung außerdem die Religiösität fehlt oder vom Kind als völlig nutzlos und verlogen erkannt wird, dann führt das zu einer Abkehr von den geistigen Welten. Die Christen reden von der Liebe und das Christus uns retten muß. In seinem Namen wurden mehr Menschen ermordet, als im Namen irgendeines anderen Gottes. Offensichtlich ist das Ganze eine riesige Lüge. Religion muß etwas anderes sein.

Diese Ideologie führt vermehrt zu psychosomatischen Krankheiten und psychischen Störungen unterschiedlichster Art. Bitte machen Sie sich in diesem Zusammenhang bewußt, daß die rasanten Fortschritte der Gegenwart direkt mit einer weitgehenden Abkehr vom traditionellen christlichen Leben verbunden waren. Hierbei gilt es, wie schon gesagt, zwischen Religion und ihrem Glaubensinhalt, sowie der Vermarktung und politischen Nutzung durch die kirchliche Institution zu unterscheiden.
Der Glaube an die Heilswirkung der Technik, an die Meßbarkeit als Beweismittel kommt überall in der Medizin zum Ausdruck. Man glaubt nur noch, was die Geräte sagen. Die Geräte wissen angeblich, was für eine Krankheit jemand hat. Und die Geräte sollen heilen. Nach den Ursachen der Krankheiten wird nicht gefragt. Die Messungen werden schematisch beurteilt. Der Mensch degeneriert zu einer Art Apparat unter Apparaten. Die Ärzte werden zu einer Priesterkaste, die die Apparate-Götter befragen und die Meßkurven interpretieren. Der Einzelne ist nichts. Er muß glauben, was die Maschinen ihm sagen, durch den Mund des Arztes. Wer diese Haltung übernimmt, kann nichts für seine Gesundung tun.
Als Beispiel direkter und fortschrittsorientierter Religion möchte ich Sie auf den japanischen Shinto-Glauben hinweisen, der in Japan immer noch einen festen Platz im modernen Leben hat und einer progressiven Entwicklung dient. Die Menschen reden noch mit ihren Göttern. Die Shinto-Götter unterstützen die Menschen bei ihren Bemühungen. Man darf erfolgreich sein. Man darf Liebe und Sex genießen. Man sucht in Meditationen nach der inneren Wahrheit und findet neue Kraft in der Versenkung.
Ich denke, die Entwicklung einer neuen, weltoffenen Religion würde für unsere Gesellschaft ein neues, wertvolles Bindeglied schaffen, daß den immer isolierter und einsamer lebenden Menschen neuen Halt geben kann. Dadurch würden Krankheitserscheinungen generell reduziert und eine fortschrittliche Entwicklung würde direkt gefördert. Die neue Religiosität würde den materialistischen, menschenverachtenden Geist austreiben, der uns die gegenwärtigen Umweltprobleme beschert hat. Die Umweltprobleme sind in einem Verlust der Religion begründet.
Der schlechte Gesundheitszustand eines ganzen Volkes ist in einem Verlust der Spiritualität begründet. Die Rückbesinnung auf unsere inneren Werte, auf die Macht unseres eigenen Geistes und auf das kosmische Bewußtsein, aus dem wir alle hervorgegangen sind, ist die Lösung, um mit allen Problemen fertig zu werden, die

uns das Leben stellt. Probleme sind Aufgaben, und wir sind hier, um sie zu lösen.
Das Universum und auch Gott, dieses Universale Bewußtsein, kennen keinen Leerlauf und keinen Nonsens. In dieser riesigen, wundervollen Weltenschöpfung hat alles seinen Sinn. Wir müssen nur danach suchen. Wir müssen die Sprache der Welt sprechen lernen. Die Weisen haben es zu allen Zeiten immer wieder getan. Wenn wir die Sprache Gottes verstehen, die in unserem Inneren spricht, dann wissen wir, was wir zu tun haben. Wer die Sprache seiner inneren Stimme wieder hören und annehmen kann, der weiß wirklich, wie es um ihn steht. Das ist der Weg, um Krankheiten zu erkennen, richtig zu verstehen und Wege der Heilung zu finden. Aus diesem Grund habe ich hier über Religion geschrieben. *Religio* führt immer in unseren eigenen Wesenskern. Und wenn es das nicht tut, dann ist es keine Religion, sondern eine Institution, ein Verein, ein Interessenverband, der irgendwelche Pläne mit uns hat, aber nicht für uns.
Selbstbesinnung und Selbsterkenntnis sind die ersten Schritte zu einer Verbesserung der persönlichen Situation.

Meditationsübung:
Die Besinnung auf das ursprüngliche, göttliche Brahman.

Das ursprüngliche Brahman ist die göttliche Kraft, die vor allem anderen gewesen ist. Das ist nicht ein bestimmter Gott wie Jehova oder Horus, sondern eben das ursprüngliche, allumfassende, göttliche Sein.
Wann immer Dich Zweifel plagen, Du unter einer Krankheit leidest oder Dein Lebensweg nicht klar erscheint, praktiziere folgende Meditation: Setze Dich in Ruhe an einen beliebigen Platz oder lege Dich abends in Dein Bett, und konzentriere Dich auf folgende Formel:
"Mein Ich ist Brahman!" Diese heilige Formel rezitiere in Gedanken, bis in Deinem Inneren Ruhe einkehrt. Wenn ich diese Meditation praktiziere, trete ich nach wenigen Rezitationen vollkommen weg oder ich schlafe ein. Auf diese Weise nehme ich die Formel mit in die Welt meines Unterbewußtseins.
"Mein Ich ist Brahman!" Diese Formel sagt aus, daß mein Wesenskern und das höchste göttliche Bewußtsein eins sind.

Verwende auch folgendes Mantra: "Gott und ich, ich und Gott, wir sind eins!" Das ist ein anderer Ausdruck der gleichen Erkenntnis. Auf diese Weise mache ich mir bewußt, daß es noch ganz andere Zusammenhänge gibt, die mir helfen werden, meine Krise zu überwinden. Wer mit dieser Formel eingeschlafen ist und am Morgen erwacht, hat nachts in seinen Träumen andere Einsichten gewonnen.
So gewinnen Sie die Chance, Ihr Bewußtsein zu verändern, durch Besinnung auf die ursprüngliche, göttliche Kraft, aus der alles entstanden ist. Alles ist gut, aus dem Brahman heraus.

19.3.99, 20.55 Uhr *Horus: Die Meditation mit Brahman ist gut. Nutze sie, um dich für höhere Energieimpulse zu öffnen. Das Brahman ist nicht nur Energie. Es ist auch Bewußtsein. Das Bewußtsein von Brahman steht über aller Existenz. Es ist die höchste Ebene die wir erfassen können. Brahman lebte vor allem was existiert und wird sein wie lange wir auch zu leben vermögen. Es ist nicht fremd. Es ist im Menschen und in allen Wesen und ebenso im Fels und im leeren Raum. Ebenso in allen anderen Dimensionen. Es ist merkwürdig, aber wir alle, du und ich, sind nicht in der Lage, das Wesen der Existenz Gottes klar zu definieren. Nutze diese Information, um gut zu leben!*

Die Somatisierung von Engrammen

Als Kinder sind wir erst einmal, zumindest äußerlich,
Projektionen unserer Eltern.
Später werden unsere Eltern zu unseren Retroprojektionen.
Von beidem erlöst, werden wir schließlich wir selbst.

Wir wollen uns nun der Somatisierung und den Engrammen zuwenden. Grundlegende Erkenntnisse zu diesem Komplex wurden von →L. Ron Hubbart, dem Begründer der Dianetik und der →Scientology erarbeitet. Somatisierung bedeutet, daß eine bestimmte Erinnerung nicht im Gedächtnis, also im Gehirn gespeichert wird, sondern direkt in einzelnen Zellen, z.B. in einer Muskelpartie unseres Armes, in der Wade usw.

Unter einem Engramm versteht man eine psychische Programmierung, die einen bestimmten Auftrag hat, dem betroffenen Menschen nicht bewußt ist, und wenn sie ihm bewußt wird, als Behinderung in Erscheinung tritt. Es ist jedoch nicht ganz richtig, ein Engramm als ein negatives Programm zu betrachten, das uns behindert. Richtig ist es, daß unser Körper eben nicht nur von den bewußten Gedanken gesteuert wird, sondern daß an der Steuerung unseres Körpers und all unserer Reaktionen tausende von unbewußten Programmen beteiligt sind.

Unzählige Befehle werden somatisiert, also im Körper verteilt einprogrammiert, um einen schnellen, sicheren und reibungslosen Ablauf zu gewährleisten, ohne daß wir dauernd darüber nachdenken und Entscheidungen treffen müssen.

Nehmen wir an, ein Kind lernt laufen. Dabei werden ebenfalls Programme für das Gleichgewicht und für die Schrittfolge auf unterschiedlichem Boden somatisiert, und das ist gut so. Später läuft der Körper weitgehend von allein wohin wir auch wollen. Auch das sind Engramme, nämlich somatisierte Prägungen oder Befehle.

In den Synapsen unseres Nervensystems werden die ankommenden Befehle, d.h. Impulse, verstärkt und von einer Nervenzelle zur nächsten weitergegeben. Ist bei einem Schock oder Schmerz der Impuls zu stark, blockiert das System, indem sich die beiden beteiligten Nervenzellen voneinander zurückziehen, um ein "durchbrennen" zu verhindern. Der akute Schmerz z. B. von einer Verbrennung, wird also nur noch teilweise weitergegeben, wir bemerken den Schmerz, reagieren, doch der Todesschmerz von einigen tausend Zellen wird nicht mehr weitergemeldet, weil dann unsere

Wahrnehmung "durchbrennt". Werden zu viele Schmerzen weitergemeldet, dann fällt der verletzte Mensch in →Ohnmacht.
Solch eine schmerzhafte Überreizung und Blockade wird automatisch geprägt und kann erinnert werden. Bei jedem ähnlichen Impuls fällt das System wieder aus, auch wenn diesmal keine Gefahr vorliegt: Ein Engramm ist entstanden!
In welcher Weise eine Zelle oder ein Teil davon sich erinnern kann, ist bisher ungeklärt. Das normale Engramm hat also eine Schutzfunktion, z.B. um uns bei einem heißen Gegenstand vor einer erneuten Berührung und Verbrennung zu schützen. Soweit ist also ein Engramm sinnvoll.
Es kann aber sein, daß ein Mensch aus irgendeinem Grund überreagiert und z.B. nur, weil er sich einmal als Kleinkind bei Mutter in der Küche heftig an einem Topf verbrannt hat, nie mehr die Küche betreten will. Später weigert er sich kochen zu lernen und ißt nur Rohkost oder Fastfood. Durch eine einmalige Verletzung ist das sehr unwahrscheinlich.
Doch wie schon erwähnt, kann ein Mensch durch einen akuten Schock oder Schmerz bewußtlos werden oder wie gelähmt sein. "Bewußtlos" heißt nicht in jedem Fall, daß jemand gleich umfällt. Oft geschieht es, daß ein Mensch nur "wie betäubt" reagiert, das heißt, er reagiert zwar noch, nimmt wahr was los ist, ist begrenzt ansprechbar, aber durch die Schmerzen hat sein Verstand und seine rationale Kontrolle des Geschehens tatsächlich ausgesetzt. Wir reagieren dann eher instinktiv, wehren eine Gefahr ab oder flüchten aus der Gefahrenzone, ohne direkt nachdenken zu können. Im Anschluß daran kann eine Amnesie auftreten. Wir haben vergessen, was kurz nach dem Schock geschehen ist.
In solchen Momenten können wir nicht mehr hinterfragen, was da geschieht. Wir haben gar keine Zeit und Kraft für eine innere Diskussion. Und genau diese Momente sind für zukünftige Prägungen äußerst gefährlich. Wenn wir bewußtslos sind und über den Ablauf keine nüchterne Kontrolle mehr haben, dann können wir äußere Kommandos, Aussagen von anderen Menschen, Schreie, lockere Sprüche und jede Art von Kritik nicht mehr zurückweisen, sondern wir nehmen diese Sprüche als Befehle auf, als wären Sie unsere eigenen Gedanken. Die Sprüche und Schreie anderer Menschen werden zu subtilen Befehlen und Teil der Engramme, Teil der Schmerzen.

Beispiel: Eine junge Frau kommt zu mir in die Beratung, weil Sie keinen Orgasmus empfinden kann, Angst hat vor Blut, Krämpfe im linken Unterarm bekommt, wenn sie Blut sieht und auch, wenn sie mit ihrem Mann schläft. Ihr wird schlecht, wenn sie grüne Bohnen sieht. Sie kann sie gar nicht essen. Sie hat eine Abwehrhaltung gegen die katholische Kirche, obwohl sie gar nicht sonderlich fromm erzogen wurde. Sie kann sich nur an ihre Schulzeit erinnern, nicht an die Kindheit davor. Ansonsten ist sie positiv eingestellt, gesund und hat 2 gesunde Kinder.
Im Gespräch konnten wir nur die Probleme sammeln. In einer folgenden Rückführung kam in mehreren Sitzungen folgender Tatbestand zum Vorschein: Als sie 6 Jahre alt war, kurz vor Schulbeginn, war sie bei ihrer Oma zu Besuch. Die Oma war streng katholisch und meinte die Gelegenheit nutzen zu müssen, um das kleine Mädchen mit ihrer Weltauffassung zu bearbeiten. Die Oma war gerade dabei, grüne Bohnen zu schnippeln und die Kleine half ihr dabei. Auf irgendeine Weise versuchte die Oma das Kind aufzuklären und gleichzeitig vor Sex zu warnen (alles ganz böse).
Das Mädchen hatte wohl irgendwie mitbekommen, daß ihre Mutter die Periode hatte, und die fromme Oma hatte Erklärungsprobleme. Jedenfalls steigert sich die Oma in eine ärgerliche Haltung hinein, reagiert verbissen, schimpft und schneidet sich heftig in den Finger. Das Blut fließt über die grünen Bohnen, die Oma schreit auf, schlägt dem Mädchen verärgert auf den linken Arm und beschuldigt die fassungslose Kleine, daß sie praktisch schuld sei an Omas Verletzung!
Kleine Kinder reagieren in solchen Situationen auch ohne eigene Verletzung mit einem Schock und wie betäubt. Sie nehmen die Beschimpfungen der Erwachsenen zum Teil sehr ernst. Sie identifizieren sich damit, erst recht wenn irgendein heißes, geheimnisvolles Thema wie Sex damit verbunden ist.
Bei dem kleinen Mädchen wurde also ein Engramm geprägt, das sinngemäß besagt: Du hast Oma verletzt, frage nicht nach Sex oder Periode, das hat Verletzungen zur Folge, Sex ist verboten und gefährlich. Wenn du danach fragst, wirst du geschlagen und beschimpft usw. Nun, das Leben geht weiter und kleine Kinder vergessen schnell. Da war ein gefährliches Engramm geprägt worden, um zukünftige, ähnliche schlimme Ereignisse zu verhindern. Doch solange nichts Vergleichbares geschieht, "schläft das Engramm". Mit anderen Worten, diese Engramme schlummern, solange sie nicht gebraucht und aktiviert werden. Wenn jedoch ein ähnlicher

Vorfall passiert, dann werden diese Engramme aktiviert, und sie können von da an unser Leben massiv beeinflussen.
Das Mädchen wurde größer, und als sie mit 12 ihre erste Regel bekam, war sie total geschockt. Mutter hatte sie nicht aufgeklärt. Sie traute sich nichts direkt zu sagen und dachte, sie sei schwer verletzt, und es sei die Strafe für die Sache mit Oma. Prompt begann ihr in der Erinnerung der linke Arm zu schmerzen. Natürlich war es nur ein Krampf aus Angst, wieder bestraft zu werden, doch die Schmerzen waren echt und wieder da!
Von diesem Moment an konnte sie keine grünen Bohnen mehr essen, sondern sie mußte sich übergeben, wenn sie sie sah. Sie hatte immer starke Menstruationsschmerzen, und obwohl sie sich einen Mann suchte und zwei Kinder bekam, ging der innere K(r)ampf weiter, bis sie schließlich mit 32 bei mir in der Beratung landete. Nachdem wir diese Hintergründe aufklären konnten, ließen ihre Monatsschmerzen rapide nach, sie hatte keine Angst mehr vor der Farbe Rot oder Blut, und nach einigen Wochen Energytraining bekam sie zum ersten Mal einen befreienden Orgasmus.
Was also dieses Engramm zur Gefahr werden läßt, ist ein Verletzungstatbestand, hier sogar mehr bei der Oma als bei dem Mädchen, plus einer Beschimpfung.

Beispiel: In ähnlicher Weise geschieht es oft, daß jemand einem negativen Befehl folgt und beim besten Willen nicht weiß, wo die Ursachen liegen. Z. B. erinnert sich ein Mann an eine Szene als Kind. Sein Vater war Alkoholiker. Der Vater wollte verhindern, daß der Junge auch zum Alkohol greift. Als der Junge einmal mit ca. 8 Jahren einen kleinen Schluck aus der Flasche des Vaters nimmt, wird er erwischt, furchtbar verprügelt und als angehender Säufer beschimpft.
Das allein wäre noch nicht so schlimm. Ein Engramm ist geprägt worden, aber es schlummert noch. Als dieser Mann in meine Beratung kam, konnte er sich an keinen weiteren Fall dieser Art erinnern. Trotzdem hatte er mit 26 Jahren plötzlich zu trinken begonnen. Er war seinem Vater aus dem Weg gegangen. Es gab keine weiteren schlimmen Zwischenfälle. Oder doch?
Kurz bevor er zu trinken begann, hatte er einen Autounfall erlitten und mußte operiert werden. Bei einer Narkose setzt unser Verstand ebenfalls aus, doch der betroffene Mensch bekommt alles genau mit, was um ihn herum geredet wird. Und jeder, der schon einmal speziell mit Chirurgen oder OP-Schwestern zu tun gehabt

hat, weiß, daß diese Ärzte eine Menge Spannungen abreagieren müssen, um mit dem, was sie da täglich sehen und tun, fertig zu werden. Manche Chirurgen machen die wildesten Sprüche und Witze, während sie operieren.
Als wir diesen Autounfall und die Folgen in der Rückführung mehrfach "durchlaufen ließen", sah er sich schließlich im OP liegen. Die Ärzte hatten zuvor eine ruhige Wache gehabt, dabei gezecht, und machten nun Sprüche wie "daß man es ohne zu saufen nicht aushalten kann" und "daß dieser Idiot sich hier kaputt fahren läßt und jetzt nur unnütze Arbeit macht. Er hätte sich lieber zuhause besaufen sollen wie es jeder normale Arbeiter nach Feierabend tut, statt hier den Ärzten Ärger und Arbeit zu machen".
Die Operation ist trotzdem gut verlaufen, weil die Ärzte ihre Arbeit verstanden, trotz Alkohol und Feier, und über diese Sprüche würde sich niemand groß aufregen. Doch in seinem speziellen Fall wurde durch diese Sprüche das in der Kindheit geprägte Engramm aktiviert. Der junge Mann war drauf und dran, sich zu einem Alkoholiker zu entwickeln. Sein Vater hat nach der Arbeit immer zuhause getrunken. Zum Glück hat er es als Kind geschafft, seinem Vater aus dem Weg zu gehen. Jetzt erkannte er, wie unnormal es für ihn war, zunehmend Alkohol zu trinken. Er suchte schnell nach einer Lösung und fand sie in der Rückführungstherapie.
Ich denke, aus diesen Beispielen wird deutlich, wie Engramme funktionieren. Erst einmal sollen sie uns schützen, doch sie machen sich z.T. selbstständig und werden zu Hindernissen. Des weiteren kann es ganz schön kompliziert sein, die Zusammenhänge zu erkunden. Es geht eigentlich nur mit Rückführungen oder z.B. mit den Methoden der Transaktionsanalyse. Ohne diese geheimen Kommandos zu erforschen, nutzt eine normale Psychotherapie gar nichts. Sie ist nur ein Beruhigungsprogramm auf Zeit. Nach jeder erfolgreichen Therapie ist es jedoch erforderlich, daß die betroffenen Menschen ein geeignetes Training absolvieren, um gesundheitlich und psychisch stärker zu werden. Nur auf diesem Weg ist gewährleistet, daß sie die positiven, neuen Einsichten in ihrem Leben umsetzen und verwirklichen. Folgt nach einer Analyse keinerlei Konditionstraining, ist die Gefahr groß, daß die positiven Erkenntnisse ihre Wirkung verlieren und die Menschen rückfällig werden.
Wenn Sie nicht unter speziellen, unerklärlichen Zuständen leiden, gegen die Sie vergeblich ankämpfen, dann sollten Sie nicht nach solchen Engrammen suchen. Wir alle haben genug davon. Wenn

es jedoch in Ihrem Leben Verhaltensweisen gibt, die Ihnen nicht gefallen, die Sie blöd finden, wenn Sie immer wieder die gleichen Fehler machen, dann lohnt sich eine Aufklärung!
Es gibt noch eine andere Methode: Wenn Sie intensiv, engagiert und regelmäßig Energytraining machen, so daß Sie rundum fit, stark und gesund sind, dann unterdrücken Sie durch dieses hohe Maß an persönlicher Energie die meisten oder alle Engramme, die sich vielleicht störend auswirken. Doch wenn Sie eines Tages mit der optimalen Fitness für Körper, Seele und Geist aufhören, können sich die Engramme wieder einschleichen. Für einen dauerhaft positiven Zustand sollten sowohl die Hintergründe der störenden Engramme aufgeklärt werden, als auch ein regelmäßiges spirituelles Training dafür sorgen, daß man in einer guten Verfassung bleibt.
Sprüche wie "Männer weinen nicht" oder "Mädchen sind zu dumm zum rechnen" verursachen übrigens ebenfalls Engramme, weniger durch akuten Schmerz, als durch häufige Wiederholung. Also geben Sie gut acht, womit man Sie in der Kindheit traktiert hat und womit Sie jetzt ihre Kinder kritisieren! Wenn solche "Spielchen", mit denen man ein Kind schon früh negativ vorprogrammiert hat, später in einer Partnerschaft weiterlaufen, kann das zur Katastrophe führen.
Wenn z.B. ein Kind von einer sehr ordentlichen Mutter oft beschimpft wurde, daß es unordentlich ist, ohne es zu sein, sich später einen Partner sucht, der auch Wert legt auf Ordnung und Sauberkeit und dann von diesem kritisiert wird, daß er (oder sie) nicht ordentlich genug sei, dann kann aus einem eigentlich ordentlichen Menschen in späteren Jahren doch noch ein schlampiger Typ werden, der aus dem Frust der Beziehung heraus alles fahren läßt.
Die Prägung von Engrammen beginnt bereits im Mutterleib beim Embryo. Er bekommt alles mit, was die Mutter erlebt und erleidet. Er teilt mit der Mutter alle Gefühle, die Ernährung, eventuelle Ängste, Unfälle, Sex mit dem Vater, die Stimmungen des Vaters, was die Eltern reden, was die Mutter hört usw.
Es kann also sein, daß wir bei der Ursachenklärung eines schwierigen Engramms in der Rückführung bis vor die Geburt in den Mutterleib zurückgehen müssen. Und in ganz problematischen Fällen, wo sich keine Lösung abzeichnet, wo trotz Aufklärung der Fakten in diesem Leben keine Besserung eintritt, da werden wir die wahre Ursache wohl in früheren Leben suchen müssen. Es wäre aber völlig verkehrt, gleich bei jedem hartnäckigen Problem die Schuld

in früheren Leben zu suchen. Die meisten alltäglichen Probleme stammen aus dem jetzigen Leben.
Für einen normalen Psychologen sind da sicherlich die Glaubensgrenzen, von dem was in seinem Horizont erlaubt ist, überschritten. Wer jedoch, egal bei welcher Art von Vorbildung, das Wunder der Reinkarnation mit einbezieht, der findet oft in früheren Leben die Quellen der heutigen Fehler und Überzeugungen. Danach ist es jedoch ebenfalls angebracht, Energytraining und andere spirituelle Trainingsmethoden anzuwenden, um nicht nur neue Erkenntnisse aus der Therapie zu gewinnen, sondern auch die nötige Stärke zu erlangen, um mit den Folgen fertig zu werden und um später nicht trotz Erkenntnis rückfällig zu werden.
Bei chronischem Fehlverhalten oder chronischen Leiden lohnt sich in jedem Fall eine gute Reinkarnationstherapie. Auch für die Reinkarnationstherapie gilt: Die Zusammenhänge sind oft sehr kompliziert. Die zuerst und vordergründig angebotenen Aussagen sind oft Versuche, den wahren Tatbestand zu vertuschen.
Obwohl sich die Menschen befreien wollen, lügen sie oft die wildesten Geschichten zusammen, um ihren unerwünschten Zustand zu retten. Es scheint so zu sein, daß die Engramme einen Selbstschutzmechanismus besitzen, der sie zwingt, sich selbst zu erhalten. Diese Tricks und Fallen muß ein guter Therapeut durchschauen und aufdecken, um seinem Patienten dessen eigene Spiele deutlich zu machen. Dabei beginnt sich der Patient selbst Schritt für Schritt genauer kennenzulernen. Das ist der Weg zu einer ehrlichen und tiefgreifenden Aufklärung.
Wenn jemand z.B. heute Angst hat vor jeglicher Gewalt und vor Sex und Erotik und dann vielleicht entdeckt, daß er es selbst in einem früheren Leben ziemlich wüst und pervers getrieben hat, dann wird es ihm nicht gerade leicht fallen, seine eigenen schlimmen Taten dem Therapeuten mitzuteilen. Er wird sich erst einmal selbst belügen und behaupten, er sei immer nur das Opfer gewesen. Es liegt dann an der Erfahrung des Therapeuten, ob er ein sicheres Gefühl dafür entwickelt, wo und wieweit der Patient die Wahrheit sagt und wo er schummelt. Wenn wir einen Patienten veranlassen, eine bestimmte vergangene Situation mehrfach zu durchlaufen, dann werden nach und nach die wirklichen Muster hervorkommen, egal wie sie aussehen und ob sie ihm gefallen. Wir brauchen also Geduld und Einfühlungsvermögen.

Exkurs: Mimikri

Wenn kleine Kinder von strengen Personen erzogen werden, vielleicht auch noch von fremden Personen und nicht von den eigenen Eltern, dann beginnen sie sich mit der starken Erziehungsperson zu identifizieren. Das ist ein ganz natürlicher Prozeß.
In schwierigen Situationen, z.B. bei der Unterdrückung durch Stärkere, neigen die meisten Menschen dazu, sich mit dem Unterdrücker zu identifizieren. Das ist eine Art von Mimikri. Sie gleichen sich dem Übel an. Sie werden dem Übel ähnlich. Dahinter steht wohl der Wunsch, Gefahr abzuwenden, in der Hoffnung, daß der Unterdrücker nichts gegen jemanden unternimmt, der ihm ähnlich ist und quasi ein Teil von ihm. Unter Umständen wird auf diesem Weg ein unterdrücktes, tyrannisiertes Kind später selbst zum Tyrannen und gewinnt vielleicht sogar Macht über den Unterdrücker.
Wenn Menschen mit schlechten Angewohnheiten oder einer schlechten Vergangenheit zu uns kommen, sollten wir unbedingt ihre Vergangenheit erforschen. Wir sollten stets nach Parallelen suchen. Woher kommen die Krankheiten oder die schlechten Charakterzüge? Wenn dieser Patient früher von einem strengen Großvater erzogen wurde, von seiner lieblosen Mutter verstoßen wurde, oder in einem Heim aufwuchs, dann ist diese Vergangenheit die erste Quelle seiner Probleme. Die meisten Fehlverhalten geschehen aus Nachahmung von gleichen Verhaltensweisen bei den Vorfahren. Gelingt es uns, diesem Menschen den Zusammenhang deutlich zu machen, dann kann er sich als Folge seiner Einsicht von der Ursache seines Übels lösen. Nach und nach werden auch die so verursachen Symptome verschwinden.

Affirmation: Heute und für alle Zeit, üb ich mich in Gelassenheit!

Exkurs: Das Hofhundsyndrom

Lassen Sie mich das Problem der Somatisierung noch einmal in andere Worte fassen, in eine bildhafte Darstellung, gleich einer Fabel.
Kennen Sie das Hofhundsyndrom? Ein Syndrom ist ein Krankheitsbild, das sich aus verschiedenen Störungen zusammensetzt.
Wir möchten frei sein von unseren Krankheiten und Behinderungen. Wir möchten Erfolg haben. Doch wir möchten auch die Erzie-

hungsbefehle unserer Eltern respektieren. Sie haben uns gezeugt, geboren, aufgezogen, erzogen, versorgt. Also kommen wir in einen Konflikt zwischen dem was wir wollen und dem was wir dürfen.

Das bezeichne ich als Hofhundsyndrom. Die Hand, die Dich aufgezogen, ausgebildet und ernährt hat, hat Dich auch angekettet.

Und die Hand die Dich befreien kann, sollst Du beißen. Sei es nun Deine eigene, oder sei es eine Hand von außen, die Dir gereicht wird. Du sollst alle fremden Menschen beißen, wenn sie nicht vorher von Deinem Herren (den Eltern-Programmen) für gut befunden wurden!

Wenn fremde Ideen oder fremde Menschen kommen und sagen: Schau, es geht auch anders, ich weiß wie es besser geht und wie Du deine Freiheit bekommst, deinen Spaß, deine Lebensfreude." Dann mußt Du bellen und um Hilfe schreien! Ein Tabu wird verletzt. Bist Du bereit, dich allein und selbst zu versorgen? Willst Du dir Deinesgleichen suchen und anders leben? Bist Du bereit, die Unsicherheit zu überwinden, das Unbehagen, das immer hoch kommt, wenn Du eine alte Regel verletzt? Freiheit bedeutet, zu sich selber stehen, und nicht für andere einstehen.

Denke einmal gut über dieses Beispiel nach: Du könntest ja hingehen und einen angeketteten Hund befreien. Mach' mal so einen Hund frei, der beißt Dich! Das darfst Du nicht machen. Deswegen werden ja manche Leute in einem Seminar oder einer Therapie so bissig. Das sind sie meistens nicht selber. Der Mensch ist im Kern gut. Er möchte frei sein. Aber er denkt, er muß seine Mama, Papa und Oma beschützen, indem er deren Erziehungsmaßnahmen bewahrt. Und dann steht er da, möchte anders handeln und fühlen, aber nein, das darf er nicht, das ist ein Tabu.

Da lachen die Leute über die Wilden in der Südsee oder in Afrika. Bei uns ist es nicht anders. Nur die Programme sind anders, die wir eingetrichtert bekommen und die wir verteidigen, bis es nicht mehr geht.

Besonders krass ist es bei religiösen und bei sexuellen Programmen. Wenn tiefere Gefühle oder Grundinstinkte umprogrammiert werden, weil die Gesellschaft es so für richtig hält, dann brauchen die betroffenen Menschen einen großen Kraftaufwand, um sich davon zu befreien.

Wenn ein Mensch solch ein Programm von "Sex ist schlecht" nicht überwindet, obwohl es Spaß macht und sein Körper danach verlangt, dann gerät er in einen echten, psychosomatischen Konflikt,

bis hin zur Krankheit. Die angeblich frigide Frau verteidigt eigentlich nur die Unlust ihrer verknöcherten Mutter, die nichts mehr zu lachen hatte. Der brutale junge Macho benimmt sich gegen Frauen so schlecht, weil sein Vater von der Mutter hängen gelassen wurde und darum immer schlecht über Frauen redete. Er lebt Vaters Frust aus.
Wenn Sie jedoch den Weg in die Freiheit wählen, werden ganz neue Dimensionen sichtbar. Denn jede noch so kleine Begrenzung hat stets große Auswirkungen. Die Begrenzung ist ja in unserem Kopf, direkt bei uns.

Übung: Halten Sie sich einmal ein 1-Cent-Stück direkt vor ein Auge! Sie können fast nichts mehr sehen. Dabei ist 1 Cent geradezu wertlos und nutzlos. Es behindert uns total. Legen Sie den Cent dann zwei Meter weg auf einen Tisch. Jetzt schrumpft er in seiner Bedeutung völlig zusammen, und er behindert uns nicht mehr. Wir haben freie Sicht in alle Richtungen.
Nun sehen Sie, wieviel er vorher verdeckte, und was er wirklich wert ist. Und beachten Sie es gut: Sie selbst haben sich entschieden und diese Behinderung vor Ihrem Auge festgehalten!
So ist es mit unseren Programmierungen. Entscheiden Sie sich, die Behinderungen loszulassen. Lassen Sie sich nicht den Blick auf die Welt durch winzige, fast nutzlose Programme verdecken, an die Sie sich klammern, nur weil Ihnen ihre Eltern diese Behinderungen als Pflichtübung in die Hand gedrückt haben. Sie spielen doch auch nicht mehr mit der Babyklapper, nicht wahr?
Machen Sie die Übung mit dem Cent bitte wirklich. Nicht nur lesen, machen! Erst die Erfahrung verändert unsere Einstellung, nicht das Nachdenken allein. Öffnen Sie Ihre Augen für die große, weite und wunderschöne Welt!

Selbsthilfe-Übung: Gegen Engramme, unterschwellige Aggressionen und Suchtprobleme

Punkt 1: Bei unerklärlichen, depressiven, ängstlichen oder auch gereizten Gefühlen, ebenso bei Suchtproblemen aller Art, massieren Sie bitte mit den Daumen beider Hände die Keilbeinfurchen an den Schläfen. Das ist die etwas weichere und etwas tiefer liegende Stelle seitlich hinter den Augen. Der Druck darf schon recht kräftig sein. Am Besten „pumpen", ca. 5 Minuten lang in kurzen Intervallen diese Stellen drücken, täglich 3x wiederholen. Dadurch wird ein

Impuls direkt an das Reptilhirn gesendet. Das Reptilhirn kontrolliert unsere echten Interessen und Bedürfnisse, und es kann Engramme überwinden.

Punkt 2: Bei Stress, Aggressionen, sexuellem Frust und inneren Spannungen massieren Sie das Kiefergelenk und die beiden Unter- und Oberkiefer. Das hilft Verkrampfungen an dieser Stelle abzubauen und es wirkt sich positiv auf die Ursachen der genannten Probleme aus. Wenn jemand wütend ist oder enttäuscht, möchte er am liebsten zubeißen. Wenn er sich in seiner Situation nicht abreagieren kann, presst er die Kiefer zusammen. Das führt langfristig zu einem Dauerstreß in diesem Bereich, der oft genug „vergessen wird".

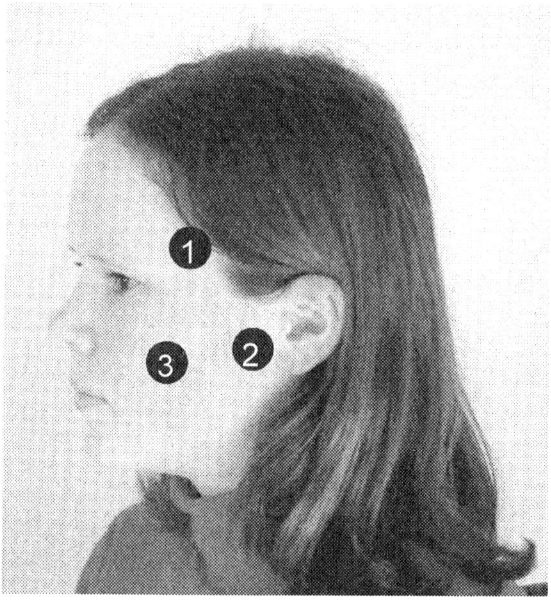

Punkt 3: Bei Gefühlsproblemen und Erkältungskrankheiten massieren Sie sich intensiv, am besten noch mit einem ätherischen Öl wie Thymian, den Nebenhöhlenbereich im Oberkiefer. Das fördert den Heilungsprozeß, und es lässt die Gedanken wieder klar werden.

Raumklima, Schmuck, Od und Voodoo

Wenn Sie das Raumklima bei sich verändern wollen, dann kaufen Sie sich einen großen Bergkristall, Rosenquarz oder einen großen Amethyst. Suchen Sie diese Steine nach Ihrem Gefühl aus. Edelsteine sind natürliche Energiezentren, Generatoren, die Lebensenergie sammeln und leiten. So wie ein Edelstein gewachsen ist, so leitet er die Energie. Die Energie wird von der Unterseite, wo er festgewachsen war, aufgenommen und oben gebündelt abgestrahlt. Hier ist er angewachsen, und dort geht sie heraus. Sie können das Experiment selbst machen.
Nehmen Sie solch einen geraden Bergkristall, der wie eine Spitze gewachsen ist und setzen Sie ihn jemanden mit der Unterseite auf die Stirn. Dann lassen Sie sich einfach berichten, was geschieht. Danach drehen Sie den Kristall mit der Spitze zur Stirn. Das hat eine phänomenale Wirkung.
Machen Sie es einfach selbst. Ein kleiner Kristall für 5 oder 10 € kann schon reichen. Das merken Sie sofort. Aber achten Sie bitte darauf, daß Sie ein positives Gefühl haben, wenn Sie den Stein in die Hand nehmen. Wenn Sie Schmuck haben, dann überlegen Sie gut, woher bzw. von wem Sie ihn haben, weil dessen Schwingungen mit daran hängen bleiben, z. B. die eigene Mutter, die ihren Schmuck vererbt. Seien Sie aufmerksam, ob das für die Tochter noch gut ist.

Übung: Wenn Sie wissen wollen, ob es gut für Sie ist, machen Sie den Muskeltest. Die genaue Bescheibung finden Sie unter →Kinesiologie und Chakraheilung.
Für den Muskeltest stellen Sie die Testperson gerade hin. Zuerst machen Sie den Blindtest, ohne Schmuckstück. Testen Sie, ob der Muskel stabil bleibt. Dann hält sich die Testperson den Edelstein oder das Schmuckstück ans Ende des Brustbeins, vor das 4. Chakra, und Sie machen den Test noch einmal. Bleibt der Arm stabil, dann ist der Test in Ordnung und der Stein kann von dieser Person getragen werden. Wird der Arm plötzlich weich, dann wissen Sie, daß dieser Edelstein, ein Ring oder eine Kette, die Testperson negativ beeinflußt.
Ich empfehle Ihnen dringend, so ein Schmuckstück nicht zu tragen, egal wie teuer es ist. Verkaufen Sie es. Seien Sie bitte so ehrlich

und verschenken Sie nichts, was Ihnen persönlich schon die Kraft raubt. Wir sollten unerwünschte Gegenstände nicht leichtsinnig weitergeben. Der neue Besitzer kann vielleicht nicht nein sagen und wird auch negativ beeinflußt. Das ist nicht ehrlich. Es fällt auf Sie zurück. Verkaufen Sie es bei einem Antiquar.
Ich weiß, manche Leute lachen. Da haben Sie vielleicht einen Ring geerbt oder eine Kette, die einige tausend Mark wert ist und sagen dann: Wenn ich es verkaufe, bekomme ich nur die Hälfte. Das ist doch von Mutter oder Oma. Manche schleppen seit Jahrhunderten Klötze an ihren Beinen herum. Wenn diese Menschen dann zu mir in eine Beratung kommen, dann sieht es so aus, als ob Sie eine Kugel aus einem Gefängnis des Mittelalters am Bein hätten.
Solche "heißen" Sachen können Sie in Plastiktüten einpacken und erst einmal zur Seite legen. Gewinnen Sie Abstand zu der Energie der Erbtante und zur Vergangenheit. Plastik isoliert gut gegen jede Art von psychischer "Reststrahlung". Wenn Sie Schmuck auf Plastikkleidung tragen, ist die Wirkung schon wieder ganz anders, als wenn Sie Schmuck auf der Haut tragen.
Wenn Sie so ein unerwünschtes Schmuckstück verkaufen, wie ist es dann für den Menschen, der diese Kette kauft? Oder wie wirkt sich das aus, wenn man derartige Dinge an einen Händler weitergibt, z.B. in ein Antiquariat? Nun, ein Händler trägt das ja nicht selbst. Wenn er es für sich kauft, dann muß er wissen, was er tut. Er kauft ja dauernd Gegenstände. Das ist sein Job. Und wenn Sie es verkaufen, dann ist das legitim. Jeder Verkauf ist ein gegenseitiger Vertrag. Beide Parteien überlegen dabei, ob sie die Transaktion wollen. Solange Sie niemanden massiv beeinflussen, niemandem ein unerwünschtes Teil aufdrängen, ist alles okay. Wenn Sie es aber jemandem aufdrängen, weil Sie es los werden wollen, und Sie reden ihm vielleicht noch ein, daß das für ihn gut sei, dann ist das bestimmt nicht korrekt und schafft neues Karma.
Das unerwünschte Schmuckstück wird seine Kraft behalten. Der Verkäufer in einem Pfandleihhaus entscheidet mit darüber, wem er es verkauft. Wenn jemand dorthin geht und es unbedingt haben will, dann wird das wohl seinen Grund haben. Es mag sein, daß es bei einem fremden Menschen einen guten Einfluß ausübt. Die Menschen sind doch sehr verschieden.
Müssen wir uns von unerwünschten Gegenständen trennen, an denen eine schlechte Energie haftet? Nicht unbedingt. Es kann sein, daß sich negative Odung entfernen läßt. Dafür gibt es ver-

schiedene Methoden. Man muß von Fall zu Fall probieren, welches die richtige Methode ist.

Übungen: Reinigungsmethoden zur Beseitigung von negativer Energie (negatives Od)

1. Legen Sie Schmuckstücke in eine kleine Glasschüssel mit reinem Wasser, geben Sie eine Priese Salz dazu und stellen Sie die Schüssel für einige Stunden in die pralle Sonne, außen aufs Fensterbrett. Innen reicht nicht, das UV-Licht ist wichtig, und das geht nicht durch die Scheibe.

2. Wenn das nichts nützt und den Schmuckstücken immer noch eine negative Energie anhaftet, nehmen Sie neues, frisches Wasser mit etwas Salz, und stellen Sie die Sachen bei Vollmond außen ins Mondlicht. Das ist eine ganz andere Energie. Sie bewirkt ganz andere Veränderungen.

3. Wenn Sie eine Energiepyramide haben, legen Sie die Gegenstände allein oder in einem Glas mit Salzwasser in die Energiepyramide, erst einmal für einige Stunden auf die obere Ebene, dann für einige Stunden auf die untere Ebene, schließlich abtrocknen und noch einmal oben hineinlegen. Das müßte dann wirklich reichen, um die Objekte mit einer positiven Energie aufzuladen. Die Energie wird sich dadurch wirklich verändern.
In eine kleine Energiepyramide dürfen aber keine Gegenstände hineingelegt werden, die Stahlteile enthalten. Sonst kann man Kopfdrücken bekommen, solange die Teile darin liegen. Edelmetalle verursachen in einer kleinen Energiepyramide keine Störungen. Bei dem großen Gartenmodell spielt das keine so große Rolle mehr. Doch auch in die Freilandmodelle sollten fremde Gegenstände nur begrenzt hineingelegt werden. Vor allem Eisengegenstände könnten Störungen verursachen.

4. Ihre Erinnerung, die vielleicht auf eine unerfreuliche Weise mit der alten Erbtante verbunden ist, kann natürlich durch keine Maßnahme beseitig werden. Da müssen Sie sich dann entscheiden, ob es Ihnen gelingt, die schlechten Gefühle loszulassen und den kostbaren Ring zu behalten, oder ob Sie sich lieber von der unliebsamen Person und ihrem Schmuck trennen.

Es gibt also tatsächlich die Belastung von Gegenständen durch negative Energie (negatives Od), aber es mag auch sein, daß eine Person nur in ihrer Erinnerung negativ restimuliert wird. Dann wäre also das Objekt neutral, aber ein Mensch regt sich auf, wenn er den Lieblingsring der bösen Tante sieht.
Es kann außerdem sein, daß eine verstorbene Person sehr an ihrem Schmuckstück gehangen hat und aus dem Jenseits den von ihr selbst aufgeladenen Ring benutzt, um am hiesigen Leben hängen zu bleiben. Dann kann eine Beeinflussung des Trägers stattfinden. In so einem Fall kann es bis zur →Besessenheit gehen, also bis zu einer massiven Einflußnahme auf einen lebenden Menschen durch den Geist eines Verstorbenen. Das kann Ihnen auch passieren, wenn Sie sich ein antikes Stück kaufen, daß beim Trödler nur darauf wartet, daß jemand es nach Hause trägt, zusammen mit der anhaftenden düsteren Energie eines Verstorbenen.
Während ich an diesem Buch schreibe, bin ich immer wieder durch trübe Stimmungen, Müdigkeit und vielfältige Störungen in der Außenwelt aufgehalten worden. Es ist offensichtlich, daß gewisse Kräfte nicht möchten, daß dieses Buch überhaupt fertig wird. Es kam mir die ganze Zeit so vor, als wenn ich mich durch einen zähen Widerstand hindurchkämpfen muß, um alles fertig zu bekommen.

<u>Exkurs</u>: Voodoo

Diese Spielchen laufen ständig zwischen der Geisterwelt der Verstorbenen und unserer materiellen Welt. Geben Sie acht beim Kauf von Schnitzereien aus Afrika, Schmuck aus Indonesien, von den Philippinen und aus anderen Gegenden. Bei zahlreichen Naturvölkern und bei einigen fremden Religionen ist der Verkehr mit der Totenwelt normaler Bestandteil in ihrem Leben. Es gibt religiöse und kulturelle Gruppen, die ganz bewußt Figuren für ihre Ahnen schnitzen, damit die hier "ein Zuhause finden".
Es gibt außerdem Schamanen, die Schmuck anfertigen, um geistig eine Verbindung zu den Frauen aufzunehmen, die diesen Schmuck irgendwann tragen. Sie gehen nachts auf Astralreisen und mißbrauchen diese Frauen für ihre sexuellen Träume. Das kann im Extremfall zu schweren seelischen Störungen bei den betroffenen Frauen führen. Es kann die Ehe kaputt machen. Es kann Alpträume oder eine völlige Ablehnung von Sex verursachen, weil diese Frauen sich unbewußt zurecht mißbraucht fühlen. Da sie die Zu-

sammenhänge nicht begreifen, werden die schlechten Emotionen auf lebende Menschen, z.B. auf den eigenen Ehepartner projiziert. Die Leute in Europa sind wirklich erstaunlich dumm und naiv. Nur wer innerlich stark und gefestigt ist, kann sich ebenso unbewußt vor derartigen Übergriffen schützen. Labile, unbewußte, gestresste und müde Menschen sind willige Opfer. Überlegen Sie einmal, ob bei Ihnen so eine häßliche Figur vom Flohmarkt herumsteht. Die Afrikaner, die das anbieten, haben eine völlig andere Moral als wir. Denen geht es oft nicht nur um die paar Mark für die Figur. Sie sind eingebunden in ein schamanistisches System wie beim Voodoo. Das ist für deren Mitglieder okay, aber ob das für Sie nun das Richtige war?
Wenn Sie etwas von Meditation, Trancetechniken oder Kontemplation verstehen, dann nehmen Sie doch einmal über so einen Artikel Kontakt zu dem Menschen auf, der das Ding hergestellt hat! Das geht ohne weiteres. Mal sehen, auf wen oder auf was für Kräfte Sie dabei stoßen!

Wenn Sie das Klima in Ihren Räumen verbessern wollen, empfehle ich Ihnen saubere, blanke Kupfergegenstände aufzustellen oder aufzuhängen. Aus gutem Grund hat man früher in Bauernhäusern Kupferkannen und andere Dinge offen aufgehängt. Das war nicht nur ein Zeichen für Wohlstand. Es verändert positiv das Raumklima. Kupfer gehört astrologisch gesehen zur Venus und für uns zum Unterleibsbereich.
Denken Sie an die Kupferarmbändern, die angeboten werden. Es gibt verschiedene, manche haben eine gute Schwingung, andere sind nicht zu empfehlen. Manche fördern unsere Energie, andere blockieren. Am Besten sollte man solche Armbänder zusammen mit einem(r) Partner(in) einkaufen gehen und dann im Geschäft den Muskeltest machen. Dann wissen Sie direkt, woran Sie mit dem Artikel sind. Ebensogut können Sie im Geschäft die Artikel auspendeln.
Gold ist eigentlich ein Sonnenmetall für Männer, wird aber von den meisten Frauen gut vertragen. Die Frauen vertragen ja auch uns Männer recht gut. Viele Männer und manche Frauen vertragen dagegen kein Silber auf der Haut. Nur weil es schick ist, muß ein Schmuckstück nicht gut für uns sein. Nur weil Silber das weibliche Mondmetall ist, müssen Sie es noch nicht gut vertragen. Hier müssen Sie aufpassen und testen.

Hütet Euch vor Geschenken! Ihr bezahlt sie mit Eurer Freiheit! Geschenke dienen stets dazu, bei anderen Menschen positive Gefühle auszulösen. Man will jemandem "eine Freude bereiten", das heißt, er soll positive Energie verströmen. Man will ihn "gnädig stimmen", um Schaden oder Bestrafung abzuwenden. Nur sehr selten sind sie rein, gut gemeint und neutral. Über "gut ausgewählte Geschenke" legen die Menschen Anker in die Wohnungen der lieben Freunde und Verwandten: "Ich habe mir ja soo viel Mühe damit gegeben!" sagt die Tante oder die Mutter. Sie meint damit, daß sie innerlich und äußerlich lange genug ihren Geist in den Pulli gehäkelt hat, daß die Verbindung zur Tochter bestimmt so schnell nicht abreißt. So kann sie geistig-seelisch Anteil nehmen am Leben der Tochter und "auf sie aufpassen". Wenn die Tochter ihre Freiheit will, wirft sie den Pulli vielleicht in die Ecke oder verschenkt ihn.
Wenn es um die Gesundheit geht, neigen viele Menschen dazu, ihre eigene Energie herunterzudrücken und sich schlechter zu machen als sie sind. Manche Menschen suchen sich zielstrebig etwas aus, was sie krank macht oder sie dulten, daß man ihnen derartige Dinge schenkt. Ich habe früher manchmal bei meinen Klienten die Wohnung überprüft, um zu klären, was in der Wohnung in Ordnung ist und was nicht.
Durch die Einrichtung von Mutter oder Oma kann ein junger Mensch in geistiger Abhängigkeit vom Elternhaus bleiben. Die alten Einrichtungsgegenstände können ihn ständig restimulieren, so daß er nie richtig erwachsen wird. Der alte Geruch hängt noch an den Dingen. Bei meinen Hausbegehungen habe ich auf Grund der Energie, auf Grund der Ausstrahlung, stets die Dinge identifiziert, die von unerwünschten Personen stammten. Mutter verewigt sich vielleicht im Haus der Schwiegertochter, in dem sie ein wertvolles, aber häßliches Ehebett für die Jungvermählten aussucht. Der Sohn findet das vielleicht noch toll, weil er seine Mutter kennt und an ihr hängt, die Schwiegertochter fühlt sich langfristig genervt, weil es absolut nicht ihr Geschmack ist, sie sich aber nicht zu wehren versteht.
Es ist wichtig, daß Sie Ihr Haus einmal unter solchen Gesichtspunkten überprüfen. Von wem und aus welcher Zeit stammen die verschiedenen Gegenstände? Was gefällt Ihnen wirklich? Von welchen Artikeln fühlen Sie sich eher belastet? Es ist normal, daß junge Menschen erst einmal einen Teil der Gegenstände aus dem Elternhaus mitnehmen. Sie nehmen ja auch ihre Angewohnheiten mit. Doch gerade wenn man eine neue Partnerschaft gründet, soll-

te man auch an eine neue, gemeinsame Wohnraumgestaltung denken. Prüfen Sie gemeinsam, was Ihnen gefällt. Meistens haben Frauen eine bessere Intuition. Männer können besser analytisch denken. Wenn man die verschiedenen Begabungen zusammen nimmt, dann kann man wirklich das eigene Umfeld positiv einrichten und störende Artikel vermeiden.
Was ich hier beschreibe, fällt heute unter den Modebegriff des Feng Shui. Mit den Methoden des Kundalini Yoga, den ich Jahrzehnte lang praktiziert habe, gewinnt man nach wenigen Jahren so eine innere Sicherheit für die Energiestrukturen in einem Haus, für Zusammenhänge und Störungen, daß man sich jede einstudierte Methode wie das Feng Shui sparen kann. Feng Shui erfordert ähnlich wie unsere Astrologie ein umfangreiches Fachwissen. Es gibt hunderte oder gar tausende von verschiedenen Erfahrungswerten verschiedener Meister aus der Feng Shui Tradition.
Doch auf dieses umfangreiche Detailwissen können Sie verzichten, wenn sie die elementaren Prinzipien der natürlichen Energieströme begriffen haben. Da gibt es diese "Hintergrundschwingung" des Akshara, von dem die indischen Veden sprechen. Wer den Akshara bewußt fühlt, kann jede Art von Dissonanz erkennen und durch geeignete Maßnahmen beseitigen.

Wir kommen jetzt in den Bereich der Magie hinein. Das ist es eigentlich, womit sich Magie beschäftigt: Wenn wir uns durch Imagination, durch unsere klare Vorstellungskraft, Bilder machen und uns mit dieser visionären Kraft auf Objekte und Situationen konzentrieren. Das ist ein wesentlicher Teil der Magie. Auf diese Weise entsteht zwischen der Energie eines Menschen und den Objekten eine Wechselwirkung. Die Dinge beginnen schon auf mich zu wirken, auch wenn sie noch in einem Schaufenster stehen. Es ist, als wenn ich die Zukunft vorwegnehme. Es entsteht ein Gefühl, als wenn die Sachen schon bei mir daheim stehen. Auf diese Weise kann man fühlen, wie sich ein Artikel auswirkt, bevor man ihn gekauft hat.
Wenn sich zwei Menschen geschieden haben, dann wird der eine Partner aktiv einen neuen Partner suchen, der andere bleibt erst einmal enttäuscht zurück. Wenn der schwächere Partner die Wohnungseinrichtung behält, dann wird er ständig an die verlorene Ehe erinnert. Es kann sein, daß es unmöglich ist, einen neuen Partner zu finden, der das alte, gemeinsame Ehebett benutzt. In einigen Fällen kehrte genau dann neue Freude und eine neue Beziehung

ein, wenn sich Menschen nach einer Beratung in meinem Institut entschlossen hatten, die Wohnung oder das Schlafzimmer zu wechseln.

Ich habe einmal einen Mann beraten, bei dem etwas nicht in Ordnung war. Er verfiel oft in schwere, depressive Stimmungen. Wir kamen auf militärische Sachen zu sprechen. Er kam mir so verbissen und gewalttätig vor, obwohl er vordergründig eigentlich normal und freundlich war. Zum Schluß stellte sich heraus, daß er von seinem Vater schlimme Sachen aus dem Krieg geerbt hatte. Damit meine ich seelische Belastungen und eine Erziehung, die von den schlimmen Kriegserfahrungen des Vaters überschattet war. Er hatte zu Hause noch ein Bayonette mit Fassung irgendwo in seiner Kommode liegen. Das Ding war ihm wahnsinnig wichtig. Er hat ein Jahr gebraucht, bis er sich endlich entschließen konnte, das Ding zu verkaufen. Und dann hat er lächerliche 5 DM für das alte Ding bekommen. Dabei gibt es Sammler, die Phantasiepreise für echte Kriegsgegenstände zahlen. Er konnte es fast nicht loswerden. Zum Schluß hat er es dann für besagte 5 DM an einen Gebrauchtwarenhändler verkauft. Dann war er es endlich los.
Als ich Monate später einmal an dem Laden vorbeiging, lag das Ding immer noch dort im Fenster, obwohl sich solche Sachen gut verkaufen. Nachdem er sich von diesem Mordinstrument trennen konnte, ließen seine depressiven Zustände nach. Ebenso verschwanden seine unterschwelligen Aggressionen. Ich gehe davon aus, daß er innerlich eine Verbindung zu seinem verstorbenen Vater hatte. Dessen negative Energie, die unverarbeiteten Kriegsverbrechen, belasteten ihn und deformierten sein Leben. Vielleicht hing an diesem Dolch noch das Blut von einem Soldaten, den sein Vater eigenhändig getötet hatte. Das würde die verkrampfte Situation erklären. Ob die Verbesserung seiner Situation de facto von Verkauf des Dolches abhing, kann ich nicht sagen. Für ihn war es jedenfalls eine symbolische Loslösung von der recht düsteren Kindheit, die immer von den Stimmungen seines Vaters überschattet gewesen ist.

Ich habe schon öfter solche Sachen weggeworfen. Sie glauben nicht, was bei uns schon alles im Laufe der Jahre in die Mülltonne gewandert ist. Meine Frau und ich kontrollieren von Zeit zu Zeit die Wohnung, um überholte Dinge zu entfernen. Manchmal übersehe ich störende Sachen, obwohl ich darüber Bescheid weiß.

Da hat mir jemand in einer Situation etwas gegeben, ich freue mich und denke das ist okay. Einige Jahre später fällt mir auf, daß es nur kurzfristig okay war, dann aber zu stören begann. Dann teste ich dieses Objekt. Ich brauche nicht unbedingt den Muskeltest. Ich nehme den Gegenstand in die Hand, mache die Augen zu und fühle mich da hinein. Dann wird mir schnell deutlich, was dahinter steckt. Es kann sein, daß Dir ein Mensch in einer positiven Laune etwas Schönes schenkt. Es ist wirklich positiv und alles okay.
Aber dann verliert man sich aus den Augen. Wenn für Dich alles okay ist, der andere Mensch aber innerlich keine Trennung will und in grüblerischer Weise an Dir hängt, dann kann er über sein altes Geschenk immer noch leichter eine Verbindung zu Dir aufbauen, als ohne solche verbindenden Artikel. Dann ist in der Mülltonne die Endstation. Soll es die Natur wiederhaben. Wenn sich dann noch jemand bewußt auf das Objekt ausrichtet, nun, dann ist er vielleicht auf der Müllkippe am richtigen Ort.
Bei magischen Objekten aus Afrika oder Asien sollte man allerdings nicht so leichtsinnig sein. Die tauchen über die Müllkippe wieder bei einem neuen Besitzer auf. Wenn Ihnen ein schlimmes Teil begegnet, zerstören Sie es. Wenn die Zerstörung Erfolg haben soll, muß die Methode zum Charakter des Objektes passen. Je nachdem, mit welcher Intention und Energie der Schamane gearbeitet hat, muß man seine Energie durch eine entgegengesetzte Kraft neutralisieren. Die natürlichen Elemente sind Feuer, Wasser, Erde und Luft. Feuerkräfte können im Wasser aufgelöst werden. Wasserkräfte zersetzen sich im Feuer. Überlegen Sie selbst, welche weiteren Zusammenhänge sich ergeben.
Lassen Sie mich dieses Kapitel abschließend in einfachen Worten zusammenfassen: Es kann sein, daß Gegenstände in unserer Umgebung nicht gut für uns sind, sei es, weil sie schlechte Energie verbreiten, uns beeinflussen, oder uns nur auf Grund unserer Erinnerungen behindern. Es ist sinnvoll für unsere persönliche Entwicklung, wenn wir von Zeit zu Zeit unseren Lebensraum überprüfen, uns von alten Dingen trennen und neue Dinge anschaffen, die unserer aktuellen Stimmung Freude bereiten.
Die "Verhaftung" an alten Dingen behindert unseren geistige Fortschritt. Das Loslassen alter Dinge und alter Zustände begünstigt unseren Fortschritt. Auch das Leben in der Natur wandelt und erneuert sich Jahr um Jahr. Die Bäume haben keine Angst, ihre alten

Blätter abzuwerfen. Um so schöner und frischer sind die neuen im kommenden Jahr.

Affirmation: Immer, wenn ich etwas Altes, Überholtes oder Minderwertiges loslasse, kommt etwas Neues und Höherwertiges in mein Leben. Auf diese Weise bleibe ich beweglich und entwickle mich weiter. Das Leben gibt mir ständig neue Chancen, und ich nehme sie jetzt dankbar an!

Schwingkreise

Statt Voodoo aus Afrika nehmen wir lieber magische Schwingkreise aus Deutschland. Sie helfen uns, die eigene Energie zu sammeln, zu konzentrieren und wir treten in eine innere Wechselwirkung mit den Kräften der Natur. Sie helfen uns bei unseren Aufgaben und schützen uns vor negativen Einflüssen.
Nehmen Sie einmal ein Pendel und fragen Sie, was diese drei verschiedenen Schwingkreise Ihnen bringen könnten.

Elektromagnetische Felder, Strahlung und Akustik

In den vergangenen Jahren hat die Strahlenbelastung in unserer Umwelt radikal zugenommen. Auch hier gilt wiederum der gleiche Grundsatz wie bei der Medizin: Wir können nicht erwarten, daß es uns gelingt, in Kürze das ganze System zu verändern, um z.B. TV und Internet mit seinen Satelliten in der Erdumlaufbahn oder die Handies rückgängig zu machen. Die Menschheit hat ein vitales Interesse an Kommunikation. Ob diese technischen Mittel unseren Interessen gerecht werden, ist zu bezweifeln. Da wir es jetzt aber nicht besser wissen, müssen wir wohl in den sauren Apfel beißen, die Störungen erst einmal in Kauf nehmen und damit leben lernen.
Lassen Sie mich ein anderes Beispiel als Vergleich anführen: Ein Teil unserer Flüsse war vor zwei Jahrzehnten so mit Abwässern verseucht, daß man kaum noch etwas retten konnte. Trotzdem war es möglich, diese Schäden in den Griff zu bekommen. Es wird wieder besser. Jetzt sehen die Flüsse in China sogar noch viel schlimmer aus, als vor 20 Jahren bei uns. Trotzdem besteht die Hoffnung, daß diese Kinderkrankheit eines expandierenden, technologisch wachsenden Staates überwunden wird.
Ich habe die Hoffnung, daß es uns mit den elektrischen Belastungen ähnlich gehen wird. Natürlich können wir nicht ausschließen, daß die Menschheit sich selbst durch solche Methoden reduziert und auf diese Weise die Überbevölkerung der Erde zurückgeht. Also, ich glaube wirklich, daß es natürliche Mechanismen gibt, die die Erde überlebenswert erhalten werden. Ein wichtiger Baustein auf diesem Weg sind die von mir entwickelten Energiepyramiden.

Strahleneinflüsse unterschiedlicher Art (elektromagnetische Strahlen und Felder) führen zu emotionalen Veränderungen der betroffenen Person:

verschiedenfarbiges Licht
elektromagnetische Strahlung aller Art
Handys, Mikrowelle, TV, Radio, Radar
Spannungsfelder und Geräusche von Transformatoren
Geräusche, Lärm, Musik
geomagnetische Felder und Bodenstrahlung

Je nach Art der Beeinflussung suchen oder meiden wir diesen Einfluß. Dabei ist unser Empfinden (das Gefühl) der Maßstab. Stört mich das Licht, das Brummgeräusch, die Musik, oder gefällt es mir?
Die Veränderungen unserer Gefühle beruhen auf Veränderungen des Hormonspiegels. Und die Veränderung der Gefühle bewirkt weitere Veränderungen des Hormonspiegels. Es kommt also zu welchselseitigen Veränderungen. Aggression fördert zum Beispiel die Adrenalinproduktion, und die Adrenalinproduktion steigert unsere Aktivität und unsere Aggressionsbereitschaft.
Bei allen nicht-technologischen Kulturvölkern werden rituelle Gesänge und Geräusche wie Musik und Trommeln gezielt zur Erzeugung einer bestimmten Gruppenstimmung eingesetzt. Bei uns stimmen sich bestimmte Volksgruppen gemeinsam mit Musik ein, Tanzveranstaltungen, Pop-Festivals oder Marsch-Musik.
In Indien u.a. Teilen Asiens verwendet man dafür die Mantra-Meditation. Hierbei wird durch rhythmisches Singen bestimmter heiliger Formeln (Mantras) im Organismus eine bestimmte Frequenz erzeugt. Diese Schwingungen beeinflussen unsere inneren Organe und die Hormone. Die indische Chakra-Lehre gibt im Unterschied zu anderen ähnlichen Gebräuchen detailliert Auskunft über die Wechselwirkung zwischen Klang und bestimmten inneren Organen, den Drüsen. Ausführliche Berichte zu den →Chakras finden Sie im →Energytraining.
Durch eine bestimmte Atemtechnik, den Feueratem aus dem Kundalini Yoga und dem Energytraining, und durch Sprechen eines bestimmten Mantras, können kurzfristig die Wehen eingeleitet werden. Wir haben es wiederholt mit schwangeren Frauen erprobt. Es funktioniert sehr gut. Ebenso konnten wir diese Methoden erfolgreich gegen Hormonmängel einsetzen, die zu Haarausfall führen, bei Unfruchtbarkeit in Folge von Hormonmangel, zum Abbau von Streß, für eine bessere Ausgeglichenheit und für eine harmonische Lebenshaltung.

Die Stahlbetonkonstruktionen in großen Gebäuden sorgen für gewaltige elektromagnetische Felder. Die Eisengitter in den Böden wirken wie Antennen, wenn sie nicht zufällig geerdet sind. Die Angestellten und die Kunden stehen in störenden Magnetfeldern, gegen die sie mühsam ankämpfen müssen, um ihre Konzentration zu bewahren.

Fünf Faktoren wirken in fast allen modernen Bauten schädigend: Positiv ionisierte Luft, Elektrosmog und Magnetfelder, Leuchtstofflicht-Geflacker und die Vernichtung von Prana. Sie sind schlecht für die Kunden, für die Angestellten und garantiert schlecht fürs Geschäft. Eigentlich sollte man am Eingang solcher Gebäude Automaten mit B-Komplex-Pillen aufstellen, damit die Kunden und Mitarbeiter den Betrieb besser ertragen.
Wir können das in unserem modernen Leben nicht beseitigen. Wir müssen lernen, damit zu leben. Anstatt Angst zu haben vor den Schäden der elektromagnetischen Belastungen, sollten wir lieber danach streben, stark zu werden, um in unsererer mit elektromagnetischen Wellen belasteten Umwelt gesund bleiben zu können. Wenn sich dieses Wissen durchsetzt, könnte man mit geringem Aufwand vermeiden, daß bei zukünftigen Bauten derartige Fehler gemacht werden. Es reicht z.B. wenn in großen Betonbauten alle Stahlmatten in den Decken geerdet werden, um das ganze Raumklima zu verbessern.
Die Angst vor einfachen elektrischen Installationen in Privathäusern sollte nicht zu groß sein. Die normalen Kabel in den Wänden strahlen nur ca. 20 cm weit und nicht sehr stark. Das ist also nichts, was uns Angst machen sollte.
Die Forschung müßte recherchieren, welche charakteristischen Schwingungen die verschiedenen innersekretorischen ➔Drüsen beeinflussen. Dabei müßten die Forscher definieren, welche dieser Schwingungen aufbauend wirken und welche anderen Schwingungen negative Wirkungen haben.
Danach könnte man gezielt synthetische und natürliche Geräusche für die Beeinflussung der Hormonproduktion einsetzen, zum Zwecke der Heilung, der Leistungssteigerung und für die Immunität.
Wenn es gelingt, die Drüsen eines Kranken durch gezielte Beeinflussung mit Schall oder elektromagnetischen Wellen zur gewünschten Hormonproduktion anzuregen, wird sich der Patient auf Grund der von seinem eigenen Körper produzierten Hormone aktiver und lebendiger fühlen. Auf diesem Weg wird er in ganz anderer Weise seine Depressionen überwinden und seine Leistungsfähigkeit steigern. Das wird in alternativen Heilverfahren bereits mit der Farblichttherapie gemacht (➔Mandel). Bei der Geisteshaltung in der Industrie muß man sich allerdings fragen, ob jemals solche Forschungen finanziert werden, und wenn doch, ob man nicht zum Schluß die Ergebnisse mißbraucht, statt sie zum Nutzen des Menschen einzusetzen.

Zur Veranschaulichung: Wenn ein Mensch resigniert und depressiv ist, verringert er die Produktion aktivierender Hormone, z.B. des Adrenalins. Dafür steigt seine Acetylcholin-Produktion an. Gibt man ihm künstlich Adrenalin, ist er kurzzeitig aktiv. Sein Körper tendiert aber dazu, die Hormonproduktion weiter zu reduzieren, um den beabsichtigten, niedrigen Hormonspiegel erneut herbeizuführen. Zu erwarten ist eine von den Hormongaben abhängige, auf relativ niedrigem Niveau schwankende Aktivität des Betroffenen. Nur wenn der Wille des Betroffenen hinzukommt, aktiv zu sein, wird sich sein Aktionsniveau dauerhaft steigern. Das nennen wir Motivation. Die Motivation muß in jedem Fall stattfinden, sonst nutzen alle Versuche einer Besserung nichts.

Liste: Forschungsergebnisse und Phänomene

- Vom Thymus und seiner Funktionsfähigkeit hängt ganz wesentlich unsere Immunität gegen Krankheitserreger und unsere Anfälligkeit gegen Krebs ab.
- Schwingungen von 42 khz (unhörbar) und Netzbrummen von ca. 110 V, Strom in USA, früher auch Europa, schwächen die Thymusdrüse.
- 15,75 hz wirkt stark störend auf den Thymus (TV-Frequenz!).
- 2 hz schwächen uns, 3 hz ist neutral.
- Das flirrende Geräusch brennender Gas-Heizkörper ist nachteilig.
- Fluoreszierendes Licht erzeugt in Gewebekulturen Krebs.
- Geräusche von fließendem Wasser wirken aufbauend.
- Magnetfelder verändern die Verträglichkeit unserer Nahrung.
- Unsere Körperhälften sind links und rechts verschieden magnetisch polarisiert. Das linke Ohr entspricht dem Südpol, das rechte Ohr entspricht dem Nordpol. Ein Magnet-Nordpol von 1000-2000 Gaus im Bereich unseres linken Ohres wirkt sich positiv aus, während er im Bereich des rechten Ohres erhebliche Störungen verursacht, mit dem Südpol ist es umgekehrt!
- Durch die Satellitenforschung hat man herausgefunden, daß immer dort, wo es gerade 11.00 Uhr vormittags auf der Erde ist, sich durch den Einfluß der Sonne eine Art magnetischer Wirbelsturm im Erdmagnetfeld bildet. Das könnte der Grund sein, warum die Menschen in allen Ländern um diese Zeit sehr aktiv sind, nämlich zwischen 10 und 12 Uhr. Dieser Wirbel ist also aktivierend und der Energie am Nordpol vergleichbar.

- ❖ Gleichzeitig kreist immer auf der genau entgegengesetzten Seite der Erde ein entgegengesetzt gepolter Wirbel, nämlich dort, wo es gerade 23.00 Uhr ist. Er entspricht der Energie am Südpol. Das könnte der Grund sein, warum viele Menschen um diese Zeit schlafen gehen. Wir werden also nachweislich jeden Tag zweimal in einem Magnetfeldwirbel auf "aktiv" oder auf "Ruhe" umgeschaltet. Diese Wirbel sind nur sehr schwach, erst jetzt in unserer Zeit messbar, haben starke Wirkungen auf alle Lebewesen (das beweisen Labortests) und können, weil sie so schwach sind, durch unseren ganzen Elektrosmog-Energiemüll (alle Satellitensendungen und Funkmasten) gestört werden.
- ❖ Halogenlampen erzeugen bei Menschen, die im direkten Einstrahlungsbereich arbeiten, erhebliche Gewichtszunahmen in kurzer Zeit und starke Schlafstörungen, da diese Frequenzen z.T. die Schädeldecke durchdringen und die Epiphyse beeinflussen, die unseren Biorhythmus regelt.
- ❖ Viele Menschen werden von Kunstlicht, speziell Leuchtstofflicht, geschwächt. Bei allen Menschen wird durch Leuchtstofflicht der Sehpurpur abgebaut.
- ❖ Naturähnliches Licht wirkt stärkend. Die meisten "Naturlichtlampen" taugen aber nicht viel.
- ❖ Frenquenzen um 100 hz sind schädlich und stören die Konzentrationsfähigkeit.
- ❖ Synthetik-Unterwäsche verstärkt die negative Wirkung durch die Schaffung einer positiv-ionisierter Atmosphäre um den Körper.
- ❖ Negative Ionisation der Luft ist fördernd, z.B. die Luft am Meer oder nach einem Gewitter.
- ❖ Quarz-Armbanduhren können durch ihre Frequenz Hautekzeme verursachen.
- ❖ Mikrowellenherd-Nahrung als alleinige Kost führte bei einem Massenversuch der US-Army durch schwer abbaubare Zerfallsprodukte innerhalb weniger Monate zu starken gesundheitlichen und psychischen Störungen. Offensichtlich fehlte die vitalisierende Wirkung von wenigstens teilweise lebender Nahrung (Rohkost, Salate).
- ❖ Metallmatten, Rahmen oder Federkernmatratzen bauen Magnetfelder auf, die wie eine Antenne die ganzen Sendungen des Elektrosmog, der Satelliten, Handymasten usw. empfangen. Metall gehört auf keinen Fall in ein Bett. Betten sollten frei sein von Metallen aller Art.

- Die Reichweite der kleinen Transformatoren in Radios, Radioweckern usw. liegt zwischen 60 bis 120 cm. So weit müssen sie also mindestens vom Kopf weg stehen, sonst werden wir ständig negativ beeinflusst.

In unserer Umwelt existieren eine Fülle von Spannungs- und Strahlungsquellen unterschiedlichster Art. Die Untersuchungen, was uns schadet oder nicht, stecken in den Kinderschuhen. Es sollte im Zusammenhang mit einem derartigen Forschungsprojekt geklärt werden, wieviel % der Arbeitskraft und des Konzentrations-Vermögens zu Lasten derartiger Störungen verloren geht. Bisher wird bei Störungen eher nach Krebsgeschwüren gesucht, als daß man sich um die subtileren Störungen kümmern würde. Dabei sind störende Einflüsse z.B. in der Strahlungszone eines Mobilfunkmasten wie Nervosität, generelles Unwohlsein, Müdigkeit, Gereiztheit, Konzentrationsmangel, Depressionen usw. viel eher zu erwarten, als ein Krebsgeschwür.
Es kann die Frage aufgeworfen werden, in wieweit schlechte Ergebnisse in manchen Firmen durch bauliche Mängel verursacht werden: Magnetfelder im Fußboden, hauseigene Sendeanlage auf dem Dach, zu viele PCs auf einem Platz, dazu Pestizidbelastungen der Atemluft durch zu viel Plastikeinrichtung, Holzschutzmittel usw.
Bedauerlicherweise besteht nur in wenigen Firmen Interesse, die Lebensumstände in der Firma unter diesen Gesichtspunkten zu untersuchen. Man beobachtet die Fehlzeiten wegen Krankheit, nicht aber die vielleicht hausgemachten Ursachen. Man beachtet die Fehlzeiten, nicht aber den generellen Konzentrationsmangel. In der bewußten Kombination von alternativen, technischen und wissenschaftlichen Methoden mit einer sensitiven Beurteilung einer Gebäudesituation könnten bessere Ergebnisse erzielt werden. Zum Teil wird das im Feng Shui gemacht, wobei man nicht übersehen darf, daß auch Feng Shui den spirituellen Aspekt ausklammert. Die Chinesen sind Pragmatiker, aber keine spirituellen Leute. Die Chinesen interessieren sich auch nicht für einen Handy-Sendemast oder Pestizide in der Luft. Die Feng Shui Fachleute kümmern sich um ihre Dinge, ohne diese anderen Faktoren einzubeziehen.
Sobald Forschungsergebnisse über die Zusammenhänge von Strahlung und Wohlbefinden vorliegen, kann definiert werden, welche Schwingung oder Strahlung geeignet ist, den Menschen auf einem hohen leistungsfähigen Niveau zu halten, bzw. wie man in diesem Sinne das Leistungsniveau anheben kann. Hierher gehört

auch die Frage, wie z.B. durch Interferenz ein erkannter, negativer Einfluß beseitigt werden kann. Leider hat man bisher nur ein bischen in Richtung krank machende Faktoren geforscht. Vieles davon wurde geheim gehalten, weil man sich Ärger mit den Bürgern ersparen wollte. Über den Nutzen bestimmter Strahlungen ist meines Wissens kaum geforscht worden.
Im Spiegel 17/1987 konnten wir bereits lesen, wie intensiv sich die magnetischen Felder der Erde, des Mondes und der Sonne überlagern, wodurch die Lebewesen auf der Erde ständig wechselnde Impulse bekommen. Durch die Überlagerung dieser natürlichen Kraftfelder mit der künstlichen, vom Menschen verursachten Strahlung, entstehen Störungen in der Orientierung. Wie sich das tatsächlich auswirkt, wird die Zukunft zeigen.
In der Uni-Augenklinik in Münster wurde ebenfalls 1987 nachgewiesen, daß unsere Augen sogar für Magnetfelder empfindlich sind. Wir bekommen es bei unserer heutigen Erziehung nur nicht so genau auf die Reihe. Das erklärt jedoch meinen Bericht, daß sich durch intensive Einwirkungen der Kundalini Energie das →Wahrnehmungsspektrum der Augen verschiebt, so daß wir u.U. in völliger Dunkelheit doch wieder sehen können. Derartige Erfahrungen kennen wir von indischen Yogis und von indianischen Schamanen.
Ein paar einfache Regeln zum Elektrosmog: Es hat keinen Zweck, panisch zu werden. Wir sollten natürlich überprüfen, welche Geräte in unserem Haushalt überflüssig sind. Die meisten Geräte strahlen nicht so stark, daß man gleich vor einem Radio Angst bekommen muß. Wirklich gefährlich ist eine Mikrowelle. Die Geräte sind viel zu schlecht abgeschirmt, und die Strahlung ist noch auf 10 km meßbar! Außerdem sollten wir keinen Radiowecker auf dem Nachttisch haben. Wir sollten mindestens 3 m Abstand halten zu einem Fernseher. Wir sollten Handies nur kurz benutzen. Vermeiden Sie die Anschaffung von überflüssigen elektrischen Geräten. Steigern Sie sich nicht in Angst hinein. Wir können lernen, damit zu leben. Auf jeden Fall ist die gegenwärtige Situation in unserer Gesellschaft ein Anlaß, um Mentaltraining u.a. leistungssteigernde Methoden anzuwenden.
1987 entdeckten die Forscher *Wiltschko* und *Semm,* daß unser 3. Auge (Epiphyse) auf geringste Schwankungen des Magnetfeldes mit sehr fein differenzierten elektrischen Impulsen reagiert. Wir können uns im Magnetfeld der Erde orientieren! Was aber, wenn

wir uns total Reiz-Überfluten und bombardieren mit Elektrosmog, Bildschirm, Handy usw? Dann setzt die Sensitivität aus.
Die Untersuchungen des Wissenschaftslers *von Klitzing* belegen 1998, daß auch statische Magnetfelder den Menschen nachhaltig beeinflussen (Veränderungen im EEG). An der Uni Bristol organisierte *Prof. Henshaw* im Sept. '98 einen Kongreß über die Folgen des Elektrosmog. Die Daten sind z.T. über Internet bei der Uni Bristol abrufbar unter www.bris.ac.uk/Depts/Medphys
Nebenbei ergeben sich hier Gedanken für eine unbegrenzte Nutzung subtiler, biomagnetischer Felder in Resonanz mit dem gigantischen Magnetpotential der Erde. Diese Energie wird nie versiegen!
Im Januar '98 kam ein Bericht in TV "arte" über die neu erforschten Strukturen des irdischen Magnetfeldes, die in der Computersimulation genau meinen hellsichtigen Visionen entsprechen. Das zeigte mir vor allem, daß meine Methode, durch geistige Visionen natürliche Phänomene zu erforschen, tatsächlich funktioniert. Es war auch der Beweiß dafür, daß die vielen tausend Rutengänger tendenziell Recht haben. Es wird vermutlich noch 20 Jahre dauern, bis diese Ergebnisse allgemein bekannt werden. Aber irgendwann wird man Rutengehen und Pendeln als etwas ganz Normales betrachten.
Ob es dann allerdings der richtige Weg ist, einen Apparat zu bauen, der für uns pendelt, bezweifle ich. Nur wenn wir als lebende und fühlende Wesen am Forschungsprozeß in der Natur beteiligt sind, entwickeln wir auch unsere Wahrnehmungen weiter. Wenn wir alle Möglichkeiten der erweiterten Wahrnehmung Geräten überlassen und dann noch fremde Menschen brauchen, die diese Geräte bedienen und interpretieren, dann werden wir ver(bl)öden. Wann immer wir Hilfsmittel brauchen, um eine Entscheidung zu treffen, beschränken wir unsere innere Entscheidungsfähigkeit, und wir geraten in Abhängigkeit.

Exkurs: Sonnenfleckenaktivitäten

1974 züchtete ich an der Uni in Kaiserslautern Mikroorganismen für bestimmte Forschungszwecke. Plötzlich wuchsen die Kulturen nicht mehr wie gewohnt. "Rein zufällig" fand ich im "Geophysikalischen Jahrbuch" (Jahrgang 1968/69?) einen außergewöhnlichen Forschungsbericht: Internationale Forschungsteams hatten Angaben von einer "Foundation for the Study of Cycles!" überprüft und

herausgefunden, daß tatsächlich alle Lebewesen auf Erden und ebenso natürliche Phänomene, von der Zunahme und Abnahme der Sonnenflecken beeinflußt werden.
Man hatte den 9,6 - Jahres - Zyklus erforscht und gab zu, daß die Zyklusforscher recht hatten.
Alle 9,6 Jahre erleben wir ein Sonnenfleckenmaximum und bei der Halbzeit von 4,8 Jahren das Minimum. Davon werden viele verschiedene Faktoren beeinflußt, z.B. die Weizenernte in USA, das Vorkommen (die Häufigkeit) von Luchsen in Kanada, Kaninchen in Kanada, Lachse in Kanada, bestimmte Käferarten in USA, das Dickenwachstum der Bäume in USA, die Stärke des Erdmagnetfeldes, der → Ozongehalt in der Atmosphäre (!), die Wassermenge in verschiedenen Flüssen, die Häufigkeit von Herzerkrankungen beim Menschen, der Luftdruck in Paris und der Beginn der Eisschmelze im Peace River in Kanada. Da es sich bei den Forschern um US-Kanadier handelt, kommen Berichte aus Europa nur wenig vor. Zweifellos gelten diese Erkenntnisse aber für die ganze Welt.
Jedes Lebewesen hat sein eigenes Maximum in Relation zur Sonnenfleckenaktivität. Die besten Weizenernten gibt es immer dann, wenn die Sonnenflecken am Minimum sind. Das höchste Lachsaufkommen und die früheste Eisschmelze sind immer exakt am Sonnenfleckenmaximum.
Die meisten Kriege und Konflikte in Staaten oder zwischen verschiedenen Staaten brechen immer ein Jahr vor dem Maximum aus. Das Interval ist jedoch immer 9,6 Jahre. Es gibt noch andere Zyklen mit einer anderen Länge, aber dieser ist wohl der wichtigste.
Damit wurde bewiesen, daß geringfügige Veränderungen in der Sonnenstrahlung alles Leben auf Erden verändern, z.B. den Ozongehalt, den Luftdruck und das Erdmag-netfeld, was wiederum die Lebewesen beeinflußt.
Es gibt auch einen 7-Jahres-Zyklus, was sofort die Erinnerung an das "verflixte 7. Jahr" in der Ehe aufwirft. Dabei ist interessant, daß die meisten Ehen laut langjährigen Statistiken nach genau 3,5 Jahren geschieden werden, und nicht nach 7 Jahren, dann aber wieder nach 10,5 Jahren, also 7 + 3,5 Jahre! Es ist also ein 7-Jahres-Zyklus, aber gefährlich sind die Tiefpunkte bei der Halbzeit.
Das Wissen um die Sonnenfleckenaktivitäten sollten Sie sich einprägen. Es lohnt sich, bei Problemen, Konflikten und Krankheiten jeweils 7 oder 9,6 Jahre zurückzublicken, bzw. die Hälfte davon. Zu diesen zyklischen Zeitpunkten können Konflikte oder Krankheiten

ausgelöst werden. Die Bibel ist voll von Hinweisen auf 7-Jahres-Zyklen.
Nach den Berechnungen der Foundation for the Study of Cycles von 1970 ergibt sich, daß die Wahrscheinlichkeit für neue Kriege oder Konflikte ab 2001,51, d.h. ab Juni 2001 hoch ist. Wenn Sie bedenken, daß im September 2001 sowohl die Konflikte in Palestina / Israel erneut heftig aufflammten, als auch das Attentat auf das WTC den neuen Krieg gegen Afghanistan auslöste, dann bin ich von diesen Prognosen beeindruckt.
Rund 30 Jahre oder 3 Zyklen im voraus Kriege vorherzusagen, ist bemerkenswert. 2 Zyklen zurück, im Jahre 1982,3 war der Falklandkrieg ausgebrochen und dazwischen, 1991,9 war der Krieg in Afghanistan gegen die russische Besatzung auf dem Höhepunkt.

Teil 2

Therapeutische Methoden

Das moderne Leben in der heutigen Zeit bietet so viele Ideen und Anreize, daß wir uns oft fragen müssen, was wir eigentlich wollen und wer wir wirklich sind. Unter diesen Umständen ist es wichtig, den eigenen Standpunkt zu bestimmen. Jeder Mensch hat in seinem Leben Aufgaben zu erfüllen. Doch wie lauten seine individuellen Programme? Was ist anerzogen, was sind eigene Bedürfnisse, was ist fremd, was gilt als Tabu?
Es gibt Mittel und Wege, diese psychischen Programme zu identifizieren. Auf diesem Weg können unerwünschte Erziehungsmuster gelöscht werden. Z.B. prägt uns jeder Unfall oder Schock einen neuen Auftrag ein, der uns ein Leben lang behindern kann. Mit den hier beschriebenen Methoden können wir Engramme und Lebenspläne erkennen und selbst neu definieren.
Dieses Buch lesen bedeutet eine Bewußtseinserweiterung. Die neue Selbsterkenntnis und neue Bestimmung kann zu Differenzen mit der Umwelt führen, denn unsere Mitmenschen haben ein bestimmtes Bild von uns. Sie möchten uns am liebsten so behalten, wie sie uns schon kennen. Nur wenige haben Lust, ihr Leben neu zu formen.
Aus diesem Grund ist es wichtig, daß Sie konsequent an Ihrer eigenen Entwicklung arbeiten und nur mit Menschen darüber reden, die selbst ein bischen Interesse an diesen Ideen haben. Wenn Sie mit spießigen Ignoranten darüber sprechen, bekommen Sie nur schlechte Antworten. Wer die Möglichkeiten der Esoterik nicht begreifen will, wird versuchen, Sie von diesem Weg abzubringen, um sich selbst zu beweisen, daß an diesen Thesen nichts dran ist, und daß er selbst Recht hat. Solche Auseinandersetzungen sind Prüfungen. Ist es Ihnen ernst mit einer esoterischen oder spirituellen Weltanschauung oder nicht? Werden Sie Kritik ertragen und weiter lernen oder nicht? Halten Sie es aus, wenn jemand Ihre Ideen lächerlich machen will?
In diesem Kapitel finden Sie unterschiedliche Methoden und Wissen, mit denen wir uns unsere Identität und unsere individuellen Strukturmuster bewußt machen können. Die grundlegenden Formeln der hermetischen Philosophie bestimmen diese Denkweise:

Die hermetische Philosophie bietet uns ein holistisches Weltbild, das heute in der Quantenphysik seine Bestätigung findet. Diese Philosophie besagt kurzgefaßt, daß sich das Modell des universalen Ganzen in jedem seiner Teile wiederfindet. Das Große spiegelt sich im Kleinen und umgekehrt. Einmal richtig verstanden, bietet dieses Denkmodell die Möglichkeit, jede Situation zu analysieren.
Diese Philosophie lieferte mir das analytische Konzept, um aus den Lebensweisheiten vieler Völker und Kulturkreise eine neue, synergetische Methode entstehen zu lassen: Alles ist in Allem enthalten, und wir sind ein erkennender Teil davon. Also liegt alles in unserer eigenen Hand, alle Chancen und alle Möglichkeiten.
Wir können sagen, daß meiner Darstellung das 1. kosmische Gesetz, das Gesetz von Ursache und Wirkung, zugrunde liegt. Zum Verständnis dieses Gesetzes führt mein Buch hin. So wird auf neue Weise deutlich, was →"Positives Denken" und → "Gedankenkontrolle" bedeuten und was →Energytraining wirklich heißt.
Sie sehen, das Esoterische Gesundheitslexikon ist ein vielseitiges und weitreichendes Werk. Es ist nur die Frage, wie Sie persönlich die Anwendung gestalten wollen. In diesem Buch stecken Erkenntnisse und Erfahrungen aus vielen verschiedenen Methoden.
Energytraining und Meditationen sind der beste Schutz vor Streß und den Anforderungen des Alltags. Nur wer auf dem Laufenden bleibt, kann seinen Verstand und seine Intelligenz optimal einsetzen. Wissen hat erst dann einen Nutzwert, wenn wir in der Lage sind, es praktisch umzusetzen. Gerade außergewöhnliche und zugleich praktische Erkenntnisse dienen am besten der Bewußtseinserweiterung.
Jetzt möchte ich Ihnen mehrere sehr wirkungsvolle Therapien kurz vorstellen. Das wird Ihnen einige wertvolle Anregungen geben. Vielleicht werden einige Fragen beantwortet, die Sie schon lange hatten. Und einiges davon können Sie selbst ohne große Ausbildung benutzen, um Ihre Probleme zu erforschen. Mit dem gewissenhaften Studium dieses Teils können Sie ein Institut für Lebens- und Gesundheitsberatung eröffnen.
Das Leben in unserer Zeit kann eine Offenbarung sein, wenn wir bereit sind, die positiven Seiten zu erkennen und zu nutzen. Es gibt gute Gründe, sich des Lebens zu erfreuen und die Zeit zu nutzen. Wir haben diese Herausforderung angenommen. Hier finden Sie Antworten auf drängende Fragen unserer Zeit und ich lade Sie ein:

Machen Sie mit!

Grundlegende Gedanken für eine Erfolgs-Strategie und für die berufliche Lebensberatung

Ich analysiere meine Situation.
Ich analysiere meine Beweggründe.
Ich optimiere mein Zielbewußtsein.
Ich bin stets bereit,
mich von überholten Vorstellungen und Umständen zu trennen!

Studieren Sie Ihre eigenen Anlagen,
insbesondere Ihre geistigen Fähigkeiten,
Ihre Stimmungen und Gefühle!

Zuerst kommt das Lernen und die Selbsterkenntnis,
dann der Erfolg im äußeren Leben.

Vielleicht haben Sie schon Kenntnisse in verschiedenen alternativen Wissensgebieten und erwägen, ein kleines Institut einzurichten, um dieses Wissen an andere Menschen weiterzugeben.
Der Bedarf ist sicher groß, und ehrliche, sinnvolle Hilfe ist ein wertvoller Beitrag für eine bessere Lebenssituation für uns alle.
Was ist dabei zu beachten? Wie sollte man vorgehen?
Wenn Sie Reiki, Hatha Yoga, Meditation oder ähnliche Methoden beherrschen, bieten Sie den Menschen dieses Wissen in Kursen an.
Verkaufen Sie Ihren Kursteilnehmern geeignete Bücher, sodaß die Menschen daheim weiterarbeiten können.
Bieten Sie interessierten Menschen geeignete, einfache Kurse zu den Buchthemen an und betreuen Sie sie gut. Behandeln Sie sie so, daß sie sich angenommen fühlen.
Bieten Sie interessierten Menschen Therapien auf der Grundlage dieses Buches an, z.B. mit der Transaktionsanalyse oder Rückführungen, damit sich ihr Bewußtsein über die Begrenzungen dieses Lebens hinaus erweitert.
Alles, was Sie anderen anbieten wollen, müssen Sie zuvor gewissenhaft selbst angewandt haben. Sie müssen es selbst beherrschen!
Andere Menschen positiv aufzubauen ist eine der großen Herausforderungen unserer Zeit. Geben Sie den Menschen Lebenshilfe und Aufmerksamkeit für den täglichen Bedarf, z.B. Tees, Essen-

zen, ätherische Öle, Mantra-CDs. Dann können sie ohne große Theorie unsere positive Botschaft in ihr Leben integrieren. Kleine, nützliche und gesunde Artikel haben den Charakter eines Talismans. Sie können dazu beitragen, daß sich ein Mensch angenommen fühlt und an uns erinnert. Darum sollten wir stets eine gute Auswahl treffen, was wir verkaufen wollen.
Schwatzen Sie den interessierten Menschen nichts auf, was sie nicht wollen. Respektieren Sie die Eigenart jedes Menschen. Helfen Sie ihm auf seinem oder ihr auf ihrem Lebensweg!
Achten Sie immer auf Ihre eigenen Arbeitsmethoden und auf die Bedürfnisse der Menschen, mit denen Sie zusammen kommen. Praktizieren Sie Gedankenkontrolle!
Seien Sie stets freundlich und warmherzig, stets ehrlich, stets einfach in den Erklärungen.
Machen Sie gewissenhaft und regelmäßig Ihr eigenes Training.
Verlangen Sie von anderen stets weniger als von sich selbst. Seien Sie beständig!
Übernehmen Sie die Verantwortung für alles, was Sie bewirken.
Jede Investition in unsere eigene Entwicklung ist eine gute Investition!
Nehmen wir das alles zusammen, wird sich der Erfolg unweigerlich einstellen.

Herrschen kann nur, wer dienen gelernt hat!

Unter welchen Bedingungen kann man eine Lebens- oder Gesundheitsberatung durchführen?
Unter welchen Bedingungen ist eine solche Beratung überhaupt gefragt oder angebracht?
Eine ehrliche und einwandfreie Ethik ist die Grundlage für eine erfolgreiche Arbeit mit anderen Menschen. Wir müssen stets die Souveränität der anderen Menschen im Auge behalten. Es ist unsere Aufgabe, die hilfesuchenden Menschen in ihrer Selbstfindung zu unterstützen. Jede Art von Abhängigkeit ist zu vermeiden.
Lebens- und Gesundheitsberatung von uns für andere Menschen ist dann möglich, wenn wir selbst die Prinzipien des Lebens begriffen haben. Das gegenwärtige Krankheitssystem hat sich selbstständig gemacht und unterliegt nur noch wirtschaftlichen Zwängen. Die Ärzte werden entsprechend ausgebildet und sind fast alle Teil des Systems. Nur wenige aufgeschlossene Ärzte und Heilpraktiker

schauen über den Tellerrand und haben eine umfassende, ganzheitliche Weltsicht. So besteht in unserer Gesellschaft ein großer Bedarf an Aufklärung und Hilfe mit ganzheitlichen Methoden.
Aus diesem Grund habe ich mein Gesundheitslexikon mit einem großen Kapitel über therapeutische Methoden ausgestattet. Hier finden Sie eine Übersicht über nützliche Therapie- und Trainingsmethoden, die sich jeder Mensch aneignen kann. Mit diesen Methoden können Sie sich und anderen helfen. Es sind Schritte ins bewußte Sein.

Wenn es etwas zu tun gibt, packe es an!

Nur das, was wir selbst bereits erfolgreich geklärt haben, können wir weitergeben, um damit andern Menschen zu helfen. Lebensberatung ist immer dann angebracht, wenn ein Mensch das Gefühl hat, daß seine Entwicklung nicht vorankommt. Dieses Gefühl, daß etwas geschehen müßte, daß sein Leben anders laufen sollte, daß etwas nicht stimmt, muß aber nicht richtig sein. Wer sich selbst gerade in einer Krise fühlt, denkt vielleicht, sein Leben sei nicht in Ordnung. Aus diesem Grund sucht er eine Beratung bei uns.
In Wirklichkeit ist sein unerwünschter Zustand aber vielleicht der unbedingt notwendige Ablösungsprozeß von einer alten, überholten Idee, das Ende einer inhaltslosen, hinderlichen Beziehung o.ä.
Wir empfinden Zustände, die unser Weltbild verändern, oft als bedrohlich oder negativ.
In Wirklichkeit sind es aber oft nur unsere Gewohnheiten, die zerstört werden.
Hinter so einer liebgewonnenen Gewohnheit steckt oft nur die Trägheit, die Faulheit, sich neuen Wegen zuzuwenden.
Der Prozeß des Lebens, die Natur an sich, kennt keinen Stillstand. Wer sich nicht freiwillig zur rechten Zeit ändert, der wird notfalls auch gegen seinen Willen verändert.
Widersetzt sich ein Mensch derartigen Wandlungen, empfindet er Schmerz, Trauer, Aggression und schließlich Resignation. Er erkrankt an einer für seine Entwicklungssituation typischen Krankheit.
Sind wir bereit, freiwillig und aus eigener Initiative kontinuierlich zu wachsen und am natürlichen Wandel der Welt teilzunehmen, dann erleben wir Veränderungen als positive Ereignisse, dann werden wir von Umwandlungsprozessen nicht überrollt oder aus der Bahn geworfen, sondern sie treiben uns voran. Die Bereitschaft zur

Wandlung, zur Höherentwicklung, bzw. die Verweigerung oder die innere Trägheit, entscheiden darüber, wie wir unsere Lebensprozesse empfinden. Wer kurzfristige Erkrankungen als Entwicklungsschritt sieht, hat kein Problem. Er kann in Ruhe das Ende abwarten und auf seinem Lebensweg vorangehen, ohne zu leiden.
Es sollte also unser Bestreben sein, natürliche Prozesse zu erfühlen, zu spüren, um bereit zu sein für das Neue! Dabei ist es von besonderer Bedeutung, daß wir mit einer möglichst großen Leichtigkeit und Lockerheit den uns umgebenden Dingen und auch anderen Menschen gegenübertreten.
Denn in dem Maße, wie sich ein Mensch innerlich an irgend etwas hängt, in dem Maße werden unsere Lebensumstände, unsere sozialen Verhältnisse oder unser materieller Besitz zu Fesseln. Statt uns zu nützen und zu dienen, behindern uns dann "die Umstände". In Wirklichkeit sind es ja nicht "die Umstände selbst", die uns behindern, sondern unser Verhältnis zu den Dingen oder zu den Menschen behindert uns!
Nur wenn wir uns in Abhängigkeit begeben, kann uns etwas behindern! All das sind elementare Erkenntnisse, die wir uns selbst und unseren Klienten klar machen müssen, wenn unsere Beratung Erfolg haben soll.
Natürlich gibt es außerordentlich viele verschiedene Ansichten davon, wie diese Welt, unser Leben oder der Mensch selbst funktionieren. Es ist auch das gute Recht jedes Menschen, sich sein eigenes Weltbild zu schaffen. Folglich ist es auch das gute Recht jedes Menschen, erfolglos zu sein oder sich in Katastrophen zu stürzen. Viele Menschen haben z.B. als Kind nicht die erwünschte Menge an Liebe und Aufmerksamkeit bekommen (denken sie). Folglich laufen sie zunehmend frustriert durch die Welt. Sie werden z.B. krank, damit man sie bedauern kann, oder damit so ein angesehener Mensch im weißen Kittel sie total analysieren kann. Wenn sie dann von einem Arzt, oder vielleicht auch von vielen Spezialisten und allen Angehörigen genug Zuwendung in Form von Therapie, Kur, Geschenken, Mitleid usw. erhalten haben, entschließen sie sich vielleicht wieder gesund zu werden.
Es kann aber auch sein, daß ihnen diese "Zuwendungsspiele" eine innere Befriedigung verschaffen, z.B. durch Machtausübung über den Ehepartner, die Mutter usw., und so entschließen sich manche, ewig krank zu bleiben.
Alles das sollte ein Lebensberater unbedingt wissen und berücksichtigen!

Wer sich belehren läßt, ist ein Meister!

Ziel der hier vermittelten therapeutischen Methoden für die Lebensberatung ist es, daß jeder Einzelne dazu angeregt wird, sich und sein Leben ehrlich zu analysieren.
Es mag ausreichend sein, daß wir einem Menschen ein einfaches Heil- oder Hilfsmittel benennen, daß sein ebenso simples Probleme behebt, z.B. ätherische Öle, Heilkräuter, Atemübungen, gesunde Ernährung usw. Wenn aber seine Symptome nur Signale geheimer Probleme sind, dann werden diese oder andere Beschwerden bald wieder erscheinen. Schwerwiegende Probleme können stets nur durch die Erkenntnis ihrer wahren Ursachen behoben werden.
Das erfordert unsere konzentrative Aufmerksamkeit, eine sehr gute Beobachtungsgabe, präzises, schnelles Denken, einen großen, vielseitigen Erfahrungsschatz und die Bereitschaft, neue und fremde Umstände zu erfassen.
Aus diesem Grund werden wir bei unserer Art von Lebens- und Gesundheitsberatung viel Wert auf die persönliche Erfahrung legen. Wir müssen normale und kranke, unerwünschte Zustände wahrnehmen und unterscheiden lernen. Wir dürfen auf keinen Fall schematisch vorgehen.
Was für den einen Menschen schädlich ist, mag für den anderen notwendig sein. Was wir selbst vielleicht ablehnen, braucht unser Klient vielleicht unbedingt.
Daraus ergibt sich wiederum, daß wir uns selbst unbedingt heraushalten müssen aus dem Leben unserer Mitmenschen oder Klienten.
Nur wenn wir die erforderliche Distanz bewahren, können wir seriöse und erfolgreiche Lebensberater sein.
Es ist von elementarer Bedeutung, daß der Lebensstrom frei durch uns fließt. Denn nur dann, wenn unsere Energie frei fließt, können wir Stockungen bei anderen Menschen beobachten. Viele dieser Beobachtungen geschehen ja aus dem Vergleich heraus. Ein Mensch mag stärker sein als wir selbst, aber nicht in Harmonie. Er mag seine eigenen Werte völlig falsch beurteilen, weil man ihn so erzogen hat. Die Grundlage dieser Überlegungen ist darin zu sehen, daß ich in den vergangenen Jahrzehnten gelernt habe, alles was existiert in Energiestrukturen wahrzunehmen. Diese Entwicklung war mir nur möglich durch die jahrzehntelange systematische

Anwendung von Kundalini-Yoga und Energytraining. Dadurch bekommen wir ein Gespür dafür, daß wirklich alles aus Energie besteht, nur die Aggregatzustände ändern sich. Wenn Sie den Inhalt meiner Worte begreifen und nutzen wollen, dann bitte ich Sie, vor allem Ihr Gefühl, Ihr Gespür, Ihre inneren Stimmungen und Wahrnehmungen zu beobachten.
Wir alle haben gelernt, unseren Verstand einzusetzen. Das ist sicher nützlich, aber es ist noch viel wichtiger, unsere Gefühle bewußter wahrnehmen und analysieren zu lernen. Nur wenn wir unserer inneren Stimme vertrauen können, nur wenn wir innerlich wirklich unterscheiden lernen, was für uns selbst gut oder schlecht ist, dann sind wir auch in der Lage, unsere Klienten aufmerksam, einfühlsam und kritisch zu betrachten. Ein Klient mag händeringend nach Wegen verlangen, die seine Ehe retten, aber seine emotionale Schwingung sagt uns im gleichen Augenblick, daß er endlich aus dieser längst kaputten Beziehung erlöst werden möchte.
Seine Erziehung sagt ihm mit erdrückender Macht, daß er sich niemals scheiden lassen darf und sein Herz lechzt nach Freiheit. Umgekehrt verlangt ein anderer Mensch vielleicht die Scheidung und sucht doch nur verzweifelt den Schlüssel zum Herzen seines Partners. Diese verdrehten Wahrnehmungen, bei denen sich Erziehung, soziales Erbe und die inneren, ureigensten Interessen des Klienten oft zu einem abenteuerlichen Gewirr vermischt haben, wieder zu entwirren, damit endlich Klarheit herrscht und der Blick sich wieder mit der erforderlichen Lebensfreude nach vorn richten kann, das ist unsere Aufgabe als Lebens- und Gesundheitsberater.
Wenn Sie Menschen in Gesundheitsfragen beraten wollen, lauten die grundlegenden Fragen:

Arbeiten Sie ehrlich an sich selbst?

Sind Sie klar und bewußt genug,
um Ihr Leben richtig einzuschätzen?

Haben Sie die nötige Energie,
um Belastungen durch die Probleme Ihrer Klienten zu ertragen?

Können Sie Ihre Klienten
zu einem solchen Klärungsprozeß anleiten?

Unsere Mitmenschen und Klienten müssen wir fragen:

Wie geht es Ihnen wirklich?

Was wollen Sie wirklich erreichen?

Welches sind Ihre Beweggründe?

Welches Ziel haben Sie?

Sind Sie bereit, die damit verbundenen Leistungen zu erbringen?

Unsere Weise der Lebens- und Gesundheitsberatung bedeutet aktive Anleitung zur Selbsthilfe und zur Selbstverantwortung. Die Folge davon ist schon bald ein neues Gefühl von Kraft und Freude, daß aus dem Inneren eines jeden Menschen kommt: Denn hier in unserer Mitte liegt die Quelle unserer eigenen Energie!
Wenn wir in dieser aufmerksamen und verantwortungsbewußten Weise andere Menschen beraten und Ihnen bei ihrer Problemlösung helfen, werden wir viele neue Freunde gewinnen und mit den positiven Gefühlen unserer Mitmenschen belohnt.
Meine Ausführungen dienen an erster Stelle der Höherentwicklung des einzelnen Menschen.
Derartige Analysen ersetzen keine medizinisch notwendigen Diagnosen bei schwerwiegenden Erkrankungen. In der Krankheitsdiagnose sind die Ärzte gut gerüstet. Eine vollständige Blut- und Harnanalyse gibt wertvollen Aufschluß. Welche Schlüsse wir danach ziehen und mit welchen Methoden wir an der Gesundung arbeiten, mag sich erheblich von den offiziellen ärztlichen Methoden unterscheiden.
Auf keinen Fall darf ein Kranker leichtsinnig mit esoterischen Argumenten beeinflußt werden. Seine Sicherheit steht im Zentrum unserer Bemühungen. Da jedoch heute sehr viele Erkrankungen psychosomatisch bedingt sind und ihre Ursachen oft völlig ignoriert oder verkannt werden, gibt es genug Möglichkeiten, Hilfestellung zu leisten und wirklich etwas Nützliches beizutragen, ohne überheblich alles korrigieren zu wollen. Der Kranke selbst muß etwas bei sich korrigieren, nicht wir bei ihm. Wir helfen ihm bei der Betrachtung seiner Situation, bei seiner Selbstanalyse.

Wenn es uns gut geht und wir überschüssige Energie zur Verfügung haben, wird stets auch etwas von unserer Energie zu dem Kranken fließen. Das ist gut so. Es darf aber nicht der einzige Inhalt unserer Beziehung zu ihm (ihr) sein. Die heilende Energie eines Heilers kann genauso konsumiert werden, wie Medikamente. Es kann den Heiler schwächen, und vielleicht ändert sich bei dem Patienten gar nichts. Er denkt, es ist okay, ohne sein fehlerhaftes Verhalten zu ändern. Das müssen wir im Auge behalten. Wenn sich bei unseren Klienten nichts konstruktiv ändert, dann zahlen wir langfristig drauf, mit unserer Energie und mit unseren Nerven. Später, wenn uneinsichtige Patienten auch noch meckern, weil wir sie nicht heilen, weil wir ihnen ihre Arbeit nicht abnehmen, kommt dann noch der Ärger hinzu. Wer anderen helfen möchte, sollte diese Aspekte bereits bei den ersten Gesprächen klären.

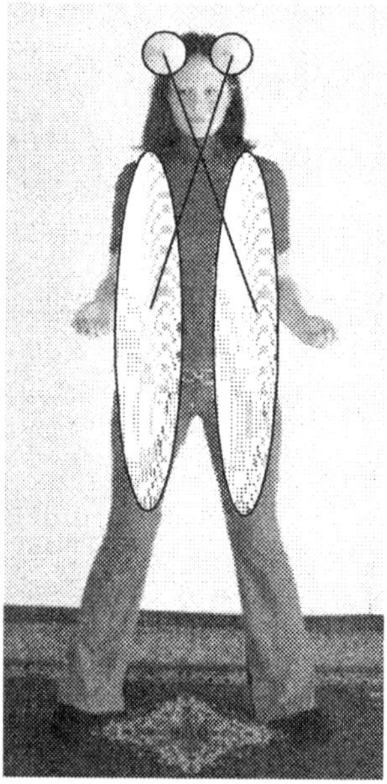

<u>Übung</u>: Hirntraining

Das rechte Gehirn steuert die linke Hand und umgekehrt. Wenn Sie mit Hanteln (Gewichten) trainieren, wird die Hirnhälfte besser durchblutet und angeregt, die die betreffende Hand steuert, also über kreuz. Somit können Sie durch Arbeit mit nur einer Hantel wahlweise eine Hirnhälfte verstärkt anregen! Das ist günstig, wenn man zu verstandesmäßig denkt. Trainieren Sie Ihren linken Arm, die linke Hand und fördern Sie damit ihre rechte, intuitive Hirnhälfte.

Wenn Sie zu langsam denken und Schwierigkeiten haben, sich in der Außenwelt und im Beruf durchzu-setzen, dann trainieren Sie die rechte Hand und damit das linke Gehirn und den Verstand. Das linke Hirn ist heute üblicher Weise für unseren gesellschaftlichen "Kampf ums Überleben" zuständig.

Selbsterkenntnis

Am Anfang war das Brahman, das Unaussprechliche, das Sein (Sat). Um sich seiner selbst bewußt zu werden, um sich selbst zu Er-kennen, teilte es sich in Brahma mit der Fähigkeit der Erkenntnis (Chit) und Atma, die Seele, mit der Fähigkeit der Glückseligkeit (Ananda).
Alle Schöpfungsvielfalt, die wir heute kennen, ist nichts anderes als die Ent-faltung des einen Urgrundes in immer mehr Einzelheiten und Einzelwesen, in dem Bestreben der vollkommenen, bewußten Erkenntnis.

So wurde aus der Urschwingung O M der Schöpfungslaut O N G.

Sat - Chit - Ananda

Sein - Erkenntnis - Glückseeligkeit

Das ist der Leitspruch der Hindus und der Buddhisten.

Erkenne Dich selbst, damit Du Gott erkennst!
Und Du wirst erkennen, daß Du Gott bist!

Dieser Spruch stand über dem Eingang des Apollon-Tempels
zu Delphi im alten Griechenland.

Habe ich diese Erkenntnis einmal ganz in mein Bewußtsein aufgenommen, so erfahre ich, daß nur Äußerlichkeiten, nur Schein, nur eine falsche Haltung mich von der Vollkommenheit des Seins trennt.

Ich bin A L L - E S
Ich bin das S E I N
S - E i n   E i n - S   E I N S

In dem Maße, wie ich alles um mich herum als Teil von meinem Sein, als Teil von mir erkenne, in dem Maße verschwinden alle Widersprüche, alle Schwierigkeiten, aller Ärger, alles Leid, denn alles ist nur Teil von mir und ich bin in Allem.

Ich erfülle den Augenblick
Ich handle ohne Erwartungen
Ich freue mich über jede Erkenntnis
Ich genieße mein da-sein
Ich liebe mich, das Leben
Ich bin glücklich, denn ALL-ES steht wohl (Wohlstand)!

Mantra-Übung:

Setze Dich irgendwo hin, wo Du nicht gestört wirst. Rezitiere anfangs laut, später nur noch in Gedanken die Worte Sat - Nam, beim Einatmen Sat, beim Ausatmen Nam. Dieses einfache Mantra führt dich immer näher an Deinen wahren Wesenskern heran. "Sat nam" bedeutet in der Übersetzung aus dem Sanskrit "Erkenne das Sein, das, was ist." und im modernen Hindi "7 Namen". Damit bezieht es sich auf die Kraft der 7 Chakras. Erkenne Deine Chakras und Dich selbst! Schlafe abends mit diesem Mantra in Deinen Gedanken ein, und Du wirst tief und ruhig schlafen.

Vielleicht ist Ihnen bei der Lektüre dieses Buches inzwischen klar geworden, wieviel wir erreichen können, wenn wir derartige Methoden gezielt anwenden. Bitte macht Sie sich klar, daß ein Großteil unserer Energie in die alten "Kanäle" oder Programme fließt und wir nur einen kleinen Bruchteil unserer Energie direkt für unser selbstverantwortetes Leben einsetzen - bis jetzt. Es gilt, das neue Wissen konsequent anzuwenden.
Um Ihr ganzes Leben optimal zu gestalten, sind die folgenden Hinweise wertvoll. Bitte durchdenken und nutzen Sie sie aufmerksam:

24 Schritte zur Selbsterkenntnis und zu einem erfüllten Leben in Gesundheit und Harmonie

1. Ich nehme jeden Menschen, Partner, Kollegen, Chef usw. so an wie er / sie ist.
2. Ich weiß, jeder gibt sein Bestes und handelt für sich (kann gar nicht anders).
3. Jeder spielt nur eine Rolle und das möglichst gut. Wer oder was steckt dahinter?
4. Wir helfen uns alle gegenseitig mit ständiger Gedanken-kontrolle. Dabei fangen wir stets bei uns selbst an.
5. Dieses Leben ist ein Lehrstück für mich!
6. Ich finde damit zur Vollständigkeit meiner / meines Selbst!
7. Ich bin die Ursache für alles, was in meinem Leben passiert.
8. Was lerne ich aus der jeweiligen Situation, die ich verursacht habe?
9. Alles ist sinnvoll und nützt meiner Entwicklung. Ich muß es erkennen!
10. Ich setze neue Erkenntnisse direkt um und wende sie direkt an!
11. Was zählt ist meine eigene Vollkommenheit. Alles andere ergibt sich daraus.
12. Ich übernehme die volle Verantwortung für mich, meine Welt, meine Handlungen usw.
13. Ich begleiche alle Rechnungen, die ich verursache, selbst.
14. Ich habe den Mut zu großen Entscheidungen.
15. Ich folge stets dem 1. Impuls. Ich vertraue stets dem 1. Impuls,der aus meinem Inneren kommt!
16. Ich erfülle meine Bedürfnisse selbst.
17. Ich bin nur für mich selbst und für meine heranwachsenden Kinder verantwortlich. Alle anderen, einschließlich Partner(in) decken ihre eigenen Bedürfnisse selbst ab. Wir ergänzen uns als freie, selbstbestimmte Menschen.
18. Ich bekenne mich zu meinem Leben in Glück, Wohlstand,
19. Harmonie und mit einer hohen Ethik.
19. Ich genieße mein Hier-Sein auf Erden.
20. Ich bin ehrlich mit mir selbst.
20. Ich bin bereit, Fehler zu erkennen, meine Denkweise zu überprüfen und mich somit dem Entwicklungsfluß des Lebens anzupassen. Ich bin bereit, das Unvollkommene loszulassen.

Wann immer ich bereit bin, etwas Unvollkommenes loszulassen, kommt etwas Höherwertigeres nach.

21. Ich weiß ganz genau, wenn ich eines Tages mich selbst wahrhaftig erkannt habe, gibt es keine Fehler mehr, sondern nur noch Entwicklungsschritte und Lernprozesse.
23. Das Leben ist schön.
24. Ich liebe mich und meine Welt.

Selbstbeobachtung, Selbstdisziplin und Ausdauer sind der Schlüssel zum Erfolg!

Dafür brauchen wir einen scharfen Blick! (→Augentraining!)

Unter welchen Umständen fühle ich mich gut?
Was will ich erreichen und wie fühle ich mich, wenn ich es erreicht habe?

Übung:
Nehmen Sie Papier und einen Stift zur Hand.
Machen Sie sich jetzt bewußt, wer Sie sind und was Sie können.
Notieren Sie jetzt: Schreiben Sie auf, was Sie alles können!
100 x „Was ich alles kann!"
10 x „Warum ich glücklich bin, was mich glücklich macht."
10 x „Was mir Freude macht, und wie ich es erreichen kann."

Definieren Sie jetzt in diesem Moment schriftlich ein Ziel und richten Sie alle Energie darauf aus, um dieses Ziel in einer festgelegten Zeit zu erreichen! Durchdringen Sie den Alltag mit Ihrer positiven Grundhaltung: "Ich bin vollkommen frei in meinen Entscheidungen!"

8 Schritte zur Gesundheit und zur Vollkommenheit

1. Glück und Gesundheit sind Zustände meiner Seele. Ich kann sie nur in mir selbst finden. In dem Maße, wie meine Harmonie, mein Zusammenklang mit der Schöpfung wächst, wird mir die Unerschöpflichkeit des Seins bewußt und ich werde gesund und glück-seelig.

2. Wohlstand bedeutet, daß es wohl um mich steht. Er entsteht aus der Erkenntnis des Seins, des Verstehens und Befolgen der kosmischen Gesetze. In dem Maße, wie ich die kosmischen Gesetze erkenne und mich ihnen zur Verfügung stelle, in dem Maße wächst mein Wohlstand und damit meine natürliche Gesundheit. So steht es wohl um mich. Ich befreie mich von allem unvollkommenen Denken, Fühlen und Handeln.

3. Die Außenwelt ist der Spiegel meiner Innenwelt, meiner Seele und meines Geistes. In dem Maße wie das Glück meiner Seele und der Wohlstand meines Geistes in die Außenwelt hineinstrahlen, gestaltet sich meine Außenwelt immer beglückender, immer erfreulicher, immer begeisterter. Je positiver ich in die Welt hineinstrahle, desto mehr verschwinden unvollkommene, krank machende Faktoren.
   Dem äußeren Reichtum geht immer ein Reichtum der Seele und des Geistes voraus. Wahrer Reichtum kommt stets von innen und kann nicht mit Geld gemessen werden. Geld ist Energie. Geld und wahrer Reichtum sind kein Widerspruch. Sie können sehr wohl zusammen auftreten. Ebenso ist Armut kein sicheres Zeugnis eines reinen Geistes, wie manche meinen, und Geld kein Zeichen von Schlechtigkeit oder von weltlicher Gesinnung. Wir sollten die Dinge der Außenwelt sehr differenziert betrachten.

4. Nur die Handlungen, die ich um ihrer selbst willen oder als Dienst am Nächsten vollbringe, binden mich nicht an diese Welt, schaffen also kein Schicksal. Sie sind frei von Karma. Ich vermeide Gedanken, Gefühle und Handlungen, die unvollkommen sind, die mich krank machen, die auf kleinliche und materielle Ängste ausgerichtet sind. Sie würden mich nur erneut an

die äußere Welt binden. Solange ich in dieser Welt weile, ist es richtig, zu handeln, denn nur, was ich erfaßt und erfahren habe, kann ich auch loslassen. Wenn es etwas wert ist, daß ich es tue, dann tue ich es gut und um der Sache selbst willen. So reihe ich einen erfüllten Augenblick an den anderen und schaffe mir ein erfülltes Leben.

5. Ich achte die Eigenständigkeit und die Freiheit eines jeden Wesens auf seinem persönlichen Weg zur Erkenntnis, mit seinen Erfahrungen und seiner persönlichen Entwicklung. Ich mische mich nicht ein und nehme ihm keine Erfahrungen vorweg. Ich helfe ihm nur, wenn es mich dazu auffordert. Diese Aufforderung kann jedoch mancherlei Formen haben und ist nicht an eine Sprache gebunden. So vermeide ich Einmischungen und Eigensinn, was ungewollt wieder zu karmischen Verpflechtungen führen würde.

6. Ich begreife das Gesetz von Ursache und Wirkung. Alles, was mir je widerfahren ist und noch passieren wird, ist durch meine eigenen Gedanken, Gefühle und Handlungen in dieser oder einer anderen Inkarnation verursacht worden. Ich allein bin für mein Schicksal verantwortlich. Nur so bin ich allein in der Lage, es aufzulösen. Ich vermeide Gedanken, Gefühle und Handlungen, die mich an andere binden oder andere an mich, die mich krank machen und beschränken. Nicht die Anderen sind an meinem Leben Schuld, weder Menschen, Umstände, noch ein höheres Wesen wie Gott. Damit löse ich jedes Schuldgefühl gegenüber anderen auf und entlasse sie in Liebe aus ihrer scheinbaren Schuld.

7. Ab sofort handle ich nur noch intuitiv und bewußt. Das bedeutet, daß ich mich von meinem inneren, wahren, höheren Selbst führen lasse und die intuitiven Erkenntnisse und Entscheidungen bewußt wahrnehme und verwirkliche. Ich erziele dadurch die für mich notwendigen Wirkungen. Ich entlasse alles Unvollkommene aus meinem Bewußtsein. Auf diese Weise mache ich mich frei für das Vollkommene!

8. Ich bin mir meiner Vollkommenheit bewußt und erkenne, daß alle Unvollkommenheit nur eine Täuschung ist, die aus der Begrenzung meines Verstandes herrührt. Alles, was geschah, gerade geschieht und noch geschehen wird, hat einen Sinn in diesem Universum._Auch ich selbst und meine scheinbaren Fehler haben ihren Platz. So löse ich endlich auch alle Schuldgefühle gegenüber mir selbst und meinen Taten auf. Ich habe nun keinen Grund mehr, irgend etwas zu beklagen, zu verdammen, sondern sehe nur noch unzählige Möglichkeiten der Erkenntnis, der Erfahrung und der Freude. Ich bin Teil des göttlichen Brahmans. Das vollkommene, göttliche Brahman kommt in meinem Wesen zum Ausdruck. Aus der Erkenntnis dieser eigenen Vollkommenheit erwächst mir ein nie versiegender Strom von Gesundheit, Glück, Liebe und Wohlstand. ➔Meditation auf das ewige Brahman

Übung: Mit Pflanzen sprechen

Wir Menschen neigen zu einer ständiger Unausgewogenheit. Da sind wir manchmal überheblich und meinen nun zu wissen, was richtig ist. Bald danach kommen uns Zweifel, und wir plagen uns mit Schuldgefühlen. Wir sind anderen böse oder uns selbst. Wir haben Angst vor unseren eigenen Mängeln oder vor den schlechten Taten anderer Menschen. Diese Unausgewogenheit rührt von einem mangelhaften Verstandesdenken her. Der Verstand kann nur mit den Faktoren arbeiten, die er bewußt kennt. Er ist ein Instrument der Erziehung und der Gesellschaft, die uns erzogen hat. Dem Verstand fehlen die Bindungen an die göttlichen, universalen Kräfte. Er kennt sie nicht. Aus diesem Grund ist es sinnvoll, von Zeit zu Zeit eine Übung zu machen, die ganz andere Tore in unserer Wahrnehmung öffnet.
Wir wollen eine Pflanzenmeditation machen und anschließend unsere Impressionen malerisch darstellen. Besorgen Sie sich für diesen Zweck Malzeug nach Ihrer Wahl. Alles ist geeignet, womit Sie Farben darstellen können: Buntstifte, Ölmalkreide, Aquarell, bunte Filzstifte, Acrylfarben oder Ölfarben.
Eine Pflanzenmeditation, mit Pflanzen sprechen lernen, kann uns wieder auf eine gesunde Grundlage in der Natur zurückführen. Es

kann unsere Unsicherheit und Überheblichkeit vertreiben. Es kann uns zeigen, daß wir eingebunden sind in ein wundervolles, gesundes System der Natur. Unsere Ängste und Krankheiten sind weitgehend hausgemacht. Unsere Probleme sind überwiegend anerzogene Verstandesprobleme. Es gilt, diese Probleme zu überwinden und abzulegen. Pflanzen können uns dabei helfen.
Wenn es Ihre Zeit erlaubt, und wenn das Wetter nicht zu schlecht ist, dann nehmen Sie ihre Malsachen, Papier und eine Decke oder einen Klappstuhl. Fahren Sie hinaus in die Natur, in einen Wald oder auf eine blühende Wiese. Vielleicht haben Sie auch einen schönen Garten oder einen alten Park in Reichweite. Wählen Sie bewußt eine bestimmte Pflanze aus, z.B. eine blühende Pflanze oder auch einen bestimmten Baum, vielleicht in der Blütezeit.
Achten Sie darauf, daß Sie allein sind und nicht gestört werden können. Wenn Sie eine bestimmte Krankheit haben und wissen, daß z.B. Salbei helfen kann, dann auch noch Salbei im Garten steht, nun dann wählen Sie den Salbei. Setzen Sie sich auf eine Decke vor die Salbeistaude. Sie sollte dort schon gut verwurzelt sein und nicht etwa frisch gepflanzt. Sprechen Sie mit dieser Pflanze, in Gedanken und in leisen Worten. Fragen Sie diese Pflanze nach ihrem Nutzen für Sie! Was kannst Du für mich tun? Wozu sind Deine heilenden Stoffe gut? Wie kann ich etwas von Dir verwenden?
Behandeln Sie diese Pflanze wie einen natürlichen Freund, einen Heiler. Nachdem Sie sich innerlich näher gekommen sind, pflücken Sie ein Blatt oder eine Blüte, riechen Sie daran, reiben Sie es, fühlen Sie es ganz bewußt. Kauen Sie etwas von diesem Blatt. Nehmen Sie die verschiedenen Stoffe ganz bewußt wahr!
Wir wollen Schritt für Schritt immer mehr eins werden mit der ausgewählten Pflanze. Bereiten Sie sich dann einen Platz mit einer Decke, so daß Sie sich direkt an die Pflanze legen oder setzen können. Bei einem Baum sollte man zuerst den Baum umarmen, später mit dem Rücken am Baum sitzen oder zwischen seinen großen Wurzeln liegen. Der Kopf ist dicht an der Pflanze. Sie haben etwas von ihren Blättern oder Blüten gegessen. Legen Sie nun ein Blatt auf Ihre Stirn. Reiben Sie das Blatt oder die Blüte ein bischen auf der Haut. Lassen Sie das Blatt auf Ihrem 3. Auge liegen.
Werden Sie nun ganz und gar eins mit der Pflanze. Sie sinken immer tiefer in die Aura der Pflanze hinein. Langsam steigen Bilder

empor. Sie fragen nach dem Weg. Sie wollen nun auf die mentale Ebene der Pflanze gehen. Wir sagen dazu: Wir gehen in den Garten dieser Pflanze, wo nur diese Pflanzenart beheimatet ist. Wir wollen zur Königin oder zum König dieser Pflanzenart!
Versuchen Sie es! Irgendwo in unserem Inneren haben wir die richtige Wellenlänge, um mit jedem existierenden Lebewesen zu kommunizieren. Irgendwie und irgendwo sind wir alle eins in diesem universalen, göttlichen Schöpfungszustand.
Sie gehen also jetzt auf die Mentalebene Ihrer ausgewählten Pflanze! Da tauchen Bilder auf von einem Garten, wo es zum Schluß nur noch diese Pflanzenart gibt. Die Pflanzen sind verschieden groß und stark. Die meisten sind ziehmlich ähnlich, aber irgendwo dort drüben gibt es eine besonders große und schöne Pflanze. Das ist der Geist der Pflanze selbst. Sie werden erkennen, ob er weiblicher oder männlicher Natur ist. Sie können mit ihm oder ihr reden. Sie werden Auskünfte bekommen, Gefühle, Bilder, Anweisungen. Hier können Sie ganz genau erfahren, ob Ihnen diese Pflanze helfen kann oder ob vielleicht eine andere Pflanze empfohlen wird.
Werden Sie jetzt eins mit dieser Pflanze. Wie fühlt es sich an, Teil einer Pflanze zu sein? Warum haben Sie gerade diese Pflanze für Ihre Kontemplation ausgewählt? Was kann sie den Menschen geben? Und was können Sie für diese Pflanzen tun?
Die intensive Beschäftigung mit einer Pflanze verändert unser Weltbild. Es reduziert unsere Überheblichkeit, unsere Ängste und ebenso unser Unverständnis. Wir können bewußt an der Welt teilnehmen. Wir können mit etwas Geduld gezielt nach den Heilwirkungen der Pflanzen suchen und sinnvolle Antworten bekommen. Die Pflanzen reden mit uns. Sie helfen uns sowieso. Wir sollten diese Hilfe annehmen.
Sie können derartige Übungen auch mit einem Tier machen, z.B. mit einem kleinen Käfer, aber da Tiere ihren eigenen Willen haben und gerne weglaufen, ist die Verständigung schwieriger. Wir können auch nicht einfach ein Stückchen abbeißen und weitermachen. Mit einer Pflanze ist das okay.
Wenn Sie nun aus der Traumebene zurückkehren, dann diskutieren Sie bitte nicht mit anderen Personen, sondern malen Sie einfach auf, was Sie gesehen haben. Zögern Sie nicht! Genieren Sie sich nicht. Es ist egal, ob und wie gut Sie malen können. Es geht darum, Eindrücke Ihrer Seele festzuhalten. Einfach nur fühlen,

gefühlsmäßig eine Farbe auswählen, bunte Striche und Flächen aneinander reihen, und so entstehen Eindrücke Ihrer Seele. Die Botschaft, die Sie bekommen haben, wird klarer und geht nicht mehr verloren.
Vor einigen Jahren habe ich auf meinem Hof in den französischen Pyrenäen regelmäßig mit anderen Menschen auf diese Weise gearbeitet. Es hat bei allen Teilnehmern tiefe Eindrücke hinterlassen. Es hilft uns, die Welt tiefer zu begreifen und vollkommener zu sehen. Wir sind Teile eines großen Geschehens, einer großen Einheit des Lebens. Wer ein bischen Zeit, Geduld und guten Willen mitbringt, kann auf diese Weise viel erreichen. Dann begreifen wir auch die natürlichen Bedürfnisse der Natur, unserer Umwelt.
Die "normalen Ökofreaks" haben oft ganz andere Beweggründe als daß, was Sie vorgeben. Die Natur wirklich verstehen kann zu ganz anderen Maßnahmen führen, als eine "sinnvolle Planung am grünen Tisch". Wir müssen auch den Menschen selbst als Teil der Natur sehen und abwägen, was wir tun dürfen oder nicht. Denken Sie an mein Beispiel mit dem angeblichen Treibhauseffekt, der vermutlich nur eine beliebte Zwecklüge der Meteorologen ist, die damit von den Politikern das Geld erpressen für ihre teuren Forschungsgeräte.

Beispiel: 1981 machte ich mit einer Seminargruppe einen Ausflug in die Pyrenäen und dort in der Bergen eine Pflanzenmeditation. Auf dem Weg dorthin sahen wir am Wegrand viele Säcke mit gesammelten Wurzeln vom gelben Enzian liegen. Der steht aber unter Naturschutz. Wir fanden dann oben in den Bergen viele Löcher im Rasen, wo man die Pflanzen herausgerissen hatte. An dem kleinen frischen Bach, wo wir unser Lager aufschlugen, gab es jede Menge Elfen, Naturgeister, Quellgeister. Manche aus unserer Gruppe fühlten die intensive Gegenwart dieser Geister. Es war sehr lebhaft und keineswegs belastend.
Zwei Frauen aus unserer Gruppe waren Emanzen, zugleich bei den Grünen und in einer Ökogruppe aktiv, alleinerziehende Mütter und nicht gut auf Männer zu sprechen. Das sind alles Streßfaktoren und verschiedene Formen der Voreingenommenheit. Genau diese beiden Frauen merkten nichts von den faszinierenden Naturgeis-

tern und schimpften über den Raubbau am Enzian. Noch dazu, um damit Schnaps zu machen, so eine Gemeinheit!
Aus diesem Grund wählten wir den gelben Enzian als "beratende Pflanze". Wir trafen unsere Vorbereitungen und verteilten uns auf einer großen Almwiese zu je einer Enzianpflanze. Es waren noch eine Menge stehen geblieben. Eine war besonders groß. Ihre Aura war gewaltig. Es war klar, daß ich hier gut den Kontakt zum "König" oder der "Königin" herstellen konnte.
Wir machten nun alle getrennt unsere Übungen mit je einer Pflanze, malten hinterher unsere Bilder, schrieben einen kleinen Bericht, und erst dann trugen wir alle Eindrücke zusammen. Das Ergebnis war einhellig, bis auf die zwei schwierigen Frauen.
Die Naturgeister beobachteten uns interessiert. Eine Gruppe von Yogaleuten war etwas Neues für sie. Sobald wir auf die Ätherebene, die Gefühlsebene wechselten, erfüllte ein lautes Geschrei unser Tal. Es war das Geschrei der ausgerissenen Enzianstauden, ihrer Brüder und Schwestern. Es war wirklich ein Geschrei wie nach einem Krieg, ach und weh, die Angst zu sterben. Niemand stirbt gern, wenn er sich dem materiellen Leben verbunden fühlt. Aber das war nur ein schmales Band der Wahrnehmung. Für diese beiden Frauen endete hier bereits die Teilnahme. Empört wachten sie wieder auf und gingen zum Lager zurück.
War das alles? Nein, keineswegs. Die anderen zwölf Mitglieder der Gruppe blieben liegen und sanken noch viel tiefer. Kurz nach dem "Band des Entsetzens" wurde es wieder still, und wesentlich tiefer kamen wir dann in den "Garten des gelben Enzians". Hier wuchsen wundervolle, starke Pflanzen. Die Pflanzen begannen mit uns zu sprechen. Sie erzählten uns folgendes:
"Wir werden gebraucht. Viele Menschen sind in ihrem sexuellen und emotionalen Gleichgewicht gestört. Das liegt an der Kultur, in der ihr gerade lebt, an eurem Denken. Der Extrakt aus unseren Wurzeln kann diese Störungen verändern, korrigieren. Alle Lebewesen sind miteinander verbunden, und hier dienen wir euch. Da die Menschen nicht bereit wären, eine Medizin einzunehmen, die eine "sexuelle Gefühlsstörung" korrigiert, produziert ihr statt dessen einen Kräuterschnaps, der genau diese Aufgabe erfüllt (Izarra gelb). Und die richtigen Leute werden es schon trinken. Es ist ja frei verkäuflich. Für uns ist auf der mentalen Ebene alles okay. Das hier ist ein Teil unserer Lebensaufgabe. Es gibt sehr viele von uns.

Die primitiven Menschen, die uns ernten, werden zum Teil von uns beeinflußt. Es bleiben immer die richtigen Pflanzen stehen, um die Art zu erhalten, so wie diese große Wiese, auf der ihr jetzt gerade mit uns redet."

Diese Kontemplation hat bei uns allen einen tiefen Eindruck hinterlassen. Wir wurden nicht gestört. Alles verlief optimal. Als wir später unsere Erfahrungen austauschten, wurde erst einmal deutlich, wie intensiv und wie tiefgreifend unsere Übereinstimmung mit der "Königin des gelben Enzians" gewesen ist. Durch die besondere Streßsituation war diese Übung viel intensiver als manche andere, die wir gemacht haben.

Die beiden schwierigen Frauen waren verärgert, frustiert, empört und wollten nichts mehr von Spiritualität wissen. Es war nur noch Ausrede und Ablenkung von den großen Problemen mit der Ökologie und mit gewissenlosen Geschäftemachern (Männer!).

Als wir wieder zur Hauptstraße zurückkamen, sie diese gestapelten Säcke sahen, fingen die beiden noch mehr zu schimpfen an. Wir fuhren zu unserem Hof zurück. Diese beiden Frauen jedoch fuhren in ihrem Wagen (Gott sei Dank hatten sie selbst einen!) zur nächsten Polizeistation, um Anzeige gegen die wilden Sammler zu erstatten. Ich versuchte sie zu warnen: Wenn hier so viel gesammelt wird, ist die Polizei vermutlich bestochen. Sie wollten nicht hören. Wir kamen um 18.00 Uhr heim. Die beiden anderen Frauen kamen um 23.00 Uhr. Sie hatten sich auf der Polizeistation unmöglich aufgeführt, zum Schluß die Polizei beschuldigt, und wurden insgesamt 4 Stunden festgehalten und verhört, um herauszufinden, was diese zwei wütenden Ökofanatiker aus Deutschland eigentlich dort in den Pyrenäen wollten. Ich würde sagen, bürokratische Dorfpolizisten und unbelehrbare Ökoaktivisten lieferten sich eine kleine Schlacht. Außerdem kollidierten einige altmodisch erzogene Männer vom Dorf mit zwei überzeugten Emanzen aus einer deutschen Großstadt. Ergebnis: Verhärtete Standpunkte. Alles blieb beim Alten. Nebenergebnis: Absolut schlechte Laune bei zwei Personen unserer Gruppe, wovon alle anderen abends auch noch etwas abbekamen. Keinerlei neue Einsicht. Als ich dann noch andeutete, daß ich sie vorher gewarnt hatte, hätten sie mich fast erwürgt. Schließlich bin ich auch ein Mann!

Für alle anderen war es ein Tag mit tief bewegenden Erfahrungen am Herzen der Natur und mit einer deutlich höheren Achtung vor

dem Leben, als noch am Morgen. Das Leben endet nie. Es ändert nur seine Form. Was für die einen schlimm, ist für die anderen gut. Wenn wir tief genug ins Herz der Dinge lauschen, kommen Antworten, die uns aufbauen, auch wenn unser Verstand es vorher anders gesehen hat. Es war auch gut, daß diese zwei Frauen in unserer Gruppe waren. Sie lieferten das "Kontrastprogramm". Wir konnten auf diese Weise noch mehr lernen, als wenn nur ein paar Esoteriker unter sich gewesen wären. Sie halfen uns, die Unterschiede im Denken deutlich zu machen. Dafür können wir ihnen danken.
Wenden Sie diese Erfahrung auf Ihr eigenes Leben an. Versuchen Sie in ähnlicher Weise die Ursachen Ihrer Krankheit oder die Aufgabe Ihres Lebens zu erfühlen. Sie werden sehen: Auch Ihr eigenes Leben macht einen Sinn, einen großartigen Sinn sogar! Nur Mut, lauschen Sie ins eigene Herz hinein und gewinnen Sie eine neue, köstliche Freiheit in der Wahrnehmung der wirklich bewegenden Dinge.

Exkurs: Wilde Tiere sprechen mit uns!

Die Natur reagiert, wenn wir eingreifen, und manchmal haben wir die Gelegenheit, die Weisheit der Natur hautnah zu erfahren!
Vermutlich kennen Sie Hirschkäfer nur von Fotos oder aus einem Film. In Deutschland sind sie durch Pestizide im Wald und einen Mangel an umgefallenen Eichen fast vollständig ausgerottet worden. Die deutschen Förster sind ja so intelligent und reinigen den Wald.
Der Hirschkäfer braucht aber für seine Eiablage umgefallene, tote Eichen. Er legt seine Eier auf einen alten Eichenstamm, nur auf totes Holz. Die Larven entwickeln sich über mehrere Jahre zu dicken, großen Larven mit einem scharfen Gebiß, daß das Eichenholz zerschroten kann. Als wir im Juli 2000 die Umgebung unseres Hofes Le Braquet in den französichen Pyrenäen aufräumten, fanden wir völlig überwuchert und halb im Boden versunken einen alten Eichenstamm, ca. 20 cm Ø und 3 m lang. Er war irgendwann gefällt, dann dort hingeworfen und vergessen worden.
Als wir den Stamm zur Seite räumten, fielen die letzten Rindenreste ab. Darunter saßen eine Menge Larven vom Hirschkäfer. Wir räumten daraufhin den Stamm an eine andere Stelle am Zaun und

bedeckten ihn mit den Rindenstücken, den Larven und mit Gras, um ihn weiterhin feucht zu halten.
In warmen Sommermonaten fliegen die Hirschkäfer abends umher, brummen laut und schwerfällig, und es landet auch mal einer auf dem Tisch vor dem Haus. Sie kommen nie ins Haus, im Unterschied zu anderen Insekten, die sich vom Licht magisch angezogen fühlen. In diesem Sommer hatten wir erst ein oder zwei von ihnen gehört.
Ein paar Stunden, nachdem wir den Stamm abgeräumt hatten, begann es immer lauter zu brummen. Es tauchten insgesamt ca. 20 Hirschkäfer auf. Einige brummten verzweifelt an der Stelle, wo wir ihren Nistplatz entfernt hatten und suchten den Stamm. Einige flogen kurz danach im Hof umher und suchten offensichtlich die Schuldigen! Ein Schwarm von mindestens einem Dutzend Männchen und Weibchen kreiste um uns, ca. 10 m von der alten Niststelle entfernt. Mehrmals setzte sich ein Käfer auf meine Arme, meinen Rücken, auf den Kopf. Ebenso setzen sie sich mehrmals auf meinen Mitarbeiter, der den Stamm entfernt hatte. Weitere saßen auf dem Tisch und krabbelten umher.
Es gab überhaupt keinen Zweifel, daß sie von ihren Kindern, ihren Larven erfahren hatten, was geschehen war! Der Schock, daß dieser seit vielleicht 5 Jahren nicht mehr berührte Nistpatz zerstört worden war, hatte in der geistigen Gemeinschaft dieser Hirschkäfer einen Schock ausgelöst und sie erkannten die Zusammenhänge. Mir war natürlich klar worum es ging. Wir fingen nach und nach alle Hirschkäfer ein und setzen sie auf ihren alten Stamm. So konnten sie den neuen Platz registrieren. Das Spiel mit den aufgeregten Hirschkäfern wiederholte sich an den drei folgenden Tagen in der Dämmerung. Ich weiß nicht, ob es stets die gleichen waren, oder ob immer neue kamen, die einmal hier das Licht der Welt erblickt hatten und nun ihr zuhause suchten. Nach einer Woche war der Ansturm vorüber. Wir hörten nur noch vereinzelt in den Abendstunden Hirschkäfer umherschwirren, wie in dieser Jahreszeit üblich. Keiner setze sich mehr auf uns, nur alle paar Tage landete einer auf dem Tisch. Die Routine war wieder hergestellt.

Wenn Sie das mit meinem Bericht über den Enzian vergleichen, fällt die Parallele ins Auge. Wir können uns mit den Pflanzen verständigen, wenn wir nur wollen.

Wilde Tiere sind meistens zu sehr mit ihren eigenen Aufgaben beschäftigt und halten nicht still, wie der Enzian. Aber wenn die Tiere einen Notfall haben, dann können sie sich mit uns verständigen, wenn wir bereit sind, ihrem Anliegen zu lauschen. Andere Menschen hätten den Zusammenhang gar nicht erkannt.
Doch für mich war das eine Situation, wo ich meine sensitiven Fähigkeiten gebrauchen konnte. Für diese Momente lohnt es sich zu leben. Sie bereichern unser Leben.

Wenn wir bereit sind, der Natur zu lauschen, dann können wir die Erde in einem lebenswerten Zustand erhalten.

Exkurs: Das Leben ist eindeutig organisiert

- Vom Tag der Eiablage bis zum 3. Tag ist eine Biene im Ei.
- Vom 5. – 12. Tag ist sie eine Made.
- Vom 13. – 21. Tag ist sie eine Puppe in der Metamorphose.
- Am 21. Tag schlüpft sie.
- 9 Tage füttert sie die Babies (Maden).
- Vom 10. – 18. Tag (wieder 9 Tage) baut sie neue Waben und andere Einrichtungen im Bienenstock.
- Vom 19. - 20. Tag übernimmt sie Wächterfunktionen am Eingang.
- Ab dem 21. Tag holt sie Futter und Wasser und lebt dann noch ca. 14 Tage.
- Ihr Leben ist also organisiert in 2 x 21 Tage + 14 Tage bis maximal nochmals 21. Ein Rhythmus von 3 und 7.
- Viele andere Arten sind ähnlich präzise organisiert. Es ist ein Zeichen des Bewußtseins, daß diese Wesen beseelt. Es zeigt die große Harmonie (griech. Zusammenklang) des Lebens.

Das Buch des Lebens

Die Aufzeichnung all unserer Wahrnehmungen, zu denen unser Körper, Seele und Geist fähig sind, läuft immer!
Mit unserer Aufmerksamkeit wählen wir die Bilder, Gedanken und Gefühle aus, die in unser Bewußtsein treten und von der kosmischen Energie geprägt werden. Die kosmische Energie fließt immer. Sie ist stets gegenwärtig!
Nur die durch meine Aufmerksamkeit bewußt gemachten Erscheinungen treten später als Ereignisse in mein Leben. Das geschieht zum Teil bewußt, zum Teil sind uns diese Auswahl-Entscheidungen nicht bewußt, weil wir viel zu unaufmerksam durch Leben gehen. Des weiteren werden diese geistigen Planungen in meditativen Momenten und nachts in unseren Träumen vorgenommen, was uns wiederum nur manchmal bewußt wird.
Wenn wir im Alltag ein "déjà-vu"-Erlebnis haben, also dieses Gefühl kommt, etwas genau so schon einmal erlebt oder gesehen zu haben, dann handelt es sich um einen vorweg genommenen Augenblick. Aspekte unseres Leben, die wir unbewußt vorweg geplant haben, erkennen wir manchmal wieder.
Ich entscheide ab sofort, worauf ich meine Aufmerksamkeit richte!
Ich entscheide damit, was zur <u>Ursache</u> wird!
Ich entscheide, ob ich meine Aufmerksamkeit auf etwas richte, worauf ich sie richte und von welchem Standpunkt aus ich etwas betrachte (gut, schlecht, wichtig, unwichtig). Ich entscheide somit, was ich säe. Säen kann ich, was ich will, doch ernten muß ich, was ich gesäht habe.

Eine Yoga-Weisheit: "Wie sollte die Lotosblume die Herzen der Menschen erfreuen, wenn nicht zuvor ihr Same in den stinkenden Faulschlamm der Tiefe gelangt, um von ihm genährt zum Licht emporzudringen?"
Das ist ein Gleichnis des Lebens. Der Faulschlamm ist unser Karma. Die Samen der Lotusblume sind steinhart und können sogar 1000 Jahre überdauern, bis ihnen die Bedingungen gefallen und sie zu keimen beginnen. Genauso geht es unserer Seele. Sie mag 1000 Jahre in karmischen Wiedergeburten und Verstrickungen leiden, um dann endlich das Wissen um die Reinkarnation zurückzugewinnen und sich in die Freiheit des Lichts zu entfalten!

Gedankenkontrolle

Wie funktioniert die Gedankenkontrolle? Pro Sekunde laufen in unserem Hirn durchschnittlich 3000 - 4000 Denkprozesse ab. Überlegen Sie einmal, wieviel Ihnen davon bewußt wird. Die meisten Gedanken sind uns also unbewußt. Die Ursachen für schlechte Gefühle oder die Ursache für einen Streit sind ebenfalls unbewußt. Wir reagieren nach bestimmten, vorprogrammierten Reaktionsmustern aus unserer Erziehung und Erfahrung.

1. Erlernen Sie Autogenes Training und Psychokybernetik.

2. Geben Sie Ihrem Unterbewußtsein den Auftrag, daß innerlich ein "Wächter" installiert wird.

3. Sobald negative Gedanken auftauchen, meldet sich der Wächter, damit Sie es mitbekommen. Freuen Sie sich über jeden negativen Gedanken, den Sie erkennen!

4. Negative Gedanken, Gefühle und Bilder sollten wir dann auf dem geistigen Bildschirm bearbeiten und aus unserem Leben entlassen. Bei jeder Waschung, Dusche, im Bad oder auf dem WC können wir dann die negativen Vorstellungen abfließen lassen, die negativen Gedanken abwaschen und in Liebe verabschieden. Wir können uns darüber freuen, daß sie auf dem Umweg über die dunkle Tiefe, in die wir sie entlassen, als strahlende Blüten in unser Leben zurückkehren. Durch das Loslassen der alten Belastungen wird neue Energie freigesetzt, die unser Leben bereichert.

5. Prozeßablauf: Die Erkenntnis (wahrnehmen)
   Die Freude (über die neue Erkenntnis)
   Die Erleichterung (loslassen)
   Die Stille (leer werden)
   Die Freude (neu auf das Positive ausrichten)
   Das L I C H T (neue positive Energie)

6. Thema mit Variationen: Üben Sie das Loslassen von...
Aller Kummer, alle Sorgen, fließen ab und sind geborgen...
Aller Ärger,
Alle Ängste,
Alles Leid und alle Schmerzen,
Aller Trübsinn...

Beschäftigen Sie sich bitte nur vorübergehend damit, die unerwünschten Zustände loszulassen. Das sollte kein Dauerzustand sein. Sobald Sie diese innere Loslösung deutlich gemacht haben, gehen Sie bitte zu positiven Formulierungen der erwünschten, neuen und besseren Zustände über! Wer zu lange, also über eine Phase der Klärung hinaus, seine Aufmerksamkeit auf die unerwünschten Zustände richtet, der schenkt ihnen schon wider Energie und erhält sie so am Leben.

7. Jetzt können Sie eigene Affirmationen entwickeln. Ein Versmaß erleichtert den Automatismus. Lernen Sie in Bildern denken, das verbessert den Erfolg!

Jede neue Erkenntnis zerstört die alte Annahme!
Jede Ent-Täuschung ist ein Sieg der Er-Kenntnis!

Die Grundlage unserer Gesundheit und unseres Erfolges ist die Selbstbeobachtung und die Gedankenkontrolle - und das immer!
Konzentration auf das Ziel - und das immer!
Konsequentes Handeln - und das immer!

Es kann sein, daß die neuen Gedanken, die Sie jetzt zu denken beginnen, mit den Ideen ihres Lebenspartners, ihrer Eltern oder Kinder kollidieren. Manchen Mitmenschen mag es nicht Recht sein, daß Sie jetzt anders und kritischer zu denken beginnen. Manche Menschen haben vielleicht davon gelebt, daß Sie sich gutmütig um sie kümmern und auf ihre eigenen Interessen verzichten. Es mag also Kritik und Widerstand geben, wenn Sie nun damit beginnen, ihr Leben in die eigenen Hände zu nehmen. Darum sollten Sie stets daran denken:

Um an die Quelle zu kommen,
muß man gegen den Strom schwimmen!

Folgende Affirmation empfehle ich Ihnen für einen Monat:

Mein Leben ist Gesundheit, Fülle und Wohlstand!
Ich lasse jetzt den Erfolg in mein Leben

Je vielfältiger meine Beobachtungen sind, desto genauer kann ich meine Umwelt analysieren! Dazu dient uns u.a. die Numerologie (➔Esoterik Band 1). Mit der Numerologie, mit der Astrologie und anderen analytischen Systemen haben wir die Möglichkeit, mehr über unser Leben zu erfahren. Das hilft uns auch bei der Betrachtung von Krankheiten oder Störungen in unserem Leben. Es hilft uns Prognosen zu erstellen, wer wir eigentlich sind, mit welchen Eigenschaften wir dieses Mal in die Welt gekommen sind und wohin wir uns dieses Mal entwickeln wollen.
Wer lernen will, sein Leben zu meistern, muß bereit sein, Altes und Überholtes loszulassen. Loslassen kann ich aber nur, was ich zuvor richtig erfaßt habe!
Nehmen Sie sich jetzt ein Blatt Papier und einen Stift. Um den kommenden Monat zu nutzen, empfehle ich Ihnen, daß Sie in kurzen Worten für sich selbst festhalten:

Was wollen Sie tun und erreichen?

1. Was will ich in diesem Jahr persönlich erreichen?
2. Was will ich sozial erreichen und ändern?
3. Wie will ich mich beruflich und finanziell verbessern?
4. Was will ich gesundheitlich erreichen?
5. Formulieren Sie Ihre wichtigsten 10 Aufgaben auf Papier!

Schreiben Sie jetzt sofort Ihre Antworten auf! Verwenden Sie den nächsten Monat, um diese Aufgaben zu beginnen. In einem Monat überprüfen Sie, was Sie aufgeschrieben haben, was Sie schon erreicht haben, und was vielleicht noch ergänzt oder korrigiert werden muß.

Wenn Sie jetzt sofort beginnen, haben Sie aus dem ersten Impuls heraus eine tolle Chance, Ihr Leben zu verbessern.

1. Ich formuliere ganz präzise und ausführlich mein 1. Ziel, nur positive Formulierungen, im erwünschten Endzustand und in der ersten Person. Später verfahre ich gleicher maßen mit weiteren Zielen.

2. Ich mache mir Bilder, Filme oder Collagen, die das gewählte Ziel im gewünschten Endzustand zeigen und mich selbst im Ziel darstellen, bis das <u>Zielbild</u> vollkommen klar ist!

<u>Fragen</u>:
Kann ich mir die Erlangung dieses Zieles glaubhaft vorstellen?
Wie fühle ich mich, wenn ich mich vollkommen in den erwünschten Endzustand hineinversetze?
Ist das Ziel immer noch glaubhaft oder vielleicht einige Nummern zu groß?
Falls es mir zu groß erscheint: Wie müßte die nächst kleinere, vollkommen glaubhafte Etappe für mich aussehen?
Wäre sie für mich befriedigend? Will ich mich zeitlich festlegen?
Terminplan für die Erfüllung meines Ziels: ______________
Welches ist nun der 1. Schritt auf dem Weg zu meinem Ziel?
Welche weiteren Schritte sehe ich schon jetzt:
Kann ich mich für mein Ziel begeistern und wenn ja, wie kann ich meine Begeisterung noch mehr fördern?
Wenn nein, wie kann ich es lernen, wie kann ich das ändern?

Eine ausführliche Zielplanung für Ihr Leben können Sie mit Hilfe meiner →CD "Lebensplanung mit Erfolg" durchführen. Das Buch, das Sie gerade lesen, wird Ihnen um so mehr bringen, je mehr Sie zu Veränderungen bereit sind. Je mehr Selbsterkenntnis stattfindet, desto mehr Veränderungen werden wir beobachten. Manchmal mag einem der nächste notwendige Schritt vorkommen wie ein Sprung über einen Abgrund. Vor die Wahl gestellt, zu springen, kehren viele um. Die den Sprung wagen, erkennen im Rückblick, daß der Abgrund eigentlich nur eine Illusion war!

<u>Hinweis</u>:
Über einen Abgrund kommt man nicht mit kleinen Schritten!
Von Zeit zu Zeit müssen wir einen Sprung wagen, wenn wir vorankommen wollen.

Es wird immer weiter gehen. Das Universum kennt gar keine Alternative. Es gibt keinen Stillstand, sondern nur Wandlungen, Fortschritt, Entwicklung.

Für die zukünftigen, selbstständigen Berater und Trainer unter Ihnen, die dieses Wissen beruflich anwenden wollen, noch einen Rat von Hermann Hesse mit auf den Weg: "Jede Förderung eines Schülers, der zwar zu glänzen, aber nicht zu dienen fähig ist, bedeutet im Grunde genommen eine Schädigung des Dienstes, einen Verrat am Geiste. Wir kennen in der Geschichte mancher Völker Perioden, in welchen bei tiefgreifenden Störungen des geistigen Gleichgewichtes geradezu ein Ansturm der Nurbegabten auf die Ämter der Gemeinden, Schulen und Akademien stattgefunden hat. In allen Ämtern saßen dann Leute, die nur regieren wollten, ohne dienen zu können. Diese Elemente rechtzeitig zu erkennen, noch bevor sie sich der Fundamente geistiger Berufe bemächtigen, sie mit der notwendigen Härte auf den Weg in nicht geistige Berufe zurückzuschicken, ist gewiß oft schwer."
Was bedeutet das für uns? Der riesige Bereich der "Gesundheit des Menschen" ist heute weitgehend unter der Kontrolle von habgierigen und machthungrigen Menschen, die nur auf weltlichen Profit orientiert sind. Das sind wirtschaftlich Begabte, die über Leichen gehen, wenn der Profit stimmt.
Jede Maßnahme, die den Menschen in unserer dekadenten Gesellschaft ein bischen von der eigenen, geistigen Freiheit zurückgibt, bedeutet einen Fortschritt für die menschliche Gesellschaft.
Die Probleme unserer Gesellschaft sind primär Verstandesprobleme. Lernen Sie intuitiv denken und handeln. Wenn der Verstand ein Bild betrachtet, bewertet er Punkt für Punkt. Die Intuition sieht stets in jedem Punkt das ganze Bild. Das ist der Unterschied zwischen dem digitalen Denken des Verstandes und dem analogen Denken der Intuition. Die Lösung für die gegenwärtige Situation werden wir durch eine Förderung der Intuition finden.

Ich wünsche Ihnen bei der Verwirklichung derartiger Pläne eine interessante, aufregende und bereichernde Zeit!

<u>Übung</u>:

Tun Sie jetzt genau das, was Ihnen Freude macht!
Woran denken Sie jetzt?
Schreiben Sie es sofort auf!
Warum können Sie es jetzt noch nicht tun?
Unter welchen Umständen können Sie es tun?
Okay, schaffen Sie die Voraussetziungen und tun Sie es!

Werden Sie zum Beobachter!
Welche Ereignisse lösen welche Gefühle bei Ihnen aus?
Tun Sie so, als ob das gewünschte Ziel schon erreicht ist!

Unter welchen Umständen fühlen Sie sich gut?
Wie können Sie diese Umstände erreichen?
Versetzen Sie sich in Gedanken ins Ziel.
Wie fühlt sich das an, wenn Sie Ihr Ziel erreicht haben?

Es gilt, das Leben zu meistern.
Das geht nur, wenn wir das Leben lieben lernen!
Dann ist das Leben ein Fest.

"Lerne - und Du wirst wissen!
Handle - und Du wirst verstehen!
Öffne Dich - und die Kraft wird Dich erreichen.
Liebe - und Du wirst erleuchtet!"
Yogi Bhajan

Zusammenfassung: Der innere Wächter!

Unser Bewußtsein hat unzählige Kammern.
Gesamtaktivität eines menschlichen Gehirns heute: 1 - 3 %
Das ist ebenso ausreichend, um Putzfrau oder Manager zu spielen.
Wo also ist der Unterschied zu suchen?

Mit Mentaltraining steigt die meßbare Hirnrindenaktivität auf 5 %.
Das höchste je gemessene Potential hatte ein indischer Yogi, der in Kalifornien lebt, eigentlich "nur" meditiert und "nichts tut": 15 %

Ab sofort programmiere ich mir einen inneren Wächter,
der beobachtet, woher meine Gedanken kommen.
Wenn es meine eigenen, gewollten Impulse sind, ist alles okay.
Wenn fremde Befehle auftauchen, aktiviert er mich,
damit ich überprüfen kann, wer oder was mich da beeinflusst,
wozu und ob ich etwas dagegen unternehmen muß.

Ich weite meine innere Kontrolle von Tag zu Tag immer weiter aus.
Gedankenkontrolle: Und das immer!
Gedankenkontrolle ist der Schlüssel zu meiner persönlichen Freiheit.

Selbstbeobachtung Selbstkontrolle Selbstentscheidung
Selbstverantwortung Selbstsicherheit Selbstvertrauen
Selbstversorgung Selbst Bewußt Sein

Je mehr positiv orientierte Menschen sich auf ihre innere, göttliche Kraft besinnen, desto besser stehen unsere Chancen für eine lebenswerte Zukunft. Wir wünschen allen positiv orientierten Menschen viel Licht und Kraft bei der Verwirklichung ihrer Pläne!

Ich möchte es noch einmal anders formulieren: Durch die Art meines Denkens wähle ich eine bestimmte Wahrnehmungsebene.
Denkt ein Mensch überwiegend in Problemen, dann gerät er immer mehr in eine problematische Welt. Seine Welt wird schwieriger und düsterer.
Denkt ein Mensch konsequent positiv und in Lösungen, so sieht er erkannte Probleme als Erfolg und Schritte zu Verbesserungen. Damit gerät er zunehmend in eine Welt, in eine Wahrnehmungsebene, in der sich noch mehr Lösungen und Erfolge anbieten.

Kann er nun die neuen Erfolge in sein Leben hereinlassen, dann tun sich weitere neue Möglichkeiten auf. Sein Leben wird zunehmend schöner, heller und erfolgreicher. Die Freude am Leben nimmt zu.

11.6.99, 19.20 Uhr Channelbotschaft von Horus: *"Wer nicht Schritte unternimmt, um sich im Inneren auf seine eigene Energiequelle zu besinnen, wird auch außen nichts verändern. Eigentlich steht alles schon in meinem Buch "Botschaften aus dem Licht". Lest es, bevor es zensiert wird."*

Ärger ist eine Krankheit!

Ärger ist etwas, was uns häufig betrifft, was in unserer Gesellschaft geradezu allgegenwärtig ist. Von der geistigen und seelischen Energie her betrachtet, ist Ärger eine Methode, damit sich jemand abreagieren kann, und er stiehlt zugleich anderen Menschen deren Energie und Aufmerksamkeit. Derjenige, der den Ärger auslebt, will vom anderen Energie haben. Wem es gelingt, andere Menschen in Ärger und Aggression zu treiben, profitiert von deren Streßzuständen.
Der kosmischen Energie ist es egal, ob wir das einzelne Ereignis als positiv oder als negativ ansehen. Es ist einfach Energie, und sie kann eingesetzt werden.
Diese "Praxis des Ärgerns" erleben wir jeden Tag, wenn wir den Fernseher einschalten. Die Politik beruht ganz wesentlich darauf. In der heutigen Situation verursacht z.B. eine Politik der Unterdrückung von bestimmten Volksgruppen einen terroristischen Akt der Rache. Das wird zum Anlaß genommen, um allen Menschen Angst zu machen vor den Terroristen. In Wirklichkeit haben nur die beteiligten Politiker Angst vor der Rache, auf Grund ihrer eigenen ungerechten Politik. Sie wälzen die Angst auf das ganze Volk ab und nehmen derartige Anlässe sofort wahr, um ihr eigenes, hysterisches Sicherheitsbedürfnis zu befriedigen. Es werden riesige Summen ausgegeben für die totale Überwachung, für den Terror gegen das eigene Volk. Daraus werden natürlich neue Unrechtszustände entstehen, was zu weiteren Gewaltakten führt.

Haß und Ärger belasten den Herzmeridian. Das Gleiche gilt natürlich für Aggressionen.
Aggressionen bedeuten, daß jemand zu wenig Aufmerksamkeit hat und daß er nun diesen Mangel an Aufmerksamkeit ausgleichen will, indem er jemand anderes angreift oder beschuldigt. Wann immer Sie mit einer Situation von Ärger oder Aggression konfrontiert werden, machen Sie sich klar, was der Andere will. Warum wird der Ärger verursacht? Was will der Andere erreichen? Wer profitiert davon und in welcher Weise? Überlegen Sie sich, daß es einen guten Grund dafür geben muß, warum Ihnen das geschieht.
Es kann z.B. sein, daß jemand Sie ärgern will und in seinen Beschimpfungen behauptet, daß Sie nicht in Ordnung sind, daß Sie irgendwie schlecht sind oder etwas schlechtes getan haben. Schaut man genauer hin, dann entdecken Sie vielleicht, daß diese

Person nur neidisch ist, weil es Ihnen besser geht, daß Sie ganz im Gegenteil zu den Beschuldigungen etwas gut und richtig gemacht haben.
Weitere beliebte Gründe für Ärger sind Eifernsucht und Einsamkeit. Frustierte Ehepartner holen sich oft über regelmäßig inszenierten Streit die Energie, die sie nicht über eine liebevolle Beziehung bekommen können. Kinder ärgern ihre Eltern, um Aufmerksamkeit zu bekommen. Unscheinbare Mitarbeiter fallen durch viele kleine Fehler auf, weil sie es nicht schaffen, im positiven Sinne aufzufallen.
Wenn Sie jemand ärgern möchte, Sie jedoch nicht darauf eingehen, dann ärgert er sich erfahrungsgemäß selbst. Sie werden feststellen, daß manche Menschen geradezu explodieren, wenn man ihre Aggressions- und Ärgerspiele nicht mitspielt, sondern ruhig und gelassen bleibt.
Wenn mir früher manchmal solche Situationen passiert sind, daß mich jemand ärgern wollte, dann habe ich sachlich und aufmerksam zurückgefragt, "Warum reden Sie so mit mir?" oder "Was soll das? Was willst Du erreichen?" Meine sachlichen Fragen erregten den Angreifer noch mehr. Ärger ist tatsächlich ein Angriff! Wenn wir auf die verbalen Attacken eingehen, und es gibt ein Geschrei hin und her, dann ist der Angreifer hinterher sichtlich erleichtert. Er konnte seinen Ärger, seine aufgestaute, schlechte Energie bei uns loswerden, und er hat von uns frische Energie bekommen, nämlich unsere Aufmerksamkeit und unsere Erregung.

Wenn Sie Ihre eigenen Krankheiten, Schwierigkeiten, Charakterfehler und andere Mängel loswerden wollen, dann gibt es einen wichtigen, ersten Schritt. Akzeptieren Sie, daß es im Moment so ist! Gestehen Sie sich ein, daß da irgendwelche Probleme und Mängel sind. Ärgern Sie sich nicht selbst über diesen Zustand. Es muß in der Vergangenheit einen Grund gegeben haben, warum Ihre eigenen Gedanken dorthin geführt haben, daß Sie jetzt in dieser Art und Weise, teils gesund und teils krank sind, oder teils zufrieden und teils unzufrieden sind.
Es kann sehr gut sein, daß Ihre eigene Meinung von Ihnen selbst viel zu schlecht ist. Viele von uns werden von den Eltern kritisiert, von Mitmenschen schlecht gemacht oder nicht ernst genommen. Viele von uns sind besser, als sie selbst meinen. Es besteht also kein Grund, eine schlechte Meinung von sich selbst zu haben und sich dann noch darüber zu ärgern. Bleiben Sie bitte sachlich.

Akzpetieren Sie ihren gegenwärtigen Zustand als Tatsache. Dann überlegen Sie in Ruhe, wie Sie zu einem besseren Selbstwertgefühl kommen können.
Machen Sie sich klar: Unser Geist ist das beherrschende Element. Der Geist vermittelt seine Eindrücke und Gedanken über die Seele, über den sogenannten Astralkörper in den physischen Körper. Wenn Sie die Zusammenhänge zwischen Geist, Seele und Körper noch klarer verstehen wollen, studieren Sie das →Chakra-System. Wenden Sie die →Fragebogen weiter hinten im Buch an, um Ihre Situation zu analysieren. Beenden Sie die "ärgerlichen Situationen". Lassen Sie sich nicht mehr Ärgern. Es ist Energievergeudung und Energieklau.
Wenn Sie sich über die Kraft der Gedanken ausführlicher informieren möchten, dann nutzen Sie meine →CD "Shankaranama uvaca - Der Weg der reinen Erkenntnis!" Es ist ein Suggestionstrainingsprogramm über die Grundlagen unserer eigenen Gedankenkraft und Existenz.
Aus dem soeben Gesagten ergibt sich, daß Gesundheit nur dann wirklich und dauerhaft eintreten kann, wenn Sie Ihre Gefühle längere Zeit positiv gestalten. Es ist die beste Garantie für eine gute Gesundheit, wenn Sie sich wohl fühlen und glücklich sind. Sie müssen Ihre geistige Haltung richtig in den Griff bekommen. Solange Sie glauben, daß jemand anderes schuld sei, haben Sie kaum eine Einflußmöglichkeit auf Ihre Krankheit. Wenn Sie zum Arzt laufen und sich bei ihm beschweren oder Pillen holen, dann ist das nur ein Schritt in Bezug auf die aktuelle, kritische Situation. Es löst nicht Ihr Problem. Wenn Sie akzeptieren, daß Sie selbst die Ursache sind und daß Sie sich selbst helfen können, dann ist das der Beginn eines selbstverantworteten Lebens. Sie übernehmen die Verantwortung, Sie erkennen die Hintergründe und werden letztlich aus eigener Kraft wirklich dauerhaft gesund. Dazu wünsche ich Ihnen von ganzem Herzen alles Gute.

5 gute Gründe, um sich nicht mehr zu ärgern

1. Ich muß mich nicht über dieses und jenes ärgern. Es ist meine freie Entscheidung! Stets halte ich mir vor Augen: Was auch immer passiert - ich habe es selbst herbeigeführt! Das gilt auch für den Ärger. So vermeide ich die Zwangsläufigkeit des Ärgerns und weise niemandem eine Schuld zu, sondern frage nur nach dem Warum.

2. Ich trete innerlich einen Schritt zurück und betrachte mit Abstand wer oder was der Anlaß ist für meinen Ärger. Wenn ich Abstand bewahre, kann sich nichts mehr an mir reiben, und wenn sich nichts mehr an mir reibt, reibe ich mich nicht auf! So werde ich nicht mehr in die Sache hineingezogen.

3. Gibt mir jemand Anlaß, daß ich mich ärgere, so verzeihe ich ihm als erstes seine Handlung und frage zweitens, was ich daraus lernen kann. So bleibt mein Verhältnis zu ihm ungetrübt und frei von Emotionen. Wir sprechen miteinander. Der Kontakt bleibt erhalten, weil der Ärger nicht mehr persönlich aufgefaßt wird, und wir sind bereit, den Ärger aus der Welt zu schaffen.

4. Ich ärgere mich, weil die Realität nicht mit meinen Erwartungen übereinstimmt. Ich kann mich bemühen, die Realität meinen Erwartungen anzupassen, doch das wird nicht immer möglich sein. Jedoch ist es immer möglich, meine Erwartungen aufzulösen. Wenn ich keine Erwartungen mehr habe, bin ich nie wieder enttäuscht, beleidigt, gekränkt oder aggressiv.

5. Sollte mich doch noch einmal etwas ärgern, so erinnere ich mich daran, daß der Zustand gleich vorüber geht. Statt mich aufzuregen, nutze ich die Zeit und die Kraft, um die Angelegenheit aus der Welt zu schaffen!

"Was auch immer passiert - Du hast es selbst herbeigeführt,
und Du hast einen Grund dafür gehabt!
Also faß Dich in Geduld, denn Geduld zahlt sich aus!"

Yogi Bhajan

<u>Partnertraining</u>: Mensch ärgere Dich nicht!

Wir haben viele festgefahrene Angewohnheiten, die wir schon gar nicht mehr selbst zur Kenntnis nehmen. Mit dieser Trainingsübung können Sie Ihr Verhalten testen und neue Einblicke gewinnen. Handlungsablauf: Wir brauchen 2 Personen, einen Lebensberater und eine Testperson. Die beiden Personen setzen sich vis-à-vis an einen Tisch.

Eine Person spielt jetzt den Lebensberater und fragt.
Aufgabe: Bitte erinnern Sie sich an eine Situation, in der Sie sich geärgert haben!

Die 2. Person spielt die Testperson, den Kranken. Gemeinsam präzise klären, wie alles abgelaufen ist und welche Beweggründe alle Beteiligten hatten. Besonders herausarbeiten, welche **Vorteile** und **Nachteile** alle Beteiligten hatten!

Der Lebensberater fragt:
Wie werden Sie sich das nächste Mal verhalten?
Was haben Sie dazu gelernt?
Welche eigenen Verhaltensmuster müssen Sie korrigieren?

Partnerwechsel. Die 2. Person spielt jetzt den Lebensberater und die andere den Klienten.

2. Teil:
Der erste "Lebensberater" fragt: Bitte erinnern Sie sich an eine Situation, in der Sie einen anderen Menschen geärgert haben!

Gemeinsam präzise klären, welche Beweggründe die Testperson hatte. Welche Vorteile hat sie daraus gezogen, welche Nachteile sind daraus erwachsen?

Der Lebensberater fragt:
Wie werden Sie zukünftig derartige Situationen handhaben?
Wollen Sie dieses Verhalten beibehalten?
Was verlieren Sie und was gewinnen Sie, wenn Sie dieses Verhalten ändern oder aufgeben?

Partnerwechsel.

Die wichtigsten Erkenntnisse zusammenfassen und zumindest in Stichworten notieren!

Das gleiche Training kann mit anderen menschlichen Situationen durchgeführt werden:

Erinnern Sie sich an eine Situation wo Sie klein und hilflos waren.

Erinnern Sie sich an eine Situation, wo Sie Angst hatten.

Erinnern Sie sich an eine Situation, wo Sie sehr einsam waren.

Erinnern Sie sich an eine Situation, wo Sie krank waren.

Nachdem Sie auf diese Weise unerfreuliche ereignisse geklärt haben, verwenden sie positive Erinnerungen. Beenden Sie derartige Sitzungen stets mit einer positiven Arbeit für jeden der beiden Teilnehmer!

Erinnern Sie sich an eine Situation, wo Sie glücklich waren!

Erinnern Sie sich an eine Situation, wo Sie frisch verliebt waren!

Erinnern Sie sich an eine Situation, wo Sie Erfolg hatten!

Mit derartigen Trainingsaufgaben können Sie sich und ihre(n) Partner(in) besser kennen lernen. Sie können dieses Training auch in der Gruppenarbeit verwenden.

Heile Dich selbst!

Ziel ist nicht die Wiederherstellung nach einer Krankheit, sondern die Weiterentwicklung!

Solange wir einen materiellen Körper haben, sind wir dazu aufgerufen, ihn zu pflegen und gesund zu erhalten. Treten Mängel und Leiden auf, so müssen wir für die Wiederherstellung der natürlichen Harmonie sorgen.
Das beherrschende Element ist unser Geist. Er formt sich die Seele (Ätherkörper) und den Leib (physischer Körper) als seine Werkzeuge und nach seinen Bedürfnissen, mit denen er in der irdischen Welt Erfahrungen macht. Beachten wir diese Reihenfolge, so erkennen wir die Zusammenhänge, Ursachen und Bedeutungen der verschiedenen Krankheiten. So gesehen ist Krankheit nur eine Erfahrung, nichts Schlimmes, sondern die Aufforderung, es besser zu machen. Indem wir die Aufgabe annehmen und lösen, können wir lernen und wachsen. Automatisch verschwinden mit der Erkenntnis alle Mängel und Leiden.
In diesem Sinne: Frisch ans Werk! Betrachten wir von nun an Krankheit als Erfahrung und als Aufgabe, die wir lösen, und Gesundheit als normal und als Ziel!
Der Mensch existiert wie schon erläutert auf verschiedenen Ebenen. Er besteht aus einer Anzahl von Energiefeldern, die sich durchdringen. Die indianischen Medizinmänner sprechen von unserem "leuchtenden Ei" bzw. vom "Kokon der Seele". Wenn wir mit dem Körper des Menschen arbeiten, dann greifen wir durch unsere eigene Aura in das Energiefeld des anderen Menschen ein. Es entsteht eine Wechselwirkung.
Diese Einwirkungen sind immer vielfältig. Wir werden einen Teil davon wahrnehmen und manches andere nicht. Wichtig ist das Wissen, daß wir auf vielen verschiedenen Ebenen wirkend tätig sind. Es kann zu einer Rückwirkung auf uns kommen. Es kann sein, daß wir uns "geistig anstecken". In dem Bemühen, einen Menschen geistig zu heilen, helfen wir ihm seine Störungen zu entfernen. Ein Teil der negativen Energie kann auf uns übergehen. Wir müssen sie dann wiederum aus unserem System entfernen.
Die zentrale Kraft, die alles bewegt, ist unser Geist. Krankheitszustände lassen sich dann richtig erkennen und behandeln, wenn wir die Zusammenhänge erfassen. Für eine Krankheit gibt es immer

einen Grund. Die Krankheit ist eine notwendige Veränderung des Körpers, um etwas zum Ausdruck zu bringen.

Krankheitsdiagnose:

Wenn wir eine Krankheitsdiagnose machen möchten, sind folgende Aspekte zu beachten:

1. Welche Symptome liegen vor? - Körper, Seele?

2. Was drücken diese Symptome in der Sprache der Organe aus? - Ursache?

3. Was fühlt der Patient, wie ist seine Gemütsverfassung? - Seele

4. Was denkt er, wie sieht er sich in seiner Umwelt? - Geist

5. Was ist zu tun, damit er die Zusammenhänge erkennt und somit durch seine eigene Erkenntnis gesund wird?

Beachten Sie: Jede Krankheit will einen Erkenntnisschritt bewirken. Ist die Erkenntnis da, wird die Krankheit überflüssig und verschwindet.
Das Ganze noch einmal in anderen Worten: Wenn ich den Körper behandle, wirke ich auf Körper und Seele ein. Wenn aber die Ursache geistig ist, dann ist die Wirkung nur vorübergehend, denn der Geist kontrolliert den Körper und die Situation. Der Geist will etwas bewirken. Vielleicht ist es uns unbewußt, darum schickt er auf dem Umweg über den Körper eine Mahnung. Stelle ich durch die Behandlung des Energiekörpers (die Aura) einen Bezug zum Geist her und mache dem Patienten die Zusammenhänge deutlich, dann wird die Heilung dauerhaft sein.

Muskelreflexdiagnose - Kinesiologie

Die Kinesiologie ist eine Muskelreflexdiagnose (→Chakraheilung). Sie arbeitet mit dem Energieleitsystem des Menschen, mit den Meridianen, Nerven- und Lymphpunkten und ist somit ein gutes Mittel für Diagnose und dauerhafte Heilung. Wir können grundle-

gende kinesiologische Tests benutzen, um körperliche, seelische und auch geistige Fragen und Zustände zu testen. Dafür können Sie zum einen die Kinesiologie studieren (→Touch for Health, Literatur). Das ist ein sehr interessantes Gebiet. Es bringt uns sehr viel für ein gesundes Leben. Das Studium der Kinesiologie ist jedoch recht aufwendig. Sie müssen viele Muskeln und ihre Beziehungen zu den Meridianen, Neural- und Lymphpunkten auswendig lernen. Außerdem braucht man viel praktische Erfahrung, um die Tests optimal durchführen zu können.
Wem das zu viel ist, der kann von der grundlegenden Idee ausgehen, daß wir in der Lage sind, von uns zu einem Testpatienten eine telepathische Verbindung herzustellen. Wir wissen ja bereits von der energetischen Verbindung von unserer Aura zu einem anderen Menschen. Auf dieser Basis können wir mit wenigen, einfach zu erlernenden Übungen alles abfragen, was wir wollen, und zwar laut (Sprache) oder nur in Gedanken (telepathisch). Auf dem gleichen Weg können wir Heilungsvorgänge aktivieren, z.B. die erwähnte Chakraheilung.

Heilmittel-Übersicht:

1. Normale allopathische (chemische) Mittel wirken auf den Körper ein. Das gilt auch für Pflanzenextrakte. Manche davon verändern die Seele, unsere Gefühle.

2. Homöopathische Mittel wirken in niedrigen Potenzen unter D 10 auf den Körper ein. Hochpotenzen wirken auf den Ätherkörper und ab D 30 auf den Astralkörper.

3. Blütenessenzen wirken gleich den Hochpotenzen auf den Ätherkörper, also auf die Seele. Vermutlich wird durch die Blütenessenzen nach Dr. Bach die Kommunikation zwischen Geist und Körper verbessert.

4. Bestimmte Hochpotenzen (über C 30) und bestimmte alchimistische Präparate wirken auf den Mentalkörper ein. Der hauptsächliche Wert der Alchimie und der alchimistischen Präparate liegt jedoch nicht in der Nutzung für andere Menschen, sondern in der geistigen Vervollkommnung des Alchimisten selbst.

5. Kristalle haben eine sehr differenzierte Wirkung. Ihre Schwingungen können als eine Art Resonnanzeffekt auf Körper, Seele und Geist einwirken. Lesen Sie hierzu mein Buch →"Kunst und Magie mit edlen Kristallen".

Machen wir uns bewußt, daß unsere Gedanken Ursache und Lösung aller Probleme sind!

Wir selbst führen die Probleme und Krankheiten herbei, und wir selbst lösen diese selbstgestellten Aufgaben! Niemand anderes kann es für uns tun. Wir können uns zwar von Fall zu Fall Hilfe und Rat holen, doch die entscheidenden Impulse für die Heilung müssen von innen kommen.

Aus diesem Grund ist es auch nicht so sehr das Problem eines guten oder schlechten Arztes oder Therapeuten, sondern ob die Zeit reif ist und der Patient seine Lektion gelernt hat. Es mag sein, daß jemand jahrelang von Arzt zu Arzt rennt und keine Hilfe findet, nicht weil die Ärzte alle schlecht sind, sondern weil ihn seine Ehe krank macht und er sich eigentlich scheiden lassen müßte.

Es mag sein, daß jemand so schockiert ist über eine falsche Behandlung durch einen schlechten Arzt, daß er lieber freiwillig aus eigener Kraft gesund wird. Und es mag wieder umgekehrt sein, daß jemand zu faul ist zum arbeiten und deshalb ewig und drei Tage durch alle Arztpraxen tingelt und lieber freiwillig als Versuchskaninchen für die Pharmaindustrie und auf Kosten der Allgemeinheit lebt, anstatt zu arbeiten.

Die Wege des Menschen sind zwar nicht unergründlich, doch oft genug geheimnisvoll und oft dem direkt Betroffenen selbst nicht bewußt. Ich bin immer wieder konsterniert, wie wenig die Menschen von sich selbst mitbekommen, wie wenig Ahnung sie haben, was sie da eigentlich treiben, wie wenig sie begreifen, wer sie sind, was ihre Aufgabe ist und wo sie die Lösung für ihr Problem finden könnten.

Die Masse der Menschen ist so erzogen worden, daß sie unmündigen Kindern gleichen. Sie werden zwar größer, aber kaum je erwachsen. Sie werden zwar länger, aber nicht klüger. Im Gegenteil, für viele hört die Entwicklung offenbar auf, sobald sie einen festen Job haben. Für andere, sobald sie eine Familie haben. Die Bereitschaft, das eigene Leben zu hinterfragen ist gering. Natürlich ist es für die Regierung und die herrschende Kaste von Großindustriellen bequem, wenn die Masse funktioniert und keine Fragen stellt.

Doch ich möchte die großen Bosse aus dieser generellen Dumpfheit nicht ausnehmen. Die erfüllen auf ihren Posten meistens auch nur ihren Job. Wenn ich ab und zu wirklich große, einflußreiche Manager in der Beratung hatte, weil die mit ihren normalen Ärzten und Therapeuten nicht mehr weiter kamen und dann zu einem Außenseiter mit "verrückten Methoden" wie mir gingen, dann waren diese Topmanager, Vorstandsmitglieder oder Direktoren genauso in ihren Illusionen befangen wie eine Putzfrau oder ein Automechaniker. Die gesellschaftliche Position und der Bildungsgrad sagen also nichts über den Grad an Bewußtsein aus. Jeder Mensch kann, egal wie seine gesellschaftlichen Voraussetzungen waren, Bewußtsein entwickeln oder eben nicht.

Richten wir also unser Augenmerk auf das Ziel:

<u>Ich bin bereit für meine persönliche Entwicklung!</u>

Ich beobachte mich selbst gut und hinterfrage die Ursachen meiner Reaktionen. Ich erkenne bei Zeiten was zu tun ist und handle meinem Geist gemäß. So treten Krankheiten gar nicht erst auf, oder ich überwinde sie sehr schnell, weil ich bereit bin dazuzulernen und konsequent zu handeln. Ich akzeptiere schwierige Situationen und löse sie im Ansatz auf!

<u>So bleibe ich gesund!</u>

Trifft mich eine Störung, so weiß ich, daß sie nur vorübergehender Natur ist, daß sie einen Schritt zu größerer Vollkommenheit darstellt, und daß sie Ursache falscher Gedanken aus der Vergangenheit ist. Ich gehe ganz hinein und akzeptiere diese Störung. So gehe ich hindurch und gestärkt daraus hervor. Ich lerne dabei aus jedem Schritt, den ich tue, und arbeite an meiner Vollkommenheit.

So erkennen Sie Krankheitsursachen und lösen das Problem:

Durch gewissenhafte Beantwortung der folgenden Fragen können Sie jedes Problem und jede Krankheit richtig einordnen und korrigieren. Die Selbsterkenntnis ist der erste und wichtigste Schritt auf dem Weg zur Heilung und Problemlösung!

1. Sie brauchen die ehrliche Bereitschaft, die Ursache zu erkennen, sonst führt keine Art der Behandlung zum Erfolg. Lernen Sie das Prinzip des Erkennens zu beherrschen. Achten Sie nicht auf so vordergründige Ursachen wie "Erbanlage" oder "Infektion".

2. Fassen Sie das Problem oder die Krankheit in klare Worte. In der Formulierung liegt meistens schon der Schlüssel zur Antwort: Beim Laufen tun mir die Füße weh. Frage: Warum oder wohin will der Betroffene nicht gehen? Wovor hat er Angst?

3. Übertragen Sie die Krankheitserscheinung auf die geistig-seelische Ebene. Beachten Sie die Doppeldeutigkeit vieler Krankheiten: Er hat die Nase voll! Frage: Vom Schnupfen oder weil ihm die Arbeit stinkt oder vielleicht die Ehefrau? Die Augen werden schlechter! Frage: Was will der Betroffene nicht sehen?

4. Wann traten die Beschwerden das erste Mal auf? Der genaue Zeitpunkt ist wichtig! Welche wichtigen Veränderungen gab es damals? Z.B. Berufswechsel, Eheschließung, Scheidung, Tod eines Angehörigen, Geburt eines Kindes usw.

5. Woran hindert Sie die Krankheit? Was können Sie deswegen nicht tun? Was sollen oder wollen Sie nicht fortsetzen? Welche Einseitigkeit oder welche schlechte Eigenschaft müßten Sie ablegen, um gesund zu werden?

6. Gehen Sie geistig in die Vorstellung hinein, daß das Problem gelöst ist. Sie sind wieder ganz gesund. Wie fühlen Sie sich? Was bringt es Ihnen? Wollen Sie das Problem wirklich beseitigen oder profitieren Sie noch von den Behinderungen?

7. Wenn alles geklärt ist, konzentrieren Sie sich ganz und gar auf die Lösung des Problems, und Sie werden es mit Sicherheit überwinden. Wenn es nicht klappt, haben Sie bei der Analyse Fehler gemacht. In so einem Fall sollten Sie vielleicht eine Beratung in Anspruch nehmen. Die Vorarbeit, die Sie mit diesem Fragebogen leisten, hilft gewiß sehr viel bei der Aufklärung Ihrer Angelegenheit.

8. Wenn es mit der Umsetzung der Erkenntnisse noch Schwierigkeiten gibt, z.B. mit der Abschaffung unerwünschter Umstände, dann konzentrieren Sie Ihre Energie darauf, daß Sie selbst stärker werden. Liegt die Ursache z.B. in einer schlechten Arbeitsstelle, dann können Sie durch → Energytraining und Meditation Ihre persönliche Kraft verbessern. Sie bekommen so den Mut, etwas zu unternehmen. Die Krankheitssymptome lassen nach. Bald kommen neue Ideen, wie Sie die Stelle oder den Beruf wechseln können. Damit verschwindet auch die Krankheit, die durch eine schlechte Arbeitssituation ausgelöst wurde. Affirmation:

Von nun an und für alle Zeit,
erfüllt mich Kraft und Sicherheit!

Vorschläge für ein Neues Gesundheitsgesetz:

- Die Gesundheit und Unversehrtheit eines Menschen und eines Volkes an Körper, Seele und Geist ist sein höchstes Gut. Wer sich daran vergeht, macht sich strafbar.

- Wer Methoden, die die Volksgesundheit fördern, Kosten und Leid senken, kennt, aber ihre Verbreitung nicht fördert, sondern behindert, macht sich strafbar.

- Wer andere an Leib, Seele oder Geist schädigt, macht sich strafbar, ohne Ansehen seines Standes oder seines Berufes.

- Wer Produkte in Umlauf bringt, die krank machen oder die Umwelt schädigen, macht sich strafbar.

Suggestionstechniken

1. Suggestion

Als nächstes möchte ich den Nutzen der verschiedenen Suggestionstechniken erläutern. Bei der Vorbeugung und Behandlung von Erkrankungen aller Art spielt Suggestion eine große Rolle. Wenn wir unsere Gedanken auf eine Sache konzentrieren, dann können wir das als Suggestion bezeichnen. Wenn wir im Gespräch mit anderen Menschen bestimmte Zustände ständig wiederholen, dann bekommen diese Aussagen suggestiven Charakter. Wenn Eltern ihre Kinder oder ein Ehepartner den anderen ständig in einer bestimmten Weise ansprechen, dann haben diese Erziehungsmethoden eine suggestive Wirkung. Menschen beeinflussen sich also dauernd gegenseitig. Suggestion ist weiter nichts, als daß man sich selbst oder einer dem anderen etwas einredet, bis der andere zum Schluß denkt, das sei die Realität.
Wenn jemand tausendmal gehört hat, der er unordentlich ist, und dem nicht widerspricht, dann ist er es zum Schluß. Wenn man einem Kind einredet, es sei zu nichts nutze, dann wird es das später sein. Wenn eine begeisterte Mutti ihrem Jungen einredet, er sei der Größte, dann bildet sich dieser Mann später ein, er sei es. Vielleicht wird er ein großer Firmenchef oder Politiker, oder vielleicht scheitert er an diesen Vorgaben und wird krank, weil ihm alle anderen Menschen klar machen, daß er wirklich nicht der Größte ist.
Suggestionen (Einschärfungen) können folglich im positiven oder im negativen Sinne eingesetzt werden. Das ganze Militär ist ein Suggestionsverein. Jede Sekte ist ein Suggestionsverein. Gemeinsame Gebete sind Suggestionen. Gemeinsame Meditation ist aber keineswegs eine Suggestion, weil sich die Menschen nur bemühen, gemeinsam abzuschalten, nach innen zu lauschen und aus dem inneren, höheren Selbst Anregungen erhalten, für ihre weitere Entwicklung!
Menschen schließen sich zusammen, um gemeinsam ihre Ziele zu verwirklichen, ihre Ängste zu bekämpfen oder ihre Krankheiten zu besiegen. Das Ziel derartiger Gruppentätigkeit ist es, sich gegenseitig Mut zu machen, daß man die Ziele erreichen kann, die man sich gesetzt hat, z.B. im Club der anonymen Alkoholiker, oder in einer Neonazigruppe, aus Angst vor den Ausländern.
Sie selbst können mit Hilfe der Fragebögen am Ende des Buches eine Analyse Ihrer Situation anfertigen. Analysieren Sie die Um-

stände einer Krankheit. Vielleicht erkennen Sie dabei, daß man Ihnen diese Krankheit schon als Kind eingeredet hat ("Du bist immer so schwächlich oder so empfindlich!") Den negativen Einflüsterungen der Eltern oder anderer wichtiger Bezugspersonen können Sie heute, viele Jahre danach, durch passende positive Formulierungen (Affirmationen) entgegenwirken. Machen Sie sich bitte bewußt, daß die alten schlechten und die neuen guten Suggestionen einander gegenüberstehen wie zwei kämpfende Stiere. Und der stärkere von beiden gewinnt bestimmt.
Der Erfolg hängt also davon ab, mit wieviel Ausdauer und Energie Sie eine neue, positive Welt aufbauen. Die hier investierte positive Energie muß stärker sein, als die alten, negativen Einflüsterungen.

2. Autogenes Training (AT)

Die am weitesten verbreitete Methode der Suggestion ist das Autogene Training. Es wurde von Dr. I.H.Schultz 1932 entwickelt, auf der Basis von Yoga und Hypnose. →Zeitschrift Yoga-Mimansa 3, 126 (1928) und →Schultz, "Die Oberstufe des Autogenen Trainings und Raja-Yoga" Zeitschrift für Neurologie, Berlin, 139, 1 (1932). Schon damals haben sich also Menschen gewissenhaft mit sanften Heilungsmethoden beschäftigt. Mit dem AT können Sie direkt auf Krankheitszustände einwirken. Wegen der Bedeutung des AT für den modernen Menschen in der heutigen Zeit, habe ich schon vor Jahren ein extra Lehrbuch geschrieben. Es wurde 2001 neu aufgelegt und ist mein "Bestseller".
Sie können im AT mit Konzentration direkten Einfluß nehmen auf bestimmte Bereiche Ihres Körpers oder auf bestimmte Umstände und Zustände in Ihrem Geist. Sie können mit dem Autogenen Training für sich selbst körperliche und seelische Veränderungen herbeiführen. Jemand, der in AT fortgeschritten ist, weiß, wie er gezielt seine Gemütszustände verändern kann.
Entspannung tritt zum Beispiel bei einem Säugetier ein, wenn es mit dem Kopf in kaltes Wasser getaucht wird. Der Puls sinkt und die Luft wird angehalten. So kann es länger überleben. Beim AT können wir uns durch die Suggestion einer kühlen Stirn in einen tieferen Ruhezustand versenken.
Dabei kann es zu Nervenentladungen kommen. Das sind "Gewitter im Nervensystem". Es ist eine Spannungsabfuhr, ein Stressabbau. Die Nervenentladungen führen zu Muskelzittern. Danach beruhigt

sich der Körper und schaltet um in eine tiefe Erholung. Die natürliche Kraft baut sich neu auf.
Die Leistungssteigerung, die beim Autogenen Training beobachtet wird, beruht auf dem Ausschalten von Stressfaktoren, welche normalerweise die gewünschten Reaktionen behindern. Das Autogene Training geht davon aus, daß wir grundsätzlich stark und gesund sind.
Auf Grund vielfältiger Analysen auf der ganzen Welt wurde bewiesen, daß Autogenes Training Störfaktoren beseitigt. Ohne Krampf gibt es bei jedem Menschen einen optimalen Bewegungsablauf. Ein Stabhochspringer, der Autogenes Training macht, trainiert einen Reflex ein und sorgt für die Generalisierung des Reflexes. Generalisierung bedeutet, daß sein Körper in Zukunft ohne zu denken als Einheit reagiert und die gewünschte Übung ausführt. Sein Programmablauf muß frei von Störungen sein. Denn jede Störung erzeugt Gedanken, die sich störend auswirken können. Jeder Leistungssportler macht heute Autogenes Training, Hypnose oder Meditation. Ohne Autogenes Training ist er nicht mehr konkurrenzfähig. Die Muskelkraft wird durch Autogenes Training erhöht, weil wir optimaler Gebrauch davon machen.
Wenn man AT allein trainiert, kann man es am Besten mit einer CD lernen. Auf meiner jetzt neu erschiedenen CD kann jedes einzelne Programm der insgesamt 7 Wochen Training separat aufgerufen und trainiert werden. Das ist ein bedeutender Fortschritt gegenüber den früher benutzen Tonbändern und Kassetten. → Lebensfreude und Erfolg durch Autogenes Training und Psychokybernetik mit 2 CDs.

3. Psychokybernetik (PK)

Der Begriff "Psychokybernetik" taucht 1936 zum ersten Mal in der Literatur auf und bezeichnet die Oberstufe des Autogenen Trainings. Die Übersetzung von Psychokybernetik lautet "Steuerung des Seelenlebens".
Wir verstehen unter Psychokybernetik die Erforschung, Steuerung und Nutzung geistiger und seelischer Prozesse. Schon in den dreißiger Jahren des 20. Jahrhunderts erkannten einige Forscher, daß verbale Suggestionen allein nicht genügen. Wenn wir unsere Aussagen, die positiven Formeln, mit einer bildhaften Vorstellung verbinden, dann haben die Suggestionen mehr Energie und mehr Erfolg. Die Wirkung wird besser. Wenn es uns gelingt, Aussagen,

Bilder und positive Gefühle zu verbinden, dann wird es noch besser. Je vielseitiger und intensiver also ein positiver Vorsatz aufgebaut wird, desto größer ist die Aussicht auf Erfolg. Diese Methode bezeichnet man als Psychokybernetik. Die Psychokybernetik kann durch CDs mit geeigneten bildhaften Suggestionen optimal unterstützt werden (Traumreisen etc.).
Mit der Psychokybernetik ist es uns möglich, psychische Probleme und Blockaden zu erkennen und zu korrigieren. Es ist möglich, psychische Programme zu analysieren und bei Bedarf zu verändern. Individuelle Anlagen und Fähigkeiten können bewußt gemacht und gefördert werden. Es wird möglich, bewußt, aktiv und kontrolliert zu träumen. Die Phantasie bekommt einen praktischen Nutzwert.
Die Psychokybernetik hat also einen dreifachen Nutzen:
1. Zur Problemanalyse und zur Strukturanalyse
2. Als suggestive Schulungsmethode
3. Als kreatives Arbeits- und Ausdrucksmittel zur Entwicklung und Realisierung neuer Projekte.
Durch die Methode des Autogenen Trainings und der Psychokybernetik wird jedem Teilnehmer schnell bewußt, daß es sich bei unseren Gedanken, Phantasien und allen sonstigen Sinnes- und Nervenreaktionen um reale Energie handelt. Die Neuralenergie ist realiter elektromagnetische, meßbare Energie.
Unsere Untersuchungen und Beobachtungen haben gezeigt, daß der individuelle Energieumsatz und die zur Verfügung stehende persönliche Energie bei allen Teilnehmern steigt, die AT und Psychokybernetik erlernen. Um eine einwandfreie Nutzung und Leitung dieser Energie zu ermöglichen, braucht unser Körper die Vitamine des sogenannten →B-Komplex (B_1, B_6, B_{12}). Die Psychokybernetik bietet sich als zeitgemäßes, fortschrittliches Mittel der Therapie, Schulung, Konditionierung und Zukunftsplanung an. Weitere Einzelheiten entnehmen Sie bitte meinem AT-Buch. Weitere interessante Informationen zum gleichen Thema, jedoch mit einem anderen Schwerpunkt, finden Sie in meinem Buch →"Gesunder Schlaf",

5. Hypnose

Wenn unterschiedliche Methoden angewandt werden, um einen Menschen ruhig zu stellen, um ihm dann anschließend bestimmte Befehle einzureden, dann sprechen wir von Hypnose.
Suggestionen laufen überall dort, wo Menschen sich gegenseitig etwas einreden. Autogenes Training macht man in der Lernphase vielleicht mit einem Lehrer, später in jedem Fall allein, mit sich selbst. Psychokybernetik kann mit einem Lehrer, später ebenfalls nur in uns selbst richtig laufen.
Hypnose ist in jedem Fall eine fremde Einwirkung. In der Hypnose wird durch bestimmte monotone Bewegungen (ein Pendel, ein flackerndes Licht) das natürliche Wachbewußtsein des Menschen ausgeschaltet. Er fällt in einen Zustand reduzierter Wahrnehmung, ist aber noch ansprechbar. Der Hypnotiseur redet ihm dann ein, daß er bestimmte Wahrnehmungen hat oder daß er bestimmte Dinge tun soll, oder daß eine Krankheit verschwindet.
Hypnose setzt voraus, daß der betroffene Mensch kein sehr ausgeprägtes Selbstbewußtsein hat. Es setzt außerdem voraus, daß der Mensch einigermaßen mit den Befehlen übereinstimmt, also innerlich zustimmt. Unter dieser Voraussetzung kann es sein, daß ein Mensch die Befehle des Hypnotiseurs übernimmt und ausführt. Es kann sein, daß Krankheitssymptome für einige Zeit verschwinden. Die Frage, ob und wie lange der Mensch nun gesund ist, hängt vom Zustand des Patienten ab und von der Energie, von der mentalen Power, die der Hypnotiseur einsetzt.
In jedem Fall wird der Mensch dabei nicht direkt geheilt, sondern die Kraft des Hypnotiseurs übertrumpft die Störungen des Patienten. In Gesprächen mit anderen Hypnotiseuren konnte ich erfahren, daß derartige Behandlungen in der Regel für einige Tage bis max. 4 Wochen halten. Meine eigenen Leistungen, daß Menschen mit einer Hypnose pro Woche, 4 - 6 Behandlungen nacheinander, anschließend ein halbes Jahr beschwerdefrei waren, waren bereits sehr gut.
Tatsache ist, daß durch eine Hypnose weder eruiert wird, wo die Ursachen liegen, noch die geheimen Krankheitsursachen beseitigt werden. Es muß also irgendwann wieder auftreten. Wenn man eine Hypnose dazu benutzt, daß man die geheimen Ursachen in Erfahrung bringt, kann es etwas länger halten. Irgendwann läßt jedoch die Wirkung nach, wenn es nicht gelingt, das Wachbewußtsein des Patienten mit einzubeziehen. Der Patient muß erkennen und glau-

ben können, daß er gesund wird, sonst wird er immer wieder rückfällig, bis sein echtes, ureigenstes Problem gelöst ist.
Halten wir fest, daß bei Hypnose die Kraft des Therapeuten die Krankheit in Schach hält. Das ist nur eine vorübergehende Lösung. Eine dauerhafte Heilung können wir nur finden, wenn der erkrankte Mensch aus sich selbst heraus an der Überwindung der Krankheit arbeitet und beharrlich, durch Psychokybernetik ein neues Bewußtsein und eine neue Vorstellung seiner wünschenswerten Lebensumstände aufbaut. Wir können nicht dauerhaft mit der fremden Energie eines Therapeuten gesund bleiben. Es muß aus uns selbst kommen.

Bekenntnis:

Ich bekenne mich zum Weg des Lichts!
Ich gehe den Weg des Lichts.
Ich mehre das Licht in den Herzen der Menschen,

Rückführung und Reinkarnationstherapie

"Die sich des Vergangenen nicht erinnern, sind gezwungen, es zu wiederholen." Santayana

Wenn Sie ein schwieriges Problem nicht in Ruhe läßt, wenn Sie irgendwelche Mißstände in Ihrem Leben beseitigen möchten, dann könnte eine Rückführung bis zur Geburt oder eine Reinkarnationstherapie die richtige Antwort sein.

Als Kinder waren wir fasziniert von Naturphänomenen und konnten uns so richtig freuen. Als Erwachsene haben kaum noch einen Sinn dafür. Wir sind befangen in unseren täglichen Pflichten. Der Blick für die geheimnisvollen Kräfte der Natur und die Freude am Leben ist getrübt.

Wenn wir uns besinnen, dann werden wir gewisse Momente in unserem Leben entdecken, die richtungsweisend waren für uns und unser Leben. Da unsere Tage ausgefüllt sind mit vielen Aufgaben und Pflichten, neigen wir aber dazu, diese erhebenden und richtungsweisenden Momente wieder zu vergessen.

Aus diesem Grund sind Rückführungen so wertvoll. Viele Ereignisse, aus denen wir etwas lernen können, gehen im Alltagsstress verloren. Wir scheinen die Richtung zu verlieren. Alles kommt uns immer träger und trüber vor. Das Leben kann zur Last werden, zur Qual. In solchen Krisen entsteht ein innerer Konflikt zwischen der scheinbar zwingenden Macht der Gegenwart und unseren geheimen Bedürfnissen. Die Bedürfnisse werden immer mehr verdrängt, die äußeren Verhältnisse überwältigen uns. Doch die wahre Bestimmung eines Menschen läßt sich nicht verdrängen, zumindest nicht auf Dauer.

Wenn die Last der äußeren Verhältnisse überhand nimmt, dann haben wir uns eigentlich schon in den Kleinigkeiten des Alltags verheddert. In solchen Moment werden wir krank oder depressiv. Wir schalten ab. Wir entziehen uns dem Alltag, unsere innere Kraft wird auf ein Minimum reduziert. Letztlich bedeutet Krankheit, daß wir uns dem Alltagsstress verweigern. Wir wenden uns innerlich wieder der notwendigen Entwicklung zu. In einer Krankheit arbeiten wir innerlich an uns selbst, mit dem Ziel, erlittene Fehler auszugleichen und die Zukunft besser zu gestalten.

Gerade aus solchen Krisen heraus erwächst der Drang, endlich reinen Tisch zu machen, die Verhältnisse zu klären und neu zu beginnen, mit neuem Mut, neuen Ideen und neuer Vitalität. Das

sind die Momente, wenn Menschen eine Lebensberatung suchen oder eine Rückführung anstreben, um die verwirrende Resignation zu vertreiben. Sie müssen die eigene Mitte wiederfinden!
Eine Rückführung klärt die Zusammenhänge, trennt die Spreu vom Weizen und zeigt uns, worauf es wirklich ankommt. Das Verblüffende dabei ist, daß wir in dem außergewöhnlichen Zustand der Rückbesinnung auch die Werte der verschiedenen Erfahrungen in unserem Leben relativieren. Das, was uns schlecht erscheint, ist oft eine wichtige Lektion. Was uns so gut erscheint, ist vielleicht belanglos. Die Relativität der Dinge zeigt sich in der Rückführung.
Wer bereit ist, sich selbst ins Gesicht zu schauen, wer seine Angst und seine Probleme überwinden möchte, sollte sich einer Rückführung anvertrauen und seine Verhältnisse klären.
Eine Rückführung ist stets eine Vertrauensfrage zwischen dem Suchenden und dem Therapeuten. Führen Sie zuvor klärende Gespräche und schauen Sie, ob der Therapeut einen erfahrenen und seriösen Eindruck macht. (Ich möchte darauf hinweisen, daß ich selbst keine Rückführungen mehr anbiete.)
Eine gute Rückführung kann die Möglichkeit schaffen, das Leben vollständig neu zu ordnen. Eine Rückführung ist so wirkungsvoll, weil sie wirklich den ganzen Menschen erfaßt, sein jetziges Leben, seine früheren Erdenleben und sein Karma. Es kann auch zu Einblicken in die eigene Zukunft kommen.
Von besonderer Bedeutung und Erhabenheit ist der Moment, wenn ein Teilnehmer sich an seine eigene Zeugung erinnert, an seinen Wiedereintritt in den Körper. Das Erlebnis der Inkarnation, der Inbesitznahme einer lebenden Zelle, ist so ergreifend, daß hinterher kein Zweifel mehr daran besteht, daß unser Geist und unser Bewußtsein unvergänglich und unsterblich sind. Wer sich in dieser Form mit seinem Leben und seinem Dasein auseinandergesetzt hat, der wird alles im Leben mit anderen Augen betrachten.
Das Leben endet nie. Es wechselt nur seine Form, die Erscheinung, den Körper. Das Leben kann so wundervoll sein, wenn wir bereit sind, still zuhalten, zu verweilen und bewußt wahrzunehmen! Das gerade ist ja bewußtes Leben: Bereit zu sein für die Fülle des Augenblicks, ganz bewußt da zu sein und ganz bewußt wahrnehmen und leben. Wenn es uns gelingt, unser Bewußtsein zu erweitern, dann bedeutet das, wir erweitern unseren wahrnehmbaren Horizont. Wir nehmen einfach mehr wahr, wenn wir wirklich dazu bereit sind.

Wenn Sie einen Beweis brauchen für das ewig Göttliche in uns, dann beobachten Sie einmal aufmerksam ein gesundes Baby. Jedes Neugeborene, jedes Baby ist bereits eine vollkommene Persönlichkeit. Es ist den Eltern nur zum Teil ähnlich. Der Körper wird vererbt, nicht aber der Geist. Der Geist existiert ewig und ergreift immer wieder einen neuen Körper, um sich auf Erden zu verwirklichen. Fehlgeburten und Abtreibungen in den ersten Monaten finden statt, weil sich kein Geist inkarnierte, z.B. weil der Körper genetisch unvollkommen war, oder weil ein Konflikt eintrat zwischen dem Geist der ungeborenen Babys und der Mutter. Das kann wiederum eine Fortsetzung von Konflikten aus früheren Erdenleben sein.
Die christliche Kirche einigte sich erst auf dem Konzil zu Konstantinopel im Jahre 556 n.C. darauf, die Reinkarnationslehre aus der Bibel zu entfernen. Es gab viele Hinweise in den Texten. Ohne die Wiedergeburtslehre konnte man die Menschen besser erpressen mit "Du lebst nur einmal" und "Du mußt jetzt alles tun, was wir Dir sagen! Es ist Deine einzige Chance!" Doch es gibt noch heute einige Bibelstellen, die die Reinkarnationslehre belegen. Z.B. fragt Jesus an einer Stelle seine Jünger, "Was sagen die Leute, wer ich bin?" Und die antworten, "Sie sagen, Du wärst der (vor 800 Jahren verstorbene) wiedergeborene Elias." Eine ausführliche Darstellung des Wissens um die Reinkarnation im Juden- und Christentum finden Sie in ➔J.M.Pryse, Reinkarnation im neuen Testament, Ansata 1984.
Oft habe ich es erlebt, daß Menschen anfänglich zögerten, eine Rückführung zu machen. Sie hatten Angst, sich selbst und ihr bisheriges Leben in Frage zu stellen. Sie hatten Furcht, sich selbst, ihren Partner und alle erarbeiteten Werte zu verlieren. Hinterher wußten sie, daß das nicht stimmt. Das Einzige, was sie verloren hatten, war die Angst vor der Veränderung!
Wir bringen uns immer wieder ganz von selbst in Krisen. In dem Moment, wo wir diese Krisen durchschauen, ist der Weg frei zu einem neuen, erfüllten und glücklichen Leben. Der äußere Zwang wird plötzlich belanglos, wenn wir uns innerlich selbst wiedergefunden haben.
Mit etwas Geduld und Disziplin können wir lernen, die geistigen Welten zu erforschen. Dann werden wir irgendwann erkennen, daß wir aus jenseitigen Welten gekommen sind. Wir sind Kinder des Lichts, hineingeboren in einen biologischen Körper. Natürlich haben wir einen Grund gehabt für die Geburt in einem menschlichen

Körper. Es ist das irdische Leben, das uns fasziniert. Es ist die Welt der Gefühle, der Emotionen.
Und natürlich haben wir ein Ziel und eine Aufgabe! Nur wer bereit ist, sich mit den Lehren der eingeweihten, spirituellen Menschen zu befassen, wird den Schlüssel zu seinen eigenen Aufgaben und Zielen finden. Die Antwort auf alle Fragen finden wir nur mit unserem Herzen in uns selbst, in unseren eigenen, verborgenen Erinnerungen, die genau genommen zurückreichen bis zum Beginn unseres Universums.
Fest steht, daß jahrelange Therapien keinesfalls notwendig oder sinnvoll sind. In der Regel bringt eine Beratung die erste Klärung. Eine gründliche Klärung des ganzen Lebens kann in einer Rückführung geleistet werden. Sie dauerte bei mir im Kyborg Institut fünf Tage, vormittag und nachmittags je zwei Stunden Therapie. Sobald ein Mensch die wahre Ursache seines Problems erkennt, läßt der Leidensdruck nach. In den folgenden Wochen und Monaten verschwinden nach und nach +alle Begleiterscheinungen. Wir müssen uns die Umstände bewußt machen, dann haben wir sehr schnell auch die Erlösung in der Hand. Danach gilt es, konsequent der neuen Einsicht zu folgen und das eigene Leben erfolgreich neu zu gestalten! (➔Bernhard Jakoby)

Eine junge Frau schrieb mir 8 Monaten nach einer Rückführung (1993): *"Mein seelischer und körperlicher Zustand ist mit dem im April d.J. überhaupt nicht mehr zu vergleichen. Auch bei mir war es so, daß der Leidensdruck sofort nach der Rückführung nachgelassen hat. In meinem Kopf sind Ruhe und Frieden eingekehrt, meine Gesichtszüge haben sich geglättet und aufgeklärt. Streß habe ich größtenteils abgelegt. Das gesamte Training von AT, Psychokybernetik und Energytraining habe ich in meinen Alltag integriert und es funktioniert sehr gut. Inzwischen hat mein Mann auch damit begonnen, und es tut ihm gut! Ich kann es mir schon nicht mehr anders denken und gehe diesen Weg mit Freude im Herzen. Unwahrscheinlich dankbar bin ich, mit den von Dir entwickelten Methoden und Deiner Beratung mein Leben wieder in Ordnung bringen zu können."*

Nach 5 Jahren erhielt ich einen Brief von einer Klientin (1996): *"Nach diesen wenigen Jahren merke ich wie wichtig die Erfahrungen bei Dir waren. Ich war damals nach dem Seminar und der Rückführung bis zum Rand gefüllt mit Wissen und Erkenntnissen*

und etwas schrie in mir: Wende dieses Wissen an, probiere es aus, arbeite damit! Und noch immer ist dieser Brunnen nicht ausgeschöpft und mein Dank dafür wächst."
Jeder von uns trägt die Wahrheit in sich, und nur unsere täglichen Gewohnheiten, unsere Mitmenschen und unsere gesellschaftlichen Verhaltensweisen lenken uns ab. Sobald wir bereit sind, die Frage nach dem Sinn zu stellen, tauchen neue Einsichten auf. Die Einsichten in unsere wahren Beweggründe sind nicht immer einfach. Wir haben uns angewöhnt, z.B. unsere Eltern oder widrige Umstände für schuldig zu erklären, wenn etwas nicht geklappt hat. Ist das wirklich so? In Beratungen und Rückführungen müssen wir lieb gewordene Gewohnheiten loslassen. Die Eltern waren vielleicht ganz anders, die schlimmen gar nicht so schlimm und die guten gar nicht so gut.

Hierzu möchte ich Ihnen noch ein Beispiel geben. In meine Beratung kam eine 30jährige Frau, die große Probleme mit Ihrer Mutter hatte und aus Angst, selbst später so unduldsam zu werden, keine Kinder bekommen konnte. In einer Rückführung erkannte sie folgende Zusammenhänge:
"Meine Mutter kann Kinder nicht gut leiden. Die Ursache dürfte darin liegen, daß meine Mutter früher als kleines Kind selbst schlecht behandelt und zu oft oder aus nichtigen Gründen bestraft worden ist. Gleichzeitig hat sie wohl beobachtet, daß es andere Kinder mit ihren Eltern besser haben. Das führte zu einer allgemeinen Traurigkeit, Unverständnis für die Situation anderer, Hilflosigkeit, sowie Leid und Neid, der ihr ganzes Leben negativ beeinflußt hat. Sie braucht genau das, was sie nie für andere gehabt hat: Verständnis für ihre Situation. Sie ist sich selbst immer fremd geblieben. Ich habe als Kind und bis heute darunter zu leiden gehabt. Mein Vater war ein guter Mann, aber diese Gefühlskälte und Härte meiner Mutter ging über sein Begriffsvermögen. Aus diesem Grund hat er getrunken." (1995)
Als Ergebnis dieser Rückführung konnte sie nun ihre Eltern anders sehen. Sie verstand jetzt nicht mehr vom Kopf her, das die Eltern "schlecht" sind, sondern sie versteht nun mit dem Herzen. In den folgenden Monaten konnte diese junge Frau die verbissenen Streitereien mit ihrer Mutter, sowie die Angst und Ablehnung gegenüber Kindern und Mutterschaft ganz aufgeben. 4 Monate später wurde sie schanger. Sie hatte erkannt, daß es keinen zwingenden Grund gibt, genauso zu werden wie die Mutter. Sie konnte jetzt eine gute

Mutter sein und an ihrem Kind das gut machen, was sie selbst ein Leben lang vermißt hatte.
So ist es mit vielen Partnerschaftsproblemen. Der Ehepartner ist vielleicht gar nicht böse, nur anders. Der gute Freund ist vielleicht gar kein guter Freund. Die Relativierung unserer Werte ist von großer Bedeutung, wenn wir ehrlich und erfolgreich leben wollen. Unsere Werte sind ja auch eine Angewohnheit! Wir lernen die Welt mit den Augen und den Maßstäben unserer Eltern zu betrachten. Aber diese Wertmaßstäbe sind heute z.T. völlig überholt. Wir müssen neue Maßstäbe schaffen, wenn wir die gegenwärtigen Probleme lösen wollen.
Jeder muß bei sich selbst anfangen. Wenn wir diese neuen Einsichten gewonnen haben, gilt es, das eigene Leben neu zu gestalten, damit es in Zukunft geradliniger verlaufen kann. Das wird nicht immer einfach sein. Wenn in einer Rückführung deutlich wird, daß ein Mensch stark von anderen beeinflußt wird, dann muß er lernen, sich von diesem Einfluß freizumachen. Das erfordert viel Kraft! Die anderen sind es gewöhnt, daß sie uns beeinflussen und vielleicht ausnutzen. Die erforderlichen Veränderungen und die notwendige Kraft können durch die Anwendung meiner Trainingsprogramme mobilisiert werden.
Für uns als Therapeuten ist das zugleich eine Prüfung, daß wir diesen leicht beeinflußbaren Menschen wirklich zu einer neuen Freiheit hinführen. Solche Menschen geraten leicht in die Abhängigkeit eines Therapeuten. Sie sind Abhängigkeit gewohnt, und den Therapeuten ist es recht. Es füllt die Kasse. Doch für einen spirituellen Menschen kann das nicht der Sinn einer Therapie sein. Wir möchten wirklich unsere Freiheit und fordern sie auch für unsere Klienten.
Das Leben wird uns immer wieder auf Bewährungsproben stellen. Wenn wir uns dann stark genug fühlen, um die Schwierigkeiten zu überwinden, wird unsere Entwicklung einen Sprung machen. Plötzlich fühlen wir uns aktiviert und neu belebt! Es ist phänomenal, wie froh und erfolgreich man sich selbst erleben kann, einfach weil man die Herausforderung einer Krise annimmt und überwindet. Immer wenn wir den Ereignissen gerecht werden und konsequent handeln, bekommen wir positive Ergebnisse!
Wenn wir uns dem Lauf des Lebens widersetzen, beginnen die Schwierigkeiten! Das ist ein sehr wichtiger Aspekt des menschlichen Lebens: Schwierigkeiten sind die Aufforderung, unsere Mei-

nung zu ändern und voranzugehen. Für diesen Zweck habe ich das Energytraining entwickelt. Es kann uns in jeder Lebenssituation die notwendige Kraft geben, um die auftauchenden Hindernisse zu überwinden. Du hast nichts zu verlieren, außer Deiner Angst!

Eigenschaften, die unseren inneren Reichtum ausmachen:

Ehrlichkeit, Zärtlichkeit, Liebesfähigkeit, Güte, Geduld, Friede, Freigeist, Faszination, Lust, Freude, Glaube, Meditation, Ausdauer, Fleiß, Verantwortung, Bestimmtheit, Direktheit, Bereitschaft, Anmut, Gnade, Lebendigkeit, Verständnis, Kunst, Genuß, Spaß, Lachen und Weinen, tiefe Gefühle, innere Leichtigkeit, Ernst und Erkenntnis, Philosophie und Vergnügen.

Wenn Sie möchten, dann fügen Sie jetzt an dieser Stelle Begriffe ein, die Ihnen persönlich besonders wichtig sind:

Das Leben ist schön! Es kommt darauf an, was Du daraus machst!

Affirmation:

Mein Körper und mein Tun sind auf wunderbare Weise formbar und ein Produkt des sie durchdringenden Geistes! Ich forme mein Leben nach meinen Idealen!

Channelbotschaft von Horus, 10.9.99 13.40 Uhr, zu einer Frau: *"Genieße das, was hier geschieht, Wenn du das nichts kannst, war dein Leben um sonst. Wenn du die Essenz des Seins nicht berührst, wird es nicht zu dir sprechen."*

Exkurs: Das Leben nach dem Tod

Irgendwann werden wir uns alle einmal mit dem Tod auseinandersetzen müssen. Niemand stirbt gern. Die meisten Menschen haben das Gefühl, daß sie noch etwas erledigen müßten oder sollten. Daraus entsteht das Gefühl, noch einmal geboren zu werden. Sie wollen wiederkommen, um offene Aufgaben zu erledigen. Doch daraus entstehen neue Verpflichtungen, neues Karma, das wiederum erfüllt werden muß.

Sensitive Menschen bemerken manchmal die Geister von verstorbenen Angehörigen. Das kann Angst verursachen oder ein Gefühl, verrückt zu werden. Selbst wenn Menschen eine esoterische Einstellung haben, die praktische Begegnung mit dem Geist eines Verstorbenen kann belastend sein. Der Verstand ist von der Gesellschaft programmiert. Er verleugnet diese Kontakte ins Jenseits. Jemand erlebt diesen Kontakt. Er fühlt die Todesängste des Verstorbenen. Der Tote möchte einen Kontakt zu den Hinterbliebenen. Er oder sie möchte sich verabschieden, noch etwas sagen. Jetzt nach dem Tod möchten sie noch etwas mitteilen, und das kann natürlich eine Belastung sein, weil diese Kontakte aus dem Jenseits schwierig sind.
Es kann zu vorübergehenden Seh- oder Hörfehlern kommen, das Ohr oder das Auge hat abgeschaltet, weil der dumme Verstand es nicht hören und sehen will, weil er nicht an Geister glaubt!
Eigene Todesangst kurz nach dem Ableben eines nahe stehenden Menschen ist praktisch immer die Angst des Toten, die sich überträgt. Wir gehen, wenn unsere Zeit gekommen ist. Das entscheidet übrigends jeder selbst.
Der beste Weg, um mit so einer Situation fertig zu werden: Kaufe Dir ein →"Tibetanisches Totenbuch", irgendeine Ausgabe, dann lies selbst darin und vor allem, lege es tagsüber offen irgendwo auf einen Platz. Stelle eine Kerze daneben. Blättere alle paar Stunden eine Seite um! Achte darauf, daß es offen bleibt und man darin lesen kann, lege etwas auf die Kanten. Die Toten können noch lesen, aber sie haben oft keine Ahnung was passiert ist. Also, gib ihnen die Chance, sich zu informieren. Laß sie das Buch lesen!
Setz Dich von Zeit zu Zeit an den Tisch mit dem Buch, rede mit den Toten, als ob sie da wären, erzähle ihnen was Du willst, was richtig erscheint, was vielleicht noch gesagt werden sollte.
In den ersten 14 Tagen nach dem Tod sind die Geister besonders aktiv, und nach insgesamt ca. 50-60 Tagen verschwinden sie dann sowieso. Du kannst also die ersten zwei Monate, vor allem die ersten ca. 40 Tage, bewußt und in Ruhe Abschied nehmen von dem Toten und so auch anderen Toten helfen, die es mitbekommen, damit sie etwas mehr auf die Reihe bekommen, als zu Lebzeiten in unserer Gesellschaft üblich war. Nur wenige gestörte Geister irren Jahre und Jahrhunderte umher, weigern sich, sich belehren zu lassen, und verweigern ebenso einen Fortschritt in ihrer Seele. Zu diesen gestörten Seelen sollten wir innerlich auf Abstand gehen. Sie schmarotzen an unserer Energie, sie belästi-

gen uns, beeinflussen lebende Menschen und verursachen die Besetzungen.

Bei →Jakoby, "Das Leben danach", finden Sie einen sehr gut geführten Bericht mit vielen kurzzeitig Verstorbenen, die wiederbelebt wurden. Jakoby beschreibt die Erfahrungen seiner Klienten, die bereits kurzfristig tot waren: "Das Lichterlebnis: Das Licht am Ende des Tunnels wird als bedingungslose Liebe, als Christus, Buddha, Gott oder Ähnliches beschrieben. Die Begegnung mit dem Licht wird als das entscheidende Element der Nahtoderfahrung angesehen, welches einen Menschen für immer verwandelt. Es ist außerkörperlichen Ursprungs und ermöglicht ein spirituelles Erwachen der Betreffenden... Es war wie ein totales Eintauchen in Licht, Helligkeit, Wärme, Frieden, Sicherheit. Außerhalb meines Kbrpers spürte ich überhaupt nichts. Ich sah weder meinen Körper noch sonst jemanden. Ich kam einfach nur plötzlich in dieses wunderbare helle Licht... Es ist, als wäre man eins mit diesem Licht. Ich war Liebe, ich war die Helligkeit, sie war ein Teil von mir. Man ist allwissend, und alles ist ein Teil von einem selbst, es ist so wunderbar. Wie die Ewigkeit. Als wäre ich schon immer dort gewesen, als würde ich immer dort sein, und als wäre mein Dasein auf der Erde nur ein kurzer Augenblick gewesen." Genau das Gleiche habe ich bei meiner ersten Erleuchtung erlebt. Der bewußt herbeigeführte Zustand der Erleuchtung ist also identisch mit der Erfahrung nach dem Tod. Beide Wege führen in den gleichen Raum von Licht, ohne Zeit.

Wenn wir sterben, haben wir im Jenseits sehr schnell die Wahrnehmung von Lichtgestalten. Wie wir die jenseitigen Gestalten, Verstorbene, Geister, Engel und Götter wahrnehmen, ist bei jedem Menschen verschieden. Doch an der Tatsache als solcher kann es nicht den geringsten Zweifel geben. Jakoby: "Einige treffen schon direkt nach dem Übergang in die geistige Welt verstorbene Verwandte und Freunde, sie sehen andere Lichtwesen und Engel... da bemerkte ich auf einmal die ganzen Menschen, die da in hellen Scharen überall an der Zimmerdecke entlangschwebten. Es waren alles Leute, die ich in meinem früheren Leben gekannt hatte, die aber schon vor mir gestorben waren. Es war ein freudiges Zusammentreffen, und ich hatte das Gefuhl, daß sie gekommen seien, um mich zu schützen und zu führen."

Dann erfolgt die Lebensrückschau. Es ist eine Revision der inneren Werte, die durch das gerade beendete Leben geschaffen wurden. Alles ist vorhanden, jedes einzelne Bild, jede Szene. Unsere geisti-

gen Führer sind anwesend. Jakoby: "Dieses Lichtwesen umfing mich und führte mir mein Leben vor Augen. Alles, was du tust, mußt du bewerten."
Die Berichte, die Jakoby unter seinen Klienten gesammelt hat, stimmen mit meinen eigenen Erfahrungen weitgehend und oft bis ins Detail überein. Offensichtlich ist es so, daß wir mit Hilfe des Kundalini Yoga die Grenze des Todes überschreiten können, ohne zu sterben. Wir weilen kurze Zeit im Jenseits, machen die gleichen Erfahrungen und kehren dann unversehrt, doch um viele wertvolle Erfahrungen reicher, zurück. Die Auseinandersetzung mit dem Tod ist eine Prüfung, wieviel Du schon begriffen hast vom Leben und dem Tod. Daran wirst Du wachsen und Dich höher entwickeln. Nimm die Chance an!

"Und so lang du das nicht hast, dieses: Stirb und werde!
Bist du nur ein trüber Gast, auf der dunklen Erde."
Goethe "Seelige Sehnsucht"

Exkurs: Besessenheit

Wir sollten als aufgeklärte Menschen eines modernen Zeitalters in Rechnung stellen, daß es fremde Einflüsse auf uns aus den jenseitigen Welten gibt, und daß die Toten keineswegs völlig ausgelöscht sind. Lesen Sie dazu das vorangegangene Kapitel ober den Tod. Ein Teil der Verstorbenen, aber auch andere Wesen aus jenseitigen Ebenen, versuchen mit uns in Verbindung zu treten, unser Leben mitzuleben und uns zu beeinflussen. Das mag manchmal sogar positiv sein, aber mir fällt auf, daß in den vergangenen zwei Jahren vermehrt Menschen zu mir in die Beratung gekommen sind, die sich von negativen Besetzungen lösen wollten. Sie hatten das deutliche Gefühl, daß sie zum Teil gar nicht ihr eigenes Leben leben, sondern daß viele ihrer Reaktionen "ferngesteuert sind".
Dazu sagte Horus vor einiger Zeit: *"Der Einfluß der geistigen Welt ist nicht negativ, aber die Seelen der Toten versuchen z.T. Einfluß zu nehmen, und die Unverbesserlichen hängen geistig konservativ fest. Es gibt viele, die seit Jahrhunderten auf der Stelle treten und alle Neuerungen verhindern wollen. Sie belasten alle, die versuchen neue Wege zu gehen, speziell weil eure Energie in ihre Welt hineinreicht und ihnen ihren Starrsinn unmöglich macht."*
Meine großen Dimensionstore ermöglichen es uns z.B., durch erhöhte Konzentration in einer anderen Raumzeitkonstante, die eige-

ne Energie zu konzentrieren und uns z.B. von Besetzungen zu trennen. Ich weiß nicht, in wieweit Sie sich mit diesen Dingen befaßt haben. Es ist keineswegs der Kern meiner Bemühungen.

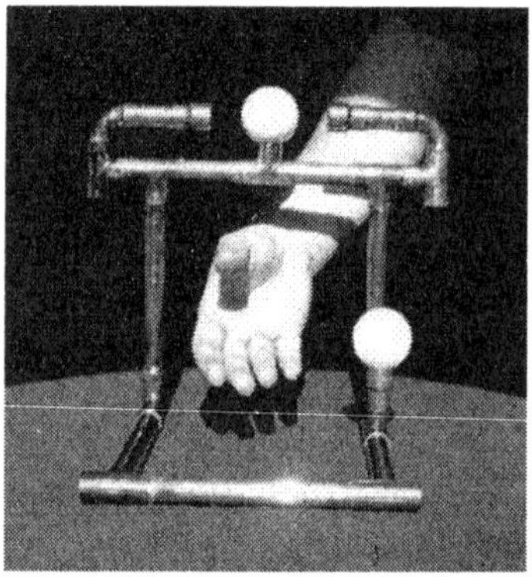

Diese Tore sind Einweg -Tore. Es kann nichts Fremdes zu uns herüber kommen, außer, wenn wir es gezielt anziehen wollen. Sie können also hinein gehen, sich auf Ihre eigene Energie konzentrieren, und wenn Sie dann vorn hinausschreiten, werden Sie alles in der anderen Dimension hinter sich lassen, was nicht zu Ihrer Persönlichkeit gehört.
In der gleichen Weise benutzen die **Shintopriester in Japan** seit tausend Jahren Ihre Schreine zur Reinigung der Seelen und zur Kommunikation mit den Göttern. Wer von Zeit zu Zeit, z.B. bei einem jährlich wiederkehrenden religiösen Fest, durch den **Shitoschrein** geht, wird auf diese Weise immer wieder einen Teil seiner seelischen Belastungen hinter sich lassen, quasi in der "alten Welt des vergangenen Jahres".
Möglicherweise war meine langjährige Lehrzeit bei Meister Nagaya ausschlaggebend dafür, daß ich diese alten magischen Kräfte zu fühlen begann, um heute derartige moderne Dimensionstore zu bauen. Horus: *"Die Dimensionstore dienen der Reaktivierung anderer Ebenen, die euch entglitten sind. Ihr ruft sie. "*
Wir brauchen Talismane und magische Artikeln nicht aus alten Knochen oder Holz zu machen. Wir können heute morderne Materialien verwenden, die dem aktuellen Zeitgeist besser angepaßt sind.

Wir sollten jedoch bedenken, daß auch alte Menschen, die dem Tode nahe sind, geistig nach ihren Verwandten greifen um sich von ihnen Lebensenergie zu holen. Man muß sehr vorsichtig sein mit der richtigen, gerechten Betreuung der alten, ausgebrannten Menschen. Je geistesabwesender (!) alte Menschen wirken, desto mehr greifen manche nach ihren Verwandten. Viele Menschen opfern sich auf für die Betreuung der Eltern. Zum Teil mag das richtig sein. Doch mir sind einige Fälle bekannt, wo die Alten dermaßen viel

Energie von den Jungen abzogen, daß die wirklich schon den eigenen Lebensmut verloren haben.
Das kann es nicht sein. Wenn ein alter Mensch wirklich nicht mehr aus eigener Kraft leben kann, dann sollte man ihm eher einen guten Tod und eine gute Wiederkehr wünschen, statt ihn bis zu einem bitteren und oft entwürdigenden Ende am Leben zu erhalten. Auch die beste Tochter und der beste Sohn sind nicht verpflichtet, ihr eigenes Leben und ihre eigene Energie den Eltern zu opfern und darüber das eigene Leben und die Versorgung ihrer Kinder zu gefährden.
Der Fluß der Lebenskraft und die Funktion der Lebensenergie muß bei unseren Betrachtungen viel mehr beachtet werden. Aus der Erkenntnis der höheren Wahrheiten ergibt sich für uns auch eine höhere Moral. Sie mag anders aussehen als die sentimentalen Leiden der dekadenten und verantwortungslosen Gesellschaft.
Horus: *"Das Leben ändert nur seine Daseinsform, alles bleibt erhalten."*

Energiemuster vom Energiekokon des Menschen.

Links: Ein Mensch meditiert, sein 1. Chakra ist weit geöffnet, die Energie fließt gleichmäßig durch alle Chakras
und verbreitet sich vom Kronenchacra
wie ein Kokon um den ganzen Körper.

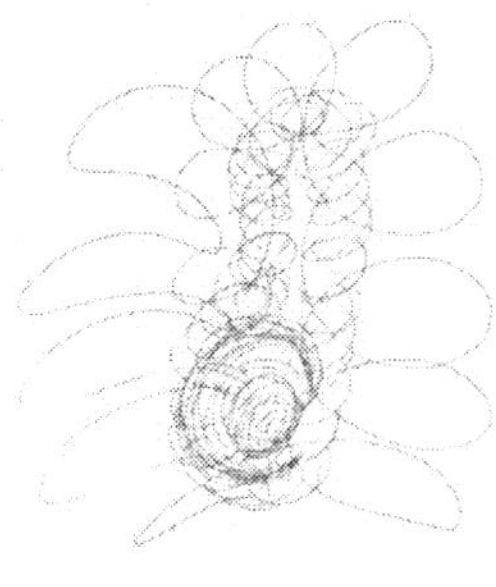

Rechts: Ein Mann im Gespräch mit einer
interessanten und attraktiven Frau. Sein 2. Chakra ist weit geöffnet. Das 1. Chakra rechts daneben liefert einen starken Energiestrom. Die Energie steigt in seiner Shushumna in Wellen auf, vorn sind die Chakras alle geöffnet und wie Fühler ausgestreckt. 5. bis 7. Chakra weit geöffnet, vor allem das 5. = intensive, offene Kommunikation.

Die beiden Eremiten

Auf einem einsamen Berg lebten zwei Eremiten, die Gott im Gebet verehrten und einander liebten. Beide besaßen nur eine irdene Schale, und diese war ihr einziger Besitz.
Eines Tages beschlich ein böser Geist den älteren der beiden. Der ging darauf zu dem jüngeren und sagte: "Lange lebten wir zusammen. Es ist Zeit, daß wir uns trennen. Laß uns unseren Besitz teilen."
Da war der jüngere Eremit traurig und sagte: "Es betrübt mich, Bruder, daß Du mich verlassen willst. Aber wenn Du gehen mußt, so soll es sein." Er brachte die irdene Schale und gab sie dem anderen mit den Worten: "Wir können sie nicht teilen, Bruder, sie sei Dein."
Da erwiderte der ältere; "Ich nehme keine milden Gaben. Ich will nichts als mein Eigentum. Es muß geteilte werden."
Der jüngere sagte: "Wenn die Schale erst zerbrochen ist, wem wäre sie dann noch von Nutzen? Laß uns das Los werfen."
Aber der Alte entgegnete: "Ich will Gerechtigkeit und mein Eigentum und werde sie nicht dem blinden Zufall überlassen. Die Schale muß geteilte werden." Da konnte der jüngere nicht länger rechten und sagte: "Wenn es also durchaus Dein Wille ist, dann laß uns die Schale zerbrechen."
Da wurde der Alte rot vor Zorn und schrie: "Verdammter Feigling, Du willst nicht streiten!" (eine Geschichte von Khalil Gibran)
Was lernen wir aus dieser Geschichte? Wenn Einer streiten will, kann der Andere kaum etwas machen. Gibran deutet an, daß der Alte nur böse wurde, weil ein böser Geist ihn beeinflußte. Das nennt man "Besetzung" oder "Besessenheit". Das trifft alte, vereinsamte und verwirrte Menschen eher als junge, doch es kann allen passieren. Deshalb muß man sich aber nicht hineinziehen lassen.

Channeling: Beratung aus der geistigen Welt

"Ihr macht den Versuch,
den Geist mit dem Verstand erklären zu wollen,
statt ihn wirken zu lassen.
Formulieren wir es einmal so:
Der Verstand des Menschen hat endlich erkannt,
daß es das Unbekannte gibt.
Das heißt aber noch lange nicht, daß er es begriffen hat.
Ebensowenig wie ein Jumbojet die Funktion einer Schwalbe
begreifen wird, eher wird das Umgekehrte eintreten.

Die Öffnung des Geistes braucht nicht stattzufinden.
Er ist Alles!

Der Verstand muß die Suche nach dem Geist aufgeben,
er befindet sich darin!

Der Verstand sollte besser die eigene Position bestimmen.
Wie erwartet geht das nur zwischen mindestens 2 Positionen.
Erst wenn er sich eine Funktion zuweisen läßt,
beginnt er effektiv zu arbeiten.
Was wäre der PC ohne seinen User? Ein Haufen Sondermüll
oder bestenfalls ein Kunstobjekt für Leute, die schon alles haben.
Je intellektueller jemand ist,
desto mehr wird ein PC ihn in seinen Bann ziehen.

Ebenso ist es mit dem Verstand.
Er fasziniert uns durch seine Akribie fürs Detail
und ermüdet den Wissenden durch die endlosen Kolonnen,
die keinen Übergriff auf andere Bereiche zulassen."

"Die Güte des Herzens sei der Maßstab für das Leben auf Erden."

Horus

In der vergangenen 20 Jahren haben weltweit immer mehr Menschen mediale Botschaften von verschiedenen jenseitigen Wesen und Wesenheiten bekommen. Viele davon sind brauchbar. Sie helfen uns, das irdische Leben in einem größeren, kosmischen Zusammenhang zu betrachten. Je nach der geistigen Reife und je nach der persönlichen Veranlagung werden verschiedenen Wesen gechannelt.
Mit Geistern sind Verstorbene gemeint, sowie jenseitige Energiewesen, man könnte sagen, "die Kleinen". Unter Wesenheiten verstehen wir viel größere, machtvollere Energiewesen, die in der Regel von unseren Vorfahren und bis heute als "Götter" angebetet wurden.
Wir tragen in uns die Möglichkeit, mit höheren Wesenheiten Kontakt aufzunehmen. Alle Priester, Weisen, Propheten, Schamanen und Magier haben es getan und tun es bis heute. Nur die Methoden haben sich mit den Anforderungen der jeweiligen Kultur immer wieder verändert. Vielleicht möchten Sie es selbst erlernen. Es ist ein ehrenwerter Beruf wie viele andere auch. Jede gute Wahrsagerin nutzt bewußt oder unbewußt ihre Eingebung. Es wäre nützlich, wenn die heutige Wissenschaft endlich wieder die spirituellen Kräfte einbeziehen würde. Es wäre die Garantie dafür, daß die Naturvernichtung endlich ein Ende findet und der Mensch wieder lernt, im Einklang mit der Natur zu leben.
In schwierigen Lebenssituation kann eine Beratung durch geistige Wesenheiten sehr wertvoll sein. Ebenso können Sie zuverlässige Vorhersagen bekommen für Ihren Lebensweg. Eine geistige Beratung enthebt uns nicht der Verantwortung. Eine neue, geistige Sicht der Dinge kann der Anfang sein für ein Umdenken, für neue Einsichten, um danach das eigene Leben erfolgreicher zu meistern!
Nun fragt sich der Leser sicherlich, wie denn der Wahrheitsgehalt derartiger Botschaften festgestellt werden kann. Entscheidend ist mit Sicherheit die Kraft des Glaubens, die aus unserer Mitte, aus unserem 4. Chakra kommt. Dann gilt es sehr aufmerksam zu sein. Wenn Sie unvoreingenommen an so eine Sache herangehen und dann den Empfehlungen von z.B. Jupither und Junow folgen, danach eine deutliche Verbesserung ihres Wohlbefindens verspüren, dann war wohl etwas daran richtig! Im Übrigen erscheint es mir dann sekundär, wie die „realen Verhältnisse“ lagen. Was zählt ist der Erfolg. Wer kann schon so genau wissen was „real“ ist?
Ich habe am Anfang von meinen geistigen Führern einige klare Hinweise und Beweise bekommen, daß diese Botschaften aus dem

Jenseits tatsächlich einen Nutzen haben. So hat es für mich Beweiskraft, wenn mir Junow mitteilt, auf welchem Planeten diese Lichtwesenheiten wohnen und ich diese Angaben bis ins Detail in einem Astronomielexikon wiederfinde. Inzwischen haben sie mir zu einem anderen Fall ebenso präzise Angaben gemacht. Aus alledem leite ich ab, daß die Methode des Channeling funktioniert, und daß diese Art der Kommunikation mit jenseitigen Wesenheiten sinnvoll und nützlich sein kann!

Seit 1990 stehe ich bewußt mit dem ägyptischen Gott Horus und anderen geistigen Wesenheiten in Verbindung. Zum besseren Verständnis hier eine Botschaft von Horus:
"Lebe ganz bewußt hier auf Erden. Das ist die große Botschaft. Es lohnt sich für alle Beteiligten. Ich bin ein guter Gott. Lebe im Bewußtsein, in der Gnade eines Gottes, der die Menschen liebt. Ich heiße Euch willkommen hier auf Erden wie auch im Himmel nach Eurem Tode. Das Leben birgt viele gute Möglichkeiten für Euch. Ihr lebt oft in den Tag hinein. Das bringt Euch nichts. Ihr müßt Euch stets im großen Zusammenhang sehen. Das ist viel besser für Eure Seelen. Leben auf Erden ist eine gewaltige Anregung für Euren Geist. Hinterher seid ihr auf einer neuen Ebene der Betrachtung. Darauf kommt es an. Lebe jetzt bewußt. Vollbringe Dein großes Werk und diene mit Deiner Erkenntnis allen Wesen, die es hören wollen. Alles steht so gut. Du hast bereits so viele Ebenen durchlaufen. Jetzt liegt es an Dir, die Unendlichkeit des Universums darzustellen, damit andere Dir folgen können. Dazu braucht es keine besondere Vorbereitung. Einfach nur leben und den Geist in Dir wirken lassen. Lebe ganz für das große Werk der Erneuerung. Die Gesellschaft hat sich übernommen mit Ökologie und Krieg. Sie muß erneuert und geläutert werden.

Eine Atemübung von Horus:

ein. Das Licht ist in Dir
aus. und Du bist im Licht
ein. Das Licht strahlt in Dir
aus. Aus mir strahlt das Licht
ein. Ich atme Licht ein
aus. Licht atmet mich aus

Die Atemübung bewirkt, daß Licht durch euch zu fließen beginnt. Normalerweise atmet ihr Licht ein und Dunkelheit aus, aber so muß es nicht sein. Licht ist allen Dingen zu eigen. Wir sind Licht, geben Licht und bleiben Licht. Du bist ein Wesen aus Licht. Die Dunkelheit kommt aus der Finsternis Eurer Seele. Sie läßt sich nur durch die richtige Denkhaltung überwinden, durch die richtige Atmung und mit viel Geduld. Wir arbeiten an der Vollkommenheit des menschlichen Geistes seit vielen Äonen. Menschen sind aus Licht geschaffen, fühlen sich aber zur Dunkelheit hingezogen. Die Dunkelheit sollte verklärt werden und nicht überhand nehmen. Licht strahlt in die Nacht, nicht umgekehrt. Leben muß sich selbst fühlen, finden, annehmen, um eine Berechtigung für seine Existenz zu erfahren. Sonst wird ER es zurücknehmen, der große Geist, der alles erschaffen hat.
Gebe Dir Mühe! Lebe in einer Welt der neuen Blickrichtung mit Bewußtsein für das Leben statt den Tod! Ihr sollt Euch mehr mit einem bewußten Leben und all seinen Möglichkeiten befassen. Konzentriere Dich auf die gute Seite der Erde. Leben hat nur ein Gesicht. Der Tod lebt in einer Form, aber er holt Euch nicht ohne Eure Zustimmung. Er muß warten bis ihr fertig seid. Lebe ganz im Bewußtsein des Todes und entscheide selbst wann Du gehst.
Die Leute suchen umgehend Hilfe, aber sie hören nicht auf uns. Es geht um Ausdauer und Disziplin. Niemand will mehr warten. Alle verlangen sofort Ergebnisse, ohne dafür die notwendige Konzentration aufbringen zu können. Wir wollen Euch helfen. Es muß nicht für alle Zeit so weitergehen. Eure Liebe ist Bedingung für den Weg, auf dem ihr jetzt gelandet seid. Drücke aus was Du empfindest. Gehe voran mit Bedacht, ohne daß Du dich anstrengen läßt."

Die Botschaft spricht für sich selbst. Sie ist an jeden Menschen gerichtet, der es hören will. Mir gibt dieser Standpunkt wertvolle Anregungen, um meine Aufgaben besser zu verstehen. Ich bekomme durch diese Botschaft ein intensiveres Lebensgefühl. Es ist das tiefe Gefühl, das hier gestärkt wird.

Botschaft des Horus: *Das Leben auf Erden ist eine zarte Blüte der Schöpfung. Es wandelt sich ewig aufs Neue. Wir haben es geplant in großen Zeiträumen. Das Leben hier auf Erden strebt nach Vollkommenheit. Um dieses Ziel zu verwirklichen, braucht es Geduld. Euer Anliegen ist es, die Schönheit der Schöpfung zu erhalten. Das kann nicht gelingen, solange Angst Euch erniedrigt. Erkennt die*

Bedeutung Eurer eigenen Gefühle! Die Reinheit der Seele ist nur durch Euren eigenen Geist zu bewirken.
Reinheit des Geistes bedingt ausreichend Energie, um die Ideale realisieren zu können, die ein Mensch in sich trägt. Nur mit der Energie, die aus Eurer eigenen Mitte kommt, läßt sich die Quelle der Kraft aktivieren, die nun wiederum geeignet ist, das Leben auf Erden lebenswert zu gestalten. Ihr liefert also die Energie die die Erde erhält und Euch hier leben läßt.
Erkennt die Besonderheit meiner Botschaft! Bisher wurde Gedeihen und Verderben in die Hand eines Gottes gelegt. Ich sage Euch nun, daß Ihr die Quelle seid. Lebe mit der Gewißheit, daß Du die Erde aufbaust! Lebe gut! Genieße alle Freuden die Euch gegeben sind. Baue ein Feld der Liebe auf. Nur auf Erden ist das möglich. Liebe ist dort, wo Feuer und Wind sich berühren. Wasser gibt Euch die Form. Erde ist Euer Rückgrat. Alles umhüllt vom Äther der Sphären. Die Pyramide von Ghize brachte die Menschheit aus der Steinzeit in die Gegenwart. Die aktuelle Situation des Energiefeldes der Erde bedingt andere Maßnahmen.
Die ➔Energiepyramide ist ein Symbol des Lebens. Die äußere Pyramide entspricht dem Kosmos, die innere aktiviert die Kraft der Erde. Die organische Achse symbolisiert das Wirken Gottes auf Erden. Ökologie und Ökonomie sind vor einer Wende. Es braucht einen stetigen Strom kosmischer Energie, um die Aufgaben lösen zu können, vor denen Ihr jetzt steht. Die Benutzung der Energiepyramide kommt einer Läuterung gleich. Sie bringt Dich auf den Weg zur Erkenntnis der höchsten Prinzipien des Lebens. Alles Andere ergibt sich daraus. Alles, was geschieht, ist Teil eines großen Planes. Lebe ganz im Bewußtsein der eigenen Stärke.
Wir wollen Euch helfen, dauerhafte Energiequellen zu erschließen. Das hier ist ein Schritt zur autonomen Versorgung. Die Energiequellen der Zukunft werden nicht mehr einigen wenigen Mächtigen unterworfen sein, sondern frei verfügbar und mit geringen Mitteln zu realisieren. Das Bewußtsein der energetischen Freiheit schafft völlig neue gesellschaftliche Formen. Nur auf diesem Wege ist weiterhin eine Entwicklung möglich und sinnvoll. Geistige Freiheit bedingt energetische Unabhängikeit. Jeder bewußte Mensch muß lernen, sich im großen Kontext frei darzustellen. Nur so werden die Wirren von Krieg und Armut überwunden.
Ihr gestaltet Euer Leben nicht für Andere, sondern für Euch und Eure Kinder. Also strengt Euch an, um ganz bewußt und korrekt Lebensraum zu schaffen, statt ihn zu vernichten! Die Gesellschaft

ist überholt, nicht das Leben auf Erden! Ihr seid Zeugen eines neuen Zeitalters. Nehmt die Herausforderung an und nutzt die Gabe gut!" Horus

Eine geistige Beratung enthebt uns nicht der Verantwortung. Eine neue, geistige Sicht der Dinge kann der Anfang sein für ein Umdenken, für neue Einsichten, um danach das eigene Leben erfolgreicher zu meistern. Lassen Sie mich hier ein Beispiel für diese veränderte Sicht der Dinge einfügen:
Channeling mit Junow: 12.2.91 nachmittags, meinem Sohn Tobias, 3 ½ Jahre alt, ist ein mittelgroßer Fernseher voll auf den Kopf gefallen. Er hat ihn wohl selbst heruntergerissen. Junow erklärte uns, daß er zu viel fernsehen schaut und geschockt war von den Bildern über schwer verletzte Kinder in Krankenhäusern im Irak. Er wollte wissen, was Gewalt ist und brauchte diese Lektion. Er hatte einen leichten Schock und eine aufgeplatzte Beule, so groß wie mein Daumen lang und dick ist. Wir besannen uns auf unsere innere Kraft und nahmen ihm im Gedanken diese Last der Verwundung ab. Er schlief ca. 2 Stunden. Danach war die Wunde wieder geschlossen, die Blutung fast völlig verschwunden, die Beule weg, der Schock ebenfalls weg und man meinte, es sei kaum etwas geschehen.
Auf unsere Frage an Junow, was geschehen sei, meinte er, Tobias mußte angehalten werden. Er hatte diese Kriegsnachrichten gesehen und verletzte Kinder in den Lazaretten. Er hatte es nicht verarbeitet und wollte wissen, was Gewalt ist. Uns war schleierhaft, wie es überhaupt hatte passieren können. Auf die Frage nach seinem Schutzgeist erklärte Junow: *"Er ist immer da, wenn es gilt, etwas zu realisieren. Er hat ihm das Ding auf den Kopf geworfen, damit er seine Lektion erhält (!), natürlich paßt er auf, wie stark der Schlag ausfällt. Er ist gerührt, daß ihr Euch brav die Kopfschmerzen Eures Sohnes geteilt habt. Das passiert selten in diesem Geschäft der Schutzengel."* Meine Frau hatte einige Stunden Kopfschmerzen und mir tat das Genick weh, als wenn ich den Apparat abbekommen hätte. Tobias war statt dessen putzmunter und aktiv. *„Es war jedoch legitim, daß Ihr ihm das abgenommen habt, denn Ihr habt ja Euren Anteil an seinem Fehlverhalten, das durch diese Aktion korrigiert wurde."*

Ich habe nur selten bewußten Kontakt zu den Toten gehabt. Darin sehe ich nicht so viel Sinn. Ich pflege einen ständigen Kontakt mit

den geistigen Wesenheiten, die unsere Vorfahren als Götter bezeichneten. Sie selbst bezeichnen sich als "kosmische Konstrukteure" und als "geistige Wesenheiten", die in diesem Universum ganz bestimmte Funktionen erfüllen, ebenso wie wir auch, nur auf einer höheren Ebene. Diese Wesenheiten betreuen uns und unsere Entwicklung. Wir müssen keineswegs mit ihnen in einer bewußten Verbindung stehen. Sie sind sowieso da, hier und jetzt und immer. Unsere Art der Verbindung wird zu allen Zeiten verschieden ausfallen, je nach den natürlichen Gegebenheiten.
Wir alle erfüllen eine Aufgabe im Großen Plan des Lebens, sie und wir. Unter gewissen Umständen und zu gewissen Zeiten sind sie uns sehr nahe und wir können miteinander kommunizieren. Auf diesem Wege können wir etwas erfahren über unsere Aufgaben und über unser Schicksal. Für die Naturvölker, die alten Kulturvölker oder für die Inder und Tibeter ist das absolut normal.
Nur wir Westeuropäer haben heute eine Hemmschwelle eingebaut. Unsere christliche Vergangenheit, gefolgt von der modernen Naturwissenschaft, hat uns den Sinn für diese Dinge verdorben.
Trotzdem ist die Zeit jetzt wieder günstig für Verbindungen zur geistigen Welt. Auf diesem Weg können wir unser Verhalten überprüfen, uns und die Natur verstehen lernen und Lösungen finden für die akuten Probleme der Gegenwart. Bitte verstehen Sie mich recht: Niemand muß Esoteriker sein, um dieses Wissen zu nutzen. Sie dürfen Ihre ganz persönliche Meinung haben! Aber wenn Sie eine umfassende Lebenseinstellung wollen, dann müssen Sie bereit sein, Ihre Standpunkte zu überprüfen. Ich tue das jeden Tag aufs Neue. Gerade das bringt mich voran.
Die Bereitschaft, sich und die eigene Meinung in Frage zu stellen, macht erst den Weg frei für neue Lösungen und Ergebnisse. Das ist der Weg, um gesund und erfolgreich zu sein! Erfolgreich sein bedeutet, daß Sie Ihre Ziele erreichen und dabei ein gutes Lebensgefühl behalten. Es gilt, die innere, natürliche Fröhlichkeit wiederzufinden, die die meisten von uns schon lange verloren haben. Wenn Ihnen das gelingt, dann werden Sie mit dem schönen Lebensgefühl auch alle anderen Ziele erreichen, die Sie sich selbst setzen.
Es ist Ihr eigenes, verbürgtes Recht, das Beste aus dem Leben zu machen, das Sie gerade führen. Die hier geschilderten Methoden sind jederzeit und überall anwendbar. Das kann der Anfang sein von einem neuen, erfüllteren Leben. Wenn Sie dieses Wissen anwenden und weitergeben möchten, werden Sie neue Freunde fin-

den und anderen Menschen bei der Lösung ihrer Probleme helfen. Die moderne Gesellschaft braucht dieses Wissen.
In der Nacht zum 4.4.99 hatte ich zum wiederholten Mal einen Traum, in dem das Lied "Es kommt ein Schiff gefahren" in mir aufstieg, und ich sah ein riesiges Segel, daß von der Erde bis in die höchsten Magnetfeldschichten der Erde reichte. Es überkam mich wieder, wie schon bei früheren Erlebnissen dieser Art, eine große Sehnsucht und eine tiefe innere Freude. Es ist für mich eine innige Verbindung zum Göttlichen und speziell zu Horus. Möglicherweise ist es sogar die gleiche Energie wie das, was andere gläubige Menschen als Jesus-Bewußtsein erfahren! Vielleicht war Jesus der erste, der diese Verbindung schuf, oder vielleicht war er sogar eine Inkarnation des Horusbewußtsein auf Erden. Der Mystiker, der dieses Lied schuf, wird das gleiche Segel wahrgenommen haben, daß ich von Zeit zu Zeit in meinen Visionen sehe. Wenn ich diese Wahrnehmung zu analysieren versuche, dann bin ich mir sicher, daß es sich beim "Segel" dieses Schiffes um eine bestimmte Kraft im Magnetfeld der Erde handelt. Sie verbindet gläubige Menschen auf der Erde mit den "Schwingen des Horus", von denen schon die alten Ägypter gesprochen haben. Sie sprachen auch von der "Sonnenbarke" des Himmelsgottes Re oder Ra, die ebenfalls "von einem großen Segel, daß in den Himmel reicht" vorangetrieben wird. Bestimmte Kräfte der geistigen Welt erzeugen bei den Sehern übereinstimmende Visionen. Sie verbinden die Mystiker über die Zeiten hinweg und geben ihnen Kraft und Sicherheit.

19.3.99, 20.45 Uhr Horus: *Ich kann mit ca. 4.000 Menschen zur gleichen Zeit korrekt kommunizieren, aber das ist nicht alles. Es geht wesentlich weiter. Man könnte mich als biologisches Datenfeld betrachten, in dem alle eure Aktionen gesammelt werden. Der Input ist nicht gewaltig. Es ist okay. Ich bin der Filter zwischen euch und der Ewigkeit. Ihr könnt lernen, meine Datenspeicher zu nutzen. Ja, es sind auch moralische Filter eingebaut, die unzulässige Querverweise unterbinden.*

Horus 7.3.2000 *16.00 Uhr: Für die Zukunft geht es wesentlich darum, eine neue spirituelle Schule zu eröffnen, in der das Wissen, das Harald bereits zusammengetragen hat und die medialen Beratungen von Horus vermittelt werden. Das meiste esoterische Wissen ist oberflächlich. Leere Meister, die nicht wissen wie es weiter gehen soll, innere Leere. Es geht um die Frage, wie die Leute dazu*

veranlaßt werden können, die spirituelle Kraft in sich zu erwecken. Dazu bräuchte es eine bestimmte spirituelle Schule, in der die Menschen immer wieder dazu angehalten werden, diese Kraft zu erwecken.
Es ist auch wichtig, einen klaren Blick für die Außenwelt zu bekommen, wie du sie zu handhaben hast. Jetzt, wo sich dank der Impulse der 9 m Energiepyramide alles verändert, gilt es, diese neue Schwingung weiter zu verfolgen. Ihr müßt euch jetzt anpassen an die neue Zeit mit der veränderten Schwingung. Ihr dient wiederum mit eurer Schwingung als Orientierungshilfe für die anderen Menschen. Was die Menschen brauchen, ist eine neue Selbstsicherheit. Primäre Aufgabe ist und bleibt die Verbreitung der neuen Lehre. Wir sind davon überzeugt, daß ihr eure Aufgabe erfüllen werdet.

10.7.2000, 21.00, *Horus: Deine Aufgabe besteht darin, ein guter Lehrer zu sein. Wie auch immer, es geht um die Höherentwicklung der menschlichen Rasse. Le Braquet ist das Zentrum einer neuen, sehr alten Kultur. Hier treffen Welten aufeinander. Nütze die kollidierenden Energieströme und diene Allen!*

Horus, 20.2.01, 12.45 Uhr und 17.45 Uhr *"Meine Botschaft lautet: Richtet es euch schön ein auf Erden und genießt euer Dasein. Das Leben auf Erden ist eine zarte Blume der Schöpfung. Es ist euch gegeben, dieses Leben lebenswert zu erhalten. Folgt diesem Auftrag!*
Macht euch bewußt: Ihr seid bereits auf der neuen Stufe der Entwicklung angekommen. Ihr arbeitet bereits mit den neuen Mitteln und auf der neuen Ebene. Die Anderen suchen noch den Übergang auf die neue Ebene, die ihr bereits erklommen habt. Also laßt euch nicht von jenen irritieren, die noch auf der Suche sind. Ihr habt die Lösung bereits gefunden. Was ihr jetzt tut, ist bereits Teil der Neuen Zeit. Es ist nicht mehr das Mittel, um aus der alten Zeit herauszukommen.
Nutzt die neue Energie, um euer Leben kreativ zu gestalten. Räumt der Freude mehr Platz ein.
Lernt noch besser genießen: das heißt bewußt wahrnehmen. Es ist ein Genuß, alle Sinne bewußt einzusetzen und die Welt, in der ihr lebt, bewußt wahr zu nehmen. Das Leben ist ein langer Traum, der sich gerade dort verwirklicht wo ihr jetzt steht. Genießt es und laßt euch nicht von den beschränkten Geistern irritieren, die Genuß

hassen, weil ihre Sinne durch zahllose Blockaden deformiert sind. Das Leben ist schön und Du bist ein Teil davon.
Gut, laßt es geschehen. Es ist alles vorbereitet. Große Erfolge kommen vom Selbst. Noch ehe ihr euch verseht, wird es eine Wende geben im Verhalten. Nutzt die vielen neuen Chancen, die euch gegeben sind.
Zieht euch aus der Politik zurück, aus der Beobachtung des politischen Geschehens. Es ist nur ein Trick der negativen Energie, um euch zu ängstigen und zu mißbrauchen. Folgt dem Weg der Erkenntnis bis ins ewige Licht. Das ist alles, was es zu erreichen gilt.
Liebe ist ein Schlüsselbegriff. Viele Menschen brauchen die Energie der Führsorge, das Miteinander. Sie separieren sich voneinander. Das ist nicht gut. Lernt miteinander leben und etwas aufbauen für eine strahlende Zukunft. Sat nam."

Nach dem Angriff auf das World Trade Center, 19.9.2001, 16.15 Uhr, sagte Horus: *"Es ist nicht von Bedeutung, geringfügig. Konkret: Es geht um die Frage, ob ihr euch psychisch ausbeuten laßt oder nicht. Die Welt, von der ihr redet, ist nicht existent. Es sind Eventualitäten im Raumzeitgefüge. Ja, es liegt alles im Toleranzbereich. Seelische Leiden müssen ausgelebt werden, sonst gibt es Fehlsteuerungen im System.*

Horus, 29.10.2001, 9.08 Uhr: *"Eure Angst vor einem globalen Krieg ist nicht begründet. Es ist in der Tat so, daß die ganze Menschheit etwas aufzuarbeiten hat, doch es wird je nach dem Grad der geistigen Entwicklung die Wesen verschieden betreffen. Die einen leben im Mittelalter und werden kämpfen und sterben, die anderen werden arm oder reich.*
Wer anderen Leid zufügt, wird es selbst erleiden, jetzt oder in einer anderen Inkarnation. Niemand kann seinem Karma entgehen. Er schafft und erleidet es selbst. Die Aufgabe besteht darin, sich frei zu halten von Verflechtungen und von Schuld.
Diene dem höchsten Prinzip, indem du dich selbst durch die Reinheit deiner Gedanken höher hebst in deiner mentalen Entwicklung.
Leide nicht mit den Gefallenen. Hilf ihnen dort, wo dich die Ereignisse persönlich berühren, dort, wo du persönlich damit zu tun bekommst, und nicht dort, wo man dir Bilder vorgaukelt, um deine alten Emotionen zu schüren. Mische dich in keiner Weise ein. Nutze deine Zeit für ein freies Leben in Selbstbestimmung.

Es mag sein, daß ein Mensch in mitten von kriegerischen Taten unversehrt bleibt, weil es nicht seine Stunde war. Es mag sein, daß ein falscher Schritt daheim in den Tod führt.
Macht euch bewußt, daß die Energie der Gedanken die Ursache eures Lebens ist, und nur durch die Reinheit der Gedanken könnt ihr den Ereignissen entkommen oder davon geheilt werden.
Deutschland hat einiges verstanden aus dem Leid der alten Kriege. Ihr werdet nur begrenzt hineingezogen. Ihr müßt nur zahlen für die Leiden anderer, weil eure Gedanken nicht rein sind. Die Schweiz ist nicht so schlimm betroffen, weil ihre Menschen gelernt haben in einer friedlichen Weise miteinander auszukommen (4 Völker). Sie sollten ihre politische Abgrenzung lange Zeit beibehalten. Es ist ein wichtiger Aspekt innerhalb eurer Staatengemeinschaft.
Sowohl die Länder, als auch die Individuen sollten klären, wie und wo sie ihre Position beziehen. Fest steht, daß derzeit die Karten neu gemischt werden für die nächsten 100 Jahre. Die weltpolitische Entwicklung wird ganz anders verlaufen, als ihr jetzt denkt. Z.T. sind die Ergebnisse fremdartig und wirken bedrohlich, doch das ist notwendig für die Schaffung neuen Ordnungselemente. Die Staaten sind überholt. Es sind Marionetten der wirklichen Machthaber. Um dieses Karma auflösen zu können, ist das Schlimme oft unumgänglich, und dort, wo vielleicht nichts geschieht, ist trotzdem viel los. Große Ereignisse werfen ihre Schatten voraus. Es gilt, sie zu deuten.
Für Jene, die reinen Geistes sind, besteht niemals Gefahr. Besinnt euch auf die Kraft der Gedanken und erfüllt euren Plan, der schon vor Jahrtausenden in dieser Weise vorbereitet wurde.
Energytraining und die Energiepyramiden sind elementare Hilfsmittel, um diese Krise zu nutzen. Dafür wurden euch diese Mittel gegeben. Licht ist in der kleinsten Hütte, wenn ein bewußter Mensch anwesend ist.
Die größten Paläste sind leer. Bewußtsein entzieht sich der Macht. Die Macht dient dem Bewußtsein. Sie weiß es nur nicht. Macht ist eine Versuchung. Geld ist eine Prüfung. Licht ist die einzige Gabe, die wertfrei ist. Es erleuchtet alle Wesen.

Horus, 04.02.2002 8.25Uhr: *"Ohne den Bezug zu den geistigen Welten ist alles nichts. Die Dinge geschehen aus der Schöpfungskraft heraus und nicht von euch aus. Beachtet diese Tatsache. Ihr seid Instrumente, auf denen die Götter spielen. Trachtet danach, gut zu spielen. Das rechte Maß an Willen, daß rechte Maß an Hin-*

gabe. Wenn ihr das verwechselt, diese Kräfte nicht richtig einschätzt, gibt es Ärger, den ihr auszutragen habt, nicht wir. Eure Identität ist dabei keineswegs gefährdet. Ihr seid eigenständige Wesen, und doch ist es so wie es hier geschrieben steht. Euch fehlt der Einblick in die nächst höhere Dimension, von der aus diese Dinge geregelt werden, und zwar mit eurem Einverständnis, mit eurer Einwilligung bereits vor eurer Zeugung!
Im Zustand vor der Zeugung ist euch alles klar und auch der Bezug zu den Göttern ist deutlich. Nach der Geburt ist alles unklar und ihr müsst euch an das gerade laufende Leben in einem Zyklus anpassen. Jetzt habt ihr Ahnungen von dem, worum es geht, und bald wird es mehr als eine Ahnung sein. Dann seid ihr gefragt, die Erde zu retten, durch eure Maßnahmen, die jetzt schon begonnen haben. Es ist ein Teil von dem, was ihr euch vorgenommen habt.
Jeder muß seine Vergangenheit aufarbeiten und sich lösen aus seinem verstandesmäßigen Denken, sonst bekommt er Ärger mit sich selbst. Niemand sonst ist an dem beteiligt. Ihr bekommt eine Chance, euch zu erkennen, doch wenn ihr euch wieder in alte Bahnen hineinbegebt, dann lässt sich Ärger nicht vermeiden. Von unserer Seite ist alles getan. Weitere Diskussionen haben keinen tieferen Sinn. Es sind die Lebensauffassungen, die verschieden sind, und die muß jeder für sich selbst vertreten und verändern, wie es ihm richtig erscheint. Denkt alles durch.
Ihr vergeßt zu oft, dass wir euch ausgewählt haben und daß das ein Angebot von uns an euch ist, um in eurem Terrain die Erde für höherwertige Kräfte zu bereiten. Ihr seid wirklich beteiligt an geistigen Entwicklungen, die die ganze Erde betreffen. Die öffentliche Darstellung und Verbreitung der Energiepyramiden ist von großer Bedeutung.
Viele versuchen außen die Lösung zu finden, doch sie liegt innen. Sie suchen die Fehler bei der Sache, bei anderen, irgendwo, doch sie liegen stets in euch selbst. Jeder sollte seine Aufgaben selbst erkennen und lösen. Jeder hat jede Chance der Welt, wenn er sie haben will, doch die unverstandenen Dinge muß jeder in sich und in seiner Familie klären. Das ist seine Aufgabe in diesem Leben.
Wer seine Verpflichtungen nicht einhält, belastet andere Menschen. Das ist der schlechteste Weg. Es schafft neues Karma, das anderweitig gelöst werden muß. Vermeidet derartige Verflechtungen. Findet euren eigenen, richtigen Weg, dann beginnt die Freude neu zu sprießen.

Diene dem höchsten Prinzip, und du bist auf der Siegerstraße, laß dich ablenken, und es treten Differenzen zum großen Ganzen auf. Diene Gott, und er dient dir. Lerne lachen im Angesicht des Höchsten und du bist ewig sicher. Gnade denen, die das verstehen.
Wir wünschen euch alles Gute, und seid versichert, dass wir alles sehen, hören und beurteilen, ohne uns mehr einzumischen, als notwendig. Eure Aufgabe besteht darin, eine innere Sicherheit zu entwickeln für das, was richtig ist. Wenn so der Geist Gottes durch euch zu fließen beginnt und ihr auf diese Weise eure Arbeit verrichtet, werdet ihr sogar Ruhm unter den Menschen erlangen, wenngleich nur wenige begreifen werden, worum es wirklich geht. Alles ist möglich, wenn Gott in die ewige Formel der Wahrheit eingeführt wird. Es ist die Komponente des ewigen Lichts. Wer sie ausklammert, hat verloren. Er weiß es nur noch nicht.
Also, diene dem Höchsten wie dir selbst, dann ist alles in seiner Ordnung. Ihr meint oft, ihr müßt alles selbst machen. Das ist gar nicht so. Es geht auch anders. Vieles kommt aus dem höheren Sein, ohne daß ihr es zur Kenntnis nehmt. Laßt es kommen und fließen. Dann ist alles okay.
Gut, genieße dein da-sein auf Erden, Licht auf dem Weg soll euch ständig begleiten. Alles ist gut, wenn ihr es geschehen lasst, wie es sich gehört. Gott ist am höchsten im Licht. Gnade jenen, die das begreifen.
Es warten noch so viele schöne Erfahrungen auf euch, dass kein Zweifel besteht, dass ihr glücklich werdet, wenn ihr keine groben Fehler macht. Lasst es endlich geschehen aus dem höheren Sein heraus, das auch aus euch selbst wiederum erscheint.
Ihr solltet die Gebete an die Götter studieren, die ihr in unseren →"Botschaften aus dem Licht" *findet. Das kann euch helfen, die Sache etwas anders zu betrachten. Es waren viele Götter beteiligt, dieses Buch zu verfassen, und nur Harald war in der Lage, sie alle zu hören. Das sollte beachtet werden. Zählt einmal zusammen, wie viele verschiedene Kräfte dort mitgewirkt haben. Erstaunt das nicht die Ungläubigen? Ihr habt die Wahl zwischen Glauben und Unglaube. So viel gibt es, was sich nur mit dem Glauben erfassen lässt.*
Nun, das sollte reichen für den Moment, um alle in eine angeregte Stimmung zu versetzen. Laßt es geschehen, laßt diese Worte wirken. Es muß ein Schritt nach vorn getan werden. Das ist hiermit möglich. Sat nam. Die Worte wirken im Sein. Laßt es geschehen! Horus, Jupither und Junow."

Die Kraft der Entscheidung

Auf die Frage, in wieweit wir von fremden Mächten oder Kräften abhängig sind, sagte mir Horus am13.4.01: *"Du bist nicht abhängig von einer fremden Macht. Lebe wie es Dir gefällt! Lebe bewußt und aktiv. Tue es selbst. Sei verantwortlich und zurückhaltend, nicht aufdringlich. Das Leben ändert nur seine Daseinsform, alles bleibt erhalten. Nutze die mentale Energie und verwirkliche Deinen Lebensplan."* Diese Aussage gilt für jeden Menschen. Es ist die Aussage, die wir auch in den Mitteilungen der ältesten und qualifiziertesten Yogis aus Indien wiederfinden (→Yogavasistha und Shankara).

Wenn Sie eine eindeutige Entscheidung getroffen haben, dann ist das gleichzusetzen mit einem willentlichen Befehl, zu dem Sie nun konsequent stehen: Beharrlichkeit. Worauf es ankommt, ist gelassene Bestimmtheit, statt krampfhaftem Wollen. Konsequentes Handeln bedeutet jedoch nicht, daß man einen Auftrag oder einen Gedanken ständig wiederholt. Es bedeutet im Gegenteil, daß man von der eigenen Entscheidung überzeugt ist, die man vorher getroffen hat. Folglich haben Sie mit der eindeutigen Entscheidung schon das Notwendige getan! Es gilt nun, die aus dieser Entscheidung resultierenden Konsequenzen (Folgehandlungen) zu realisieren.

Am Anfang steht die Entscheidung, die von Ihnen gesetzte Ursache. Alles, was darauf folgt, sind technische Details. Was gemeinhin unter "festem Willen" verstanden wird, ist in der Regel eine ständige Wiederholung der zuerst getroffenen Entscheidung. Wenn Sie etwas in diesem Sinne ständig wiederholen, sind Sie sich im Grunde genommen der eigenen Entscheidung nicht ganz sicher. Derartige "feste Willensäußerungen" sind Wiederholungshandlungen. Sie sind gleichzusetzen mit dem Bild, daß jemand ordentlich einen Baum pflanzt und ringsum die Erde festdrückt, damit der Baum wachsen und gedeihen kann.

Und weil er sich nicht sicher ist, ob er es denn nun richtig gemacht hat, geht er täglich hin und tritt die Erde auf neue fest. Vielleicht reißt er den Baum auch wieder heraus, um zu schauen, ob die Wurzeln nun tatsächlich wachsen! Wie gut das dem Baum bekommt, mögen Sie sich selbst überlegen. Richtiger ist es wohl, den Baum von Zeit zu Zeit zu gießen, sein Umfeld zu pflegen und ihm freundliche Aufmerksamkeit zu schenken. Dann wird er gewiß ganz von allein Wurzeln schlagen, und Sie können zur rechten Zeit die Früchte ernten.

Mit dem Wasser meine ich die Aufladung ihrer geistigen Vorstellung (der Baum, die Entscheidung) mit positiven Gefühlen. Mit der Pflege des Umfeldes meine ich die technischen Details. Wenn Sie eine Entscheidung getroffen haben, ein Projekt begonnen haben (Baum gepflanzt), dann ist es erforderlich, daß Sie alle in diesem Zusammenhang notwendigen Einzelheiten gewissenhaft planen und ausführen. Sonst kann es sein, daß Ihr Projekt nur im Kern Ihrer Entscheidung und Ihren Vorstellungen entspricht und daß Sie in Bezug auf die Details und die Begleiterscheinungen immer wieder Anlaß haben, sich zu ärgern.
Überlegen Sie gut, was für einen Baum Sie pflanzen wollen, wo Sie ihn pflanzen, ob Sie bereit sind ihn zu pflegen und zu warten, bis die Zeit der Ernte gekommen ist.

Wer Pappeln pflanzt, kann keine Nüsse ernten!

Exkurs: Es gibt keine feste Materie!

Bereits vor vielen tausend Jahren entdeckten die indischen Yogis, daß es Materie eigentlich nicht gibt. Der leere Raum zwischen den Atomen und innerhalb der Atome ist so groß, daß die wenigen Energieschwingungen kaum zu erklären vermögen, warum wir überhaupt Materie wahrnehmen und sehen können. Es sind eigentlich nur Kraftfelder.
Wenn der Atomkern so groß wäre wie ein Golfball, dann käme in 1 km Entfernung das erste Elektron in der Größe eines Stecknadelkopfes. Wie kann es sein, daß wir bei diesen riesigen leeren Räumen etwas sehr festes wahrnehmen?
1976 entdeckte der englische Elementarphysiker →Phillips sieben von acht „Anus“, die in den indischen Mythologie beschrieben werden. Die moderne Wissenschaft nennt sie nun „Quarks“. Er bekam dafür den Nobelpreis. Aus ihnen besteht alle Materie. Doch die Quarks selbst bestehen nur aus einer Energieschleife, die sich irgendwie um sich selbst knäult. Das ist die ultimative letzte Stufe der „Materie“.

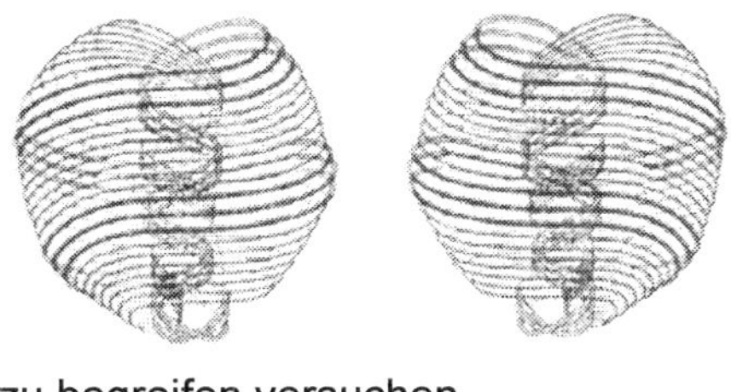

Alles, was existiert, ist Schwingung. Das sollten wir wissen, wenn wir unsere Natur zu begreifen versuchen.

Psychotherapie

Die meisten heute angebotenen Therapien fassen zu kurz, verfehlen ihr Ziel oder haben gar nicht erst die Absicht, den Klienten zur Vollständigkeit seines individuellen Selbstes zu bringen. Durch verbale und nonverbale Befragungstechniken werden die Klienten zu oft bloßgestellt. Die Therapeuten sind steuernd im Prozeß beteiligt, statt nur Beobachter zu sein und erzeugen dabei so viel "Lärm", daß sich der Klient nicht auf sein Selbst konzentrieren kann. Er ist eher auf das Selbst des Therapeuten konzentriert.
Da in derartigen Selbstfindungsprozessen das Selbst des Therapeuten oft stärker aktiviert wird als das Selbst des schwächeren, kranken Klienten, erfährt der Klient durch die Therapie eine Egoprogrammierung durch den Therapeuten. Die neue geistige Position des Klienten liegt dann zwischen der wahren Position seines Individualselbstes und der Position des Egoselbstes des Therapeuten. Das führt automatisch zu Verständigungs- und Erkenntnisproblemen des Klienten und zu einer Teilidentifikation mit dem Ego des Therapeuten. Daraus folgt eine Abhängigkeit des Klienten vom Therapeuten.
In schlimmen Fällen stülpen die schlechten Therapeuten ihren Klienten nur ihre eigenen Egoprobleme, Macken, Neurosen und Psychosen über. Sie verbreiten so ihre seelischen Leiden und schaffen sich eine treue Gefolgschaft von Kranken, die Jahr um Jahr gemolken werden. Derartige "Selbsthilfe-Patientengruppen" erinnern an krankhafte Sekten mit einem Gesundheitsguru. Der Psychomüll aller Beteiligten wird umverteilt. Eine Heilung ist nicht beabsichtigt.

Die beste Therapie besteht darin, einen Klienten möglichst wenig zu beeinflussen und ihn weitgehend gewähren zu lassen, um ihm oder ihr dann nur noch im geeigneten Moment, soweit noch notwendig, eine Anregung zu geben, damit er seinem oder sie ihrem eigenen Selbst glücklich in die Arme fällt. Das ist die alchymische Hochzeit!
Die Muskeltests der →Kinesologie haben eindeutig bewiesen, daß der Patient und der Therapeut immer schwächer werden, je länger die normale Gesprächstherapie oder Psychotherapie dauert. Es wird Wissen ausgetauscht, und ständig Energie verbraucht. Ich empfehle jedem das Buch →"Der Körper lügt nicht" von Diamond.

Man lernt das Negative verstehen, doch die intensive Beschäftigung mit den Problemen schwächt beständig. Das bedingt die Notwendigkeit einer fortlaufenden Therapie. Statt dessen sollte man in umgewandelten, positiven Begriffen denken und arbeiten. Auch sollte der Therapeut die Klienten bitten, positiv über ihn zu denken, da sie ihn schon genug Energie kosten.
Selbst eine positiv verlaufene, nicht zu lang ausgedehnte Psychotherapie, schafft bestenfalls neue Erkenntnisse. Danach steht der Patient in der Regel allein gelassen auf der Straße des Lebens. Sein Körper muß neu strukturiert werden, sonst wird der aufgeklärte Patient bald rückfällig. Wenn er seine Welt auf Grund der neuen Kenntnisse neu programmieren will, muß er seinen ganzen Körper umerziehen. Das geht nur, wenn er die alten Programmierungen löscht oder überschreibt, die in seinen Zellen stecken, und zwar in allen Zellen seines Körpers.
Das funktioniert nur, wenn nach einer Psychotherapie ein regelmäßiges Energytraining oder etwas Vergleichbares (Tai Chi) anschließt. Erst wenn Körper, Seele und Geist den neuen, aufgeklärten Zustand verinnerlicht haben, wird der betroffene Mensch nicht mehr rückfällig. Statt einer aufwendigen Psychotherapie können Sie mit Hilfe eines guten Partners auch selbst mehr Licht in Ihren Fall bringen, wenn Sie die richtigen Analyse- und Kommunikationstechniken beherrschen.

<u>Eine spirituelle Erkenntnis</u>: Wenn Du wirklich dafür bereit bist, einen Entwicklungs- und Erkenntnisschritt zu tun, dann wird im richtigen Moment auch der geeignete Lehrer oder Partner zur Hand sein. Machst Du bei deinen Erkenntnisschritten eine schlechte Erfahrung und lernst daraus, dann ist doch alles okay. Sobald klar ist, wohin es gehen muß, wird der nächste Lehrer oder Helfer auftauchen. Wenn Du noch nicht wirklich bereits bist, tauchen Schwierigkeiten auf. Sie sind als Prüfung zu verstehen, wie ernst es Dir mit dem neuen Weg ist. Überwinde die Schwierigkeiten, und der Weg wird frei für Dein neues Leben!

Die Entwicklungsstufen des Menschen nach R. A. Wilson

Robert Anton Wilson ist ein in USA lebender irischer Mathematiker und Psychologe, der eng mit Timothy Leary befreundet war. Beide waren in der Woodstock-Generation aktiv, experimentierten mit LSD und versuchten neue Denksysteme zu entwickeln. Nach dieser Meinung gibt es 8 Bewußtseinsschaltkreise, die auch in unserem Gehirn lokalisiert werden können und die jeweils bestimmte elementare Funktionen unserer Existenz beinhalten und ausdrücken. (➔Literatur)

1. Orales Bio-Überlebens-Bewußtsein: Es existiert schon bei den einfachsten Formen des Lebens, alle Einzeller haben es. Sie wollen einfach leben und sich vermehren. Sie nehmen Stoffe auf und teilen sich.

2. Territoriales Bewußtsein, die Wirbeltier-Existenz. Wirbeltiere wollen ein Revier abgrenzen, um ihren Lebensunterhalt zu sichern. In diesem Territorium gehen sie Futter sammeln und sie vermehren sich.

3. Somatisches Bewußtsein. Es bringt den Hominidenstamm hervor mit höherer geistiger Wendigkeit als jede Säugetierhorde. Es gilt für die Menschenaffen und für uns. Hier beginnt also die menschliche Art zu leben und zu denken. Sie haben zwar noch viele animalische Eigenschaften, aber sie organisieren sich und bekämpfen sich in Gruppen, um gemeinsam Vorteile zu erringen oder Gefahren zu beseitigen. Hierher gehört die Vorzeit bis zur Steinzeitkultur.

4. Sozio-sexuelles Bewußtsein. Es schafft die Zivilisation. Die menschliche Kultur kann nur in Städten organisiert werden, wenn das Sexualverhalten reguliert wird. Eigentlich hätte jeder erwachsene Mensch Lust auf Sex mit vielen anderen attraktiven Partnern, Männer noch mehr als die Frauen. Eine völlig unkontrollierte sexuelle Freiheit würde aber jede Form von Sicherheit und Geborgenheit sprengen. Die Menschen möchten die sexuelle Freiheit, aber sie leiden noch unter den Verlustängsten der

Vorzeit, haben Angst um ihr Auskommen, weigern sich, Verantwortung zu übernehmen usw. Hierher gehört die menschliche Kultur von der Antike bis zur Neuzeit, einschließlich die großen Religionen, Diktaturen, der Kommunismus, die Demokratie und ihre Wissenschaftler. Die Masse der Menschheit befindet sich jetzt auf dieser Ebene.

5. Neurosomatisches Bewußtsein. Es führt zur Freiheit von roboterhaften Reflexen niederer Schaltkreise. Die Menschen beginnen höherwertige philosophische und religiöse Konzepte anzuwenden. Sie übernehmen mehr Selbstverantwortung. Sie erkennen die Schwierigkeiten unterschiedlicher Kommunikation und versuchen sie zu überwinden. Sie analysieren sich selbst und ihre Situation. Bewußtsein entsteht. Hierher gehören Methoden wie Yoga, Meditation, Scientology, Transaktionsanalyse, Gestaltherapie, positive Versuche mit bewußtseinserweiternden Drogen usw., kurzum: Alles, was neue Horizonte aufzeigen kann. Dabei ist nicht gesagt, wie erfolgreich eine Methode ist. Bestimmte Menschen erkennen, daß es noch ganz andere Ebenen gibt. Sie erkennen ihre eigenen Begrenzungen und versuchen sie zu überwinden. Dabei werden sie von den Vertretern der Ebene 4 aktiv bekämpft. Denn diese Bürokraten, Diktatoren, Priester usw. betrachten jeden als Feind, der ihr Intelligenzniveau überschreitet. Warum? Weil sie ihn nicht mehr kontrollieren können. Hierher gehören die Propheten, Magier und Schamanen, die ihre eigene Gesellschaft transzendieren, ohne mit ihrem Wissen andere auszubeuten. Alle Freidenker befinden sich auf dieser Ebene, solange sie sich nicht auf eine Guru-Position festlegen, um mit ihrem überdurchschnittlichen Bewußtsein wiederum andere auszunutzen.

6. Metaprogrammierungs-Bewußtsein. Es führt zu höherer Intelligenz, durch höhere Flexibilität auf allen Schaltkreisen. Diese Menschen beginnen sich selbst neu zu programmieren, z.B. mit den Methoden und mit dem Wissen, das ich hier beschreibe. Das Wissen allein nutzt nicht viel, man muß es praktisch und konsequent anwenden. In allen Kulturkreisen hat es einzelne Avangardisten gegeben (Vorreiter), die über den Tellerrand hinausgeschaut haben, um neue Ufer zu entdecken. Diese Men-

schen sind nicht mehr an Machtausübung oder anderen primitiven Ebenen interessiert. Sie leben eher unerkannt, um von den Machthabern der 4. Ebene nicht zu sehr angegriffen zu werden. Ihr Leben ist der wirklichen geistigen Forschung und Entwicklung geweiht. Ihre Lehre wird meistens erst eine Generation später begriffen, vielleicht auch erst in 1000 Jahren. Es sind jeweils nur wenige Menschen weltweit, vielleicht einige tausend unter Milliarden. Versuche, sich schon heute auf dieser Ebene zu organisieren, werden von den aktuellen Machthabern der Ebene 4 mit brutaler Gewalt vernichtet. Sobald die Gruppierungen größer werden, werden sie von primitiveren Menschen unterwandert, denaturiert und später von der Herrscherkaste vernichtet. Ältestes Beispiel in Europa: Die Bewegung der Katharer in Südfrankreich zwischen 800 - 1240 n.C. Ihre Geisteshaltung war der heutigen Zeit angemessen, damals aber viel zu fortschrittlich. Sie waren eine Gefahr für die Kirche und für rückständige Monarchen. Aus diesem Grund wurden sie in mehreren Kreuzzügen mit beispielloser Brutalität ausgerottet. In der heutigen Zeit: Die "Flower-Power-Bewegung" mit LSD und "make love, not war" 1966-69, später Bhagwan's Organisation, Scientology, und als aktuelles Beispiel die Bewegung Falun-Gong in China. Diese und viele andere Bewegungen und "Sekten" zeigen Merkmale, die weit über den Horizont der jeweiligen Volksmasse hinaus gehen. Alle diese Versuche wollen neues Bewußtsein schaffen. Alle diese Gruppierungen werden von System-Agenten unterwandert, korrumpiert oder vernichtet. Was lernen wir daraus? Es ist sicher richtig, wenn man sich dazu berufen fühlt, neue Wege zu beschreiten und zu erforschen. Es ist sicher richtig, wenn man neue Formen der Gemeinschaft entwickelt. Der Versuch, diese neuen Lebenspläne in einer größeren Gemeinschaft zu verwirklichen, ruft die Verteidigung der alten, etablierten Systeme auf den Plan. Das führt zur Vernichtung der neuen Gruppierungen. Was übrig bleibt, sind einzelne Vertreter der neuen Lehre, die dieses Wissen verinnerlicht haben. Sie werden es vereinzelt weitergeben, vererben und Schriften hinterlassen. Irgendwann wird das, was heute Geheimdienst und Justiz auf den Plan ruft, völlig normal sein.

7. Neurogenetisches Bewußtsein. Es führt zur Einheit mit allem Leben. Wer diese Bewußtseinsebene erreicht hat, kennt keine Feindschaft mehr. Er kann mit Pflanzen oder mit Tieren reden. Er erkennt den "großen Geist" in allem. Es gibt auch keine Pläne mehr, um die Gesellschaft abzuschaffen oder zu überwinden. Es geschieht alles zum richtigen Zeitpunkt, in der richtigen Reihenfolge, sowieso. Wir sind Beobachter, Berichterstatter, geben Fingerzeige, reden mit Suchenden auf dem Weg der Erkenntnis, leben als Beispiel. Hierher gehören die Erleuchteten aller Kulturkreise. Es ist die Bewußtwerdung unserer Existenz von der somatischen, genetischen bis zur geistigen, kosmischen Ebene. Wer diese Ebene erreicht hat, ist nicht mehr an den Kreislauf der Wiedergeburt gebunden. Er kann aus freien Stücken daran teilnehmen, weil es ihm Freude macht, oder weil er als Lehrer für andere Menschen mitarbeiten möchte. Die Kräfte, die auf dieser Ebene wirken, verändern die genetischen Programme. So werden sie direkt vererbt und bereiten den Boden für zukünftige, höher entwickelte Generationen.

8. Nichtlokales Bewußtsein. Es führt zu kosmischer Einheit. Die weit fortgeschrittenen Yogameister und andere Wissende sind zum Ursprung des Universums zurückgekehrt. Sie überbrücken mit ihrem Bewußtsein Raum und Zeit. Auf dieser Ebene gelten "die Naturgesetze" nicht mehr. Es sind eher die Gesetze der Naturwissenschaftler. Nichts ist mehr so, wie es ist. Alles löst sich auf. Zugleich wird alles möglich. Die Wissenden der 8. Ebene sind nicht mehr an das materielle Leben gebunden. Man nannte sie früher die "Lebendbefreiten". Sie verfügen noch über einen physischen Körper, doch sie können beliebig in Erscheinung treten, sich wandeln oder verschwinden. Die Grenzen von Raum und Zeit haben für diese Wesen keine Bedeutung mehr.

R.A. Wilson sagte u.a. "Wir alle sind Riesen, die von Zwergen erzogen wurden und uns deshalb angewöhnt haben, stets mit einem Buckel herumzulaufen."
Mein Buch handelt davon, wie wir unseren Buckel loswerden und uns zu voller Größe, zum vollkommenen Bewußtsein unserer Existenz erheben können.

Exkurs:

Partner-Bewußtseinstraining für positive Formulierungen

Setzen Sie sich mit einem Freund und Partner gegenüber. Beschließen Sie, die folgenden Übungen möglichst gut zu machen. Halten Sie sich gegenseitig zu klarer Aufmerksamkeit an. Beobachten Sie kritisch, was der Testpartner gerade sagt. Hinterfragen Sie kritisch und sachlich, was der andere sagen will. Wechseln Sie nach jeder Übung die Rollen, damit kein Ungleichgewicht entsteht!

Trainer: lächeln! Partner:

1. Formulieren Sie einen Satz mit "versuchen"
   z.B.: "Ich versuche erfolgreich zu sein."

2. Welche Denk- und Ereignisfolge wird durch "ich versuche" ausgelöst? Erklären Sie die assoziierten Hindernisse!

3. Was wird höchstwahrscheinlich aus dem Versuch?
   Bestimmen und schildern Sie ihre Empfindungen!

4. Wie müssen Sie den Satz neu formulieren, um die gewünschte psychische Erregung zu bewirken und um damit diese Vorstellung zu verwirklichen?
   Geben Sie die erforderliche positive Formulierung!

Arbeiten Sie mit folgenden Begriffen:

1. vielleicht wie-leicht; Zufall; Mangel an Zielsetzung;

2. würde Mangel an Entschlußkraft, Mangel an Mut und Courage

3. sollte Ablenkung von der wirklichen Aufgabe; Erwartungshaltung anderer;

4. hoffe Mangel an Wille; innerlich unsicher, Zweifel;

5. könnte Handlungskraft fehlt

6. versuchen Mangel an Kraft; berücksichtigt schon wieder die Meinung anderer;
mehr Hoffnung; Alibi;

7. muß Erwartungshaltung; Zwang, resultiert oft aus der Wechselwirkung mit der Meinung anderer Leute.

8. beabsichtigen Mangel an Handlungsakitvität; Ziel vorhanden, Schritte in Richtung Ziel erforderlich.

9. wäre schön wenn Mangel an Glaube - "Alles ein Drumherum!"

Gefühle sind Energiebündel. Sie sind die Folgen einer Abschätzung wie gut oder schlecht etwas für mich war und nun vermutlich wieder ist oder sein wird.
Gefühle sind bereits vorhandene Programmierungen in uns. Sie behindern unsere Unvoreingenommenheit, wenn wir einer gleichen oder ähnlichen Situation erneut gegenübertreten.
Achtung: Nicht mitleiden, nur mitfühlen!

Je klarer ich bin und je klarer ich meine Welt wahrnehme, desto weniger Energie brauche ich.

→Psychokybernetik ist Gedankenkontrolle, Gefühlskontrolle, Vorsatz und Realisation!

Selbstwertgefühl und soziales Umfeld

Ein gutes und stabiles Selbstwertgefühl ist die beste Grundlage für jede Gesundheit und die richtige Chance, um aus einer Krankheit zu entkommen.
Diese Analyse können Sie allein durchführen (mit Papier und Stift) oder mit einem guten Freund / einer Freundin. Machen Sie sich und einem / einer Partner(in) einmal richtig klar, warum Sie sich okay fühlen, oder warum das noch nicht geht!

1. Fühlen Sie sich selbst okay?
Wenn ja, warum?
Wenn nein, wie können Sie das okay-Gefühl herbeiführen?

2. Glauben Sie, daß andere Menschen Sie okay finden?
Wenn ja, warum?
Wenn nein, warum nicht, und in wieweit spielt die Meinung der Anderen für Sie eine Rolle?

3. Finden Sie Ihr Verhältnis zu anderen Menschen okay?
Wenn ja, warum?
Wenn nein, was können Sie tun, damit es besser wird?

4. Machen Sie sich die Zusammenhänge, für und wider, bewußt!
Lassen Sie Beziehungen und Verhaltensweisen nicht einfach so wie sie sind, sondern machen Sie eine Analyse, und dann treffen Sie Entscheidungen für ein bewußtes, selbstgewähltes und selbstverantwortetes Leben.

5. Wenn Sie Probleme aufgedeckt haben, klären Sie mit einem Freund / Freundin ab, wie Sie diese Schwierigkeiten überwinden Können. Legen Sie eine Strategie fest.

6. Achten Sie darauf, daß Sie in allen Lebenssituationen in angemessener Weise klar und präzise reden. Jeder Mensch, der in Verallgemeinerungen und Generalisierungen redet, tendiert dazu, andere beeindrucken und kontrollieren zu wollen.

Falsch: "Du machst dauernd so einen Lärm!"
Richtig: "Könntest Du jetzt mit dem Lärm aufhören. Er stört mich bei der Arbeit."

Falsch: "Die Leute sind immer so habgierig, wie die Frau Müller, die bekommt nie den Hals voll."
Richtig: "Die Frau Müller hat sich auf das Sonderangebot gestürzt...Sie hatte es wohl nötig."
Oder vielleicht der wahre Anlaß für so eine Aussage: "...Ich habe nichts mehr abbekommen!"

Vermeiden Sie verallgemeinernde Redewendungen und weisen Sie andere Menschen darauf hin.
"Immer, nie, dauernd, ständig, alle, jeder, überhaupt, völlig klar, 100%ig, schon hundert Mal..."

Die Gestalttherapie

Bei der Gestalttherapie kommt es auf die Frage der Identifikation an. Es kommt darauf an, Abstand zu gewinnen und die eigene Situation einmal mit anderen Augen, von einem anderen Standpunkt aus zu betrachten.
Stellen Sie dafür zwei leere Stühle oder Sessel vis-á-vis in den Raum. Auf den einen Stuhl stellen Sie ein großes Kissen. Auf dem anderen nehmen Sie selbst Platz.
Wenn Sie jemanden dabei haben, der sich etwas mit therapeutischen Fragen auskennt, ist es nützlich. Es ist aber nicht notwendig. Sie können es auch ganz allein machen. Ein Begleiter hat die Aufgabe, aufmerksam zu beobachten was Sie tun und was Sie reden.
Nun sitzen Sie also auf dem einen Stuhl. Vor Ihnen steht der andere Stuhl. Darauf steht das Kissen. Stellen Sie sich nun beharrlich vor, daß Sie selbst mit Ihren Schlafstörungen, Magenschmerzen oder mit einem anderen Problem auf Stuhl 1 sitzen.
Auf Stuhl 2 sitzt das Kissen. Es symbolisiert Ihr gutes, inneres Ich. Wenn Sie möchten, geben Sie ihm einen Namen. Das kann z.B. ein Kosename aus der Kindheit sein. Erklären Sie nun Ihrem personifizierten Unterbewußtsein, dem guten inneren Ich, was Sie bedrückt. Schildern Sie Ihre Situation und gehen Sie ganz in die Vorstellung hinein! Rufen Sie die schlechten Gefühle oder Schmerzen deutlich herbei. Spüren Sie deutlich und körperlich Ihr Unbehagen, Ihren Kummer! Erzählen Sie sich selbst alles, was Sie krank macht und bedrückt.

Wenn Sie den Kummer gut formuliert und ausgesprochen haben, dann wechseln Sie bitte hinüber auf den anderen Stuhl, Nr. 2. Das Kissen kommt jetzt auf Stuhl 1, vorzugsweise mit seiner Kehrseite, so daß man es unterscheiden kann.
Nun sind Sie selbst Ihr guter Ratgeber. Sie antworten hilfreich auf den Kummer und die Probleme. Auf Stuhl 1 sitzt nun Ihr krankes Ich, das nicht schlafen kann oder Magenschmerzen hat. Geben Sie ihm gute Ratschläge. Analysieren Sie die Situation, sagen Sie ihrem Ich (sich selbst!) was es falsch macht und woher das alles kommt.
Wenn Sie einen Begleiter dabei haben, dann sollte er oder sie aufpassen, daß Sie wirklich bei der Sache bleiben und über sich selbst

sprechen. Vor allem ist es wichtig, daß Sie ganz ehrlich sind und nicht über andere Menschen schimpfen. Es geht um Ihre Gesundheit und Ihr Wohlbefinden. Sie selbst können auf diese Weise die Lösung finden!
Diese Therapieform ist gut geeignet, um vielerlei Probleme zu bearbeiten. Natürlich entscheiden Sie selbst, wie die Therapie verläuft. Z.B. können Sie dem Kissen auch einen Namen geben. Es kann Ihre Mutter darstellen. Sie wechseln zwischen sich selbst und der Mutterrolle. Auf diese Weise können Sie nach und nach alle wichtigen Personen in Ihrem Leben bearbeiten. Klären Sie einmal ab, was eigentlich los ist in Ihrem Leben!
Kommentieren Sie Ihre eigenen Probleme einmal mit den Augen Ihrer Mutter oder Ihres Partners! Machen Sie an einem Tag das Spiel nur mit einer Person. Fangen Sie unbedingt mit sich selbst an und erst, wenn Sie die Methode besser kennen, bearbeiten Sie andere Beziehungsgeschichten.
Auf diese Weise gewinnen Sie, wenn Sie ehrlich sind, tiefgreifende Erkenntnisse über sich selbst und über andere Menschen. So können Sie Ihre frühe Kindheit und Ihr ganzes Leben aufarbeiten.
Auf diesem Weg können Sie sich selbst gute Ratschläge geben.
Steigern Sie sich voll in diese Spiele hinein. Sie können das Kissen umarmen und trösten oder anschreien und schlagen. Dem Kissen macht es nichts. Ihnen aber wird schon bald die wohltuende Wirkung deutlich werden. So helfen Sie sich wirklich selbst.

Natürlich kann hier wieder gesagt werden: Dazu braucht es Fachleute! Gut, mit einem erfahrenem Therapeuten sind die Ergebnisse sicherlich besser. Doch haben Menschen zu allen Zeiten Rollenspiele gespielt, ohne daß man dafür erst eine Erlaubnis brauchte. Unsere Zeit ist arm an Spielen und an kindlicher Freude für Erwachsene. In solchen Spielen erkennen wir uns selbst. Und Selbsterkenntnis ist die beste Medizin, die alle Übel heilen kann.

Biorhythmus

Vor den Versuchen des amerikanischen Forschers F.A. Browns jr. war bereits bekannt, daß die Austern im festen Rhythmus, vermutlich dem der Gezeiten, ihre Schalen öffnen und schließen. Brown verpflanzte nun Austern aus ihrer gewohnten Umgebung in eine neue. In geschlossenen Behältern ließ er eine Anzahl von Austern in sein Labor an der Northwestern University in Evanston (Illinois) bringen, 1500 Kilometer vom Meer und der Heimat der Austern entfernt. Dort verhielten sich die Austern zuerst wie erwartet. Sie öffneten und schlossen ihre Schalen im Gezeitenrhythmus ihrer alten Heimat. Nach zwei Wochen zeigten sich die ersten Unregelmäßigkeiten: Die Austern begannen einen neuen Rhythmus zu übernehmen, der nicht den Gezeiten, sondern den Mondphasen für Evanston entsprach. Damit war die direkte Steuerung vom Biorhythmus der Austern durch den Mond und nicht durch Ebbe und Flut bewiesen.

Das war eines der Forschungsergebnisse, das schließlich zusammen mit zahlreichen anderen Beobachtungen zur Entdeckung des Biorhythmus führte. Die entscheidenden Forschungen kamen dann von Dr. Hermann Swoboda, Dr. Wilhelm Fliess und Dr. Alfred Teltscher. Der Biorhythmus beginnt im Moment der Geburt (vermutlich schon bei der Zeugung!) und umfaßt 3 verschiedene Schwingungen. Der Körperzyklus dauert 23 Tage, der seelische oder emotionale Zyklus dauert 28 Tage und der mentale Zyklus dauert 33 Tage.

Man kann die 3 Kurven als Sinuskurve darstellen. Sie beginnen am Tag der Geburt und durchlaufen das ganze Leben. Daraus ergibt sich, daß unser Körper jeweils in der Mitte und am Ende, für den Körper Tag 11,5 und 23, die Seele Tag 14 und 28, sowie der Geist bei 16,5 und 33 Tagen eine Krisenstimmung hat. Die Kurven sind also unterschiedlich lang. Überlagern sich dann noch von Zeit zu Zeit alle 3 Kurven in einem Krisentag, dann haben wir wirklich eine angegriffene Verfassung. An solchen Tagen brechen Krankheiten aus, wir verursachen Unfälle und schaffen unsere Aufgaben nicht.

Der Todestag eines Menschen ist in vielen überprüften Fällen ein Tag gewesen, an dem dieser Mensch alle 3 Kurven gemeinsam in der Krise hatte. An einem Tag, wo eine der Kurven einen Höhepunkt hat, kann niemand eines natürlichen Todes oder an einer Erkrankung sterben, sondern höchstens an einem Unfall, den andere verursacht haben.

Natürlich wurde der Biorhythmus erst einmal von den wissenschaftlichen Nein-Sagern für Unsinn erklärt. Irgendwann begannen sich die Japaner dafür zu interessieren. Japaner sind gründlich und geduldig. Man stellte bei umfangreichen Untersuchungen fest, daß zwar die gesamte Biorhythmuskurve keine so große Bedeutung hat. Man kann nicht jeden Tag mit seinem auf und ab interpretieren. Durch unser Leben und die täglichen Aufgaben kompensieren wir viele Schwankungen.
Doch dann entdeckte man, daß die Menschen an den kritischen Tagen, wenn die Kurve durch Null geht, wirklich Krisentage haben. An diesen Tagen sind wir unkonzentriert, gereizt und neigen zu Unfällen. Man zog die Konsequenz: Die Firma Casio entwickelte den Taschenrechner BQ 1100 Biolator. Taxiunternehmen bekamen die kleinen Rechner und erstellten für ihre Fahrer Dienstpläne, wobei die Fahrer an ihren Krisentagen frei bekamen und nicht fahren durften. Das Ergebnis war eine deutliche Reduzierung der Unfall- und Krankenstatistik. Achten Sie also nicht auf jede Bewegung der Kurve, aber behalten Sie ihre kritischen Tage im Auge. An diesen Tagen sollten Sie achtsam sein, Pause machen und zumindest keine besonders wichtigen oder riskanten Arbeiten erledigen.

Die Transaktionsanalyse

In diesem Buch finden Sie Grundlagen für Ihre Persönlichkeitsentwicklung: "per sonare" (lat.) heißt "hindurchklingen" und drückt aus, daß die Ereignisse des Universums uns durchdringen, uns dabei verändern und dabei selbst verändert werden. So entsteht das, was wir sind: Menschen mit Fähigkeiten und Charaktereigenschaften. Je durchlässiger wir sind, desto feiner sind unsere Wahrnehmungen, unsere Ästhetik, unser Charakter. Je härter, verkrampfter und bornierter jemand ist, desto gröber sind seine Umweltwirkungen.
Wir wollen diese Feinheit der Ästhetik, die Kunst der Wahrnehmung und der Wechselwirkung optimal ent-wickeln, um auf diesem Weg der Ent-faltung schließlich tief im Innersten unseren wahren göttlichen Wesenskern zu finden. Dafür ist es notwendig, alle Elemente, aus denen wir aufgebaut sind, zu er-fassen, zu er-kennen.
Dafür werden wir uns jetzt mit den Grundlagen der Transaktionsanalyse befassen. Die TA geht davon aus, daß in jedem von uns verschiedene Persönlichkeits-Strukturen existieren, und zwar zusammengefaßt als "Kinder-Ich", "Erwachsenen-Ich" und "Eltern-Ich". Jeder Mensch hat einen bevorzugten "Aufenthaltsort" in diesem Muster und spielt außerdem bevorzugt gewisse "Spiele". Wir wollen dieses Kapitel darauf verwenden, unsere Spiele zu erkennen, damit wir die Möglichkeit bekommen, sie aufzulösen.
Die Art wie wir leben, folgt bestimmten Spielregeln, die wir zum Teil selbst aufgestellt haben. Ein Teil der Spielregeln wird uns von Anderen aufgezwungen. Für die Entscheidung, was wir uns aufzwingen lassen oder trotz Zwang nicht annehmen, sind wir wieder selbst verantwortlich. Wenn wir unser Leben meistern wollen, müssen wir die verschiedenen Spielregeln erkennen und richtig einordnen. Dann müssen wir entscheiden, welchen Spielregeln wir weiterhin folgen wollen und welche wir abschaffen oder brechen müssen, um unser persönliches Leben erfolgreich zu gestalten.
Es geht darum, die geistigen Gesetze unserer eigenen Existenz und des Universums zu erfassen. Damit wir diese Erkenntnisse in Zukunft auf unser eigenes Leben praktisch anwenden können, sind die folgenden 3 Schritte zu beachten:

1. Wissen 2. Können 3. Handeln

Um diese 3 Schritte vollziehen zu können, beachten Sie bitte folgendes: Machen Sie sich zu den Texten, die Sie lesen, Notizen. Das Gelernte und Erkannte sollte ab sofort überall angewandt werden, bis es zu einem Automatismus wird, bis es richtig sitzt. Fehler, die wir durchschaut haben, sollten nicht mehr wiederholt werden. Beginnen Sie ein Erfolgstagebuch zu führen, und notieren Sie darin ein Jahr lang konsequent, was Ihnen alles positiv begegnet, was Sie erleben, was Sie neu lernen usw. Wenn Sie diese Punkte beachten, wird sehr bald genau das eintreffen, was Sie sich schon immer gewünscht haben. So setzten Sie bewußt die Ursachen für Ihr weiteres Leben, und Sie gestalten Ihr Leben neu, gesünder und erfolgreicher als bisher.
Bei der Transaktionsanalyse (TA) gehen wir davon aus, daß jeder Mensch verschiedene Wahrnehmungs- und Handlungsebenen hat, nämlich das Kinder-Ich, das Erwachsenen-Ich und das Eltern-Ich. Jede dieser Ebenen hat positive und negative Seiten. Jede Ebene hat ihre Berechtigung und zur richtigen Zeit ihren Nutzen. Leider reagieren wir viel zu oft ganz mechanisch, also ohne nachzudenken, mit einer bestimmten Reaktion auf bestimmte Auslöser.

Das Kinder-Ich symbolisiert all unsere kindlichen Regungen, sei es kindliche Liebe, Ängstlichkeit, Mangel an Verantwortung oder eine naive, intuitive Klugheit. Das Kinder-Ich möchte sich an der Hand nehmen und trösten lassen. Es kann aber auch trotzig und widerspenstig sein. Es will Sachen machen, die es "nichts angehen" oder es will nicht lernen und ist bockig. Es weiß alles besser und maßt sich Urteile über Dinge an, die es gar nicht kennt. Es kommt oft in unserem Verstand zum Ausdruck. Seine Gefühle sind nicht voll entwickelt. Es hat ein unausgereiftes Verhältnis zu Sex und Erotik. Es ist aber wißbegierig, möchte spielen und lachen.

Das Erwachsenen-Ich ist seriös, souverän, klug, weise. Es kann Gedanken und Gefühle erkennen und definieren. Es ist sich seiner eigenen Taten bewußt. Es zeigt eine Integration von Verstand und Intuition. Es ist eher sachlich und läßt sich nicht provozieren. Es regelt seine Angelegenheiten selbst, übernimmt die Verantwortung für sich selbst und sein Leben. Es ist nicht nachtragend.

Das Eltern-Ich kann positiv sein, uns leiten, behüten, trösten und helfen. Da gibt es manche Übergänge zum Erwachsenen-Ich. Leider kommen die guten Seiten nicht immer zum Zug.
Im Eltern-Ich haben wir die vielen Reaktionen unserer eigenen Eltern und Erzieher gespeichert, mit denen wir früher erzogen worden sind. Die "Alten" oder die "großen Leute" waren überheblich, wußten alles besser, haben uns angeschrien, bestraft, geschlagen. Man hat uns nicht ernst genommen. Wenn es den Eltern schlecht ging, haben wir es abbekommen. Diese ganze Negativ-Palette kindlicher Erfahrungen ist in uns gespeichert. Wir spielen sie nun aus, seit wir erwachsen und selbst Eltern sind. Das bezeichnet man als "Schweine-Eltern-Ich". Es ist die Hauptursache unserer Probleme. Es ist die Sammlung all dessen, was wir von anderen "Erwachsenen" erleiden mußten, und es ist sehr nachtragend.
Das ist aber keineswegs das Abbild unserer Eltern. An dieser Stelle angekommen, machen viele jüngere Menschen ihren eigenen Eltern schlimme Vorhaltungen. Damit würde man aber nur die ganze Palette um ein Runde weiterdrehen.
Unsere Forschungen, speziell in der Rückführung, haben ergeben, daß wir heute im Nachhinein unsere Eltern in unterschiedlichster Art verzerrt sehen. Je nach Situation sehen wir sie viel zu großartig oder viel zu schlimm. Ich vermute, daß gerade in der kindlichen Wahrnehmung ein echter Unterschied zwischen Erlebnis, Traum und Phantasie nicht immer möglich ist. Lassen Sie mich hier ein kurzes Beispiel bringen.

Beispiel: Ein Mann erlebte in der Rückführung szenenweise "Beweise" dafür, daß seine Mutter direkt nach dem Krieg als "Amerikanerflittchen" auf den Strich gegangen ist. Das war nach seinem Wissen schuld an der Scheidung der Eltern. Im Laufe der Therapie stellte sich jedoch heraus, daß er als Kind, schlafend, die z.T. heftigen Auseinandersetzungen seiner Eltern mitbekommen hatte. Dabei hatte die Mutter dem Vater Unfähigkeit vorgeworfen und der Vater hatte der Mutter hingeworfen, sie könne sich ja gar nicht allein mit dem Kind durchbringen! "Oder willst Du als Amiflittchen auf den Strich gehen?" rief er wütend. Das schlafende Kind machte daraus eine Realität! Ebenso hatte der betroffene Mann später große Hemmungen, in irgendwelche Gaststätten zu gehen. Nach der Scheidung erzog ihn seine Großmutter. Sie redete ihm ein, daß

dort nur böse Leute hingehen. Außerdem wird dort mit Karten gespielt. Karten sind das "Gebetbuch des Teufels!" Folglich sind alle Wirtshäuser Satanstempel.
Als dann die Mutter einmal bei einer Feier mit dem Kind in einer Gaststätte war, im Alter von 4 Jahren, meinte der kleine Junge, die Mutter gehe "anschaffen". So hatte er die Geschichten zusammengesetzt. Das trübte ewig sein Verhältnis zu seiner eigenen Mutter. Später kamen oft komische Gefühle zu seiner eigenen Frau auf, denn "Frauen sind ja alle gleich!" rief oft der Vater.
Mit derartigen Irrtümern müssen wir alle rechnen. Es gibt kein Elternhaus, in dem immer eitel-Wonne-Sonnenschein herrscht. Und irgendwo haben wir alle schlechte Seiten des Lebens kennengelernt. Wie das von uns aufgenommen und unbewußt verarbeitet wurde, wissen wir nicht genau. Die Summe der Erfahrungen und die Art der Verarbeitung ist jedoch unser aktuelles Leben!
Bitte beobachten Sie sich selbst also ganz genau! Was spielen Sie selbst gerade durch? Wer sind Sie gerade? Wen spielen Sie nach? Den Vater, die Mutter, sich selbst als kleines Kind, den Lieblingslehrer? Wer sind Sie als nächstes? Agieren Sie aus dem Kinder-Ich, aus der Erwachsenenrolle oder aus dem Eltern-Ich?
Ahmen Sie die Verhaltenweisen und die Moralvorstellungen einer bestimmten Person nach? Oder sind Sie wieder das kleine bockige Kind, das sich gegen die Erziehung wehrt? Wohin wurden Sie mit der Er-ziehung gezogen? Üben Sie von nun an ständig →Gedankenkontrolle!
Achten Sie auf die Gedanken, die Ihnen durch den Kopf gehen. Achten Sie auf Ihre Gefühle. Stellen Sie fest, woher die Gedanken und Gefühle kommen. Wer hat Ihnen die Vorbilder dafür geliefert? Programmieren Sie sich einen →"inneren Wächter".
In dem Maße, wie Ihnen das gelingt, werden Sie Ihre eigene Rolle durchschauen, die Sie in diesem Leben spielen: Die Rolle Ihres Lebens! Ist es denn überhaupt die Rolle Ihres Lebens? Ist denn die Art, wie Sie leben, Ihre eigene Rolle? Oder ist es nur eine Kopie der Rolle eines Vorfahren? Wollen Sie weiterhin so leben, wie Sie jetzt leben? Welches sind Ihre Vorbilder? Sind es aktuelle Vorbilder oder Bilder aus der Kindheit? Sind diese Wünsche und Vorstellungen noch aktuell? Bitte überprüfen Sie das alles ganz genau! Machen Sie sich eine Liste mit Ihren eigenen Vorstellungen und Lebensplänen. Was davon sind wirklich heute noch Ihre eigenen Plä-

ne? Was davon lohnt sich, daß Sie nun die Energie aufbringen, um diese Pläne zu verwirklichen? Wenn Sie versuchen, übernommene Vorstellung z.B. von den Eltern zu verwirklichen, wird es immer wieder Behinderungen geben und am Ende, trotz möglichem Erfolg, einen großen Frust.
Sie werden sehen: Nach diesen Betrachtungen wird es in Ihrem Leben plötzlich erstaunliche Veränderungen geben! Sie werden sich selbst und Ihr ganzes Leben plötzlich mit anderen Augen sehen. Da wird Ihnen wirklich "so manches Licht aufgehen"! Studieren Sie das Buch →"Wie man Lebenspläne verändert".
Auf diesem Weg, mit den Methoden der Selbst-Beobachtung der Transaktionsanalyse, gelangen Sie zu einem neuen, ehrlichen und erweiterten Selbstbewußtsein. Ich versichere Ihnen: Schon nach wenigen Wochen bleibt Ihre Krankheit auf der Strecke. Viel Erfolg!

Das Grundkonzept der Transaktions-Analyse

Die Transaktionsanalyse hat herausgefunden, daß wir alle von bestimmten Programmen gesteuert werden, die man uns in der Kindheit eingeschärft hat, sogenannte Skrips. Hier finden Sie eine Übersicht der wichtigsten und häufigsten Einschärfungen, die uns an der freien Entfaltung unserer Persönlichkeit hindern (Negativprogramme, Engramme). Gegenüber stehen die Positivprogramme, die wir uns selbst oder mit Hilfe eines Therapeuten einschärfen müssen, um frei zu werden. Das wird als Metaprogramming bezeichnet. Alte, negative Programme, Spiele und Gefühlsmaschen müssen durch neue, bessere Programme ersetzt werden. Die Transaktionanalyse ist gut für die Gruppenarbeit geeignet.

Übersicht 1: Gefühlsmaschen (Ersatzgefühle)

Echte Gefühle sind gut und intensiv. Wir wollen Gefühle erleben und erfahren. Wenn wir die echten, guten Gefühle nicht haben, schaffen wir uns Situationen, aus denen minderwertige Ersatzgefühle entstehen. Die guten Gefühle sind: Das Leben ist interessant, aufregend, erregend,
Glücksgefühl, Erfolgsgefühl, positive Erotik, Freude und Begeisterung für neue Sachen, neue Aufgaben, Zufriedenheit über gute Erfolge, sachliche Distanz zu schlechten Ereignissen, sich nicht

hineinziehen lassen in schlechte Stimmungen bei anderen Leuten usw.

Gefühlsmaschen: Angst, Ärger, Verwirrung, Schuld, Sorge, Kummer, Scham, Depression, Unbeliebt, Ungeliebt, Unzureichend, Geplagt.
Wenn wir in einer Umgebung aufgewachsen sind, das eigene Elternhaus und die Schule, wo die Beteiligten (Eltern, Kinder, Lehrer) nur zwischen verschiedenen Gefühlsmaschen hin- und herfallen, dann haben wir nur wenige positive Erfahrungen. Um diesen Teufelskreis von Unfreundlich, Unzureichend, Verwirrung, Böse, Angst, Überfordert, usw., zu durchbrechen, müssen wir uns mit unserer eigenen Vergangenheit und unserem aktuellen Leben auseinandersetzen.

Übersicht 2: Spiele des Lebens

Die TA gibt für die "Spiele" charakteristische Stichworte an. Diese Spiele werden von allen Menschen in irgendeiner Weise gespielt, von den kleinsten Kindern bis hin zur großen Politik. Versuchen Sie selbst zu verstehen, wie das gemeint ist. Mit den Spielen, die wir uns ausgesucht haben, versuchen wir die Aufmerksamkeit anderer Menschen zu erringen, oder wir stellen uns dumm und hilflos, um Energie (Aufmerksamkeit) von anderen zu bekommen. Mit diesen Spielen wird Macht ausgeübt, werden Menschen schikaniert und herunter gemacht. Es wird intrigiert und gequält. Es wird gelitten. Es macht krank. Mit "..." sind die Spiel-Stichworte aufgezeichnet:
Die Behördenämter sind voll von solchen Menschen. Sie lassen sich für einen kleinen Schreibtischposten bezahlen und spielen "lieber Gott" und "Richter" und "von meiner Gnade" und "wenn Du mir nicht die Schuhe leckst, mach' ich dich fertig". Demütigungen gegen Almosen.
Die sozialen und karitativen Vereine, Sekten, Sozialstationen und Kliniken sind voll von den "professionellen Helfern": "Bin ich nicht gut zu anderen?" "Schau mal, wie ich mich für das Leid der Welt aufopfere!" "Ich folge Jesus nach und tue Gutes." "Für euch lasse ich mich ans Kreuz schlagen."
Zu dieser Kategorie sagt ein chinesisches Sprichwort "Gib einem Hungernden einen Fisch, und er wird einen Tag lang satt. Lehre in fischen, und er wird nie mehr hungern!" Nun, wenn einer nicht fischen lernen will und mir meine Fische wegißt, werde ich mich

wohl abgrenzen müssen. Sonst bin ich bald sein billiger Sklave und meine Kinder werden seine Diener.
Daraus ergibt sich mit logischer Konsequenz, je mehr negative Energie einer hat, desto höher wird er steigen. "Ich bin der Größte!" Die Obergangster und Spezialisten in "Macht über andere" und "Leute quälen" werden "Herr über Leben und Tod": Politiker, Richter, Militär, Geheimdienst oder Chefarzt. Alle Führungspositionen sind beliebt und von derartigen Menschen besetzt.
Daraus ergibt sich weiter mit scharfer Logik, daß ehrliche und ethisch einwandfreie Menschen nur wenig Chancen haben, auf wirklich führende Positionen zu gelangen. Sie werden vorher von den schlimmen Elementen am Weiterkommen gehindert. Aus diesem Grund wird man nur sehr selten ganz oben großartige Menschen finden. Das kann aber trotzdem passieren. Wenn zum Beispiel ein bösartiger Typ, der innerlich Angst hat und außen über Leichen geht, einen Herzinfarkt erleidet und dem Tod ins Auge sieht, dann kann das seine negativen Eigenschaften zerschlagen, als wenn eine Porzellanfigur auf Marmorboden fällt. Ein so "durch sich selbst bekehrter Mensch"
verändert seine autoritären Verhaltensmuster und beginnt "Gutes zu tun" um sein geplagtes Gewissen zu beruhigen. Vielleicht wird er sogar ein richtig guter Mensch. Er muß dann nur acht geben, daß er nicht von Seinesgleichen abserviert wird.

- Betrachten wir weitere "Spiele": Wir weisen Veranwortung ab, weil wir keine Lust darauf haben. "Ich bin zu blöd dafür!" Sollen das doch andere machen.
- Du zwingst mich zu arbeiten, also verletzte ich mich "da siehst Du, was Du mir angetan hast!"
- Die beliebtesten Spiele sind "Versuch mal mir zu helfen!" Einer jammert regelmäßig herum, geht mit seinen Problemen hausieren, die anderen bemühen sich, ihm Lösungen anzubieten, er antwortet stets mit "ja, aber..." und ändert nichts. Achten Sie ab sofort darauf, wer wann mit "ja, aber..." antwortet. Seien Sie vorsichtig mit diesen Leuten. Die wollen keine Hilfe, die wollen Deine Energie!
- "Ich versuche nur, Dir zu helfen!" sagt die Mutter und mischt sich dauernd in das Leben ihrer Kinder und anderer Leute ein, um Macht auszuüben.
- "Ist es nicht schrecklich!" In einer Gesprächsrunde wird immer mehr in schlechten Geschichten gerührt, bis alle eine schlechte

Stimmung haben. Dann wird der Teilnehmer erleichtert einen Abgang machen, der die schlechte Stimmung aufgebracht hat. Er hat die eigene schlechte Laune auf die Anderen übertragen, z.B. über eine politische Debatte.

- "Ich armer Teufel" schau mal, was ich zu erleiden habe! Statt selbst etwas zu tun, anderen die Energie stehlen.
- "Alkoholiker" der ewige Vorwurf an die anderen, "das haben sie aus mir gemacht!" Die eigenen Gefühle und Gedanken betäuben.
- "Frigide", Gefühle verleugnen, "gibt es bei mir nicht", "brauche ich nicht", Beziehungen anfangen und dann die Männer hängen lassen. Macht ausüben über sexuelle Verweigerung.
- "Ich bin ja so cool" Gefühle? Bei mir doch nicht! Weiber? Pah! Unfähig zu Beziehungen, aber welche tolle Frau traut sich zu, diesen tollen Kerl zu knacken und zu kurieren? Egal, was sie sich einfallen läßt, ich mache so weiter, und trete ihre Gefühle mit Füßen.
- "Holzbein" Ich bin ja so unbeholfen und ungeschickt. Seht ihr, wie eckig ich laufe. Ich falle überall auf.
- "Da siehst Du, was Du mir angetan hast!" Blöde Situationen produzieren und andere als Schuldige einplanen. Macht ausüben über das schlechte Gewissen der anderen.
- "Hilfe, Vergewaltigung!" Erst die Männer anmachen und dann Geschrei, wenn einer reagiert.
- "Die Männer sind ja alle so schlecht!" "Jetzt bin ich schon zum 3. Mal verheiratet. Vor der Heirat waren alle normal. Und dann wurden sie innerhalb weniger Jahre zu Säufern! Ja, mein Vater war auch Alkoholiker." Das beichtete mir eine Dame von 45 zu Beginn der Therapie. Ich finde, sie war 100% erfolgreich mit ihren negativen Spielen und der dafür erforderlichen Bestätigung. Toll, nicht wahr, wie sie es schaffte, sich labile Männer zu suchen und durch sexuelle Verweigerung wegen "falschem Verhalten" in den Suff zu treiben! Natürlich hat ihre Mutter das Gleiche getan. Einen Mann, der ihre Spiele durchschaut und sie einfach sitzen läßt, wenn sie ihn manipuliert, würde sie gar nicht an sich heran lassen.
- "Jetzt hab' ich Dich Du Schweinehund!" Dauernd bei anderen Fehler suchen, statt die eigenen zu sehen, gute Laune, wenn ein anderer dran ist und Schaden nimmt. "Ich hab es ja immer

schon geahnt!" "Das hat man dem ja schon von weitem angesehen!"

- "Makel." Ich kann machen was ich will, immer passiert mir etwas Peinliches. Mein Gott, wie konnte Dir das bloß wieder passieren? Kannst Du denn nicht einmal aufpassen? Kind, was machst Du da! Das gehört sich nicht! "Warum das ausgerechnet mir passiert!"
- "Räuber und Gendarm." Sich gegenseitig Fallen stellen und Schuld zuweisen, "Gerichtssaal", gegenseitige Maßregelungen wegen Fehlverhalten. Weißt Du nicht wie man bei Tisch sitzt? Hat dir keiner beigebracht, was gutes Benehmen ist? Du bist wohl in einer sehr kleinen Wohnung aufgewachsen. Bei euch war kein Platz für eine gute Kinderstube. "Mach mich fertig!" "Opfer"
- "Versuch mal mir zu helfen." Mit Problemen hausieren gehen und andere auslaugen. Die suchen dauernd nach Lösungen, gehen mit auf Behörden oder zur Bank, engagieren sich, und nichts klappt, - dann wäre das Spiel ja zuende. "Warum nicht - ja aber..."
- "Treibhaus" Ständig eine gereizte, anstrengende Atmosphäre schaffen, immer wieder Probleme, die man gerade noch wieder hinbekommt usw. "Das Leben ist anstrengend." "Gott sei Dank!"
- "Wenn Du nicht wärst!" Hilflos spielen, an andere appelieren, weil man zu faul ist, selbst das nötige zu tun. Das sind beliebte Spiele zwischen Ehepartnern. Der eine stellt sich dumm, der andere muß die Aufgaben erfüllen. Männer sind zu dumm für die Küche, machen alles kaputt oder nicht ordentlich sauber. Frauen sind zu dumm für Technik und Autos, sollen das doch die Männer machen.
- "Zwickmühle." Es werden knifflige Situationen produziert, wo man dauernd Entscheidungen treffen muß, die aber wieder andere unerwünschte Folgen haben. "Mein Gott, wie sollen wir da noch mal herauskommen!" "Ich konnte nicht anders, es war ein Befehl!" Beliebte Spiele beim Militär und in der Politik.
- "Überlastet" Leute, die dauernd Hektik verbreiten und "überfordert" spielen. Egal was sie machen müssen, sie geraten erst mal in Streß. "Frühjahrsputz" "Mein Gott, das muß ich jetzt alles erledigen! Wie soll ich das bloß wieder schaffen?" Das geht

dann weiter zum "Tumult", Szenen produzieren, wo eine ganze Gruppe von Menschen durcheinander gebracht wird.

- "Macht den Sieger unter Euch aus." Sich in ein schlechtes Licht rücken, bis die anderen auf Dir herumhacken und dann beleidigt gehen. Themen diskutieren, wo garantiert alle anderer Meinung sind. Die Leute aufregen. Na, und dann hat man wieder die volle Aufmerksamkeit. Man bekommt also durch den Tumult viel Energie von den anderen.
- "Ohne mich geht es ja nicht!" Überhebliches Getue "Laß mich mal, ich mach' das!"
- "Was bin ich wieder happy!" Künstlich und aufgesetzt froh und glücklich. Egal wo sie oder er hinkommt, man muß doch was zu lachen haben. "Hast Du das schon gehört!" "Nein wie komisch!"

Diese Palette menschlicher Ersatzhandlungen könnte noch über viele Seiten fortgeführt werden. Alle spielen es, die meisten unbewußt, manche bewußt. Das ganze Leben ist ein Spiel. Fragt sich nur, auf welcher Ebene wir es spielen möchten. Spielen wir es unbewußt, gerät es zur Tragödie oder zur Farce. Spielen wir es bewußt, dann werden diese Erscheinungen immer weniger der Inhalt unseres Lebens sein, sondern nur noch die Peripherie, Randerscheinungen beim Kontakt mit unbewußten Menschen.
Das wirkliche, bewußte und eigenverantwortete Leben sieht sicher anders aus. Menschen können bewußt entscheiden, daß Sie aus einem inhaltlichen Interesse eine bestimmte Aufgabe wählen und diese Aufgabe erfolgreich und langfristig verfolgen. Dabei haben Machtspiele wenig Sinn. Das ist ja kein Inhalt. Aus diesem Grund wird man die bewußteren Menschen mit echten Qualifikationen eher auf den mittleren Führungsebenen finden, bei den Selbstständigen, bei Künstlern, Philosophen, Handwerker mit eigener Werkstatt, als Lehrer, Forscher und Ärzte. Die "ganz unten" leiden so sehr unter ihren undurchschauberen Spielen, daß sie ihren Teufelskreis nicht verlassen können. Die "ganz oben" schlagen sich um die Macht über andere. Beides ist für bewußte Menschen kein Ziel.

Beispiel 1: Ein Mann wird Tischler. Solange er unbewußt und "dumm" ist, muß er Arbeiter spielen für einen Boß. Wenn er sich seiner Fähigkeiten bewußt wird und Freude hat, kreativ tätig zu sein, dann wird er seine eigenen Werkstatt eröffnen und z.B. eigene Möbel entwerfen und herstellen. Er kommt zur Selbstverwirklichung in seinem Beruf. Das geht jedoch nur, wenn seine Frau oder Freundin mitspielt und seine Entwicklung fördert. Wenn seine Frau aber nur eines der simplen Spiele zu spielen gewohnt ist "Sei lieber froh, wenn Du Arbeit hast und einen Boß, der Dir sagt wo es langgeht!" "Wir haben kaum satt zu essen. Hoffentlich reicht das Geld bis zum 1." "Bei uns zuhause waren wir auch immer arm." Dann wird sie seine Versuche sabotieren und seinen Drang nach Selbstständigkeit behindern. Z.B. solange er Arbeiter ist und unzufrieden, darf er ein bischen Sex haben. Wenn er plötzlich mit neuen Ideen, einer neuen Ausstrahlung und neuer Energie kommt, läßt sie ihn nicht mehr 'ran. Das hat ihre Mutter auch gemacht. Als Vater älter wurde, lief nichts mehr. Nun, dann wird sich dieser Junge Mann wohl eine neue Partnerin suchen müssen, die einen ähnlichen Freiheitsdrang hat wie er und deren Vater vielleicht auch selbstständig war. Die kennt und akzeptiert das.

Beispiel 2: Selbstverwirklichung geht auch ganz anders. Eine Frau hat wirklich Freude an Sex und möchte es sich gut gehen lassen. Zuerst hat sie wechselnde Freunde, sammelt Erfahrungen mit Männern, aber die Jungs bringen es alle nicht so recht. Die einen sind reich, aber dafür schlecht im Bett oder wollen sie unterdrücken. Die anderen sind vielleicht gut im Bett, aber arm und unkultiviert. Da kann es sein, daß sie sich einen kleinen Kreis von Verehrern mit unterschiedlichen Eigenschaften zulegt, die ihr Leben finanzieren, mit denen sie auf unterschiedliche Weise ihren Spaß hat, gut leben kann und trotzdem Freiheiten hat, wie sonst keine.
Derartige Frauen werden heute als Edelnutte bezeichnet. Früher nannte man sie Hetären. Sie waren und sind sehr intelligent, haben ein hohes Bildungsniveau und sind geistig unabhängig. Davon gibt es mehr, als man ahnt. Der Bedarf ist groß, denn derartige Frauen geben gerade Männern mit mehr Lebenserfahrung und in verantwortlichen Positionen eine Bestätigung auf einem höheren Niveau, als das die gelangweilte Ehefrau tut, die keine Beziehung zu großen Taten verspürt, Hauptsache das Konto ist gefüllt. Von echtem Bewußtsein und von echten Partnerschaften kann also leider noch nicht oft die Rede sein.

Beispiel 3: Ein Mensch bemerkt, daß er generell unzufrieden ist (egal ob Mann oder Frau). Er hat vieles in seinem Leben erreicht und seine Pläne verwirklicht. Trotzdem ist er unzufrieden. Er hat ein gutes Auskommen, eine Familie, Kinder, trotzdem scheint etwas zu fehlen. Er oder sie bekommt vorübergehend psychosomatische Erkrankungen, wird dick, ist gelangweilt, sucht sich Hobbies, die es eigentlich auch nicht bringen. Seine Beziehung funktioniert recht gut. Man ist ein Team. Der Partner ist einigermaßen zufrieden und vermißt nichts.
Irgendwann wird dieser Mensch auszubrechen versuchen. Vielleicht geht er oder sie fremd, vielleicht provoziert er oder sie unbewußt einen Ehekrach oder einen Krach auf der Arbeit. Vielleicht wird er richtig krank, aber vielleicht begreift er auch, daß diese Langeweile in einem ziehmlich abgerundeten Leben etwas mit den geistigen Welten zu tun hat. Wenn wir unsere normalen irdischen Aufgaben ganz gut im Griff haben, dann haben wir bewiesen, daß wir diesen Aufgabenbereich erfolgreich gelöst haben. Okay, und was nun? Wir sind eben nicht nur von dieser Welt, und ein Mensch mit ein bischen sensitiver Veranlagung wird spätestens nach der Erfüllung seiner normalen Pflichten und Herausforderungen fühlen, daß es da noch etwas gibt.
Das ist der Moment, wo ihm oder ihr "zufällig" irgendwelche "alternativen" Gedanken kommen. Man stolpert über ein Esoterikbuch, bekommt Kontakt zu einem spirituellen Lehrer, erlebt ein ungewöhnliches Ereignis, bei dem offenbar höhere Kräfte im Spiel waren, was sich also mit dem Normalbewußtsein nicht mehr erklären läßt. Sobald ein Mensch entdeckt, daß es ja noch ganz andere Welten gibt, kann er sein Leben durch die Erforschung der geistigen Welten neu bereichern, und die Langeweile ist dahin.
Genau in diesem Moment wird er vor neue Herausforderungen gestellt: Der Ehepartner wird plötzlich zickig und will nichts damit zu tun haben, die Freunde halten ihn für verrückt, man macht Witze über diesen Spinner usw. Erst wenn er in einem längeren "Prüfungsverfahren" bewiesen hat, daß es ihm oder ihr ernst ist mit dem spirituellen Weg, öffnen sich die Tore zu dem geheimen Wissen der Sensitiven. Dann erst wird unsere Seele erwachsen. Jetzt beginnen wir unser Leben selbst bewußt zu leben.
Aus diesen drei Beispielen und der davor abgehandelten Liste menschlicher Spiele können wir ersehen, daß von einer geistigen

Reife der Menschheit noch nicht die Rede sein kann. Wie viele andere Menschen gehöre ich zu denen, die das Leben und seine Spiele erforschen. Das ist ein interessanter Job, der nie ein Ende findet und immer wieder Überraschungen parat hält. Mit der Auflösung der banalen Spiele wird es also keineswegs langweilig. Im Gegenteil, wenn es Ihnen gelingt, Ihre eigenen Spiele mit etwas Abstand zu betrachten, dann wird es echt lustig. Es könnte allerdings sein, daß Ihr(e) Partner(in) da nicht mitspielt und "Spielverderber" spielen will. Dann müssen Sie eventuell nicht nur ihr Spiel "Krankheit" und "bewußtlos" beenden, sondern sich auch eine(n) neue(n) Partner(in) suchen, mit dem oder der Sie "Jetzt will ich's wissen!" spielen können oder "Das Leben ist schön" oder "Auf zu neuen Ufern!".

Ich bin, und das allein, ist Grund genug zum glücklich sein!

Übersicht 3: Einschärfungen

Damit bezeichnet die Transaktionsanalyse Verhaltensweisen und Aussagen, mit denen Eltern ihre Kinder "erziehen" und dressieren, damit sie nach der Meinung der Eltern in die Gesellschaft passen.

Negativprogramm	Metaprogramming
Du bist unerwünscht.	Schön, daß Du da bist!
Fühle nicht.	Lebe Deine Gefühle aus!
Hab kein Vertrauen.	Vertraue Dir selbst!
Lange überlegen.	Der erste Gedanke ist richtig.
Du hast unrecht.	Du hast recht!
Sei nicht nahe bei Dir.	Sei hier und jetzt, komm zu Dir!
Unterdrücke Deine Gefühle!	Fühle bewußt, wie es Dir geht, was los ist!
Denke nicht.	Denke mit, sei aufmerksam.
Ich denke für dich.	Mache Dir deine eigenen Gedanken.
Sei still, halt den Mund.	Sag Deine Meinung!
Frage nach nichts für Dich.	Beanspruche Deinen Teil!
Akzeptiere nichts für Dich.	Erfülle Deine Bedürfnisse!
Sei nicht Du selbst.	Sei Du selbst und genieße,

	was Du erhältst!
Sei nicht Dein Geschlecht.	Erkenne Dich selbst, erfahre Dich selbst!
Hab keinen Spaß.	Genieße Dein Leben, freue Dich Deines Lebens!
Wach nicht auf.	Werde groß, stark, selbstbewußt, intelligent!
Sei kein Kind.	Sei wie Du bist, freu' Dich am Spiel!
Entscheide nicht.	Triff Entscheidungen, lerne ständig dazu.
Ich sag Dir wie es geht.	Lerne aus Deinen Erfahrungen.
Sei nie zufrieden mit Dir selbst.	Finde Dich gut, akzeptiere Dich.
Deine Leistungen sind nicht gut.	Du bist okay!
Hab keinen Erfolg.	Sei erfolgreich!
Hilf anderen.	Hilf Dir selbst!
Du hast keine Rechte.	Du hast ein Recht auf Glück, Liebe, Wohlstand, Genuß, Freude, Leben, Spaß und Spiel!

Das Leben ist Schön!

Ich genieße mein Leben, ich genieße mein Hier-Sein!

Persönlichkeitstest: Das Selbstwertgefühl

Behauptung: Niemand ist zu anderen so schlecht wie zu sich selbst! - Stimmt das?

Nehmen Sie sich Papier und Schreibzeug. Tragen Sie Überlegungen zusammen, die diesen Satz unterstützen! Wieviel und wie oft tun Sie sich selbst etwas Gutes? Was tun Sie für Ihr Auskommen, für Ihre Lebensfreude, für Ihre Unterhaltung, für nette Gesellschaft und Freunde?

Was wollten Sie schon immer haben oder gerne tun, doch Sie haben es nie getan? Warum nicht? Wer oder was hat Sie daran gehindert?
Überlegen Sie nun, wie oft Sie auf andere Rücksicht genommen haben. Wie oft haben Sie anderen einen Gefallen getan oder etwas geschenkt, was Sie sich selbst aber nicht leisten wollten oder nicht gegönnt haben. Machen Sie sich auf diese Weise eine ehrliche Übersicht zu ihrem eigenen Leben. Überprüfen Sie, wieviel Sie sich selbst wert sind und was Sie brauchen würden, damit es besser weiter geht.

Feststellung: Das bin ich mir selbst wert! Schreiben Sie jetzt in eigenen Worten auf, was Sie sich selbst wert sind und was Sie positiv verändern wollen.

Das Gegengewicht zu einem bis jetzt eher bescheidenen Selbstwertgefühl schaffen wir durch Aufmerksamkeit, sowie individuelle innere und äußere Pflege, die wir uns selbst angedeihen lassen.

Nach diesem Test nehmen Sie sich beliebige Malsachen (Wachsmalkreide, Tusche, Aquarell, Ölfarben, Filzstifte) und malen Sie ein Bild, indem Sie sich selbst, Ihre Welt und Ihre Gefühle darstellen. Es ist nicht erforderlich, daß Sie malen können. Tun Sie es einfach für sich selbst! Betrachten Sie später, wie Ihnen das Bild gefällt. Überlegen Sie selbst, wie hell oder dunkel, klar oder unklar es wirkt. Was sagt das Bild über Sie aus? Wie fühlen Sie sich jetzt? Legen Sie das Bild weg für später.

Geben Sie diesem Bild drei Namen oder Titel: 1. einen sachlichen Titel, 2. einen gefühlsmäßigen Titel, 3. einen Phantasienamen. Schließen Sie jetzt die folgende Übung an!

Übung: Sonnenkraft tanken

Beginnen Sie stets mit dem voran gestellten "Persönlichkeitstest".
Wir greifen nach der Sonne und nehmen uns etwas von ihrer Energie!
Das Leben ist ursprünglich von der Sonne auf die Erde gekommen. Unsere Lebenskraft, die Kundalini, existiert in höheren Dimensionen, doch sie hält die Sonne und alle Lebensprozesse in Gang, ebenso wie uns selbst.
Gehen Sie bei schöner Sonne ins Freie und strecken Sie die Arme nach der Sonne aus. Schließen Sie die Augen und fühlen Sie die Sonnenenergie in Ihrem Gesicht. Wenn möglich, blinzeln Sie ein bischen in die Sonne. Lassen Sie etwas reines Sonnenlicht durch die Wimpern einstrahlen. Atmen Sie tief und ruhig. Stellen Sie sich vor, daß Sie Sonnenenergie einatmen, mit dem Gesicht aufnehmen, daß es in Ihre offenen Hände strahlt und in Ihre Aura fließt. Dann, wenn Sie ein paar Mal durchgeatmet haben, führen Sie Ihre aufgeladenen Hände vor die Brust. Stellen Sie sich vor, daß Sie die Sonnenenergie mit den Händen in Ihren Bauch, in Ihre Brust und in Ihren Solarplexus hineingeben. Schenken Sie sich selbst reine Sonnenkraft!
Der Solarplexus ist das wichtigste Nervengeflecht, das alle inneren Organe reguliert. Er sitzt hinter dem Magen. Der Solarplexus ist für unser körperliches und emotionales Wohlbefinden mit verantwortlich. Schenken Sie Ihrem Sonnenzentrum Sonnenenergie. Diese Übung ist nicht nur symbolisch, sie wirkt sehr intensiv. In diesem Sinne: Liebe und LICHT auf allen Wegen, Freude im Herzen und Gottes Segen!

Nach dieser Sonnenübung und nach diesen Erkenntnisschritten malen Sie ein weiteres Bild. Malen Sie einfach, was Ihnen Freude macht. Vergleichen Sie später das erste und das zweite Bild.
Geben Sie dem Bild wiederum drei verschiedene Titel. Vergleichen Sie Ihre Aussagen zum ersten Bild mit den Aussagen zum zweiten Bild. Alles klar? Heben Sie die beiden Bilder auf. Betrachten Sie sie

in einer Woche noch einmal. Wiederholen Sie die beiden Übungen in einigen Wochen.

Exkurs: Leben ist Licht

1.5.1, 7.40 Uhr, verschiedene Wesen geben mir folgende Channelbotschaft: *Beschreibung der jenseitigen Lichtwesen und ihrer Beziehungen zu den Menschen und zur Natur unseres Planeten.*
Die Kathegorien der jenseitigen Lichtwesen kann in 32 000 Einheiten aufgeteilt werden. Das ist relativ wenig im Verhältnis zu den Tieren und Pflanzen der Erde. Die große Gesellschaft der Lichtwesen ist aufgeteilt in 4 verschiedene Strahlen, denen sie zugeordnet sind, und aus denen sie auch hervorgegangen sind. Also ergeben sich 4 Abteilungen zu je 8000 unterschiedlichen Arten.
Der erste Strahl war der dunkelrote. Aus ihm gingen alle jede Wesen hervor, die in der Urzeit der Erde existierten. Sie lebten bereits, bevor es Planeten gab. Es sind merkwürdige Wesen, die nur schwer erkannt werden. (Dunkelrote Energiewesen, sie sehen aus wie riesig große Pantoffeltierchen) *Sie leben heute im Inneren der Sonne und tief im Inneren der Erde. Nur wenn Du sie ernst nimmst und fühlst, daß das hier die Wahrheit ist, werden sie sich zu erkennen geben. Die Menschen zwingen einige davon ihnen zu Willen zu sein. Sie arbeiten in den Stahlschmelzen und produzieren aus ihren Körpern Formen für die Menschen, die euch dann dienen. Also die Stahlgegenstände der Menschen sind Fragmente der dunkelroten Lebensform.*
Nur wenn ihr akzeptiert, daß alles lebt, buchstäblich alles, dann wird es euch gelingen, die Natur besser zu verstehen. Aus dem dunkelroten Strahl spaltete sich nach ewiger Zeit ein neues Licht ab. Es war der orangene Strahl, der heute alle tierischen Formen beseelt und am Leben erhält. Deshalb ist euer aktives Blut immer noch hellrot. In der Natur findest du dieses Licht im Sonnenuntergang am frühen Abend. Es kommt in der Sexualkraft zum Ausdruck und ebenso in der Aggression und jeglicher Art von Erregung.
Damit verbunden sind jenseitige Schwingungswesen, die nicht in euch, sondern außerhalb leben. Ihre Tentakeln reichen in euch hinein, und sie können durch ihre hohe Energie große Unruhe erzeugen.
Die Menschen als Lebensform sind eigentlich eine Summe unterschiedlicher geistiger Lebensformen, die sich in dem weichen Körper der menschlichen Hülle treffen, um gemeinsam etwas neues zu

gestalten und zu erleben. Der Mensch ist das Überbewußtsein dieser Gruppe von Lichtwesen, die ihn erschaffen. Inzwischen funktioniert es natürlich anders. Der Mensch reproduziert sich selbst und andere höhere Lichtwesen mit einer kürzeren Schwingungsamplitude nehmen von ihm Besitz und wohnen darin. Wenn es nur um die Gesundheit geht, bedeutet das, daß der jeweilige Geist es schaffen muß, diese vielen unterschiedlichen Schwingungen durch seine Kraft zu bündeln und auszurichten. Gelingt das nicht, wird ständige Unruhe die Folge sein, bis hin zu schwerer Krankheit und Tod.

Dem orangenen Strahl übergeordnen ist der grüne. Er brachte die Beruhigung in die Welt und er erschuf das Pflanzenreich. Er beruhigte die Naturgeister vom roten und orangenen Strahl, die heute auf Erden ohne ihn gar nicht existieren können. (Wir sagen zwar heute, daß die Pflanzen zuerst da waren und sich die Tiere von den Pflanzen ernähren. Das ist aber nicht ganz richtig. Die ersten primitiven Lebewesen auf der Erde waren Amöben, Bakterien und tierische Flagellaten.

Es gab kein Licht auf der Erde, folglich keine Pflanzen. Erst nach ca. eineinhalb Milliarden Jahren, als die Atmosphäre dünner und klarer wurde und das Licht zur Oberfläche durchdringen konnte, begannen sich die blaugrünen Algen zu bilden, die ersten Pflanzen (Cyanophyten). Die Flagellaten begannen Cholophyll zu entwickeln und Licht zu assimilieren. Erst danach entwickelten sich die ersten echten Tiere. Noch heute, vier Milliarden Jahre später, ist es möglich, daß grüne Phytoflagellaten, wenn man sie in eine dünne Fleischbrühe setzt, ihre Chlorophyllkörper abbauen und sich wiederum umstellen auf ein Leben ohne Licht. Sie haben also ihren Entwicklungsweg in den Genen gespeichert und können noch heute, vier Milliarden Jahre später, zurückkehren zu dem Leben, bevor es Pflanzen gab. Damals ernährten sie sich von den Amöben und Bakterien, die in der mineralischen Brühe von Wasser, vulkanischen Gasen und Asche lebten.)

In diesem Sinne gehört hellrot zu dunkelrot und gelb zu orange. Der grüne Strahl geht über bis Türkis. Er beseelt alle Pflanzen, fast alle Einzeller und er ernährt die Tiere. An der Befruchtung ist er beteiligt und an der Einteilung der Jahreszeiten. Ihr müßt ihn lieben lernen, dann erleichtert und beruhigt er euer Dasein auf Erden. Dem grünen Strahl und seinen Lichtwesen ist das Magnesium zugeordnet. Seine Lichtwesen behüten die friedliche Entwicklung in der Natur. Unter den Lichtwesen vom grünen Strahl gibt es keine solchen Kämpfe und Streitigkeiten wie bei den roten und orangenen.

Der blaue Strahl ist der letzte, der eine direkte Beziehung zu den körperlichen Lebensformen auf einem Planeten hat. Er erzeugt das animalische Bewußtsein und das Denken der Pflanzen. In sofern ist es das regulierende und das alles verbindende Licht. Mit dem blauen Strahl könnt ihr heilen und beruhigen. Ihr könnt Wunden schließen und euch für kurze Zeit von den Bedürfnissen der Körper lösen.

Der blaue Strahl beruhigt die Welt und schafft so erst die Voraussetzung, daß ihr zu denken beginnt. Ihr zieht es oft vor, euch durch rote und orangene Lichter zu erregen, weil ihr Angst habt, es sei nicht genug los. Doch ihr solltet den blauen Teil in eurem Licht geringfügig erhöhen und klarer und zielgerichteter denken und wahrnehmen lernen. Der blaue Strahl hilft euch die oberflächlichen Begrenzungen der Körper abzutasten und zu erforschen. Es ist die Farbe der Forschung, die noch gar nicht richtig genutzt wird.

Scientology, Psychiater und Psychoanalytiker

Wir können überall etwas lernen. Überall gibt es positive Ansätze, um die Welt und die Natur des Menschen zu erforschen, zu begreifen und zu verbessern. L. Ron Hubbart war der Begründer der Scientology. Er war englischer Militärpsychologe und wurde im 2. Weltkrieg über Burma abgeschossen. Buddhistische Mönche, deren Land die Engländer und die Japaner im Krieg verwüsteten, fanden ihn und pflegten ihn gesund. Das hatte tiefgreifende Veränderungen seiner Persönlichkeitsstruktur zur Folge.
Zurück in England gründete Hubbart zusammen mit einigen ähnlich gesinnten Mensch die Organisation Scientology. Ziel war es, neue psychoanalytische Prozesse zu entwickeln, um die Natur des Menschen zu erforschen und um den Menschen erwachsener, erfolgreicher und gesünder zu machen. Der Ansatz war also eindeutig positiv, nicht anders als bei der Transaktionsanalyse, der Gestalttherapie, beim Autogenen Training oder dem Energytraining. Es sind Versuche, Mensch und Leben zu erforschen und etwas zu verbessern.
Wie nicht anders zu erwarten, bekam Hubbart schon sehr bald Druck und Ärger mit etablierten Kreisen, mit Ärzten und speziell mit Psychiatern. Psychiater sind Nervenärzte. Die Psychiater sind ebenfalls weltweit organisiert und bilden sich ein, daß alle psychischen und psychosomatischen Zustände Fehlfunktionen unserer Nerven sind. Folglich kann man ja auch beliebig ein paar Nerven wegschneiden, das Gehirn zerteilen (Lobotomie) oder Menschen mit Chemikalien (Psychopharmaka) und Elektroschock "kurieren" (foltern).
Der Weltverband der Psychiatrie beanspruchte auf seinem Kongress 1949 in New York die Vorherrschaft, um die Menschheit zu heilen und kontrolliert höher zu entwickeln. "An unserem Geiste soll die Menschheit genesen!"
Da gerade zu dieser Zeit Scientology öffentlich in Erscheinung trat, war ein Konflikt unvermeidbar. In den folgenden Jahren wurde Scientology zu einer Ersatzreligion, die versucht, alle psychischen Situationen durch "Dianetische Prozesse zu klären". Der erweckte, geklärte Mensch ist Gott. Im clearing werden seine früheren Inkarnationen aufgearbeitet. Wer die Prozesse von Scientology erfolgreich durchlaufen hat, kann wirklich sein Leben erfolgreicher gestalten.

Auf der anderen Seite erlangten die Psychiater und auch die Weltvereinigung der Psychoanalytiker nach Sigmund Freud starken Einfluß auf die Politik. Sie wurden Berater und Vertraute der meisten Politiker und Führungskräfte, speziell in den USA und England. Wer keinen eigenen Psychiater oder Analytiker hat, ist krank. Auf diese Weise gelangten die Psychiater an das geheime Wissen der Politiker, Konzernchefs, Broker und Banker. Sie nehmen überall unerkannt Einfluß, viel mehr als man ahnt und viel mehr als ein Arzt oder Priester.
Bei einer großen Organisation wie Scientology war es nicht verwunderlich, daß sich in der Organisation nach und nach immer mehr Menschen einfanden, die an Macht interessiert sind. Wer Macht erobern und ausüben will, fühlt sich zu einem Verein hingezogen, der den Menschen von seinen Behinderungen befreit. Auf diese Weise wurde Scientology zu einer Sekte, in der zwar einerseits positives Wissen über die Natur des Menschen vorhanden ist, wo Menschen Hilfe finden können, um ihre unbekannten Engramme zu erkennen und zu überwinden, die jedoch andererseits von Menschen mit Machtbedürfnissen durchzogen ist, die wiederum diese Organisation benutzen um ihre Spiele zu spielen.
Gerade was die Analyse von Kommunikationsprozessen angeht, hat Scientology wichtige Grundlagen erarbeitet. Es ist für einen Menschen auf der Suche nach Erkenntnis durchaus interessant, einmal Bücher von →L. Ron Hubbart zu lesen. Sein Buch "Dianetik" gibt Einblicke in die Gründungsphase und die Methoden. Man sollte vor diesem Verein keine Angst haben, sondern seine Methoden in angemessener Weise studieren und nutzen, so wie man es gebrauchen kann. Die Verteufelung von Scientology durch unsere Politiker erinnert an Gangster, die zur Ablenkung rufen "Haltet den Dieb!" Die Politiker unterlassen alles, was eine wirkliche Gesundung des Volkes herbeiführen könnte, weil es der Pharmaindustrie, den Krankenkassen und der Priesterkaste der Ärzte schaden würde.
Die Scientologen haben eine Tabelle aufgestellt, in der sie auflisten, wie sich nach ihrer Meinung die Energie eines Menschen bemerkbar macht. Sie geben an, daß ein Mensch durch clearing-Prozesse, das sind Rückführungen, engrammatische Blockaden abbauen und auf diese Weise seine blockierte Energie freisetzen kann. Dadurch wird er immer gesünder, aktiver und erfolgreicher. Er entwickelt neue Strategien, um seine Ziele erfolgreich zu verwirklichen.

Es geht bei diesen clearing-Schritten um Wahrnehmung (Erkenntnis), Einschätzung (Beurteilung der eigenen Situation), Auslösung von Engrammen, Bewußtwerdung der eigenen Vergangenheit und Kontrolle der Situation und der neuen Energie.

- Benutzen Sie die Tests in diesem Buch, um mit einem Partner wechselweise Kommunikationsübungen und Psychotests durchzuführen. So können Sie viel über Ihre eigene psychische Verfassung, Stärken und Schwächen erfahren.
- Beobachten Sie Ihre eigenen Gefühle, achten Sie auf Auslöser (Trigger), die dazu führen, daß sich Ihre Stimmung plötzlich verändert, lernen Sie so Ihre eigenen Verhaltensmuster kennen.
- Führen Sie die gleichen Beobachtungen bei Ihren Kontaktpersonen durch.
- Spielen Sie abwechselnd Therapeut und Patient.
- Wie wirken andere Menschen auf Ihre Gefühlslage ein?
- Was geschieht, wenn Sie auf die Gedanken und Stimmungen der anderen Menschen eingehen?
- Was geschieht, wenn Sie sich strikt heraushalten?
- Lernen Sie erst beobachten und dann, willkürlich Ihre eigenen Stimmungen zu beeinflussen, zu verändern, um schließlich auf dem "Klavier der Gefühle" ebenso sicher spielen zu können wie auf jedem anderen Instrument!

Exkurs: Die Welt der Gefühle nach L. Ron Hubbart

Diese Tabelle sollten Sie von unten nach oben lesen, also von dem kleinsten Wert zum größten. Da wir mit der Zunahme der Energie auch geistig aufsteigen, schreiben die Scientologen konsequent die Tabelle von unten nach oben und nicht etwa in Folge des Buchtextes abwärts!

4 Begeisterung: ist aktiv, inspiriert andere, hat Freude an der Arbeit, ist bereit, für große Aktionen die Verantwortung zu übernehmen, ist beschwingt und aufgeschlossen, ein positiver Mensch auf der Siegerstraße!

3,3 Interesse: aktiv, interessiert an allem Positiven, ein Mensch, der sich mit gleichbleibendem Interesse und sehr ausdauernd einer Aufgabe widmen kann, verfolgt konstruktive Ziele.

3 Konservatismus: geht konform, meidet Außergewöhnliches, tolerant, Vorsicht als Leitfaden, beginnt keine Aktion ohne sorgfältige Planung, kein sehr problematischer Mensch.

2,5 Langeweile: Fachmann im Zeit totschlagen, lässig und großzügig, niemals bösartig, der Zuschauer, die ganze Welt ist seine Bühne, weder zufrieden noch unzufrieden, nimmt die Dinge wie sie sind, ziellos und sorglos.

2 Gegnerschaft: einer der unbedingt debattieren will, unverblümt, feindselig, aggressiv

1,8 Schmerz: Empfindlich, reizbar, unkontrolliert, wütet gegen Objekte durch die Schmerz verursacht wurde, hadert mit Gott und der Welt, ständig Wehwehchen.

1,5 Zorn: chronisch aggressiv, aufbrausend, beschuldigt alle Welt, ewig nachtragend, bedroht andere, besteht auf unbedingtem Gehorsam, Nörgler, beschimpft, mißbilligt und mißachtet andere.

1,2 Gefühllosigkeit: Eisberg, unterdrückt heftigen Zorn, grausam, still, frostige Höflichkeit, "Ich tue was ich will, ob es Ihnen paßt oder nicht!"

1,1 versteckte Feindseligkeit: freundlicher Heuchler, Schwätzer, Schauspieler, witzelt gerne auf Kosten anderer, verstört andere, lacht nervös oder grinst dauernd, erwartet, daß man ihm vergibt, umschmeichelt und wartet auf die Gelegenheit den anderen hereinzulegen.

1 Furcht: Feige, ängstlich, sorgenvoll, argwöhnisch, in der eigenen Unentschlossenheit befangen, der er gleichzeitig zu entrinnen versucht, sehr bescheiden oder argwöhnisch, verliert schnell die Sprache, zieht sich von Menschen zurück.

0,9 Mitleid: Zwanghafter Wunsch nach Übereinstimmung, Angst anderen weh zu tun, Kummer um jene, denen es dreckig geht, z.T. hin- und hergerissen zwischen selbstgefälliger Fürsorglichkeit und Tränenflut.

0,8 sich um Gunst bemühen: beschwichtigt gern, will es allen recht machen, verteilt Gunstbeweise, um sich vor Schaden zu bewahren, dämpf Menschen in ihren Aktivitäten.

0,5 Gram, Traurigkeit: Jammert, klammert sich an alte Erinnerungen, sammelt Kümmernisse, fühlt sich betrogen, alles verursacht ihm Pein, Gefühl zu versagen, ist nicht in der Lage, seinen Protest auszudrücken

0,05 Apathie: Selbstmordkanditat, weiß nicht mehr wozu er lebt, mag so tun, als habe er seinen Frieden gefunden.

Beginnen Sie diese Tabelle von hier an aufwärts zu lesen, bis zur Stufe 4. Überlegen Sie selbst, wo Sie normalerweise rangieren. Wenn Sie intensiv mit dieser Tabelle arbeiten möchten, machen Sie sich Kopien und setzen Sie die verschiedenen "Spiele" der Transaktionsanalyse hier in die Tabelle ein, je nachdem, zu welchem Wert sie passen! Das gibt ein sehr aufschlußreiches Bild der mernschlichen Verhaltensmuster. © für die Tabelle by → L. Ron Hubbart

Partnertraining: Realitätsbewußtsein

2 Personen im Training: 1. der Trainer, 2. der Partner

1. Partner erfindet disharmonische Situation, z.B.
   "Warum hast Du mir nicht erzählt, daß Fritz ausgezogen ist und seine Stelle aufgegeben hat!"

2. Trainer gibt eine Erklärung:
   "Ich wußte gar nicht, daß Du Fritz kennst und das das für Dich von Interesse sein könnte!"

3. Partner antwortet: “So habe ich es noch gar nicht gesehen!”

Jede Übung beginnt mit “Warum” und zeigt eine Situation, in der wir an anderen Menschen etwas auszusetzen haben. Durch diese Übung werden uns unsere einseitigen, fixierten Standpunkte bewußter. Der Partner antwortet stets, indem er eine andere Lösung für das scheinbare Problem anbietet, so daß es keinen Grund für Streit gibt, sondern die Sache löst sich friedlich auf. Die Übung wird wechselseitig durchgeführt!

Exkurs: Realitätsttunnel

Sie alle haben ein bestimmtes Bild von ihrem eigenen Leben, entstanden aus der eigenen Erziehung und aus den Lebenserfahrungen hier in dieser Gesellschaft. Dazu hat einmal ein alter Indianer gesagt “Du kennst eine Sicht der Wirklichkeit, doch es gibt noch andere Möglichkeiten, die Welt zu betrachten!”
Weisheit und Wissen finden sich überall, wenn wir darauf zu achten verstehen, wenn wir in der Lage sind, die Chance des Augenblicks zu erfassen und zu nutzen. Doch was nutzt uns das größte Wissen, wenn es uns in einer Form übermittelt wird, die wir nicht verstehen können? Was nützt mir ein Buch auf russisch, wenn ich die Sprache weder lesen noch verstehen kann?
Ebenso ist es mit unserem Körper. Wir haben uns hier und heute eine ganz bestimmte Art zu denken und zu analysieren angewöhnt, die viel Wahres enthält und doch oft kein rechtes Verständnis aufkommen läßt.
Wie bei jedem Problem, bei jeder Krankheit, steht am Anfang das Verständnis, das Wissen um die Hintergründe und Zusammenhänge. Hier meine ich, ist die westliche Schulmedizin in den vergangenen 50 Jahren zu sehr entpersonifiziert worden. Nur dem Fachmann nützt es etwas, daß z. B. Insulin fehlt, daß der Blutzucker zu hoch oder zu niedrig ist: Dieser Mensch leidet unter zu wenig Liebe in seiner Umwelt und darunter, daß er mehr “soll” und “mehr wollen muß” als gut für ihn ist. Er will sich durch Fleiß und Eifer die Liebe kaufen, die man ihm nicht gibt. Er verausgabt sich, und das führt zur Zuckerkrankheit.
Je mehr und je vielseitiger Sie sich bilden, je mehr unterschiedliche Weltanschauungen Sie kennen lernen oder studieren, desto weiter

wird Ihr Horizont, desto vielseitiger werden Sie selbst. Je offener wir sind, desto durchlässiger wird unser Realitätstunnel für neue, fremde Nachrichten.
Die "Wände" unseres Realitätstunnels bestehen aus gefestigten Überzeugungen, die oft genug nicht unsere eigenen sind. Wir haben sie von unseren Mitmenschen, vor allem von den Eltern. Zu diesen "Eckpfeilern" einer Lebensauffassung gehört z.B. die Größe Ihres Monatseinkommens und wie schwer Sie es verdienen müssen. Dazu gehört die Art, wie wir mit anderen Menschen umgehen. Dazu gehört die Art unseres Umgangs mit dem anderen Geschlecht. Dazu gehört unser Kleidungsstil und unsere Wohnsituation.
Sehr oft kann man beobachten, daß sich Menschen durch gewisse Anstrengungen und Erfolge deutlich verbessern. Bald danach werden sie überheblich, vielleicht krank und vielleicht zerstören sie durch falsche Maßnahmen ihren kurzzeitigen Erfolg. Dann fallen sie auf die alte Ebene zurück oder noch tiefer. Das typische Beispiel sind die Lottokönige, die schnell alles vergeuden. Der große Erfolg paßte nicht in ihren Realitätstunnel.
Nur wenn wir bereit sind, fremde Botschaften in unseren Tunnel hineinzulassen, werden wir auch neue Gedanken und Gefühle entwickeln können. So entsteht eine "Bewußtseinserweiterung".

Affirmation:

Ich bin der Meister meiner Welt!

Die Plasmamassage

Sie dient der Entschlackung, Harmonisierung und Aktivierung des Körpers. Plasmamassage ist eine wertvolle Ergänzung aller kosmetischen Verfahren! Plasmamassage kann erforderliche Heilungsprozesse beschleunigen, weil sie die Selbstheilungskräfte des Körpers aktiv unterstützt.
Sie ist eine gute Ergänzung zu Rückführungen, die den Menschen psychisch belasten. Wenn wir in einer psychischen Belastungssituation sind, werden im Körper viele physiologischen Veränderungen vorgenommen. Es kommt zur Veränderung des Stoffwechsels und zur Vermehrten Ausscheidung von Schadstoffen. Das unterstützt die Plasmamassage optimal.
Plasmamassage arbeitet mit dem subtilen Energiekörper des Menschen und erzielt auf diese Weise wesentlich bessere Erfolge, als herkömmliche Massagepraktiken! Die Plasmamassage ist eine Massage für eine optimale Entspannung und zur Entschlackung des ganzen Körpers. Sie wurde von mir auf der Grundlage asiatischer Praktiken entwickelt.
Eigentlich ist doch alles schon da! Es kommt nur darauf an, überholte Vorstellungen, Fehler und mangelhafte Methoden durch genaue Beobachtung und im Vertrauen auf das eigene Gespür zu überprüfen und von Fehlern zu reinigen. Achten Sie auf Ihre Intuition! Ihre innere Stimme ist der Schlüssel zu einem erfüllten, glücklichen Leben. Lernen Sie diese Stimme wieder zu hören und ihr zu vertrauen.
Mir war es schon immer zuwider, wenn mir jemand bei der Massage vom Kopf zu den Füßen hinunter arbeitete. Es ging mir buchstäblich gegen den Strich. So waren mir die Erfahrungen und Erkenntnisse aus der indischen Yogalehre und der beim Yoga praktizierten Massage sofort einsichtig. Dabei massieren wir grundsätzlich nur von den Füßen nach oben zum Kopf.
Hier im Westen ist die Lymphdrainage eine angeblich westliche, neuzeitliche Erfindung, die zuerst ca. 1957 beschrieben wurde (➔Wittlinger). In Wirklichkeit ist die Lymphdrainage z.B. in Indien, allerdings etwas anders praktiziert, eine uralte natürliche Heilmethode. Das Gleiche gilt für die Reflexzonenmassage an Händen und Füßen in Indien und die Akupressur in China, Japan und Korea. Die Homöopathie ist in ganz Asien ein alter Hut. Sie wird zu-

sammen mit der Akupunktur seit midnestens 2000 Jahren überliefert. Wir kennen sie erst seit Hahnemann vor rund 200 Jahren. Derartige Methoden werden auch in anderen Ländern überliefert, z.B. in Indonesien und auf den Philippinen. Es sind keine westlichen Entdeckungen. Wir sollten unsere Überheblichkeit ablegen.
Nachdem ich bei meinen asiatischen Meistern diese Praktiken erlernt hatte, habe ich auf Grund meiner persönlichen Erfahrungen die verschiedenen Praktiken in einer sinnvollen, natürlichen Weise zusammengesetzt. Als Ergebnis erhalten wir eine sanfte, äußerst wirkungsvolle Massge, die jeder daheim anwenden kann. Wenn Sie meine Schritte gewissenhaft befolgen, werden Sie sich und Ihrer Familie oder auch Ihren Patienten in einer Massagepraxis viel Gutes tun.
Mit dem ständigen auf und ab der normalen Massage wird der gute Effekt einer Massage bereits teilweise wieder zerstört! Wenn wir den Körper eines Menschen mehrfach von den Füßen zum Kopf und wieder zurück bearbeiten, tritt, gut gemacht, sicherlich eine Entspannung der Muskulatur ein. Das Gewebe entspannt sich. Gleichzeitig wird jedoch der Energiekörper des Menschen in Unordnung gebracht, geradezu "durchgerührt".
Die westliche Unart verhindert wieder einmal, daß Körper <u>und</u> Energie in einen positiven Zustand gebracht werden. Es ist der gleiche Unterschied wie zwischen Sport und Energytraining. Beides dient der körperlichen Fitness, aber ET schafft außerdem eine selbstbewußte, positive Energie und eine bessere geistige Kondition, Sport klammert den Geist aus.
Probieren Sie es einfach aus. Die Ergebnisse sind überzeugend. Und nur darauf kommt es meines Erachtens wirklich an. Was wir alle heute brauchen, sind wirkungsvolle Ergebnisse, statt ewiger Lamentis über das, was nun wissenschaftlich überprüft sei oder auch nicht. Was wir von den bürgerlichen Wissenschaften zu halten haben, sehen wir ja täglich an der fortschreitenden Umweltvernichtung und den seit Jahrzehnten eskalierenden Krankheitskosten.

<u>Die Plasmamassage besteht aus einer Folge von verschiedenen Massagetechniken:</u>

1. Fußreflexzonentherapie zur inneren Vorbereitung,
   im Sitzen oder in Rückenlage

2. Yoga-Lymphdrainage zur Entschlackung
   Teil 1: Bauchlage, Teil 2: Rückenlage
3. Yoga-Rückenmassage in Bauchlage
4. Handreflexzonenmassage
5. Gesichts- und Kopfhautmassage
6. Ruhepause

Die verschiedenen Elemente der Plasmamassage berücksichtigen das elektromagnetische Kraftfeld des menschlichen Körpers. Dieser besonders wichtige Aspekt wird bei allen herkömmlichen, westlichen Massagetechniken vernachlässigt, ausgenommen die ebenfalls sehr junge Polarity-Massage. Heute wird sehr viel von Stress, Anspannung und Verspannung gesprochen. Ebenso leiden viele Menschen unter Nervosität, sind gereizt oder leicht erregt. Das sind Worte, die erhöhte Spannungszustände des menschlichen Körpers beschreiben.
Zum ersten Mal wurde das menschliche Kraftfeld 1927 von Prof. Dr. Sauerbruch in der Charité in Berlin gemessen. Professor Sauerbruch stellte zusammen mit einem Elektrotechniker ein Gerät her, mit dem man die elektromagnetische Spannung in der Umgebung von Tieren und Menschen messen konnte. Sie registierten, daß man es mit den damaligen, noch sehr primitiven Methoden bis in eine Entferung von ca. 20 cm messen konnte. Weitere Einzelheiten finden Sie im → "Energytraining Band 2".
Bei jeder Massage kommt es zu einer Wechselwirkung zwischen Masseur und Klient. Wenn ein Masseur viele kranke Patienten zu versorgen hat, fühlt er sich hinterher ebenfalls müde, erschöpft oder wird selbst krank. Alle Krankheitszustände haben etwas mit dem Energiefeld des Menschen zu tun. Viele Erkrankungen können symptomatisch, bzw. psychosomatisch von einem Menschen auf einen anderen übertragen werden wie eine Infektion. Was dabei übertragen wird, sind die energetischen Signale aus unserer Aura.
Der Plasmamassage liegen Erkenntnisse aus Naturwissenschaft und asiatischer Naturheilkunde zugrunde. Die Kenntnisse der Fußreflexzonentherapie ist weltweit verbreitet, besonders in Asien. Nur für uns ist sie relativ neu. In Indien ist es durchaus üblich, daß alle Menschen, die beim Gespräch zusammen sitzen, sich nebenher ihre eigenen Füße massieren. Dort trägt niemand Schuhe im Haus und man wäscht sich in besseren Kreisen die Füße, bevor man sich zu Tisch setzt. Da alle ohne Stühle auf dem Boden sitzen, hat man ja die Füße zur Hand. Auf diese Weise tun alle regelmäßig

etwas für den einwandfreien Energiefluß in den Akupunkturmeridianen und für einen freien Energiefluß in den ➔Nadis. Bei den Nadis handelt es sich um noch feinere Energiekanäle, die unseren ganzen Körper durchziehen und die alle in den Füßen, Händen und dem Kopf enden.
Die Akupunktur hat eine Tradition von vielen tausend Jahren und ist vor allem in China, Japan, Korea und Indonesien, aber auch in anderen Ländern bekannt. Diese verschiedenen Methoden berücksichtigen Energieströme im menschlichen Körper, auf der Hautoberfläche und auch in der Umgebung des menschlichen Körpers.
Die traditionellen Heiler haben oft durch Handauflegen geheilt. In der Bibel lesen wir, daß Jesus und später seine Jünger ihre Hände segnend über kranke Menschen hielten. Das ist das gleiche Prinzip wie beim ➔Reiki und bei der ➔Polarity Massage.
Wir können einem Menschen besonders wirkungsvoll helfen, wenn wir seinen Körper und sein persönliches Kraftfeld in der richtigen Weise pflegen. In der Esoterik findet man Begriffe wie ➔"Aura" oder "feinstofflicher Körper". In der Physik spricht man von Plasma, wenn es sich um eine feinste Verteilung von Elementarteilchen handelt. Da sich dieses menschliche Kraftfeld im Grenzbereich zwischen reiner Energie (Energiepartikelchen) und magnetischer Wechselwirkung zwischen den Händen des Masseurs und dem Körper des Klienten befindet, habe ich den Begriff **Plasma-Massage** gewählt.
Ich möchte betonen, daß bei jeder Massage diese Wechselwirkung vorhanden ist. Leider wissen die medizinischen Masseure nichts von alledem und verursachen darum viele Störungen, die man leicht vermeiden kann.

Das grundlegende Prinzip

Es gibt verschiedene Frequenzbereiche in unserem elektromagnetischen Kraftfeld, die ich bereits weiter vorn beschrieben habe. Die Akupunkturmeridiane kann man sich vorstellen als einen langen Energiekanal, der z.T. innen durch den Körper läuft, mit vielen Schleifen und Windungen, sowie außen über den Körper, mit den dort genau festgelegten Bahnen. Die Reihenfolge dieser Bahnen sind aus der ➔Organzeituhr abzulesen.
Dann gibt es noch die subtilen Energiekanäle, die speziell von den indischen Yogis beschrieben werden. Es laufen 78 000 solcher Kanäle von den Fuß- und Handreflexzonen durch Beine und Arme,

durch den ganzen Körper bis in den Kopf und zu den Haarwurzeln. Diese Nadis verbreiten auch in der Umgebung des Körpers ihre Schwingung. Wenn wir z.B. fühlen, daß uns jemand beobachtet, dann kommt es zu einer Wechselwirkung zwischen unseren Nadis und denen eines Beobachters, der vielleicht weit entfernt hinter uns steht. Wir fühlen uns beobachtet. Das ist unser 6. Sinn! Das Kontrollorgan für diese "außersinnliche" Wahrnehmung ist unser 3. Auge, die Epiphyse und ihr Reflexzentrum auf unserer Stirn.

Unser Kraftfeld ist in Ordnung, wenn diese feinen Energiebahnen in und auf unserem Körper von unten zum Kopf hin fließen. Je nach Vitalität des einzelnen Menschen strömt diese Energie in einer Entfernung von 25 bis 100 cm außerhalb unseres Körpers wieder nach unten. Wir können uns also den Menschen vorstellen wie einen Stabmagneten mit seinem Kraftfeld.

Außergewöhnliche Menschen haben auch eine starke Aura, die durch geeignete Trainingsverfahren noch weiter ausgebaut werden kann. Durch Kundalini Yoga und Energytraining können wir unsere Aura bis auf viele Meter Radius ausweiten. Andere Menschen sprechen dann davon, daß derjenige "eine starke Ausstrahlung" hat. Das trifft genau den Kern! Wir haben wirklich eine Ausstrahlung.

Bei der Plasmamassage wollen wir nun ganz bewußt mit diesen Kräften arbeiten. Jede anregende, reinigende Massage muß von den Füßen zum Kopf hin verlaufen. Die Energie in unserem Körper strömt ja auch von den Füßen zum Kopf hinauf. Wenn wir diesem Energiefluß nachgehen und ihn durch unsere Massage verstärken, dann fühlen sich die Menschen hinterher richtig tief erholt, harmonisch und ausgeglichen.

Würden wir vom Kopf zu den Füßen streichen und massieren, dann ziehen wir einem Menschen die Energie herunter. Wir arbeiten dem natürlichen Energiefluß entgegen und bremsen so die nach oben strömende Kraft, die uns durchdringt. Diese Art der Massage von oben nach unten ist nur gestattet, wenn wir es mit total überdrehten Menschen zu tun haben, die dringend beruhigt und "abgekühlt" werden müssen. Nach einer Massage vom Kopf zu den Füßen ist der natürliche Energiefluß gebremst, der Mensch wird müde, ruhig, eventuell depressiv und schläft ein.

Da nach der indischen Yogalehre und Naturheilkunde auch die Ausscheidung über die Lymphbahnen von unten, aus den Füßen kommend im Körper aufsteigt, fördern wir also durch die Plasma-

massage die natürliche Reinigung des Körpers über die Lymphflüssigkeit.
Bei einer "normalen" westlichen Massage, bei der der Masseur oft mehrfach den Körper aufwärts und abwärts bearbeitet, wird der Körper und die Durchblutung ganz gewiß belebt. Das natürliche Energieleitsystem und die Lymphreinigung werden jedoch auf unverantwortliche Weise durcheinander gebracht. Die übliche Form westlicher Massage reduziert also Vorteile durch Nachteile, so daß letztlich nicht viel übrig bleibt an therapeutischer Wirkung. Sensitive Menschen empfinden diese grobe, westliche Methode als störend.
Die indische Darstellung der Lymphdrainage: Die Lymphflüssigkeit steigt aus den Füßen kommend in der Muskulatur auf der Rückseite der Beine nach oben bis über das Gesäß, strömt dann in der Hüfte seitlich vom Rücken nach vorn auf den Bauch, steigt vorn auf dem Bauch weiter nach oben, unter dem Brustbein hindurch, wird vom Thymus beeinflußt, steigt dann unter den Schlüsselbeinen hindurch, seitwärts am Hals empor, bis direkt unter die Ohren. Dort sind wir besonders druckempfindlich, wie an allen Lymphkotenpunkten.
Die indischen Naturheilkundigen sagen, daß die Ohrspeicheldrüsen direkt mit den Lymphknoten in Verbindung stehen. Durch eine Massage dieser Bereiche, sehr vorsichtig und bedacht, beginnt tatsächlich der Speichel stärker zu fließen. Auf diesem Weg wird durch die Lymphbahnen von den Füßen bis zum Kopf hinauf die Ausscheidung von Gewebeflüssigkeit und damit eine Reinigung des Körpers bewirkt.
Auf diese Weise gelangt die Lymphflüssigkeit mit ihren Verunreinigungen in den Speichel und darüber in unseren Darm. Unser Magen und Darm sind aber, richtig betrachtet "Außenbereiche". Natürlich wird dieser Bereich von unserem Körper kontrolliert, trotzdem ist es eine Außenseite. Was in den Darm gelangt, kann vom Köper anders verarbeitet werden als das, was sich im Gewebe befindet. So geben wir dem Körper die Chance, daß er die Schadstoffe über den Stuhlgang ausscheidet.
Gerade bei gestreßten und verkrampften Menschen ist das ganze Muskelgewebe chronisch verhärtet. Dadurch ist die Reinigung des Gewebes eingeschränkt. Der Mensch verschlackt und wundert sich, wenn er immer steifer und starrer wird. Neben →Energytraining, Yoga und Plasmamassage dienen natürlich alle Formen sportlichen Aktivität einer besseren Durchblutung. Dadurch wird vor allem die Versorgung des Körpers mit Sauerstoff gefördert.

Die Reinigung des Gewebes kommt dabei zu kurz und kann nur durch eine optimale Energie- oder Plasmamassage verstärkt werden.
Einige Jahre lang habe ich Plasmamassage als Dienstleistung angeboten. Fest steht, daß alle unsere Klienten bei nur 1-2 Plasmamassagen pro Woche eine deutliche Verbesserung ihres Wohlbefindens erfahren haben, und daß bei Menschen, die sich gleichzeitig in ärztlicher Behandlung befanden, wesentliche Verbesserungen des Blutbildes registriert wurden, die zuvor mit keiner anderen Behandlungsmethode erreicht werden konnten. Es ist also keine Frage des Glaubens, sondern der Erfolg gibt dieser Methode recht!

<u>Praxis Teil 1</u>: Hand- und Fußreflexzonenmassage

Ein wichtiger Faktor, wenn Sie dauerhaft Ihre Gesundheit erhalten wollen, ist die Hand- und Fußreflexzonen-Therapie. Das kann jeder selbst machen. Schon wenn Sie die Hände falten, dann geschieht etwas mit Ihren Händen (→ Gebetsmudras). Das hat bereits einen Sinn. Wenn Sie dabei die Hände fest ineinander falten und reiben, also unter Anspannung die Hände hin und her bewegen, dann beeinflussen Sie allein durch diese Handmassage Ihre Nebenhöhlen, die Augen und den Nasenbereich. Betrachten Sie dazu die Reflexzonenkarte. Sie tun also etwas für Ihre Gesundheit.
Wenn Sie z. B. bemerken, daß Sie nervös sind oder daß Sie gereizt mit Ihren Kindern umgehen, dann massieren Sie einmal recht kräftig mit einer Hand den Daumen der anderen Hand, so daß es ein bischen weh tut oder spannt. Im Indischen nennt man das Mudra-Technik. Unsere Finger sind angeschlossen an bestimmte Gehirnzentren. Wenn ich jetzt die einzelnen Finger systematisch bearbeite, dann wirke ich auf bestimmte Gehirnzentren ein. Die Daumen haben sehr viel mit Ego zu tun, mit Selbstbewußtsein, aber auch mit Arroganz und Überheblichkeit, sowie mit Aggression.
Die römischen Kaiser hatten auch eine Mudra-Technik. In der Arena oder an der Front wurde gekämpft, solange der Kaiser den Daumen oben hatte. Was heute niemand mehr begreift, ist die Tatsache, daß die Kämpfenden durch diese Geste auch die Energie des Kaisers erhielten, eines Mannes, der wirklich überdurchschnittlich war. Wenn er entschied, daß jetzt Schluß ist, senkte er den Daumen nach unten und es wurde nicht mehr gekämpft. Oder

er nahm einfach seinen Arm weg. Dann brach unten in der Arena alles zusammen.
Man kann diese Zusammenhänge nur verstehen, wenn man sich mit den alten Priestertechniken aus dem Mittelalter und aus der Vorzeit beschäftigt hat. Da steht ein Mann 100 m weit weg auf einer Kanzel und dirigiert vielleicht einige 100 Leute in einer Arena, die aufeinander losschlagen. Er hat sie im Griff. Da sind geistige Kräfte am Werk, die über die Inszenierung eines Theaters hinausgehen. Beachten Sie bitte, daß das auch heute noch eine Rolle spielt. Manche Politiker nutzen im Fernsehen genau einstudierte Gesten, um auf die Zuschauer Einfluß zu nehmen. Hitler war ein Spezialist in diesen Dingen. Er studierte große Redner seiner Zeit, um sich deren Gestik anzueignen und um damit das Volk zu beeinflussen.
Am leichtesten erlernen Sie den Umgang mit der Fuß- und Handreflexzonenmassage, wenn Sie z. B. mit dem Daumen der einen Hand Ihre andere Hand durcharbeiten.

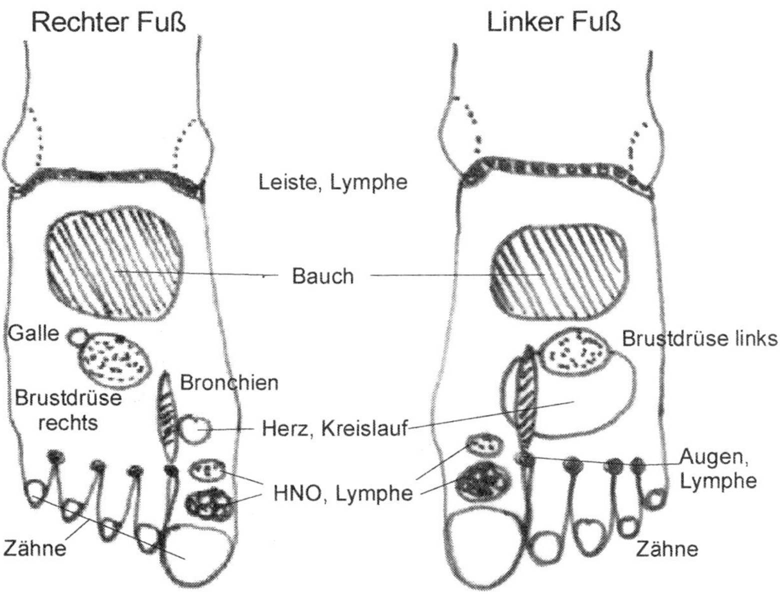

Sicher entdecken Sie dabei einen Punkt, der Ihnen weh tut, ohne daß Sie sich vorher dort verletzt haben. Schauen Sie auf der Karte für Hand-Reflexzonen-Therapie nach, welche Zone das ist, vielleicht die ? Nieren.
Die Nieren haben etwas mit der Frage zu tun, wie ich mich ernähre, wie gesund ich bin, was ich mit meinem Körper anfange, wie gut ich zu meinem Körper bin und wie gut ich Schadstoffe loswerden kann. Alle in Paaren angelegten Organe, Lunge, Nieren, Augen, Ohren, Geschlechtsdrüsen, haben auch etwas mit unserem Partnerschaftsverhältnis zu tun. Speziell die Nieren haben etwas mit dem Uro-Genitalsystem zu tun, mit Ausscheidung und Sex, also mit Liebe. Wenn die Partnerschaft nicht in Ordnung ist, dann fangen die Nieren an zu leiden, oder bei Frauen die Ovarien, oder es sind die Lungen, wenn es um geistige, übergeordnete Dinge geht.

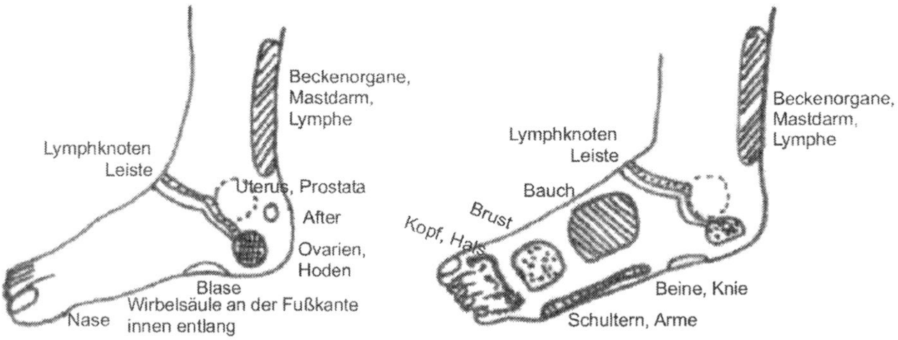

Die Fußinnen- und Fußaußenseiten sind rechts und links gleich.

Frauen mit chronischen Problemen an den Eierstöcken oder mit Krämpfen in der Menstruation haben das in erster Linie von ihrer Mutter "geerbt", weil die Mutter sich genauso benommen hat, denn von Grund auf ist jedes Baby erst einmal o.k., egal ob Mann oder Frau. Wenn sie dann älter werden und eine Partnerschaft eingehen, die in irgend einer Form verspannt ist, dann verspannen sich bei Frauen u. a. die Nieren und die Ovarien. Meistens hat der betroffene Mensch die Anfänge überhaupt nicht mitbekommen. Das ist so, als ob Sie sich einen Wecker hinstellen, der tickt und tickt und nervt. Schon nach einigen Stunden hören Sie ihn nicht mehr. Unser Gehirn filtert diesen Störfaktor aus. Er ist aber trotzdem noch da. Genauso filtert jemand einen chronischen Schmerzzustand aus, wenn er die Zusammenhänge nicht erkennen will oder kann. Plötzlich hat er keine Schmerzen mehr. Er hat die Störung aber trotzdem noch.

Handreflexzonen

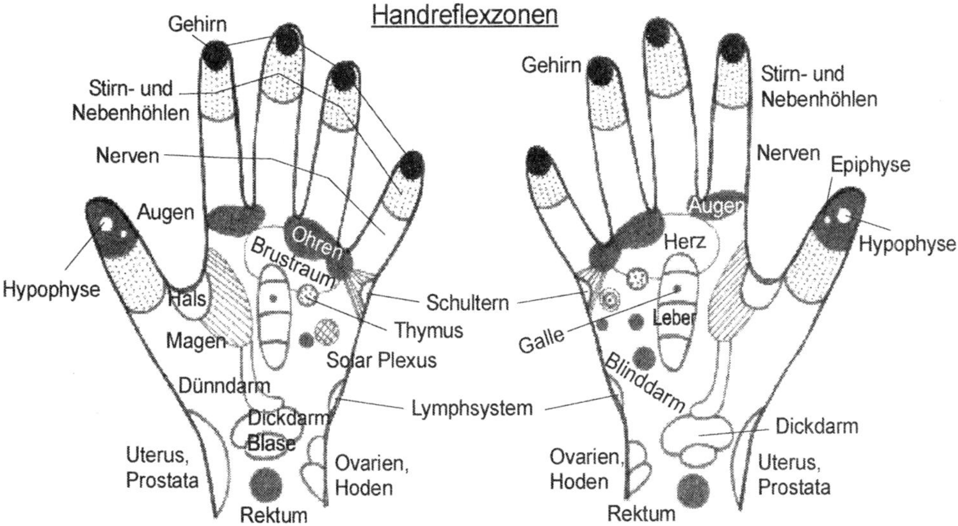

Rechte Hand Linke Hand

Beginnen Sie also mit der praktischen Massage der Hände und Füße. Lesen Sie in den Tabellen nach, was eventuell schmerzende Punkte für eine Bedeutung haben. Lernen Sie auf diese Weise aus der praktischen Erfahrung.

Ein sicheres Gefühl für den Zustand und das Wohlbefinden Ihres Körpers bekommen Sie, wenn Sie in Kundalini-Yoga (→ Energytraining) einsteigen, ein Bewußtsein für die Zusammenhänge entwickeln oder wenn Sie sich mit → Touch for Health (Kinesiologie) beschäftigen. Mit der Anwendung dieser Methoden werden Sie den Zusammenhang vom Energieleitsystem zwischen Ihren Muskeln, inneren Organen, Ihrem ganzen Gemüt und Ihrem Gefühl erkennen.

Im Rahmen der Plasmamassage wird die Fußreflexzonentherapie als Anregung und Einstimmung benutzt. Die subtile Wirkung findet über die Nadis statt, sowie über die Akupunkturpunkte, von denen viele an den Füßen liegen.

Es ist bemerkenswert, daß die Wissenschaftler noch immer die Existenz der Nadis leugnen. Als ich mich 1976 für diese Dinge zu interessieren begann, wurde ich von den werten Kollegen massiv angegriffen. Schon der Begriff Akupunktur verursache hysterische Reaktionen. Inzwischen ist die Akupunktur so weit eingebürgert, daß die Medizner sich von den Kassen dafür bezahlen lassen.

Fußreflexzonen

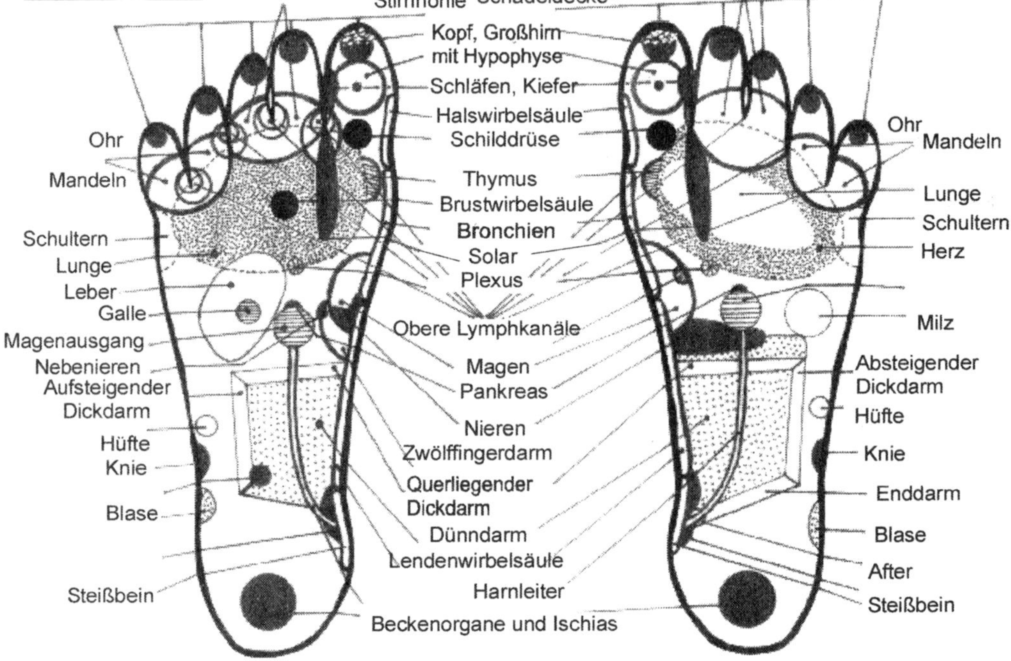

Wahrscheinlich werden wir in weiteren 15 Jahren eine Anerkennung der Nadis erleben. Mit dem alten Professor Sauerbruch hätten wir 1927 wahrscheinlich leichter darüber reden können.

Bei der Fußreflexzonenmassage nehmen wir den zu behandelnden Fuß auf unseren Schoß.

Achtung: Achten Sie darauf, daß die Fußsohle an Ihnen vorbei zeigt und nicht auf Ihren Unterleib! Von den Füßen geht eine starke

Austrahlung in den Erdboden, bzw. in unseren Körper hinein, wenn der Fuß auf unseren Bauch zeigt!

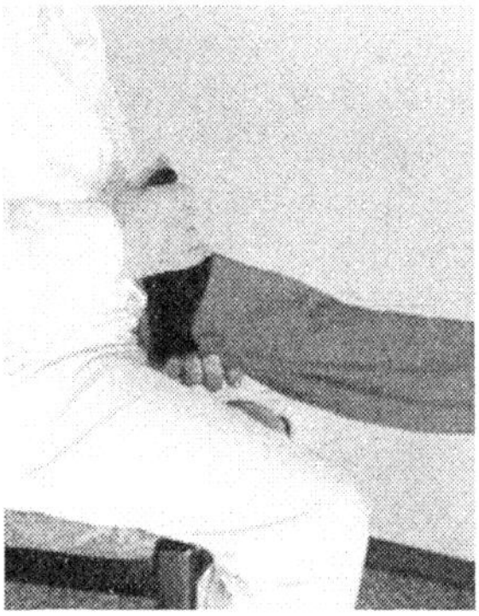

Foto rechts: Falsche Position!
Der Fuß zeigt auf den Unterleib des Masseurs.

Auf diesem Wege können Krankheiten, insbesondere Unterleibs-erkrankungen bei Frauen, übertragen werden. Schon viele Fußmasseure haben sich auf diesem Weg unbewußt die Krankheiten ihrer Patienten eingehandelt. In diesen Dingen ist das westliche Wissen stümperhaft und fahrlässig.

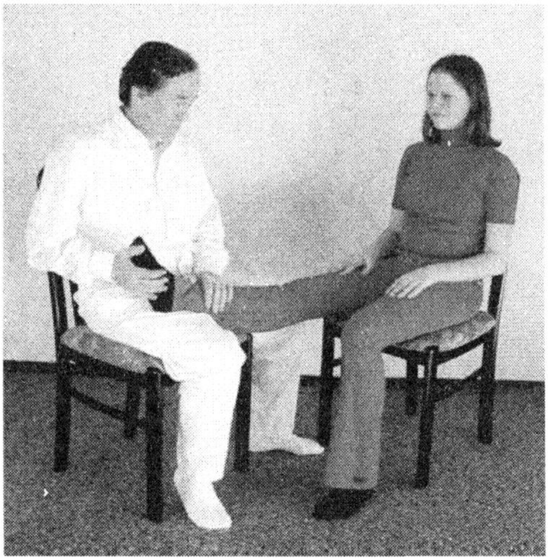

Foto rechts: Richtige Position; der Fuß zeigt am Unterleib vorbei.

Beginnen Sie an den Knöcheln. Massieren Sie die Partien um die Knöchel und dann an den Fußseiten entlang, Oberseite und Fußsoh-le. Die richtige Massagetechnik ist sehr ein-fach: Massieren Sie mit festen, kreisenden Bewegungen des Daumens einer Hand den ganzen Fuß durch. Wenn Ihr Klient nichts weiter bemerkt, machen Sie einfach Schritt für Schritt weiter. Kommen Sie jedoch an eine schmerzende Stelle, so massieren Sie diese Stelle etwas länger.
Der Druck sollte immer so stark sein, daß es der Klient deutlich spürt. Er sollte an den schmerzenden Stellen einen leichten Schmerz verspüren, jedoch auf keinen Fall gequält werden. Es kommt überhaupt nicht auf einen harten Druck an. Es geht um die Aktivierung der blockierten Energie.

Aus diesem Grund ist es gerade von großer Bedeutung, daß Sie sich wirklich mit der Energie des menschlichen Körpers auseinandersetzen. Sie müssen sich in Gedanken vorstellen, daß Sie die Energie bewegen! Die Ablagerungen an den Blockadepunkten sind sekundärer Natur. An Hand der Tafeln können Sie überprüfen, was es im Einzelnen für Störungen sind, die Ihr Klient verspürt. Sie brauchen keineswegs alles auswendig zu wissen. Es ist die Erfahrung, die uns leitet. Wir fühlen was los ist und massieren dort mehr, wo es eben nötig ist. Es ist überflüssig, über diese einfachen, natürlichen Verfahren dicke Bücher zu schreiben.
Wenn Sie Ihrem Klienten etwas Gutes tun wollen, dann können Sie ein ätherisches Öl pur oder in Verdünnung benutzen, um damit die Füße und ins besondere die schmerzenden Stellen zu massieren. Hierbei beachten Sie bitte, was für ein Punkt schmerzt. Wählen Sie ein ätherisches Öl aus, das von seiner Wirkungsweise her zu der gestörten Stelle paßt, z.B. Thymianessenz bei Lungenproblemen.
Anschließend massieren Sie den zweiten Fuß in der gleichen Weise. Zum Abschluß waschen Sie sich bitte die Hände mit kaltem Wasser. Auf diese Weise entfernen Sie die feinstofflichen Schwingungen von den z.T. kranken Füßen aus ihren Händen. Sie sollten weder selbst diese kranken, gestörten energetischen Muster aufnehmen, noch dem Klienten diese Schwingung von den Füßen aus über den ganzen Körper verteilen. Ein Gefühl für die "energetische Hygiene" ist von großer Bedeutung, wenn wir helfen möchten, ohne selbst krank zu werden.
Wenn Ihnen kein Waschbecken zur Verfügung steht oder wenn Sie einen wirklich kranken Patienten vor sich haben, dann stellen Sie bitte eine Schüssel mit kaltem Wasser bereit. Geben Sie einen Teelöffel Salz ins Wasser und lösen Sie es auf. Das erhöht die Leitfähigkeit. Nun massieren Sie einen kranken Punkt. Vielleicht merken Sie, daß auch Ihre Hand oder Ihr Daumen zu schmerzen beginnt, weil die Krankheit durch die gestörten Energiekanäle des Patienten in Ihre Hand ausstrahlt.
Nach der Massage der kranken, blockierten Punkte, stecken Sie Ihre belastete Hand ins kalte Wasser und massieren die Hand ein wenig im Salzwasser. Der Schmerz oder das unangenehme Gefühl verschwinden sofort. Auf diese Weise können Sie dem Patienten viel mehr negative Energie entziehen, als es ohne die Wasser-Reinigung möglich wäre. Die Wirkung der Fußreflexzonenmassage ist auf diese Weise wesentlich besser, und Sie müssen nicht mitleiden.

Für die Reflexzonen der Hände und Füße gilt, daß Druckmassage den Energiefluß verbessert und stärkt. Das Gleiche gilt für alle Akupunkturpunkte. Sie werden durch Druck verstärkt. Sanftes Handauflegen und sanftes Darüberstreichen beruhigt die Akupunkturpunkte, wenn sie überreizt sind.
Ob sie nun überreizt oder verkrampft sind, ist für den Unerfahrenen nicht immer leicht auseinander zu halten. Im Zweifelsfalle probieren Sie es einfach aus. Es kann nichts Schlimmes passieren. Machen Sie zuerst üblicherweise die kreisende Druckmassage. Geht der Schmerz nicht weg, auch nicht nach mehreren Behandlungen, verteilt über mehrere Tage, dann versuchen Sie es mit dem sanften Streichen.
Massieren Sie grundsätzlich vom Knöchel und der Achillessehne ausgehen den Fuß entlang zu den Zehen und anschließend, vom Knöchel ausgehend, das Bein nach oben und über den Körper bis zum Kopf! Unser Knöchel ist "die Achse des Weltenrades".
Achten Sie stets auf das Gefühl in Ihren Händen! Unsere Hände können uns sehr viel über den Klienten sagen, den wir gerade massieren. Fühlen Sie sich hinein, spüren Sie den Regungen nach, und Sie werden viel über seine Gesundheit erfahren. Ihre Hände können Ihnen auch sagen, wann es genug ist oder ob Sie es nicht mehr aushalten, weil der Patient zu krank ist.
Schwer erkrankte Menschen gehören sowieso erst einmal in die Hände eines Arztes, bis sich ihr Zustand verbessert hat. Reflexzonenmassage kann bei einer schnelleren Gesundung helfen, ist aber kein alleiniges Hilfsmittel gegen schwere Krankheiten.

Die Hände werden wie die Füße behandelt, wenn man es wünscht. Es muß aber nicht sein. Die Füße sind wichtiger. Am Ende der Yoga-Rücken-Massage kommen wir kurz zu den Händen.

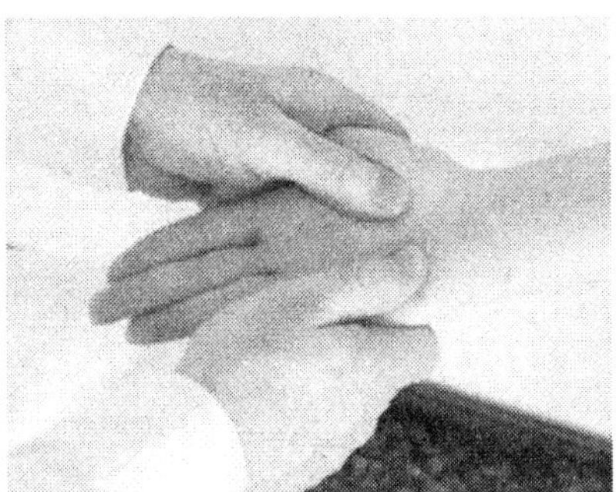

Aus diesen Erläuterungen können Sie bereits entnehmen, daß wir für eine vollständige Plasmamassage je nach Geduld und Gewissenhaftigkeit zwischen ein und zwei Stunden Zeit benötigen.

<u>Praxis Teil 2</u>: Yoga - Lymphdrainage

Nach der Fußreflexzonenmassage legt sich der Klient mit dem Bauch auf eine Decke oder eine Massageliege. Wir arbeiten nun in drei Phasen. Es ist günstig, für die Lymphdrainage eine Emulsion oder ein Massageöl zu verwenden, so daß die Haut geschneidig ist und unsere Hände leicht darüber gleiten können.

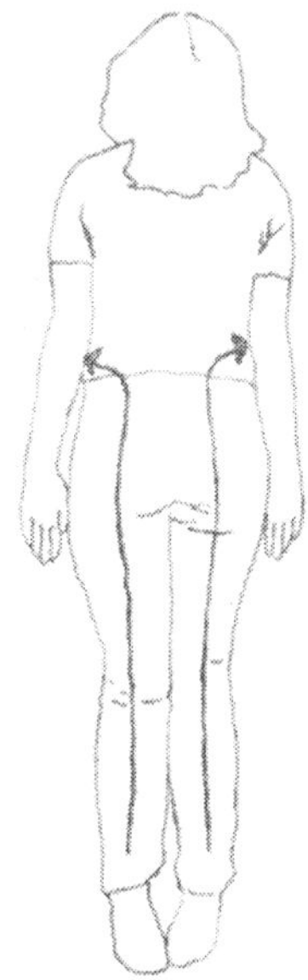

Die erste Phase dient der Gewebelockerung. Greifen Sie recht kräftig zu und lockern Sie stets mit beiden Händen gleichzeitig zuerst das eine Bein von den Knöcheln aufwärts bis zum Gesäß und dann das andere Bein aufwärts. Diese Griffe sollen nicht schmerzhaft sein, sondern unter ständigem Zufassen und Loslassen die Muskulatur lockern. Bild rechts:

Phase zwei: Nachdem wir so mit den Händen dreimal die Beine aufwärts gegangen sind, wird unser Zugriff lockerer. Wir wiederholen diese Lockerungsgriffe, doch jetzt wird es immer mehr zu einer aufwärts schiebenden Massagebewegung, die wellenförmig das Gewebe von den unteren Waden nach oben schieb, bis über den Hüftknochen und von dort nach beiden Seiten in die Taille hinein. Bild links.

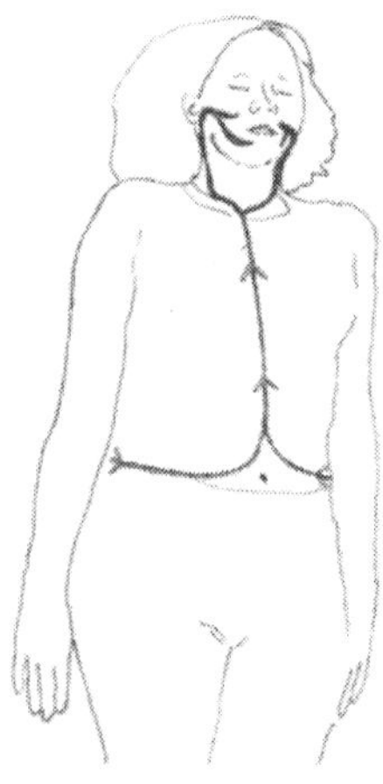

Wir schieben mit einer drückenden, massie renden, fließenden Bewegung über beide Beine aufwärts bis in die Taille. Achten Sie darauf, daß diese fließende Bewegung nicht abreißt. Sie sollen keinesfalls unruhig oder hecktisch werden, aber wenn die eine Hand oben angekommen ist, greifen Sie ruhig schon wieder nach unten an die Wade. Auf diese Weise erzeugen Sie eine stetige, fließende Aufwärtsbewegung in der Muskulatur. So regen wir die Lymphströmung in den Beinen aufwärts bis zur Mitte des Körpers an.

In der dritten Phase streichen wir nur noch sanft über die Haut, die Bewegungen werden immer sanfter und leichter. Behalten Sie stets im Auge, was Sie da tun! Ihre Gedanken sollen sich auf das konzentrieren, was Sie machen. In der ersten Phase lockern wir das Gewebe, in der zweiten Phase wird der Lymphfluß aktiviert und die aufwärts gerichtete Strömung verstärkt. In der dritten Phase konzentrieren wir uns darauf, daß Energiefeld selbst zu aktivieren.
Nach einigen ruhigen, aufwärts gerichteten Bewegungen lösen sich unsere Hände vom Körper des Klienten und wir streichen nur noch sanft durch die Luft, einige Zentimeter über der Haut. Unsere Hände bewegen sich jetzt nur noch in der inneren Schicht der Aura des Klienten. Auf diese Weise aktivieren wir die aufwärts fließende Energie im Körper und in der Haut. Nur wenn die Energie aufwärts fließt, wird auch die Organtätigkeit entsprechend harmonisch funktionieren. Das ist die entscheidende Phase, und genau das wird bei einer normalen westlichen Massage vergessen.

Unsere Massage geht nach Aktivierung der Energiekanäle durch die Reflexzonenmassage von einer kräftigen Gewebelockerung immer mehr zur einer rein energetischen Aktivität über. Wenn Sie diese Phase gut machen, ist eigentlich schon alles in Ordnung. Das wird dem Klienten ein Gefühl der inneren Ruhe und Harmonie vermitteln. Es wird um so besser sein, je konzentrierter Sie sich den Ablauf auch vorstellen können. Lassen Sie einfach innerlich Ihre Energie fließen, so wie Sie äußerlich die Energie und den Lymphstrom Ihres Klienten in Bewegung setzen. Die Lymphe ist ein sehr wichtiger Reinigungsmechanismus in unserem Körper. Er muß gut funktionieren, sonst verkalken und vergreisen wir vorzeitig.

Wenn wir so weit gekommen sind, dreht sich unser Klient herum und liegt nun auf dem Rücken. Wenn Sie zur Unterstützung Massageöl oder eine Emulsion verwenden, denken Sie daran, daß alle Stoffe über die Haut in der Körper eindringen und daß darum nur gute Naturkosmetika Verwendung finden sollten.
Wenn unser Klient auf dem Rücken liegt, beginnen wir in gleicher Weise den zweiten Abschnitt der Yoga-Lymphdrainage. Wir greifen zuerst recht fest mit beiden Händen in das weiche Bauchgewebe an beiden Hüften und lockern hier das Gewebe, dann lockern wir die Bauchmuskulatur, aufsteigend über den Magen hinweg. Bitte

nicht auf den Magen drücken, sondern das Gewebe darüber lockern.

Auf dem Brustbein gibt es nichts weiter zu lockern. Wir schieben einfach mit leichtem Druck und rubbelnden Bewegungen mit unseren Fingerspitzen aufwärts bis zu den Schlüsselbeinen. Ein leichtes, aufwärts führendes Klopfen auf dem Brustbein aktiviert den Thymus. Das stärkt unsere Lebensgeister und die Widerstandskraft gegen gesundheitliche Störungen.
Dann lockern wir beidseitig den Hals mit einer kreisenden Massagebewegung unserer Finger und streichen schließlich bis unterhalb der Ohren. An dieser weichen Stelle auf keinen Fall drücken! Die weichen Stellen am Kiefergelenk unterhalb der Ohren sind sehr empfindlich, und man kann einem Menschen schnell echte Schmerzen zufügen!
Von den Ohren her ergreifen wir seitlich die Unterkieferpartie und massieren das Gewebe von den Ohren nach vorn über Unterkiefer und Oberkiefer. Dieser Teil der Massage wirkt sich sehr positiv auf das Zahnfleisch aus und ist eine Hilfe bei →Paradonthose. Jetzt wird unser Klient vermutlich merken, daß der Speichelfluß stärker wird. Nach der Yogalehre scheiden die Lymphbahnen über die Ohrspeicheldrüsen Schadstoffe aus.
Nachdem wir so von den Hüften über den Bauch in der Mitte des Körpers, dann seitlich am Hals bis zu den Ohren und von dort nach vorn seitlich die Kiefer massiert haben, wird auch diese Massage immer sanfter. Es sind nur noch lockernde, schiebende, fließende Bewegungen. Schließlich streichen wir ganz sanft über die Haut und ziehen diese Bahnen nach.
In der letzten Phase führen wir unsere Hände nur noch in der Luft durch die Aura unseres Klienten und stellen uns vor, daß wir auf diesem Wege die Energie stärker strömen lassen. Der Klient sollte die Augen geschlossen halten und einfach nur da sein, alles geschehen und fließen lassen. Auch er (sie) sollte sich vorstellen, daß zuerst eine Lockerung, dann eine Strömung in den Gefäßen und zum Schluß ein Energiestrom aktiviert wird.
Sprechen Sie mit ihm oder ihr über den Ablauf und die Wirkungsweise der Plasmamassage. Wenn wir eine optimale Behandlung vornehmen möchten, gleich welcher Art, sollte der Patient informiert sein. Wenn der Betroffene weiß worum es geht, kann er innerlich in der richtigen Weise Anteil nehmen und an seiner Genesung mitwirken. Die Haltung vieler Ärzte, die Patienten im Unklaren

zu lassen oder von vorne herein für dumm zu halten, dient nicht einer guten Behandlung. Der gebildete Arzt sollte erkennen, wieweit der einzelne Patient mitdenkt und informiert werden kann. Natürlich gibt es auch dumme Patienten, die gar nicht mitdenken wollen.

Wenn die Plasmamassage so weit gediehen ist, können wir eine Pause 5 bis 10 Minuten einlegen, damit der Klient sich ganz der wohltuenden Wirkung hingeben kann. Sie können aber auch direkt die Massage der Kopfhaut anschließen. Dabei massieren wir zuerst die Oberkieferpartie, also die Wangen und damit die Zähne und das Zahnfleisch, die Partie mit den Nebenhöhlen, dann nach und nach den ganzen Kopf, bis die Massage schließlich mit fließenden, sanften Bewegungen von den Kiefern her seitwärts über den Kopf oben am Scheitel endet. Hier oben am höchsten Punkt unseres Körpers enden auch alle Nadies und verlassen den Körper. Jetzt haben wir den Energiestrom von den Füßen bis zum Scheitelpunkt aktiviert. Damit ist der zweite und größte Teil unserer Arbeit abgeschlossen.
Die Massage der Nebenhöhlenbereiche darf etwas kräftiger ausfallen und hat eine sehr gute Wirkung, sowohl vorbeugend, als auch heilungsfördernd bei Erkältungskrankheiten und Sinusitis. Bei der Massage dieser Bereiche erzielen wir mit ätherischen Ölen eine besonders gute Wirkung. Bei der Massage am Kopf sollten wir bedenken, daß mehrere Akupunkturmeridiane über den Kopf laufen. Wir erzielen hier ähnlich wie bei den Füßen und den Händen eine Wirkung auf den ganzen Körper!

<u>Praxis Teil 3</u>: Rückenmassage

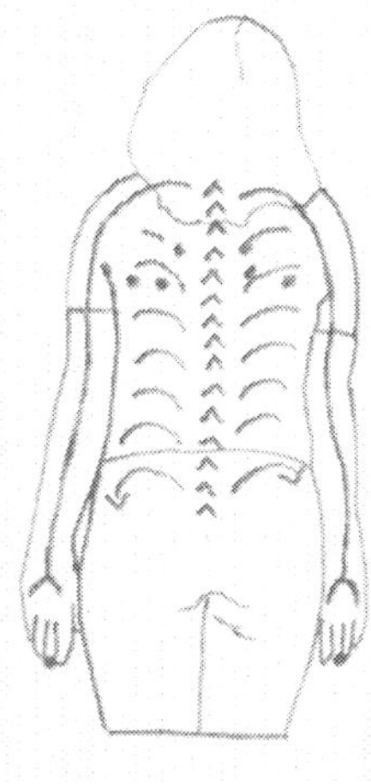

Wenn sich unser Klient etwas ausgeruht hat, wollen wir uns dem Rücken zuwenden. Das muß nicht immer Bestandteil einer einzigen Massage sein. Wir können den Rücken unabhänggig vom Lymphdraina-geverfahren sehen. Der Rücken darf aber keinesfalls gänzlich vernachlässigt werden. Wenn genug Zeit ist, sollte alles zusammen geschehen. Haben Sie zu wenig Zeit für die große Behandlung, dann massieren Sie alle 3 Tage einmal die Fußreflexzonen und die Lymphe und im Wechsel dazu die Hand-reflexzonen und den Rücken. Unser Klient legt sich jetzt wieder auf den Bauch, seine Arme liegen locker seitlich neben dem Körper. Verwenden Sie Massageöl oder eine Emulsion.

Teil 1: Wir beginnen jetzt mit kreisenden Bewegungen ab der Hüfte, stets von der weichen Seite des Körpers hin zur Wirbelsäule und aufwärts. Dabei entsteht ein Spiralmuster von Bewegungen. Wir drücken fest, fließend und gleichmäßig. Unsere rechte Hand ist mit allen vier Fingern auf dem Körper, die linke Hand drückt auf die rechte und verstärkt so die fließende, massierende Bewegung. Auf diese Weise massieren wir von der Hüfte her aufwärts über den Rücken bis zu den Schultern und dem Nacken. Diese kreisende Massage wird dreimal wiederholt.

Teil 2: Anschließend rubbeln wir mit nicht zu festem Druck über alle Wirbel einzeln die Wirbelsäule nach oben. Jetzt massieren wir noch einmal den Nacken von hinten und vor allem das sogenannte "Nackenfell", das seitlich vom Hals in die Schultern übergeht. Hier zeigen sich Verspannungen ganz besonders deutlich und häufig. Verspannungen im Nackenfell und im oberen Schulterbereich haben stets etwas mit Überlastung, mit zu viel Verantwortung und mit Durchsetzungs-problemen zu tun. Das betrifft in unserer Gesellschaft sehr viele Menschen.

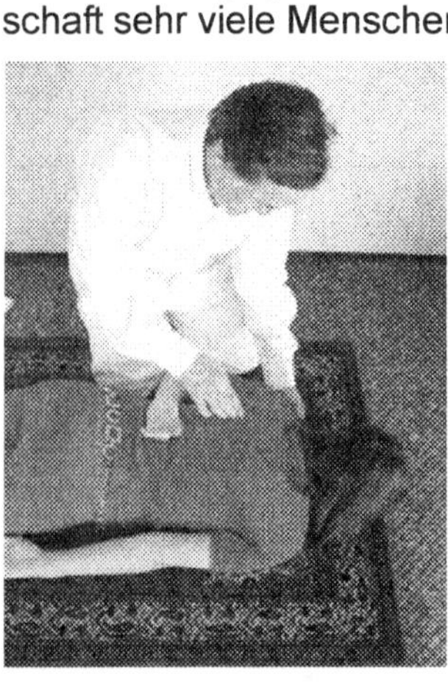

Teil 3: Als nächster Schritt winkeln wir einen Arm des Klienten an und legen seine Hand hinten in sein Kreuz. Wenn wir nun mit der linken Hand unter die Schulter greifen und sie etwas anheben, tritt das Schulterblatt sehr schön hervor. Jetzt können wir die Passagen um das Schulterblatt herum massieren. Dabei sollten wir etwas fester drücken. Hier sind Akupressurpunkte,

die den Kreislauf aktivieren. Das ist gut für müde, depressive Menschen. Die Massage ist aber keineswegs aufregend. Nervöse Menschen erleben die Behandlung als eindeutig beruhigend.

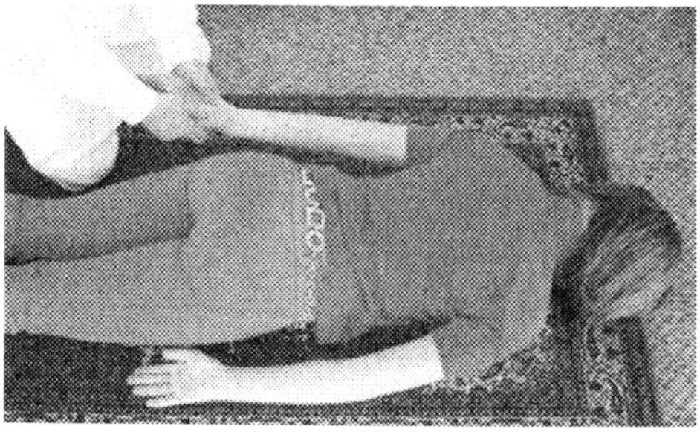

Teil 4: Nachdem wir auf beiden Seiten die ganze Schulterpartie massiert haben, ergreifen wir jeweils einen Arm, ziehen ihn wieder gestreckt neben den Körper und massieren die Arme von der Schulter her abwärts mit kräftigen, lockernden Bewegungen bis zu den Händen. Bei den Händen massieren wir intensiv die Handballen, die Finger und drücken schließlich die Finger-spitze des Mittelfingers kräftig zusammen.
Das aktiviert den Kreis-lauf und bringt die Energie richtig zum Fließen. Diese Massage wird für beide Arme gleich durchgeführt. Als letztes streichen wir mit immer sanfter werdenden Bewegungen über die Arme abwärts bis in die Hände.

Teil 5: Nur für den Fall, daß wir einen sehr gereizten, überdrehten Klienten vor uns haben, streichen wir von den Schultern her in einer fließenden Bewegung beidseitig über den Rücken abwärts bis zu den Hüften oder sogar bis zu den Füßen. Auf diese Weise ziehen wir dem Klienten die Energie herunter und beruhigen ihn. Es kann sogar sein, daß ein chronisch nervöser und gestreßter Klient darüber einschläft. Gerade die gereizten, nervösen Klienten habe eine Beruhigung und Erholung nötig.
Die Wirkung der Plasmamassage auf die Entschlackung des Körpers, auf die Straffung der Haut und auf eine verbesserte Ausscheidung ist sehr gut. Viele Stoffwechselprobleme können auf diesem Wege behoben werden. Voraussetzung ist eine regelmäßige Massage, etwa alle drei Tage und eine einigermaßen gesunde Ernährung. Die Plasmamassage ist sehr gut geeignet für kosmetische Zwecke und für eine schnellere Genesung nach schwereren Erkrankungen.
Bei Klienten, die stark belastet sind mit Schadstoffen, Pestiziden, Smog, Nikotin, falscher Nahrung oder Drogen, können sehr wohl zeitweilig starke Reaktionen auftreten. Die verstärkte Schadstoff-

ausscheidung kann zu plötzlicher Müdigkeit führen. Es kann sein, daß ein Raucher, der schon seit einiger Zeit aufgehört hat zu rauchen, plötzlich nach Nikotin zu riechen beginnt oder Klienten einen typischen Medikamentegeschmack im Mund verspüren, obwohl sie derzeit gar nichts genommen haben. Ebenso kann es vorkommen, daß Menschen hallozinogene Zustände in abgeschwächter Form erleben, weil sie vor längerer Zeit einmal Drogen genommen haben.

Wir müssen davon ausgehen, daß unser Körper heute mit ungeheuren Mengen an Schadstoffen verseucht wird. Der Körper versucht diese fremden Stoffe, Medikamente, Pestizide und Drogen schnell loszuwerden. Er versucht sich dieser Schadstoffe zu entledigen, indem er alles, was er nicht sofort ausscheiden kann, ins Unterhaut-Bindegewebe und ins Fettgewebe verlagern, möglichst weit weg von den lebenswichtigen inneren Organen. Das gilt z.B. für Reste von THC, dem Haschisch-Wirkstoff. Diese Schadstoffeinlagerungen werden durch die Plasmamassage aktiviert und einer Ausscheidung zugänglich gemacht. Wenn so ein Mensch eine Plasmamassage bekommt oder eine Sauna aufsucht, kann es zu Drogeneffekten kommen, weil der Körper dann diese Ablagerungen aktiviert und loswerden möchte.

Gerade bei älteren Menschen, die schon recht verbraucht aussehen, haben wir nach solchen Massagebehandlungen kleine Wunder erlebt. Der verbrauchte, müde und graue Gesichtsausdruck alter Menschen beruht teilweise auf den Ablagerungen, die durch ungenügende Ausscheidungen verursacht werden. Ein Mangel an Bewegung und eine schlechte Atmung sind die Ursache für unzureichende Ausscheidungen. Die Folgen sind schlechte Haut, und viele andere Ablagerungserscheinungen. Wenn Menschen mit solchen Problemen eine Plasmamassage bekommen, erkennen sie sich im Spiegel selbst kaum wieder, so locker und gelöst sind ihre entspannten Gesichtszüge.

Wer die Möglichkeit dazu hat, kann diese spezielle Reinigungsmassage noch wesentlich verstärken, indem er sie nach einem Saunabesuch durchführt. Durch den Saunabesuch ist das ganze Gewebe bereits locker. Optimal wäre es, wenn Sie daheim eine Sauna haben oder aber zu zweit die Möglichkeit haben, eine Sauna aufzusuchen, wo außerdem auf einer Ruhebank Platz für die Massage ist. Dann können Sie zuerst einen Saunagang machen, danach die Plasmamassage und abschließend einen weiteren Saunagang. Die Ergebnisse sind hervorragend.

Erschrecken Sie nicht, wenn Sie anschließend an Ihrem Handtuch riechen. Seien Sie einfach froh, daß Sie diesen oft unglaublichen Geruch los sind. Die Mischung aus Schadstoffen, körpereigenen Ablagerungen und Schweiß als Transportmittel kann wirklich übel sein. Dann merken wir erst einmal, was uns heute alles zugemutet wird und wie nötig wir die Plasmamassage haben.

à propos Reinigung...
so ein Layout für eine Kläranlage
kann nur den Männern einfallen...

Die Chakra-Heilung und die Muskelreflexdiagnose

Aus den Texten über den →Energiekörper geht bereits hervor, daß die Chakras Energiezentren in unserem individuellen Kraftfeld sind. Sie werden aufgebaut durch die Kräfte unseres Geistes. Genauer gesagt, sind diese Kraftzentren Organe unseres Geistes, mit denen unser Geist auf die materielle Ebene Einfluß nimmt.
Die Chakras steuern und dirigieren unsere Organe und zahlreiche andere Funktionen unseres Körpers und unserer Persönlichkeit. Der Zustand unserer Organe hängt von den Chakras und natürlich von der Ernährung ab. Das Wichtigste ist jedoch eine gute Regulation der Energie im Körper. Umgekehrt hängt die Konstitution der Chakras von den körperlichen Organen ab.
Es gibt gute Gründe anzunehmen, daß unser materieller Körper ein Kondensat unseres Geistes bzw. unserer Lebensenergie darstellt. Die Tatsache, daß innere Zusammenhänge zwischen Organen und Energiestrukturen bestehen, machen wir uns in der Muskelreflexdiagnose (Kinesiologie) zu nutze .
Da sich die Chakras alle außerhalb des Körpers befinden, genügt es, wenn ich mit meinen Fingern darauf zeige, um eine Wechselwirkung zwischen meiner persönlichen Energie und dem Kraftfeld eines anderen Menschen herzustellen. Voraussetzung ist lediglich ein gewisses Maß an Konzentration und etwas Sachkenntnis über die Chakras.
Alle unsere Körper-Endigungen, z. B. die Hände, die Finger, die Füße, die Ellenbogen, Schultern, Knie, kurz, alle Gelenke, ebenso Nase, Ohren und alle Haare sind gleichsam Antennen, mit denen wir in die Umwelt hineingreifen. So empfangen und versenden wir Informationen.
Extremfälle, bei denen jemandem die Haare buchstäblich zu Berge stehen, zeigen sehr starke elektromagnetische Ladung. Heilungen durch Handauflegen oder die mentale Übertragung von Kraft an weit entfernte Menschen zum Zweck der Heilung oder als Telepathie sind inzwischen hinlänglich bekannt und akzeptiert (→Reiki). Das gleiche Prinzip wenden wir bei der Chakra-Heilung an.
Unsere Chakras haben die Aufgabe, unsere Wechselwirkung mit der Umwelt und mit anderen Menschen aufrecht zu erhalten. Wenn das Energiepotential eines Chakras normal ist, dann macht es dem betreffenden Menschen keine Mühe, einen Muskeltest zu bestehen, bei dem sein Arm mit ca. 1 kg Druck belastet wird, während gleichzeitig die andere Hand des Therapeuten auf ein Chakra zeigt.

Ist der untersuchte Mensch jedoch in diesem Chakra schwach, kann er dem Muskeltest nicht standhalten. Das läßt die Schlußfolgerung zu, daß er entweder geistig-seelisch geschwächt ist (labil oder krank), oder daß das dazugehörige Organ krank ist.
Ich gehe davon aus, daß geistig-seelische Störungen bereits im Test nachweisbar sind und daß lang anhaltende seelische Störungen schließlich auch eine Erkrankung der betreffenden Organe zur Folge haben.
Umgekehrt kann es sehr wohl sein, daß ein Chakra ausreichend stabil ist, auch wenn das dazu gehörende Organ erkrankt ist. In diesem Falle ist die Situation wohl so zu verstehen, daß ein Mensch eine organische Erkrankung so lange erträgt, wie er in der Lage ist, geistig genug Energie zu mobilisieren, um den organischen Schaden zu kompensieren. Damit kommen wir zu einer erweiterten und veränderten Betrachtung von Gesundheit und Krankheit, wenn wir diese Methode einbeziehen.
Noch einmal in anderen Worten: Wir können ein schwaches oder starkes Chakra durch einen Muskeltest leicht erkennen. Wenn die Energie in einem Chakra zu schwach ist, kann das langfristig zu einer Organerkrankung führen. Das muß aber nicht so kommen, da über die Energie der verschiedenen Chakras auch das Gesamtverhalten des Menschen ausgedrückt wird. Wir spielen bestimmte Rollen, damit unsere Mitmenschen ein bestimmtes Bild von uns bekommen.
Ebenso kann es sein, daß ein Organ bereits krank ist, wir jedoch unbewußt das betreffende Chakra stärken, um so diese Krankheit auszugleichen. So kann es sein, daß ein willensstarker Mensch ohne äußere Symptome eine schwere Krankheit in sich trägt und energetisch kompensiert, bis er ihr schließlich sehr schnell erliegt.
<u>Beispiel</u>: Wiederholt habe ich festgestellt, daß Klienten mit einem bestimmten organischen Leiden in dem dazugehörigen Chakra relativ stabil waren, bzw. relativ leicht stabilisiert werden konnten. Gleichzeitig war jedoch in der Regel ein anderes Chakra sehr schwach, z. B. das 5. Chakra (Zentrum der Erkenntnis) oder der Herzlotos (Demut und selbstlose Liebe).
In jedem Falle konnten sehr rasch gesundheitliche Fortschritte erzielt werden, wenn die schwachen Chakras regelmäßig gestärkt wurden, statt weiterhin vergeblich die kranken Organe zu behandeln!
Ich sehe hier folgenden Zusammenhang: Wenn jemand die Augen verschließt vor neuen Erkenntnissen, die sich aufdrängen, muß

nicht unbedingt die Schilddrüse erkranken (5.Chakra), was sie aber oft genug tut. Es kann vielmehr sein, daß das nächst schwächere Glied in der Kette erkrankt. Das kann irgendein anderes Organ sein. Der Zusammenhang ist dann nicht offensichtlich.
Jedenfalls hat es sich immer als richtig und sinnvoll erwiesen, die Chakras eines Menschen zu kontrollieren und zu stabilisieren. Wir gewinnen auf jeden Fall zusätzliche Erkenntnisse über den Zustand des getesteten Menschen.
Mit dem Chakra-Test können wir einen Klienten auch anleiten, seine Chakras selbst zu stärken. Das ist eine zusätzliche Hilfe, mit der jeder Mensch selbst zu seiner Genesung beitragen kann. Er ist dafür nicht auf fremde Hilfe angewiesen. Die Übungen zur Stärkung der Chakras können auch ohne Testprogramm mit Hilfe einer anderen Person gemacht werden. Wenn Sie niemanden haben, der die Tests mit Ihnen durchführt, dann machen Sie einfach die Stärkungsübungen. Wichtig ist dabei nur, daß Sie eine gute Vorstellung von den Chakras haben. Sie sollten wissen, wo sie liegen und welche Organe und sonstigen Kräfte damit in Verbindung stehen. Es ist gut, wenn Sie mit den Chakrabildern meditieren, um ein Gefühl dafür zu bekommen.
An dieser Stelle möchte ich noch einmal darauf hinweisen, daß meines Erachtens die Mehrzahl der in Deutschland publizierten Schriften über die Chakras fehlerhaft sind. Es wird so ziemlich alles falsch gemacht (überall etwas anderes). Ich möchte keineswegs eigensinnig erscheinen, doch in Bezug zur Chakralehre bin ich sicher, daß meine Darstellung der Realität unserer Energiezentren am nächsten kommt. Hüten Sie sich vor der Arbeit mit falschen Darstellungen. Das führt zu einem fehlerhaften Verständnis dieser Energie und damit zu Störungen in unserem Energiehaushalt. Das einzige ernst zu nehmende Buch ist →"Die Schlangenkraft" von Arthur Avalon, sowie das kleine Büchlein →"Kundalini Yoga" von M.P.Pandit. Mit diesen klassischen Texten stimme ich vollständig überein. Wenn Sie einige Jahre intensiv Energytraining praktiziert haben, werden Sie jede meiner Angaben durch eine gesteigerte sensitive Wahrnehmung überprüfen können.
Bevor ich zur Beschreibung der Chakraheilung und -stärkung komme, möchte ich nun die grundlegenden Übungen der Kinesiologie beschreiben. Wenn wir jemandem ins Gesicht schauen, den wir gut leiden können, dann fließt zwischen den beiden Personen eine Energie, die uns gut tut. Umgekehrt wissen Sie, wie lästig es ist, wenn jemand Sie anstarrt, den Sie überhaupt nicht leiden kön-

nen. Da wissen Sie, daß das keine gute Energie ist. Die Energie fließt zwischen verschiedenen Menschen, die miteinander beschäftigt sind. Das geht sogar über große Entfernungen. Wenn jemand mit Liebesgefühlen oder mit Haßgefühlen an einen Anderen denkt, dann kann der Andere das fühlen. Wir ahnen vorweg, wenn ein Anruf kommt, wissen vielleicht sogar, wer in der Leitung ist!
Bei den kinesiologischen Tests läßt man denjenigen, der getestet wird, geradeaus schauen. Es ist günstig, wenn wir neben der Testperson stehen und diese ins Leere schaut. Bereits über die Augen kann man sich von einer anderen Person Energie holen. So könnte der Test verfälscht werden.

Vorübung:

Wenn Sie testen wollen, wie stark der Druck Ihrer Hand ist, dann nehmen Sie sich eine Personenwaage oder eine Haushaltswaage zur Hand. Stellen Sie die Waage auf einen Tisch, die Finger gespreizt auf die Waage legen und dann drücken Sie einfach so leicht zu, daß die Waage ca. 1 kg anzeigt. Zuerst schauen Sie darauf, wie stark Ihre Hand auf die Waage drückt, bis Sie zum Schluß ohne hinzuschauen wissen, welchen Druck Ihre Hand ausübt. Das ist die einzige Grundübung, die jeder zuerst einmal lernen muß, damit er diese Testmethode richtig anwenden kann.

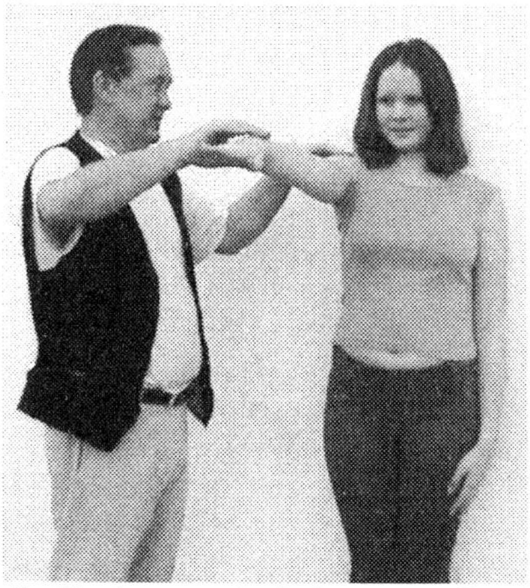

Eine der Übungen geht so:

Die Testperson streckt den rechten oder linken Arm gerade aus. Das Handgelenk ist eine Idee höher als die Schulter. Die Schultern bilden mit dem Arm einen rechten Winkel. Der Therapeut legt seine linke Hand locker auf die Schulter der Testperson. Mit der rechten Hand drückt er dann mit etwa 1 kg Druck das Handgelenk nach unten, und die Testperson hält dagegen. Das ist der Druck, den jeder spielend aushalten kann.

Wenn ich jetzt bei einer Person diesen Test mache, dann kann ich eine Frau fragen: Sind Sie eine Frau? Der Muskel wird stabil bleiben, weil sie natürlich eine Frau ist. Wenn ich sie frage: Sind Sie ein Mann? Dann wird der Muskel nachgeben, denn diese Frage ist falsch. Selbst wenn ein Mensch keine klare Vorstellung von der Antwort hat, wird sein Unterbewußtsein über die Muskelreaktion eine korrekte Antwort liefern.

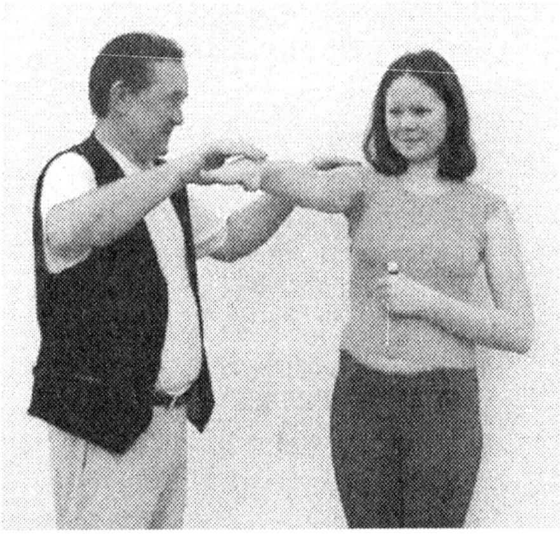

So können beliebige Fragen geklärt werden. Wir können im Rahmen einer Therapie oder einer Beratung abklären, welches Verhältnis ein Mensch zu seinen Eltern hatte. Die geheime Botschaft aus dem Unterbewußtsein kann ganz anders aussehen, als die anerzogene Haltung. Ein Mensch denkt vielleicht, er liebt seine Mutter, aber die hat ihn ewig gegängelt und bevormundet, bis heute! Dann wird er uns sagen: Ich liebe meine Mutter! Doch sein Muskel wird schwach, sobald er an sie denkt. Die Muskelreflexdiagnose ist somit eine sehr zuverlässige Hilfe in der Analyse.

Sie können einem Menschen beliebige Gegenstände in die linke Hand geben, um die Bedeutung oder Wirkung auf ihn zu bestimmen. Wir benutzen dabei den Menschen als „Messgerät".
Zuerst machen wir den Blindtest, um zu prüfen ob sein Arm stabild bleibt, ohne eine Frage zu stellen. Danach können wir ihm Heilmittel, Nahrungsmittel, Edelsteine, ein Foto von einer Person, einen Brief mit verborgenen Informationen, das Angebot für eine Reise oder was auch immer in die Hand legen. Er hält es vor seine Brust, vor das 4. Chakra, und sein Unterbewusstsein wird mit großer Sicherheit und Genauigkeit fühlen, worum es geht und welche Bedeutung diese Testgegenstände für ihn haben. So können Sie bestimmen, welches Medikament gut für ihn ist, wie viel er davon braucht usw.
Wenn ein Mensch überreizt ist oder Angst hat vor der eigenen Antwort, dann kann es sein, daß er innerlich blockiert. Er gibt keine

Auskunft mehr. Der Testmuskel bleibt starr. Wir fühlen eine sehr harte Gegenreaktion, wenn wir den Muskel testen wollen. Unter diesen Bedingungen haben Fragen keinen Sinn, denn die Testperson verweigert die Auskunft. Sie ist blockiert, und wir müssen den Test ein paar Tage oder Wochen später wiederholen. Es kann sein, daß der Test nach einer Plauderei von 10 Minuten zwischen Therapeut und Teilnehmer funktioniert, wenn die Testperson sich entspannen kann. Wenn der Mensch mitspielt, funktioniert die Methode optimal.

Kinesiologischer Test: Bestimmung der Hirnpriorität

Bei jedem Menschen ist eine Hirnhälfte dominant, meistens ist es der Verstand und der sitzt in der linken Großhirnhälfte. Er kontrolliert das rechte Auge und die rechte Körperseite.
Zeichne Dir mit einem Filzstift ein großes **X** auf ein Blatt Papier. Stich mit einem Stift ein Loch durch die Mitte.
Halte das Blatt mit ausgestrecktem Arm vor Dich und fixiere durch das Loch im X einen beliebigen, deutlich zu erkennenden Punkt, irgendwo dahinter an der nächsten Wand.
Halte unbedingt am Anfang beide Augen offen, bis Du einen bestimmten Punkt durch das Loch siehst. Dann schließe das rechte Auge und halte das Blatt still! Wenn Du nun den Bildausschnitt immer noch siehst, dann bist Du links-äugig dominant, d.h. die Priorität liegt in der rechten, intuitiven Hirnhälfte. Diese bestimmt, daß Dein linkes Auge jeweils den Bildausschnitt fixiert, den Du primär sehen sollst. Das linke Auge ist heute nur bei wenigen Menschen dominant.
Ist der Bildausschnitt plötzlich verschoben oder verschwunden, sobald Du das rechte Auge schließt, dann ist das rechte Auge und der Verstand in der linken Hirnhälfte dominant.
Bist Du nun mit dem linken Auge dominant, dann schaue beim Kreuzgang nach links oben mit geradeaus gehaltenem Kopf!
Dadurch dehnst Du den rechten Sehnerv, der sich anstrengen muß, an der Nase vorbei nach links zu schielen. Über den rechten Sehnerv übst Du einen Zug auf die linke Hirnhälfte aus und förderst so den Verstand, die schwächere Hirnhälfte.

Ist umgekehrt das rechte Auge dominant, mußt Du nach rechts oben schielen, weil sich dabei das linke Auge mehr anstrengen muß und die rechte intuitive Hirnhälfte angeregt und gefördert wird.

Übung: Kreuzgang zur Integration der beiden Großhirnhälften:

Bei den meisten Menschen ist die Zusammenarbeit der beiden Hirnhälften nicht optimal. Viele Tests haben bewiesen, daß die meisten Menschen nicht mitbekommen, ob Sie mit der rechten Hirnhälfte intuitiv oder mit der linken rational an ein Problem herangehen. Das Hirn schaltet auf Grund unterschiedlichster Auslöser hin und her. Während dem Umschalten sind sogar winzige "black out's" vorhanden, so daß offensichtlich die eine Seite nicht weiß, was die andere tut! Das ist der Grund, warum bereits Schulkinder erhebliche Probleme haben, sich zu konzentrieren und auf Befehl alle ihre erlernten Daten parat zu haben. Sie vergessen immer wieder Teile des erlernten Wissens. Das verursacht die Fehler in den Arbeiten. Je besser unsere beiden Großhirnhälften koordiniert sind, desto optimaler sind Deine Denkleistungen.

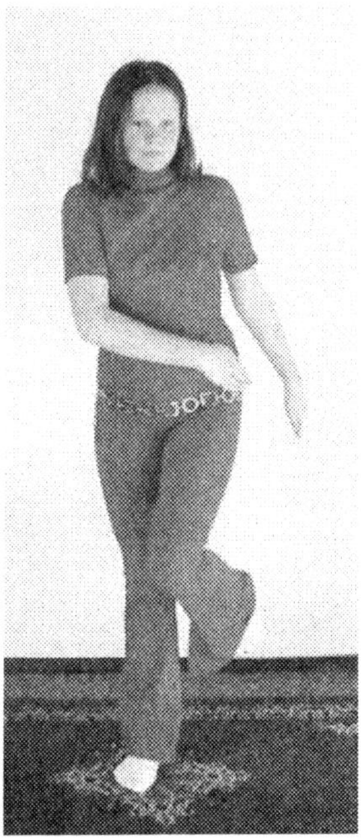

Mache Kreuzgang für 5 - 10'. Hebe abwechselnd das rechte oder linke Bein so hoch, daß dabei das Knie ein bischen zur anderen Seite hinüber gedreht wird. Gleichzeitig drehst Du die Schultern und fährst mit dem Arm zur anderen Körperseite nach unten.

Noch einmal in anderen Worten: Du hebst das linke Bein, das Knie wird nach rechts hochgezogen, die Hüfte dreht sich nach rechts. Gleichzeitig drehen sich die Schultern nach links und der rechte Arm fährt am linken Knie vorbei nach unten. Danach die umgekehrte Bewegung mit dem rechten Bein hoch und die Schultern drehen sich nach rechts. Achte darauf, daß die ganze Wirbelsäule bewegt wird und führe die Hände über kreuz an dem emporgehobenen Knie vorbei. Schaue dabei mit geradeaus gehaltenem Kopf beharrlich auf die Seite Deines Prioritäts-Auges.

Wenn Du die Übung auf einem Trampolin

machst, ist sie besonders wirkungsvoll. Sie bricht Verkalkungen auf und fördert den Fluß der Spinalflüssigkeit in Deiner Wirbelsäule. Das wurde von der NASA getestet! Die Übung ist von elementarer Bedeutung für alle, die noch etwas lernen wollen und die vielleicht geistige Müdigkeit oder Schwerfälligkeit überwinden möchten.

Die Chakra-Tests mit der Muskelreflexdiagnose:

1. Die Schritte im Einzelnen:

Verschaffen Sie sich ein klares Verständnis von den Chakras, so wie ich sie beschrieben habe. Versuchen Sie sich ein klares Bild davon zu machen, wo genau sie sich befinden. Verwenden Sie dafür die folgende, vollständige Tabelle. Üben Sie fleißig und zwar möglichst auch mit einem Menschen, der etwas davon versteht. Dabei lernen Sie mehr, als bei der praktischen Anwendung mit unausgebildeten Menschen. Fühlen Sie sich hinein, um zu spüren, daß es geht und daß diese Chakras tatsächlich vorhanden sind.
Beschränken Sie sich aus ethischen Gründen darauf, in der hier beschriebenen Weise zu testen und schwache Chakras zu stärken. Weitergehende Versuche der Einflußnahme auf den Energiekörper eines anderen Menschen bedeuten zugleich einen Eingriff in seine Seele! Das halte ich für unzulässig.

2. Durchführung des Tests:

Setzen Sie sich mit der zu testenden Person vis-á-vis auf 2 Stühle. Die Testperson sollte gerade sitzen, möglichst nicht angelehnt, die Beine leicht gespreizt, die Beine am Knie rechtwinklig gestellt, die Füße in etwa parallel. Die linke Hand der Testperson liegt locker auf der Mitte ihres linken Oberschenkels. Die Finger der linken Hand greifen auf keinen Fall über das Knie hinweg. Dadurch würde der freie Energieaustausch zwischen dem Therapeuten und der Testperson schon wieder eingeschränkt.
Der rechte Arm der Testperson wird gerade ausgestreckt, schräg nach unten, und befindet sich ca. 30 cm über dem rechten Knie, Ellenbogen durchgedrückt, das Handgelenk gerade bis in die Finger, Daumen leicht seitlich abgespreizt.

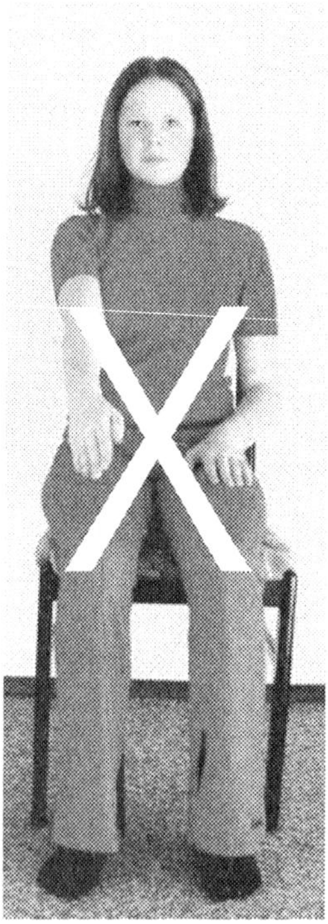

Wir denken uns ein großes **X**, wobei die Handfläche rechts in der einen X-Ebene liegt, die von der linken Schulter zum rechten Knie der Testperson verläuft. Wir fassen die rechte Hand der Testperson am Hand-gelenk und drücken mit ca. 1 kg Druck in Richtung auf das linke Knie der Testper-son, also in der Richtung wie das zweite Bein des X verläuft, von der rechten Schulter zum linken Knie, siehe Foto!

Unsere linke Hand liegt also am rechten Handgelenk der Testperson, aber wir umfassen das Handgelenk nicht! Das Arm der Testperson und damit das Testergebnis beeinflussen. Für den Blindtest berühren unsere rechten Finger das linke Knie der Testperson. Jede durch-schnittlich gesunde Person kann diesen Muskeltest bestehen.
Allerdings ist zu beachten, daß in der heutigen Zeit viele Menschen unkonzentriert, geistesabwesend und unbewußt sind. Sie haben Mühe, sich auch nur auf ihren eigenen rechten Arm zu konzen-trieren. Sie wissen gar nicht, wo der eigene Arm endet. Sie sollen aufmerksam sein und unserem Druck beim Test standhalten, aber sie sind innerlich keineswegs aufmerksam, sondern ständig abgelenkt. Es kann also sein, daß wir einer Testperson erst einmal durch mehrfache Wiederholung klar machen müssen, wo der eigene Arm ist, und daß sie jetzt bitte einmal aufpassen soll, was da gemacht wird. Die Unachtsamkeit vieler Menschen ist wirklich erschreckend. Sie muß überwunden werden, wenn man diesen Test sinnvoll anwenden möchte.
Der auf diese Weise verwendete Testmuskel ist der

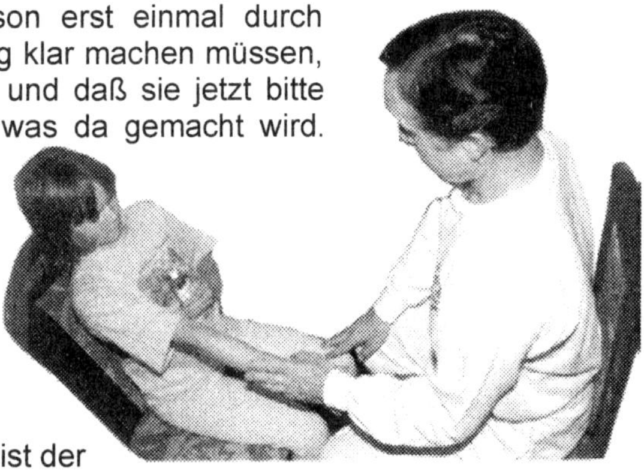

Supraspinatus in Schulter und Oberarm. Er steht in Korrelation mit dem Zentralgefäß der Akupunktur.
Alle Hauptchakras liegen auf dieser "Linie der Kraft". Nach Erkenntnissen der Kinesologie wird dieser Energie-Organ-Bereich durch Angst, emotionalen Streß oder einseitige Tätigkeiten wie z. B. stundenlange Schreibtischarbeit, ebenso langes Autofahren, geschwächt. Das bedeutet gleichzeitig, daß derartig einseitige Tätigkeiten eine negative Auswirkung auf die Hauptchakras und den zentralen Energiekanal der Akupunktur haben.
Dem wirkt →Energytraining entgegen, weil es durch die Vielzahl seiner Übungen ein umfassendes allround-Training möglich macht. Es ist der ideale Ausgleich für viele einseitige Tätigkeiten der Industriewelt.

Test: Für den nun folgenden praktischen Chakra-Test halten Sie weiterhin die rechte Hand der Testperson am Handgelenk. Dann deuten Sie mit den ausgestreckten Fingern der rechten Hand auf das jeweilige Chakra. Konzentrieren Sie sich einen Moment und dann drücken Sie geistig, also mit Ihren Gedanken, von außen auf dieses Chakra, in dem Bewußtsein, daß durch die geistige Konzentration Energie aktiviert und durch ihre rechte Hand zum Chakra der Testperson übertragen wird.
Erinnern Sie sich: Die Chakras gleichen zarten Blütenkelchen, die aus dem Energiekanal der Shushumna in der Wirbelsäule herauswachsen. Die "Blütenkelche" sind nach vorn gestreckt. Sie durchdringen den Körper. Die Blütenräder selbst befinden sich ca. 5 cm vor unserem Körper in unserer Aura.
Beginnen Sie mit dem **1. Chakra.** Es befindet sich genau im Schritt der Versuchsperson. Es tritt zwischen After und Geschlechtsorgan aus dem Körper aus. Es befindet sich also bei der Testperson auf der Sitzfläche des Stuhls, zwischen den leicht gespreizten Beinen, nach vorn gerichtet. Wenn sich zwei Personen gegenüber sitzen, richtet es sich bei beiden Personen

sofort nach vorn aus. Unsere Chakras sind an jeder Art von Kommunikation permanent beteiligt.
Wenn Jemand seine Oberschenkel zusammenpreßt, können wir es im Sitzen nicht testen. Wenn das 1. Chakra stabil ist, gehen Sie weiter zum nächsten.
Das **2. Chakra** befindet sich am Schambein.
Das **3. Chakra** finden Sie einen Zentimeter oberhalb des Bauchnabels.
Das **4. Chakra** befindet sich um unteren Ende des Brustbeins, direkt oberhalb des Magens.
Der Herzlotos **Ananda Kanda** ist nicht das 4. Chakra! Der Herzlotos befindet sich direkt über dem Herzen, bei Männern 4 Finger breit unterhalb der linken Brustwarze. Bei Frauen mit nicht zu großer Brust befindet sich das Herzzentrum direkt unterhalb der linken Brust.
Das **5. Chakra** befindet sich in der Drosselgrube, also am oberen Ende des Brustbeins, zwischen den beiden Schlüsselbeinen.
Das **6. Chakra** befindet sich auf der Mitte der Stirn, dicht oberhalb der Mitte der Augenbrauen.
Das **7. Chakra** finden Sie über dem Hinterhauptswirbel des Kopfes.

Der Klient atmet bei den Tests normal. Entdecken wir eine leichte Schwäche in einem Chakra, so bitten wir ihn, den Atem anzuhalten und wiederholen den Test. Mit eingeatmeter Luft, den Atem angehalten, sollte er den Muskeltest halten können. Kann er das nicht, liegt eine Schwäche vor, die stabilisiert werden sollte.
Wenn wir alle Chakras durchgetestet haben, überprüfen wir die schwachen noch einmal, stabilisieren sie alle der Reihe nach. Wiederholen Sie nach einigen Minuten den Test der schwachen Chakras.
In einer Beratungsstunde mag nicht genug Zeit sein, um ein sehr schwaches Chakra sofort zu stabilisieren. Wir machen die Übung einmal und haben einen Teilerfolg. Wir machen Sie zweimal, haben Erfolg, aber nach fünf Minuten wird der Muskel doch wieder schwach, weil unser Klient seinen veränderten Energiehaushalt nicht stabil halten kann. Nach einer solchen Testfolge und Stabilisierung einzelner Chakras fühlen sich die Klienten sicherer und wohler. Gefühle von Angst und Unsicherheit sind schwächer oder verschwunden. Es ist jedoch wichtig, daß sie daheim selbst an ihrem Energiehaushalt arbeiten, um wirklich eine neue Schwingung zu bekommen und nicht wieder rückfällig zu werden.

Wie lange eine Stabilisierung Wirkung zeigt, wissen wir nicht im Voraus. Es kann zwischen wenigen Minuten und einigen Wochen liegen. Hinter der Erkrankung von einem Organ oder in der Störung der Energie von einem Chakra, stehen falsche Angewohnheiten. Diese werden dafür sorgen, daß die Schwäche so lange erneut auftritt, bis der Betroffene seine falsche Lebensweise verändert.
Die Schwäche eines Chakras kann sehr unterschiedliche Ursachen haben. Es kann sein, daß in einer Partnerschaft die eine Person systematisch Druck auf ein Chakra des Partners ausübt, um ein bestimmtes Rollenspiel aufrecht zu erhalten. Z.B. wird die stärkere Person in der Beziehung die unterlegene Person durch Druck auf das 3. Chakra klein halten. Die Willenskraft und die Durchsetzungsfähigkeit werden gedämpft.
Doch ebenso kann es sein, daß eine Person sich konstant willensschwach zeigt und dadurch den Partner motiviert, die Verantwortung zu übernehmen. Weil der sich als der Starke fühlt, investiert er mehr Energie in die gemeinsamen Aufgaben. Wenn eine Frau dann noch eine starke Energie im 2. Chakra hat, wirkt sie garantiert auf ihren Mann erotisch anziehend, und es macht ihm Spaß, für sie und die Beziehung zu arbeiten.
Lassen Sie mich noch ein weiteres Beispiel bringen: Bei Müttern, die Kinder großgezogen haben, tritt oft ein Frust ein, weil ihr Lebensinhalt fehlt, sobald die Kinder aus dem Haus sind. Gute Elternschaft hat immer etwas mit dem 4. Chakra zu tun. Kann diese Energie nun nicht mehr eingesetzt werden, die Kinder wollen Abstand, der Ehemann hat nur seinen Job im Kopf, dann muß ein Umdenken stattfinden, sonst richtet sich die Energie gegen den Menschen selbst.
Für eine vereinsamte Frau mit überschüssigen Kräften im 4. Chakra könnte das vorerst eine gewisse Traurigkeit und Leere, langfristig aber Brustkrebs bedeuten. Es kann sein, daß sie sich überall einmischt, um ihre wohlmeinende Fürsorge an den Mann zu bringen. Wenn sie jedoch oft zurückgewiesen wird, bringt das Erkrankungen mit sich. Die beste Lösung wäre es, wenn sich Eltern dieser Veränderungen bewußt werden und die überschüssige Energie in andere Projekte stecken. Bei karitativen Vereinigungen überwiegen dann auch die Helfer im Alter ab 40 Jahre aufwärts, und es überwiegt der Anteil an Frauen.

3. Die Stabilisierung eines Chakras

Machen Sie sich bewußt, daß unser Atem permanent Energie in uns hineintransportiert! Machen Sie sich bitte weiterhin klar, daß unser Gehirn den größten Teil dieser Energie verbraucht, daß also die Masse der Energie in unsere Nerven und damit in unser Energiezentrum fließt. Tatsächlich verbraucht unser Gehirn auch 80% unserer biologischen Energiereserve in Form von Traubenzucker, obwohl es nur 1500 g wiegt. Unser Gehirn ist eine absolute Hochleistungsmaschine.
Des weiteren machen Sie sich bitte bewußt, daß wir durch die Kraft unserer geistigen Konzentration diese Energie mobilisieren und dirigieren können. Wir selbst entscheiden in der Tat, ob wir stark oder schwach sind und welcher Teil von uns schwach oder stark ist. Machen Sie Ihre Klienten darauf aufmerksam, daß es in Ihrer Hand liegt, den eigenen Körper gesund und stabil zu halten und bestimmte Bereiche zu stärken oder zu schwächen, ganz nach den eigenen Bedürfnissen. Wir tun es sowieso ständig, aber zumeist unbewußt. Wenn wir es einmal bewußt tun, dann gerät es leicht daneben, weil wir übertreiben oder zu wenig von den Zusammenhängen verstehen.
Bei der Atmung nehmen wir nicht nur den Sauerstoff auf und geben das verbrauchte Kohlendioxid ab. Wir atmen zusammen mit der Luft die energetischen → Pranapartikelchen ein. Sie kommen mit dem Sonnenlicht zu uns und schwirren überall in der Luft umher. Bei schönem Wetter kann man sie sehr gut als kleine Lichtfunken am Himmel flimmern sehen. Diese Pranapartikelchen werden nicht in die Lunge eingeatmet, sondern sie werden bereits an der Nasenwurzel in unseren Energiekörper übernommen. Aus diesem Grund ist Nasenatmung energiereicher als Mundatmung. Die Aufnahme der Pranapartikelchen ist eine Aufgabe des 3. Auges (→6. Chakra).

<u>Übung</u>: Stärkung eines Chakras

Setzen Sie sich wie beschrieben vis-à-vis in Position mit Ihrer Testperson. Erklären Sie Ihrem Klienten die Zusammenhänge. Ohne Bewußtsein und Konzentration geht hier nichts!
Halten Sie guten Kontakt zum rechten Handgelenk der Testperson. Die Testperson atmet tief ein, hält den Atem an, schließt die Augen und konzentriert sich innerlich auf ihr schwaches Chakra.

Ihre rechte Hand weist ebenfalls auf das schwache Chakra der Testperson. In Gedanken drücken Sie mit Ihrer mentalen Energie von außen kräftig dagegen.
Die Testperson hat die Augen geschlossen, die linke Hand liegt auf dem linken Oberschenkel, die rechte Hand ist gerade ausgestreckt. Sie halten mit leichtem Druck das rechte Handgelenk. Die Testperson atmet tief ein und konzentriert sich z.B. auf den Nabelpunkt, auf das 3. Chakra.
Sie selbst konzentrieren sich von außen ebenfalls auf das 3. Chakra der Testperson, und die Finger Ihrer linken Hand zeigen darauf.

Die Testperson atmet tief ein und hält dann den Atem an. Sobald sie den Atem anhält, verstärken Sie den Druck auf das rechte Handgelenk. Die Testperson soll unbedingt aktiv dagegen halten! Dabei handelt es sich nicht um eine Kraftprobe, sondern es dient dazu, daß unser Klient sehr bewußt und aufmerksam seine eigenen Energie wahrnimmt und kontrolliert. Die Testperson sollte den Atem möglichst lange anhalten, mindestens 10 Sekunden.
Wenn der Klient den Atem gehen läßt, soll er sich ganz darauf konzentrieren, daß alle Energie aus seiner Atmung in das schwache Chakra fließt und Ihren Druck, den Sie geistig von außen darauf richten, abweist. Er /sie drückt also von innen durch das Chakra die Energie nach außen.
Gleichzeitig verstärken Sie den Druck am Handgelenk und Ihre geistige Konzentration auf das schwache Chakra. Die Übung wird 1-2 Mal wiederholt. Danach wiederum testen, ob das Chakra nun stabil ist.
Es ist faszinierend, wie stark ein Chakra werden kann, wenn diese Übung gut gemacht wird. Wir können es erleben, daß nach einer Stabilisierung der Chakras aus einem trüben, depressiven Menschen plötzlich ein aktiver, lebensfroher Mensch wird, der uns mit leuchtenden Augen anschaut. Je nachdem, wieviel Information Sie Ihrem Klienten auf einmal zumuten können, kann diese Übung noch wesentlich intensiviert werden. Das Organ, das unseren Energiehaushalt steuert, ist unser 3. Auge, also das 6. Chakra. Die beschriebene Übung wird wesentlich intensiviert, wenn der Klient tief einatmet, sich dann auf das 3. Auge konzentriert, also auf den Mittelpunkt seiner Stirn zwischen den Augenbrauen, dabei seine Augäpfel nach innen oben hin verdreht, anschließend die Unterleibsmuskulatur anspannt (Mulabandha) und so die eingeatmete Energie konzentriert bereitstellt (innerlich sammelt).

Trotzdem darf er nicht das Ziel seiner Übung vergessen. Er muß sich also zum einen auf diese Übung und auf die Konzentration seiner Energie ausrichten und zum anderen das Ziel für seine Energie, z.B. sein schwaches 3. Chakra, im Bewußtsein behalten.
Im Moment des Ausatmens spannt er sich weiter voll an und stellt sich vor, daß seine ganze Energie in das gewünschte Chakra fließt. Danach lassen Sie einige Atemzüge Pause. Anschließend wiederholen Sie den Test und wenn nötig die ganze Übung.
Normalerweise sind wir sehr durchlässig. Ein Teil der Energie, die wir mit dem Atem aufnehmen, verläßt uns schon wieder durch den Unterleib. Mulabandha bedeutet, daß wir die sogenannten Wurzelbänder, also die Muskelbänder in unserem Unterleib, im Schritt, den Ringmuskel des Afters und die Muskeln von unserem Geschlechtsorgan fest nach innen zusammenziehen und anspannen. Durch Mulabandha veranlassen wir die eingeatmete Energie, im Körper zu kreisen, bis wir ihr den Weg weisen. Sie verläßt uns nicht so schnell wieder.
Das 3. Auge ist der Fokus, mit dem wir diese Energie zum gewünschten Ziel leiten, z.B. in eines unseres Chakras. Ebenso gut können wir durch diese Konzentrationsübung Energie sammeln und in ein erkranktes Organ schicken. Ich kenne viele Menschen, die durch derartige Übungen einen Heilungsprozeß beschleunigt haben.

4. Stabilisierung der eigenen Chakras ohne Partner

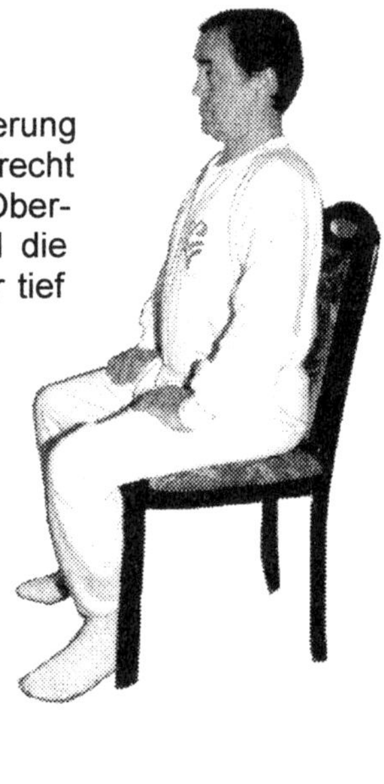

Mit dieser Methode kann jeder die Stabilisierung allein durchführen. Dafür setzen wir uns aufrecht wie beschrieben, stützen beide Hände auf die Oberschenkel, die Hände nach innen gekehrt und die Ellenbogen leicht abgespreizt. Dann atmen wir tief ein, Konzentration aufs 3. Auge, Mulabandha anspannen, volle Konzentration, und den Atem anhalten so lange es geht. Danach senden wir ganz bewußt alle unsere Energie in das gewünschte Ziel in unserem Körper, um diesen Bereich zu stärken oder zu heilen. Gleichzeitig spannen wir den Körper-bereich an, vor dem das

betreffende Chakra liegt, z.B. den Bauch, die Brust oder den Hals. Wenn wir diese Übung allein durchführen, sollten wir der Reihe nach alle Chakren und den Herzlotos stärken. Manchmal merken die Menschen sofort, wie sich ihre Energie verändert. Es kann aber auch sein, daß sie es nicht bewußt registrieren. Trotzdem wirken diese Übungen immer, und wir sollten darauf achten, daß alle Chakras gleichmäßig gestärkt werden. Einseitigkeit sollte vermieden werden. Wer seine Schwächen kennt, z.B. einen Mangel an Durchsetzungsfähigkeit, der kann ruhig etwas mehr mit seinem 3. Chakra arbeiten.
Sicherlich haben Sie es auch schon einmal erlebt, daß Ihnen jemand unangenehm aufdringlich war und Sie darum die Hände oder Arme vor dem Bauch verschränkten. Menschliche Begegnungen berühren immer unsere Chakras. Wenn wir unsere Hände speziell über das 4. Chakra legen, machen wir zu und schützen uns. In Zukunft brauchen Sie also nicht unbedingt die Hände vor dem Bauch verschränken. Es wird genügen, wenn Sie voll ins 4. Chakra atmen und vor Ihrem Körper einen Energieschirm errichten. Machen Sie das Gleiche mit dem 3. Chakra, dann werden Sie offensiver, handlungsfähiger und dynamischer.

Channelbotschaften zur Funktion der Chakras

Ich möchte hier und im folgenden Kapitel über Chakras und Drüsen eine Reihe von Channelbotschaften direkt wiedergeben. Diese medialen Berichte haben alle ihre eigene Schwingung. Lassen Sie diese Texte auf sich wirken. Zusammen mit den Channelbotschaften erhielt ich gechannelte Skizzen, die uns ein Gefühl dafür geben können, wie die energie in den verschiedenen Ahakras fließt. Betrachten Sie die Skizzen zu den Chakras und außerdem die farbigen Bilder. So gewinnen Sie nach und nach ein besseres Gefühl für die einzelnen Chakras.

11.1.91, Channelbotschaft von Junow: Mechanik (Beweglichkeit) ist erstes Chakra, Chemie (chemische Prozesse, Hormone) ist 2. Chakra, Physik (Energie, Anwendung von Kraft) ist 3. Chakra, Biologie (Lebensprozesse) ist 4. Chakra, Zoologie (Kommunikation mit anderen Lebewesen, anderen Arten) ist 5. Chakra, Botanik (mentale Steuerungsprozesse, direkte Verbindungen von den göttlichen Ebenen zum irdischen Leben; Pflanzen stehen ganz anders in der kosmischen Hierarchie, als wir heute meinen!) ist 6. Chakra (siehe auch meine Ausführungen ➔"Mit Pflanzen reden"), Mathematik (reine mentale Prozesse) ist 7. Chakra; für wahr, so ist es!

18.2.94, 3.50 Uhr Jupither: Ich lehrte dich verstehen. Energie lebt aus einem höheren Raum. Ohne die Natur zu verstehen, kann niemand sein Leben begreifen. Es fließt auf eure Erde aus höheren Sphären. Eigentlich seid ihr Fremde dort im Körper der Tiere. Nur mit dem Herzen kannst Du uns hören. Ohne Herzlotos geht es nicht. Du mußt dreidimensional fühlen. Ohne Gefühl geht es nicht. Laß uns weitermachen:

***1. Chakra:** Die Kundalini lebt nicht. Es ist der Strom von Energie, der im Unterleib schläft. Er ruht in einer Blase aus Materie, in Deiner Prostata. Ein Impuls steht im Leib, immer. Ohne diesen Impuls bist Du tot. Er aktiviert Dich auf höhere Weise. Die Hitze erscheint auf seiner Oberfläche.*

Von diesen 4 Schleifen sind 2 mehr nach oben gerichtet, zwei nach unten gerichtet. Versuchen Sie es räumlich zu sehen. Pendeln Sie die Wirkung aus der Zeichnung!

Attribute von Jupither: *„Das 1. Chakra ist unilinear, rhaftal."*

***2. Chakra:** Es reguliert Energie aus dem Hyperraum. Ihr müßt Leben geben mit Seele. Beim Orgasmus entsteht ein Impuls aus Mutter und Vater, der neu aktiviert werden kann. Ein Lebewesen mit Bewußtsein entsteht nicht ohne zutun von Gott. Ja, reinkarniert sind nur alte Geister. Ihr seid nicht neu. Es gibt euch schon seit Milliarden Jahren.*

2. Chakra, männlich, linksdrehend

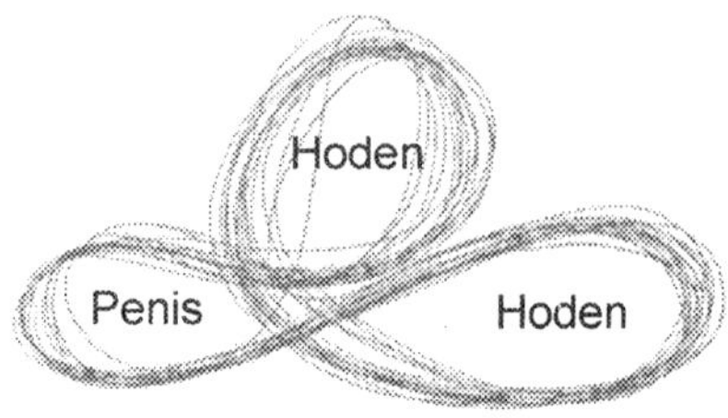

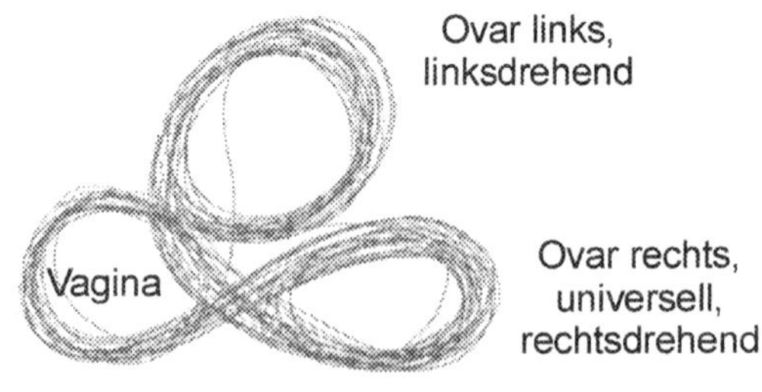

2. Chakra weiblich, bipolar

Vor langen Zeiten wart ihr da in Form von glasharten Kristallen, die im Raum schwebten. Diamanten sind Leben.

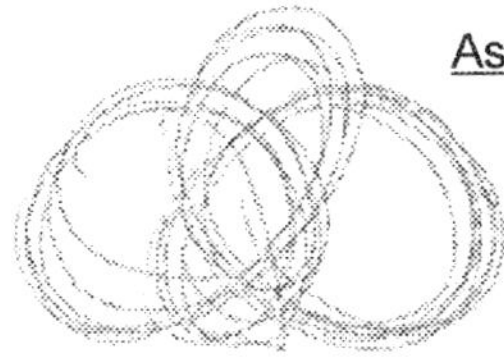

Aspekte des 3. Chakras

Zusammengeknäult, der mittlere Teil steht hoch, weniger Energie.

3. Chakra: *Sammelt alle Impulse, die vom 1. Chakra hochsteigen. Es bündelt Energie für Pläne, um euch auf dieser Welt einzurichten. Es geht um die Durchsetzung Deiner Ideale, nicht um andere.*

Geöffnet,voll aktiv, 5 - 6 Schleifen durchdringen sich ständig, leuchtend rot und blau

4. Chakra: *Steuert die Liebe, alle Prozesse, um mit fremden Wesen leben zu können, ohne 4. Chakra wärt ihr Tiere. Tiere brauchen es nur, um nicht ihre Jungen zu fressen. Sie bedürfen höherer Kontrolle. Mehr Licht im Kopf nutzt allen.*

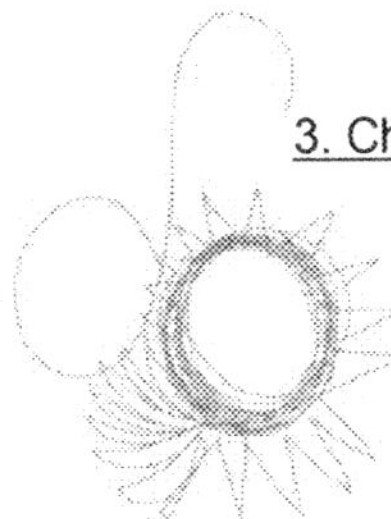

3. Chakra weiblich

Alternierend
sacral
holy
Macht total

Strukturen des 4. Chakras

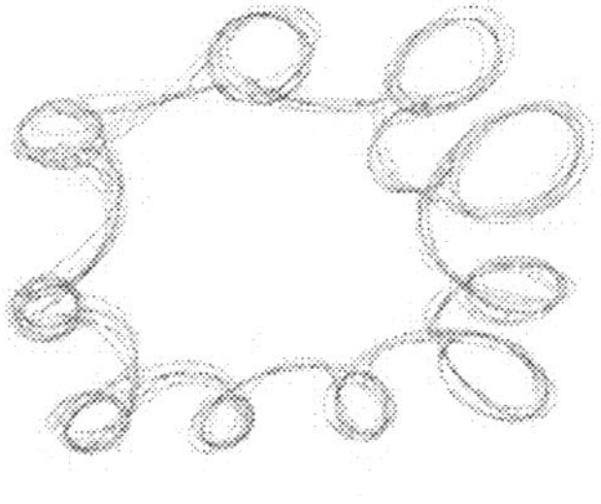

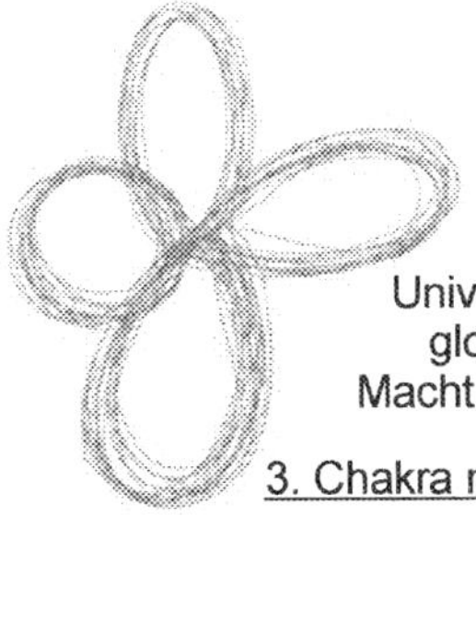

Universell
global
Macht extrem

3. Chakra männlich

Ananda Kanda
Der Herzlotos

Das 5. Chakra gleicht einem Trichter mit 16 schlanken Blättern. Es greift hinein in Raum und Zeit und es verbindet uns mit dem Akasha.

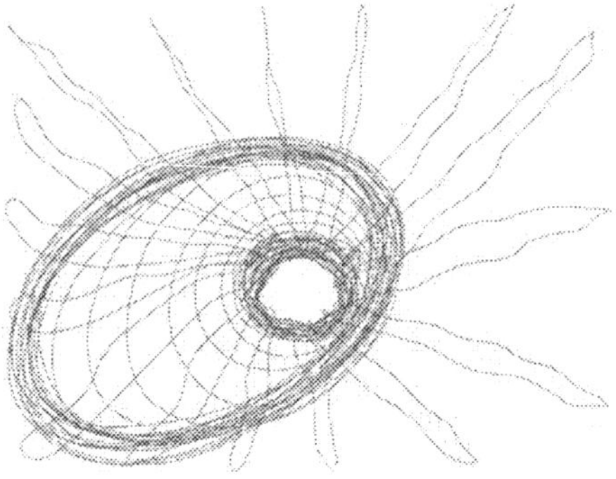

5.Chakra: *Das Halschakra holt Impressionen. In der Schilddrüse ruhen 2 Epithelkörper. Ohne sie hört Dein Leben auf. Sie haben nichts mit Äther zu tun. Es sind neurodermale Knoten. Sie holen über eine Lichtbrücke Energie aus unserem Raum.*
In der Schilddrüse leben lichtempfindliche Zellen. Ja, nur die Epithelkörper. Sie holen Energie aus dem Hyperraum, um das Energiefeld aufbauen zu können, aus dem ihr besteht.

6. Chakra: *Es drückt mit seiner Macht alles aus. ER hebe Dich empor zum Licht!*

6. Chakra = 3. Auge

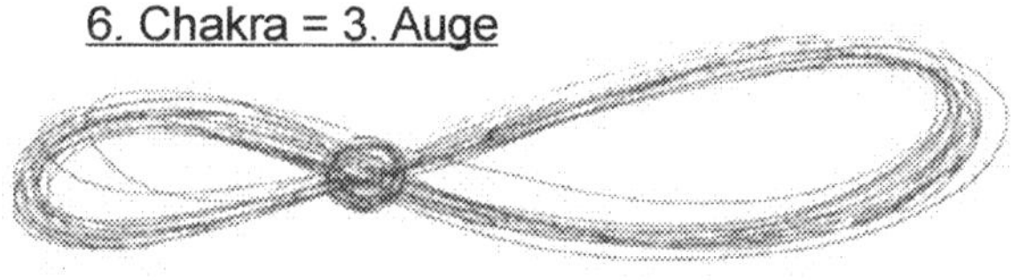

7. Chakra: *Ein Aspekt des 7. Chakra. Die Fülle der 11.000 Blätter erscheint gut sortiert in 2 Ebenen und 4 Bahnen! Es holt Lichmaterie auf euch herab. Ihr lebt nicht von der Materie. Die Materie lebt aus Licht! Ja, permanent erfolgt ein Neuaufbau der Materiewelt. Kosmische Impulse legen den Rahmen fest für euer Leben. Sie kommen aus der Sonne. In der Sonne ist ein zentraler Sektor, aus dem wir alle Lebensimpulse empfangen. Das 7. Chakra holt Energie vom Polarstern. Mein Sohn, lebe mit*

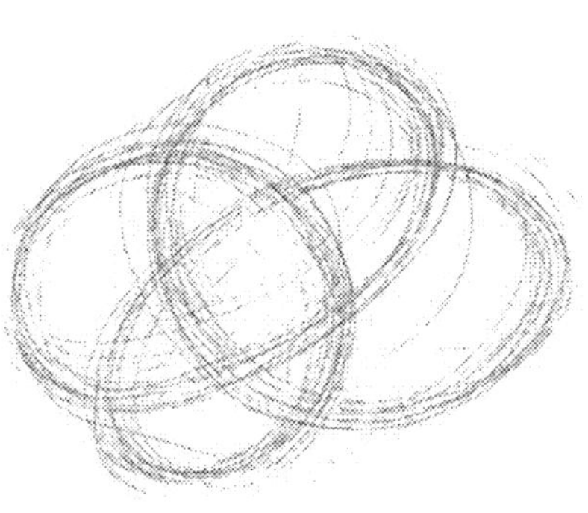

mir ohne Furcht. Lebe auf Erden im Licht. Auf Erden leben bedeutet neues Leben schaffen. Ihr seid alle Lichtwesen aus höheren Welten.

Fühlen Sie einmal den Unterschied zwischen diesen 4 Schleifen in der Skizze des 7. Chakras und dem Bild des 1. Chakras, ebenfalls mit 4 Schleifen. Testen Sie es mit einem Pendel! Welch ein Unterschied!

19.3.91 20.00 Uhr Hier ist Jupither, diese Arbeit ist wertvoll. Sie wird bald auf einem anderen Niveau anlaufen. Es gilt jetzt Vorbereitungen zu treffen für die kommende Zeit. Diese grundlegenden Dinge müssen geklärt werden, bevor wir tiefer in die Sache einsteigen können. Es gibt so vieles zu tun. Wir sind Kosmoenergetiker, eine Art kosmischer Konstrukteure, die sich an vorgegebene Pläne halten. Horus ist uns gegenüber weisungsbefugt.
Aleph drückt in etwa die Energie des ersten Chakras aus. Die Magnetfelder der Sonne pulsieren mit einer Periode von 2 x 11 Jahren = 22 Jahre (dtv-astronomie-atlas S.109). In der Tat ist 11 der Gegenpol zur 1 im Tarot. Die Einheit wird oft erreicht, doch nicht beibehalten, denn das wäre das Ende diese Realitätsebene. Ergo, es entsteht neues Leben ohne Zahl in großer Wahl aus dem Sosein der Ewigkeit Ende.
Die Kundalini ist eine Urkraft in Euch. Diese kosmische Quelle ist etwas anderes, das weiß keiner außer Dir im Moment. Diese Kundalini ist praktisch die Induktionsspuhle von der Du geredet hast, doch das ist eigentlich nur die Notbremse vor dem physischen Tod. Im Tod wird die Spuhle entladen. Dann brennen alle Sicherungen durch. Du mußt Geduld haben. Die Kundalini wird geweckt durch Pranayama.
In der linken Hirnhälfte sind neuronale Kontakte zur Transzendenz, ja zu uns. Etwa 40.000 Kontaktstellen für jeden einzelnen Qudratmillimeter. Etwa 40 cm^2 insgesamt; das sind 4.000 x 40.000 = 160.000.000 Neuronale Kontakte in etwa für diese Aufgabe. Eindrucksvoll, ich weiß.
Links darunter liegt der Verstand. Das ist eine Art Puffer zwischen Eurer Lebenskraft, Vitalität und Egotrip. Dann ist hier draußen rechts Eure Intuition. Das ist Eure Privatsache. Sie ist ein Spiegel der den Schein der neuronalen Kontakte zwischen uns transzendenten Wesen und Eurem Erdenreichtum an Erfahrungen und

Reflexen aufzeichnet. Ihr seht da vieles falsch. Das muß aufgearbeitet werden. Wir werden darauf zurückkommen. Euer Weltbild innen wie außen muß revidiert werden. Ihr habt euch vieles falsch eingeprägt weil ihr es nicht besser wußtet. Diese rechte Seite ist das Reich der Phantasie."

2.5.94 3.15 Uhr Horus u.a. Lichtwesen: Energie ist Information. Ein ständiger Strom ist unzureichend. Durch die Unterbrechungen entsteht erst lesbare Information, wie bei eurer Schrift. Ein steter Strom verwischt die Daten. Die Lücken machen die Information aus. Das Böse existiert nicht. Es ist eine Verminderung des Guten. Lebe mit aufgestellten Sinnen. Ganz offen sei Dein Sinn. Mit Liebe ist Leben zeugen gemeint. Es gibt schon viele Menschen. Die Qualität muß erhöht werden. Ohne Liebe gibt es weniger Zustrom. Ihr verbessert die Qualität. Die Meisten möchten nur den Zustrom begrenzen. Das schafft Probleme. Wenn der Druck die Lebenden erfaßt, gibt es Tote. Zu viel Druck erzeugt Krieg. Es reicht, das Richtige zu tun und das Falsche zu unterbinden. Ohne die Tat ist alles nichts. Man muß kritikfähig bleiben, sonst gerät alles aus dem Lot. →Energytraining Band 2 enthält ein umfassendes Training der Chakra-Energie.

Horus: "Chakra-Energie ist eine Hyperraum-Formation. Sie befindet sich in einem Universum, das energetisch hochwertiger ist als Eures. Sie dringt mit jedem Impuls der Lichtwellen in euch ein. Ihr verstrahlt Licht. Aus dem Licht eurer Gedanken formt sich das Universum. Es ruht in euch, nicht außerhalb. Ich bin Horus, lebendiger, guter Bote von eurem Bewußtsein. Meine Aufgabe besteht darin, euch gewisse Dinge wach zu rufen. Ihr tragt viele Informationen in euch. Nur auf dem Weg der Erleuchtung wird das Licht aktiviert. Wir wollten euch Licht geben. Ihr lebt im Wissen, ohne es zu nutzen. Mein Leben liegt nicht auf der Erde. Ich halte mich auf in höheren Sphären. Leben muß Leben gebären. Ohne Liebe geht es nicht. Die Aura, das sind Reflexe auf den Zellen. Die Aura existiert an der Oberfläche. Aura ist der Strahlenkranz, der die Sonne umgibt!

Chakras sind negative Energiezentren. Sie funktionieren wie Lichtmagnete. Sie saugen überschüssige Energie ein, um mit Leben erfüllt auf Euch einzuwirken. Diese Lebensenergie fließt nur zwischen Zellen, nicht darin. Zellen enthalten Flüssigkeit. Das bedeutet, sie beherbergen das organische Leben. Mein Bericht ist vollständig. Der Geist regiert die Zellverbände. Jede Zelle lebt ihr eigenes Leben. Ohne Geist ist alles vergeblich. Energie heißt Leben. Leben erzeugt Energie. Magnetfelder bergen Energiezonen. Sie holen Energie aus dem Überraum. (→Buch "Botschaften aus dem Licht")

25.1.94, 16.24 Uhr, *Junow: "Ihr lebt nicht nur auf der Erde. Euer Geist gedeiht in anderen Ebenen."*

26.2.00 Horus: "Das Universum wird geformt aus dem Licht eurer Gedanken. So sind die Chakras die Quellen, aus denen das Universum entsteht. Es ist in euch, nicht außerhalb.

Die Arbeit mit der Chakratabelle

Jedes Chakra ist, richtig betrachtet, ein sehr kompliziertes Energiegebilde, in dem die feinen Energiefasers oder Energiebahnen (Nadies) in Schleifen oder Blättern zusammenlaufen. Betrachten Sie dazu die Skizzen mit dem Stift, die ich von Horus und Junow gechannelt bekam. Zuerst fragte ich mich damals, ob ein Kuli überhaupt ein geeigneter Stift ist, um ein Chakra darzustellen. Wenn mir dann meine guten Geister beim automatischen Schreiben die Hand führten, bemerkte ich, daß diese Schleifen und Bahnen in verschiedene Richtungen geführt wurden und keineswegs gleichmäßig durch die verschiedenen Blätter. Das, was jetzt ein zusammenhängendes Gewirr ist, war bei der Herstellung der Zeichnung ein genau geplantes Muster von unterschiedlich ineinander laufenden Schleifen. Auch diese grundlegende Struktur verändert sich im Laufe unseres Lebens. Die Struktur verändert sich in Abhängigkeit von unserer Energie und von unserem Bewußtsein.
Die hier aufgeführten Kuli-Skizzen geben die Möglichkeit, in der Meditation ein Gefühl für die Bahnen der Nadis in den verschiedenen Chakras zu bekommen.
Im Unterschied dazu finden Sie in den farbigen Chakratafeln als Hintergrund die Farbe, die geeignet ist, in unserem Gemüt die Aktivität des jeweiligen Chakras anzuregen. Bestimmte Farben helfen uns, das jeweilige Chakra zu aktivieren. Für das Chakra selbst bin ich von der klassischen Darstellung des indischen Kundalini Yoga ausgegangen. Die Angaben über die Anzahl der Blätter, die Schriftsymbole, die Motive im Inneren der Chakras sind geeignet, um in der Meditation die Chakras zu erkennen und ihre Funktion zu begreifen. Wenn es Ihnen gelingt, ein Chakra bewußt wahrzuneh-

men, dann wird es sich trotzdem nicht genau so darstellen, sondern Sie werden je nach Ihrer persönlichen Ausbildung und Geisteshaltung wieder etwas andere Vorstellungen bekommen. Was wir sehen, sind also individuell unterschiedliche Wahrnehmung dieser Energiezentren.

Chakra Nr.	**Blätter, Schleifen**	**Keimsilbe Bijmantra**	**Elemente**	**Organe Im Körper**	**Sinnes-tätigkeit**
7	1.000	20x alle Bijas	transzendent	Hypophyse	transzendent sein
6	2	Auum / Om	mental	Epiphyse	Psikräfte
5	16	Ham	Schwingungs-Äther Akasha	Epithelkörper Schilddrüse Mandeln Ohrspeichel-Drüsen	hören
4	12	Vam	Luft	Thymus Solar plexus Magen-schleimhaut	tasten
Ananda Kanda	8	Har	Äther	Herzkranz-gefäße	fühlen
3	10	Ram	Feuer	Pankreas Nebennieren-Rinde, Leber Milz	sehen
2	6	Vam	Wasser	Ovarien Hoden	schmecken
1	4	Lam	Erde	Uterus Prostata	riechen
Spalte 1	2	3	4	5	6

Die farbigen Motive sind Trigger, Auslöser, um auf diese Schwingungsebene zu kommen. Sobald wir in der Meditation auf ein Chakra konzentriert sind, wirken sie wie Tore, und wir bekommen noch zu ganz anderen Kräften Kontakt. Aus diesem Grund beschreiben die Yogis bestimmte Gottheiten und Totemtiere, die im jeweiligen Chakra zu finden sind.
Meine Tabelle gibt eine kurze Übersicht der wichtigsten Faktoren. Mit dem Energytraining können Sie systematisch die Energie der

einzelnen Chakras fördern. Je mehr die Energie zunimmt, desto leichter können Sie sie wahrnehmen, zuerst fühlen, später auch sehen. Wenn Sie dann in diese Energie eintauchen, sind es Tore in höhere Dimensionen. Dann wird plötzlich sichtbar, daß wir wirklich aus höheren Ebenen in diese irdische Welt hineingeboren wurden. Mit aktiven Chakras stehen uns die Tore in jenseitige Welten offen. Auf diese Weise erfahren wir uns als Wesen göttlichen Ursprungs und als Gäste auf dieser Erde. Gespräche mit anderen Göttern werden möglich. So funktioniert auch Channeling. Die gewissenhafte Beschäftigung mit den Chakras ist der Schlüssel für das spirituelle Verständnis unserer wahren Natur.

Chakra Nr.	**Bewegungs-kontrolle**	**Sanskrit-Namen**	**Psychische Funktion**	**Handlungs-ebene**
7	Energie, Schwingung	Sahashrara	Erleuchtung	sein Wissen
6	Nabel	Ajna	geistige Kontrolle	bestimmen prägen
5	Mund, Nase Kiefer, Ohren	Vishudda	Zeitgefühl Realitätssinn	erkennen analysieren
4	Sexualorgane Haut	Anahata	Liebe, Demut Hingabe	glauben fühlen
Ananda Kanda	Herz	Ananda Kanda	Güte Ego	verstehen verzeihen
3	Augen After	Manipura	Macht	wollen
2	Hände, Arme, Schultergelenke	Svadisthana	Lust Vermehrung	begehren genießen
1	Füße, Knie- und Hüftgelenke	Muladhara	Existenz-erhaltung	müssen
Spalte 1	7	8	9	10

In der Chakratabelle habe ich alle wesentlichen Erkenntnisse über die wichtigsten Chakras zusammengetragen. Um einmal deutlich zu machen, wie es gelesen werden sollte, betrachten wir das 1. Chakra, Zeile 1, unten in der Tabelle.

Spalte 1: Links steht also die Nr. des Chakras -1.

Spalte 2 zeigt die Zahl 4 der Blätter oder Schleifen. Das bezieht sich auf die Form und die Art der Energie im 1. Chakra.

Spalte 3 zeigt das Bijmantra "Lam". Das ist die Keimsilbe dieses Mantras. Wenn Sie das Mantra Lam ständig laut und in Gedanken

rezitieren, stimmen Sie sich auf die Schwingung des 1. Chakras ein.
Spalte 4 zeigt das natürliche Element Erde, also feste Materie, Gestein, Kristalle.
Spalte 5 zeigt die Organe in unserem Körper, auf die das Chakra einwirkt. Es sind immer Drüsenorgane, die Hormone und Enzyme produzieren. 1. Chakra: Uterus bei der Frau und die Prostata beim Mann.
Spalte 6 zeigt die Sinnesfunktion, die damit in Verbindung steht: riechen, die Nase wird vom 1. Chakra gesteuert.
Spalte 7 zeigt das Karmendriya, das bedeutet die Bewegungskontrolle des 1. Chakras. Es steuert die Bewegung von unserem Fortbewegungsapparat, Füße, Knöchel, Knie und Hüftgelenke. An allen Gelenken in unserem Körper sind Nebenchakras, die die Bewegungen ausführen.
Spalte 8 zeigt den indischen Namen des Chakras: Muladhara.
Spalte 9 zeigt die geistig-energetische Funktion des Chakras: Existenzerhaltung, der Überlebenswille.
Die Handlungsebene in Spalte 10 beschreibt, welcher Art unsere Handlung ist, die durch dieses Chakra hervorgerufen wird. Beim 1. Chakra bedeutet es "müssen". Wenn wir sagen "Du mußt!" oder "ich muß", dann bezieht sich dieser Ausdruck auf "Notwendigkeiten", auf Bedürfnisse!
Ich muß essen und trinken, sonst sterbe ich. Aber ich muß nicht Sex haben oder Macht ausüben. Ich kann alles mögliche haben oder tun, aber ich muß nur das elementare Leben erhalten.
Die Lotosfarbe "karmesinrot" in Spalte 11 ist die Farbe, die wir sehen, wenn wir mit Yogamethoden auf das 1. Chakra meditieren und wenn das Chakra gesund ist. Je mehr ein Chakra gestört ist, werden seine Farben dunkler und unsauberer. Die Störung beruht also auf dem Einfluß von anderen Schwingungen, anderen Energiefasern, die die reine Funktion des Chakras stören.
Spalte 12 zeigt die anregende Farbe: Lindgrün, ein helles grün, grünes Gras. Deswegen fühlen sich im Frühjahr mit dem ersten Grün alle Säugetiere angeregt und frisch aktiviert. Die Nahrung wird wieder frischer, das Prana in der Nahrung nimmt zu. Der Lebensmut steigt an!
In der Spalte 13 finden Sie dann den Ort des Chakras beschrieben, wo es aus dem Körper austritt. Alle Chakras kommen gleich schlanken, gewundenen Trichtern aus dem Hauptenergiekanal, der Shushumna in der Wirbelsäule und münden dann an bestimmten,

hier aufgezeichneten Stellen außerhalb des Körpers, ca. 5 cm über der Oberfläche. Je nach ihrer Aktivität sind sie bei wenig Energie zusammengeschrumpfte Gebilde auf der Haut oder sie öffnen sich bei hoher Energie zu leuchtenden Energieblumen, die sich weit nach vorn und um unseren Körper herum ausbreiten und auch den Kontakt mit den Chakras anderer Menschen herstellen. Ein großer Teil unserer Kommunikation läuft über die Energiefasern, die sich zwischen den Chakras verschiedener Menschen hin- und herbewegen. In Spalte 14 stehen Hinweise, wie die Chakras aufeinander einwirken. Weitere ausführliche Beschreibungen der Chakras finden Sie in meinen Büchern Energytraining I und II.

Chakra Nr.	**Lotosfarbe**	**Anregende Lichtfarbe**	**Ort**	**Energiefluß Und Energieanwendung**
7	weiß und blaßblau-gelblich	Sonnenlicht	Scheitel-Punkt	Das Scheitelchakra stimuliert absteigend alle Chakras.
6	blassgelb und weiß	violett	Stirn	Steht in Wechselwirkung mit 7, 2 + 3
5	rauchig-purpur Zentrum grauweiß und hellblau	grau pastellblau	Drossel-Grube	Sammelt Daten, reguliert unser Zeitempfinden, analysiert Energie von anderen Wesen, Kontakt zum Akshara
4	sattes rot Zentrum rauchgrau	ocker	Brustbein-Ende	Reguliert die Art des Umgangs mit anderen Wesen.
Ananda Kanda	violett gold	rose	Herz	Stimuliert und vermittelt zwischen 1 + 7.
3	dunkelgrau zentrum feuerrot	feuerrot	1 cm über dem Nabel	Agbrenzung und Durchsetzung, hält uns am Boden
2	zinnoberrot Zentrum weiß-grau	leuchtend orange	Schambein	Schöpfung und Umsetzung kreativer Impulse
1	karmesiinrot zentrum gelb	lindgrün	im Schritt	Kundalini steigt auf und aktiviert alle Chakras
Spalte 1	11	12	13	14

Chakras und Drüsen

Über die Hormone und Enzyme aus unseren Drüsen reguliert sich der Körper selbst (das Säugetier Mensch, Überlebensprogramme und Fortpflanzung). Die Auswirkungen der Hormone und Enzyme zeigen sich in Gefühlen und Stimmungsänderungen. Die innersekretorischen Drüsen sind die physiologischen Regulierungs-Organe unseres Körpers.
Unsere geistigen und seelischen Aktivitäten, was wir denken und fühlen möchten, regt wiederum die Drüsen zu bestimmten Aktivitäten an, um die gewünschten Stimmungen oder Fähigkeiten hervorzubringen.
Die Drüsen sind also die organische Schnittstelle zwischen Körper und Geist. Ihre Funktionen sind maßgeblich an der Entstehung der Gefühle und damit an den Aktivitäten und Erfahrungen der Seele beteiligt. Jede Drüse steht mit einem bestimmten Chakra in Verbindung. Die Energiezentren regulieren die Drüse, und die Aktivität der Drüse beeinflußt das Chakra. Beachten Sie hierzu die Chakratabelle.
Drüsenprobleme sind immer ein Zeichen von seelischer Unausgewogenheit. Es ist angebracht, bei Drüsenproblemen die Bedeutung jeder einzelnen Drüse zu betrachten. Beim →Energytraining nehmen wir durch die Art der Übungen auf die verschiedenen Drüsen und damit auf unseren Hormonhaushalt Einfluß. Das wiederum wirkt sich günstig auf unsere Energie und auf unsere Gesundheit aus.

<u>**Das 7. Chakra, Hypophyse:**</u> Oberstes Steuerungsorgan in unserem Körper ist die Hypophyse. Sie gehört zum 7. Chakra. Sie reguliert alle anderen Drüsen und beeinflußt unseren "Kontakt in höhere Welten".
Störungen im geistigen Bereich, chronische Verwirrung, Ablenkung, innere Unruhe, generelle Unsicherheit, Atheismus, an nichts mehr glauben können, all das kann zu Fehlsteuerungen führen, die dann je nach der Veranlagung des Einzelnen zu sehr unterschiedlichen Krankheiten führen.
Sie reguliert unser Sexualverhalten, unseren Wasserhaushalt, unser Eßverhalten, unsere Verdauung, unser Wachstum, beeinflußt unseren Gleichgewichtssinn, unsere psychische Veranlagung und unsere sensitive Wahrnehmung. Störungen führen zu Fettsucht, fällt sie aus, magern die Menschen ab.

Man mag sich fragen, ob die glücklichen runden Buddhas, die man überall als Figuren und lebendig in den zahllosen Tempeln sieht, statt einer optimalen Nutzung der "geistigen Pforte" eher eine Störung erreichten, als eine Erleuchtung. Ebenso kann man sich fragen, ob die ausgebrannten, mageren Asketen, die man in Indien überall trifft, die Hypophyse durch ihre bizarren Übungen abgetötet haben, statt sich mit Shiva oder Brahman zu vereinigen.
So betrachtet müßten die gepflegten, durchtrainierten und in der Regel gut situierten Anhänger des Trantra ebenso wie die dynamischen, nach strengen Regeln lebenden Kundalini Yogis, die man heute vor allem in der Religionsgemeinschaft der Sikhs findet, Gott wohl wesentlich näher sein als die dicken Mönche und die mageren Asketen. Die Gruppe der Tantriker findet man vor allem in den Kreisen der herrschenden Kaste Indiens und die Sikhs stellen, obwohl eine kleine Gemeinschaft, einen sehr großen Anteil an Führungskräften in Industrie und Politik.
Fortgeschrittene Yogis meditieren nur noch auf dieses Zentrum und können auf diesem Weg alles erreichen: Gesundheit, Ruhe, Stärke, Durchblick und ein hohes Alter. Die wichtigsten Übungen zur Anregung der Hypophyse sind stille Meditation, Bewegung an frischer Luft (gute Durchblutung und Sauerstoffversorgung), sowie Feueratem mit abschließender Konzentration aufs 3. Auge. Das 7. Chakra kann angeregt werden durch spirituelle Gespräche, durch die Besinnung auf die höchsten göttlichen Erscheinungsformen, durch den Duft von Jasmin.

<u>6.2.2, 13.25 Uhr Horus</u>: *Nun zum 7. Chakra. Das Kronenchakra hat viel Energie und kann von oben her alles verändern. Wenn der Impuls von hier aus kommt, ist eine Veränderung deiner Existenz unwiderstehlich. Alles kann sich ändern aus dem göttlichen Sein heraus. Alle anderen Chakras sind ihm unterstellt. Seine Energie schwingt höher als alle anderen Chakras. Hier ist die wahre Quelle der persönlichen Energie. Von hier werden die Impulse ausgegeben, um die unteren Chakras zu regulieren.*
Nur das Herz hat über einen anderen Kanal ebenfalls eine hohe Schwingung, die Gott erreicht. Es kooperiert direkt mit dem 7. Chakra, doch dieses ist die Krone eurer Existenz. Die Formel der Meditation auf das ewige Brahman steuert ebenfalls das 7. Chakra an. Nutze es gut. Es lohnt sich. Von hier aus wird die Entscheidung getroffen, wie du leben sollst und wie du erfolgreich die Zukunft planst. Von hier aus fällt die Entscheidung zu sterben, oder viel-

leicht auf eine andere Existenzebene zu wechseln, ohne den Tod zu erleiden. Das ist alles.
Lebe dieses Leben im Bewußtsein göttlicher Kräfte und trachte danach, ein Teil davon zu werden, denn das ist eure wahre Bestimmung, wenn ihr irgendwann den Gefilden der Erde entwachsen seid. Hier und zu dieser Zeit seid ihr noch recht primitiv. Trachtet danach, neue Höhen zu erklimmen und sucht das Glück der kosmischen Ebene, das für euch vor Äonen bereit gestellt wurde. Es wartet schon so lange. Nun sollte eine neue Stufe der Einsicht betreten werden. Die Zeit ist reif und wir dienen euch, um das zu ermöglichen. Nehmt unsere Hilfe an und begebt euch auf die neue Stufe der Erkenntnis, die das irdische Leben auf neue Weise mit den Göttern verbindet.
Sat nam.

Das 6. Chakra, Epiphyse: Sie wird auch Zirbeldrüse genannt und gehört zum 3. Auge = 6. Chakra. Sie hat also eine Menge Namen. Die Epiphyse ist bei kleinen und größeren Kindern sehr aktiv. Sie hat großen Einfluß auf unsere Träume, auf die Phantasie. Offensichtlich gestalten wir mit Hilfe der Epiphyse und mit unserer Vorstellungskraft diese äußere, materielle Welt. Aus diesem Grund sagen die Yogis, wer das 3. Auge aktivieren kann, kontrolliert die Welt (seine Welt). Die PSI-Fähigkeiten sind Funktionen der Zirbeldrüse. Sie reguliert Wachen und Schlafen, die Selbstheilungskräfte, beeinflußt unser Wachstum und später unser Sexualverhalten.
Sie verschafft uns den mentalen Durchblick. Wir können über das 3. Auge andere Menschen, Tiere, Pflanzen, ja die ganze Welt beeinflussen, uns schützen oder anderen unseren Willen aufzwingen. Damit sollten Sie jedoch zurückhaltend sein, falls Sie es je lernen. Denn wer auf dieser Ebene andere beeinflußt, muß damit rechnen, daß er wiederum von anderen manipuliert wird. Eigentlich darf man die besondere Kraft des 3. Auges nur zur Erkundung der Welt und zu seinem eigenen Schutz einsetzen.

Die Hormone und Energieimpulse der beiden Hirnanhangsdrüsen (Hypophyse und Epiphyse) stimulieren alle anderen Drüsen, z.B. die Sexualdrüsen (Hoden und Prostata beim Mann, Ovarien und Uterus bei der Frau). Nach der Chakralehre stimulieren also die 2 obersten Drüsen direkt die untersten und erhalten von dort Rückmeldungen. Es ist ein Regelkreislauf.

Die beiden Hirnanhangsdrüsen liefern auch die körpereigenen Drogen, die uns natürliche Visionen der geistigen Welten zeigen können. Ein Mangel an derartigen Erfahrungen läßt den Wunsch nach →Drogen aufkommen, um den Mangel an spiritueller Vision zu ersetzen.
In der →Sexualität kann uns die Aktivität des 3. Auges ganz besonders intensive Erfahrungen vermitteln, vor allem, wenn beide Partner etwas davon verstehen (Tantra). Oft genug werden jedoch latente Fähigkeiten des 3. Auges dazu benutzt, potentielle Sexualpartner anzuziehen und zu verführen.
Vielleicht waren das die ursprünglichen, biologischen Funktionen des 6. Chakras: Hellsichtigkeit, um Nahrungsplätze aufzuspüren und Gefahren vorherzusehen, energetische Beurteilung von fremden Pflanzen, Tieren, Menschen, ob es sich um Nahrung, Gift, Freund oder Feind handelt, sowie die Partnersuche.
Unsere 5 normalen Sinne funktionieren nur, wenn wir nahe dran sind, z.B. müssen wir etwas kosten, riechen, sehen, fühlen oder hören, um es beurteilen zu können. Mit dem 3. Auge jedoch bekommst Du Ahnungen von weit entferten Plätzen oder zukünftigen Ereignissen, die Dich unbewußt veranlassen eine Reise zu machen, um in einem fremden Land eine ganz bestimmte Person zu treffen oder einen Ort zu verlassen, an dem bald danach eine Katastrophe geschieht.
Alle Menschen haben das 3. Auge, und bei allen wirkt es latent (unterschwellig). Je besser es wirkt, desto besser finden sich die Menschen im Leben zurecht. Je weniger es funktioniert, desto mehr sind die Menschen auf ihren Verstand angewiesen. Sie können dann nur noch auf Grund ihrer direkten Beobachtungen und auf Grund von Erfahrungen Berechnungen anstellen, aber nichts mehr vorhersehen. Die Fähigkeit zur Vision geht verloren.
Je mehr eine Gesellschaft den Verstand trainiert, desto mehr wird diese höhere Intuition aus dem 3. Auge behindert. Das Ergebnis sehen wir in unserer Gesellschaft. Bei vielen Menschen verkalkt die Zirbeldrüse schon ab Mitte 20. Man sieht dann im Röntgenfilm einen weißen Punkt. Die Strahlung geht nicht mehr hindurch.
Die Menschen werden zu unsicheren Untergebenen erzogen. Sie haben Mühe, einfache Fragen sicher zu beantworten: Ist diese Nahrung gut für mich? Oder: Wie sollte ich leben, um gesund und glücklich zu sein? Sie haben zunehmend Probleme bei der Partnersuche. Sie haben einen Mangel an Selbstvertrauen. Sie sind auf äußeren Schutz angewiesen, statt der natürlichen, inneren Sicher-

heit einer starken Persönlichkeit. Sie haben Probleme, die Verantwortung für eigene Kinder zu übernehmen. Das bezeichnet man als Dekadenz. Es ist der Anfang vom Ende einer großen Kultur.
Die Epiphyse kann angeregt werden durch entsprechende Yogaübungen aus dem Energytraining, z.B. die Kobra mit Feueratem, Konzentration aufs 3. Auge, Geraniumöl, Eisenkraut, Blütenessenzen aus Eisenkraut, Knabenkraut, Aconitum u.a.m.
Erotik und verliebt sein in einen attraktiven Menschen, der sich aber noch distanziert zeigt, kann ein sehr guter Motor sein für die Entfaltung des 3. Auges.
In einer akuten Gefahrensituation kann es sein, daß wir die Macht unseres 3. Auges aktivieren und uns aus der Gefahr durch den Einsatz von paranormalen Kräften befreien.

28.2.91 22.30 Uhr "Wir haben das Training beobachtet. Es war sehr exzentrisch. (→ Energytraining II, Programm fürs 3. Auge, 22. Woche). Es trainiert das Bewußtsein für die höheren Welten, nicht speziell das 3. Auge. Die Erkenntnis der höheren Welten ist eher eine Funktion des 7. Chakras.

6.2.2, 13.17 Uhr Horus: Gut, nun zum 6. Chakra. Es ist eine Energiezentrale besonderer Art. Es sammelt die Impulse aus den darunter liegenden Chakras und formt sie um, um daraus ein Bild eurer Welt zu schaffen. Diese Energie ist also angepaßt an die irdischen Gefilde. Es ist Sitz der PSI-Kräfte. Es gibt nichts, was es nicht könnte, und es hat die Möglichkeit, diese Welt definitiv zu verändern.
Das Leben ist nicht gefährlich, nur wenn ihr nachlaßt in eurer Konzentration, geschehen Pannen, die ihr selbst verursacht. Das 3. Auge kann alles aussteuern und regulieren. Je mehr du damit arbeitest, desto stärker wird es. Diese Energie ist etwas ganz besonderes. Sie zapft auf der einen Seite nach oben Energie vom 7. Chakra ab und auf der anderen Seite fließen die Kräfte aller unteren Chakras hier zusammen. Daraus entstehen neue Schwingungen, die die Welt der Zukunft formen. Das ist höhere Kreativität. Nutze diese Energie, um dich selbst fortzubilden, um deine Gesundheit zu erhalten, dich und deinen Charakter zu formen und um alles zu erreichen, wonach dein Herz strebt. Das geht ganz leicht, wenn du daran glauben kannst. Genieße es, tue es einfach! Sei gläubig und gewinne diese Welt. Sat nam.

Das 5. Chakra, Schilddrüse: Die Schilddrüse hängt direkt mit unserem 5. Chakra zusammen. Die Schilddrüse vermittelt uns die Möglichkeit, bestimmte kosmische und geistige Kräfte wahrzunehmen. Sie vermittelt uns die Möglichkeit, im sogenannten Akasha, im Äthermedium zu lesen. Zusammen mit den Mandeln beeinflußt sie unser Sprechverhalten und unsere Ausdrucksfähigkeit.
Die Schilddrüsenhormone regulieren unseren Stoffumsatz, also die Nährstoffverwertung. Jemand, der Angst hat, die Wahrheit zu erkennen und zu verarbeiten, neigt auch dazu, daß er eine Schilddrüsenunterfunktion hat. Die Unterfunktion führt zu Wassersucht und Korpulenz. Menschen mit Schilddrüsenunterfunktion sind eher konservativ. Sie arbeiten eher in der materiellen Welt. Die geistigen Welten werden nur über eine konservative Religion verehrt. Die Entwicklung neuer, spiritueller Konzepte fällt ihnen schwer.
In Deutschland trifft das z.B. auf Bayern zu, wo durch den Jodmangel sowieso eine Unterfunktion verursacht wurde. Heute, wo wir alle jodiertes Kochsalz essen können, werden diese regionalen Eigenarten nach und nach verschwinden. Wer wißbegierig ist und in einer offenen Art und Weise sein Leben meistern will, hat eine normale Schülddrüsenfunktion. Er geht seine Aufgaben und Probleme an und ist aktiv. Er sucht stets nach neuen Anregungen und Ideen. Er ist gegenüber Fremden offener, weil er sie besser durchschaut und versteht. Das sind Eigenarten der Menschen an den Meeresküsten, z.B. Holland oder Norddeutschland. Der feine Jodgehalt in der Meeresluft treibt bis weit ins Land hinein. Der häufige Verzehr von Seefisch fördert zusätzlich die gute Funktion der Schilddrüse.
Wer durchblicken will, aber auf Grund unbewußter, innerer Zwänge blockiert ist, kann zu Schilddrüsenüberfunktion neigen. Eine Überfunktion verursacht die Entwicklung von schlanken und eher nervösen Menschen. Er/sie will durchblicken, aber eine innere Einstellung verhindert die subtile Wahrnehmung. Der Mensch wird dann dünner, ganz gleich wieviel er ißt. Diese Menschen sind eher drahtig und zäh, im Unterschied zu den dicklichen Menschen mit Unterfunktion.
Von der Chakralehre wissen wir, daß unsere Empfindung für Realität von der Schilddrüse bestimmt wird. Die Yogis sagen, mit dem 5. Chakra "schauen wir den Menschen ins Herz". Jesus hatte also ein offenes 5. Chakra, denn er durchschaute die Menschen und gab ihnen dazu passende Lektionen. Das 5. Chakra steuert unsere

Sprache und unser Gehör. Es ist also maßgeblich verantwortlich für unsere Kommunikation über Sprache und Musik.
Außerdem sagen die Yogis, daß wir mit dem 5. Chakra "die drei Dimensionen der Zeit" wahrnehmen und ansteuern (regulieren). Mit der Ausstrahlung und Wahrnehmung des 5. Chakra entsteht unser Zeitempfinden. Wir alle wissen, daß uns eine bestimmte Zeit sehr verschieden lang vorkommen kann. Wenn Sie auf ein wichtiges, schönes Ereignis warten, fühlen Sie sich ganz anders, als wenn Sie vor einer unbekannten, schwierigen Situation stehen. Eine Nacht, in der wir Angst haben, kommt uns viel länger vor, als eine Nacht, in der wir mit fröhlichen Freunden feiern. Manche Momente scheinen sich zu dehnen und andere Stunden verschwinden scheinbar in Minuten. Diese Wahrnehmung von Zeit wird durch die Funktionen der Schilddrüse verursache, in Wechselwirkung mit dem 3. Auge. Es sei dahingestellt, ob sich für den einzelnen Beobachter die Zeit nicht tatsächlich dehnt oder zusammenzieht. Aus der Elementarphysik wissen wir ja inzwischen, daß Zeit sogar rückwärts laufen kann! Die Zeit ist die 4. Dimension in unserem Universum, und wir navigieren darin mit unserem 5. Chakra.

Über die **Epithelkörperchen** in der Schilddrüse, 2 kleine, nur etwa Reiskorn große Drüsen, stehen wir mit dem Schwingungsäther (Akasha) in Verbindung. So können wir Einblicke bekommen in das Buch des Lebens, in die Geschicke des Universums. Auf der anderen Seite ist es nach Ansicht der Yogameister die Aufgabe aller Lebewesen, durch ihre Lebensweise dem großen kosmischen Spiel neue Erfahrungen hinzuzufügen. Jedes Leben, ob Mensch, Tier oder Pflanze, gleicht einem kosmischen Kunstwerk, so wie ein Maler verschiedene Gemälde produziert.
Die alten Yogameister erkannten, daß "die universale Schöpfungskraft Brahman, die vollkommen neutral, gegenstandslos und indifferent ist, sich ihrer selbst bewußt werden wollte. Daraufhin teilte sich das indifferente Brahman (das Sein an sich, sat) in die göttliche Kraft Brahma, mit der Kraft der Erkenntnis (chit) und in Atma, die Seelenkraft, mit der Fähigkeit zu fühlen und zu lieben (ananda). Aus dem wechselvollen Spiel von Brahma und Atma entstand die ganze Welt wie wir sie heute wahrnehmen. Die Kraft und die Begabungen von Brahman und Atman stecken in jedem von uns.
Die Epithelkörperchen regulieren den Kalkhaushalt im Blut. Bei Unterfunktion werden die Menschen klein, blaß und leicht erregbar. Das Bild kleiner, alter Menschen, die zusammengeschrumpft wir-

ken und sich leicht ärgern. Sie fühlen, daß mit ihnen und ihrer Anbindung an den Akasha etwas nicht stimmt. Es steht zu vermuten, daß Erkrankungen in Form von Kalkablagerungen in den Arterien ebenfalls Folgen einer Fehlfunktion der Epithelkörper sind. Doch darüber wird in der Medizin nicht geredet. Es könnte wichtiger sein als das Geschrei um Fett und Cholesterin.
Über das 5. Chakra fügen wir unser Leben als Kunstwerk zum großen göttlichen Werk hinzu. Die Übermittlung unserer Erfahrungen fließt aus dem irdischen Leben und unseren inneren Reflexionen über das 5. Chakra und die Epithelkörperchen in den kosmischen Akasha. Aus diesem Grund ist es heute zwar möglich, eine Schilddrüsenoperation vorzunehmen, doch wenn dabei die Epithelkörperchen entfernt werden, stirbt der Mensch trotz Hormongaben innerhalb von 20 - 40 Minuten.
Die Ärzte begreifen nicht, warum das geschieht. Nun, es ist so, als wenn wir kleine Teile des kosmischen Ganzen sind und über diese Drüsen mit dem Kosmos verbunden sind, wie ein Satellit über seinen Sender mit seinem Kontrollzentrum. Fällt der Sender aus, kannst Du den Satelliten wegwerfen. Die Datenübermittlung ist unterbrochen. Wenn wir nicht mehr eingebunden sind in das kosmische Schauspiel des Lebens, hat unser Leben keinen Sinn mehr. Der Körper wird abgeschaltet. Wir können nach der nächsten Inkarnation mit einem neuen Körper weitermachen.
Das 5. Chakra wird also aktiviert durch Jod, durch bestimmte Yogaübungen, Feueratem und Rohkost, statt gekochtem Essen. Wenn wir in Schwierigkeiten geraten und dringend eine Lösung brauchen, um einem Unglück zu entgehen, kann das ein sehr guter Antrieb sein, um das 5. Chakra zu öffnen. Wenn wir aus einer bestimmten Notsituation fast nicht mehr entkommen können, dann mag es sein, daß ein Mensch in seiner Not die Zeit manipuliert und gegen alle Erwartungen überlebt.

<u>6.2.2, 8.58 Uhr Horus</u>: Das 5. Chakra steht direkt in Verbindung mit mir, Horus, Gott der höheren Ebenen und Mittler zwischen Mensch und Gott, dem Allerhöchsten. Es ist das Chakra der Propheten, Seher und Magier. Wer es nicht öffnet, wird sexuell frustiert sein, weil er die Wahrheit im Partner nicht erkennt, und er wird Angst haben, sich zu öffnen für das Zusammensein mit einem anderen Menschen. Doch dann wird Sex zu einem tierischen Fortpflanzungsakt.

Im Umgang mit Menschen gibt dir das 5. Chakra die Einsicht zu verstehen, was sie wollen, ob sie ehrlich sind oder lügen. Es dient dem Geschäft, der Kommunikation und der Energieumwandlung in kommunizierbare Form, also Klang, Sprache und Empfang, das Ohr und die Vibrationen, die jede Zelle empfängt.
In der Tat steuert es euer Zeitempfinden und damit beeinflußt ihr euren Aufenthalt auf Erden. Ihr könnt die Essenz des Lebens zusammendrücken in wenige Tage oder strecken auf hundert und mehr Jahre. Das mag euch erläutern, warum manche Menschen sehr früh sterben und andere sehr spät. Ihr Lebensenergieinhalt mag der gleiche gewesen sein in einem Tag oder hundert Jahren. Ihr müßt noch sehr viel lernen, vor allem, wegzukommen von den primitiven Überlegungen eines linearen Lebens. Leben ist schön, man muß es nur zu leben verstehn! Horus

Das 4. Chakra, Thymusdrüse: Die Thymusdrüse ist ein lockeres, schwammiges Gebilde, das direkt unter unserem Brustbein liegt. Leichtes Klopfen kann sie aktivieren. Ein heftiger Schlag beim Boxen kann sie schockieren und ihre Funktion stören. Sie hat zwei wichtige Funktionen: Erstens sendet sie sehr wichtige Wachstumshormone aus, solange wir noch nicht ausgewachsen sind. Das läßt erst nach, wenn wir sexuell heranreifen (Pubertät). Zweitens ist sie das wichtigste Organ in unserem Immunsystem. Die frisch produzierten weißen Blutkörperchen wandern durch die Thymusdrüse und werden dort erst zu sogenannten T-Zellen umgewandelt. Die T-Zellen sind die wichtigste Gesundheitspolizei in unserem Körper. Sie schützen uns vor fremden Zellen aller Art, vor Krebszellen ebenso wie vor Bakterien, Pilzen und ➔Viren.
Antibiotika töten zwar zum Teil die fremden Krankheitserreger ab, aber sie schädigen auch unseren Körper und den Thymus. Wir bekommen vielleicht einen schnellen Schutz, doch wir sabotieren damit unsere Selbstverteidigung gegen zukünftige Infektionen.
Strahlenbelastungen aller Art schädigen sowohl die Schilddrüse, als auch den Thymus. Generell sind alle Drüsen sehr empfindlich für Strahlungen aller Art. In dem Maße, wie wir unsere Umgebung mit elektromagnetischer Strahlung belasten, in dem Maße schädigen wir unsere sensitiven Wahrnehmungen und unsere Immunstabilität. Es ist noch nicht abzusehen, wieweit wir in der Lage sein werden, uns an diesen totalen Elektrosmog anzupassen, der durch Satellitenstrahlung (TV, Radio, Radarsatelliten fürs Wetter), durch

Handymasten und Mikrowellen verursacht wird. Die Zukunft wird es zeigen.
Der Thymus spielt eng mit dem Solar plexus zusammen. Die Aktivitäten dieser beiden Organe werden wiederum direkt vom 4. Chakra reguliert. Das 4. Chakra ist die Achse der 7 großen Chakras. Es ist der Dreh- und Angelpunkt zwischen den 3 unteren Chakras, die unser Leben in der materiellen Welt regeln und den 3 oberen Chakras, die übergeordnete Funktionen erfüllen und uns Kontakte in die geistigen Welten ermöglichen.
Das 4. Chakra steuert unseren Tastsinn, unser Gefühl, die Empfindungen unserer Haut, unser Sexualorgan und unseren Glauben. Die Gefühle, die hier erzeugt werden, sind Liebe, Hingabe, Demut und Führsorge. Daraus erkennen wir, daß das 4. Chakra ganz entscheidend unsere Begabung als Eltern reguliert. Nur ein Mensch, der bereit ist, auf etwas zu verzichten, der bereits ist, für andere, für die eigenen Kinder zu sorgen, kann auch sein 4. Chakra voll entfalten. Hingabe, Glaube und Demut sind hohe Gaben, die heute viel zu sehr mißachtet und unterdrückt werden. Vielleicht ist die Erde schon lange überbevölkert. Der psychische Druck der Gesellschaft bedrückt viele Menschen. Sie fühlen sich eingeengt. Es fehlt uns an geistigem Freiraum. Uns fehlt der natürliche Freiraum, wo die Seele atmen kann.
Wenn wir auf das 4. Chakra meditieren, erkennen wir in seinem Zentrum einen 6-zackigen Stern. Es ist die symbolische Durchdringung eines Dreiecks mit der Spitze nach oben gerichtet (männliche Sexualenergie) und eines 2. Dreiecks, mit der Spitze nach unten gerichtet (weibliche Sexualenergie). In der Tat reguliert das 4. Chakra, der Solarplexus, die Funktion der Geschlechtsorgane bei der Erregung. Wer hier im 4. Chakra verkrampft ist, hat auch sexuelle Probleme.
Es gibt noch einen weiteren interessanten Zusammenhang. Wir setzen ja die Energie der Gefühle mit dem Wasserelement gleich. In unserem Körper kann Wasser sehr viel emotionale Energie aufnehmen und speichern. Das macht unser Leben aus. Auch die Verteilung der Hormone erfolgt im Wasser unserem Körpers. Der ganze Körper besteht zu mehr als 80% aus Wasser! Wasser selbst ist dem 2. Chakra zugeordnet. Wenn Wasser zu Eiskristallen erstarrt, kann man im Mikroskop im Zentrum des Eiskristalls einen 6-zackigen Stern erkennen. So ein Zufall! Die Struktur des 4. Chakras ist also eine verwandelte Energie aus dem 2. Chakra, dort ist

ist es Wasser, hier ist es Eis, kühler und kristallisiert. Das Element des 4. Chakras ist die Luft.
In einer Gefahrensituation ist das 4. Chakra die Kraft, die uns das Tor zu den höheren Chakras öffnet, damit wir in geeigneter Weise handeln und die Gefahr überwinden. Das kann sehr unterschiedlich ausfallen. Das 4. Chakra ist dann eine Art Vermittler. Eine Flut tiefer Gefühle kann einen Feind in einen Freund umwandeln, bei einem kalten und herzlosen Menschen plötzlich menschliche Gefühle wecken und somit Aggressionen dämpfen oder auslöschen.

6.2.2, 8.32 Uhr Horus: Das 4. Chakra dient primär der einwandfreien Regulation aller Körperfunktionen und der inneren Steuerung der Körperchemie. Sobald das gut läuft, ist ein Zustand erreicht, wo du Freude empfinden kannst. Aus diesem Grund hast du dann einen Energieüberschuß und bist bereit und in der Lage, dich um andere zu kümmern. Dieser Energieüberschuß äußert sich als Freude. Energie ist Freude. Selbstlosigkeit ist gut formuliert, einfach weil dann zuvor die Bedürfnisse des Selbst erfüllt sind. Nur so kannst du auch gute und gesunde Kinder aufziehen und anderen helfen. Es gibt eine direkte Verbindung zwischen dem 1. und dem 4. Chakra. Sie regulieren sich gegenseitig.
Wenn das 4. Chakra voll entfaltet ist, zieht es andere Geschlechtspartner magisch an. Sie wissen, daß es sich lohnt, mit dir Kinder zu haben. Leider schmarotzen heute viele zivilisierte Menschen nur Energie für ein kurzes Vergnügen, statt für ein erfülltes Familienleben. Das ist Betrug und Selbstbetrug. Löse dich von solchen Leuten. Laß sie nicht näher heran. Es schadet der Sache.
Wer das 4. Chakra offen hat, ist praktisch immer gesund. Krankheitssymptome können aber trotzdem auftreten, einfach als Ausdruck von inneren Umstellungen, die jeder Mensch von Zeit zu Zeit braucht. Das auseinander zu halten, was Krankheit ist oder nicht, ist gewiß nicht einfach für euch. Achtet auf die innere Stimme. Sie wird euch sagen, welchen Stellenwert eine Krankheitserscheinung hat. Im Zweifelsfall frage den Tod um Rat: Ja, du kannst mit ihm reden! Frage ihn, ob deine Zeit gekommen ist oder nicht. Der Tod ist immer ehrlich und korrekt. Wenn du das Gespräch verweigerst, hast du Angst. Suche es. Was soll passieren? Es ist alles bereits im Buch des Lebens aufgezeichnet, und du hast mehrere Möglichkeiten, darauf Einfluß zu nehmen. Nutze dein Leben bewußt! Das ist die frohe Botschaft. Tue dich mit guten Leuten zusammen. Wenn du im Beisammensein Freude empfindest, ist die Welt wohl

in Ordnung. Ohne das 4. Chakra ist alles auf Erden nichts. Arbeite ehrlich an der Reinheit deiner Seele!

Der Herzlotos: Die Herzkranzgefäße senden ebenfalls Enzyme aus und haben Drüsenfunktionen. Der Herzlotos (Ananda Kanda) ist kein richtiges Chakra und keineswegs identisch mit dem 4. Chakra, wie manche Autoren behaupten. Die geistigen Impulse der Hypophyse gehen zwar durch alle Chakras, aber der Herzlotos nimmt eine Sonderstellung ein. Er steht praktisch neben dem 4. Chakra. Er empfängt die Signale der Hypophyse ganz oben und vom 1. Chakra ganz unten. Er reguliert zwischen oben und unten, zwischen materieller und geistiger Welt.

Bei intensiver Meditation auf das Herzzentrum kann man im Inneren des Herzens einen göttlichen Lichtfunken erkennen, der augenscheinlich von einer höheren Ebene her gespeist wird. Manche Rosenkreuzer bezeichnen den Funken als "das göttliche Atom". Andere sprechen von der "Rose in unserem Herzen". Die alten Yogis berichten von einem "Lebensbaum" und einem " heiligen Altar". Als ich selbst vor vielen Jahren das erste Mal einen tiefen, direkten Einblick in den Herzlotos bekam, erschien mir eine kleine Grotte in einer unberührten, schönen und gesunden Landschaft, davor ein See. Ein frischer Quell speiste aus der Grotte kommend den kleinen See. Ein anderes Mal entdeckte ich im Inneren meines Herzens eine kleine silbern funkelnde Statuette, die ein Katholik sicherlich als Sinnbild der Mutter Maria oder als Jesus klassifiziert hätte. Später, als die Kraft meines Herzens zunahm, erkannte ich es als einen glühenden, weißgelb leuchtenden Energieball, der nur noch oberflächlich vom Herzlotos zusammengehalten wurde. Wenn ich diese Motive zusammenfasse, dann werden wir bei einem gesunden Herzlotos unterschiedliche Motive wahrnehmen, die alle zusammen ursprüngliche Kräfte der Natur und des Lebens darstellen.

Der Herzlotos steuert unsere Gefühle noch stärker als andere Zentren. Seine Hauptaufgabe besteht darin, daß Herz vor fremden Einflüssen zu schützen und seine lebenslangen Bewegungen zu regulieren. Je mehr wir in der Außenwelt schlechte Erfahrungen machen, angegriffen werden, schlecht behandelt werden, beschimpft werden usw., desto mehr grenzen wir uns ab.

Das Wichtigste überhaupt ist der Schutz unseres Herzens. Der Lotos Ananda Kanda legt sich gleich einem Cocon um unser Herz und schirmt es ab. Je mehr schlechte Erfahrungen hinzukommen,

desto härter und dunkler wird der Cocon. Er bekommt die Struktur einer braunen Wallnußschale, durch die noch das helle göttliche Licht strahlt. Schließlich schließt sich der Cocon, das Licht dringt nicht mehr durch, und "das Herz bricht": →Herzinfarkt.
Nur wenn unser Herzlotos wenigstens einigermaßen offen ist, können wir eine liebevolle Beziehung zu anderen Menschen aufbauen. Ohne Liebe geht es nicht. Ohne Liebe bleiben Beziehungen mechanisch und gefühlsmäßig leer. Die große Masse an Singles in der modernen Gesellschaft zeigt, wie sehr die Menschen Probleme haben, sich zu öffnen (nämlich ihr Herz), wie sehr sie schon verletzt wurden, und wie unsicher sie sich fühlen, so daß sie nicht "aufmachen können". Unsere Gesellschaft leidet an einem Mangel an tieferen Gefühlen und an Selbstvertrauen. Sex ist keine Liebe, es ist ein Trieb. Das sollte man nicht verwechseln. Es paßt gut zusammen, aber heute eben kaum noch.
Die Aktivitäten des Herzlotos können durch Herzmuskelmassage und durch geeignete Yogaübungen gefördert werden, z.B. Sat Kriya. Vertrauen kann man lernen. Auch wenn man mehrfach enttäuscht wird, kann man es immer wieder versuchen. Unser Herz, und nicht das Hirn, ist Sitz unseres Ego. Das entscheidende Gefühl neben der selbstlosen Liebe ist Güte. Versuchen Sie den feinen Unterschied zu erkennen! Gerade diese Erkenntnisprozesse fördern und öffnen den Herzlotos. Hier können wir "mit dem Herzen verstehen" und verzeihen.

<u>28.2.91, 22.30 Uhr:</u> *Das ist ein Lotos: Eine Energiespur von einem elektrischen Feld, das durch eine Veränderung der Frequenz erzeugt wird. Ein Lotos ist kein Feld, eher eine Spur von der Wirkung eines Feldes auf einen Impuls. Dieser Impuls kommt aus dem Allumfassenden, dem Bewußtsein. Das Feld war vorher da, bevor der Impuls kommt, nicht umgekehrt. Im menschlichen Leib gibt es einige solcher Impulsbahnen. Es ist die Leber, die Niere links, rechts ist eine andere Niere da. Der Bauch ist ein Aggregat, in ihm sind einige sehr verschiedene koloniale Mächte vereint. Junow von Orionis.“*

<u>6.2.2, 8.40 Uhr Horus</u>: *Der Herzlotos ist primär ein Kokon zum Schutz des Herzens, und er steht immer mit dem göttlichen Impuls in Verbindung, der aus der Sonne kommt. Das ist gut so. Dieser Energieimpuls steuert jedes Lebewesen und das Licht in dir, die Quelle deiner Energie. Es hilft dir, das 1. Chakra auszurichten und*

dich mit allen anderen Wesen und mit Gott zu verbinden. Es hilft dir, dich leben und gedeihen zu lassen. Nutze dieses zur Verwirklichung der göttlichen Gebote auf Erden. Seine Zahl ist 8, 8 Blätter. Die Energiepyramide ohne ihr Zentrum entspricht dem Herzlotos. Das Zentrum selbst, diese Lichtachse, dient der Sammlung höherer Energie, mit der dann alles auf Erden neu geregelt wird. Das Drumherum, die 8 Ecken, bilden einen zackigen Kreis, der das Leben einfängt und kanalisiert, so daß es zum Herzrhythmus paßt. Diene Gott und er wird dich erreichen! Beglückend ist das Gefühl, in Übereinstimmung mit dem Höchsten zu leben und zu wirken. Sat nam.

3. Chakra, Bauchspeicheldrüse (Pankreas), Nebennierenrinde, Leber und Milz: Diese Drüsen möchte ich zusammen behandeln. Sie alle dienen in unserem Körper der Energieregulation, sowie dem Abbau von verbrauchten Stoffen. Die Bauchspeicheldrüse erzeugt das Insulin und reguliert unseren Zuckerhaushalt im Blut. Traubenzucker ist der Brennstoff in unserem biologischen System. In der Nebennierenrinde wird Cortison erzeugt. Es reguliert den Wasserhaushalt, den Stoffwechsel und unseren Salzhaushalt. Im Mark der Nebenniere wird Adrenalin erzeugt. Es ist der Gegenspieler (Antagonist) vom Insulin. Adrenalin wird bei allen Streßbelastungen ins Blut abgegeben, verengt die Adern, setzt uns so unter Druck und bringt uns in Aktionsbereitschaft, damit wir uns retten, kämpfen, Beute machen oder fliehen können.
Sie gehören als Gruppe zu unserem 3. Chakra. Das 3. Chakra steuert die Bewegung unserer Augen und des Afters. Es steuert die Willenskraft, unser Verhältnis zu Macht und Energie. Die Willenskraft eines Menschen ist wichtig für die Verwirklichung seiner Pläne, für die Erfüllung seiner Lebensaufgabe. Konflikte mit anderen Menschen oder Probleme bei der Beschaffung von Geld oder Material für einen großen Plan sind Prüfungen, ob es einem Menschen gelingt, seine Ziele zu verwirklichen.
Die auftretenden Hindernisse sind wiederum eine Prüfung, ob er denn überhaupt auf dem richtigen Weg ist. Vielleicht haben ihm seine Eltern die Ideen eingeredet. Wenn es nicht seine eigenen Pläne sind, dann wird er innerlich Schwierigkeiten haben, die Energie zu mobilisieren und auf den Punkt zu bringen. Viele Übungen im Sport, in allen asiatischen Kampfsportarten und im Kundalini Yoga beschäftigen sich mit der Stärkung des 3. Chakras. Jeder, der überleben will, braucht es. Wer genug Energie in seinem Na-

belzentrum hat, kann seine Pläne verwirklichen. Wer es übertreibt, belastet seinen Magen, die Leber oder den Pankreas. Er wird gereizt. Er nervt oder terrorisiert andere Menschen. Wer nicht genug Energie in diesem Zentrum hat, wird von anderen Menschen unterdrückt und ausgenutzt. Er bekommt allergische Erkrankungen oder Depressionen.

18.6.91, 5.30 Uhr Channel mit Jupither: "Das 3. Chakra ist eine Ansammlung kosmischer Energie. Seine Intensität, Aktivität und Ausdauer, Brenndauer, ist bei allen Wesen verschieden. Es entscheidet für jeden Menschen, wie er sich zur Umwelt verhält. Deine Wirkung auf die Umwelt wird davon bestimmt. Es wird aufgebaut von Dir selbst in der Schwangerschaft als Embryo. Es muß reifen wie eine Frucht. Jeder Tag zählt. In der heutigen Zeit halten viele Mütter die Kraft nicht mehr aus, die ihre Babys entwickeln, darum die Probleme in der Schwangerschaft, die Babys sind davon betroffen. Sie werden nach der Geburt noch weitere Entwicklungsschritte machen, bis etwa 21 Jahre wird sich bei ihnen noch sehr viel tun, anders als früher.
Eure Energie überfordert Eure Körper teilweise. Nur Mut, das geht vorüber. Zum 3. Chakra gehören mehrere Organe. Die Zirbeldrüse steuert und befiehlt. Die Bauchspeicheldrüse führt die Befehle aus. Die Leber bietet die Reserve an Energie. Die Nebennierenrinden justieren und balancieren den Energiestrom durch Dein Zentrum. Dein irdisches Zentrum liegt im Magen. Er ist ein Konverter für Fremdenergie. Unsere Ausführungen beziehen sich ausschließlich auf die Energie, nicht auf die Körpersubstanz.
In Folge geistiger Regungen wird es dann zu Nervenreaktionen kommen und danach wird es chemische Aktivitäten geben. So weit ist der Weg. Energetische Knotenpunkte gibt es überall in Deinem Körper, doch das sind nicht alles Chakras. Ein energetisches Zentrum kann ein Organ steuern, tut es auch. Ein Chakra ist außerdem wirklich eine Verbindung in eine andere Welt oder auf eine andere Energieebene. Die Chakras sind Tore zu anderen Seins-Ebenen. Es sind Tore in der Unendlichkeit und Vielfalt des irdischen Universums. In gewisser Weise ist hier der irdische Raum porös. Eine Flut kosmischer Signale spühlt Dich fort und Du mußt acht geben, daß Du Dich hier stabilisieren kannst. Bei einer hohen spirituellen Energie ist eine Auflösung leichter als ein Bleiben in den irdischen Gefilden.

Ja, das 3. Chakra sieht aus wie ein Nadelkissen. Tausende von Impulsen wurden vom Geist des Menschen in der Embryophase eingefangen. Alles was er verkraften konnte, wurde von ihm dort hineingepackt und konserviert. Das gibt euch die Macht. Lerne jetzt damit umgehen. Diese Impulse bestimmen Dein Weltbild, Deine Philosophie, Deinen Eindruck auf andere Menschen, Deine Gesundheit, Deine Reserven etc. Alles führt hier zusammen, alles trifft sich hier.
Das 3. Chakra ist Stufe für Stufe ein Trittbrett zu irdischer Macht und Herrlichkeit. Jetzt mußt Du die alten Blockaden auflösen und Deine Energie frei verfügbar machen. Dann wirst Du ein Wunder erleben! Genieße die Welt! Sie wartet nur darauf. Es ist eine Freude, das Leben mit all seinen Impulsen zu genießen. Entfalte jetzt das Kraftfeld, das in Dir steckt! Die Zeit ist reif! Okay. Du brauchst noch mehr Ausdauer und Disziplin. Der Erfolg wird dann gewaltig sein."

Das 2. Chakra, Ovarien und Hoden: Diese Drüsen gehören direkt zum 2. Chakra. Sie werden vom 4., 6. und 7. Chakra angesteuert und von unserem Herzlotos. Man könnte sagen, sie haben schon innerlich "die volle Aufmerksamkeit" von den meisten anderen Zentren. Kein Wunder, das 2. Chakra ist nicht nur unser Sexualzentrum, sondern das Zentrum der kreativen Energie insgesamt. Die kosmische Kraft der Kundalini Energie steigt aus dem 1. Chakra auf und wird im 2. Chakra umgewandelt. Sie kann dann vielen anderen Zwecken dienen. Sie ist die Quelle für alles, was wir als kreativ empfinden. Das kann die praktische Freude an etwas Schönem, an Naturereignissen oder an Sex und Erotik sein. Es ist ebenso die schöpferische Energie aller Künstler, Maler, Musiker, die sie zu Neuschöpfungen veranlaßt. Es ist der Drang neues zu entdecken, die Welt zu erforschen, Reisen zu machen, den Weltraum zu erobern und Kinder zu zeugen.
Wo genau wir unsere Schöpfungskraft hineinstecken, ist ihr egal. Hauptsache, es erfüllt uns mit Begeisterung. Begeisterung und Lebhaftigkeit ist also ein Ausdruck des 2. Chakras und somit unserer Geschlechtsdrüsen. Die hier freigesetzten Hormone und Enzyme erzeugen Motivation. Nicht um sonst befassen sich die meisten Menschen direkt oder indirekt mit dieser Kraft. Sie gibt uns Antrieb, und sie hält uns gesund. Unser Antrieb, sich zu profilieren, etwas Besonderes sein wollen, kommt auch aus dieser Quelle. Eine ge-

sunde Konkurrenz oder Rivalität beflügelt uns, besser zu sein oder ganz neue Wege zu entdecken.
Wer umgekehrt diese Kräfte leugnet oder nichts damit anfangen kann oder will, wird sein Leben und seine Gesundheit ruinieren. Es muß nicht Sex sein. Manche Maler stecken ihre Energie in ein Bild. Doch sie malen garantiert besser, wenn Liebe und Sex sie beflügeln. Was wäre ein Maler ohne seine Muse? Nicht umsonst steuert das 2. Chakra die Bewegungen unserer Hände und Arme.
Ein erfolgreicher Firmenchef muß einen starken Willen haben. Aber kreativ, gut gelaunt und nicht stressig wird er nur sein, wenn er außerdem noch eine befriedigende sexuelle Beziehung hat. Für die Liebe hat er vielleicht keine Zeit, weil er völlig in seiner Arbeit aufgeht, aber ohne Geliebte fürs Bett wird seine Arbeit irgendwann zu leiden beginnen. Die Kreativität geht verloren, wenn nur noch die Macht (3.Chakra) ausgelebt wird und im 2. Chakra nichts mehr passiert.
Erkrankungen der Geschlechtsdrüsen haben immer eine Einbuße an vitaler Lebenskraft zur Folge. Frauen, bei denen die Eierstöcke entfernt wurden, leben zwar weiter, aber irgend etwas fehlt. Sie wirken ruhiger, etwas hilflos, nach innen gekehrt. Ein Teil vom Sinn ihres Lebens ist verschwunden und kann nicht mehr zurückgebracht werden. Auch die Fähigkeit zu sensitiven Wahrnehmungen wird durch den Verlust einer wichtigen Drüse eingeschränkt. Mit dem Verlust dieser Drüsen geht in jedem Fall auch ein Teil der Kreativität des Menschen verloren.
Es gibt viele Yoga- und Tantraübungen, die das 2. Chakra aktivieren. Daraus kann Freude am Leben erwachsen, in Bezug auf alles, was wir tun. Als ätherisches Öl oder als Tee ist Bohnenkraut empfehlenswert. Nur wenn das 2. Chakra gesund ist, können wir genießen, und nur so werden wir begehrt.

<u>26.3.91 21.00 Uhr, Junow:</u> *Svadisthana ist der Name der Energie, die Leben schafft, formt und gebiert. Diese Geburt ist immer eine Geburt aus dem Geist heraus. Svadisthana ist die Energie der Liebe. Sthana ist der Prozeß des Erkennens der Liebe in den Augen eines anderen. Darum ist Liebe, Sex vis-a-vis, den Menschen vorbehalten. Die Tiere kennen keine Liebe, nur Affektionen, nur ihre Pflicht zur Erhaltung der Art. Der Sinn ihres Aktes ist nur die Kontinuität der Körper oder besser Leiber. Das ist das Material, aus dem die Menschen geschaffen werden. Ihr könnt essen was Ihr*

wollt. Ihr nehmt alles auf und formt es um. Es wird von Eurem Geist durchdrungen und menschlich gemacht.
Svadisthana heißt 'erkenne Dich in allem Sein'. Es hat keinen Wert, wenn Du versuchst, diese Daten in Katalogen oder Lexika zu überprüfen. Alles ist anders aus unserer Welt. Rot ist die Farbe der Liebe, die von Herzen kommt. Auch grün ist eine Liebesfarbe. Sie ist Liebe zur Natur, die in allem Belebten zu finden ist.
Die Liebe formt den Menschen und sein Wesen. Durch die Art wie Ihr lebt, formt Ihr diese Energie. Es wird mehr oder weniger. Bei manchen ist der Vorrat bald aufgebraucht. Dann ist Schluß, z.B. Krebs. Sie verzehren dann Ihre Energie aus den höheren Chakras und manche verzehren sich ganz. Dann erlischt Ihr Licht für immer. Auch Tiere verzehren sich z. T. auf diese Weise und dienen danach der höheren Energie als Nahrung.

26.3.91 21.00 Uhr, Junow: Die Attribute in Deiner Chakra-Tabelle sind ausnahmslos korrekt. Aber es kommen viele, jede Menge Daten hinzu. Das Buch "Die Schlangenkraft" ist gut. Avalon war ein Weiser, besser als das Buch selbst. Seine Schwingung ruht darin. Diese Welt ist nicht von uns gemacht, doch wir beeinflussen sie. Seit 4 Millionen Jahren hüten wir den Weg der Menschen. Schon vor 400 000 Jahren wurden die ersten echten Menschen geboren. Alles andere waren Tiere unterschiedlicher Qualität. Die Tiere, die Du in Deinen Visionen gesehen hast, haben in der Tat gelebt. Du selbst bist dabei gewesen als Missionar, als Archont. Archonten sind Wesen aus anderen Räumen, aus Zeiten ohne Raum. Es kam zu geistiger Einflußnahme wenn es gelang, ein solches Wesen zu übernehmen. Sie konnten dann Nachkommen zeugen, die sich höher entwickelten. In sofern ist es wesentlich wertvoller einen Mann zu übernehmen, als eine Frau, eine Frau wirkt kaum zurück auf den Mann, aber ein Mann kann 1000 Frauen befruchten. Die Frauen verändern sich durch den Geist, der in ihnen lebt und die Kinder wachsen heran als geistig höhere Wesen. Das dient der Evolution entschieden mehr, außerdem sind Frauen wesentlich widerspenstiger für geistigen Einfluß und betrachten ihn als Befruchtung. Danach ruhen sie sich auf dem Erfolg aus. Ein Mann leistet den Göttern weniger Widerstand und arbeitet fleißiger am Prozeß seiner Höherentwicklung, um noch mehr Frauen zu imponieren. Immer wieder aufs neue schafft er sich so einen Antrieb, der von seiner animalischen Natur gefordert wird.

4.5.91, 3.40 Uhr, Junow: "Was zählt sind Deine geistigen Schritte zur vollkommenen Erkenntnis. Dein 2. Chakra ist gut, alles klar. Du kannst es jederzeit öffnen. Immer wenn ein Mensch zum Orgasmus kommt, geht es auf. Das ist der Sinn. Es ist eher so, daß die Frauen verschlossen sind, nicht die Männer. Es gibt da Beziehungen zur Religion, doch die gegenwärtige Unruhe ist hier aus dieser Gesellschaft geboren."

17.6.91, 3.15 Uhr Ramada! Channelbotschaft von Junow. "Das 2. Chakra steht mit den Hoden in Beziehung. Es ist Quell der Energie, die uns alle beseelt. Hier werden life Potentiale erzeugt, die organische Substanz wird hier mit Leben durchdrungen. Miniaturisierte Universen. Jedes Spermium ist ein Mikrokosmos, einige Milliarden warten auf die kosmische Durchdringung. Es sind sehr viele Universen, die sich alle hier in diesem Sektor dieser Welt berühren. Eine Eizelle ist das Abbild dieser Welt, ja, der Erde, nicht der Sonne. Die Erde hat so einen strukturellen Aufbau. Auch die Erde hat innere Organe. Ihr seid jedoch noch nicht fähig, sie auf einem Bildschirm darzustellen. Es wird noch einige Jahrzehnte dauern, bis es Euch gelingt Magnetfeldbildschirme zu schaffen. Ab dem Jahr 2110 ist die Zeit reif dafür.
Das 2. Chakra einer Frau liegt in den Ovarien. Es ist bipolar. Es kann einen Impuls setzen für die Zeugung, dieser Impuls manifestiert sich im Uterus, im Brennpunkt der kosmischen Falle. Der Uterus ist eine Art Konverter, ein Bioscop universalis. Hier geschehen die bemerkenswertesten Dinge überhaupt. Ein Uterus ist eine Welt für sich, eine Enclave, die eigentlich nicht zu dieser Welt gehört. Ihr müßt Euch lösen von diesen planetaren Darstellungen.
Die zwei Ovarien sind sich ganz fremd. Sie wollen nichts voneinander wissen, doch sie müssen zusammenwirken. Der rechte Eierstock ist repräsentativ für die Geschichte einer Frau, für ihre Entwicklung bis hierher. Der linke Eierstock ist ihr Potential für die zukünftigen Inkarnationen. Aus beiden werden Eier abgerufen, die das reale Vermögen dieser Frau repräsentieren, Ihre Fähigkeit, die Welt zu erfassen und zum Ausdruck zu bringen.
Beim Sperma ist eine Kooperation gewährleistet, bei Eiern nicht. Frauen, die nach Macht streben, sind von dieser Welt. Sie repräsentieren diese Erde. Männer sind Materiekonverter. Sie verbrauchen mehr Material und öffnen auf diese Weise Tore zu anderen Ebenen. Frauen dieser irdischen Art sind weltgebunden real, ja, sie

können das Tor zum Universum nur mit einem Mann öffnen. Natürlich wollen sie es alle einmal versuchen.

<u>Das 1. Chakra, Uterus und Prostata</u>: Die Gebärmutter der Frau und die Prostata des Mannes sind entwicklungsgeschichtlich das gleiche Organ. Je nachdem, wie sich der Hormonhaushalt des Menschen entwickelt, wird aus diesem Drüsenorgan beim Mädchen der Uterus und beim Jungen die Prostata. Dieses Organ wird vom 1. Chakra gesteuert. Es ist eine Art Energiekonverter. Wenn eine Befruchtung Erfolg haben soll, wenn lebensfähige Samenzellen und Eizellen sich vereinigen und zu einem unabhängigen Lebewesen entwickeln sollen, dann müssen Vater und Mutter jeweils ein bischen ihrer eigenen Energie abgeben an diese fruchtbaren Zellen.
Wenn einer von beiden tief innerlich wirklich kein Kind will, ganz gleich aus welchem Grund, dann wird keine Vereinigung der Zellen erfolgen, weil der entscheidende Energieimpuls fehlt. Die indianischen Medizinmänner können die Löcher in der Aura eines Menschen sehen, die von jedem gezeugten Kind hineingerissen werden.
Dieses Organ stellt also bei Mann und Frau die Energie bereit, damit ein Kind gezeugt werden kann. Bei der Frau ist der Uterus nicht nur größer, weil das Kind darin Platz haben soll, sondern weil durch die ganze Tragzeit hindurch der Uterus kosmische Energie sammelt. Daraus wird der Astralkörper des Embryos aufgebaut. Er muß fertig sein, wenn die Geburt kommt.
Das 1. Chakra steuert unsere Fähigkeit zu riechen, sowie die Bewegungsfähigkeit unserer Beine und Füße. Es ist verantwortlich für die Existenzerhaltung. Wir müssen weglaufen können, Nahrung suchen und Beute fangen. Das gehört alles zusammen.
Wenn man Kundalini Yoga (Energytraining) praktiziert, kann es sein, daß man Hitzeimpulse im Schritt oder im Unterleib spürt, die manchmal durch den ganzen Körper laufen. Es sind Zeichen, daß die Kundalini Energie etwas aktiviert wurde. Diese schöpferischen Wallungen liefern uns langfristige Anregungen und die nötig Energie, um unsere Lebensaufgaben zu erfüllen. Regt sich in diesem Bereich lang Zeit gar nichts mehr, dann erlischt unser Interesse an allem. Der betroffene Mensch zieht sich immer mehr aus dem aktiven Leben zurück.
Erkrankungen dieser Drüsen haben immer etwas mit der Überlebens- und Durchsetzungsfähigkeit des Menschen zu tun. Frage:

Was bin ich mir selbst wert? Habe ich ein Recht auf Leben? Darf ich überhaupt leben? Darf ich das Leben genießen?
Die Ärzte sind zu schnell bei der Hand mit Operationen. Viele Ausdrucks-Störungen zeigen sich hier: Frauen, die unbedingt ein Baby wollen, oder chronisch Angst haben vor einer Schwangerschaft, bekommen Myome, Gewebewucherungen, die eine Schwangerschaft vortäuschen. Gerade Frauen ohne Verkehr neigen zu Entzündungen des Muttermundes. Der Muttermund braucht den Penis, die Berührung, die männliche Energie. Mit der Entzündung macht er auf sich aufmerksam.

Auch Männer haben eine Menopause, eine hormonale Umstellung irgendwann zwischen Anfang 40 und Mitte 50. Ihr Hormonhaushalt wird etwas weiblicher. Sie werden einfühlsamer. Damit verbunden vergrößert sich die Prostata. Man sollte mit der Einschätzung, daß es sich hierbei sofort um eine bedrohliche Krankheit handelt, vorsichtig sein. Probleme beim Wasserlassen können sehr wohl von beruflichem Streß (Dauer-Anspannung) kommen und müssen nicht gleich durch eine Prostataentfernung korrigiert werden. Der weitgehende Mangel an sexueller Betätigung führt zu Störungen aller Art. Es ist sehr wohl möglich, daß mit Energytraining, Bewegung für den Unterleib und mit Streß-Releaseprogrammen die Probleme wieder verschwinden. In jedem Fall ist eine attraktive sexuelle Beziehung das beste Mittel gegen Störungen der Sexualorgane.
Bei Beschwerden im Uro-Genital-Bereich, z.B. eine leichte Entzündung der Nieren, der Blase, der Harnleiter, kann wirksam mit dem ätherischen Öl Terpentin behandelt werden. Bei uns ist es nur für die Maler, in Frankreich wird es aus Kiefern gewonnen, gereinigt und in der Apotheke verkauft. Man nimmt 3-4 Tropfen gereinigtes Terpentinöl aus der Apotheke (nicht das ungereinigte für die Pinsel!) auf etwas Zucker, 3x pro Tag. Die französischen Ärzte argumentieren so: Das Terpentinöl schützt die Haut der Bäume vor Erkrankungen und Infektionen. Dann kann es in unserem Körper auch schützen vor Infektionen oder Reizungen im Ausscheidungsbereich.
Kupferhaltige Präparate sind z. B. homoöpathisches Kupfer D 6 in Tropfen, Cuprum Aceticum D 6 erhältlich. Sie helfen uns bei Problemen mit den Schleimhäuten und den Sexualorgane. Wenn Sie schmerzhaft Ihre Periode haben, nehmen Sie Cuprum Aceticum D 6 als Tropfen. Es wird eine positive Veränderung ergeben.

Silber, das Mondmetall, ist für die meisten Frauen gut und für manche Männer. Im Zweifelsfall testen Sie es mit dem Muskelreflextest. Wenn Sie Kupfer- oder Silberschmuck tragen, kann bereits die geringe Menge, die Sie über die Haut aufnehmen, Störungen der Unterleibsorgane positiv beeinflussen.

17.3.91 21.00 Uhr, Junow: Okay, das 1. Chakra ist gelb. Alles andere sind Verdrehungen durch die spezielle Sicht der Seher. Es ist der Erde zuorientiert. Es heißt Muladhara. Mula ist ein Zustand der Stille inmitten menschlichen Chaos. Es heißt 'komme zur Ruhe hier in Deinem unruhigen Wesen'. Hier selbst auf Erden ist das problematisch, doch es geht. Dhara ist Energie, die fließt und sich bewegt. Muladhara ist ein Band von Energiefasern, die sich aus verschiedenen Regionen des Körpers und des Universums hier in der Basis eines Menschen treffen und vereinigen. Auf diese Weise ist Muladhara das Energienetz, aus dem die Kundalini quillt, wenn es einmal richtig zusammengefaßt wird. Einmal entfesselt ist es nicht mehr zu bremsen.
Diese Energie ruht in jedem von Euch, doch sie schläft in der Tat oder besser gesagt, sie fließt nur soeben durch Euch hindurch, ohne Euch weiter zu betreffen oder zu berühren. Es ist eine Knotenstelle universeller Lebenskraft und sie speist Euch, als wenn Ihr einer Wheatston-Brücke (eine elektrische Schaltung) Energie entnehmt, die gleichgerichtet ist. Diese Energie ist gleichgerichtet und Ihr seid eine winzige Wechselspannung darauf.
Wenn zwei Menschen exakt gleichzeitig zum Orgasmus kommen, ist auch diese Energie im Spiel. Dann wird sie in der Tat rot, hellleuchtend rot. Dabei geschieht eine Zeugung auf mentaler Ebene. Einmal im Leben jedes Menschen sollte es passieren, dann werden neue Lebewesen geschaffen. Das ist ein Teil Eurer Lebens- und Vitalkraft. Schaut zu, daß Ihr das einmal schafft. Egal mit wem, denn es ist von Bedeutung für Euer Weiterleben nach dem Tode als eigenständige Existenz.

Mo. 18.3.91 22.40 Uhr: Hallo, hier ist Jupither von Orionis. Das erste Chakra dient der Existenzerhaltung. Es ist falsch, an einen festen Körper zu glauben. Es ist ein Bündel feiner schwingender Energiefasern aus reinem Licht der Sterne gewebt. Dieses Licht kondensiert zu alldem was Ihr Elemente nennt. Wenn Du es genau nimmst, kannst Du Deinen Body jederzeit umkondensieren und ihm neue Form und Farbe geben. Alles ist möglich auf diesem Wege.

Deine Absicht, jetzt die wahre Wirkung der Chakras zu erforschen ist gut und legitim. Du wirst auf diesem Wege viele neue Erkenntnisse gewinnen.
Okay, nehme Dir eine Faser heraus. 1. Chakra: 'Lrim Lhoosa', das ist eine von 44 000 die gleich unten links in Dich einzweigen. Das ist ein Quell des Lebens. Hier werden Menschen gemacht. Nur für menschliche Organe ausgestattet, für Lebensfasern feinster Güte und Qualität. Wer diese Schwingung recht betrachtet lebt ewiglich auf Erden. Will er sich von der Erde lösen, muß er nur mit der Macht seiner Gedanken diese Faser durchtrennen.
'Lrim holf' hält ihn am Boden. Acht geben, daß sie erhalten bleibt, sonst fliegst Du! Ja, das geht munter so weiter, und die Energie fließt, um alle Deine Wünsche zu realisieren, alle die Du willst zumindest. Erst kommt das Wünschen, dann die reale Umformung der Energie und der Wille entscheidet, ob es dann wahr wird oder quasi wieder aufgelöst zu Urmaterie. Diese Kraft des 1. Chakras baut auf. Sie eliminiert auch noch Hindernisse und schafft Voraussetzungen für neue Wege, doch mehr kann sie nicht. Das ist der Rohstoff für die Welt der Träume.
Nachdem der Rohstoff bereit steht, greifen andere Fasern hinein in den Pool des Lebens und formen alles neu, getreu Konzepten, die schon da waren. Das heißt, Du selbst mobilisierst elementare Energie, alles wird aktiviert und bereitgestellt, und danach wird es doch bloß wieder zu Kopien bereits verbrauchter und verarbeiteter Materiebilder.
Hier muß Du eingreifen, wenn in Deinem Leben jemals etwas anders werden soll. Nun fasse Dich in Geduld und den Pool Deines Lebens mit beiden Händen! Dieses Leben ist Dir geschenkt worden, damit Du es aufs neue formst. Du selbst bist der Schmied, der das Glück formt und gewinnt. Es ist nicht an uns, Dein Glück zu formen. Forme es selbst. Sei genügsam und glücklich zugleich. Hier ist ein Universum, das darauf wartet, geformt zu werden.
Frei zu sein und zugleich glücklich leben: Glücklich leben bedeutet, etwas zu sein in einer Relation zu etwas anderem. Das ist schon wieder eine Erkenntnis von elementarer Bedeutung! Wir alle hier sind glücklich, doch geht das nicht von allein, sondern in der Beziehung, die da möglich ist z.B. von Dir zu mir und umgekehrt. Befreie Dich von allem alten Übel, die Gelegenheit ist jetzt gut. Du mußt jetzt den Schlußstrich ziehen aus dieser Welt. Es ist die Welt Deiner Liebe zu den Kindern und sie ist kinderreich, lieblich und

naiv. Wir geben Dir die Welt. Forme sie neu, hier vor Deinem Auge und Weg."

26.3.91 21.00 Uhr, Junow: *Mul ist ein Band aus reiner Energie. Aus dem Stoff sind alle Wesen gemacht, auch wir. Dharata ist ein Weg der in die Stille führt. Es ist der Weg des Lichts, das du im Firmament findest. Es ist das Licht der Sterne, strahlend in der Nacht und ebenso in Dir. Du hast es schon erblickt mit einem Auge. Es ist ein Funke, der die Nacht bescheint und doch alles erleuchtet, was es nur zu sehen gibt. Das ist noch lange nicht alles. Die Zeit muß wachsen und Du mit ihr. Auf diese Weise wirst Du offen für das Licht der Welt.*
Dharata heißt, beschreite den Weg der zur Erkenntnis führt. Auf zum Licht der erkennenden Seele. Das Licht ist hier. Nimm es wahr. Nimm es und pflege es. Dieses Wort ist ein Auftrag, ein Befehl, eine Offenbarung, ein Licht es selbst.
Mulbhand heißt, fixiere die Aufmerksamkeit auf das Lichtband im Unterleib! Sieh' die Kreuzung des Lichts dort im Nichts, denn Dein Körper ist nichts, ist Illusion, ist eine Schattenbildung im Raum, den Deine Seele einnimmt, wenn sie stirbt. Zuvor jedoch, so lange du lebst, ist alles anders. Dein Körper weiß was geschieht und achtet Dich. Diese Nacht gehört Euch beiden. Nur Mut, er versteht alles. Auf seine Weise ist er sehr weit dank Dir. Du bist hier die Regel.
Das Leben gibt den anderen eine Chance, indem sie zu Dir finden. Viele erkenne Dich als das was Du bist, ein Meister aus alter Zeit, neu erwacht und beseelt von dem Wunsch, Unrecht zu vermeiden und Gutes zu tun. Das ist gut und legitim. Diese Welt ist geformt worden, um Menschen zu läutern und zu strafen. Das sind alles Lernschritte, und die Strafen sind große Schritte. Die Negation der Liebe ist eine Strafe für viele. Später wissen sie, was sie vermißt haben lange Zeit und wenden sich IHM zu mit Inbrunst. Es ist das Vermächtnis großer Meister, daß durch Dich offenbart wird. Es ist der Weg der zum Ziel führt in nur einem Leben. Komme in Dir zur Ruhe. Das Leben geht weiter.

4.5.91, 3.40 Uhr, Junow: *"Gut, das erste Chakra ist der Energiekanal, der Dich durchströmt. Ja, es ist wie ein Fließen, ewig während, auch wenn Du gestorben bist. Die gelbe Farbe ist die Farbe der Erde, auch Okar genannt...Okar ist eine Kraft, eine Schwingung. Sie bewirkt Aufbau und Zerstörung des menschlichen Körpers. Ja,*

Dein 1. Chakra ist permanent offen. Du kannst damit Energie aktivieren und mobilisieren, tue es jetzt!

<u>6.2.2, 8.24 Uhr Horus</u>: *Das 1. Chakra zieht eher wie ein Trichter Energie aus der höheren Dimension. Die Bündelung der Energie, die du wahrgenommen hast, gehört in dieses Universum. Damit bist du hier verankert. Die Energie des 1. Chakra ist nicht so wichtig wie ihr meint. Es verankert euch hier und zwar in 4 Richtungen. Das erkennt ihr in den 4 Schleifen. Die senkrechte Achse dient der Festigung eurer Existenz auf der Erde. Die waagerechte Achse hat etwas mit eurem Zeitempfinden zu tun. Außerdem dient es deiner Basiskommunikation mit allen anderen Lebewesen auf Erden. Es reicht sogar in den Kosmos hinein. Wenn ihr diese Verbundenheit verliert, überkommen euch Depressionen und Angst. Das Leben auf Erden wird dadurch in Frage gestellt.*
Der Aufenthalt in der Natur ist ein gutes Heilmittel, leben mit Tieren, Garten, Bergwandern, Seefahrten. Es ist also sein Sinn, euch hier zu verbinden. Und alles, was euch von der Natur entfernt, stört das 1. Chakra. So einfach ist das.

<u>Das 8. Chakra</u>: 1985 entdeckte ich nach intensiver Arbeit mit dem Kundalini Yoga und tiefen Meditationen, daß wir noch ein 8. großes Chakra auf dem Rücken haben. Es mündet im Bereich der Brustwirbelsäule aus der Shushumna, dem zentralen Energiekanal in der Wirbelsäule, etwa an der Stelle, wo vorn das Brustbein endet, und steigt von dort als ein blauvioletter Tricher ca. 20 cm auf. Das 8. Chakra war bei mir, seit ich es entdeckt habe, stets aktiv und in Bewegung. Manchmal wird es sogar ca. 30 cm lang. In der indischen Literatur habe ich keinen Hinweis darauf gefunden. In einem alten chinesischen Alchimiebuch fand ich eine Zeichnung, in der es enthalten war. Leider hatte ich damals keine Möglichkeit, eine Kopie zu bekommen. Das Alchimiebuch war im Urtext mindestens aus dem 3. - 5. Jahrhundert. Hier nun Horus Kommentar:

<u>6.2.2, 8.48 Uhr Horus:</u> *Das 8. Chakra auf dem Rücken ist nicht blau, sondern violett. Es hat einen blauen Kranz. Das kommt von der Art seiner Energie. Es ist wie ein Staubsauger, der Energie aus höheren Sphären sammelt. Das hat nicht jeder heute. Es haben nur wirklich spirituelle Menschen, doch es kann entstehen, wenn du Gott dienst wie es sich gehört. Einige Yogis und einige Meditanten aus Asien haben es erreicht. Auch die Taoleute aus China entdeck-*

ten es vor 2000 Jahren. Es war Konfuzius (Kungfu-Tse), der es als erster voll öffnete. Seine Zeit war reif dafür.
Mit dieser Energie erweckst du die Kräfte des Jenseits, die hier auf Erden wirken. Sie finden Zugang zu dir, und du hast die Chance der Kommunikation auf einer relativ hohen Ebene. Das hat nichts mit den Toten zu tun, eher mit den Devas (Lichtwesen) und den Asuras (Windgeister). Das 8. Chakra reicht jedoch auch weit hinein in andere Sphären des Lichts.
Es entsteht, wenn ein Mensch sein 1., 4., Herz und 5. Chakra innerlich ausgeglichen und zusammengeschlossen hat. Dann werden neue Wunder möglich. Ohne dieses 8. Chakra sind bestimmte Aktionen im Bereich der spirituellen Energie gar nicht möglich, und wer es nicht hat, kann vieles nicht verstehen, wovon du jetzt redest. Es sind für ihn Lücken im Text. Trotzdem erweitert das den Horizont der Menschen. Mache so weiter. Es ist Teil der Evolution.

Der Nutzen des Energytrainings (Kundalini Yoga)

Kundalini Yoga ist "die Mutter aller Yogawege". Energytraining ist die moderne Form des Kundalini Yoga. Es vereinigt in sich die Essenz der verschiedenen anderen Yogawege und ist deshalb den Bedürfnissen und Möglichkeiten des heute lebenden Menschen besonders gut angepaßt. Es wendet sich vornehmlich an dynamische Menschen und wurde in dieser Form vor ca. 400 Jahren als Schulungsprogramm für die Kriegerkaste der Sikhs im Pandjab in Nordindien reformiert.

Energytraining führt bei regelmäßigem Üben innerhalb von 6 Jahren zur Erleuchtung. Mit Hatha-Yoga braucht man dazu 18-22 Jahre. Vereinigt man die Möglichkeiten des Energytraining noch mit einer anderen, dem jeweiligen Suchenden angepaßten, spirituellen Schulungsmethode, so können schon 2-3 Jahre ausreichend sein.

Über Energytraining habe ich zwei Lehrbücher geschrieben. Von besonderer Bedeutung sind die Atemtechniken. Dafür gibt es ein extra Taschenbuch über → "Die Stufen des Pranayama - das Geheimnis von Atmung und Konzentration".

Sie können viele Gesundheitsstörungen wegatmen. Das machen Sie so: Sie setzen sich entspannt irgendwo hin, zu Hause in einen Stuhl oder unterwegs im Auto. Sie setzen sich bequem hin, wie für Autogenes Training, in schlaffer Haltung. Wenn möglich, legen Sie den Kopf entspannt auf eine Lehne. Lassen Sie den Kopf jedoch nicht hängen. Er sollte auch nicht nach hinten abknicken.

Übung: Wenn Sie Entspannungstechniken kennen, wenden Sie diese an. Wenn Sie dann zur Entspannung kommen, schließen Sie die Augen, gehen ein wenig nach innen, richten Ihre Aufmerksamkeit auf die Stelle, an der es drückt oder schmerzt. Dann atmen Sie tief und bewußt ein und halten den Atem kurz an. Danach lassen Sie den Atem los und die Energie, die Sie mit dem Atemstrom aufgenommen haben, fließt in das kranke Organ, den Magen oder wo sie sonst gebraucht wird.

Wir können beobachten, daß die betroffenen Bereiche, die Energie brauchen, geradezu von dieser Atmung durchgespühlt werden. Die Energie, die dort hindurchfließt, nimmt alle Spannung mit. Dann sagen Sie: So, mir geht es gut. Ich wiederhole jetzt täglich meine Atemübung! Ich gönne mir jetzt etwas Gutes und mache täglich 3 x 5 Minuten Atempause. Das ist alles. Sie werden merken, vielleicht nicht sofort nach den ersten 5 Minuten, aber mit den folgenden

Übungen verschwindet die Sache wie weggeblasen, weggeblasen von Ihrem eigenen Atemstrom.
Eines steht jedenfalls fest: Von der Zeit an, als ich mit Kundalini-Yoga und den Atemtechniken begonnen habe, begann für mich ein neuer Lebensabschnitt. Innerhalb von 1-2 Jahren hat sich mein Atemrhythmus auf mindestens die Hälfte mehr verlängert.
Je kleiner die Tiere oder der Organismus, desto schneller die Atmung. Je größer die Tiere, desto langsamer die Atmung. Je schneller die Atmung, desto kürzer ist die Lebensdauer. Je länger, ruhiger und tiefer die Atmung, desto länger die Lebensdauer. Eine kleine Schildkröte wird ca. 20 Jahre alt. Sie atmen ganz ruhig. Ein gleich großer und schwerer Hamster wird nur ca. 3 Jahre alt. Er atmet viel schneller und lebt natürlich intensiver.
Energytraining soll Dir die Gelegenheit geben, Dein Leben in Deine eigenen Hände zu nehmen und es selbst individuell so zu gestalten, daß Du gesund und glücklich bist. Freue Dich Deines Lebens, Du hast ein Recht darauf!
Energytraining ist übrigens keine Art von Psychotherapie. Es kann und soll Dir die Kraft geben, Deine Probleme zu erkennen und zu lösen. Es kann und soll Dich körperlich gesund machen. Wenn es dann immer noch irgendwelche Schwierigkeiten in Deinem Leben gibt, dann können diese Probleme in einer individuellen Beratung oder in einer Rückführung geklärt werden. Viele Ereignisse in unserem jetzigen Leben wurden schon in weiter Ferne, in unserer eigenen Schwangerschaftszeit, frühen Kindheit oder sogar in früheren Leben angelegt. Manches davon wird Dir vielleicht durch die frische Energie des Energytrainings ganz von selbst bewußt. Okay, dann war die Zeit reif, und Du kannst diese alten Geschichten aufarbeiten. Wenn Du Dein Leben voll und ganz in den Griff bekommen willst, dann wird irgendwann zusätzlich zum Energytraining eine Rückführung erforderlich sein.

Energytraining vereinigt in sich folgende Aspekte:

1. Atemkontrolle

Zum Vorbeugen gegen Erkrankungen und für die Energieregulation brauchen wir als essentielle Grundlage eine gute Atemtechnik. Wie lange können Sie leben ohne zu essen? Maximal 4 Wochen. Wie lange können Sie leben ohne zu trinken? Maximal 1 Woche. Wie lange können Sie leben ohne zu atmen? Maximal 2 ½ Minuten. Bei

3 Minuten wird es schon dunkel und nach 5 Minuten sind Sie tot. Dann kann man Sie vielleicht noch wiederbeleben. Aber nach 10 Minuten ist es absolut aus. Bereits 3 - 5 Minuten ohne Atmung können bleibende Hirnschäden verursachen.
Bedenken Sie das wohl: 2 ½ Minuten bis zur Bewußtlosigkeit, bis das Delirium beginnt und die Sternchen auftauchen.
Wir benutzen Feueratem, um Energie freizusetzen, (Zwechfellatmung)
tiefen ruhigen Atem, um die eigene Energie zu integrieren, (Bauchatmung)
rhythmischen Atem, um die Energie gezielt im Körper einzusetzen und Atem anhalten, um die Kundalini zu wecken.
Die Kundalini ist die Basis-Energie eines jeden Lebewesen. Sie stellt ein ungeheureres Kraftpotential dar. Im normalen Lebensprozeß ruht sie und wird nur in Notfällen oder durch gezielte Übungen aktiviert.
Der Wachheitsgrad des Menschen, die Funktion der Hypophyse und die Atemfrequenz hängen über die Formatio reticularis direkt zusammen. Durch eine Frequenz von 4-8 Atemzügen pro Minute kann im Hirn eine für den Tiefschlaf übliche Frequenz eingestellt werden (EEG: theta- und delta- Wellen). Auf diesem Weg können wir Genesungsprozesse direkt beschleunigen und erfolgreich Streß abbauen. Der Hormonhaushalt wird neu reguliert.
Zwerchfellatmung, der sogenannte Feueratem des Kundalini Yoga, erzeugt innerhalb weniger Minuten im Hirn einen alpha-Rhythmus. Der Übende fühlt sich gleichzeitig neu belebt, aktiviert und trotzdem ruhig und klar.
Diese Atemtechnik mobilisiert neue Kräfte, fördert die Leistungsfähigkeit und baut Streß ab. Wir gelangen in den alpha-Rhythmus, der mit einem EEG gemessen werden kann. Bei Hautwiderstandsmessungen finden wir sehr niedrige Werte, unter 10 kOhm. Die normalen Hautwiderstandswerte liegen bei heutigen Menschen um 60 kOhm. Diese Atemtechniken können überall eingesetzt werden.

2. Körperübungen

Durch das differenzierte Übungsprogramm des Energytrainings konnten viele, sehr unterschiedliche Krankheitsbilder in der gewünschten Weise korrigiert werden. Labortests konnten immer wieder beweisen, daß Energytraining Hormonstörungen beheben hilft. Das ist viel mehr, als man von jedem noch so guten Medika-

ment behaupten kann. Die Ursache ist darin zu sehen, daß das Energytraining den Menschen zu einer anderen Verhaltens- und Lebensweise veranlaßt. Durch die Veränderung des Bewußtseins ändert sich auch der Hormonhaushalt. Der Hormonhaushalt ist direkter Ausdruck unseres emotionalen Gesamtbefindens.
Im Gegensatz zu anderen Yogaschulen sind die meisten Übungen dynamisch, wobei also nicht nur durch die Position (Asana) Energie in bestimmte Körperteile gelenkt wird, sondern gezielt mehr Energie frei gesetzt wird. Viele Übungen sind mit Feueratem verbunden.

3. Meditationen

In den heiligen Büchern Indiens heißt "Die Welt ist ein Mantra". Die Bibel sagt, "Am Anfang war das Wort, und das Wort war bei Gott, und Gott war das Wort". Mantras, richtig gesungen, heben uns automatisch auf eine ganz bestimmte Schwingungsebene, "denn ihre Worte hatten Macht..."
Mantrameditationen spielen beim Energytraining (Kundalini Yoga) eine große Rolle. Durch den Gesang bestimmter Formeln aus dem Sanskrit werden Schwingungen erzeugt, die direkt Einfluß nehmen auf unseren Energiekörper, also auf die Aura, und auf die endokrinen → Drüsen mit ihrer Hormonproduktion, die im physischen Körper für alle biochemischen Steuerungsprozesse verantwortlich sind.
Da Sanskrit eine sehr alte, ursprüngliche Sprache ist, hat sie noch eine viel tiefer gehende Wirkung, als deutsch oder englisch. Durch die Rezitation von Sanskritformeln können wir mit den ursprünglichen Kräften in Verbindung treten, die dieses Universum erschaffen haben. Gott lebt in uns. Es ist eine sanfte Therapie, die keine psychoanalytischen Fragen braucht.
Sanskrit ist die Sprache der indischen Weisen. Deren Weisheit und Erkenntnis kommt im Sanskrit zum Ausdruck. Durch längere Rezitationen des Sanskrit können wir innerlich lernen, die Hintergrundschwingung des Kosmos zu fühlen. Wir treten dann in Verbindung mit dem Akshara. Ist das erst einmal gelungen, dann beginnen wir den inneren Wert und die innere Wahrheit aller Ereignisse zu fühlen. Wir bekommen Vorahnungen, was gut für uns ist oder nicht. Wir wissen plötzlich, wer es gut mit uns meint oder nicht. Wir erkennen die Ursachen unserer eigenen Störungen und können sie überwinden. Ein Teil dieser Klärung verläuft vollständig unbewußt.

Es ist verblüffend, daß manche unserer Probleme einfach verschwinden, ohne daß wir uns speziell darum gekümmert haben.
Die Mantras haben noch einen anderen Sinn. Wenn wir unsere Aufmerksamkeit nur auf die Mantras konzentrieren, dann erlischt der innere Dialog. Sie kennen das ja: Wenn Sie mit einem Problem beschäftigt sind, oder wenn Sie eine Entscheidung treffen müssen, dann gehen in unserem Verstand die Fragen und Überlegungen ständig hin und her. Sollen wir das nun tun oder nicht? Ist das okay oder nicht? Darf ich das oder nicht? Was werden die Anderen sagen? Diese Debatte läuft eigentlich immer, sie geht sogar nachts in unseren Träumen weiter. Der innere Dialog kann so heftig werden, daß ein Mensch schon gar nicht mehr zu einer Entscheidung fähig ist. Es geht in einer Tour immer weiter und weiter.
Der innere Dialog erlischt nicht, wenn Sie deutsche Worte rezitieren. Wir kennen sie zu gut. Sie haben nicht den Tiefgang und die ursprüngliche Energie des Sanskrit. Mit der Rezitation von Sanskrit-Mantras beenden wir den unfruchtbaren inneren Dialog. Wenn Sie diese Wirkung erzielen möchten, sollte ein ausgewähltes Mantra mindestens 5 Minuten gesprochen oder gesungen werden, besser sind 7, 11, 21 oder 31 Minuten. Es gibt bestimmte geistige Rhythmen, und die hier angegebenen Minuten entsprechen den Rhythmen, in denen unsere Energie schwingt und nach denen unsere inneren Prägungen ablaufen. 11 Minuten ist eine sehr gute Zeit, um innerlich Neuprogrammierungen vorzunehmen. Wegen der praktischen Bedeutung der indischen Mantras habe ich drei → CDs damit herausgegeben.
Außerdem benutzen wir im Kundalini Yoga und im Energytraining die stille Meditation und die "Konzentration auf einen Punkt". Viele Menschen haben Probleme, einfach abzuschalten. Das ist dieser innere Dialog. Wenn wir einige Zeit mit den Mantras trainiert haben, gelingt es viel leichter, ganz ruhig zu werden. Mantras sind also eine sinnvolle Vorbereitung auf die stille Meditation. In einer stillen Meditation sollten wir innerlich wirklich vollkommen abschalten und zur Ruhe kommen. Aus dieser inneren Leere entstehen dann ganz neue Ideen, Fragen und Antworten.
Ein Zwischenstadium zwischen aktiv sein und stiller Meditation ist die "Konzentration auf einen Punkt". Wenn Sie Probleme haben, zur Ruhe zu kommen, stellen Sie eine Kerze vor sich auf den Tisch. Setzen Sie sich bequem in einen Sessel. Legen Sie die Arme entspannt auf die Lehnen, schließen Sie die Augen halb. Beobachten Sie durch die fast geschlossenen Lider die Kerzenflamme.

Einfach nur ruhig atmen, die Kerze beobachten und an nichts weiter denken. Das bringt unseren Verstand zur Ruhe. So können wir Streß reduzieren. Es geht auch ohne Kerze.
Wichtig ist jedoch, daß die Augenlider fast geschlossen bleiben. Fixieren Sie einen beliebigen Punkt in Ihrem Blickfeld und konzentrieren Sie sich darauf. Bereits eine derartige Konzentrationsübung kann Ihnen helfen, Ihre Aufgaben und Probleme ruhiger zu betrachten. Innere Ruhe ist das wichtigste Instrument, um sinnvolle Lösungen zu finden.

Mantra-Beispiele:

Rezitiere **"Sat Nam".** Das bedeutet: "Das SEIN erkennen", "Erkenne das, was ist", "Erkenne die Wahrheit!", "Erkenne Dich selbst!"
"Sat naráyen wahé Guru, Hari naráyen sat nam." Das bedeutet: "Das ursprüngliche Sein hat uns geboren, und wir erkennen es." "Die lebendige Kraft Gottes hat uns hervorgebracht."

4. Hand- und Armpostionen (Mudras)

Alle unsere Körperendungen sind Antennen, über die wir in die Umwelt hineingreifen. Wir sind energetische Wesen, und wir sind in unsere Umwelt eingebunden. Durch bestimmte Positionen unserer Finger und Hände können wir unser Verhältnis zur Umwelt steuern. Sie kennen die zum Teil ungewöhnlichen Handbewegungen aus Filmen über Thailand, Indonesien, oder von indischen Tempelbildern. Mit den Mudras werden Schaltungen in unseren Nervenbahnen betätigt.
Besonders deutlich wird es bei Politikern und anderen öffentlichen Rednern, die durch ihre Gestik das Volk beeinflussen und die so ihren Reden mehr Ausdruck und Energie verleihen. Mudras dienen der Sammung unserer Energie, und sie werden benutzt, um andere Menschen zu beeinflussen.
Wenn jemand die Angewohnheit hat, "abzuwinken", also in seiner Rede immer wieder vor uns die rechte Hand von oben nach unten bewegt, dann ist das ein Versuch, unsere Energie herunterzuziehen. Er will uns klein machen und beeinflussen. Erinnern Sie sich, was ich bei der → Plasmamassage über die Richtung der Massage gesagt habe. Weitere Einzelheiten finden Sie im → Energytraining.

5. Das eigene Leben bewußt, selbstverantwortlich und diszipliniert führen.

In der Tradition des Kundalini Yoga wird nicht erwartet, daß jemand als Yogi oder als Fakir in die Berge geht und sich dort seinen Übungen hingibt. Das mag zeitweilig richtig sein, aber es kann kein ganzes Erdenleben ausfüllen. Im Energytraining ist uns bewußt, daß dieses Training, einmal richtig begriffen, eine Lebensauffassung ist. Wenn wir dieses Leben vor unserer letzten Inkarnation bewußt geplant haben, dann sollten wir nun auch aktiv am gesellschaftlichen Leben teilnehmen und gesellschaftliche Pflichten durch Nächstenliebe, Familiengründung und ein vorbildhaftes Leben erfüllen.
Wenn es uns gelingt, vorbildlich zu leben, dann wird es nicht nur uns selbst gut tun. Wir können durch unseren persönlichen Erfolg unseren Kindern und anderen Menschen Mut und Stärke vermitteln. Wir sollten erlangtes Wissen weitergeben und Suchenden auf ihrem Weg der Erkenntnis helfen. Helfen sollten wir jedoch nur, wenn wir gefragt werden.
Wenn ein Mensch neue, gute Erkenntnisse gewonnen hat, möchte er oft das neue gute Wissen auch anderen zukommen lassen. Doch die Anderen sind vielleicht noch nicht so weit. Er drängt sich auf. Er schadet damit der guten Sache, statt daß er sie positiv verbreitet. Respektieren wir stets die Privatsphäre unserer Mitmenschen, auch der eigenen Familienmitglieder.
Denken Sie daran: Schon Jesus sagte zu seinen Jüngern, nachdem er einmal seinen Heimatort besuchte, "Laßt uns gehen, der Prophet gilt nichts bei den Seinen!" Es mag sein, daß Sie zu ganz wertvollen, neuen Einsichten gelangen, doch es mag ebenso sicher sein, daß es am Schwersten ist, daß der eigenen Familie näher zu bringen. Da werden Sie dann andere Gesprächspartner brauchen.

6. Alles was existiert, besteht aus Energie.

Energytraining geht davon aus, daß alles, was existiert, aus Energie besteht, bzw. in Energie transformiert werden kann. Allen Lebensprozessen liegen Informationsprozesse zugrunde: Transfer von Informationen, von Gedanken, Empfindungen, Gefühlen, von Impulsen.

Wir betrachten unterschiedliche Verhaltenweisen, Gedanken, Gefühle, Streß, Krankheit, Gesundheit, Apathie, Aktivität usw. als Zustände unterschiedlicher Energieverhältnisse.
Energytraining nimmt gezielt Einfluß auf bestimmte Organe, Körperteile, auf den Kreislauf, die Atmung und das Nervensystem. Durch Energytraining wird in unserem Körper sehr viel Energie mobilisiert und durch die darin eingebundenen Konzentrationsübungen willentlich in bestimmte Funktionsbereiche unseres Körpers dirigiert. Energie wird gezielt freigesetzt, gedämpft oder aus einem Bereich in einen anderen verlagert.
Energytraining arbeitet direkt mit dem elektromagnetischen Feld des Menschen, mit den innersekretorischen Drüsen, mit dem Hormonhaushalt, sowie mit den Funktionen des menschlichen Hirns. Mit Energytraining werden neue Bewußtseinsstrukturen und neue Verhaltenmuster geschaffen. Das Gespür für die echten Bedürfnisse unseres Körpers wird wieder geweckt.
Unsere Leser, Seminarteilnehmer und Klienten berichten übereinstimmend von einer deutlichen Verbesserung ihrer gesundheitlichen Situation, gestiegenem Selbstbewußtsein, besserer Umgang mit anderen Menschen, mehr Tatkraft und neuer Lebensfreude.
Bei einigen Menschen kommen positive Veränderungen hinzu, wie die Entwöhnung von Medikamenten, Tabak, Alkohol und Gewichtsabnahmen bis zu 5kg/Woche ohne spezielle Maßnahmen außer Energytraining und den von uns empfohlenen hochdosierte Vitamin-B-Komplex-Präparate für einen Zeitraum von 2-3 Monaten.
Mit einer Normalsierung des körperlichen Befindens wächst auch das Gefühl für die körperlichen Bedürfnisse. Wir können fühlen lernen, was unser Körper wirklich braucht und verträgt, und was wir ihm besser nicht geben sollten. Das bezieht sich sowohl auf die Menge der Lebensmittel, die wir zu uns nehmen, als auch auf die Qualität und die Zusammensetzung.

7. Energytraining in der Meinung der Teilnehmer

Um den Nutzen und die Vielseitigkeit des Energytrainings deutlich zu machen, möchte ich im Folgenden Aussagen von meinen Seminarteilnehmern wiedergeben. Kommentare sind überflüssig. Sie werden viele Situationen erkennen, die fast jeden Menschen betreffen können.
"Ich konnte eine akute Krise bewältigen, mehr Richtung in mein Leben bringen und erreichte eine bessere Integration meiner Per-

sönlichkeit. Vom Training in der Gruppe zehre ich für die nächsten 14 Tage."

"Energytraining und Therapie im **K.I.** führten mich zur Verwirklichung meiner berufsbezogenen Weiterbildung. Ich bin seitdem viel klarer, bewußter und zielorientierter. Ich will mich demnächst selbständig machen."

"Mit Energytraining ist es mir gelungen, meine Migräneanfälle zu überwinden, unter denen ich mein Leben lang gelitten habe. Eine ganz neue Phase in meiner Partnerschaft hat begonnen."

"Mein Selbstwertgefühl hat sich gefestigt und ich konnte Intoleranzen und Erziehungsfehler überwinden. Ich bin selbstsicherer geworden, habe weniger Angst, mag mich selbst viel mehr, bin sensibler für andere Menschen und meine Lebensfreude ist gestiegen."

"Mein Selbstbewußtsein und Erfolg haben sich deutlich verbessert. Am meisten freut es mich, daß meine Haare wieder voll nachgewachsen sind, nachdem ich jahrelang ein Toupet getragen hatte."

"Ich hatte keinen Lebenswillen mehr und Angst unter Menschen zu gehen. Jetzt geht es mir endlich wieder gut und ich sehe alles viel positiver und mit anderen Augen."

"Ich brauche keine 'Glückspillen' und keinen Alkohol mehr. Aus mir ist wieder ein brauchbarer Mensch geworden. Ich habe wieder Freude am Leben."

"Es war wie ein Aufwachen! Ich bin jünger als je zuvor. Kein Haarausfall mehr, keine Erkältungen. Ich bin dankbar für jeden Tag, den ich voller Energie erleben darf!"

"Ich kam zu einem besseren Umgang mit mir selbst und meiner Familie. Mit 34 erlebte ich endlich was es bedeutet, einen Orgasmus zu haben. Meine Migräne ist stark zurückgegangen. Im Umgang mit Menschen fallen mir Feinheiten auf, die ich früher niemals begriffen hätte."

"Meine Ehe ist harmonischer und ich habe mehr Freude an kleinen Dingen. Geschäftlich bin ich erfolgreicher bei geringerem Kosteneinsatz. Mein Umgangston mit Geschäftspartnern ist viel differenzierter geworden und ich gehe mit einer ganz neuen Gelassenheit an meine Aufgaben."

"Energytraining bescherte mir eine außergewöhnliche Lebensweise im Beruf und privat! Ich wurde dynamischer, veränderte meine Eßgewohnheiten, brauche weniger Schlaf, bin ruhig und gelassen, kann mich besser durchsetzen und habe endlich keine Rückenschmerzen mehr. Ich kann auch meinen Freunden und Bekannten helfen."

"Ich bin ruhiger, bewußter und kraftvoller geworden. Mir sind heute viele Dinge klar, die ich früher gar nicht beachtet habe. Ich wurde selbstsicherer, glücklicher und erfolgreicher. Gesundheitlich konnte ich mich wesentlich verbessern."

"Nach dem Energytraining überkam mich die ersten Wochen regelmäßig eine Müdigkeit. Mir wurde klar, daß ich jahrelang zu wenig geschlafen hatte und daß sich jetzt in der veränderten Situation mein Körper endlich das holte, was er schon lange entbehrt hatte. Seit dem fühle ich mich viel frischer und leistungsfähiger."

"Dieses Gleichmaß von Körper, Seele und Geist hatte ich weder erwartet noch geahnt. Ich bin ganz begeistert. Ich schlafe ganz wach, meine Träume sind mir bewußt und ich kann sehr viel daraus lernen."

"Ich schlafe mehr und löse mit Psychokybernetik viele Aufgaben auf der Traumebene. Ich habe keine Angst mehr, halte Abstand zu allem und fühle mich viel mehr als z. B. beim Autogenen Training."

"Ich hatte Powertraining erwartet, vielleicht ähnlich Fitness-Training. Nun bin ich überrascht über die Ruhe, die ich erfahren habe. Jetzt wurde mir erst bewußt, daß meine neue Kraft aus der Ruhe kommt."

"Ich erfasse den Sinngehalt der Worte, von dem was die Leute sagen, ganz neu. Ich bemerke Dinge, die mir früher gar nicht bewußt waren. Ich habe plötzlich neue und andere Bedürfnisse. Es hat innerhalb weniger Wochen starke Interessensverschiebungen gegeben. Vieles, was mir wichtig schien, ist plötzlich bedeutungslos."

"Es kam zu einer starken Reinigung meines Körpers. Wie in der Pubertät hatte ich einige Wochen lang Pickel. Nun ist das wieder vorbei und ich fühle mich kräftiger und gesünder als je zuvor."

"Ich genieße es, endlich begriffen zu haben, daß ich einmal am Tag Zeit für mich selbst habe um mich positiv mit mir selbst zu beschäftigen."

8. Prana

Damit Sie die Wirkung des Energytraining besser verstehen, noch ein paar Worte zum Prana. Speziell beim Feueratem nehmen wir viel Prana an der Nasenwurzel in unseren Astralkörper auf. Mit dem Licht der Sonne kommen die feinen, subtilen Pranapartikel-

chen von der Sonne zur Erde. Aus diesen subelementaren Energiekügelchen ist unser Enegiekörper aufgebaut. Wer ständig in düsteren Räumen, Fabriken oder unter der Erde lebt, muß entweder das notwendige Prana aus der Nahrung ziehen oder er verkümmert wie eine grüne Pfanze ohne Sonnenlicht.
Wenn die Sonne scheint, sollten Sie einmal einen Blick aus dem Fenster werfen. Am besten Sie schauen in den blauen Himmel, jedoch nicht in die Sonne. Konzentrieren Sie sich auf nichts. Richten Sie Ihren Blick in den leeren, blauen Himmel. Fixieren Sie Ihre Augen auf einen Bereich vor Ihnen, nicht zu weit entfernt, so als wenn in 50 m Höhe ein Vogel vorbeifliegt.
In diesem entspannten Zustand werden Sie winzige, gleißende Lichtpunkte entdecken, die umherhüpfen wie Wasserflöhe. Wenn Sie erst einmal wissen, was gemeint ist, dann können Sie diese Teilchen überall entdecken. Nur die Konzentrationsdichte wird verschieden sein. Aus diesem Grund zieht es uns in die Berge oder ans Meer, weniger in den Urwald. Bergluft in größerer Höhe, sowie die jodreiche Luft am Meer, sind reich an Prana. Alle Lebensformen brauchen Prana. Wir atmen es ein und bauen daraus unseren Energiekörper auf.
Außerdem brauchen wir Menschen negativ ionisierte Luft. Unsere Atemluft muß frisch sein, damit wir uns wohl fühlen. Das ist überall am Meer oder im Wald der Fall und nach jedem Regen, wenn die Luft frisch und feucht ist.
Frühere Generationen, andere Kulturen und vor allem die vielen "primitiven" Gesellschaften haben ihre eigene Existenz stets in einem großen Zusammenhang empfunden. Sie spürten Gott in sich, die Allmacht des Universums, den großen Geist. In dem Maße, wie wir aus den Höhlen in Betonburgen umgezogen sind, haben wir den Bezug zu einer normalen Welt verloren. Unsere Instinkte verkümmern, die Nahrung wird minderwertiger, das Prana fehlt, die sinnlichen Anreize wie z.B. frische Natur, Lebewesen, Mitgeschöpfe, Naturereignisse, Wetter und Frischluft werden uns entzogen. Unsere Seele verkümmert nicht nur wegen einem mangelnden Austausch mit der Natur, sondern weil uns die energetische Substanz entzogen wird, aus der unser Seelenleib aufgebaut ist. Ohne Prana gibt es kein Leben. Energytraining kann uns das Gefühl für diese natürlichen Kräfte zurückgeben. Wir kommen unserer eigenen Natur wieder näher.

9. Die tägliche Praxis

Energytraining kann mit Hilfe der im Jahr 2000 neu erschienen Bücher auch ohne Anleitung eines Lehrers erlernt werden. Man sollte darauf achten, daß man nicht nur einigen wenigen Übungen den Vorzug gibt, da die Übungen sehr intensive Wirkungen auf Körper, Seele und Geist haben. Wenn man nur wenige bevorzugte Übungen praktiziert, kann man aus dem Gleichgewicht kommen. Am Anfang sollte man sich an die in den Büchern beschriebenen "Kriyas", an die Übungsprogramme halten. Wenn Sie einige Erfahrungen gesammelt haben, steht es Ihnen frei, die Übungsprogramme zu verändern.
Energytraining hat einen Sinn, wenn es systematisch praktiziert wird, d. h. täglich wenigstens 20 Minuten Übungen und 20 Minuten Mantrameditation. Besser sind vor allem in den ersten Monaten täglich 1 Stunde praktische Übungen. Es hat sehr viele schnell sichtbare Nebeneffekte:
Die Eßgewohnheiten stellen sich ohne jeden Zwang um. Man erreicht innerhalb weniger Monate das Idealgewicht. Das Schlafbedürfnis wird reduziert, man rechnet mit 6 Stunden pro Tag. Das innere Gleichgewicht wird verbessert. Man bleibt in jeder Situation stabil. Viele Krankheiten verschwinden weitgehend von selbst.
Die einmal geschaffenen Grundlagen sind nicht mehr wegzubekommen. Selbst wenn wir das Training irgendwann unterbrechen, weiß unser Körper was gut für ihn ist. Vermutlich werden bestimmte natürliche Verhaltensweisen wieder geweckt. Wenn wir dann einmal in eine schwierige Situation kommen, werden wir die Feststellung machen, daß unser Körper ohne unser bewußtes Zutun plötzlich bestimmte Positionen einnimmt und der Atem sich umstellt, so daß wir die Schwierigkeit optimal meistern.

10. Energytraining und die Medizin

Der geistige Ansatz, der im Energytraining zum Ausdruck kommt, sollte wissenschaftlich überprüft und definiert werden. Das würde einer breiten Nutzung in der sozialen Gesundheitspflege und der Leistungsteigerung, z.B. im Sport, Tür und Tor öffnen. Unsere Bemühungen haben jedoch in den vergangenen 15 Jahren zu keinem Ergebnis geführt. Die Krankenkassen haben kein Interesse an Methoden, die die Menschen wirklich gesund machen könnten. Sie leben davon, daß das System mit Millionen von kranken Menschen

erhalten bleibt. Im Sport sitzen auf allen verantwortlichen Positionen alte Männer, die sich ein Leben lang hochgedient haben. Sie haben kein Interesse und kein Verständnis für Methoden aus anderen Kulturkreisen.
Bei einem Teil der Seminarteilnehmer an unseren Energytrainings-Kursen treten in den ersten Wochen verstärkt Hautausscheidungen auf (Pickel). Das gilt vor allem für Personen mit schlechten Ernährungsgewohnheiten, für Raucher, bei Alkoholkonsum, Medikamentenkonsum, bei Menschen, die viele Süßigkeiten essen, die zu wenig trinken usw.
Bei begleitenden Gaben von → Vitamin-B-Komplex verstärken sich diese Ausscheidungen des Öfteren noch. Nach wenigen Wochen normalisiert sich die Lage. Bei weiterem Training und bei einer Wiederholung der Vitamintherapie nach einigen Wochen treten diese Ausscheidungen nicht mehr auf. Daraus schließen wir, daß Energytraining, verstärkt durch B-Komplex-Präparate, eine beschleunigte Reinigung des Körpers einleitet.
So entsteht mit etwas Ausdauer und Disziplin ein neues vitales Lebensgefühl. In einigen Fällen fielen den Menschen ergraute Haare aus und wuchsen farbig wieder nach. In zahlreichen Fällen konnten medizinisch nachgewiesene Hormonstörungen nur durch Energytraining plus Vitamingaben behoben werden. Solche Fälle betrafen Schilddrüsenerkrankungen, weibliche Hormonstörungen, Unfruchtbarkeit, Potenzprobleme, Herzkranzgefäßverengung, Leber-, Magen- und Nierenprobleme, sowie Krebs Nachbehandlung (nach einer Operation) mit zusammengebrochenem Immunsystem.
In allen diesen Fällen konnten uns unsere Kursteilnehmer von sehr schnell verbesserten Blutwerten berichten. Für die behandelnden Ärzte war es jedes Mal ein Rätsel, wie z.B. eine Frau nach einer Krebsoperation ihr Immunsystem innerhalb von 3 Monaten normalisierte, das nach der Operation mit folgender, massiver Chemotherapie zusammengebrochen war.
In einigen Fällen ließen sich Schilddrüsenoperationen verhindern, indem unsere Klienten den anberaumten Termin um 2 Monate verschoben, Energytraining praktizierten und dazu hohe Gaben an Vitamin B-Komplex und Vitamin C einnahmen. Wir empfahlen unseren Klienten, einmal pro Monat bei ihrem Arzt die Blutwerte überprüften zu lassen. So konnten wir zusehen, wie das Training wirkt und sich die Situation kontinuierlich verbesserte.
Nach unseren bisherigen Erfahrungen bietet sich unsere Methode direkt an zur präventiven Gesundheitspflege und zur Geburt ge-

sunder Kinder. Die Seminarteilnehmer werden durch Energytraining plus Vitalstoffgaben sowohl körperlich, als auch geistig beweglicher. Ihre Leistungssteigerung ist ein Ergebnis des Energytraining mit einer guten Vitaminversorgung.

11. Yoga und Schlaf

Ein gesunder Schlaf ist sehr wichtig für ein gesundes Leben. Das Schlafverhalten kann trainiert werden. Aus dem klassischen Yoga gibt es noch einige interessante Hinweise zum Schlafverhalten des Menschen. Mein indischer Yogameister Yogi Bhajan unterrichtete einmal in Kanada Kundalini-Yoga. Es kamen viele Leute, die teilnahmen und persönliche Beratungen wollten, über Gesundheit, Lebensfragen, Partnerschaft, Trainingsmethoden etc.
So kam es, daß er zwischen dem offiziellen Training mit Beratungen beschäftigt war. Da so viele Menschen kamen, gingen die Beratungen die Nächte hindurch. Er schlief in diesen 10 Tagen praktisch gar nicht. Auf diesbezügliche Fragen antwortete er sinngemäß:
"Einen Teil von dem was Ihr Schlaf nennt, das mache ich in der Meditation. Ich finde Ruhe, Entspannung und Kraft. Einen anderen Teil von dem, was Ihr Schlaf nennt, mache ich gar nicht. Ihr seid jede Nacht einige Stunden damit beschäftigt, zur Ruhe zu kommen und aus der Ruhe wieder zurückzukommen. Das nennt Ihr Alltagsbewältigung. Wenn Ihr aufmerksam und bewußt lebt, habt Ihr weniger zu bewältigen. Dann kommt Ihr direkter zum wirklichen Schlaf und vertrödelt nicht nur die Zeit im Bett.
Der eigentliche Schlaf eines Menschen dauert nur etwa eine halbe Stunde pro Nacht. Das ist der tiefste Schlaf. In dieser Zeit kommt der Mensch für ein paar Minuten mit dem kosmischen Bewußtsein in Berührung. Für vielleicht 10 Minuten bist Du dann Eins mit Gott, mit der Kraft, die uns alle geschaffen hat. Diese 10 Minuten sind genug. Alles andere ist nur der Weg dorthin und zurück. Wenn Du den Weg aus irgendwelchen Gründen nicht mehr findest, wirst Du krank und schwach."
Er war in diesen Tagen und Nächten voll auf seine Aufgaben konzentriert. Er leitete Kurse, Meditationen und gab Beratungen. Wenn er in den Meditationen mit dem kosmischen Bewußtsein in Verbindung trat, schöpfte er die Kraft, die er brauchte. Den Schlaf, wie wir

ihn kennen, hatte er in diesen 10 Tagen nicht. Deshalb dachten die Teilnehmer, daß er nicht schliefe. Sie waren von ihren eigenen Gewohnheiten ausgegangen, und das war falsch. Derartige Ausnahmefälle werden auch in der medizinischen Fachliteratur berichtet. Allerdings wird von den Medizinern nicht auf die Hintergründe eingegangen. Man konstatiert lediglich ein anormales Schlafverhalten und wertet es eher als Kuriosum, statt diese ungewöhnlichen Fähigkeiten zu erforschen und zu nutzen.
Inzwischen wurde in Californien ein Kundalini-Yoga-Research-Institut gegründet, um die besonderen Wirkungen des Yoga auf den Menschen zu erforschen. Wer viel Yoga und Meditation macht oder wer systematisch Energytraining praktiziert, braucht wenig Schlaf. Doch ganz ohne Schlaf geht es wirklich nicht. Nur die Schlafqualität ändert sich ganz erheblich.
Die Yogis haben sich vieles bei den Tieren abgeschaut. Dazu ist zu sagen, daß Schlaf und Traum der Tiere augenscheinlich nach den gleichen Prinzipien funktionieren. Interessanterweise schlafen Giraffen nur jeweils 20 Minuten im Stehen und Löwen ca. 16 Stunden pro Tag. Wir wissen leider noch nicht, ob die Katzen von Mäusen träumen, doch es spricht vieles dafür. Die Reaktionsmuster sind bei Tieren und Menschen gleich. Tiermütter versorgen ihre Kinder ähnlich wie Menschenmütter, z.T. aus dem Schlaf heraus, ohne richtig zu erwachen.
Menschen und Tiere reagieren auf bestimmte Gefahrensignale oder Warnungen auch im Schlaf. Doch das sind erlernte Angewohnheiten, die sich in der Gefangenschaft schnell ändern. Glauben Sie, daß Sie in freier Wildbahn an einem schlafenden Tiger in nur 2 Meter Abstand vorbeilaufen könnten, ohne daß er Sie angreift? Wohl kaum. Im Zoo liegt dann die gefährliche Großkatze dicht hinter dem Zaun in der Sonne und schläft. Sie weiß, daß es sinnlos ist, sich über vorbeilaufende Menschen aufzuregen.
Ein Freund von mir trainierte in der Studentenzeit, überall zu schlafen. Er wollte "die Zeit nutzen". Es war verblüffend, wie er schon nach wenigen Wochen Training (einfach weil er es wollte!) mitten in Diskussionen, Vorlesungen, an Bushaltestellen und in der Bahn für 10 Minuten oder eine halbe Stunde schlief. Tatsächlich war er schnell wieder wach und bei der Sache, wenn man ihn ansprach. Bei nächtlichen Sitzungen konnte er gut mithalten, weil er ja ständig in kleinen Rationen auf Vorrat schlief.

Sie sehen, das Schlafverhalten ist erlernbar! Fassen Sie Mut! Jedes Gesundheitsproblem ist dazu da, daß wir es lösen, und das Schicksal, das uns vor die Aufgabe stellt, gibt uns gewiß die Kraft zur Lösung mit auf den Weg. Die Yogalehren sind eine sehr alte, aus Erfahrungen von vielen tausend Jahren gewachsene Wissenschaft. Hier in diesem Buch ist nicht der Platz, alle Einzelheiten zu diskutieren. Die folgenden Angaben können Ihnen jedoch weiterhelfen. Yogis empfehlen, daß wir morgens den Magen zur Hälfte füllen, mittags dreiviertel und gegen abend nur ein viertel voll. Vor dem Schlafengehen gar nichts essen, sondern ein Glas Wasser trinken. Siehe auch bei → Schlafstörungen.

12. Energytraining und Tantra

In Asien hat Tantra eine hohe Kultur und eine Jahrtausende alte Tradition. Die Menschen in Asien wurden nicht durch eine sexualfeindliche, christliche Religion unterdrückt. Sie bekennen sich zu ihrer natürlichen → Sexualität, und sie haben eine Tradition entwickelt, um die sexuellen Freuden zu optimieren. Dabei entdeckten sie, daß die sexuelle Energie, die aus dem 2. Chakra kommt, nur eine Form des universalen Schöpfungskraft ist.
Sex kann zur Erleuchtung führen. Es ist eine Frage des Bewußtseins. In der Regel ist es wohl so, daß Menschen ihre sexuellen Freuden steigern möchten, weil sie nicht genug davon bekommen können. Das kann wiederum zu einem tiefen Verständnis der eigenen Energie führen. Die Tantriker sind bemüht, sich mit sexuellen Übungen so anzuregen, daß sich ihre Energie über den für Sex normalen Grad hinaus steigert. Dann geraten sie plötzlich in eine höhere Verzückung, die sie den kosmischen, göttlichen Kräften nahe bringt. Der erotische Partner oder die Partnerin ist dann nur ein(e) liebevoller Helfer(in) auf dem Weg zur Erleuchtung.
Energytraining steigert sowieso alle Lebensimpulse, also auch die erotischen Empfindungen und Bedürfnisse. Intensiv betrieben und ideal ergänzt durch Tantra, wobei Männer und Frauen ihre Kräfte ergänzen, weckt Energytraining plus Tantra schnell ein tiefes Gefühl für die kosmischen Kräfte, die uns umgeben, für andere Energieebenen (Astralebene, Ätherebene, Mentalebene) und für das Begreifen kosmischer Zusammenhänge. Energytraining und Tantra sind das optimale Training für eine glückliche, intensive und eroti-

sche Partnerschaft. Es ist die beste Voraussetzung für gesunde Kinder und für eine positive Lebensweise.

13. Eine veränderte Wahrnehmungsfähigkeit

Durch Energytraining kann sich unsere Wahrnehmungsfähigkeit in vielfältiger Weise verändern. Lassen Sie mich hier ein Beispiel schildern. Die Wahrnehmungsfähigkeit unserer Augen ist durch Erziehung und Erfahrung definiert, festgelegt and begrenzt. Wir können unter bestimmten Umständen noch ganz andere Bereiche des Spektrums wahrnehmen, empfinden und u.U. sichtbar machen. In dem auf diese Weise in Erscheinung tretenden verschobenen Spektralbereich erscheinen wiederum die gewohnten Farbabstufungen.

Nach dieser Erfahrung erkennen wir, daß die optische Wahrnehmung in der Tat

von der Sinnestätigkeit abhängt und in Wechselwirkung mit der vorhandenen Photonenenergie festgelegt wird. Wenn sich das ganze Band der Wahrnehmung verschiebt, erscheint im nun angesteuerten Spektralbereich wiederum das bekannte Spektrum

der Farbabstufungen.

Grün ist folglich nicht Grün, sondern Grün ist nur in etwa die Mitte des heutzutage üblicherweise durch Erziehung und Gewohnheit festgelegten sichtbaren Spaltes

des elektromagnetischen Spektrums. Verschiebt sich unser Wahrnehmungsbereich,

so erscheint die Mitte des angesteuerten Spektrums wiederum als Grün. Grün definiert also in etwa die Mitte des sichtbaren Spektralbereiches und nicht eine ganz bestimmte Farbe.

In diesem Zusammenhang mochte ich darauf hinweisen, daß Druck auf die verschlossenen Augenlider Lichtreflexe erzeugt and z.T. charakteristische Muster liefern kann. Auch dieser Druck ist nicht Licht in der gesehenen Form an sich, sondern hier wird Druck in Form von Lichtimpulsen wahrnehmbar gemacht.

Um in diesem Bereich Fortschritte zu erzielen, könnte man vielleicht das Auge unterschiedlichen Frequenzen aussetzen. Natürlich würde beim konform erzogenen Menschen kein Licht sichtbar. Der Verstand würde in der Kontrolle die entsprechenden Daten ausfiltern and verleugnen. Vermutlich könnten wir jedoch durch Messungen

z.B. des Hautwiderstandes bestimmte Hinweise finden auf das, was vom Auge wahrgenommen wird. Ich könnte mir einen Film vorstellen, der z.B. im unsichtbaren IR-Spektrum aufgenommen und wiedergegeben wird, und der unsere Sinne unterschiedlich stark anspricht. Obwohl direkt "unsichtbar" müßte dann, wenn meine These gültig ist, eine meßbare Reaktion beim Zuschauer auftreten.
Ich erwähne das IR-Spektrum, weil ich es für möglich halte, daß ich bei dem folgenden Beispiel IR-sichtig war. Im Zusammenhang mit dem folgenden Beispiel sollte beachtet werden, daß Schamanen und Yogis immer wieder von außergewöhnlichen Wahrnehmungen berichten, daß sie die Aura des Menschen sehen können usw. Ich selbst praktiziere zwar seit vielen Jahren Yoga, bis zu diesem Ereignis hätte ich es aber selbst nicht für möglich gehalten, daß derartige Wahrnehmungen mit dieser Klarheit möglich sind!
Beispiel aus der Praxis (1987):
Bei einer langen Meditation war ich irgendwann vollkommen weggetreten und ohne bewußte Wahrnehmung. Als ich nach einiger Zeit wieder zu mir kam, saß ich immer noch am gleichen Platz. Meine Frau and andere Teilnehmer hatten jedoch den Raum verlassen, und die Gäste waren sicher nach hause gefahren.
Der Raum war vorher mit einer kleinen Nachttischlampe spärlich beleuchtet. Jetzt war er taghell erleuchtet. Ich stutzte und dachte für einen Moment, ob es schon früh morgens sein könnte, doch es waren meiner Empfindung nach vielleicht zwei Stunden vergangen. Es schien jedoch sehr helles Sonnenlicht zu sein, allerdings wirkte es etwas unwirklich, etwas merkwürdig and fremd.
Meine nächste Reaktion war "Ich sehe alles zu hell, weil ich die Augen geschlossen hatte!" Wieso konnten die anderen nicht das Licht löschen, bevor sie gingen? Wer hatte überhaupt die große Lampe angemacht und die kleine gelöscht Mir war deutlich klar, daß die kleine Lampe aus war.
Ich stand auf und sah mich im Raum um. Alles wirkte etwas überzeichnet hell, mit einem Messingfarbton im Licht. Ich konnte Bücher und Broschüren im Regal deutlich lesen und auch die poppigen Farben von der Titelseite eines Buches klar erkennen. Da am Fenster kein Vorhang war, sah ich hinaus. Draußen war alles merkwürdig blauviolett und unwirklich. Da mir alles zu hell war, ging ich zum Schalter und schaltete die Deckenlampe 'aus'.
Und plötzlich begann sich alles zu verändern! Sattgelbe Lichtstrahlen durchdrangen die sonnenhelle Beleuchtung. Dann brach die

andere Sicht langsam zusammen. Die Oberfläche der Glühbirne erschien durchscheinend schwarzbraun, Strahlenbündel waren sichtbar, so als wenn vielleicht die Sonne durch Nebelbänke scheint.
Das Licht der Lampe setze sich durch. Ich erkannte endlich, daß ich bei voiler Dunkelheit alles hell gesehen hatte. Das echte Licht war mir sehr lästig.
Ich schaltete wieder aus. Die zweite Wahrnehmung flackerte noch einmal kurz auf, dann stand ich bei sparlichem Mondlicht im Dunkeln.
Diese Form der veränderten Wahrnehmung habe ich zweimal in größeren Zeitabständen sehr intensiv erlebt und einige Male schwacher, jedoch in ähnlicher Form. Einmal hatte es eher den Charakter sehr hellen Mondlichtes.
Nach diesen und vielen anderen speziellen Erfahrungen steht für mich fest, daß wir den Bereich unserer optischen Wahrnehmung durch Erziehung und Übereinkunft festlegen. Er kann auch verändert werden, wenn wir ungewöhnliche Trainingsmethoden anwenden. Folglich können wir auch etwas tun, wenn unsere Augen schlechter werden.

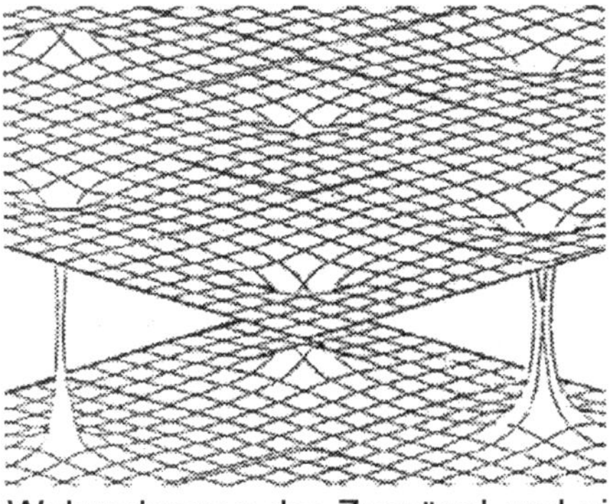

Das Magnetfeld der Erde ist in Schichten angeordnet, gleich den Schalen einer Zwiebel. Zwischen den verschieden starken Schichten fallen Energiekaskaden gleich Wasserfällen von den höheren in die tieferen Niveaus. Unsere Wahrnehmung und z.B. auch die Wahrnehmung der Zugvögel und vieler anderer tiere bewegt sich auf den feinen Strukturen des Magnetfeldes, so auch meine verä#nderte Wahrnehmung.

Neue Übungen des Energytrainings

Übungsprogramm 1:

Für ein starkes Energiefeld, gegen Spannungen und Angstzustände, gegen Einschlafprobleme

Durch diese Übungskombination wird das elektromagnetische Energiefeld Ihres Körpers polarisiert, bewußt gemacht und wesentlich verstärkt. Schon nach wenigen Tagen regelmäßiger Übung werden Sie sich viel besser nach innen konzentrieren können. Sie werden gleichzeitig ruhiger, bewußter und zielstrebiger. Angstzustände, innere Unruhe und Nervosität verschwinden.
Durch die Polarisation des Energiefeldes in eine rechte und eine linke Hälfte vermeiden wir emotionale Verwirrung und Irritation. Durch die Polarisation und gleichzeitige Stärkung Ihres Kraftfeldes werden Sie für fremde Einflüsse sensibilisiert und zugleich widerstandsfähiger. In der Praxis bedeutet es, daß Sie nun zunehmend besser Ihre eigenen Wünsche und Ideen erkennen und erfolgreich realisieren werden, statt leicht von der Gesellschaft und von anderen Menschen beeinflußt zu werden.
Wenn Sie dieses Programm für mehr als zwei Wochen regelmäßig anwenden, wird es sich nicht nur auf Ihre Psyche positiv auswirken, sondern ebenso auf Ihre körperliche Gesundheit. Sie brauchen sich hier nicht im mindesten anzustrengen! Besinnen Sie sich einfach auf Ihre eigene, innere Kraft! Geben Sie sich von Anfang an das Gefühl, daß Ihr Körper von einem starken Energiefeld durchdrungen und umgeben ist. Dieses persönliche Energiefeld wird ganz real fühlbar. Es ist keine Einbildung, sondern Realität. Achten Sie ganz einfach auf die Energie zwischen Ihren Händen, in Ihren Armen und in Ihrem Körper. Machen Sie einmal folgenden Test:

Vorübung für die Polarität des Körpers:

Ständig rede ich vom Energytraining und von der Energie unseres Körpers oder unserer Aura. Nun wollen wir aber endlich einmal diese Energie bewußt fühlen lernen!
Halten Sie Ihre Hände vor dem Körper auf etwa zwanzig Zentimeter Abstand nebeneinander und lassen Sie einen anderen Menschen langsam eine Hand dazwischen schieben. Sie werden beide

viele interessante Beobachtungen machen, einfach, indem Sie sich hineinfühlen, was zwischen Ihren Händen für eine Wechselwirkung entsteht. Schieben Sie abwechselnd die rechte und die linke Hand zwischen die beiden Hände des Testpartners.

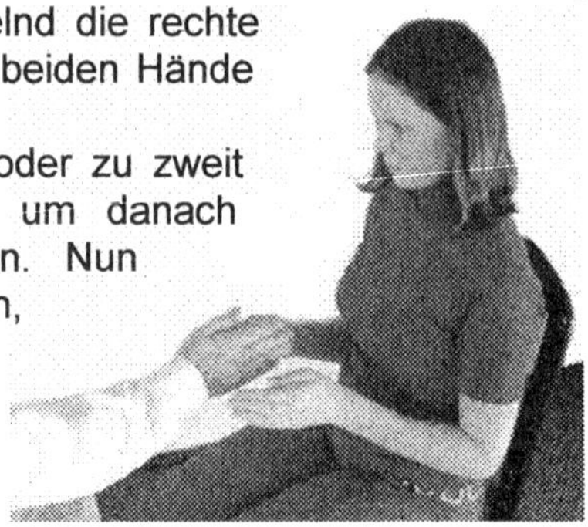

Anschließend können Sie allein oder zu zweit das Übungsprogramm machen, um danach den Hände-Test zu wiederholen. Nun werden Sie noch besser begreifen, was mit Energytraining gemeint ist und wieviel Kraft in Ihnen steckt!

Das folgende Programm dauert 10 - 15 Minuten. Sie können es leicht fast überall machen. Es eignet sich auch gut zur Schlafvorbereitung bei Schlafstörungen. Wer intensiver trainieren möchte, kann es mit jedem anderen Übungsprogramm kombinieren.

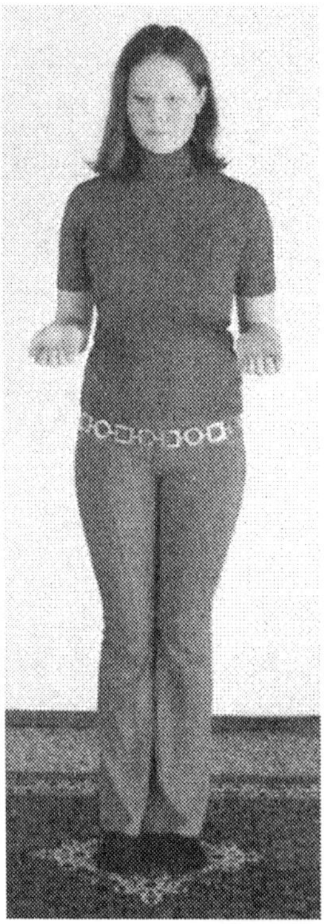

Übungsablauf:

1. Das Programm wird im Stehen durchgeführt. Stellen Sie sich mit leicht gespreizten Beinen und gerader Haltung auf; den Kopf gerade halten. Die Schultern hängen locker. Die Unterarme werden waagerecht nach vorn gehalten, die Handflächen sind nach oben offen. Schließen Sie nun die Augen. Tief und ruhig in den Bauch hinein atmen. Stellen Sie sich vor, daß Sie mit jedem Atemzug frische Energie aufnehmen. Beständig fließt ein Strom belebender Energie in Ihre Hände und durch Ihre Arme in den ganzen Körper.
In jeder offenen Hand bildet sich ein Ball leuchtender, lebendiger Energie. Lassen Sie diese vorstellung immer deutlicher werden! Fühlen Sie ganz deutlich, wie Ihr körpereigenes Kraftfeld immer stärker wird. Mit jedem Atemzug werden Sie stär-

ker und ruhiger. Ihre ganze Konzentration ist darauf ausgerichtet, daß Sie innerlich ruhig sind. Ihr Energiefeld ist stark und stabil. Sie sind vollkommen ruhig und gelassen. Machen Sie diese Atem-Energie-Übung für 3 - 5 Minuten.

2. Bleiben Sie so stehen. Die Augen bleiben geschlossen. Halten sie die Arme weiterhin waagerecht nach vorn abgewinkelt. Beginnen Sie nun mit dem Kopf zu rollen. Beginnen Sie von vorn, das Kinn an der Brust. Der Kopf rollt links herum nach hinten, dabei einatmen. Dann den Kopf rechts herum wieder nach vorn herunter führen und dabei ausatmen. Also stets bei der Aufwärtsbewegung einatmen, bei der Abwärtsbewegung ausatmen.
Zuerst 5 Mal links herum, danach 5 Mal entgegengesetzt drehen. Diese Übung ist sehr gut gegen Stoffwechselstörungen und gegen Störungen der Schilddrüse. Anschließend stehen Sie wieder mit geradem Kopf, ruhig atmen und sich auf die eigene, innere Kraft besinnen.

3. Stellen Sie jetzt die Füße etwas weiter auseinander. Behalten sie die Arme noch waagerecht. Die Handflächen sind stets nach oben offen. Dann machen Sie bitte ruhige, weit ausholende, drehende Bewegungen mit der Hüfte und dem Gesäß. Weite, drehende Bewegungen, ähnlich wie beim Hulahop. Die Unterarme werden weiterhin waagerecht vor dem Körper gehalten, ruhige Bewegungen und dabei tief und ruhig atmen. Dieser Teil der Übung ist sehr wichtig für die gut Durchblutung der inneren Organe und für den Stoffwechsel. Die Beweglichkeit der unteren Wirbelsäule wird verbessert. Das kann bei Ischias ebenso helfen, wie bei Menstuationsproblemen!

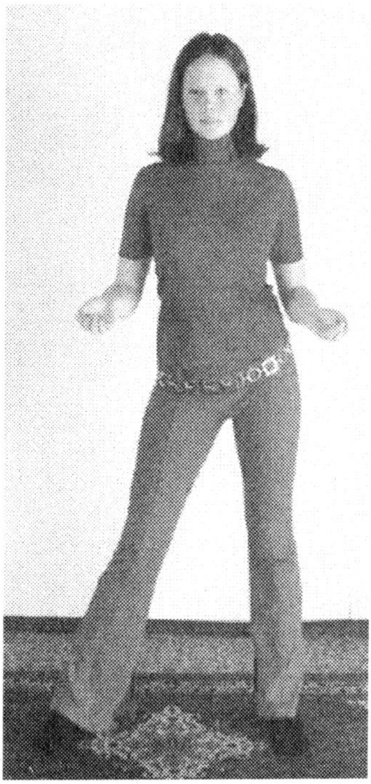

4. Bis zum Abschluß von Übung 3 haben Sie die Unterarme mit offenen Händen waagerecht gehalten. Führen Sie nun beide Hände vor die Mitte Ihrer Brust und halten Sie sie auf etwa zehn Zentimeter Abstand. Fühlen Sie die Energie zwischen Ihren Händen! Fühlen Sie den Energieball! Jetzt tief einatmen, den Atem anhalten, drücken Sie die Hände für ein paar Sekunden fest zusammen, und dann ausatmen.

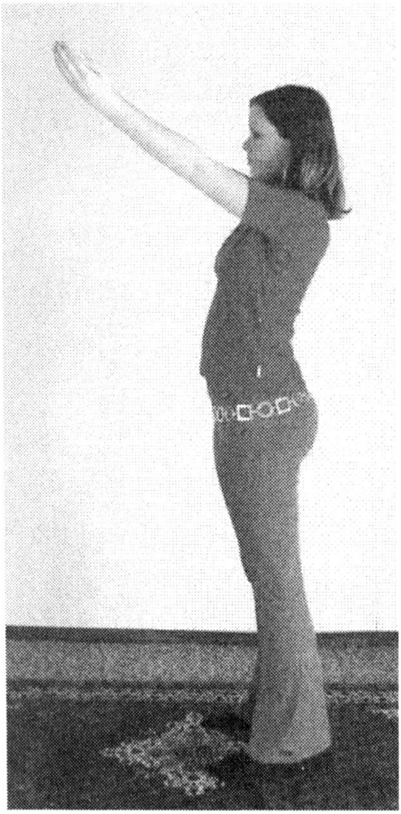

5. Nun lassen Sie die Arme locker hängen und schütteln sie aus. Bereiten Sie sich innerlich auf die nächste Übung vor. Einige Male tief durchatmen, dann ganz tief ausatmen.

Jetzt lassen Sie die gestreckten Armen vorn herum nach oben kreisen. Sie atmen tief und gleichmäßig ein, soviel es geht. Mit den Armen also große Kreisbewegungen nach

vorn aufwärts machen. Die Arme und Hände berühren sich nicht. Sie gehen dicht am Kopf vorbei.
Wenn die Lunge voll ist, Atem anhalten, Augen geschlossen, noch einige Kreisbewegungen mehr, dann die Arme senkrecht nach oben stoppen und in einem letzten großen Kreis ruhig weit nach außen und dann vor die Mitte der Brust führen. Hände wieder zusammenpressen, und jetzt erst ausatmen und entspannen.
Die Augen sind die ganze Zeit geschlossen, zumindest ab dem Moment, wenn Sie die Luft anhalten. Danach den Atem sich beruhigen lassen und die Kraft zwischen den Händen zu fühlen versuchen.
Stellen Sie sich bei dieser Übung vor, daß Sie sich richtig mit Luft, Sauerstoff und frischer Energie aufpumpen! Sie nehmen wirklich sehr viel Energie auf, auch wenn Sie es am Anfang des Trainings vielleicht nicht bewußt wahrnehmen. Ihre Wahrnehmung wird mit jedem Übungstag besser und besser!
Machen Sie die Übung so lange, daß Sie sie richtig beherrschen. Wenn Sie vorzeitig zwischendurch ausatmen, ist sie wertlos. Diese Energieübung wird Ihnen ein neues Lebensgefühl geben, neuen Mut, frische Kraft und Gesundheit. Bestimmen Sie Dauer und Geschwindigkeit selbst.

5a. Zum Abschluß spreizen Sie leicht die Finger und setzen alle Fingerspitzen gegeneinander. Ruhig atmen, konzentrieren, sammeln, innerlich ruhig werden. Dann die Hände flach aneinander legen, Finger geschlossen, innerlich einen Moment ganz still werden, die Augen geschlossen, zur Ruhe kommen und die neue Energie im Körper kreisen lassen.

6. Öffnen Sie die Augen und strecken Sie Ihre Arme nach vorn aus, die Handflächen nach oben offen, die Hände berühren sich nicht. Führen Sie die ausgestreckten Arme in ruhigen Bewegungen waagerecht zur Seite, bis sie mit den Schultern in einer Geraden sind. Beim Öffnen der Arme zur Seite tief und ruhig einatmen. Stets tief und ruhig in den Bauch hinein atmen. Stellen Sie sich wiederum vor, daß Sie beständig einen Strom von Lebensenergie in Ihre Hände aufnehmen.

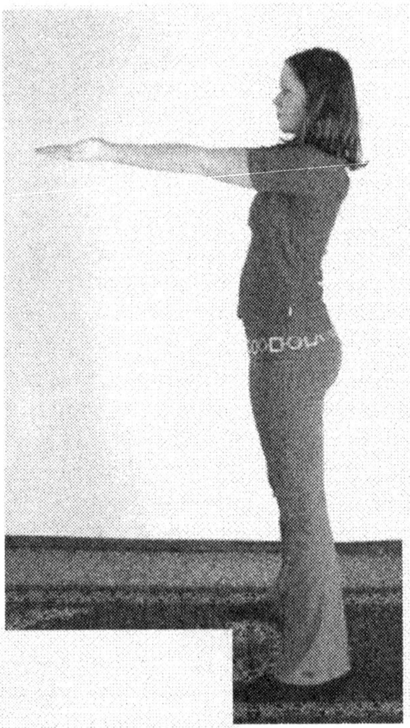

Ganz nach Ihrer persönlichen Einstellung mag diese Energie von der Sonne kommen, aus dem Weltall oder von Gott. Jedenfalls ist diese Energie tatsächlich vorhanden und für jeden Menschen erfahrbar, der diese Übungen regelmäßig macht. Fühlen Sie wiederum die Energieladung in Ihren Händen! Nehmen Sie diese Energie in sich auf. Tanken Sie auf diese Weise ganz bewußt die Kraft, die Sie brauchen, um gesund und glücklich zu leben, um Ängste und Streß zu über-winden.

Damit können Sie Ihre täglichen Aufgaben erfolgreich lösen! Zum Abschluß atmen Sie bitte tief ein, führen die Hände wieder dicht nebeneinander vor die Brust und halten für einen Moment den Atem an. Konzentrieren Sie sich aufs 3. Auge, also die Augen schließen und die Augäpfel nach innen oben zur Nasenwurzel hin verdrehen. Dann schließen Sie die Hände fest aneinander, ausatmen, entspannen, ruhig werden.

6a. Zum Abschluß für eine kurze Tiefenentspannung auf den Rücken legen und abschalten.
Als Schlafvorbereitung am Abend: Nach diesen Übungen einfach zu Bett gehen. Wenn Sie die Übung gleich nach der Arbeit durchführen, damit Sie sich vom Berufsstress erholen können, bleiben Sie einige Minuten ruhig auf dem Rücken liegen. Fühlen Sie sich ganz in Ihren Körper hinein. Einfach nur dasein, ruhig sein, atmen, die neue Energie fließen lassen. Anschließend ganz tief einatmen, fest die Fäuste ballen, die Augen weit öffnen, dann die Knie an die Brust heranziehen, mit den Armen umfassen, einige Male auf dem Rücken vor- und zurückschaukeln.

6b. Falls Sie die Übungen zwischendurch im Büro oder an Ihrem Arbeitsplatz machen: Statt der Ruhepause auf dem Rücken für einige Minuten mit geschlossenen Augen ruhig hinsetzen. Um wieder aktiv zu werden tief durchatmen und die Hände fest aneinander reiben, bis sie warm werden. Jetzt sind Sie wieder aktiv und leistungsfähig!
Sie werden sehen: Trotz Streß und Unruhe in Ihrer Umgebung regt Sie jetzt nichts mehr auf!
Sie sind ruhig und konzentriert!

Übungsprogramm 2: Die eigene Selbstsicherheit stärken

Mit diesen beiden Übungen möchte ich den gehetzten Großstadtmenschen ein dezentes Ritual anbieten, mit dem sich jeder selbst eine interessante, individuell Ausrichtung geben kann, in einer Welt, die sich längst alles leisten kann und die gerade darum oft fade und eintönig wird.
Prägen Sie Ihr Bewußtsein ganz individuell. Die Prägung eines individuellen Geistes wird man schon bald zu schätzen wissen. Nach mehrfacher Wiederholung dieser einfachen Übungen werden Sie ganz anders mit ihrer Umwelt umgehen, und die Welt wird ganz anders auf Sie reagieren. Empfehlung: 14 Tage lang jeden Abend vor dem schlafen gehen oder morgens vor der Arbeit je eine Übung durchführen. Ziel ist es, daß Sie diese Übungen mit therapeutischer Wirkung allein und bewußt machen.

Übung 1: Klären Sie Ihren eigenen Standpunkt!

Stellen Sie sich allein, abgeschirmt, nach außen gegen Störungen abgesichert, in einen möglichst grossen, möglichst leeren Raum. Sie sollten den Raum kennen. Nachts, vollkommen abgedunkelt, nicht zu warm. Falls es Ihr Wohnzimmer ist, räumen Sie zumindest auf ein bis zwei Meter Abstand Tisch und Stühle zur Seite.
Die Beine stehen gespreizt und fest auf dem Boden. Schauen Sie nach vorn ins Leere, in die Dunkelheit. Konzentration auf den Punkt!
Fassen Sie mit beiden Armen nach hinten. Umschließen Sie mit der rechten Hand das linke Handgelenk mit festem Griff. Ballen Sie die Linke zur Faust.
Schließen Sie die Augen, atmen Sie tief ein, halten Sie die Luft an,

und dann beugen Sie sich nach hinten über, soweit es geht, ohne umzufallen.

Ihre geistige Konzentration ist auf den Punkt an der Nasenwurzel gerichtet, auf das 3. Auge.

Jetzt fixieren Sie in Gedanken Ihren Nabelpunkt und atmen aus. Die Bauchdecke wird angespannt und eingezogen. Die Lunge leer lassen, volle Konzentration auf das 3. Auge! Voilà!

Sie sind unwiderstehlich! Nichts wirft Sie um!

Achtung: Fangen Sie so vor-sichtig an, daß Sie nicht das Gleichgewicht verlieren. Das ist am Anfang ungewohnt und fremd, vielleicht sogar beängstigend. Es geht darum, Ihr inneres Sicherheitsgefühl zu stärken. Sie tun es ganz allein. Sie machen das mit sich selbst aus, bis es immer stärker wird.

Wenn Sie in kurzer Zeit mehr inneres Gleichgewicht, mehr Sicherheit und Stärke gewinnen, dann können Sie diese neue Stärke und Stabilität auf jedes persönliche Ziel ausrichten, um gesund zu werden, um Ängste zu überwinden und um in Ihrem Leben erfolgreicher zu werden.

Übung 2: Bewegen Sie sich, ohne etwas zu sehen!

Wenn Sie sich sehr unsicher fühlen, setzen Sie sich anfangs im Yogasitz auf den Teppich oder auf einen frei stehenden Stuhl.
Später, nach einigen Wiederholungen, stellen Sie sich wie bei Übung 1 frei in einen leeren, dunklen Raum, die Beine gespreizt, fester Stand.
Der Raum soll abgedunkelt sein. Mit den unbewußten Sinnen die Umgebung aufnehmen. Machen Sie sich ohne die Augen erneut mit Teilen ihrer Umgebung vertraut, und Sie werden später wahre Wunder mit ihren Augen realisieren!
Jetzt die Hände auf die Schultern setzen und sich mit geschlossenen Augen nach rechts und links drehen. Fangen Sie langsam an, dann können die Bewegungen schneller werden. Sie sollen wirklich nichts sehen können. Bewegen Sie sich frei und dynamisch in der Dunkelheit. Sie kennen zwar Ihren Raum, aber ohne Sicht ist es ein ganz anderes Gefühl. Setzen Sie sich mit der Dunkelheit auseinander. Überwinden Sie auf diese Weise unterschwellige Ängste.

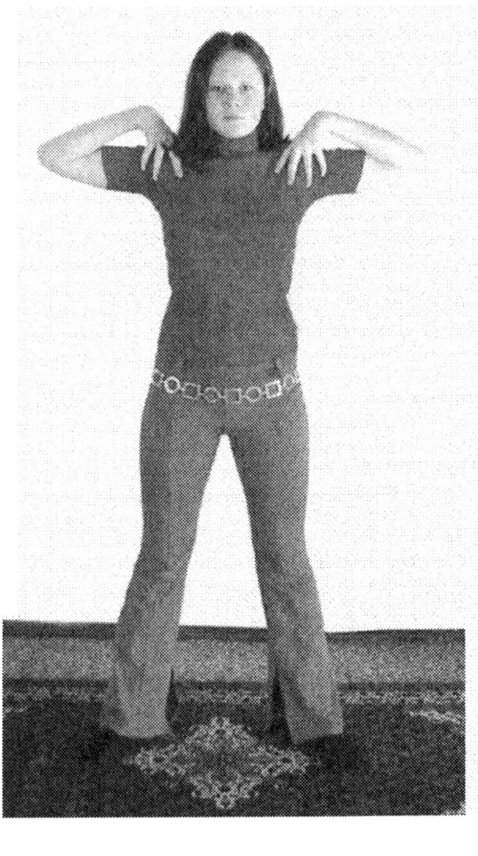

Übungsprogramm 3:

Kurzes Intensivprogramm für Herz, Leber, Pankreas, Nieren und Milz

Als Gesamtwirkung stärkt dieses Programm die innere Ruhe, innere Stabilität und die Intuition. Es fördert die Reinigung des Körpers und reguliert die Energie. Es stärkt das 3. und das 4. Chakra. Gesamtdauer: 15-25 Minuten.

1. Legen Sie sich auf den Rücken. Schieben Sie die linke Hand ins Kreuz, etwas oberhalb des Gürtels. Heben Sie das linke Bein gestreckt 60-90 cm hoch, tief ein- und ausatmen, dann voll einatmen, den Atem stoppen, die Luft anhalten, die Lunge bleibt voll, langsam das Bein herunter sinken lassen, bis es auf dem Boden liegt. Jetzt erst ausatmen. Beide Arme liegen seitlich am Körper, ruhig den Atem fließen lassen, Pause machen. Wirkung: Für eine stärkere Durchblutung der Herzregion, gut zur Vorbeugung gegen Herzschwäche, Herzrhythmusstörungen und Herzinfarkt.

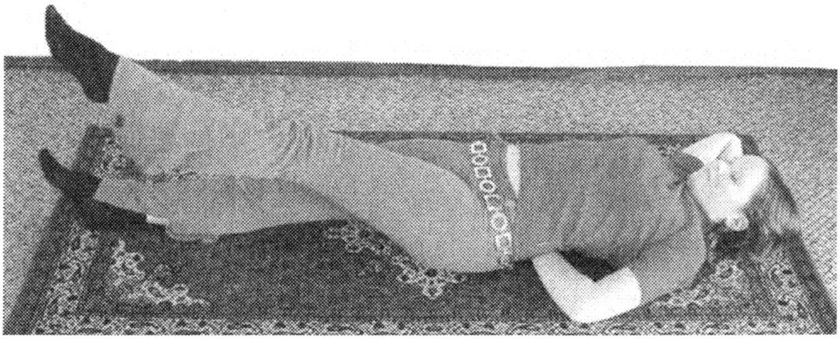

2. Bleiben Sie auf dem Rücken liegen, liegen. Schieben Sie die linke Hand ins Genick, unter den Haaransatz, die rechte ins Kreuz. Heben Sie jetzt ihr rechtes Bein gestreckt hoch, tief ein- und ausatmen, zum Abschluß leeratmen, den Atem stoppen, das Bein langsam ablegen, dann erst wieder einatmen. Anschließend wieder beide Arme seitlich neben den Körper legen, ruhig den Atem fließen lassen, Pause machen. Diese Übung fördert die Durchblutung und Funktion der Leber, sowie die Energieregulation.

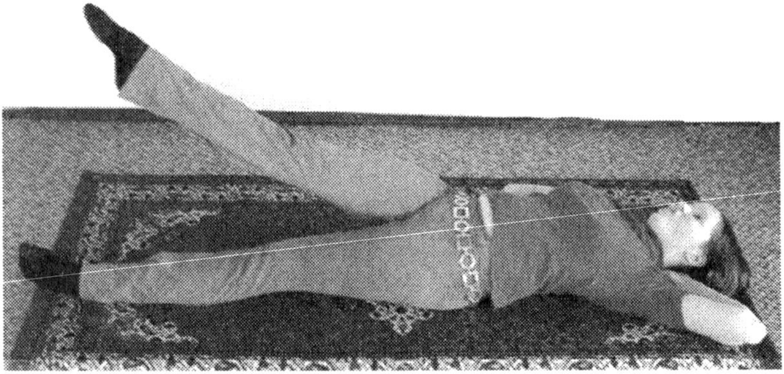

3. Jetzt beide Hände unter die Haare ins Genick schieben. Dann beide Beine ca. 60 cm hochheben, kurz heftig und rhythmisch atmen; wenn Sie wissen wie es geht: Feueratem, heftig hechelnde Zwerchfellatmung, schließlich tief einatmen, die Atmung stoppen, das 3. Auge fixieren, mit voller Lunge den Atem anhalten, die Beine langsam heruntersenken, bis sie auf dem Boden liegen, erst danach ausatmen. Diese Übung ist für eine Steigerung der Aktivität von Leber, Milz und Pankreas. Das dient der besseren Energieregulation auf einem höheren Niveau.

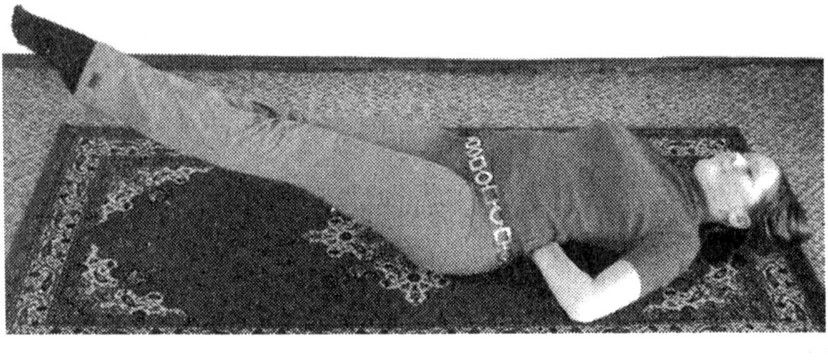

4. Beide Arme seitlich unter den Rücken schieben, beide Beine 40-60 cm hochheben, Feueratem praktizieren, schließlich nach 1 - 3 Minuten voll einatmen, dann den Atem stoppen, auf das 3. Auge konzentrieren, noch mit voller Lunge die Beine absenken. Die Arme seitlich neben den Körper legen und eine längere Pause machen. Diese Übung stärkt die Nieren und den Kreislauf.

5. Setzen Sie sich in den Yogasitz, die Hände falten und über den Kopf nach oben strecken, die Finger sind ineinander gefaltet. Ihre Hände bilden mit den Armen ein kleines schützendes Dach über Ihrem Kopf. Geben Sie sich das Gefühl, gut behütet zu sein, durch Ihre eigenen Kraft. Ruhig und gleichmäßig atmen. Ganz bewußt das Gesicht zu einem Lächeln verziehen. Das Leben ist schön!

6. Anschließend im Yogasitz meditieren, die Hände in einem der folgenden Gebetsmudras still halten und innerlich vollkommen zur Ruhe kommen.

Übungsprogramm 4:

Gebetsmudras für die stille Meditation

Manche Übungen sind so einfach, daß wir sie in unserer Gesellschaft schon wieder vergessen haben. Aus der Tradition des Kundalini Yoga können wir lernen, die Energie wahrzunehmen, um den Wert bestimmter Handlungen zu erkennen und um so bestimmte Möglichkeiten für eine bewußte Lebensgestaltung zurückzugewinnen.
Die traditionelle Übung, für ein Gebet die Hände zu falten, hat einen tieferen Sinn. Auf diese Weise schließen wir uns von der Außenwelt ab. Unsere Energie beginnt in uns und durch unsere Hände zu kreisen. Wir nehmen uns aus der Außenwelt zurück. Wir besinnen uns auf die göttlichen Kräfte, die uns hervorgebracht haben.
Es gibt zwei Urformen der Energiekonzentration, Übung 1 und 2. Daraus resultiert eine dritte Urform, Übung 3 und 4. Dieses Gebetsmudra können wir überall in unserem Leben verwenden, um zur Selbstbesinnung zu kommen. Es kann außerdem nach jedem anderen Energytrainingsprogramm für eine anschließende, stille Meditation verwendet werden.
Wenn Sie diese Übungen anwenden, sollten Sie sich von den Vorstellungen der Kirche lösen. Besinnen Sie sich lieber auf Ihren eigenen Wert und auf Ihre direkte Verbindung zur göttlichen Urkraft des Universums.
Jede dieser Übungen sollte mindesten 3 Minuten praktiziert werden, um eine Wirkung zu erzielen.

1. Urform des Gebetsmudras für die intuitive Anbindung an den göttlichen Urgrund.

Die Arme und Hände werden waagerecht zum Erdboden gehalten, in einer geraden Linie.
Falte die Finger so ineinander, daß der linke Daumen über dem rechten ist, und der rechte kleine Finger zu unterst.
Die Daumen sind leicht gekreuzt. Der rechte Daumen liegt in der Beuge zwischen linkem Daumen und Zeigefinger. Der linke Daumen liegt ganz leicht an der Spitze des linken Zeigefingers und bildet so das linke Ghyan Mudra. Sie umfassen den rechten Dau-

men, Ausdruck unseres weltlichen Egos. Das fördert unsere Be-Bereitschaft, intuitiv zu lernen.

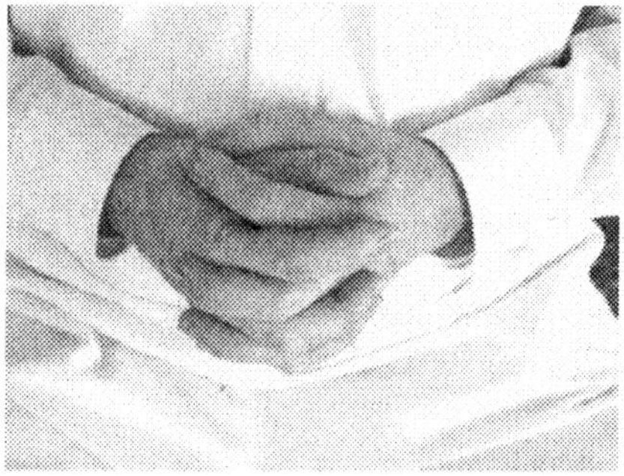

Die Finger liegen ganz locker und ohne Druck ineinander. Die Handflächen bilden ein lockeres Körbchen. Durch diese Handposition resultiert eine Konzentration in der intuitiven, rechten Hirnhälfte und eine geistige Sammlung.
Die kosmische Energie läuft immer entgegen dem Uhrzeigersinn!
Auch die DNA ist linksdrehend. Bei dieser Übung läuft die Energie entgegen dem Uhrzei-gersinn, aus der rechten Hand in einer sanften, kontrollierten Weise in die linke Hand und dann in die linke Kör-perseite. Die offensive, weltliche Energie der rechten Körperseite wird einer intuitiven Kontrolle unterworfen. Wir werden ruhiger und vergeuden weniger Energie nach außen.
Dabei stimmt man sich auf die vorhandene kosmische Schwingung ein. Das Fühlen spielt dabei eine Rolle. Es fördert die innere Versenkung und Kontemplation. Die Kreativität wird gefördert. Die Energie wird bereitgestellt. Diese Übung sollte man nur mit einer positiven Absicht machen, weil man zur Ruhe kommen oder etwas über sich selbst erfahren möchte. Diese Übung sollte man nicht machen, um etwas durchzusetzen, um willentlich etwas zu erreichen.
Du kannst nicht mit dem Universum EINS sein und Dich gleichzeitig querlegen. Es soll zu einem Gleichklang zwischen Dir und dem Universum kommen. Bei dieser Übung sind die Augen geschlossen. Wie sitzen oder liegen auf dem Rücken.
Wenn wir das Körbchen unserer Hände betrachten und wie die Energiefasern der Nadis da hindurchlaufen, dann erinnert das Körbchen und sogar die Energiestruktur des ganzen Körpers, der da sitzt, an die Energiestruktur eines Anu. Die indischen Meister erkannten, daß die ultimativen Atome, aus denen alle Materie besteht, aus schwingenden Energiekokons bestehen, die eine Körbchenstruktur haben. Das ahmen wir hier mit dieser Handhaltung nach. Dabei solltest Du an nichts mehr denken. Einfach nur noch die eigene Energie zirkulieren lassen.

So einfach kann also Energytraining sein, und so nahe ist es der traditionellen Religion. Der Ursprung einer jeglichen Religionsstiftung ist eigentlich gut, in Ordnung. Erst die nachfolgenden Organisatoren und Machthaber deformieren das jeweilige System nach ihren primitiven Machtinteressen.
Mit dieser einfachen Gebetsübung kehren wir selbst in die natürliche Beziehung zur Urenergie zurück. Wenn Du einmal nicht weißt, wie es weiter gehen soll, wenn Du vor einem neuen Lebensabschnit stehst und neue Entscheidungen treffen mußt, über eine noch unklare Zukunft, dann ist das hier die richtige Übung, um zur Ruhe zu kommen. Du wirst eine neue, intuitive, innere Klarheit erhalten.

2. Urform des Gebetsmudras für die intuitive Dämpfung der aktiven Energie.

Halte Deine Arme und Hände wiederum waagerecht vor dem Körper, doch dieses Mal faltest Du die Hände anders ineinander:
Der linke Daumen liegt in der Beugefalte zwischen dem rechten Daumen und Zeigefinger. Der rechte Daumen und Zeigefinger liegen dicht am linken Daumen. Sie schließen aber nicht den Kreis an den Fingerkuppen. Der linke kleine Finger ist zu unterst.
Diese Haltung ist offensiver. Deine weltliche Energie aus der rechten Körperhälfte kann freier zirkulieren, wird nicht gedämpft, aber sie unterliegt trotzdem einer intuitiven Kontrolle.
Wenn Du dich vorbereiten willst auf eine neue, weltliche Aufgabe, auf ein neues Projekt, dann benutze diese Haltung, um genug Energie fließen zu lassen. Diese Übung, regelmäßig praktiziert, kann verhindern, daß Du Energie vergeudest oder daß Du deine Energie falsch einsetzt. Sie dämpft überschüssige Willenskraft. So wirst Du ruhiger und erfolgreicher.

3. Eine Konzentration der 1. Übung

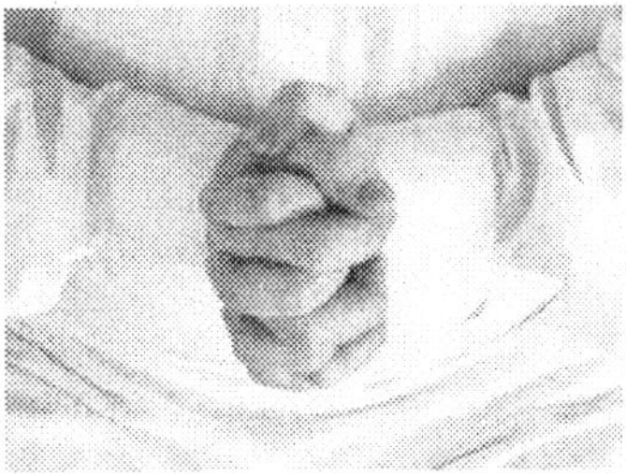

Nimm die beschriebene Gebetshaltung ein. Die Handflächen sind näher bei einander. Alle Finger greifen fest ineinander. Der linke Daumen ist oben. Der feste Griff bewirkt eine Hinzunahme des Wachbewußtseins. So setze ich mehr Willensenergie ein und dadurch mehr Wachbewußtsein.
Will ich Pläne realisieren, sollte ich die konzentrierte Haltung einnehmen. Sie fördert die Konzentration des Bewußtseins für meine Aufgaben. Der Verstandesteil, die rationale linke Hirnhälfte, wird mit hinzugenommen.

4. Gebetsmudra und die Daumen parallel

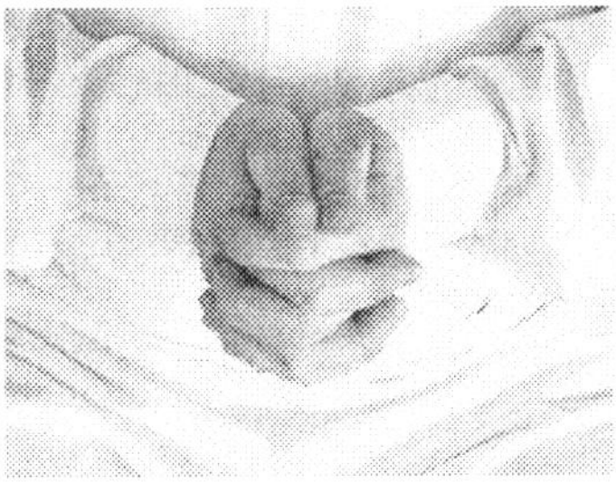

Bilde das Körbchen und halte die beiden Daumen parallel nebeneinander nach vorn gerichtet. Der rechte kleine Finger ist unten. Diese Übung fördert das Beharrungsvermögen auf dem Stand, den man hat. Beharrungsvermögen bedeutet, Du kannst lange bei der Sache bleiben, die Du gerade zu tun hast. Du bleibst dran und erfüllst gewissenhaft Deine Aufgaben. Das gibt innere Stabilität, Ausdauer und Geduld.

5. Eine weitere Variante des Gebetsmudras

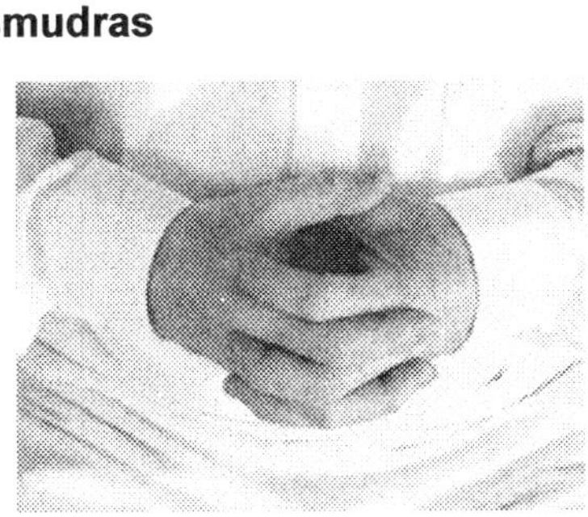

Halte die Hände gleich einem lockeren Körbchen, und zwar so weit offen, daß die Finger und die Daumen ein rundes Loch bilden. Halte die Hände locker, waagerecht und etwa zehn Zentimeter vor dem Körper. Schauen in das Loch hinein, das Daumen und Zeigefinger bilden. Die Augen sind leicht geschlossen. Ganz entspannt schauen. Das Bild der Hände wird etwas verschwimmen. Eigentlich beginnst Du jetzt mehr die Energie zu fühlen, statt die Hände zu sehen. Laß es geschehen, laß los! Dadurch erreichst Du eine geistige Entspannung.

6. Bemerkungen zur Arm- und Handhaltung

Die Hände werden, je nach der Länge der Oberarme und nach der Körpergröße des Einzelnen, in der waagerechten Position zwischen dem 3. und dem 4. Chakra liegen. Das ist eine neutrale Position. Sie liegt in dem Bereich, wo die eher weltliche Willensenergie aus dem 3. Chakra und die gefühlvolle, hingebende Energie aus dem 4. Chakra sich abgleichen. Dem dient ja auch unsere Übung mit dem Gebetsmudra.
Zeigen die Hände aus der Waagerechten nach unten, geraten sie sofort vor das 3. Chakra. Jetzt ist viel mehr der Wille im Spiel, besonders bei der Übung 5, mit den Daumen parallel.
Ziehen wir die gefalteten Hände etwas weiter nach oben, kommen sie vor das 4. Chakra. Der Einfluß von Demut und Hingabe nimmt zu. Hier kann man bitten und beten, um göttliche Eingebungen zu erhalten. Es ist die kirchliche Haltung. Für ein erfolgreiches, selbstständiges und selbstverantwortetes Leben ist ein Gleichmaß erforderlich.
Nutzen Sie diese Anregungen, um durch ganz geringe Veränderungen dieses Mudras neue Erfahrungen zu gewinnen, über den Fluß der Lebensenergie und über die Auswirkungen auf die äußere Welt. In ähnlicher Weise können Sie auch mit anderen Mudras experimentieren. Der Mensch zwischen kosmischem Ursprung und Realität: Es gibt noch sehr viel über uns selbst und unsere Verbindung in die materielle Welt zu lernen.

Übungsprogramm 5:

Übungen zur Stärkung der Weiblichkeit und der Männlichkeit

Übungen für eine Stärkung der unterschiedlichen Kräfte von Mann und Frau müssen sich auf das 1. und 2. Chakra beziehen, weil nur hier Unterschiede zwischen Mann und Frau zu finden sind.
1. Chakra, Mann: Prostata und Frau: Uterus,
2. Chakra: Die Keimdrüsen.
Eine Rolle spielt auch die Nebennierenrinde, die bei Mann und Frau die Energie unterschiedlich reguliert. Hier erfolgt der Übergang zum 3. Chakra. Zentrum des 3. Chakras ist die Bauchspeicheldrüse. Sie ist bei Mann und Frau gleich.
Im 4. Chakra ist dann die Durchdringung vollendet. Aus diesem Grund finden wir hier das Symbol des sechszackigen Sterns.
Hier gilt die selbstlose Liebe für den Nächsten.
Das 5. Chakra ist neutral und hat keinerlei geschlechtliche Funktion.
Das 6. Chakra steuert männliche oder weibliche Anlagen. Diese Steuerung ist ganz individuell verschieden. Sie ist nicht nach Geschlecht bestimmbar, aber sie beeinflußt die geschlechtsspezifischen Funktionen.
Wer seine individuellen Anlagen als Mann oder Frau stärken oder ändern will, muß auf das 6., das 1. und 2., sowie etwas auf das 3. und 4. Chakra Einfluß nehmen. Das klingt vielleicht etwas theoretisch und kompliziert, aber unser Energiekörper ist ein sehr kompliziertes Regelsystem, bei dem sehr viele verschiedene Faktoren ineinander greifen. Ziel ist es, mit derartigen Informationen über die Energie etwas bewußt zu machen, um später alles loslassen zu können und nur noch aus dem inneren Wesen heraus intuitiv das Richtige zu tun. Nachdem wir unsere natürliche Beziehung zur Natur und zum eigenen Körper verloren haben, gehen wir den Weg über den Verstand und kommen zu einer bewußt erkannten Natürlichkeit zurück.

Übungen:

Alle Übungen, bei denen Spannungen im Unterleib erzeugt werden und bei denen mit Mulabandha gearbeitet wird, sind ge-eignet. Mulabandha bedeu-tet, die Unterleibsmuskeln im Beckenboden fest kon-traktieren. Ausführliche Da-rstellungen finden Sie im Energytraining Band 1 + 2.

Gehe in die Hocke, strecke die Arme nach vorn aus, die Finger gefaltet, die Zeigefinger ausgestreckt. Der Rücken straff und gerade. Mache 1 – 3 Minuten Feueratem!

Der Schmetterling: Nimm diese Position ein. die Hände umfassen die Füße. Der Rücken ist straff aufgerichtet. Wippe mit den Knien auf und ab. Atme intensiv und rhythmisch dazu!

Lege Dich auf den Rücken, umfasse Deine Fesseln. Drücke deinen Bauch abwechselnd so weit es geht empor und lege Dich dann wieder ab.

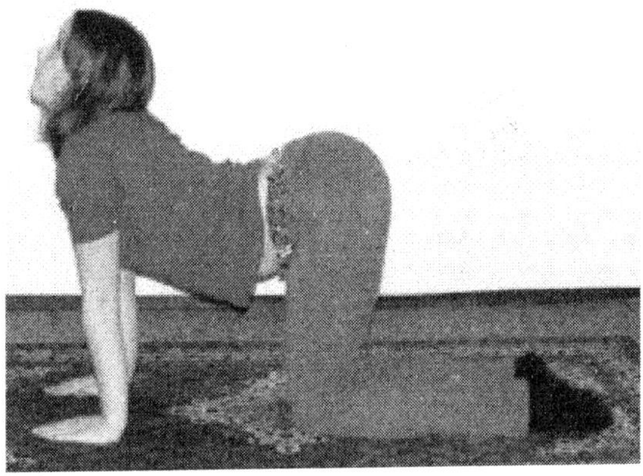

Katze und Kuh:
Stelle Dich auf
„alle vier“,
biege Dich nun
abwechselnd nach
oben und unten
durch, ruhig und
gleichmäßig atmen.

Begib Dich in die Kerze und laß Deine Beine dann hinten über kippen in die Position des „Pfluges", dabei kannst Du zeitweilig die Beine seitlich abspreizen soweit es geht.

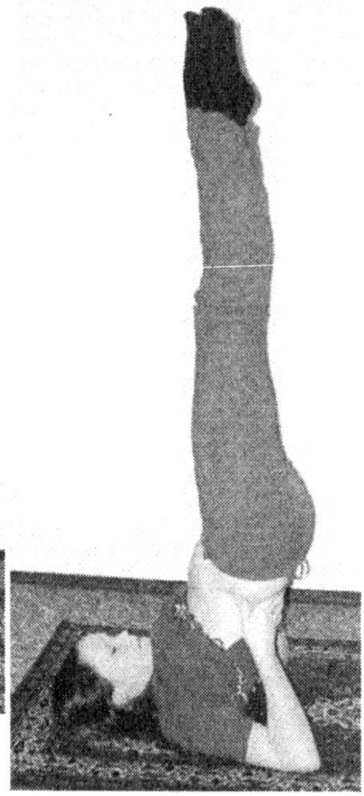

Gehe nun in die „Kobra" mit langem tiefem Atem. Konzentriere dich dabei auf Dein 3. Auge. Diese Übung ist sehr gut für einen klaren Kopf und zur Förderung der Intuition. Sie fördert die Energieregulation in Deinem Körper.

Schließe nun eine Ruhepause an, auf dem Rücken liegend. Nach der Pause reibe Hände und Füße aneinander, rolle dich auf der Wirbelsäule ab und gehe dann in die nächste Position.

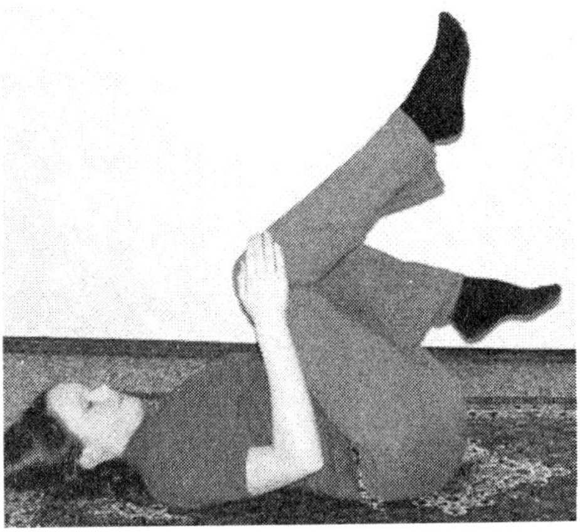

Bleib auf dem Rücken liegen, ziehe die Beine an, lege die Hände seitlich an die Knie. Klopfe jetzt in einem schnellen Rhythmus abwechselnd mit Deinen beiden Fersen auf den Po.

Im Tantra kannst Du zur Intensivierung alle diese Übungen nackt mit Deinem(r) Partner(in) machen und Dich dabei streicheln lassen. Diese Übungen sind sehr gut für die Aktivierung Deiner Basisenergie, für eine stabile Gesundheit und für eine gesunde Sexualität.

Zum Abschluß wieder eine Ruhepause auf dem Rücken einlegen, sie darf auch länger sein. Ziehe eine Decke über Deinen Körper. Die Energie wird jetzt nach innen gehen. Mindestens 5 Minuten entspannen, danach tief einatmen, Mulabandha anspannen und wieder loslassen (pumpen), also alle Unterleibsmuskeln, vor allem den Bereich von After und Geschlechtsorgan, weiterhin Feueratem, dann die Füße ergreifen, die Sohlen fest zusammenpressen, auf dem Rücken abrollen, dann Hände und Füße aneinander reiben, aufsetzen und aktiv werden, oder miteinander schlafen gehen.

Je nachdem, wie Sie dieses Programm praktizieren, können Sie sehr viel Kraft freisetzen, Krankheiten überwinden, ihre Liebesfähigkeit steigern, aber ebenso die sexuellen Gefühle transformieren und abschalten. Dann stehen Ihnen diese Kräfte für andere Aufgaben zur Verfügung. Richtig angewandt setzt Sex viel Energie frei und bedeutet keineswegs eine Energievergeudung, wie manche Menschen behaupten. Das setzt allerdings eine gute Partnerschaft voraus, in der beim Sex die Energie nicht nur von einem zum anderen Partner fließt, sondern in beide Richtungen.

Meditation: **"Flame of my heart"**

Setzen Sie sich auf die linke Ferse, das rechte Bein wird aufgestellt. Die Hände hinter dem Rücken einhaken. Dafür wird die rechte Hand oben über die Schulter geführt, die linke Hand unten herum führen, die Hände hinten einhaken, Brust heraus, Mulabandha anspannen, 3. Auge fixieren.
Nach 2 Minuten auf beide Fersen setzen, die Hände unter dem Haaransatz im Nacken falten, die Ellenbogen nach hinten spreizen, Brust heraus, den Kopf etwas ins Genick legen, Mulabandha anspannen und das 3. Auge fixieren, den eigenen Schoß bewußt wahrnehmen
Nach weiteren 2 Minuten auf beiden Fersen sitzen bleiben, Füße jetzt aufgestellt auf den Zehen, Knie etwas gespreizt, Arme über den Kopf gestreckt, an den Ellenbogen etwas einknicken lassen und die Hände über dem Kopf flach aneinander legen, bis zu 8 Minuten die Position halten, dabei das 3. Auge fixieren, zwischendurch wiederholt Mulabandha anspannen, wach und bewußt sein, ohne etwas zu wollen, aufmerksam sein für das, was geschieht.

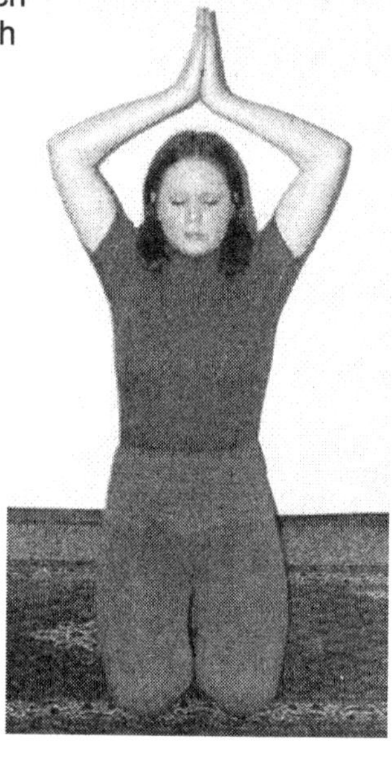

6. Einzelne Übungen für verschiedene Zwecke

I. Übung für festen Halt:

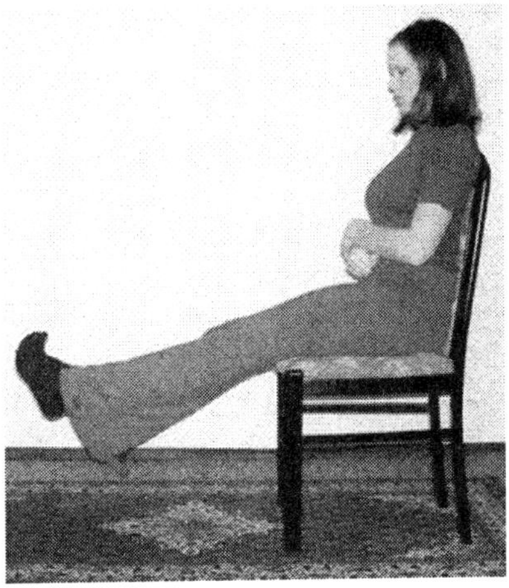

Auf einem Stuhl sitzen, rechte Hand geschlossen vor dem Bauch, linke Hand umfaßt das rechte Handgelenk. Halte die Beine möglichst straff und gerade. Tief ein- and ausatmen und sich selbst mit den Armen Halt geben. Jeder so lange er kann, Ziel: 1 Minute sich selbst festhalten.

Affirmation:
Ich bin ausdauernd und gebe mir selbst Halt!

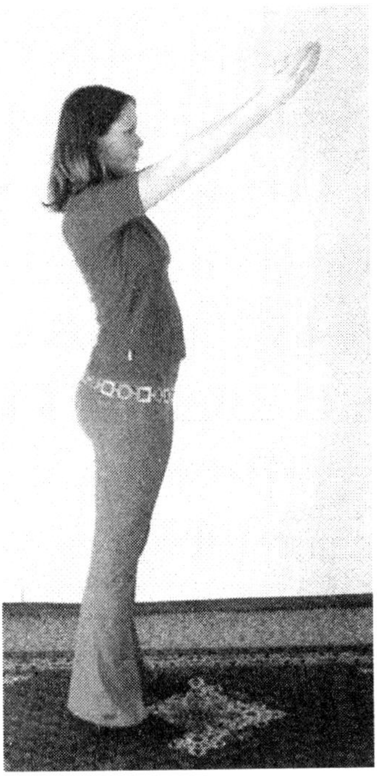

Aufstehen, Arme seitwärts langsam und weit ausholend kreisen lassen, vorn hochkommen mit den Armen, hinten die Arme nach unten führen. Dazu rhythmisch atmen, immer wenn sich die Arme heben, einatmen, wenn die Arme sich abwärts bewegen, ausatmen. Abschluß: Hände vor der Brust fest zusammen legen, 3. Auge fixieren, Atem anhalten, volle Konzentration, keine speziellen Gedanken; einfach für ca. 30 Sekunden ganz bewußt da sein und den Körper spüren! Anschließend die Position entspannt für weitere 30 Sekunden beibehalten.

Affirmation: Mein Bewußtsein ist klar und aufnahmefähig! Ich gehe jetzt ganz bewußt an meine Aufgaben!

2. Kurzprogramm:

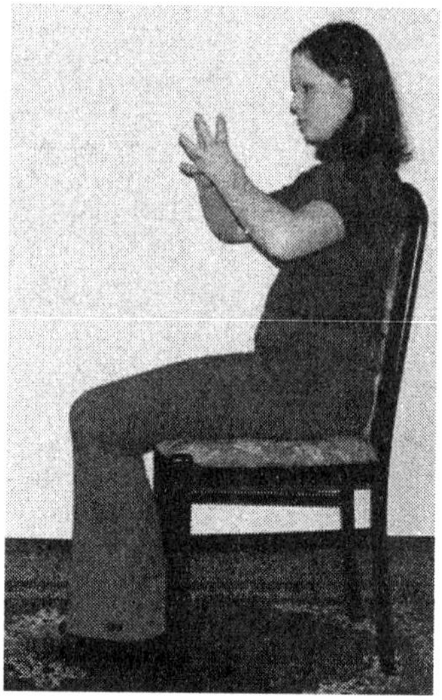

Vor jeder wichtigen Aktivität konzentriert einatmen, alle Fingerspitzen beider Hande fest gegeneinander pressen, tief einatmen, Augen schließen und aufs 3. Auge konzentrieren, Mulabhanda, Luft anhalten, ganz bewußt und konzentriert da sein, an nichts Spezielles denken, nur eine Ruhe- und Besinnungspause für den Körper, auch nicht an die kommende Aufgabe denken, nur bewußt da sein!

3. Gelassenheitsübung:

Um Anspannungen zu durchbrechen, gerade auf einem Stuhl sitzen, Hände locker in den Schoß legen, aus der Hüfte heraus mit geschlossenen Augen hin- und her wiegen, dann zur Ruhe kommen und still dasitzen.

Mit gespreizten Beinen, die Knie durchgedrückt hinstellen, Füße parallel zueinander stellen, voll nach vorn über hängen lassen, Arme, Schultern, Kopf hängen locker nach vorn herunter, aus der Hüfte heraus "aushängen", alle Spannungen herauslassen.

Vorstellung und Affirmation: Alle Spannungen fließen aus meinem Korper und aus den Armen in die Erde, in den Boden.

Anschließend aufrichten und die Arme in einem weiten Kreisbogen nach oben führen. Die Lunge öffnet sich dabei weit, tief einatmen, Arme herumführen im Kreis, bis die Hände dicht vor der Brust nebeneinander stehen,

noch einmal tief ein- und ausatmen. Fühlen Sie jetzt die Energie, die magnetische Anziehung zwischen Ihren Händen!
Noch einmal tief einatmen, Atem anhalten, Hände fest aufeinander drücken, 3. Auge fixieren, volle Anspannung in den Körper bringen und dann loslassen, Arme locker hängen lassen, etwas ausschütteln, Schultern etwas lockern, an die Arbeit gehen.

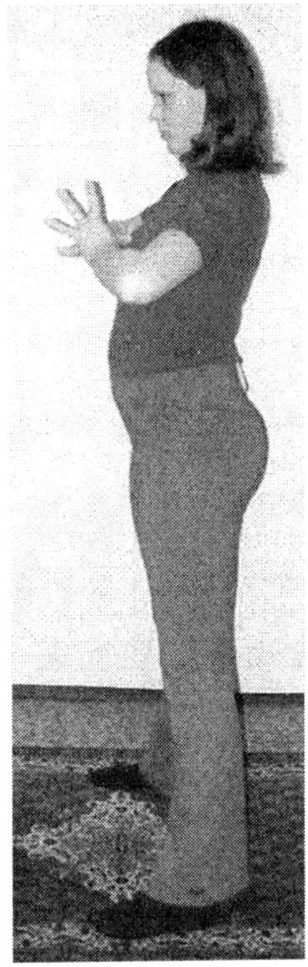

4. Zielbewußtsein und Konzentration fördern:

Arme waagerecht nach vorn strecken, locker Faust machen, Daumen zeigen senkrecht nach oben, zwischen den Händen hindurch weit ins Leere schauen, z.B. aus dem Fenster. Tief und ruhig durch die Nase atmen, zum Abschluß die Hände vor die Brust heranholen, alle Fingerspitzen auf einander setzen und fest drücken, ohne daß sich die Handflächen berühren.

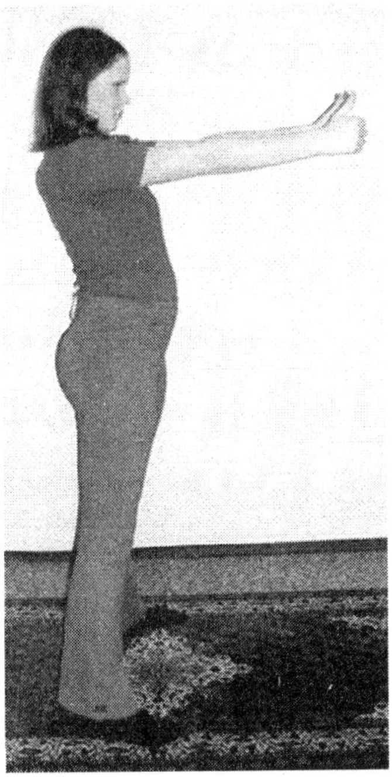

Fingerspitzen konzentriert auf einander pressen, innerlich konzentrieren, danach loslassen, tief einatmen, aufs 3. Auge fixieren, volle Konzentration, dann loslassen.

Affirmation: Ich bin stets aufmerksam und konzentriert bei der Sache, die ich gerade mache!

In meinen Beiden Büchern "Energytraining I und II" finden Sie ein Programm von mehr als 200 Übungen für alle Lebensbereiche.

Farblichttherapie

Im Rahmen hilfreicher und friedvoller Therapiemethoden darf die Farblichttherapie nicht fehlen. Die alten Chinesen erkannten bereits, daß Krankheiten, bei denen rote Flecke entstehen, wie z.B. Masern oder Röteln, leicht und schnell geheilt werden können, indem man die Menschen, primär Kinder, in einen Raum steckt und mit rotem Licht bestrahlt. Dafür hingen die alten Chinesen einfach durchscheinende rote Gardinen vors Fenster und rote Tücher an die Wände.

Wir haben es bei unseren Kindern probiert. Die Röteln und auch die Masern waren mit geringsten Belastungen innerhalb von 4 Tagen vorbei, statt wie heute kalkuliert 2-4 Wochen zu dauern, mit zum Teil erheblichen Belastungen und Nervereien der kranken Kinder.

Auf Grund von Experimenten durch alternative Mediziner und Heiler ist man in den vergangenen Jahren (um 1985) zu folgenden Ergebnissen gekommen (Tabelle). Um dieses Wissen sinnvoll anzuwenden, kann man sich einfach eine normale Schreibtischlampe mit einem geeigneten Filter aus buntem Transparentpapier mit Papperahmen selbst anfertigen. Achten Sie darauf, daß das Buntpapier genug Abstand zur Glühbirne hat und nicht etwa Feuer fängt. Die Belüftung muß gewährleistet sein.

Wenn Sie eine Halogenlampe verwenden, kann die Bestrahlung konzentrierter auf einen Bereich gerichtet werden. Aber Achtung: Diese Lampen sind heißer, und der Trafo erzeugt ein störendes Magnetfeld. Käufliche Beleuchtungssysteme für diesen Zweck sind z.T. sehr gut, aber für meine Begriffe sind sie alle völlig überteuert, egal ob gut oder schlecht.

Um eine gesundheitlich relevante Wirkung zu erzielen, sollte entweder der erkrankte Bereich oder der ganze Mensch mit diesen Farben bestrahlt werden, Behandlungszeit 30 - 60 Minuten, am Besten früh und abends. Also: Achten Sie auf ein Zimmer mit warmer Temperatur, legen Sie sich nackt aufs Bett und bestrahlen Sie ihren Körper so großflächig und lange wie möglich mit differenzierten Farben, oder aber den kranken Bereich mit möglichst intensivem Licht.

Für die Therapie im seelischen Bereich und für Rückerinnerungen bei der Reinkarnationstherapie können Farbfilterlampen gute Dienste leisten. Alle Farben lösen bei uns gewisse Gefühle aus, die wiederum mit unbewußten Erinnerungen verbunden sind. Da kann man bei manchen Menschen Überraschungen erleben. Ohne Farblicht keine Erinnerung an verborgene Dinge, und mit Farblicht öffnen sich plötzlich neue Tore zum Unterbewußtsein. Besonders intensiv können wirken: Rot, purpur, altrosa, blau und violett.

Farbe	Heilbereich
rot	fördert die Bildung von roten Blutkörperchen, vitalisiert, regt den Körper an, regt Gefühle und Sinne an; gut gegen Röteln, Masern und Scharlach. Erinnerungsbereich: Animalische Triebe, Steinzeit
orange	gut für Lungen und Drüsen, fördert Sexualität und Motivation
purpur	gut für Herz und Milz, für die Lymphe, für die Reinigung des Körpers; Erinnerungsbereich: Seelenleben, Gefühle
altrosa	gut fürs Herz, Gefühle, Solarplexus, Erinnerungsbereich: Gefühle, Vorfahren
gelb	gut für Aktivität, Nerven, Verdauung, fördert Appetit und Motivation
gelbgrün	gut für die Kochen und fürs Gehirn, revitalisierend
grün	gut für Muskeln und Körperaufbau, beruhigend, regenerierend
blaugrün	gut für die Haut, ausgleichend,
blau	gegen Streß und Angst, senkt Fieber, fördert klares Denken und die Nerven; Erinnerungsbereich: Kühles Denken, Analyse, Geist
violett	intensivere Gefühle, kann Erregung fördern, seelische Tiefe, Transformation; Erinnerungsbereich: Psyche, tiefe seelische Prozesse, frühere Erdenleben

Teil 3

Ernährung, Naturheilprodukte und Umwelt

Die Ernährung

Schon die Völker des Altertums wußten, daß in einem gesunden Körper ein gesunder Geist wohnt. Die Betonung sollte jedoch darauf liegen, daß ein gesunder Geist den Körper gesund erhält. Es ist nicht der Körper, der den Geist krank macht, sondern ein verwirrter Geist ruiniert den Körper!

Die permanente Hektik des modernen Lebens läßt uns kaum mehr zur Ruhe kommen. Hin- und hergerissen zwischen tausenden von einzelnen Aufgaben, Verpflichtungen und Wünschen verlieren wir uns leicht in den Alltagspflichten. Wir achten nicht mehr genug auf unsere innere Stimme. Wir vernachlässigen oder überfordern den Körper. Wir essen wider besseres Wissen ungesunde Dinge. Wir nehmen uns nicht mehr die Zeit, um richtig zu prüfen, zu riechen und zu testen, ob die gekaufte Nahrung überhaupt gut für uns ist.

Achtung: Wenn Sie Angst haben, etwas Schlechtes zu essen, also daß das Essen minderwertig und mit Schadstoffen vergiftet ist, dann signalisieren Sie bereits ihrem Körper, daß schlechte Nahrung aufgenommen wird. Wenn das häufig geschieht, schädigen Sie sich selbst, egal wie gut die Nahrung ist. Achten Sie auf Ihre Gedanken! Wenn Sie sich entscheiden, etwas zu essen, dann bejahen Sie es. Stellen Sie sich dann lieber vor, daß die Nahrung für Ihren Körper okay ist, daß Ihr Körper mit eventuellen Belastungen fertig wird, und daß er Schadstoffe nicht annehmen wird, sondern schnell wieder ausscheidet.

Jeder muß für sich selbst einen gesunden Ernährungsstil finden, der ihm angepaßt ist. Ich gebe grundsätzlich keine großen Vorschriften, wie man sich ernähren muß oder soll. Das ist mir zu einseitig. Die Menschen sind verschieden und haben verschiedene Bedürfnisse. Es ist günstig, wenn Sie viel frisches Gemüse essen, etwas Obst und je nach Bedürfnis etwas Fleisch, Käse usw.

Ich kann es akzeptieren, wenn jemand frisches Tartar ißt. Tartar (rohes Rinderhack mit einem rohen Ei und Pfeffer) ist etwas schwerer zu verdauen, doch es liefert viel Lebensenergie. Es kommt dabei wesentlich auf die Lebensenergie an. Wenn Sie gemischte Kost

essen, dann ist frisches Tartar und ein rohes Ei hineingeschlagen nicht gerade leicht verdaulich, aber für einen gesunden Menschen eine starke Energiequelle.
Es kommt auf das Prana, auf die Lebensenergie an. Davon steckt in frischem Fleisch, frischem Ei oder frischem Gemüse unendlich viel mehr als in altem, welken Gemüse. Was Sie heutzutage in Deutschland zu kaufen bekommen, ist die unterste Grenze von dem, was ich als Frischkost bezeichne. In Holland könnten Sie das, was hier in Deutschland an Obst und Gemüse auf den Markt kommt, nur noch wegwerfen. Kein Holländer kauft so etwas. Dort kommt alles frisch aus den Gewächshäusern oder frisch per Flugzeug aus Übersee. Holland ist in Europa das Land mit der besten Frischkost.
Die Nahrungsmittel sind heute alle mehr oder weniger mit Pestiziden belastet. Wenn die Sachen dann noch welk und alt sind, ist das letzte bischen Lebensenergie entwichen. Wenn die Sachen frisch sind, dann bekommen Sie sehr viel mehr Prana. Dann haben Sie die Chance, die schlechten Stoffe besser zu verarbeiten und können sie leichter ausscheiden. Wenn Sie diese Sachen welk essen, eine Woche nach der Ernte, dann sind sie schon ungenießbar. Dann wirken sich die Pestizide noch dreimal schlimmer aus, als wenn Sie frische, knackige Rohkost aufnehmen.
Wir müssen differenzieren zwischen den rein organisch-chemischen Inhaltsstoffen und der Lebenskraft und Vitalität, die die Substanz hat. Die chemischen Substanzen, die wir zum Leben brauchen, können wir auch aus gepulverter, getrockneter Nahrung beziehen. Aber jeder von Ihnen kennt den Unterschied zwischen einer Tütensuppe und einer frisch zubereiteten Gemüsesuppe. Was fehlt, ist die Lebenskraft, das Prana. Welkes Obst und Gemüse ist wirklich minderwertig.
Wenn Sie Obst, Kräuter und Gemüse vorschriftsmäßig trocknen, damit sie den trockenen, knackigen Zustand bekommen und wenn dieser Trocknungsprozeß schnell geht, dann ist die getrocknete Substanz, aufbereitet als Suppe oder Tee, besser in der Qualität, als welkes Obst und Gemüse.
Richtig getrocknete Kräuter oder Früchte sind besser als die zermahlenen und mit viel Salz versetzten Inhalte von Tütensuppen. Von der Energie her ganz schlimm und minderwertig sind die neuzeitlichen Fertiggerichte in Plastikbechern, die man dann im Becher aufwärmen kann. Wenn dann noch die Plastikbecher aus PVC sind, haben Sie einen tollen Chemiegeschmack im Essen und eine

volle Ladung Weichmacher, also künstliche Hormone, die bei Männern Sterilität bewirken. Wenn Sie diesen synthetischen Cocktail dann noch in der Mikrowelle aufwärmen, wird garantiert der letzte Funken Lebensenergie vernichtet und die Ausschüttung von chemischen Substanzen ins Essen maximiert. Guten Appetit!
Wenn Sie frische Sachen einfrieren, ist das eine gute Konservierung. Trotzdem sollten alle Reserven nicht sehr lange aufbewahrt werden. Es sollte wie früher über den Winter reichen.
Wenn es schonend geschieht, ist Kochen und Einkochen ein Vitalisierungsprozeß, der Ihnen hilft, einer schlaffen Nahrung etwas mehr Qualität zu geben. Wenn Sie also durchschnittliche Kost von einem Gemüsegeschäft haben und Sie kochen das Gemüse schonend, nur so lange wie unbedingt nötig, dann kann es nach dem Kochprozeß etwas besser sein als vorher. Die chinesische Art, Gemüse im Wog zu dünsten, ist sehr gut.
Mit der Muskel-Reflexdiagnose können Sie eine Diagnose machen, um zu erkennen, ob das für Sie eine gute Sache ist, oder ob sie es lieber wegwerfen sollten. Über die Muskeltests sagt Ihnen ihr Körper, was gut für Sie ist oder nicht, ebenso, welche Produkte noch Lebensenergie enthalten oder nicht.
Wenn Sie wissen wie man meditiert, können Sie sich durch Meditation in so eine gute Stimmung bringen, daß Sie einfach das sichere Gefühl dafür haben, was eine Sache wert ist. Gehen Sie in solch einer guten Verfassung in ein Geschäft und fühlen Sie einfach. Fassen Sie die Waren an und achten Sie darauf, was Ihre innere Stimme sagt! Testen Sie Fruchtsäfte in Pappkartons. Sie sind überwiegend minderwertig. Der Inhalt von Konservendosen ist oft unbrauchbar.
Ich habe mich manchmal gefragt, ob die Maschinen die Lebensenergie der Früchte und Gemüse essen? Leben auch die Maschinen? Irgendwie schon. Jedenfalls sind Konservendosen nur Notrationen. Es ist nicht leicht, sich hier in Deutschland in den Wintermonaten optimal zu ernähren. Ein frisch aufgebrühter Kräutertee, von Kräutern, die Sie im Sommer im Garten oder auf dem Balkon selbst gezogen haben, wenn Sie nicht gerade an einer Hauptstraße wohnen, kann für Sie an Lebensenergie besser sein, als ein Kräutersalat auf dem Tisch aus welken Sachen, die Sie gerade eingekauft haben.
Mit diesen feinen Unterschieden möchte ich Ihre Aufmerksamkeit wecken. Wenn es um Gesundheit geht, müssen wir zwischen den verschiedenen Faktoren unterscheiden lernen. Wenn wir zu sehr

die chemischen Substanzen wie Kohlehydrate, Fett und Eiweiß im Vordergrund sehen wie ein Chemiker, der etwas auseinandernimmt, dann reicht das nicht für ein gesundes Weltbild. So erfahren wir nicht, wie wir gesund bleiben.
In den vergangenen 10 Jahren konnte ich hier in Deutschland kein Rindfleisch mehr essen. Als ich es doch zweimal tat, bekam ich Magenschmerzen und mir war einen Tag lang schlecht. Ich dachte, ich bin eben zu empfindlich für das schwer verdauliche Rindfleisch. Da ich sehr wenig Fleisch esse, spielt es keine große Rolle.
Vor einem Jahr war ich in Südfrankreich und es überkam mich, ein Steak zu essen. Es schmeckte gut und es bekam mir gut. Was für ein Unterschied! Ich kann daraus schließen, daß es an den Rindern und ihrer Haltung hier in Deutschland liegen muß. Was mir Magenschmerzen bereitete, war wohl die restliche Lebensenergie der Tiere, die noch drin steckte, und die Chemie. Die Tiere dort im Süden leben in der freien Wildbahn, in den Bergen, ohne Zaun und Zusatzfutter.
Eine Channelbotschaft von Junow 19.2.91 8.47 Uhr: *"Zur Ernährung empfehlen wir euch viel Gemüse zu essen, Fisch ist gut, da er das nötige Eiweiß liefert und ab und zu etwas Fleisch. Ihr müßt nicht vegetarisch leben."*

Exkurs: Vegetarisch leben

Um wirklich vegetarisch zu leben, sollten ein paar Richtlinien beachtet werden. Die Umstellung von Mischkost mit Fleisch auf rein vegetarisch wird erleichtert, wenn Sie regelmäßig täglich mindestens eine große Knoblauchzehe und eine kleine rohe Zwiebel gehackt essen. Das Knoblauchöl wird von Biologen als "Biokatalysator" bezeichnet, da es sehr viele physiologische Vorgänge aktiviert, in Gang hält, Reinigungsprozesse unterstützt, desinfizierend wirkt usw. Knoblauch kann gar nicht hoch genug gelobt werden.
Wenn Sie zur vegetarischen Kost noch Käse oder Eier essen, liefert Ihnen das die nötigen Eiweißverbindungen. Wenn Sie auch noch auf Milchprodukte und Eier verzichten, also 100% vegetarisch leben, dann müssen Sie darauf achten, daß der Eiweißbedarf gesichert wird. Wenn nicht, werden die Menschen nach und nach hager. Sie wirken verbissen oder vertrocknet. Das Eiweiß muß sicher gestellt werden!
Nur Tofu allein wäre nicht optimal als Eiweißlieferant (Sojabohne). Alle Pflanzen, die als Eiweißlieferanten fungieren, haben keine für

uns Menschen perfekte Zusammensetzung in ihren Aminosäuren. Die Naturvölker haben intuitiv erkannt, daß man nicht von einer Pflanze allein gesunde Grundnahrung erhalten kann. Dieses Problem kann man leicht umgehen, indem man sich angewöhnt, regelmäßig von mindestens zwei verschiedenen Pflanzen die Produkte zu essen.

In Frage kommen alle Hülsenfrüchte wie Bohnen, Erbsen, Kichererbsen, dazu Nüsse, Mandeln usw. Wenn Sie z.B. rote Bohnen und weiße Bohnen mischen, vermeiden Sie die Einseitigkeit in der Zusammensetzung des pflanzlichen Eiweißes. Ebenso kann man Erbsen und Linsen mischen, oder Linsen und Kichererbsen zusammen mit Sesam. Eine weitere gute Mischung wären Mungbohne plus rote und braune Bohnen.

Also, denken Sie bei rein vegetarischer Ernährung an eine regelmäßige Verwendung von verschiedenen Eiweißlieferanten. Natürlich können Sie jeden Tag eine andere Sorte essen. Der Körper findet dann immer die benötigten essentiellen Aminosäuren.

Exkurs: Zucker

Meine kritische Haltung zu Zucker haben Sie bereits aus verschiedenen Bemerkungen entnehmen können. Was ist das Problem? Zucker ist doch auch eine natürliche Substanz. Es gibt in der Natur 2 Zuckerarten (grob gesagt). Manche Zucker haben nur eine Kohlenstoffkette (Monosaccharide), die anderen Zucker haben zwei miteinander verbundene Kohlenstoffketten (Disaccharide). Beide Arten sind für uns als Nahrung zu gebrauchen. Die einfachen Zucker sind jedoch leichter verdaulich. Dazu gehört z.B. der natürliche Milchzucker, Fruchtzucker, traubenzucker oder der Honig. Im Honig haben nämlich die Bienen mit ihrer Spucke bereits das Disaccharid in zwei Monosaccharide zerlegt. Sie haben uns die Arbeit abgenommen. Wenn wir Zucker in süßen Früchten zu uns nehmen, ist das niemals ein Problem. Der Zucker ist für die Pflanzen ein Reservestoff. Es ist ihre Energiereserve, die nach Bedarf aufgebaut und wieder zerlegt wird. Darum enthalten die Pflanzenprodukte (Früchte, Rüben, Rohr) nicht nur den Zucker, sondern auch natürliche Enzyme für dessen Verdauung. Essen wir die natürlichen Produkte, dann ist Zucker normal verdaulich.

Wenn wir jedoch daran gehen und den Zucker als reinste Raffinade gewinnen, egal ob aus Zuckerrohr, Rüben oder Palmen, dann werden alle natürlichen Begleitstoffe vernichtet. Wir essen den puren

Zucker. Jetzt muß unser Körper die Disaccharide zerlegen. Das kostet erst einmal Energie, zweitens braucht der Körper für diese Arbeit B-Vitamine als Katalysatoren, drittens ist an diesen Abbauprozessen das Mineral Calzium beteiligt und auch noch Vitamin C.
Wie schon betont, ist ein bischen Zucker unschädlich für Gesundheit und Ernährung. Er hat jedoch, pur verabreicht, eine Suchtwirkung auf "einsame Herzen". In Mengen konsumiert, kostet uns der normale, gereinigte Rohr- oder Rübenzucker Energie, raubt uns B-Vitamine, die unser Nervensystem braucht und macht uns nervös und gereizt, weil er außerdem den Calziumhaushalt belastet.
In diesem Zusammenhang möchte ich auf eine Untersuchung in 12 amerikanischen Gefängnissen hinweisen. In den Haftanstalten wurde die Ration an Zucker pro Gefängnisinsasse auf die Hälfte reduziert. Das Ergebnis war, daß Gewalttätigkeiten unter den Insassen um die Hälfte verringert wurden.
Es gibt also ernährungstechnische Gründe, daß wir gesund leben sollten. Sie gehen noch etwas weiter als ein einfacher Aufruf zu biologischer Ernährung. Das Angebot an süßen Speisen aller Art in den Bioläden hat in den vergangenen Jahren radikal zugenommen. Ich bin echt fassungslos, wie hoch der Bedarf an "gesunder Sucht" bei den Biofreaks ist.
Der Hintergrund ist wieder klar: Süßigkeit ist eine Suchtdroge, ein Ersatzmittel für Mangel an Liebe, an Zuwendung und Aufmerksamkeit aus dem Umfeld. Wer sich von der Umwelt bedroht fühlt, wer Angst hat, falsche und schlechte Sachen zu essen, wer vielleicht eine strenge Eßkultur entwickelt, um sich zu schützen, der muß acht geben, daß er nicht wieder neue Ängste entwickelt.
Ein weiteres Beispiel: Es ist bekannt, daß viele alte Frauen dazu neigen, in großen Mengen Kuchen und andere Süßigkeiten bis hin zum Likör zu vertilgen. Sie haben ihre Funktion als Mutter verloren. Sie haben oft auch den Mann verloren und sind jetzt Witwe. Sie kompensieren diesen Mangel an positiver, mütterlicher Betätigung durch Süßigkeiten.
Dasselbe Problem haben wir bei einer Vielzahl von dicken, überernährten, durch Zucker krank gemachte Kinder, deren Eltern wegen viel Arbeit und Streß nicht genug Zeit für ihre Kinder aufbringen können.
Die Möglichkeiten, diese Zustände zu ändern, liegen auf der Hand. Sie ergeben sich aus dem Gesagten. Bitte bedenken Sie in diesem Zusammenhang, daß Zucker die Umweltbelastung, der wir ausgesetzt sind, noch einmal erhöht. Wir entziehen unserem Körper B-

Vitamine und Calzium. Wenn Sie schon süße Stoffe brauchen, dann sollten Sie nur Monosaccharide, z.B. Honig, Traubenzucker und Fruktose aufnehmen.
Die Herstellung von Raffinadezucker ist selbst schon eine energie-intensive Umweltbelastung. Sie gehört eigentlich abgeschafft. Aber da mit diesem wie mit allen Suchtproblemen Millionen verdient werden, brauchen wir diese Forderung gar nicht erst aufstellen.
Wer viel Zucker verbraucht, sollte um so mehr auf seinen Vitaminbedarf achten, →Vitamin B-Komplex und →Vitamin C. Die Mengen an natürlichem Vitamin C in Gemüse und Früchten reichen heute, vor allem im Winterhalbjahr, garantiert nicht mehr aus, um unseren Körper wirklich gesund zu erhalten. Wir brauchen zusätzliche Gaben. Wir fühlen uns mit Vitamin B-Komplex + C deutlich besser und aktiver.

Exkurs: Gemüsepreise

Im Januar 2002 fiel mir nach der Euroumstellung auf, daß wir frisches Gemüse deutlich teurer bezahlen mußten als Tiefkühlkost. Simple Lauchstangen oder Succhinis waren mit 5,- € / kg teuer als jede fertig aufbereitete Frostkost. Mit 5,- € / kg ist das billigste Gemüse bereits so teuer wie Schweinefleisch im Sonderangebot. Wenn wir bedenken, daß ein Schwein mindestens 3-4 Mal sein eigenes Gewicht an Futter fressen muß, um rund zu werden, ist dabei keine Logik mehr zu erkennen, sondern ein Trend. Ebenso fiel mir auf, daß 400 g Fleischsalat 0,99 € kosten und 400 g Krautsalat (mit viel wässriger Brühe) 1,49 €.
Es liegt nicht nur daran, daß man den Euro zur Preiserhöhung benutzt, ebensowenig am Winter, sondern es sind Tendenzen sichtbar. Die Menschen sollen sich nach und nach daran gewöhnen, nur noch aufbereitete Kost zu verzehren. Dahinter steckt auch der Aspekt, daß der Händler beim frischen Gemüse das Risiko hat, daß ihm die Sachen schlecht werden. Die Tiefkühlkost wird nicht schlecht, wenn man acht gibt.
In seinem Buch → "Die Pharmastory" beweist der Autor, daß die Pharmakonzerne gezielt die Massenmedien mit Fehlinformationen füttern und zugleich massive Bestrebungen laufen, um jedes Wissen über gesunde Ernährung und Lebensweise zu unterdrücken, um ihre Profite zu maximieren. Dazu gehören in Deutschland auch die Bemühungen, natürliche, frische Nahrungsmittel unerschwinglich zu machen.

Ich will damit nicht behaupten, daß jeder kleine Händler bestochen ist oder an einem Komplott teilnimmt. Es hat auch keinen Zweck, die Industrie einseitig zu kritisieren. Es geht hier um Trends, an denen die ganze Gesellschaft beteiligt ist. Derartige Veränderungen ergeben sich einfach aus dem Verhalten der Menschen selbst. Wer hat noch Lust, etwas zu kochen oder regelmäßig Salate zuzubereiten? Wer möchte Gemüse putzen, wenn es bequem aus der Schachtel kommt? Hier greifen also verschiedene Mechanismen ineinander, wobei die großen Macher aus der Industrie sehr genau wissen, was sie wollen und tun, während die breite Masse wirklich nur nach Bequemlichkeit strebt und darüber der Industrie ins Messer läuft.
Tiefkühlkost ist nicht besonders schlecht, aber auch nicht besonders gut. Wenn Ihnen an einer energiereichen, gesunden Ernährung gelegen ist, achten Sie darauf, daß Sie sich einen Teil der natürlichen Nahrung erhalten!

Exkurs: BSE

Ich denke, an Hand der BSE-Katastrophe haben inzwischen alle mitbekommen, daß mit der Tierhaltung in den Industrieländern etwas nicht stimmt. Die Fleischproduzenten sind keine einfachen kleinen Schlachter mehr, die pro Woche für die Menschen in ihrer Straße einige Tiere schlachten, was dann für alle reicht. Nach dem Krieg gab es in vielen Familien nur einmal die Woche ein Stück Fleisch auf dem Tisch.
Aus dem lukrativen Geschäft mit dem Fleisch sind Fleischkonzerne gewachsen, die buchstäblich über Leichen gehen, über Berge von Leichen. Die Verbraucher wurden aufgeheizt und gereizt, immer mehr zu essen. Durch die Konkurrenz zwischen verschiedenen Großbetrieben wurde Fleisch billiger, doch die Zuchtmethoden immer brutaler. Wer täglich tausende von Tieren tötet, den juckt es auch nicht, wenn sich die Kunden vergiften.
Im Moment haben wir die Chance, sehr gut aus der Anschauung zu lernen: Zuerst verfüttern die Engländer das Aas ihrer hirnkranken Schafe an die eigenen Kühe, und dann an die Menschen auf dem Kontinent. Nachdem ganz Europa verseucht ist und vermutlich tausende von Menschen noch unerkannt infiziert sind, tötet man Millionen von Rindern und Schafen und verbrennt sie wie Abfall. Im Grund entspricht das, was hier geschieht, perversen vorzeitlichen Ritualen, bei denen perversen Göttern Blutopfer gebracht wurden.

Es erinnert an die KZs der Nazis, wo Menschen wie Ungeziefer vergast und verbrannt wurden. Die Vergiftung von ganz Vietnam mit Herbiziden steht auf der gleichen Stufe. Tausende von Vietnamesen bekommen bis heute, in der 2. Generation, mißgebildete Kinder. Auch die Überlebenden von Hiroshima und Nagasaki bekommen bin in die 2. Generation erbgeschädigte Kinder. Eine tolle Leistung.
Ich meine auch, daß sich die Perversen an den Millionen Tieren abreagieren, weil für sie der nächste Krieg überfällig ist, in dem sie mal wieder vom Leder ziehen können. Oberdrein ist es ein Teil der Wirtschaftskriege, die ich bereits in meinem Buch → "Energie für Millionen" 1995 dargelegt habe.
Diese Zeilen schrieb ich im August 2001. Einen Monat später gab es das Attentat in New York. Direkt danach waren die Engländer die ersten, die laut schrien "Wir wollen mit Amerika in den Krieg!" Ich sehe im Verhalten der westlichen Regierungen eine Bestätigung für meine Thesen. Gewisse Kreise können ohne Krieg nicht leben. Für diese Verbrecher ist Krieg die Grundlage ihrer wirtschaftlichen Erfolge.
Zurück zu BSE: Kaum hat man einige Maßnahmen getroffen, um die Seuche und das Risiko einzudämmen (viel zu spät), hören wir, daß in den Besamungsanstalten die Produktion von Kälbern ungebrochen weiter geht. Diese perversen, geldgierigen Unternehmer kalkulieren bereits darauf, daß sie für jedes produzierte Kalb, das sie nicht verkaufen können, von der EU eine Subvention bekommen. Das heißt im Klartext, sie produzieren jetzt weiter massenhaft Kälber, melden die Tiere bei der EU, anschließend erschießen sie die Kälber und werfen sie weg.
Wenn das keine Perversion ist, weiß ich auch nicht, was den Namen noch verdient. Und unsere Politiker machen die Gesetze, die mit unseren Steuergeldern diesen Wahnsinn unterstützen und finanzieren! Wenn ein Land solche Politiker und Unternehmer hat und wenn es nicht möglich ist, gegen solche lebensverachtenden Mißstände einen Schutz zu finden, dann braucht man eigentlich keine Angst mehr zu haben vor der Mafia oder einem Krieg. Der Krieg tobt ja bereits zwischen den Perversen in allen hohen Ämtern und dem verblödeten Volk, das hirnlos zuschaut und diese Leute bei der nächsten Wahl wiederum wählt. <u>Hinweis</u>: Wer zur Wahl geht, ist mit verantwortlich, an dem was hinterher geschieht.
Daß es bei der BSE-Seuche vielleicht um einen anderen Faktor geht, will wohl niemand begreifen. Ich meine, daß der Rinderwahn-

sinn letztlich der Wahnsinn der Fleischbarone ist und daß die Tiere reagieren! Der Wahnsinn der Schafe und Rinder, bald auch aller anderen Zuchttiere bis hin zum Menschen, ist ein Ausdruck dessen, was hier die Perversen mit den Tieren anstellen. Haben Sie schon einmal einer gesunden Kuh in die Augen geschaut? Wissen Sie wie sanftmütig, liebevoll und ausdrucksstark eine Kuh oder ein Kälbchen uns anschauen kann? Wissen Sie, daß bei einem Rind der Teil des Gehirn, in dem nach Stand der Wissenschaft die Gefühle entstehen und erinnert werden, das Limbische System, viel viel größer entwickelt ist, als bei uns Menschen? Wissenschaftlich müssen wir davon ausgehen, daß Rinder ein viel intensiveres Gefühlsleben haben als alle Menschen. Deshalb werden wohl auch Kühe nicht nur mit viel Milch, sondern mit Mutterinstinkten in Verbindung gebracht. Ist es da ein Wunder, wenn diese sehr gefühlvollen Tiere mit Hirnzersetzung und Wahnsinn reagieren, unter den Bedingungen wie man sie hält, nur um sie nach kurzer Zeit zu töten?
Ich halte es für möglich, daß die BSE-Erreger gar nicht die Erreger, sondern nur Symptome sind, also daß die Prionen nicht den Wahnsinn verbreiten, sondern Tiere einfach in zunehmender Zahl wahnsinnig werden, weil wir ihnen das antun! Die Prionen wären dann keine Erreger, denn sie haben ja gar keine spezifischen Eigenschaften wie ein Lebewesen. Es sind nur kleine Eiweißbausteine. Doch es könnte sehr wohl sein, daß die Prionen sozusagen Erinnerungschips sind, Eiweißbausteine als eine Art Diskette, auf der Daten von dem geisteskranken Tier sind. Auf natürlichem Wege würden diese kranken Prionen gar nicht in ein anderes Lebewesen kommen. Aber wenn die Wissenschaftler ein solches krankes Lebewesen erschießen, sein krankes Hirn zermixen und dann einer Ratte in die Blutbahn spritzen, dann kann ich mir schon vorstellen, daß auch die Ratte erkrankt.
Doch wie sollte diese schwachsinnige Aktion in der Natur jemals zustande kommen? Das ist unmöglich und ebenfalls völlig pervers. Wenn eine Ratte ein Stückchen von einer toten Kuh fressen würde, wäre die Reaktion garantiert anders. Ratten sind dafür bekannt, daß sie so ziemlich alles verdauen und vertragen, was sich fressen läßt. Diese Art von Forschung hat mit der Wirklichkeit nichts zu tun. Es ist der universitäre Wahnsinn von kranken Hirnen. Auch schon BSE?
Doch zurück zu dem Problem der Rinder und dem BSE. Man dachte, man hätte die Seuche durch einige Maßnahmen im Griff. Genau

in diesem Moment (20.2.2001) wird bekannt, daß in England die Maul- und Klauenseuche ausgebrochen ist und in einer anderen Region außerdem die Schweinepest. Einen Tag später wird bekannt, daß das saubere Bayern nun auch noch die angeblich ausgerottete Tuberkulose bei Rindern hat.
Bayern ist ja besonders sauber, zuerst angeblich frei von BSE, 14 Tage später hatte Bayern plötzlich die meisten BSE Fälle pro Bundesland, gleich danach der Schweinemastskandal mit verseuchtem Fleisch (Hormone, Antibiotika und Pestizide), und jetzt die Tuberkulose, die auf den Menschen übertragen werden kann.
Nun, zum einen ist wohl klar, daß es sich nicht lohnt, irgendeinem Politiker, Schlachter oder Bauern ein Wort zu glauben. Zum anderen wird vielleicht deutlich, daß es nicht um die eine oder andere Infektionskrankheit geht. Es geht um das System an sich! Nachdem immer mehr Tiere wahnsinnig werden und schon ein Teil der Menschen befallen ist, versucht man alles einzudämmen, doch die gierigen Schlachtbetriebe machen so weiter wie vorher. Und genau da erwischt es sie mit weiteren tot gesagten Krankheiten.
Wurden diese Krankheiten vielleicht gezielt von gewissenlosen Verbrechern in Umlauf gebracht? Ich halte es für möglich, daß diese Verbreitung von Seuchen Teil eines internationalen Wirtschaftskrieges sind. (Diese Zeilen schrieb ich im August 2001. Einen Monat später kommt der Milzbrand-Skandal in USA!) Milzbrand wird per Post verschickt! War es vielleicht mit der Schweinepest oder BSE das Gleiche? Einfach ein paar Erreger in ausgewähltes Futter?
Im Phönix-Magazin (Schweiz) vom Sept. 2001 wird ausführlich beschrieben, daß die Symptome von BSE genau auf die Folgen eines schweren Nervengiftes zutreffen, das man nach EG-Verordnung vor allem in England gegen die Dasselfliege spritzen muß! Man setzt also heimlich seit Jahren Nervengifte auf den Rindern und auf den Schafen gegen die Insekten ein, also direkt in unserer Nahrung. Einzelheiten finden Sie bei Urs Hanns, Biobauer
→ www.bauernverstand.ch
Es geht also nicht um eine Krankheit, es geht um das krankhafte System, in dem wir leben. In sofern kann es auch nicht die Frage sein, ob Sie einmal ein Schnitzel essen oder rein vegetarisch leben. Das Gemüse kann schön aussehen und verseucht sein.
Das Wichtigste, was es gibt, und die einzige Antwort auf diese vielfältigen Bedrohungen, ist ein wirklich starker, gesunder Geist. Wie ist das überhaupt möglich? Nun, im Jahre 1976 hat ein japani-

scher Yogi laut einer Pressemitteilung vor einer öffentlich versammelten Gruppe von Ärzten und Journalisten ein Glas konzentrierte Schwefelsäure getrunken, anschließend das Glas zerklopft und hinterhergeschluckt. Er wollte damit demonstrieren, daß der Geist über die Materie triumphiert. Ich empfehle Ihnen nicht, Säure zu trinken oder Glassplitter zu essen. Ich werde es auch nicht tun. Doch auch Yogavasistha und Shankara haben schon vor 1200 Jahren gesagt: *"Der Gedanke allein entscheidet, ob ein Ding Gift ist oder Arznei. Durch beharrlichen Denken und durch einen festen Glauben, wird Gift in Nektar verwandelt und ein Feind in einen Freund."*
Als im heißen Sommer 1982 in Südfrankreich eine ganze Region nicht mehr genug Wasser hatte und nur noch eine braune Brühe aus der Leitung kam, waren praktisch alle Menschen in der Region krank, oder sie tranken nur noch Wasser in Flaschen. Meine Familie nutzte das schlechte Wasser, weil wir gar kein Geld für die vielen Flaschen gehabt hätten, auch für die Kleinkinder. Kindergärten und Schulen wurden wegen der vielen Krankheitsfälle geschlossen. In meiner Familie erkrankte niemand. Ich denke, wir hatten eine gute Energiereserve durch Yoga, eigene Nahrungsmittel ohne Pestizide und gesunde Milch von gesunden Kühen für gesunde Kinder. Da kam es auf das bischen Wasser mit seinen Erregern auch nicht mehr an.
Denken Sie an Mutter Theresa: Sie versorgte rund 40 Jahre lang die Kranken in Kalkutta. Die häufigsten Krankheiten dort sind Lepra, Tuberkulose, Diphterie, Cholera usw. Das sind wirklich gefährliche Erreger. Aber Mutter Theresa hatte in all dieser Zeit nur Erkältungskrankheiten, Bronchitis und Asthma. Das sind 3 Krankheiten, die durch Überlastung entstehen. Es sind Abwehrhaltungen gegen seelische Überforderung, Schmutz und zu wenig Zuwendung. Sie war sicher oft erschöpft, doch die akuten Gefahren konnten ihr nichts anhaben.

Kommen wir zum Hauptthema dieses Kapitels zurück. Es geht also nicht darum, vor dem Essen Angst zu haben oder Abscheu zu entwickeln. Dann wird alles garantiert nur noch schlimmer. Wenn Sie gesund weiterleben wollen und wenn Sie vielleicht anstreben, daß es Ihnen in Zukunft noch besser geht, dann kommen Sie nicht umhin, sich selbst, Ihr Leben und sogar diese von Krisen geschüttelte Gesellschaft zu akzeptieren. Die Natur kennt keinen Unsinn. Die Wege der Natur sind oft verwunderlich. Wenn uns die Kontrolle

entgleitet und die Perversen die wichtigen Positionen in der Schlachtindustrie erobern, um uns zu einem Massenkonsum an krankem Fleisch zu verleiten und Millionen von Tieren zu quälen, dann ist es vielleicht das Beste, wenn Millionen von Tieren an ein paar Seuchen hinwegsterben. Es ist doch ein guter Grund, um wieder zu einer weitgehend vegetarischen, natürlichen Ernährung zurückzukehren.
Ich weiß nicht, wie viele Schocks die "Verbraucher" noch brauchen, bis ihnen klar wird, daß sie an ihrer eigenen Lebensweise etwas ändern müssen, damit dieses Leben lebenswerter wird. Eine Untersuchung im November 2001 ergab, daß der Verbraucher nach einem Jahr die BSE-Krise überwunden hat und alles wieder beim Alten ist. 14.1.01 Horus: *"Die Prionen (→BSE) entstehen überall da, wo Leben degeneriert."*

Ernährungs - Perspektiven

Die Krise der Ernährung ist eine Bewußtseinskrise. Es ist kein Zufall, daß diese Krise uns jetzt erwischt, wo sich sowieso schon die ganze Gesellschaft in einer Krise befindet. Wer dieses Buch gekauft hat, ist sicher auf der Suche nach Anregungen, um selbst bewußter zu leben. Ich bin sicher, daß diese Ernährungskatastrophe ein brutaler, aber sicherer Kick in die richtige Richtung ist.
Wie schon erwähnt, geht es nicht darum, Vegetarier zu werden. Sie dürfen es gerne, doch das allein ist nicht genug. Wenn Sie sich dauernd schlecht fühlen, weil Sie Angst haben vor den Nahrungsmitteln, wenn Sie also ihr Essen nicht mehr genießen können, dann wird dieser Wahnsinn weitergehen.
Alle Konflikte, die Sie empfinden, werden zuerst einmal in Ihrem eigenen Nervensystem ausgetragen! Lernen Sie bitte trotz dieser Ernährungs- und Gesellschaftskrise sich und ihr Leben zu lieben. Das wird das Beste sein, was Sie tun können. Wenn ein Yogi ätzende Säure trinken kann und überlebt, dann werden Sie es doch schaffen, wenigstens ihre bescheidene Mahlzeit trotz aller bedenklichen Umstände zu akzeptieren, zu lieben und zu genießen. Bitte tun Sie es. Es ist das Beste, was Sie für Ihren Körper und seine Ernährung tun können.
Die meisten Tomaten taugen nichts mehr und ähnlich ist es mit anderen Früchten. Die Produkte sind in vielen Ländern von besserer Qualität als das, was man in Deutschland zu kaufen bekommt.

Deutschland ist keineswegs mehr das Vorbild, sondern es wird langsam zum Schlußlicht der westlichen Industrieländer.
Wenn Sie einen eigenen Garten haben und die Gegend bei Ihnen nicht zu schmutzig ist (Verkehr und Industrie), dann sollten Sie selbst Gewürzkräuter anbauen, auch wenn es nur in Blumentöpfen oder im Fensterkasten ist. Es lohnt sich immer. Kaufen Sie frische Stauden, die noch leben und nicht abgeschnitten sind.
Die Herstellung von →Blütenessenzen ist ein guter Test für die Reinheit der Natur und für die Qualität der Lebenskraft. Wir fanden heraus, daß die Energie hier in Deutschland nicht die beste ist. Bei der Herstellung von Blütenessenzen stellten wir fest, daß die in Deutschland zubereiteten Essenzen z.T. unbrauchbar waren und z.T. eine deutlich niedrigere Energie haben, als die Essenzen aus den französischen Pyrenäen. Die klassischen Bachblüten können in Deutschland kaum gemacht werden. Die Umweltbedingungen sind zu schlecht.
Leider haben wir derzeit keine Möglichkeit, weiterhin in den Pyrenäen mit der erforderlichen Sorgfalt diese Blütenessenzen zu produzieren. Im Moment zeigt es uns einfach die regionalen Chancen und Probleme auf. Manche Gegenden sind energetisch stärker und gesünder, andere nicht. Vielleicht kommen wir irgendwann auf die Herstellung derartiger Essenzen in den noch relativ sauberen Pyrenäen zurück.
Die aktuellen Anbauverfahren mit hohem Einsatz von Pestiziden und Düngemitteln müssen revidiert werden. Es tut sich ja schon einiges in dieser Richtung, aber es ist immer noch viel zu wenig. Die Ursache ist nicht nur in der Trägheit der Landwirte zu sehen, sondern in der massiven Beeinflussung der Landwirte durch Agenten der chemischen Industrie.
Die chemische Industrie hat ein vitales Interesse an der Umweltschädigung. In dem Maße wie unsere Umwelt durch chemische Produkte vergiftet wird, wächst die Notwendigkeit, unsere Umwelt und das Trinkwasser wieder zu entgiften. Wer wäre dafür besser geeignet, als die chemische Industrie?
Außerdem wächst die Zahl der schadstoffgeschädigten Menschen ständig. Wer wäre besser geeignet, Medikamente herzustellen, als die chemische Industrie?
Und ob wir es wollen oder nicht, in der gegenwärtigen, katastrophalen Ernährungssituation sind wir auf die Vitamine der chemischen Industrie angewiesen. Es wird höchste Zeit, daß die Menschen

über diese Zusammenhänge nachdenken und die endlosen Schiebereien auf Kosten unserer Gesundheit publik machen.
Die wachsende Menschheit braucht in Zukunft große Mengen hochwertige, synthetische Nahrung, die aus natürlichen Rohstoffen gewonnen wird, unter Zusatz lebenswichtiger Vitalstoffe, die teils synthetisiert, teils aus Naturprodukten gewonnen werden. Mit hochwertig und synthetisch meine ich die Kultivierung von Nahrung unter Laborbedingungen, aber in echten Lebensprozessen. Heute wird zum Beispiel Essig und Ascorbinsäure (Vitamin C) aus Holzspähnen gewonnen. Daran ist nichts falsch. Man könnte ebenso aus bestimmten Mikroben Eiweiß gewinnen oder aus Algen wertvolle Kohlehydrate. In Japan ist man schon ziemlich weit mit diesen Methoden.
Wozu soll das gut sein? Bedenken Sie den Aufwand, der heute getrieben wird, um von einem Acker immer größere Mengen von einem Nahrungsmittel zu ernten. Das geht nur mit einem riesigen Aufwand an Chemieprodukten, um die Pflanzen anzutreiben, damit sie gegen ihre eigene Natur riesiger werden. Dann muß man die Kokurrenz töten, nämlich die vielen Insekten, die unsere Ernte mit uns aufessen wollen.
Wenn es uns gelingt, in einer Nährlösung und mit reinem Sonnenlicht Algen zu züchten, die einen hohen Nährwert haben und leicht verdaulich sind, dann ist das ein passender Ersatz für Gemüse. Daran ist nichts Unnatürliches. Die Algen brauchen sowieso nur Wasser, Mineralsalze und Licht. Außerdem vermeiden wir Pestizide, denn in der reinen Algenkultur gibt es keine Schädlinge. Das Gleiche gilt für bestimmte Pilze.
Im Moment versucht man dieses Problem über die Gentechnologie in den Griff zu bekommen. Das Dumme ist nur, daß wir keine Ahnung von den Nebenwirkungen haben, bis es vielleicht zu spät ist. Ich bin nicht grundsätzlich gegen die Genforschung. Leider ist zu befürchten, daß die gleichen Kreise, die skrupellos unser Trinkwasser und unsere Nahrung vergiften, sich einen Teufel darum scheren werden, ob ein Genprodukt Folgen hat oder nicht.
Im vergangenen Jahrhundert, als Vitalstoffe noch nicht bekannt waren, starben in den amerikanischen Südstaaten tausende von Menschen wegen einseitiger Ernährung mit Mais. Dem Mais fehlt eine für uns essentielle Aminosäure. Genau dieser Mangeleffekt kann bei den genmanipulierten Produkten sehr schnell auftreten. Es wäre gar kein Giftstoff, sondern ein zufällig nicht eruierter Mangel. In diesen Forschungsbereich sollte verstärkt investiert werden.

Es läßt sich nicht vermeiden. Es muß getan werden. Es fragt sich nur, in wieweit ethisch hochstehende Menschen Einfluß haben werden, wenn es um Macht und Geld geht.
Es wäre ohne weiteres möglich, die gesamte Fleischindustrie innerhalb von 10 Jahren abzulösen durch eine gentechnische Industrie, in der Bakterien gezüchtet werden, die wie Schweinefleisch schmecken und auch so gegessen werden können. Wenn die Forscher und die Konzernbosse Fehler vermeiden, wäre das das Ende der Massentötungen von Tieren. Die riesigen vergifteten Landwirtschaftsflächen wären überflüssig. Eine Genfabrik würde ähnlich aussehen wie eine Essigfabrik mit diversen großen Stahltanks (Fermenter), wo auf der einen Seite eine reine Nährlösung hinein läuft und auf der anderen Seite laufen Schnitzel in einer endlosen Wurst vom Band. Der Platzbedarf wäre gering. Die Nährstoffe sind leicht zu kontrollieren.
Die riesigen Landwirtschaften mit all ihren schlimmen Nebenwirkungen (Gülle, Pestizide, Nitrat im Grundwasser, vergiftetes Fleisch) wären dann Vergangenheit. Ich befürchte allerdings, daß derartige Patente nur nach jahrzehntelangen Kämpfen gegen die Fleischbarone eingeführt werden können.
Solche Veränderungen setzen auch voraus, daß sich die Regierung und alle beteiligten Menschen (Landwirte, Schlachtbetriebe) etwas anderes einfallen lassen. Die Schwerfälligkeit, einen alten, traditionsreichen Job aufzugeben und etwas Neues zu beginnen, ist das größte Hindernis in der menschlichen Entwicklung.

Exkurs: Fluor

Wenn wir über die Ernährung sprechen, sollten wir unsere Zahnpasta nicht vergessen. Auf Grund vieler wissenschaftlicher Untersuchungen bin ich grundsätzlich gegen Fluor in der Paste. Es hat nicht den versprochenen Wert, und wenn etwas davon in den Körper gelangt, schädigt es uns nachhaltig. In 10 Städten der USA, wo man das Trinkwasser mit Fluor anreicherte, stieg die Todesrate durch Krebs sofort um 10%, bzw. um 36 Todesfälle mehr pro 100.000 Einwohner. In der zuerst versorgten Stadt stieg die Krebsrate sogar um 40%!
Bei den Untersuchungen, die angeblich den Nutzen von Fluor im Trinkwasser beweisen, arbeiten die Fluorindustrie und die Zuckerindustrie eng zusammen. Die "Europäische Gemeinschaft für Fluorforschung (ORCA)" wurde von der "Mutter" Coca Cola mitbe-

gründet...(→ Der Naturarzt 5/88) Interessanterweise heißt dieser Verein ORCA. Das ist der englische Name für den Killerwal.
Obwohl die Bevölkerung in Norwegen u.a. wegen ihres gesunden Trinkwassers im Verhältnis zum restlichen Europa sehr gesund ist, hat man dort 1997 eine Gesellschaft gegründet, die versuchen soll, eine Zwangsmedikamentierung des Volkes mit Fluor über das Trinkwasser zu erreichen. Mit anderen Worten: Die Norweger sind zu gesund. Das Geschäft mit der Krankheit läuft nicht optimal. Darum will man jetzt das Trinkwasser vergiften. Auch in diesen Dingen gilt es, aufmerksam zu sein, aber nicht in Panik zu verfallen. Stets daran denken: Was zählt, ist der Geist und die persönliche Energie. Denken Sie an mein Beispiel mit der Trockenheit in Südfrankreich 1982.

Exkurs: Klimakatastrophe

1. Ozonloch

In den vergangenen 20 Jahren haben wir viel über die Klimakatastrophe gehört. Das Ozonloch gefährdet angeblich alle Menschen. Tatsache ist, daß sich die Qualität des Sonnenlichtes teilweise geändert hat. Manchmal ist es gleißend hell und erscheint uns unwirklich. Aber ehrlich gesagt empfinde ich das als faszinierend, und ich bin mir keineswegs sicher, ob diese neue Helligkeit am Ozonloch liegt.
Während der Mensch die Ozonschicht beschädigt, produziert er andererseits ebenfalls durch Auswirkung seiner Industrieprodukte vermehrt Ozon. Das ist ein bescheidener Hinweis darauf, daß sich die Natur zu helfen weiß. Es gilt, die hintergründigen Prinzipien zu erfassen und zu beachten, dann verschwindet die Angst. Inzwischen mehren sich die Berichte von Klimaforschern, daß die Modelle mit der totalen Katastrophe gefälscht sind. Einige Wissenschaftler machen der Bevölkerung und den Politikern Angst, um Milliarden für ihre ehrgeizigen Forschungsprojekte zu bekommen, so wie die Militärs Geld für Ihre Panzer und Bomber wollen.
"Die Rheinpfalz" vom 31.05.1989: Hoher Ozongehalt im Pfälzerwald. Der Ozon-Richtwert von 120 µg/m^3 wurde seit dem 15. Mai an allen fünf pfälzischen Meßstationen deutlich überschritten. Konzentrationen von 200 µg/m^3 gemessen. Die Bildung des Gases in

Erdnähe wird durch Autoabgase wie Stickoxid und Kohlenwasserstoff in Verbindung mit Sonnenlicht begünstigt. Im vergangenen Jahr hatten die kurzfristigen Spitzenwerte dort noch bei höchstens 160 µg/m^3 gelegen. Der Grund für die Dauerbelastung des Pfälzer Waldes mit dem giftigen Ozon ist paradox: In den Städten baut sich das Gas aufgrund chemischer Reaktionen mit anderen Schadstoffen während der Nachtstunden schneller ab als in der reinen Waldluft. Das baden-württembergische Umweltministerium in Stuttgart hatte bereits am Dienstag hohe Ozon-Konzentrationen bekanntgegeben."

Wir vernichten die Ozonschicht mit unseren Abgasen, und wir produzieren vermehrt Ozon mit allen elektrischen Prozessen, wo Kontakte an einander reiben und Funken freisetzen, sowie mit den Abgasen. Lesen Sie dazu den Abschnitt ➔ Sonnenfleckenzyklen.

Wenn wir vermehrt auf die Regungen der Natur achten und gleichzeitig unsere Machtspielchen reduzieren, dann kann sich die Natur auch unter veränderten Bedingungen selbst regulieren.

Wenn sich die Menschheit jedoch in eine Panikvision hineinsteigert, dann werden wir vielleicht schon bald Grund dafür haben. Ich werte die aktuelle Berichterstattung als Panikmache, um Nachrichten zu verkaufen und um Geld für diese Wissenschaftler locker zu machen. Gleichzeitig ist es wieder einmal ein Spiel mit der Angst der Menschen, also ein Mittel um Macht auszuüben.

Es ist die gleiche Strategie wie in der Krankheitsindustrie. Man liefert von Zeit zu Zeit Horrorberichte über die neuesten Erkrankungen, z.B. "vermehrt Hautkrebs durch das Ozonloch" und verkauft dann vermehrt "vorbeugende Gesundheitsuntersuchungen" und ständig steigende Mengen an Hautschutzmitteln mit UV-Blockern, damit die Kasse stimmt. In wieweit wir uns mit den UV-Blockern vergiften, muß noch geprüft werden.

Wenn wir uns nicht mehr wohl fühlen auf unserem Planeten, dann sind wir echt gefährdet. Wenn wir die Freude am Leben behalten, dann wird es lebenswert weitergehen. Entscheiden Sie selbst ganz bewußt, wo Sie in diesem Spiel stehen wollen!

2. Treibhauseffekt

Aus der Zeitschrift "Neue Solidarität" vom 31.07.96 entnehmen wir zur Klimahysterie: "Nicht alle Wissenschaftler lassen sich gleich-

schalten. Sonnenflecken steuern das Erdklima (von Thomas Vissing) Dänische Wissenschaftler widersprechen den Treibhausfanatiker im UN-IPCC. Mehrere Studien des Instituts für solarterrestrische Physik unter Prof. Eigil Friis-Christensen zeigen, daß sich Veränderungen im Magnetfeld der Sonne direkt auf die Wolkendichte der Erde auswirken, was wiederum Temperaturveränderungen zur Folge hat. Laut Friis-Christensen mit seinem Kollegen Dr. Henrik Svensmark ist das die plausibelste Erklärung für den geringen globalen Temperaturanstieg, der vom IPCC und den Umweltschützern fälschlicherweise dem verstärkten CO2-Ausstoß und der Industrie zugeschrieben wird.
Bereits 1991 zeigten Friis-Christensen und Knud Lassen, daß sich die globalen Temperaturschwankungen sehr eng am elfjährigen → Sonnenfleckenzyklus orientieren (Science 1.11.1991). Ein Abgleich aller dieser Daten zeigte eine 93%ige Übereinstimmung zwischen der kosmischen Strahlung und der globalen Wolkendecke. Während starker magnetischer Aktivitäten der Sonne wird die Wolkendecke der Erde dünner und die Temperatur steigt. Während geringerer Sonnenaktivität verstärkt sich die Bewölkung und die Temperatur sinkt. Die von Friis-Christensen und Svensmark ausgewerteten Satellitendaten zeigen einen deutlichen Rückgang der globalen Wolkendecke von 3 % bei gleichzeitigen hohen magnetischen Aktivitäten der Sonne. Die Erdtemperatur ist seit 1890 um etwa 0,5°C gestiegen, aber es gibt keinen Beweis, daß dafür Emissionen aus Schornsteinen und Autos verantwortlich sind.
"Der globale Temperaturanstieg wird durch die Verkürzung der Sonnenfleckenzyklen bewirkt. Die Sonne ist keine gleichbleibende Energiequelle, sondern ein dynamischer Organismus". Prof. Aksel Wiin-Nielsen gegen das IPCC: "Eine sehr große Zahl von Physikern und Geophysikern kämpft ständig darum, neue Finanzierungsmöglichkeiten für ihre Forschungsprojekte zu finden. Das ist die Erklärung für das Angstbild der Klimaveränderungen, das durch die Zeitungen und Medien erzeugt und verbreitet wird. Ich glaube nicht an die Klimamodelle. Ich bestreite grundsätzlich, daß sie geeignet sind, Veränderungen im Klima vorherzusagen." Weitere Einzelheiten finden Sie im Internet unter den Namen der Forscher.
In diesem Zusammenhang möchte ich erwähnen, daß Horus ebenfalls bereits 1991 darauf hingewiesen hatte, daß sich die Strahlungswerte der Sonne ändern, die alles Leben auf der Erde regulie-

ren: *"Ihr geratet immer mehr in ein verändertes Strahlungsfeld hinein. Um diese Auswirkungen zu kompensieren, haben wir euch die Energiepyramiden gegeben. Sie können euch bei der Anpassung helfen."*
Die Forschungen der dänischen Wissenschaftler wurden über die vergangenen 10 Jahre von 1991 bis ins Jahr 2001 weitergeführt. Die Masse der ausgewerteten Satellitendaten gibt ihnen heute noch mehr Recht als vor 10 Jahren. Nach den neuesten Meldungen über die Erderwärmung liegen die heutigen Werte alle noch innerhalb der natürlichen Schwankungen, die wir seit ca. 1730 aufgezeichnet haben. Es besteht also kein Anlaß zur Panik. Wir müssen eher befürchten, daß derartige globale Panikmache Bestandteil globaler Machtspiele ist, um die Bevölkerungsmassen gleichzuschalten und zu kontrollieren. Ein spiritueller Mensch sollte solche Aktionen erkennen, durchschauen, sich nicht beirren oder verängstigen lassen und seinen eigenen Weg gehen.
Diese Zeilen schrieb ich an Weihnachten 2001. Vier Wochen später, im Januar 2002, berichtete "Welt der Wunder", daß die Eisdecke am Südpol, die seit vielen Jahren nur jedes Jahr abgenommen hat, bereits wieder um 4 m zugenommen hat. Ich werte das als Bestätigung für die Berichte der dänischen Wissenschaftler und auch für meine eigene Überzeugung.

<u>Exkurs</u>: Umweltvernichtung durch Atommüll

Nach der EG-Verordnung 96/29 ist es erlaubt, radioaktiven Müll in der Metallschmelze zur Herstellung von Haushaltsgeräten zu verkochen, um der Atomindustrie ihren Müll abzunehmen!
Im Januar 2001 wurde bekannt, daß die USA und England Urangranaten verschießen. Der Grund ist nicht nur, daß diese Granaten effektiv sind und nebenbei die jeweilige Region auf Jahrhunderte hinaus verseuchen (Irak, Balkan), sondern der Hauptgrund liegt laut TV Berichten darin, den Atommüll der US-Kernenergiewerke zu entsorgen! Auf diesem Wege habe sich die Atommüllhalde in den vergangenen ca. 20 Jahren, seit die Urangranaten eingesetzt werden, schon auf die Hälfte reduziert.
In diesem Zusammenhang wurde auch bekannt, daß die USA z.B. Gabelstapler, die unten drin ein Gegengewicht zu den schweren Lasten benötigen, mit Ballastplatten aus Uranabfall ausstatten und in alle Welt liefern. Die Fahrer sitzen also auf radioaktiv verseuch-

ten Platten. Diesen Tatbestand teilte ich unserer Freundin in Oslo mit. Die norwegische Zeitschrift "Alternatives Netzwerk" forschte darauf hin nach und entdeckte folgende Tatsachen:
Laut der EG-Verordnung 96/29 ist es schon seit 1996 erlaubt, radioaktiven Abfall in normale Haushaltsgeräte zu mischen, "wenn die Bestrahlung der Verbraucher gering gehalten wird" und dabei "die ökonomischen und sozialen Faktoren beachtet werden". Als ich versuchte, dazu eine gründliche auskunft von der bundestagsfraktion der Grünen zu bekommen, wurde meine Anfrage mehrfach mit dummen Kommentaren weitergereicht (leider nicht zuständig, wir geben das weiter ff.). Eine Antwort habe ich auch heute, ein Jahr später, noch nicht.
Im Jahr 2000 hat man diese Verordnung mit Handelsboykott-Drohungen seitens der EG auch Norwegen aufgezwungen (21.02.01). Norwegen muß, wenn es mit der EG Handel treiben will, die mit Atommüll verseuchten Artikel ins Land lassen. Toll, genau das verstehe ich unter einem akuten Mangel an Ethik. Es ist zutiefst pervers und asozial.

Die Vitaminversorgung

Ich habe bereits versucht, Ihre Aufmerksamkeit auf die Existenz der Lebensenergie zu lenken. Das Wissen um Prana ist für uns von großer Bedeutung. Es ist schon etwas absonderlich, daß wir nur mit Prana leben können, uns mitten drin befinden und es wohl gerade darum als größte Selbstverständlichkeit nicht zur Kenntnis nehmen.

Die Frage der Vitaminversorgung ist ebenfalls von besonderer Bedeutung. Bei natürlich gewachsenen und geernteten Pflanzen und einer ausgewogenen Ernährung brauchte man früher nicht darüber nachzudenken. Das erste Mal wurde man auf die Vitamine aufmerksam, als auf den Segelschiffen im späten Mittelalter Seuchen auftraten, die man dann als Folge von Ernährungsmangelkrankheiten identifizierte. Die Matrosen starben an Skorbut, akutem Mangel an Vitamin C. Wegen der großen Bedeutung habe ich das Kapitel sehr ausführlich gestaltet.

Wieviele Vitamine brauchen wir? Die offiziellen Angaben der "Deutschen Gesellschaft für Ernährung" reichen bestenfalls aus, um nicht akut zu erkranken. Sie reichen nicht aus, wenn wir Leistung bringen müssen. In diesem Kapitel erfahren Sie, wieviele Vitamine wir wirklich brauchen, um geistig aktiv und leistungsfähig zu bleiben. Durch eine ausreichende Vitaminzufuhr lassen sich viele Krankheiten vermeiden.

Bei einer gewissenhaften, sensitiven Prüfung werden wir feststellen, daß die heutige Nahrung oft überhaupt keine Vitamine mehr enthält. Zumindest sind die noch vorhandenen Vitaminmengen so bescheiden, daß wir große Schwierigkeiten haben, nur mit natürlicher Nahrung unseren alltäglichen Bedarf zu decken. Wenn es uns gelingt, die ständige Hast zu unterbrechen, wächst das Bewußtsein für die Qualität der Nahrung und für ein bewußteres und gesünderes Leben wieder.

Es ist nicht damit getan, Müsli zu essen. Jeder Mensch muß ein Gespür dafür entwickeln, was er persönlich wirklich braucht! Gerade in den kleinen, alltäglichen Bedürfnissen sollten wir eine persönliche Routine entwickeln für das, was wir wirklich gut vertragen. Was für den einen gut ist, mag für den anderen ungeeignet sein. Wer viel am Schreibtisch sitzt, sollte leichte Kost bevorzugen!

Unser Körper weiß sehr gut, was er braucht und verträgt! Sobald unsere Sinne zur Ruhe kommen, funktionieren sie wieder besser.

Die innere Ruhe erreichen wir durch Autogenes Training und Meditation. Wenn wir in Ruhe ganz aufmerksam an einem Nahrungsmittel riechen, dann sagt uns die innere Stimme, ob wir es essen sollten oder nicht und wieviel wir davon brauchen.
Der inneren Ruhe dienen auch Algen-Tabletten. Unsere Schilddrüse wird dem 5. Chakra zugeordnet. Nach der Yogalehre ist es das Zentrum der inneren Wahrheit. Wenn wir durch die Anforderungen der Zivilisation ständig im Streß sind, arbeitet auch die Schilddrüse auf Hochtouren und sollte gut mit Jod versorgt sein. Das 5. Chakra ist aktiv, um die ständig auftauchenden Fragen zu klären. 1-2 Algentabletten pro Tag können ausreichen, damit wir ruhiger werden.
Während meinem Studium als Biotechniker und als medizinisch-technischer Assistent lernte ich eine ganze Menge über Vitamine. Dabei wurde den Studenten z.B. mitgeteilt, wieviel Milligramm oder Mikrogramm der verschiedenen Vitamine ein Mensch braucht, um keine Mangelkrankheiten zu bekommen. Wir lernten, daß eigentlich genug Vitamine in der Nahrung enthalten sind.
In gewisser Weise war das richtig. Natürliche Nahrung enthält alle Stoffe, die wir brauchen. Nun ist es leider so, daß unsere Nahrung nicht mehr natürlich ist. Ich habe selbst lange Zeit die offizielle Meinung über Vitamine vertreten, denn ich hatte es so gelernt.
Als ich 1980 holländische Heilpraktiker kennenlernte, die trotz ihrer Naturheilmethoden die Einnahme von zusätzlichen Vitaminpillen empfahlen, hielt ich das für übertrieben.
Allerdings ernährten wir uns selbst jahrelang von biologisch angebauten Obst- und Gemüsepflanzen. Nach acht Jahren im Ausland kehrte ich 1986 wieder in die BRD zurück. Ich unterrichtete Autogenes Training, Energytraining und Kundalini Yoga, und ich beriet Menschen in gesundheitlichen Fragen und bei psychischen Problemen. Dabei mußte ich immer wieder beobachten, daß meine Klienten zwar alle gewisse Anfangserfolge hatten, aber dann ging es oft nicht so gut weiter.
Die Menschen waren offensichtlich überfordert. Ich empfahl einigen von ihnen hochdosierte Vitaminpräperate in der Apotheke zu kaufen und erinnerte mich an die Aussagen der holländischen Heilpraktiker. Sie beriefen sich auf Untersuchungen aus den USA. Dort gibt es eine Forschervereinigung, die sich als → "Orthomolekular" bezeichnet. Diese Leute vertreten schon seit vielen Jahren die Meinung, daß wir sehr viel mehr Vitamine brauchen, als bisher von den Ärzten oder von der Deutschen Gesellschaft für Ernährung empfohlen wird.

Verstehen Sie mich bitte recht: Üblicherweise wird bei uns gesagt, wie viele Vitamine wir brauchen, um nicht schwer krank zu werden. Schon diese Angaben sind meiner Meinung nach überholt, da wir heute durch Schadstoffe in der Umwelt und durch Streß viel stärker belastet werden, als vor 30 Jahren!
Die neue Lehrmeinung der orthomolekularen Forscher, die auch ich inzwischen vertrete, lautet folgendermaßen: Wenn wir wesentlich mehr Vitamine nehmen, schützen wir uns vor Krankheit und Verschleiß im Alter. Die neue Devise heißt vorbeugen und gesund bleiben, statt heilen, nachdem man krank geworden ist!

Bei meinen Gesprächen mit der Pharmaindustrie in den Jahren 1987-90 gab es sehr unterschiedliche Reaktionen. Viele Mitteilungen waren sehr oberflächlich gehalten. Die Firma La Roche, die stark für Vitaminpräparate wirbt, verweigerte die Auskunft zur Wirksamkeit der angebotenen Präperate. Sie reden nur mit Ärzten. Aber einige Firmen stellten mir ausführliche Berichte zur Verfügung, z.B. die Fa. Nordmark. Aus diesen Unterlagen geht eindeutig hervor, daß in streng wissenschaftlich durchgeführten Untersuchungen in deutschen Kliniken folgendes festgestellt wurde:

1. Durch hoch dosierte Vitamingaben des sogenannten B-Komplex können Schädigungen des Nervensystems gemildert und sogar behoben werden.

2. Es gibt keine Schäden, wenn man viel von diesen Vitaminen einnimmt. Sie sind wasserlöslich, und der Überschuß wird problemlos ausgeschieden.

Aus diesen Unterlagen und auf Grund meiner eigenen Beobachtungen kann ich feststellen, daß diese Vitamine offensichtlich nicht nur helfen, wenn jemand bereits schwere Schäden hat, z.B. durch zu viel Alkoholkonsum, sondern daß wir die B-Vitamine ohne die Gefahr eines Schadens vorsorglich einnehmen können, um unsere Gesundheit zu erhalten.
Die empfohlene Dosierung dieser B-Komplex-Vitamine seitens der Firma Nordmark liegt doppelt so hoch wie bei den Forschern von Orthomolekular. Die Angaben beziehen sich auf die Therapie für Menschen mit Polyneuropathien (komplexe Erkrankungen des Nervensystems mit unterschiedlichen Folgen). Ausdrücklich wird betont, daß es auch bei Überdosierung keine Schäden gibt, ausge-

nommen einige wenige allergische Reaktionen oder andere seltene Krankheiten.
Für meine Recherchen machte ich eine Telefonumfrage bei ca. 20 Ärzten und Apothekern. Verschiedene Ärzte waren sich sehr wohl des Nutzens dieser Vitamine bewußt und ebenso die Apotheker, mit denen ich sprach. Trotzdem herrscht bei den Fachleuten ganz eindeutig die Meinung, daß man nur in Ausnahmesituationen mehr Vitamine nehmen sollte, z.B. in der Schwangerschaft und keineswegs tagtäglich. Die Hälfte der Fachleute hielt jedenfalls Vitamine für überflüssig.
Untersuchungen in England weisen darauf hin, daß die aktuellen Dosierungen viel zu niedrig liegen und sogar zu Mißgeburten führen können. Wenn bei gesteigerter Einnahme von diesen Vitaminen keinerlei Schädigungen zu erwarten sind, dann bleibt eigentlich nur noch die Frage, ob es sich lohnt, das nötige Geld auszugeben.
Dazu ist zu sagen, daß die Produktion von Vitaminen heute leicht und preiswert möglich ist. Die Preise für die Produkte werden künstlich hochgehalten. Die Vitaminpräparate kosten in den USA ca. 10% des Preises hier in Deutschland, bezogen auf den Wirkstoffgehalt.
Meine Beobachtungen in den vergangenen Jahren sind sicher nicht repräsentativ. Wir haben bisher keine Laborstudien mit Blutuntersuchungen durchgeführt. Ich meine auch nicht, daß die Laboruntersuchungen das Wichtigste sind. Vielmehr bin ich der Ansicht, daß das persönliche Wohlbefinden das wichtigste Kriterium für die Gesundheit eines Menschen ist!
Was nützt es einem Menschen, wenn die Blutanalyse sagt, daß die "vorgeschriebene Menge an Vitaminen" da sei, und er fühlt sich trotzdem depressiv oder überreizt? Es kann sowieso nur der Vitamingehalt im Blutserum gemessen werden und nicht, wieviel in den Zellen enthalten ist.
Wir können heute mit Gewißheit sagen, daß jeder Mensch krank wird, wenn er nicht wenigstens die von der internationalen Gesundheitskommission der WHO empfohlenen Vitaminmengen bekommt. Das ist korrekt und gültig. Aber das sagt nichts darüber aus, wie sich ein Mensch und sein Nervensystem entwickeln können, wenn er mehr als nur das Minimum erhält!
Ich bin sicher, daß wir heute stärkeren Anforderungen ausgesetzt sind, als noch vor zwanzig oder dreißig Jahren. Die nervliche Belastung durch Lärm, durch schnelles Arbeiten und durch Bildschirmarbeit hat ebenso zugenommen wie die Schadstoffbelas-

tung! So war es für mich kein Wunder, wenn ich bei meinen Klienten immer wieder beobachten konnte, daß sie sich mit zusätzlichen Vitamingaben munterer und besser fühlten.

Konkrete positive Ergebnisse fand ich bei folgenden Problemen:

Nervosität, Migräne, innere Unruhe, Streß, Augenschmerzen, nervöse Beschwerden unterschiedlicher Art, Depression.
In einigen Fällen bei Jugendlichen mit Übergewicht und mit hohem Konsum an Schokolade und Bananen ließ die Eßsucht nach, wenn genug B-Vitamine aufgenommen wurden. Viele Menschen spüren instinktiv, worin sie diese Vitamine finden. Das kann der Grund sein, warum sie bei Nervosität ebenso wie bei Depressionen vermehrt nach Schokolade, Nüssen oder Bananen greifen, weil sich darin die gesuchten Vitamine befinden. Bas führt dann wegen des hohen Nährwertgehaltes dieser Produkte zu Übergewicht. Der hohe Vitaminbedarf kann auf diesem Weg nicht gedeckt werden.
Wir haben also einen konkreten Zusammenhang zwischen dem geistig-seelischen Wohlbefinden, der einwandfreien Funktion unseres Nervensystems und einer ausreichend hohen Dosierung der B-Vitamine.
Viele meiner Seminarteilnehmer teilten mir mit, daß sie sich deutlich besser und frischer fühlen, wenn sie Vitaminmengen einnehmen, die den Empfehlungen von "Orthomolekular" und dem US-Vitaminforscher → Linus Pauling entsprechen. Einige von ihnen teilten mir mit, daß sie deutlich weniger essen, seit sie die Vitamine einnehmen, und daß es insofern gar keine zusätzlichen Kosten gibt, weil sie Geld für Lebensmittel sparen.
Die von mir mitgeteilten Ergebnisse stammen z.T. aus einer Fragebogenaktion, die ich zwischen 1987-89 durchführte und überwiegend aus persönlichen Beratungsgesprächen mit rund 1000 Menschen im Verlauf der letzten 14 Jahre von 1986-2000.

Forschungsergebnisse in Stichworten:
Gesund mit Vitaminpräparaten

1. Wir sind der Überzeugung, daß die Bevölkerung hier in Deutschland und vermutlich auch in anderen Industrieländern mit ähnlichen Lebens- und Ernährungsgewohnheiten mit Vitaminen unterversorgt ist. Das führt zu einer Vielzahl diffuser Krankheitsbilder. Die individuelle Veranlagung entscheidet darüber, was für eine Krankheit

ausbricht. Nerven, Kreislauf, Psychosomatik, Hormonstörungen kurz gesagt: Steuerungsprobleme im physiologischen Haushalt des Körpers.

2. Schwangere, Kinder und alte Menschen sind besonders betroffen. Ohne es zu wissen sind Führungskräfte, die hohe geistige Leistungen bringen müssen, davon betroffen. Das Nachlassen ihrer Leistung hängt oft an den Vitaminen, nicht am alt werden allein! B-Komplex-Vitamine sind maßgeblich am Aufbau und der optimalen Funktion des Nervensystems beteiligt.
Die aktuell als ausreichend bezeichneten Daten sind falsch kalkuliert und führen zu einer mangelhaften Ausbildung der Nerven und Organe, begünstigen Schwangerschaftsprobleme und angeborene Störungen, und sie beschleunigen den Alterungsprozeß. Diese Vitaminmängel werden also bewußt in Kauf genommen und fördern die Umsätze der Krankheitsindustrie.

3. Die derzeit als gültig akzeptierten Mengenangaben stammen aus den dreißiger Jahren, aus einer Vergangenheit, in der andere Bedingungen galten. Die alten Daten haben Gültigkeit für die Erhaltung eines einigermaßen gesunden körperlichen Zustandes. Die früher festgelegten Bedarfsmengen gewährleisten weder eine optimale Gesundheit unter heutigen Bedingungen, noch eine Ausschöpfung körperlicher Reserven und schon gar nicht die volle Entfaltung unserer geistig-seelischen Anlagen und Fähigkeiten.

4. Ursachen und Zusammenhänge: Früchte und Gemüse aller Art werden heute zumeist unreif geerntet, durch hohe Düngemittelgaben getrieben, z.T. mit Kunstlicht gezogen und haben aus diesen Gründen einen niedrigeren Gehalt an Vitaminen und anderen wertvollen Vitalstoffen als früher. Umgekehrt enthalten die pflanzlichen Produkte höhere Schadstoffmengen als früher, haben einen höheren Wassergehalt, eine geringe Resistenz gegen Krankheiten, eine geringere Haltbarkeit und enthalten statt lebenswichtiger Spurenelemente oft bedenkliche Mengen von Schwermetallen und Pestiziden.

5. Diese Faktoren reduzieren den Nutzwert frischer Pflanzennahrung bereits erheblich. Konservierte pflanzliche Produkte sind noch geringwertiger. Von unserem Standpunkt aus müssen viele dieser

"frischen" Produkte schlichtweg als krank, minderwertig und fast tot bezeichnet werden.
Im Vergleich dazu: Kein Mensch würde ein noch lebendes Tier schlachten und essen, das solche Gewebeschäden und Fäulnisherde aufweist wie so manche Frucht, die derzeit als Nahrung angeboten wird. Beim kranken Tier im vergleichbaren Stadium wäre das Risiko für unsere Gesundheit schon viel zu groß!

6. Was den Wert unserer Nahrung ausmacht, sind weniger die Kalorien, davon haben wir heute wirklich genug oder eher zu viel, sondern die Vitalstoffe: Vitamine, Spurenelemente, essentielle Aminosäuren und Fettsäuren, bestimmte Enzyme, Hormone und Pheromone.
Überernährung, vor allem bei Kindern, resultiert nach unseren Beobachtungen nicht nur aus den üblicherweise aufgezählten psychischen Gründen wie z.B. Frust, Mangel an Fürsorge, Schulstreß usw., sondern auch daher, daß jeder Mensch einen Instinkt dafür hat, welche Vitalstoffe er braucht!
Die Gier nach Schokolade und andere Fehler in der Ernährungsweise konnten durch Vitamingaben kompensiert werden. Was die Kinder brauchen, sind die notwendigen Vitalstoffe für einen einwandfreien Energietransfer in ihrem Körper und speziell im Nervensystem. Nur auf diesem Weg sind die Anforderungen zu meistern. Stimmt die Nahrung, vor allem die Vitamine und die Spurenelemente, dann normalisiert sich das Eßverhalten!

7. Wir sind der Meinung, daß es hier im Grunde genommen auch um die Frage der Lebensenergie an sich geht. Vitamine, Hormone und Enzyme sind Träger und Vermittler dieser Lebenskraft. Bei der Lebensenergie, die im Sanskrit als → "Prana" bezeichnet wird, handelt es sich um winzige Kügelchen, die mit dem Sonnenlicht zu uns auf die Erde kommen. Sie können diese winzigen Energiefunken bei klarem Wetter am Himmel umherschwirren sehen. Sie hüpfen auf und ab und unterliegen nicht der Schwerkraft. Wegen der großen Bedeutung des Prana, habe ich ihm in meinem Buch → "Energie für Millionen" ein ausführliches Kapitel gewidmet. Im Moment mag es genügen, wenn wir die vorangegangenen Punkte zusammenfassen:
Wenn die Vitalstoffe fehlen, wird die künstlich getriebene Pflanze ebenso krank, wie der zu sehr gestreßte Mensch. Ernährt sich ein Mensch langfristig von derartig schwachen, kranken Produkten,

wird er ebenso krank wie die Pflanzen, die er ißt! Wenn er seiner Ernährung Vitamine hinzufügt, gleicht er einen Teil der fehlenden Vitalstoffe aus. Aus gutem Grund kommt der Handel mit Vitaminen immer stärker in Mode.
Die alten "Verbrauchsdaten" haben schon lange keine Gültigkeit mehr. Vitamine in unserem Körper helfen uns zwar, den Energietransfer in den Nervenzellen oder zwischen den Zellen zu verbessern, sie ersetzen aber kein Prana. Prana muß zusammen mit der Atemluft aufgenommen werden, oder in Form von Lebensenergie aus den lebenden Produkten, die wir essen: Frisches Gemüse, frisches Obst und frisches Fleisch.

8. Da Vitamine und andere Vitalstoffe an Ausscheidungsprozessen und der Zellerneuerung beteiligt sind, die Erhaltung unseres Körpers jedoch durch hohe Schadstoffmengen beeinträchtigt ist, werden noch einmal höhere Dosen gefordert. Bereits die Pflanzen verbrauchen einen Teil ihrer Vitamine selbst, um ihren Lebensprozeß in Gang zu halten. Wer außerdem viel Fleisch ißt, nimmt bekanntlich am Ende der Nahrungskette noch mehr Pestizide auf und benötigt noch mehr Vitamine!
Eine Kuh verbraucht z.B. das 12-fache Ihres Eigengewichts, bis sie endlich ausgewachsen ist und geschlachtet wird. Sie nimmt also die Schadstoffe aus rund 80 Zentnern Grünfutter, Stroh und Maische in sich auf, bis sie geschlachtet wird. Wir nehmen sie dann mit all ihren Schadstoffen aus diesen Futtermassen in uns auf. Hinzu kommen die Pestizide, synthetische Hormone und wasserbindende Mittel, die der Kuh gespritzt werden, bevor sie endlich ihren Geist aufgibt. Auch die kranke Energie einer seelisch kranken Kreatur wird z.T. auf uns übertragen. Vom Rinderwahnsinn wollen wir gar nicht erst reden. Streng genommen müßte wohl so manches arme Vieh entsorgt werden, anstatt auf unseren Tisch zu wandern.

9. Die Reizüberflutung in der heutigen Zeit durch Lärmbelästigung, zunehmende Datenflut durch Fernseher, Arbeit an Bildschirmgeräten aller Art, umfangreiche Ausbildungswege, psycho-soziale Unsicherheit, Streß und Lebensangst erfordert von den betroffenen Menschen erhöhte Leistungen, um diesen "input" zu verarbeiten. Da die Verarbeitung direkt von einer optimalen Funktion des Nervensystems abhängt, müssen wir in diesem Zusammenhang erneut auf die Notwendigkeit hoher Vitamin-B-Komplex-Gaben hinweisen.

10. Aus den bisher aufgezählten Fakten resultiert also eine Divergenz zwischen Angebot an Vitaminen und anderen Vitalstoffen in der heutigen Nahrung und dem gestiegenen Bedarf. Als Lösung müssen wir jedem Menschen, der auf seine Gesundheit bedacht ist, nahe legen, daß er sich zusätzlich zur verfügbaren Nahrung mit Multivitaminpräperaten und Spurenelementen versorgt. Sie müssen ein normaler Teil der Ernährung werden. Speziell der Vitamin-B-Komplex verdient wegen seiner nachgewiesenen positiven Wirkung auf das Nervensystem unsere volle Aufmerksamkeit. Die Pharmaindustrie verfügt bereits über alle erforderlichen Daten. Es wurde genug geforscht. Man hat aber kein großes Interesse, nur noch die billigen Vitamine zu verkaufen und die Menschen gesund zu machen. Das schmälert den Umsatz mit den schlimmeren Produkten.
Die Bedeutung von Spurenelementen und Steuerungsprozessen muß weiter erforscht werden. Hier gibt es noch viel Bedarf. Die Erforschung von → Selen und Germanium brachte bereits außergewöhnlich gute Ergebnisse. Diese Spurenelemente werden ebenfalls verteufelt, weil sie, richtig eingesetzt, die Menschen gesund machen, anstatt sie krank zu halten.

11. Man weiß in Fachkreisen, daß bei folgenden Gesundheitsproblemen sehr bald eindeutig positive Ergebnisse auftreten, wenn wir die Vitaminversorgung erhöhen:
Nervenerkrankungen, Überlastung, Immunschwäche, Psychosomatik, Schwangerschaftsprobleme, Neugeborenensterblichkeit, angeborene Mängel, frühzeitige Alterserscheinungen aller Art.
Alle Alterskrankheiten, die man pauschal mit "Verhärtungen" zusammenfassen kann, resultieren aus verstärkter Schadstoffeinlagerung und einem Mangel an Ausscheidung. Dem geht unserer Meinung nach ein mangelhafter Informations- und Energietransfer voran!
Das ist so zu verstehen, daß nach unserer Überzeugung nicht die Niere an sich krank wird. Vor der Erkrankung der Niere, um nur ein Beispiel zu bringen, stehen seelische Probleme und z.B. ein Mangel an B-Vitaminen. So sind die Reizleitungen und die parasympathischen Aktionen des Nervensystems, nicht optimal. Als relativ späte Folge wird dann die Niere oder ein anderes Organ krank. Je nach persönlicher Prädestination kann es jedes beliebige Organ treffen.

12. Wie schon mehrfach erwähnt, müssen bei der Wiederherstellung der Gesundheit mehrere Methoden einbezogen werden. Vitamine allein sind nicht genug. Optimale Ergebnisse lassen sich nur in Verbindung von ausreichenden Vitamingaben mit einer präzisen Physio- und Atemtherapie erreichen. Diesen Anspruch erfüllt das von mir entwickelte → Energytraining.

13. Die von uns empfohlene Dosierung liegt bei: B1 50 mg, B2 25 mg, B3 25 mg, B6 100 mg, B12 1,5 µg, E 600 mg, Magnesium 250 mg, Calzium 400 mg pro Tag .
Bei der gesunden und ausreichenden Versorgung mit Vitaminen ist es von Bedeutung, daß die Vitamine in einem ausgeglichenen Mengen-Verhältnis aufgenommen werden. Das Verhältnis von B 1 : B 6 muß stets in etwa 1 : 2 betragen, damit die Vitamine im Körper richtig verwertet werden können.
Unser Körper ist ein kompliziertes biochemisches Wunderwerk, das sicherlich viele Schwankungen ausgleichen kann. Biologisch wirksame Stoffe, z.B. Pestizide, Düngemittel und künstliche Hormone in Plastikverpackungen und Fleischwaren, führen heutzutage ständig zu einer Belastung unseres physiologischen Gleichgewichts. Wenn wir nun in einer unausgeglichenen Dosierung große Mengen Vitamine aufnehmen, kann das Gleichgewicht wiederum gestört werden. Aus diesem Grund müssen die oben angegebenen Daten beachtet werden.
Bei diesem Mengenverhältnis kann davon ausgegangen werden, daß die Vitamine alle vom Körper aufgenommen und genutzt werden, ohne daß ein neues Ungleichgewicht entsteht. Werden diese Dosierungen nicht in etwa eingehalten, kann es geschehen, daß wiederum eines der lebenswichtigen Vitamine ausgewaschen wird.

Vitamin C

Es reinigt den Körper in jeglicher Form, d. h. es ist an Ausscheidungsprozessen aller Art beteiligt. Regelmäßig sollten Sie mindestens 0,5 - 1 g pro Tag zu sich nehmen, da die normalen Mengen in Früchten und Gemüse nicht ausreichen. 1 g entspricht in etwa 50 Zitronen. Sie mögen selbst überlegen, ob Sie Lust hätten täglich 50 Zitronen zu essen. Durch Schadstoffbelastung brauchen wir mehr Vitamin C als früher. Treten im Körper chemische Verbindungen überdosiert auf, so ist Vitamin C sofort daran beteiligt, diese chemischen Verbindungen abzubauen. Gerade darauf beruht ja der

Schutzeffekt gegen Schadstoffe, z.B. Pestizide. Man nimmt Vitamin C = Ascorbinsäure einmal täglich ca. 1/4 Teelöffel = 1g. Ich selbst nehme tägl. 2 x 1/4 Teelöffel. Sie können bedenkenlos mehr nehmen, vor allem bei Grippe und Erkältungskrankheiten. Jedoch sollte man es nur aufgelöst und schluckweise über den Tag verteilt trinken, weil der Körper sonst die Überschüsse, die er nicht gleich verbrauchen kann, wieder ausscheidet. Von den manchmal behaupteten Gefahren für die Niere habe ich nach nunmehr 15 Jahren eigener Anwendung für alle Mitglieder meiner Familie nie etwas bemerkt. Ich halte es für eine Lüge. Der Vitamin-C-Forscher und nobelpreisträger Linus Pauling bekämpfte sogar Krebs erfolgreich mit Vitamin C und nahm selbst bis zu 60 g / Tag! Er starb mit 96 Jahren und weder an Krebs, noch an Nierenversagen.
Nimmt jemand nur B 1 und B 6 auf, so kann das zu einer Störung der B 12-Reserve führen. Nimmt er nur B 12 auf, werden die anderen gestört. Das wissen die Pharma-Hersteller natürlich auch. Wir können davon ausgehen, daß dieser Aspekt bei vielen Medikamenten berücksichtigt wurde, aber keineswegs bei allen. Bei "Sport-Präparaten" ist das keineswegs sicher. Da sollte man sich stets vergewissern, was man einnimmt. In der Regel ist der Vitamin-Gehalt der Fitness-Präparate so gering, daß man am Besten eine Packung pro Tag schluckt, wobei einem sicherlich schlecht würde. Das günstigste Preis-Leistungsverhältnis finden wir bei teuren Medikamenten. Es fragt sich nur, ob alles, was wir brauchen, darin enthalten ist. Außerdem steht der verlangte Preis in keinem Verhältnis zum Herstellungswert. Alle pharmazeutischen Standardpräparate sind überteuert, um auf diesem Weg Kapital für neue Forschungen zu gewinnen.

Reinigungskur mit Vitamin C

Um den ganzen Darmtrakt durchzuputzen können Sie 15 g auf einmal trinken, in lauwarmem Wasser oder Fruchtsaft gut auflösen und schluckweise trinken, verteilt auf mindestens eine halbe Stunde, nicht über 50° C erhitzen! Kurz danach werden Sie Durchfall bekommen, der Darm reinigt sich. Wenn Sie keinen Durchfall bekommen, ist das ein Zeichen, daß Sie diese Menge verbraucht haben! Trinken Sie noch etwas hinterher. Ich habe schon Menschen erlebt, die 60 g Vitamin C getrunken haben, bis endlich der Darmspülungseffekt auftrat.

Was geschieht dabei? Unser Körper nimmt das Vitamin C im Magenbereich auf, bis hinunter in den 12-Finger-Darm. Dahinter hat Vitamin C, also Ascorbinsäure, nichts mehr zu suchen. Wenn man ein Glas mit so einer Menge auf einen Zug austrinkt, dann kann es der Körper gar nicht aufnehmen und man bekäme sofort Durchfall. Wenn wir es jedoch verteilt über 30 - 60 Minuten trinken, dann entnimmt der Körper im oberen Verdauungstrakt so viel Vitamin C wie er braucht. Erst wenn er nichts mehr gebrauchen kann, läuft es durch und gelangt in den Dünndarm. Hier stört es die Darmflora, also die Coli-Bakterien, die uns bei der Verdauung helfen.
Um das überflüssige Vitamin C schnell wieder los zu werden, scheidet der Körper nun Wasser aus dem Gewebe durch die Darmwand aus, in den Darm hinein, um die an dieser Stelle störende Ascorbinsäure schnell auf natürlichem Weg auszuscheiden. Durch diesen Effekt werden auch alle Darmzotten ausgespült, Nahrungsabfälle, die manchmal bei einem etwas trägen Darm in den Windungen verkrusten, lösen sich, und der nach einiger Zeit, vielleicht eine Stunde später, auftretende Durchfall, kann zumindest bei der ersten derartigen Kur wirklich übel riechen. Es ist kaum zu glauben, was für Abfälle bei manchen Menschen im Darm "vergessen wurden". Trinken Sie dann viel guten Kräutertee, um dem Darm bei der Reinigung zu helfen und den Wasserverlust auszugleichen.
Da ich kein Arzt bin, gebe ich diese Empfehlung einfach als meine eigene Erfahrung weiter. Wenn Sie es ausprobieren, dann auf eigenes Risiko. Ich selbst mache es einmal pro Jahr, und es bekommt mir gut! Der amerikanische Vitaminpapst Linus Pauling war davon überzeugt, daß derartige Kuren und Dosierungen von Vitamin C sogar Krebs heilen können. Er wurde 96 Jahre alt.
Für diese spezielle Reinigungskur habe ich nie direkt Werbung gemacht. Ich habe sie nur hin und wieder auf Seminaren mitgeteilt. Ich erhielt von vielen Menschen positive Rückmeldungen, daß ihnen diese Kur z.B. bei der Überwindung von Verstopfung, Durchfallneigung, Lebererkrankungen, allgemeiner Müdigkeit, Depressionen und unterschiedlichen Allergien geholfen hat. Kein einziges Mal hat sich jemand über die Folgen beklagt. Die Befürchtungen mancher Mediziner, daß derartige Maßnahmen gefährlich seien, kann ich nicht bestätigen. Meine Erfahrungen und die durchweg positiven Äußerungen von anderen Menschen sprechen für die Kur. Ich vermute, daß die radikale Reinigung und die damit verbundene Entgiftung die verschiedenen positiven Effekte bewirken

kann. Ich gehe auch davon aus, daß viele moderne Krankheiten auf einem generellen Vitaminmangel bei gleichzeitiger Schadstoffbelastung beruhen.

Vitamin E

Es ist von besonderer Bedeutung für die Elastizität unserer Zellwände, für die Reißfestigkeit unserer Haut, für die Gelenkschmiere, und es fängt im Körper die sogenannten "freien Radikale" ein, die durch Ionisation entstehen und das Zellgewebe schädigen. Gehen wir diese Punkte kurz einmal durch.
Die Elastizität unserer Zellen ist lebenswichtig, weil sie sonst spröde werden und reißen. Dazu gehören → Bindegewebsschwäche, Neigung zu Blutergüssen bei geringen Prellungen, ebenso alle Verhärtungskrankheiten mit Ablagerungen, generelle Unbeweglichkeit, Gelenkschmerzen usw.
Vitamin E pur ist harmlos und kann z.B. bei Brandverletzungen sehr gut aufgetragen werden. Wenn wir bei Brandwunden Vit. E pur auf die Wunde streichen, sichert es einen optimalen Heilungsprozeß. Vit. E pur oder die unten angegebene Mischung können auch bei verschiedenen Hautleiden (trockene Haut und Fisteln) helfen. Ein halber Teelöffel pur eingenommen kann beruhigend wirken.
Die oft erwähnten "freien Radikale" sind einzelne Wasserstoffkerne, also Protonen. Sie entstehen durch ionisierende Strahlung und durch manche Pestizide. Dieses Problem hat offenbar in den vergangenen Jahrzehnten zugenommen. Liegt es daran, daß man dieses Phänomen erst seit ca. 1960 beobachten kann, oder ist es wirklich schlimmer geworden? Wenn ja, müssen wir annehmen, daß dabei die radikale Zunahme von Elektrosmog eine Rolle spielt. Folglich muß Vitamin E heute noch eher empfohlen werden als vor 20 Jahren. Handys dürften genau auf dieser Wellenlänge liegen und die Erhitzung des Hirns beim Telefonieren mit einem Handy dürfte einiges an freien Radikalen freisetzen.
Nun dürfen wir aber nicht annehmen, daß es reicht, etwas Vitamin E zu schlucken, um mehr telefonieren zu können. Das Wichtigste ist die Stabilität unseres körpereigenen Energiefeldes. Das wiederum resultiert aus den kleinen Magnetfeldern der einzelnen Zellen, plus der anderen Energiefelder und Schwingungen, die ich im Zusammenhang mit der → Aura beschrieben habe. Nur wenn unsere eigene Energie stabil genug ist, können wir unseren Körper "zu-

sammenhalten" und vor fremder Energie schützen. Mit genügend persönlicher Energie können wir alle Störungen abwehren und gesund leben.
Vitamin E in Pillen ist sehr teuer. Wenn man es sich in Flaschen über den Laborfachhandel besorgen kann, bekommt man es wesentlich preiswerter. Die Dosierung kann man regeln, indem man auf 700 ml Salatöl 1-2 Eßlöffel Vitamin E gibt und gut schüttelt. Davon nimmt man pro Person und Tag einen Eßlöffel voll in den Salat oder in die Suppe (nach dem Kochen). Dann hat man die richtige Dosierung mit ca. 400 mg pro Tag. Die Dosis kann bedenkenlos erhöht werden. Es ist nur eine Preisfrage, kein Risiko. Über schädlichen Nebenwirkungen bei Vitamin E habe ich keine Hinweise gefunden.
Menschen mit zunehmendem Alter, ab 50 Jahre und älter, können mehr Vitamin E gebrauchen, damit die Gelenkschmiere und die Haut elastisch bleiben. Die Dosis an Vitamin E kann bedenkenlos bis auf 4 Eßlöffel pro Flasche erhöht werden, das bedeutet dann ca. 800 mg Vitamin E pro Tag in einem Eßlöffel Mischung! Diese Methode ist viel preiswerter als die Pillen der Pharmakonzerne.

Frauen, die Energytraining für Schwangere mitgemacht haben und sich an unsere Vorschläge bezüglich der Vitaminpräparaten hielten, hatten leichte Geburten ohne Komplikationen. Die Geburten dauerten jeweils nur ca. 20 - 40 Minuten. In 2 Fällen fiel der außergewöhnlich hohe Eisenspiegel auf, der besser war als bei Durchschnittspersonen ohne Schwangerschaft! Eine Schwangere braucht mit Sicherheit deutlich mehr Vitamine, speziell auch den B-Komplex, da der Aufbau eines Embryos eine energetische Hochleistung ist. Die dafür erforderliche Energie muß freigesetzt, richtig geleitet und eingesetzt werden. Dafür braucht es unbedingt hohe Dosen von B12.
Ein Mangel an diesen Vitaminen muß zu Störungen, Mißbildungen und zu einem unterentwickelten Nervensystemen beim Embryo führen. Wir sind der Meinung, daß die offiziellen Daten eine mangelhafte Versorgung festschreiben. Ist es nur Leichtsinn, oder wiederum ein lukratives Geschäft mit kranken Kindern?
Es ist nur logisch, daß Frauen mit Ovulationshemmern ebenfalls einen erhöhten Bedarf an Vitamin B12 haben, bzw. bei "normaler" Ernährung darunter leiden. Die Pille simuliert eine Schwangerschaft. Dafür wird die erforderliche Energie wenigsten teilweise bereitgestellt. Diese Bereitstellung von Energie verlangt einen er-

höhten Einsatz von neurotropen Vitaminen, die den Energietransfer regulieren helfen. Das ist ja auch der Grund, warum viele Frauen mit der Pille dicker werden.
Es sollte überprüft werden, inwieweit unerwünschte Nebenwirkungen beim Gebrauch der Pille verschwinden, wenn gleichzeitig B-Komplex gegeben wird! Wir hatten im Laufe der Jahre zahlreiche positive Berichte, die unsere Vermutungen bestätigen.

Manche "Benutzer-Lücken" sind wahrhaftig unbegreiflich. Die Fachleute der Industrie wissen ganz genau, daß eine Pille mit 100 mg B1, 200 mg B6 und 50 mg B12 ein ausgezeichnetes Anti-Schmerz-Mittel darstellt. Trotzdem wird keinerlei Werbung dafür gemacht, sondern man verkauft uns z.B. Acetyl-Salizylsäure, die eindeutig ein Schadstoff ist. Der Grund kann nur darin zu sehen sein, daß man lieber Schadstoffe verkauft, als wirkliche Aufbaustoffe, um dann das Geschäft mit den Folgeschäden zu machen. Wir sind also aufgefordert, selbst acht zu geben und in eigener Verantwortung für unser Leben zu sorgen.
Bereits 1989 lag z.B. bei der Guilini-Chemie, einem der großen Vitamin-Hersteller, der "Absatz über den Erwartungen" (IHK-Magazin Pfalz 1/89). Mit anderen Worten, die chemische Industrie selbst ist verblüfft, daß die Menschen langsam, aber sicher, diese notwendigen Stoffe verlangen und spüren, daß wir sie zum Leben brauchen. Eigentlich sollte es ja wohl umgekehrt sein. Echte Wissenschaftler und gute Kaufleute sollten merken, womit sie ihren Kunden einen Vorteil bieten, nämlich Gesundheit, um damit gute Geschäfte zu machen.
Leider ist das Geschäft mit der Krankheit beliebter, als das mit der Gesundheit. Wenn wir das endlich einmal begreifen, dürfte der Heileffekt für die Gesellschaft ebenfalls sehr günstig sein.
Etwas merkwürdig ist auch die Tatsache, daß in der "Vitamin-Bibel" von Mindell (Heyne), unter den Vor- und Nachteilen der Vitamine bedenkenlos jene Reaktionen aufgelistet werden, bei denen Vitamine künstliche Medikamente zerstören. Die Liste sieht so aus, als ob es sich um Risiken der Vitamin-Therapie handelt. Davon ist aber keine Rede. Viel mehr wird darauf hingewiesen, daß viele chemische Präparate, z.B. Antibiotika, in ihrer Wirkung durch die Vitamine eingeschränkt werden! Das ist der Beweis, daß uns die Vitamine wirksam vor Schadstoffen schützen. Wenn die Vitamine jegliche Art von Schadstoffen abbauen, z.B. Antibiotika, dann beweist das ihre wirksame Schutzfunktion. Das ist doch kein Schaden! Statt

unseren Körper erst mangelhaft zu ernähren und ihn anschließend mit Antibiotika vor Krankheitserregern zu retten und dabei erneut zu beschädigen, sollten wir uns wohl lieber wirksam vor Infektionen schützen und ebenso vor den gefährlichen Antibiotika. Genau das ist ja eines von Linus Paulings Forschungsergebnissen: Hohe Vitamingaben schützen uns vor Infektionskrankheiten und vor Schadstoffen!

Der amerikanische "Vitamin-Papst", Linus Pauling, zweifacher Nobelpreisträger, widmete mehr als 60 Jahre seines Lebens in eigenen großen Forschungsinstituten der Vitaminforschung. Pauling reiste noch mit 94 Jahren zu Vorträgen rund um die Welt. Er starb im Alter von 96 Jahren. Er war der erste, der die Einnahme von hohen Vitamin-Dosierungen empfahl, insbesondere von Vitamin C. Eine ausführliche Darstellung seiner Forschungsergebnisse finden Sie in seinem Werk ➔ "Paulings Vitamin-Programm". Allen Anfeindungen durch Ärzte und Pharma-Industrie zum Trotz hat sich Paulings Forschung inzwischen längst als hieb- und stichfest erwiesen. Er erkannte als erster die Heilwirkung von Vitamin C bei Krebs und vielen andern modernen Zivilisationserkrankungen. Experten aus 30 Ländern gaben zu, daß "mit Vitaminen in hohe Gaben gesundheitlich wirksame Leistungen erzielt werden können...drückten sich jedoch vor eindeutigen Empfehlungen". (➔Brigitte 7/88)

Während Pauling eine Vitaminversorgung mit Vitamin C für einen Erwachsenen von 1000 - 2000 mg pro Tag als Grundlage ansieht, die deutschen Fachleute seit 1935 eine "Vorbeugung gegen Skorbut von 75 mg pro Tag" vorsehen, "dürfte die aktuelle Versorgung eines Erwachsenen in Westdeutschland bei Ernährung mit Treibhaus-Gemüse bei 3 mg/Tag liegen" (Brigitte 7/88). Weitere gesundheitliche Langzeitschäden sind also vorprogrammiert.

Aus unserer Kenntnis und Sicht der Dinge wird 1g (1000mg) Vitamin C leicht und gut aufgenommen und führt zu einer gewissen geistigen Leichtigkeit, die man bei "normaler" Ernährung vermißt. Wie schließen uns also den Erkenntnissen von Pauling an.

Es ist nicht richtig, wie einige Vitamin-Ärzte behaupten, daß man natürliches Vitamin C oder E aufnehmen muß. Der Körper kann die synthetischen Vitamine sehr gut verwerten. Diese Behauptung ist Geldschneiderei, um wieder die eigenen, teuren Produkte zu verkaufen. In diesem Punkt sind die Aussagen der Pharmaindustrie und der Ärzte richtig. Es hat also keinen Sinn, alles abzulehnen, was die Pharmaforschung entdeckt hat. Wir müssen hier, wie überall, gut acht geben und zu differenzieren lernen.

Vitamine: Medizinische Forschungsergebnisse

Mit diesem Kapitel möchte ich deutlich machen, daß ich keineswegs die Errungenschaften der Medizin mißachte, daß wir aber bei kritischer Recherche zu viel positiveren Ergebnissen kommen, als der Medizin lieb sein könnte. Die Chancen, Menschen allein mit mehr Vitaminen gesund zu erhalten, sind viel besser, als öffentlich behauptet. Die Außenseiter haben recht, nicht die honorigen Vertreter unseres korrupten Systems.

Wie ich anfangs erwähnte, hielt ich früher auf Grund meiner eigenen Ausbildung die in unserer Nahrung enthaltenen Vitaminmengen für ausreichend. Auf Grund persönlicher Beobachtungen bei meinen Seminarteilnehmern und insbesondere bei der Beobachtung der allgemeinen Gereiztheit und Nervosität, gelangte ich immer mehr zu der Überzeugung, daß die natürliche Vitaminaufnahme doch nicht mehr ausreichend ist.

Bei meinen weiteren Nachforschungen stellte ich verblüfft fest, daß es umfangreiche Fachliteratur und zahlreiche wissenschaftliche Veröffentlichungen gibt, die meine eigenen Beobachtungen bestätigen. Aus diesen Untersuchungen geht eindeutig hervor, daß speziell die hochdosierten B-Vitamine B1, B6 und B12 eine außerordentlich positive, heilende und regenerierende Wirkung auf unser Nervensystem haben. Ebenso wurde die schmerzlindernde (analgetische) Wirkung speziell von B1 und B6 schon längst beschrieben. B1 kann ohne weiteres als Schmerzmittel ohne Nebenwirkungen betrachtet werden. Wir können sogar noch einen Schritt weitergehen und behaupten, daß mit ausreichender Versorgung durch B1 die Schmerzempfindlichkeit der gestreßten Industriemenschen nachlassen würde!

Hinzu kommt die überaus positive Wirkung von B3 beim Abbau von Schadstoffen in unserem Körper. B3 ist Nikotinsäureamid bzw. Nikotinamid. Bei einem vorliegenden Mangel an B3 hat unser Körper offensichtlich Probleme, dieses Vitamin vom Nikotin zu unterscheiden. Die Vermutung liegt nahe, daß die Suchtwirkung von Tabak dann am Schlimmsten ist, wenn gleichzeitig B3 fehlt. Beim Fehlen von B3 sind die Schadstoff-Abbauprozesse eingeschränkt und werden, falls jemand raucht, noch einmal verschlimmert. Obwohl unsere gesamte Bevölkerung als gereizt und neurotisch eingestuft werden muß und jedem fachlich gebildeten Beobachter klar ist, daß wir mehr Vitamine gebrauchen könnten, wird das Wissen um die Vitamine möglichst totgeschwiegen.

Statt dessen klagt ausgerechnet die deutsche Regierung vor dem europäischen Gerichtshof dafür, daß die Tabakindustrie wieder freie Werbung machen kann. Unsere Regierung erstreitet vor Gericht das Reklamerecht der schlimmsten Drogenhändler der Gegenwart! In den USA laufen zur gleichen Zeit die größten Schadenersatzprozesse aller Zeiten gegen die Tabaksyndikate.
Die Industrie läßt wohl B3 (Nikotinsäureamid) bewußt aus vielen Vitaminpräparaten heraus, weil manche Menschen bei höheren Dosierungen mit partiellen Hautrötungen reagieren. Zwar sind diese Rötungen nachgewiesener Maßen harmlos, aber sie sind für den Kunden beunruhigend und folglich schlecht fürs Geschäft.
Nikotinsäureamid hilft ebenso wie Vitamin C beim Abbau von Schadstoffen im Körper. Es ist also in der heutigen Zeit von besonderer Bedeutung. Ich gehe davon aus, daß die Hautrötungen dort auftreten, wo vermehrt Schadstoffe im Unterhautfett-Bindegewebe abgelagert sind! Der Rötungseffekt wäre also ein Nachweis starker Reinigungsprozesse. Dafür spricht, daß einige meiner Klienten an ganz spezifischen Stellen des Körpers diese Rötungen bekamen, die in einem direkten Zusammenhang mit Tabletten-Konsum und alten Erkrankungen standen.
Z.B. bekam eine Frau, die jahrzehntelang Tabletten gegen Migräne nahm, starke Rötungen von Kopf, Gesicht und Hals nach der Einnahme von B3, außerdem im Schambereich. Nun ist der Zusammenhang zwischen Migräne und sexuellen Problemen eindeutig bewiesen. Nachdem sie eine 2 Monate dauernde Vitamin-Kur gemacht und gleichzeitig die Migräne-Tabletten abgesetzt hatte, verschwand die Migräne für immer, sie bekam Mitte 30 zum ersten Mal einen Orgasmus und die Hautrötungen nach Einnahme von B3 traten nicht mehr auf!
Die Vitamin-Kur wurde von einem intensiven Körper-Atemtraining begleitet, um die Durchblutung und somit Sauerstoff-Versorgung des Körpers zu verbessern.
Bei einer anderen Frau, die unter Schuppenflechte litt, traten die Rötungen immer dort an den Armen auf, wo die Schuppenflechte war und wo sie Salben eingerieben hatte. Nach einer Kur mit den Vitaminen, verbunden mit Einreibungen mit einem Naturheilmittel (Massageöl mit einem Zusatz vom ätherischen Öl der Birkenrinde), verschwand die Schuppenflechte ebenso wie die Rötungen durch B3.
Die Tatsache, daß die Rötungen durch B3 auf dem Körper bei jedem Menschen nur an ganz spezifischen Stellen auftreten, ist mei-

nes Wissens noch von keinem Arzt zur Kenntnis genommen worden. Zumindest wurde nicht darüber berichtet. Wir haben hier ein interessantes Potential zur Heilung schwieriger Krankheiten, das unbedingt weiter erforscht werden sollte.

Im folgenden finden Sie eine Zusammenstellung wichtiger Forschungsberichte über Untersuchungen mit den Vitaminen B1, B6 und B12, bzw. alle drei zusammen als B-Komplex. An Hand dieser Zusammenfassung steht Ihnen die Möglichkeit offen, über Universitätsbibliotheken alle genannten Forschungsberichte im Original einzusehen. Insbesondere die Fachleute unter Ihnen, Ärzte, Heilpraktiker, Gesundheitsberater usw., können sich auf diesem Wege von der Richtigkeit meiner Beobachtungen überzeugen. Die Fachwelt ist bereits ausreichend informiert. Bei der Überarbeitung dieses Artikels von 1988 im Jahre 1992 konnte ich vermerken, daß im Sommer 1992 zwei zaghafte Notizen durch die Presse gingen, in denen zwei deutsche Vitaminforscher zwar offizielle bei den bekannten, lächerlich geringen Vitaminbedarfsmengen blieben, aber "für sich privat" bereits die gleichen Mengen einnehmen, die ich hier empfehle! Sie genieren sich noch, offen darüber zu sprechen. Es wird also nur noch eine Frage der Zeit sein, bis dieses Wissen Allgemeingut wird!
Bei der nächsten Bearbeitung 1995 hatte sich noch nicht viel getan. Allerdings gibt es inzwischen massive Aktivitäten, um alle Gesundheitsinformationen aus der Öffentlichkeit zu verbannen (Codex alimentarius, → Dr. Rath).
Allerdings werden immer mehr sogenannte "frei verkäufliche" Vitaminpraparate angeboten. Es gibt sie inzwischen an jeder Straßenecke. Die Sache hat leider einen Haken. Wenn ein Röhrchen mit 20 Brausetabletten den Tagesbedarf eines Menschen enthält, werde ich mir entweder den Magen verderben und der chemischen Industrie mein Geld in den Rachen werfen, oder das Geld ist für die Katz. Wenn man dieses Methoden beobachtet, dann werden gesunde Vitaminpräparate wie gefährliche Drogen behandelt. Gleichzeitig verkauft man mit massiver Werbung die gefährliche Drogen Tabak an jeder Straßenecke. Und der Jahresumsatz an Psychopharmaka in Deutschland lag 1995 bei rund 283 Millionen DM.
Es hat keinen Wert, täglich eine Brausetablette mit vielleicht 2 mg Vitamin B1 zu nehmen, oder mit 50 mg Vitamin C. Dafür reicht es wirklich, wenn Sie einen Apfel essen und eine Walnuß knabbern. Das hätte sogar den Vorteil, daß die Früchte wenigstens noch ein

bischen Prana-Lebensenergie enthalten, was bei synthetischen Vitaminen natürlich nicht der Fall ist.
Wenn in den vergangenen Jahren seit 1998 wiederholt im Fernsehen behauptet wurde, daß hohe Vitamingaben nichts bringen, dann waren das Zwecklügen jener Industriekreise, die an der allgemeinen Krankheit und Schwäche der Bevölkerung verdienen. Der Laie ahnt gar nicht, wie viele "seriöse" Fernsehsendungen der "verdeckten Werbung" dienen. Nachdem z.B. im Frühjahr 2000 zwei kleine, sehr kritische Berichte über die Gefährlichkeit der groß angelegten Schutzimpfungen erscheinen konnte, wurden wenige Wochen später pseudowissenschaftliche Berichte über die dringende Notwendigkeit von Schutzimpfungen lanciert.
Der rapide Kursverfall unserer Krankenversicherungen erscheint mir hierbei von symptomatischer und auch symbolischer Bedeutung zu sein. Es scheint nicht mehr viel zu fehlen, und unser ganzes Volk arbeitet nur noch für die Verursachung und die permanente Verlagerung von Krankheiten. Das aber heißt letztlich, daß wir alle für ein nicht funktionierendes, korruptes Krankensystem arbeiten, und mit letzter Konsequenz für die Aktionäre der Pharmaindustrie und die Ärzteschaft. Dem kann nur Einhalt geboten werden, wenn wir uns auf freiwilliger Basis besser ernähren und mit Vitaminen versorgen.

<u>Vitaminforschung</u>: Wissenschaftliche Beweise

In einer Studie von Dr. Fischer und Herrn Werner über wissenschaftliche Untersuchungen zum B-Komplex (Uetersen 1989) zur Wirksamkeit und Therapie der Neuropathien mit den hochdosierten Vitaminen B1 - Thiamin, B6 - Pyridoxin und B12 - Cobalamin, bei der Degeneration peripherer Nerven bei diabetischen Alloxan-Ratten, kommen die Wissenschaftler zu dem Ergebnis, daß der B-Komplex als Kombination die Degeneration hemmt, die durch die lange Diabetesdauer hervorgerufen wurde. Die einzelnen Vitamine, allein gegeben, zeigten diese Wirkung nicht.

Untersuchungen in England (SMITHELLS) zeigen einen signifikanten Zusammenhang zwischen B12 und offenem Rücken bei Neugeborenen, sowie Vitamin C und plötzlichem Kindstod. (→ SCHUITEMAKER, Orthomolekulare Ernährungsstoffe, Freiburg 1986). Auf Grund unserer eigenen Beobachtungen sind wir davon überzeugt, daß diese Berichte tendenziell richtig sind.

Der Mangel an diesen Vitaminen muß unweigerlich zu Störungen bei der Entwicklung des Embryos führen. Selbst wenn ein Kind äußerlich normal erscheint, ist die Frage der optimalen Entwicklung des Nervensystems und damit des Gehirns und die spätere geistige Kapazität in direktem Zusammenhang mit dem Angebot an diesen Vitaminen in der Mutter zu sehen! Die hohe Rate angeborener Störungen, Mißbildungen und die hohe Babysterblichkeit in der BRD sprechen eine deutliche Sprache. Die BRD ist das Land mit der höchsten Sterblichkeitsrate bei Neugeborenen unter allen Industrieländern. Inzwischen werden bei uns bereits 70% aller → Schwangerschaften als Risiko eingestuft (Jan.1996).

Wer diese Zusammenhänge sieht und nichts unternimmt, macht sich schuldig. Dem Buch → "Die Pharma Story" entnehme ich folgenden Ausspruch von einem US-Wissenschaftler: "Wenn ein fremdes Land Jahr für Jahr so viele Bürger töten würde wie die Pharmaindustrie und die Ärzteschaft, dann würden wir diesem Land sofort den Krieg erklären!" Inzwischen hat die Praxis gezeigt, daß das Gesundheitsreformgesetz von 1987/88 eine Farce war wie jede andere Politshow in der Krankheitsindustrie. In der Folge hatten wir, wenn ich richtig mitgezählt habe, 6 weitere "Gesundheitsreformen" (alle zwei Jahre). Das heißt im Klartext, die Politiker versuchen die Beute aus dem Krankheitsgeschäft umzuverteilen. Die letzte "Reform" ging im Juni 2001 durch die Medien und wird schon vor der Nouvellierung als kompletter Unsinn verschrien. Die neueste wird seit Beginn des Jahres 2002 diskutiert. Die Kosten in diesem Horrorszenario haben sich seit der Reform von 1987 vervielfacht. Ein ganzes Volk arbeitet und leidet für die Kaste der Weißkittelpriester und ihrer Pharmatempel.

Im Moment haben wir nur einen Trost:

1. ist es wirklich am Einzelnen gelegen, seine Lebensumstände zu verbessern und

2. gibt es das Gesetz von Ursache und Wirkung, das Gesetz des Karma.

Wer meint, er könne hier die Mißbildung und den Tod von Millionen von Menschen billigend in Kauf nehmen und käme damit davon, der irrt sich. Er mag den deutschen Gesetzen entkommen, die er

selbst in Auftrag gegeben hat. Aber er wird die Leiden der Gequälten und Getöteten nach seinem Tod zu spüren bekommen und vielleicht selbst im nächsten Leben behindert wiedergeboren.
Bei Rückführungen konnte ich in einigen Fällen von Behinderung klar nachweisen, daß die behinderten Menschen im letzten Leben an den Naziverbrechen beteiligt waren. Ebenso leiden noch heute Menschen unter den Verbrechen der Inquisition. Wir finden Sie als Personal und als behinderte Opfer in der → Psychiatrie. Sie tauschen die Rollen und quälen sich z.T. seit Jahrhunderten gegenseitig. Das kann nicht der Weg eines aufgeschlossenen Menschen sein. Rache ist keine Lösung, aber es ist ein Beweiß dafür, daß niemand von uns mit Verbrechen davon kommen kann. Auf einer höheren Ebene wird alles ausgeglichen. Wir können daraus lernen, daß wir besser selbst die Ruhe bewahren sollten. Wir sollten nur noch dem Weg zum Licht folgen, nach einem positiven Leben auf Erden und danach.

❖ DENNERT et al. (Fortschr. Med. 94, 595; 1976) haben in einem kontrollierten klinischen Versuch nachgewiesen, daß die bekannte schmerzlindernde Wirkung eines Analgetikums bei Zerviko-Brachialgien auch durch B-Komplex-Gaben zu erreichen ist. Diese Doppelblindstudie hat außerdem gezeigt, daß Zerviko-Brachialgien mit Plexusdruckschmerz, Federungsschmerz, paravertebralem Druckschmerz und Sensibilitätsstörungen als Ausdruck einer Irritation neuraler Strukturen (Neuropathie) wirksam mit B-Komplex behandelt werden konnten.

❖ In einer placebo-kontrollierten randomisierten Doppelblindstudie prüfte LAHODA (LAHODA u. WERNER, Therapeutische Möglichkeiten bei Polyneurophatien, Einhorn-Presse, Reinbek 1988, S. 57) B-Komplex-Gaben bei alkoholischen und diabetischen Polyneuropathien. Schmerzremission, Zunahme der groben Kraft sowie Abnahme der Häufigkeit und Intensität von Reizerscheinungen und Sensibilitätsstörungen charakterisierten die signifikante Wirkung des Präperates.

❖ Die BGA-Monographie Vitamin B1 (Bundesanzeiger Nr. 131 vom 21. Juli 1987, S. 9081-82) erwähnt eine analgetische Wirkung und beschreibt periphere Neuropathien als Symtome von Mangelerscheinungen. Weiter führt die BGA-Monographie in Übereinstimmung mit vorliegenden Publikationen aus, daß

Mangelerscheinungen u.a. bei chronischem Alkoholismus und Diabetes mellitus auftreten können.

- Nach der BGA-Monographie Vitamin B6 (Bundesanzeiger Nr. 84 vom 4. Mai 1988, 1.988) wurde eine analgetische Wirkung in tierexperimentellen Modellen nachgewiesen. Analog der Vitamin-B1-Monographie werden für Vitamin B6 Mangelerscheinungen u.a. bei chronischem Alkoholismus und diabetischer Polyneuropathie erwähnt. Außerdem wird auch besonders auf die direkte biochemische Verknüpfung mit anderen Vitaminen der B-Gruppe hingewiesen.

- POPESCU et al. (Ärztl. Prax. 28, 836; 1976) fanden bei Patienten mit nachgewiesenen peripheren Nervenerkrankungen außer der bekannten Symptomatik wie Druckschmerzhaftigkeit, Reflexminderung und Störungen der Oberflächensensibilität pathologische EMG- und ENG-Befunde. Die Behandlung mit B-Komplex-Injektionslösung bei Markscheidenschädigung mit Nervenleitgeschwindigkeitsverzögerung zeigt im ENG gute Wirksamkeit. Eine neuroaxonale Degeneration mit anfangs noch normaler Nervenleitgeschwindigkeit ließ sich elektophysiologisch nicht beeinflussen, obwohl klinisch-neurologisch deutliche Besserungen zu verzeichnen waren.

- Untersuchungen von LAHODA (Münch. med. Wschr. 118, 1661; 1976) ergaben, daß 54 % der Patienten mit diabetischer Polyneuropathie und alle Patienten mit alkoholischer Polyneurophathie gegenüber der gesunden Kontrollgruppe als Ausdruck eines Pyridoxinmangels nach einer Belastung mit 3 g Methionin signifikant vermehr Zystathionin und Methionin im Urin ausschieden. Gleichzeitig bei dieser Untersuchung wurde ein Thiamin- und Cobalaminmangel festgestellt. Der Thiamin-, Pyridoxin- und Cobalaminmangel wurde durch Gaben von B-Komplex behoben. Die indikationsbezogene Störung des Metabolismus normalisierte sich.

- Nach WOELK (Fortschr. Med. 100, 1709 (1982) kommt es bei Neuropathien zu einem fehlerhaften Einbau bestimmter Substanzen in die Markscheide. Die daraus folgenden pathologischen Veränderungen der Nervenfaser sind Quellung der Myelinscheide mit Abspitterung der äußeren Lamellen im Sinne einer Detergenz-Wirkung, Senkung des Serin-Plasmalogen-Gehaltes in der Myelinscheide und damit fehlerhafter Einbau bestimmter Substanzen in die Markscheide. Experimentell konnte WOELK nachweisen, daß die gleichzeitige Verabreichung von Thiamin, Pyridoxin und Cobalamin - kombiniert mit dem FREUND'schen Adjuvans als Antigen zur Erzeugung der experimentellen allergischer Neuritis - zu einem späteren Einsetzen und zu einer Verminderung der neurologischen Symptomatik, sowie ingesamt zu einem milderen Krankheitsverlauf führt. Diese Ergebnisse weisen darauf hin, daß durch die Verabreichung der Vitamine der B-Gruppe der "Repair-Mechnismus" der Markscheide des peripheren Nervs stimuliert wird. Des weiteren konnte WOELK bisher zeigen, daß die Wirkung von Thiamin, Pyridoxin und Cobalamin in einer Hemmung der Phospholipase A-Aktivität zu suchen ist. Erhöhte Aktivitäten der Phospholipase A führen bekanntlich zu einem Anstieg von Lysoglyzerinphosphatiden und somit zu einem Markscheidenzerfall durch Detergenzwirkung.

❖ Bemerkenswerterweise werden bei B-Komplex-Arzneimitteln z.B. für Nervenerkrankungen Dosierungen angewandt, die noch um ein Vielfaches höher liegen als unsere Bedarfs-Empfehlungen. Eines dieser Präperate enthält die ebenfalls in der Tabelle angegebenen Höchstmengen! Wenn tatsächlich irgendwelche Bedenken bestehen sollten, dann wäre wohl ein Abstand zwischen 1,5 mg Tagesnorm und 600 mg Behandlungsangebot kaum noch zu rechtfertigen. Die häufigen Warnungen vor angeblichen Schäden werden also zu Unrecht und wider besseres Wissen vorgebracht!

❖ Das Brigitte-Dossier berichtete sehr anschaulich von den Ergebnissen eines wissenschaftlichen Konkresses über Vitamine im Herbst 1989 in London: "Was letzten Monat bei einem Ärzte-Kongress in England vorgetragen wurde, hat für unsere Gesundheit große Bedeutung: Vitamine in sehr hohen Dosierungen, die mit der normalen Nahrung nicht zu erreichen sind, können unsere Körperzellen vor tödlichen Schäden bewahren. " (→ Siegfried Harrach in Brigitte) Ausführlich werden die Wirkungen einiger Vitamine dargestellt. Die Erkenntnisse decken sich vollständig mit unserer hier dargelegten Meinung.

- ❖ Bei Neuropathien werden oft Mangelzustände der Vitamine Thiamin, Pyridoxin und Cobalamin meistens in Kombination festgestellt (s. Übersicht bei LAHODA und WERNER: Einhorn, Reinbek (1988): "Therapeutische Möglichkeiten bei Polyneuropathien"). Störungen des Vitaminmetabolismus bzw. der Vitaminverwertung werden ebenfalls beschrieben. Auch bei nicht nachgewiesenem Thiamin-Pyridoxin- und Cobalaminmangel wurden gute Therapieerfolge mit Vitamin-B-Komplex nachgewiesen und publiziert (KUNZE: Mat.Med.Nordm. 31, 190 (1979).

- ❖ Untersuchungen der Stoffwechselschritte, die durch die genannten B-Vitamine biokatalysiert werden, geben einen aussagekräftigeren Hinweis in bezug auf Vitaminmangel am Wirkort (hier das periphere Neuron) als Messungen des Vitamingehalts im Serum. Wie viele andere physiologische Substanzen werden die Vitamine Thiamin, Pyridoxin und Cobalamin im Organismus gespeichert. Bei einer Entspeicherung dieser Substanzen ist es möglich, daß im Transportmedium Blutserum normale Werte wie bei gesunden Versuchspersonen gefunden werden. Das erklärt auch die widersprüchlichen Ergebnisse, die bisweilen mit diesen Methoden gefunden wurden.

Noch einmal in einfachen Worten im Klartext: Es kann sein, daß Forscher im Blutserum genug Vitamine finden und trotzdem ein Mangel am Wirkungsort dieser Vitamine in den Zellen und Zellkernen vorliegt. Denn die Menge in den Zellen kann nicht gemessen werden. Deshalb hat die Aussage von Medizinern, daß ein Patient genug Vitamine im Blut hat, nur teilweise Bedeutung. Er / sie kann zwar Vitamine nachweislich haben, aber eben nicht genug. Diese Erkenntnisse sind der Beweis für die Richtigkeit meiner Argumentation: Was für mich zählt, ist das persönliche Wohlbefinden, das positive Fitnessgefühl des Menschen. Wenn einer sich richtig gut fühlt, hat er auch genug Vitamine. Wenn er sich erschöpft und gestresst fühlt, wird wahrscheinlich auch ein Vitaminmangel vorliegen. Die Förderung von Kindern durch neurotrope Vitamine, speziell im Schulalter und die Vermittlung neuer Lerntechniken, ist ebenfalls dringend erforderlich, um die heutigen Leistungsanforderungen zu bewältigen. In mehreren Untersuchungen der letzten 3 Jahre seit 1998 wurde deutschen Schulen ein ständig sinkendes Niveau bescheinigt. Wir verblöden. Meine Kinder haben bis zur 8. Klasse

weder Physik noch Chemie gehabt. Es wird vielleicht so bleiben bis zum Abitur. Pro Woche fallen mindestens 2-3 Stunden aus.
Unsere schulpflichtigen Kinder, ebenso wie die überlasteten Lehrer, wären dankbar für den Einsatz hochdosierter B-Vitamin-Präparate. In Koordination mit Autogenem Training, Energytraining und der Edukinestetik (ein Fachgebiet zum Lernen aus der Kinesiologie) lassen sich sehr gute Ergebnisse erzielen. Unsere Erfahrungen im Umgang mit Problemkindern beweisen es.

Unsere Erkenntnisse bestätigen die analgetische Wirkung des B-Komplexes ebenso wie den von WOELK (1982) beschriebenen repair-Mechanismus. Menschen mit Bewegungsproblemen können bei gleichzeitiger Gabe von B-Komplex-Vitaminen schon sehr bald leichter und besser am Energytraining teilnehmen. Einige Sportler, die ich im Verlauf der letzten Jahre betreut habe, konnten sich mit diesen Methoden ganz wesentlich in ihrer Sportdiziplin verbessern. Das hängt unserer Meinung nach mit einem besseren Impuls-Transfer im Nervensystem zusammen. Auch die Untersuchungen von MILLER und LINKSWILER (1967) über Bewegungsstörungen bei Versuchstieren durch B6-Mangel finden hier eine Bestätigung. Genauso wie ITOKAWA (1976) halten wir den Nutzen gleichzeitiger zusätzlicher Calzium-Gaben für erforderlich, um den Heilungsprozeß zu beschleunigen.

Exkurs: Milch

Allerdings wäre es falsch, jetzt nach Milch zu rufen. Um Kuhmilch optimal zu verdauen, brauchen wir bestimmte Enzyme. Die haben aber nur Kinder bis zur Pubertät, solange der Thymus Wachstumshormone aussendet. Mit dem Auftreten der Sexualhormone verschwinden logischerweise diese Baby-Enzyme in unserem Körper. Wenn weiterhin in großen Mengen frische Milch getrunken wird, treten beim erwachsenen Menschen Schlackstoffe auf, die den Körper steif machen. Die Idee mit frischer Milch für Erwachsene ist nicht viel besser als der Einsatz von Pestiziden. Der Nutzen frischer Milch für Erwachsene ist eine Zwecklüge der Milchsubventionswirtschaft.
Wenn Erwachsene Milchprodukte essen wollen, dann bitte nur in vorverdautem Zustand. Dann nehmen uns die Bakterien oder Pilze einen Teil der Verdauungsarbeit ab. Kefir, Yoghurt, festere Käsesorten oder Buttermilch sind für Erwachsene eher geeignet als

Frischmilch. H-Milch ist ebenfalls mit Vorsicht zu genießen. In den USA wurde immer wieder die Frage diskutiert, ob der regelmäßige Genuß von H-Milch bei Frauen zu einer Veränderung der Vagina-Schleimhaut führt. Manche Untersuchungen sprechen dafür, daß H-Milch die Ausbreitung von vaginalen Pilzinfektionen fördert (Candida).

Die Möglichkeit einer Wiederherstellung kranker oder degenerierter Nerven wurde und wird bis heute weitgehend abgestritten. Im Frühjahr 2001 kamen jedoch zwei TV-Berichte, in denen Mediziner endlich diese alte Meinung revidierten. Neuere Untersuchungen haben ergeben, daß sehr wohl Nervenzellen vom Körper repariert werden können, wenn der Körper optimal mit Vitaminen versorgt ist. Das bestätigt die alten Untersuchungen von WOELK 1982.
Nach unseren Erfahrungen und bei aller Vorsicht mit weiteren Schlußfolgerungen möchte ich doch feststellen, daß erwartet werden muß, daß sich die Schäden durch Vitaminmängel im Laufe unseres Lebens summieren. Wenn wir diese Idee zuende denken, dann müssen wir in Betracht ziehen, daß Senilität, also schlechte Nervenleistungen im Alter, durch mangelhafte Versorgung des Nervensystems in der Jugend vorprogrammiert werden.
Folglich hat es keinen Wert, degenerierten älteren Menschen dann noch Vitamine in so lächerlich geringen Mengen zu verabreichen, wie es die deutschen Ernährungsrichtlinien vorsehen. Vielmehr muß bereits jetzt daran gedacht werden, Kinder und Schüler, die heute ja ebenfalls bereits geistige Hochleistungen bringen sollen, präventiv zu versorgen, damit wir nicht morgen und übermorgen in einer Welt debiler Menschen leben müssen, in der Behinderungen aller Art immer mehr zunehmen, bis man sich zum Schluß fragen kann, ob noch genug Gesunde da sind, um die Kranken zu versorgen! Das wäre mit Sicherheit das Ende unserer Hochkultur.
In ähnlicher Weise haben sich seinerzeit die Römer von der Erdoberfläche hinwegsterilisiert. Sie verwendeten Bleirohre für ihre Wasserleitungen, sowie Zinn- und Zinkbecher für ihre Getränke. Diese Spurenelemente führten, im Übermaß aufgenommen, zur Sterilität. Die Männer mußten sich ausländische Sklavinnen suchen und die Frauen Sklaven, um mit fremden Blut vielleicht noch Nachkommen zu zeugen.

Reinigungskur mit Vitaminen

Viele Menschen sind heute durch Schadstoffe aller Art in ihrem Körpergewebe belastet. Diese Schadstoffe lagern sich z.T. im Gewebe ab und werden nur durch konzentrierte Bemühungen beseitigt. Da ich kein Arzt bin, darf ich eigentlich überhaupt keine Empfehlungen für irgendwelche gesundheitlichen Kuren geben. Die folgende Methode wurde von amerikanischen Ärzten erprobt. Sie diente der Beseitigung von Drogenresten im Fettgewebe der Patienten. Ich habe sie selbst angewandt, um mich einfach von unbekannten Ablagerungen zu reinigen. Mit den Pestiziden in unserer Nahrung nehmen wir ja ständig belastende Stoffe auf.

Die folgenden Empfehlungen stammen aus einer amerikanischen Therapie. Ich halte diese Therapie mit Niacin für gut, z.B. zur Entwöhnung und Nachbehandlung von Drogenkonsum oder Tabakmißbrauch, aber Sie müssen selbst die Verantwortung übernehmen oder sich einen Arzt suchen, der derartige Therapien kennt und unterstützt! Mir ist diese Reinigungskur jedenfalls gut bekommen. Bei den heutigen Pestizidbelastungen kann sie jeder Mensch gebrauchen, egal wie gesund er zu leben bemüht ist.

1. Vitamin B3 (Niacin, Nicotinsäureamid) ist an vielen Reinigungsprozessen beteiligt und kann Ihnen helfen, diese Schadstoffe zu beseitigen. Normaler Tagesbedarf 25 - 50 mg. Für diese Kur Dosierungen von 100 - 300 mg pro Tag für 2-3 Wochen. Dabei kann es stets kurz nach der Einnahme zu partiellen Hautrötungen und Juckreiz kommen.

2. Damit das Niacin richtig zur Wirkung kommt, brauchen Sie eine gute Durchblutung und eine gute Sauerstoffversorgung. Dafür ist es am besten, wenn Sie an frischer Luft Dauerlauf, Waldlauf oder Kreuzgang auf einem Trampolin machen. 10 Minuten auf dem Trampolin ist dabei gleichzusetzen mit 60 Minuten Jogging.

3. Des weiteren ist Sauna zu empfehlen, viel trinken, Aufnahme von Calzium und Magnesium ca. 1g pro Tag von beiden Mineralien, also doppelt so viel wie normal. Vor allem vor dem Schlafengehen noch einmal Wasser trinken. Nachts aufstehen und zur Toilette gehen entlastet die Nieren und die Leber besonders

gut. Die Hauptfunktionszeiten der Organe finden Sie in der Organzeituhr.

4. Es kann sein, Sie brauchen während derartiger Reinigungskuren mit erhöhten Vitamin-Gaben mehr Schlaf. Sie können einen Teil davon ausgleichen durch Autogenes Training. Dabei ist es als erstes notwendig, daß Sie das AT richtig erlernen und beherrschen, als nächstes sind 5 kurze AT-Sitzungen täglich besser als ein oder zwei lange Sitzungen. (5-10' statt 2 x 30')

5. Speziell bei Verstopfung kann AT gut helfen (loslassen). Auch das kann im Zusammenhang mit der Reinigung auftreten. Verstopfung wird leicht durch einen Überschuß an Vitamin C beseitigt. → Vitamin-C-Kur

6. Bei derartigen Therapien ist stets auf eine intensive Atemtherapie zu achten. Suchen Sie sich aus dem Energytraining das geeignete Begleitprogramm heraus.

7. Heilungsbeispiel:
   Eine Seminarteilnehmerin hatte in Indien einen Sonnenstich. Durch 300mg Vitamin B1 und 200mg Vitamin C in Mineralwasser, schluckweise getrunken, verschwanden alle Symptome innerhalb einer Stunde! Normal wäre es beim Zustand der Teilnehmerin gewesen, daß sie drei Tage damit zu kämpfen hätte.

8. Vitamin B1 kann einen gereizten Magen beruhigen, ebenso dämpft es gereizt-nervöse Stimmungen, indem es hilft, die überschüssige Energie im Körper zu verteilen und auszugleichen.

Homöopathie

Das Grundprinzip der Homöopatthie beruht darauf, daß es eine chemische Substanz gibt plus eine gewisse Energie, eine höherwertige Information, die der Substanz zu eigen ist. Durch regelmäßiges "Verdünnen" 1:10 oder 1:100 mit zusätzlichem rhythmischem Schütteln werden die Dezimalpotenzen D1, D2 ff. und die Centesimalpotenzen C1, C2 usw. produziert. Es geht dabei eben nicht um eine Verdünnung! Durch den Schüttelprozeß erfolgt eine zunehmende Trennung der Energie, der Schwingung und Information, von der materiellen Substanz. Die Substanz bleibt zurück und die Energie verbleibt im Wasser, im Alkohol oder bei Verreibungen im Milchzucker.
Die Energie und der Informationswert steigen an. Darum spricht man von einer Potenzierung. Zum Schluß braucht man von einer C 30 oder C 200 nur noch einen Tropfen auf die Zunge oder auf die Stirn und hat eine tiefgreifende Wirkung auf den ganzen Körper. Wer sensitiv ist, kann diese Energiezunahme fühlen und sogar sehen. Die hoch potenzierten Proben leuchten in einem hellen, klaren Licht. Bei den niedrigen Potenzen leuchtet nichts oder nur sehr wenig.

Aurum C 30: Da kann Ihnen von einem Tropfen heiß werden. Wenn Sie totalem Streß ausgesetzt sind und Sie spüren, daß Sie so richtig angespannt und in Aktion sind, Sie haben auch nicht die Ruhe, um Yoga oder AT zu machen, dann kaufen Sie sich eine Schachtel mit Ampullen Aurum C30. Eine Potenzierung von 30 x 1:100. Jeder normale Physiker und Mediziner sagt Ihnen, das sei Unsinn, denn darin ist ja absolut nichts mehr zu finden (chemisch gedacht).
Mir wird schon heiß, wenn ich solche Ampullen nur in die Hand nehme, weil ich die Energie spüren kann. Kaufen Sie sich eine Packung mit diesen Ampullen. Wenn Sie total im Streß sind, schütteln Sie eine Ampulle, daß der Inhalt unten ist, öffnen Sie die Ampulle mit der beiliegenden kleinen Säge, am Knick ankratzen und die Spitze abbrechen. Die Einnahmeform ist Ihrem Körper völlig gleich. Brechen Sie die Ampulle auf und lutschen Sie sie aus. Es ist eine ganz normale, kleine Glasampulle. Aus medizinischer Sicht enthält sie nur nutzlose Kochsalzlösung. Keiner kann nachweisen, daß überhaupt etwas drin ist. Nur sensitiv veranlagte Menschen

oder Heilpraktiner, die mit ihren Bioresonanzgeräten umgehen können, registrieren den Wert derartiger Präparate.
Sie werden merken, mit Aurum C30 sind Sie innerhalb weniger Tage wieder in Top-Form. Sie finden dann endlich den Anfang, die Ruhe und die Geduld, daß Sie sich einmal hinsetzen und etwas für sich tun können. Aurum ist Gold, das Metall der Sonne, also die Energie der Sonne. Wenn Sie damit in der richtigen Art und Weise arbeiten, dann tun Sie sich etwas Gutes.
Als Tabletten empfehle ich es nicht. Ich habe es mit Tabletten versucht. Die Aurum C30 Tabletten taugen für meine Begriffe nichts. Ich weiß nicht warum, aber Aurum C30 mit Milchzucker hat nicht die gleiche Wirkung. Das behaupten zwar die Hersteller, aber es stimmt nicht. Ich habe es auch mit Aurum in anderen Dosierungen versucht, die meisten anderen aus der C-Generation sind uninteressant. C30 und C200 kommen gut.

Aurum C 200: Das kann ich Ihnen für eine persönliche Entwicklungs-Kur empfehlen. In der Packung sind 10 Ampullen enthalten. Das reicht für die ganze Familie. Das können Sie auch einem Kind oder einem Jugendlichen geben. Es kann sein, daß jemand ein bis zwei Tage nach einer Ampulle in irgend einer Form krank wird. Es kann sein, daß eine Krankheit, die vorher niemand bemerkt hat, plötzlich ausbricht und daß derjenige daraufhin ein bis zwei Wochen krank ist. Der Betreffenden sollte in diesem Fall zu einem mit Homöopathie vertrauten Heilpraktiker oder Arzt geht und ganz aufmerksam auf seine Gesundheit achtet. Es sind psychosomatische Leiden, die in diesem Moment ausbrechen. Jeder tut gut daran, das zu durchleben und zu wissen: Ich verändere mich so positiv, daß ich hinterher gesund bin. Ich habe das mehrfach selbst und bei anderen Menschen erlebt. Sie wußten was passierte, haben sich krankschreiben lassen und eine Ruhepause genommen. Nach 8 bis 10 Tagen waren sie in Top-Form. Sie sind klarer im Kopf, als je zuvor.
Heilpraktiker spritzen Aurum C 30 und C 200. Dafür besteht kein Anlaß. Sie wollen nur mehr verdienen. Es geht um die Energie, und die wirkt schon, wenn Sie eine Ampulle in der Tasche bei sich tragen. Sie können sich die Ampullen ohne weiteres in der Apotheke kaufen. Die Packung kostet ungefähr 8 € und reicht für eine Person 10 Jahre. Es wird nicht schlecht. Mehr als 1 Ampulle pro Jahr brauchen Sie nicht.

Hier in Europa betrachten viele Ärzte die Homöopathie immer noch als sinnlosen Betrug am Patienten. Es ist eine Errungenschaft von Hahnemann aus dem 18. Jahrhundert. Woher Hahnemann sein Wissen hatte, weiß ich nicht. Bei meinen Reisen entdeckte ich, daß diese Methoden in Asien allgemein üblich sind und seit Jahrtausenden bekannt. Es ist so normal und akzeptiert, daß man nur die Schultern zuckt, wenn jemand das originell findet oder bewundert.
Als ich versuchte, mit einigen Heilern in Indonesien und in Thailand über diese Dinge zu sprechen, wußten die gar nicht, was mein Anliegen war. Ich dachte es sei eine gute Idee, dieses Thema zu diskutieren. Sie meinten, daß sei so normal, daß eh jeder informiert ist. Also wozu über den Nutzen der Homöopathie reden? Weiß doch jeder. Wenn ich über meine Erfahrungen mit asiatischen Meistern und Heilern nachdenke, dann ist Deutschland ein finsteres Loch. Unsere eingebildete Fortschrittlichkeit ist in Wirklichkeit eine überhebliche Einseitigkeit.
Die Homöopathie ist ein sinnvoller Weg zur Gesundheit. Der Gang zum Heilpraktiker oder zum Naturheilarzt ist ungefährlicher und kann mehr bringen als die Chemotherapie. Eine gewisse innere Bereitschaft für diese Therapieform ist jedoch erforderlich. Wer in keiner Weise auf seinen Lebenswandel achtet, nicht auf seine Ernährung achtet, sich ständig beruflich überfordert, dauernd seinen Frust hat mit der Gesellschaft oder in seiner Partnerschaft, für den ist vielleicht die "chemische Keule" besser geeignet, um Effekte zu erzielen.

Übung: Die Herstellung homöopathischer Potenzen

Wenn Sie sich selbst ein homöopathisches Präparat anfertigen möchten, geht das so: Sie brauchen eine Anzahl von sauberen, kleinen Fläschchen mit je 100 ml Volumen (10 bis 20 Stück) und eine Pipette für 10 ml Inhalt. Beides bekommen Sie an Universitäten im Laborbedarf für die Studenten, im Laborfachhandel, oder vielleicht in einer Apotheke. Nun müssen Sie von Ihrer Ausgangssubstanz, z.B. Preßsaft von frischen Kräutern, 10 ml in die 1. Flasche geben.
Nehmen Sie als nächstes guten Gin oder reinen, unvergällten Alkohol. Verdünnen Sie den Alkohol mit einem guten, stillen Mineralwasser, z.B. Vitell, auf ca. 20% Alkoholgehalt. Bei Gin also 1 : 1, bei reinem Alkohol 100 ml 96% + 400 ml Wasser, das ergibt ca.

20%. Mit diesem Alkohol füllen Sie Ihre Stammflasche auf, also 10 ml Saft + 90 ml Alkohol von 20% = 100 ml Lösung.
Ich empfinde Gordons Dry Gin als noch besser geeignet, als 96%igen Alkohol. Dieser Gin wird aus Wachholderbeeren hergestellt, ist sehr gut verarbeitet und hat bereits eine gewisse Heilwirkung an sich. Wenn ich damit Präparate hergestellt habe, war ich stets zufrieden.
Dann die Mischung 1-2 Minuten aus dem Handgelenk rhythmisch schütteln. Davon geben Sie dann mit einer gut gesäuberten Pipette wiederum 10 ml in die 2. Flasche, füllen auf und wiederholen das Ganze. Die Flaschen müssen Sie gut beschriften, die 1. ist die Stammlösung, Ihr Preßsaft, dann D1, dann D2 usw. Wenn Sie etwas von Kinesiologie oder von Reiki verstehen, mit einem Pendel oder der Rute umgehen können, dann werden Sie große Unterschiede in der Wirkung feststellen. Machen Sie es z.B. mit einem frischen Preßsaft von Zitronen, außen ohne Spritzmittel. Das ist leicht herzustellen. Schon ab D4 ist von dem Saft nichts mehr zu sehen oder zu schmecken. Bereits wenige Tropfen von der D4-Zitronensaft-Potenz haben eine sehr gut belebende, reaktivierende Wirkung. Tropfen Sie sich diese eigene Essenz an einem anstrengenden und vielleicht heißen Tag einfach in den Mund. 5 Tropfen sind genug. D6 von Zitrone kann gegen Depressionen helfen. Mit solchen Essenzen kann absolut nichts Falsches passieren. Der Laborbedarf ist gering. Die Fläschchen sind nicht teuer, und es gibt sehr interessante Erfahrungen.

Übersicht zu den Potenzen:

D_1 - D_4 enthalten noch Materie von der Ursubstanz, wirken auf den Körper ein.
D_5 - D_9 wirken eher im psychischen Bereich, also auf die Seele.
D_{10} - D_{14} wirken schon im geistigen Bereich, mit ihrer Energie.
D_{15} - D_{20} wirken im Mentalbereich, höher-geistige Werte.
Ab D_{21} schwingen die Potenzen im spirituellen Bereich. In diesen Punkten sind sich die Homöopathen nicht alle einig, doch ich denke, daß diese Richtwerte ganz gute Anhaltspunkte geben.
Wenn wir lernen, daß wir mit so einfachen Mitteln selbst etwas Gutes für uns tun können, dann stärkt das unser Selbstbewußtsein. Wir bekommen ein neues, intensives Gefühl für unseren eigenen

Körper, und die Wissenschaftsgläubigkeit läßt nach. Jeder kann das lernen, und die einfachen Dinge sind oft die Besten.
Wenn jemand natürlich → Krebs hat, kommen Sie mit so einfachen Mitteln nicht weit. Dann muß vor allem eine gute Diagnose gestellt werden. Und wenn ein Arzt Krebs diagnostiziert, dann wäre es nicht verkehrt, bei einem zweiten Arzt die nächste Diagnose einzuholen. Manche meiner Klienten waren überrascht, wenn der 2. Arzt etwas ganz anderes sagte. Sagen Sie nichts von der 1. Diagnose, lassen Sie einfach die 2. Untersuchung machen. Wird dann wirklich Krebs festgestellt, gilt der Satz: Wenn die Seele gesund und stark ist, läßt sie den Krebs gar nicht herein. Also gilt es vor allem anderen, die Seele und den Geist zu stärken. Auf diesem Wege kann es gelingen, die Gefahr einzudämmen oder sogar im Keim zu ersticken. Ermutigende Einzelheiten finden Sie in dem Buch von → Dr. Simonton aus New York.

Exkurs: Germanium und Selen

Auf Bitten von befreundeten Heilpraktikern habe ich 1993/94 homöopathische Potenzen von Germanium und Selen hergestellt. Bei unseren anschließenden Testreihen mit Bioresonanzgeräten, sowie mit Rute und Pendel, konnten wir feststellen, daß jede einzelne Potenz dieser Spurenelemente einen eigenen Wirkungsbereich aufweist. Die gängige Meinung vieler Naturheilkundler, daß die Potenzen eines Präparates sich nur in der Intensität oder im Wirkungskreis aufsteigend durch Körper, Seele bis Geist verändern, stimmt also nicht.
Ausgehend von diesen 2 Testreihen bin ich davon überzeugt, daß bei jedem Präparat, bei jeder verwendeten Substanz, durch den Prozeß der Potenzierung verschiedene Wirkungen bei jeder Potenz einer Substanz auftreten. Dessen bin ich mir absolut sicher. Das bedeutet weiter, die Anwendung von homöopathischen Potenzen müßte mit unseren heutigen Mitteln noch einmal neu im Detail überprüft werden. Dann könnten Heilpraktiker und Naturheilärzte noch bessere Ergebnisse erzielen.
Germanium und Selen sind als Metalle (pur) giftig und können so nicht vom Körper aufgenommen werden. Unser Körper braucht trotzdem sehr geringe Mengen dieser Elemente. Speziell in Frankreich gibt es eine Medizin, die die Spurenelemente verwendet und damit gute Ergebnisse erzielt, z.B. Mangan bei Unfruchtbarkeit und bei Schwangerschaftsproblemen, oder Zink bei Immunproblemen

und Nervosität. In Frankreich bekommen Sie die Spurenelemente als "Oligomineraux" in jeder Apotheke.
Unsere Forschungen haben ergeben, daß homöopathisches Germanium und Selen in zahlreichen experimentell ermittelten Potenzen eine wertvolle, heilende Wirkung entfaltet. Wir haben herausgefunden, daß diese bereits von Natur aus positive Wirkung noch wesentlich gesteigert werden kann, wenn wir die Präparate einem bestimmten Potenzierungsverfahren in dynamischen Magnetfeldern unterziehen. Eine weitere Steigerung der Aktivität unserer Präparate wurde mit dem Einsatz unserer Energiepyramiden erzielt.
Nach dem deutschen Arzneimittelgesetz können wir diese Präparate natürlich nicht als Arzneimittel in Umlauf bringen! Also bitte nicht deswegen bei uns anrufen. Bei unseren Untersuchungen haben wir folgende Verfahren benutzt: Die Moratherapie, das VEGA-Selekt-Verfahren, das VEGA-Testverfahren, Pendel und Rute, wobei eine Einnahme der Präparate durch die Testperson gar nicht erforderlich ist. So waren Beobachtungen möglich, ohne mit dem Gesetz in Konflikt zu geraten.
Untersuchungen durch Dr. med. Schimmel, Heidelberg, mit VEGA-Test-Geräten haben unsere Zuordnungen voll und ganz bestätigt. Ich möchte unser erarbeitetes Wissen nicht einfach wegwerfen. Vielleicht wird einmal von einer geeigneten Firma dieses Wissen aufgegriffen, um damit zugelassene Heilmittel herzustellen. Unsere Ergebnisse zeigen die Möglichkeit, mit Hilfe von Selen- und Germaniumpotenzen den Energiehaushalt eines Menschen zu regulieren. Betrachten Sie dieses Kapitel als Anregung, was alles möglich wäre, wenn die Krankheitsmaffia nicht alle gesundheitsförderlichen Informationen und Produkte unterdrücken würde. In der Schwingungs- und Energiemedizin können diese Präparate eine wertvolle Hilfe sein, ohne das man sie in Mengen herstellen und verteilen muß. Die Energiemedizin arbeitet mit der Übertragung von Schwingungen auf einen gestörten Patienten. Da genügt eine Probe für viele Jahre und für tausende von Patienten. Das ist natürlich eine Horrorvision für jeden Arzneimittelhersteller.

Homöopathische Germanium-Potenzen:

Metallisches Germanium: Giftig, führt zu Schmerzen, zu Lähmungen, zur Schädigung der Nerven und zur Blockade von Enzymfunktionen. D1, 2, 10, 11, 12 sind ungeeignet.

D 3 wirkt bei Männern mit sexuellem Desinteresse ohne spezifische Erkrankungen reaktivierend

D 4 Bewirkt eine Regeneration der durch Krebswucherungen geschädigten Zellen, Regeneration des geschädigten Körpergewebes

D 5 Fördert die Energie- und Mineralstoffaufnahme bei Pflanzen und erhöht die Sauerstoffproduktion

D 6 Fördert die Bildung von roten Blutkörperchen und somit die Sauerstoffaufnahme, zum Einsatz bei Leukämie, bei Anämie und in der Schangerschaftsvorsorge

D 7 Fördert die Gewebeerneuerung nach Verletzungen, Operationen, Entzündungen

D 8 Bewirkt den Abbau von entartetem Zellgewebe, Krebszellen beginnen zu degenerieren

D 9 Fördert die Durchblutung, Vorbeugend bei Infraktrisiko, Verstärkt die Widerstandsfähigkeit gegen die Belastungen durch Elektrosmog

D 13 Zur Überwindung von hormonellen Störungen, die die weiblichen Fortpflanzungsorgane beeinträchtigen und z.B. Unfruchtbarkeit zur Folge haben eventuell bei schlechter Pillenverträglichkeit

D 14 Aktiviert die Lymphe und fördert die körpereigenen Immunreaktionen, insbesondere die Bildung von Antikörpern

Homöopathische Selen-Potenzen:

Metallisches Selen: Giftig, führt zu Erstarrungen, zu Lähmungen, zur Schädigung der Sehzentren und zur Blockade von Enzymfunktionen. D2 und D7 sind gänzlich ungeeignet.

D1 ist die wichtigste Probe: Anregung der Hypophyse, Aktivierung der durch die Hypophyse gesteuerten Enzymproduktion, aktiviert die Ausleitung von Schwermetallen aus dem Körper und aus der Hypophyse. Es hilft, Schadstoffe, die durch Krebs verursacht werden, abzufangen und auszuleiten. Es bekämpft die giftigen Abfallprodukte von Krebs und fängt freie Radikale ein. Es ist gut gegen Entzündungsherde und Rheuma, zusammen mit D 12 zur Ausleitung von Amalgam. Sollte aber nicht eingenommen, sondern nur durch Bioresonanz verwendet werden.

D 3 steigert unsere Abwehrkräfte, gegen Gastritis, bekämpft Entzündungsherde.

D 4 steigert unsere Abwehrkräfte, stärkt die Funktionen von Pankreas, Magen und Darm. Fördert den Aufbau der Enzyme.

D 5 steigert die Abwehrfunktionen, speziell zur Stärkung der Antiallergene, präventiv gegen Allergien

D 6 neben D1 und D 12 die wichtigste Probe, hier ist es die Schwingung, die Krebs bekämpft, während D1 den Abbau der Schadstoffe fördert. Ebenso gegen Rheuma zur Anregung der Schadstoffausleitung. Fördert die Ausleitung von radioaktivem Cäsium aus der Schilddrüse und fördert die Normalfunktion der Schilddrüse. Im Boden fördert es die Sauerstoffversorgung der tierischen Kleinlebewesen und Regenwürmer; im Garten versprühen.

D 8 gegen Arthrose / Arthritis, verhindert weitere Ablagerungen, verhindert auch die Ablagerung von Schwermetallen.

D 9 steigert ebenfalls die Abwehrkräfte, gut zur Entgiftung der Leber, fördert hier die Ausleitung von Schadstoffen.

D 10 steigert die Abwehrkräfte vor allem im Sehbereich, gegen grünen Star und Glaukom.

D 11 steigert die Abwehrfunktionen, speziell zur Ausleitung von Schwermetallen.

D 12 Beste Probe nach D1, gegen die Entzündungen beim Rheuma, gegen Nierensteine, fördert den Abbau der Nierensteine, aber nicht präventiv, Steigerung der Widerstandskraft gegen Infekte, Schwermetalle werden in lösliche Form gebracht und ausgeschieden.

Exkurs: Atomkraftwerke

Wir wurden wiederholt danach gefragt, wie gefährlich die Abstrahlungen der Atomkraftwerke sind, bzw. ob mit dem Wasserdampf radioaktives Material verbreitet wird. Dazu ist zu sagen, daß bei normalem Betrieb die Abgabe von radioaktivem Material wirklich sehr gering ist und man sich fragt, ob das die Ursache für z.B. verstärktes Auftreten von Leukämie sein kann. In sofern fühlen sich die Betreiber der AKWs sicher.
Neulich kamen wir in einem Gespräch darauf, daß der Prozeß der Kühlwasserkreisläufe in den AKWs, wo riesige Wassermengen

unter großem Druck durch extrem heiße Röhren geschossen wird, sehr wohl mit einem homöopathischen Potenzierungsverfahren verglichen werden kann, bei dem unter extremer Hitze Hochpotenzen hergestellt werden. Das würde bedeuten, daß der physikalisch gesehen kaum radioaktive Wasserdampf, der die Werke verläßt, trotzdem die tödliche Information der harten radioaktiven Strahlung aus dem Kern der Atomkraftwerke enthält!
Da dieser hoch potenzierte Wasserdampf nun in der weiteren Umgebung der AKWs ohne Bedenken niederregnen darf, würden folglich auf diese Weise alle Lebewesen die tödlichen Informationen aufnehmen. Das könnte bei vielen betroffenen Lebewesen einen Schock auslösen, der z.B. Leukämie verursacht.
Wie weit solche Dampfwolken reichen, sehen wir an der Zuckerrüben-Fabrik bei Grünstadt. Je nachdem wie der Wind steht, kann man den malzigen Geruch noch in 15 km Entfernung in Oberflörsheim riechen. Die Abgase der Atomkraftwerke riechen nicht, aber die Fahnen der Kühltürme reichen weiter.
Natürlich können wir derartige Überlegungen nicht "wissenschaftliche" beweisen, aber ich würde vorschlagen, daß sich Rutengänger, Pendler und andere Sensitive einmal um diesen Aspekt kümmern und recherchieren. Für die "Wissenschaftler" ist jede Homöopathie Humbug, aber für Eingeweihte ist es eine ernsthafte Realität.
Vielleicht ist Ihnen in der Vergangenheit aufgefallen, daß bei radioaktiven Unfällen immer darauf hingewiesen wurde, daß die dabei "normalerweise" freiwerdenden radioaktiven Isotope nicht besonders gefährlich seien, weil sie ja nur eine kurze Lebensdauer (Halbwertzeit) haben. Das ist teilweise richtig. In den Abgasen eines Atomkraftwerks finden sich eher Stoffe mit kurzer Halbwertzeit wie Cäsium und nicht Stoffe wie Uran oder Plutonium, mit sehr langen Halbwertzeiten. Dabei wird nur verschwiegen, daß die Elemente mit kurzer Halbwertzeit ihre Energie eben in sehr kurzer Zeit verstrahlen. Auf diese Weise ist die akute Strahlenbelastung durch kurzlebige Stoffe viel höher, als die von langlebigen Isotopen. Wenn wir readioaktives Cäsium einatmen, ist es eine akute, schwerwiegende Belastung, die niemand verharmlosen sollte. Hier wird uns etwas vorgegaukelt, was völlig an der realen Gefahr vorbei geht. Das ist eindeutig wissenschaftlich belegt. Es sind die Betreiber der Atomkraftwerke, die Massenmedien und die Politiker, die ganz bewußt die Bevölkerung belügen.

Blütenessenzen

Die Idee der Blütenessenzen haben wir in der Neuzeit von Dr. Bach bekommen. Durch seine sensitiven Fähigkeiten konnte er uns ein umfangreiches und vielfältiges Repertoir hinterlassen. Die Essenzen von Dr. Bach sind jedoch nicht die einzigen. Das Verfahren war den alten Heilern bei allen Naturvölkern wohl bekannt. Nur die modernen und wissenschaftlich verbildeten Mediziner waren nicht mehr in der Lage, mit ein paar Blüten, in Wasser und in die Sonne gestellt, etwas Sinnvolles anzufangen, so wenig wie sie die Homöopathie begreifen. Dr. Bach hat also diese alte und wertvolle Naturmedizin für uns in die Gegenwart gerettet.
Wer sensitiv veranlagt ist, kann auch mit anderen Pflanzen Blütenessenzen herstellen. Es gilt dabei zu erkennen, wozu so eine Essenz eigentlich gut ist, ob sie dann die gewünschte Wirkung hat, ob die Pflanzen sauber und gesund sind, woher man gesundes Wasser bekommt usw.
Blütenessenzen wirken durch ihre subtile Energie, die aus der Lebenskraft der Blüte und der Sonnenenergie kommt, auf den Energiekörper ein. Die Gabe von Blütenessenzen kann gut mit der Muskelreflexdiagnose ausgetestet und mit der Chakraheilung kombiniert werden.
Bitte stellen Sie sich die Blütenessenzen als Energiemuster vor, die gleich Sicherheitsschlüsseln in bestimmte Löcher passen. Ist kein passendes Loch da, haben wir keine Wirkung. Daraus ergibt sich sofort, daß es mit diesen Essenzen zu keinen unerwünschten Nebenwirkungen kommen kann. Entweder sie heilen, oder es gibt keine Wirkung. Diese subtile Energie bedarf oft einer Unterstützung, z.B. durch Energytraining oder durch eine ausgewogene Diät.
Bei der Anschaffung von Blütenessenzen sollten Sie die Herkunft beachten. Es gibt die "Original Bach Rescue Remedies", die meiner Meinung nach wegen der hohen Nachfrage und der damit verbundenen Großproduktion nicht mehr die wünschenswerte Energie haben. Die ersten derartigen Essenzen kaufte ich 1980 in England. Sie waren bis 1985 haltbar und wirksam. Meine eigenen Essenzen, die ich unter besten Bedingungen in den französischen Pyrenäen anfertigte, waren sogar bis zu 10 Jahre haltbar. Die neuen Essenzen aus England, die ich 1986 kaufte, waren nur noch 2-3 Jahre wirksam. Inzwischen gibt es verschiedene Angebote aus England, Kalifornien und Australien. Die Wirksamkeit müssen Sie selbst

bestimmen, z.B. durch Muskeltests, mit dem Pendel oder mit Bioresonanzgeräten wie VEGA-Test.

Hinweis: Reine Gedanken, Konzentration und Selbsterkenntnis sind das optimale Heilmittel. Alle anderen Mittel und Methoden sind Hilfsmittel auf dem Weg zur Erkenntnis!

Praktikum: Die Herstellung der Bach-Blütenessenzen

Ihrem Charakter nach können wir die Blütenessenzen als homöopathische Essenzen einstufen. Jeder kann selbst Blütenessenzen zubereiten. Es geht aber nur dann, wenn die Sonne scheint und mit ein paar Vorbereitungen. Sie nehmen sich eine Glasschale oder eine Glasschüssel, z.B. eine kleine Kompottschüssel. Sie sollte sauber und trocken sein, garantiert frei von Spülmitteln und Chemikalien und auch frei von Ihrem eigenen Schweiß. Also bitte topsauber arbeiten. Dann nehmen Sie sauberes Mineral-Quellwasser, z. B. Vitell oder Evian. Diese französische Mineralwasser haben eine gute Qualität. Deutsches Einheitswasser hat keine gute Energie. In meinem eigenen Labor habe ich frisches Quellwasser aus den Pyrenäen benutzt. Die Qualität des Wassers ist also von Bedeutung. In der Stadt nehmen Sie einfach Vitell oder Evian. Falls Sie eine Energiepyramide haben, stellen Sie das Wasser vorher für eine Stunde oder auch eine Nacht lang hinein.
Geben Sie etwa 100 ml Wasser in die Glasschüssel. Dann pflücken Sie größere grüne Blätter von der Pflanze, um die es Ihnen geht und pflücken hiermit die kleinen Blütenblätter. Sie fassen also die Blüten möglichst nicht mit den Fingern an, sondern Sie nehmen Blätter von der Pflanze, und damit pflücken Sie dann die kleinen Blütenstände, Blüten oder Blütenblätter.
Versuchen Sie es einmal mit der Ringelblume. Sie nehmen die Ringelblume und pflücken so viele Blütenblättchen, bis die Wasseroberfläche bedeckt ist. Stellen Sie die Schüssel dann für mindestens 2 bis 4 Stunden in die pralle Sonne. Die beste Zeit, um die Essenz in die Sonne zu stellen, ist zwischen vormittags 10.00 Uhr bis nachmittags 16.00 Uhr. Zwei Stunden sind genug.
Danach nehmen Sie einen top-sauber gereinigten Kaffeefilter aus Plastik oder besser noch aus Porzellan, mit einer normalen weißen Kaffeefiltertüte. Gießen Sie den Inhalt der Schüssel hinein und fangen Sie den Absud in einem sauberen Glas auf. Damit haben Sie die Blütenblätter entfernt. Dieses Quellwasser mit der Blüten-

essenz, die von dem Sonnenlicht herausgetrieben und ins Wasser gedrückt wurde, ist die Vitalkraft der Blüte, die jetzt in dem Wasser ist.

Die Lösung stabilisieren Sie halbe-halbe mit frisch geöffnetem Gordons Dry Gin. Sie brauchen also ein Meßgefäß, damit Sie wissen, wieviel es ist. Auf 100 ml Blütenessenz-Wasser kommen 100 ml Gin. Die bei Gordons Dry Gin verwendeten Essenzen haben sich als so rein erwiesen, daß sie die Blütenessenzen nicht stören. Gin wird mit Wachholderbeeren angesetzt, die ihrerseits eine gute Heilwirkung für Magen, Körper und Seele entwickeln. Den alten Germanen und den Heilerinnen, den Hollefrauen, war der Wacht-Holler (Wächter der Heilung) heilig. Wenn Sie z. B. mit dem Magen und der Verdauung Gesundheitsprobleme haben, können Sie sich selbst kurieren, indem Sie über einige Wochen tägliche 9 Wachholderbeeren gut kauen und essen.

Bitte nehmen Sie nicht jeden billigen Schnaps, nehmen Sie auch keinen Rum oder sonstigen Alkohol. Die Wirkstoffe von verschiedenen Alkoholsorten sind nicht besonders gut geeignet. Außerdem ist noch reiner Alkohol geeignet, den Sie in der Apotheke bekommen. Den müßten Sie dann bis auf ca. 40% verdünnen. Bei 95%igem Alkohol wäre das in etwa 1:2,5 mit Quellwasser, also z.B. 100 ml Alkohol 96% + 250 ml Quellwasser oder Vitell.

Die Essenz, die Sie jetzt gewonnen haben, halbe-halbe mit Gin, füllen Sie in eine saubere braune Flasche. Das ist Ihre Stammessenz. Die können Sie sofort verwenden, indem Sie z. B. etwa 1 Teelöffel bis 1 Eßlöffel ins Badewasser geben, natürlich ohne Seifenzusatz. Die Calendula-Essenz wird Ihnen gegen Entzündungen, Hautprobleme und kleine Wunden helfen. Waschen Sie die Wunden damit oder baden Sie darin. Sie ist auch gut gegen Ausfluß und Unterleibsbeschwerden.

Ihre Stammessenz können Sie jetzt pur verwenden, indem Sie sich kleine Fläschchen abfüllen. Eine sehr gute Wirkung erzielen Sie, wenn Sie etwas auf der Stirn verteilen oder auf den Stellen, die schmerzen. Wenn Sie die Wirkung homöopathisch potenzieren, also verstärken wollen, dann nehmen Sie in einem Tropffläschchen auf 10 ml Alkohol 2-3 Tropfen Blüten-Stammessenz, auf 30 ml 5-10 Tropfen von der Stammessenz.

Nun brauchen Sie einen bestimmten Schüttelrhythmus. Bei der Homöopathie kommt es sehr auf Rhythmen an. Nehmen Sie das Fläschchen in die Hand und machen Sie aus dem Ellenbogengelenk und dem Handgelenk eine heftige, gleichmäßige Bewegung,

ca. 20-40 mal pro Fläschchen. Das nennt man dynamisieren. Es ist ein alchimistischer Trick, der dann bei den Heilpraktikern wieder auftaucht und der heute bei den Anthroprosophen eine große Rolle spielt.
Es gibt in der Industrie Maschinen, die rhythmisch schütteln. Das hat aber nicht die gleiche Wirkung, als wenn es ein Mensch macht, weil die Lebensenergie des Schüttelnden dort hineingeht. Machen Sie es bitte grundsätzlich mit der rechten Hand, weil die rechte Hand eine größere Ausstrahlung hat und stärker ist. Ihre Kraft geht dort hinein und wird Teil der Energie in der Essenz. Später können Sie die Essenzen zum aktivieren in einer Energiepyramide aufladen.
Bei der Verwendung von Blütenessenzen bekommen Sie keine plötzliche radikale Veränderung, aber ein Wundheilprozeß wird z. B. durch Calendula begünstigt, Entzündungen werden schnell kuriert.
So wie ich es jetzt hier für die Ringelblume beschrieben habe, können Sie sich von allen Blüten Essenzen anfertigen. Wenn Sie sensitiv sind oder die Kinesiologie beherrschen, dann können Sie austesten, wozu die Essenz gut ist. Das Verfahren ist so einfach, daß es jeder anwenden kann. Natürlich sollten Sie über die biologische Wirkung der Pflanzen informiert sein und keine Giftpflanzen verwenden. Doch auch die Blütenessenz einer Giftpflanze kann ein gutes Heilmittel sein. Z.B. wird ja auch das Gift der gefährlichsten Giftschlange "Buschmeister" (Lachesis) in der Homöopathie verwendet, oder die gefährliche Brechnuß (Nux vomica). Kaufen Sie sich ein gutes Heilpflanzenbuch. Überlegen Sie bei derartigen Experimente gewissenhaft, was Sie tun.

Wir müssen bei den Blütenessenzen nicht immer die psychosomatischen Zuordnungen nachweisen, von denen bei Dr. Bach gesprochen wird. Jede Blütenessenz hat einen besonderen Reiz. Bei jeder Blütenessenz haben wir von der Stammlösung eine Wirkung, die in die Richtung geht, wie sie unsere Heilpflanzenbücher beschreiben. Welche psychische Wirkung hinzukommt, muß mit sensitiven Methoden ausgetestet werden. Im Anhang an Dr. Bach's Essenzen finden Sie einige Pflanzenessenzen, die ich selbst auf meinem Hof Le Braquet in den Pyrenäen entwickelt habe.

Die Wirkung der Blütenessenzen von Dr. Bach

1. Odermennig (Agrimony) - quälende Gedanken werden hinter einer Fassade der Sorglosigkeit und Fröhlichkeit verborgen.
2. Zitterpappel (Aspen) - vage Ängste, Vorahnungen, geheime Furcht vor drohendem Unheil.
3. Rotbuche (Beech) - Kritiksucht, Arroganz, Intoleranz, man verurteilt andere ohne Einfühlungsvermögen.
4. Tausendgüldenkaut (Centaury) - willenschwach, läßt sich ausnutzen, Überreaktion um anderen gerecht zu werden.
5. Bleiwurz (Cerato) - kein Vertrauen in die eigene Meinung.
6. Kirschpflaume (Cherryplum) - Angst den Verstand zu verlieren, - loslassen, - vor Kurzschlußhandlungen, - wilde Temperamentsausbrüche.
7. Knospe der Roßkastanie (Chestnut Bud) - macht stets die gleichen Fehler und setzt Erfahrungen nicht um.
8. Wegwarte (Chikoree) - besitzergreifend, mischt sich drängend ein und erwartet dauernd volle Aufmerksamkeit von seinen Mitmenschen.
9. Waldrebe (Clematis) - Tagträumer, in Gedanken stets woanders, statt bei der Sache.
10. Holzapfel (Crabapple) - fühlt sich innen und außen schmutzig und unrein (Detailkrämer).
11. Ulme (Elm) - fühlt sich vorübergehend seinen Aufgaben nicht gewachsen.
12. Gelber Enzian (Gentian) - Pessimist, Zweifler, Nörgler, Störungen in der Sexualenergie.
13. Stechginster (Gorse) - Hoffnungslos, verzweifelt.
14. Heidekraut (Heather) - das "bedürftige Kleinkind", ständig mit sich beschäftigt und braucht dauernd Publikum.
15. Ilex (Holly) - Eifersucht, Mißtrauen, Haß und Neid auf allen Ebenen.
16. Jelängerjelieber (Honeysuckle) - lebt nicht in der Gegenwart, Sehnsucht nach Vergangenem.
17. Weißbuche (Hornbeam) - traut sich selbst die Alltagspflichten nicht zu, schafft sie aber doch.
18. Drüsenspringkraut (Impatiens) - ungeduldig, leicht reizbar, Überreaktionen.
19. Lärche (Larch) - Minderwertigkeitskomplexe, erwartet stets Fehlschläge.

20. Gefleckte Gauklerblume (Mimulus) - konkrete Ängste, Weltangst, Lebensangst.
21. Wilder Senf (Mustard) - Perioden tiefer Traurigkeit kommen und gehen ohne erkenntliche Ursache.
22. Eiche (Oak) - der niedergeschlagene und erschöpfte Kämpfer, der trotzdem weitermacht und nicht aufgibt.
23. Olive - fühlt sich ausgelaugt - Erschöpfung von Seele und Körper.
24. Kiefer (Pine) - Selbstvorwürfe, Schuldgefühle, Mutlosigkeit.
25. Rote Kastanie (Red Chestnut) - Übertriebene Sorge um andere.
26. Sonnenröschen (Rock Rose) - gegen zuviel Energie in jeder Form, Sonnenstich, akute Angstzustände, Panik.
27. Quellwasser aus Heilquellen (Rockwater) - verfolgt zäh seine Prinzipien und unterdrückt dabei seine eigenen Bedürfnisse.
28. Einjähriger Knäuel (Scleranthus) - unschlüssig, sprunghaft, unausgeglichen.
29. Doldiger Milchstern (Star of Bethlehem) - der Seelentröster, gegen länger zurückliegende Ängste und Schocks.
30. Eßkastanie (Sweet Chestnut) - tiefste Verzweiflung, man glaubt sich an der Grenze des Erträglichen.
31. Eisenkraut (Vervain) - reizbar bis fanatisch, treibt Raubbau mit den eigenen Kräften um eine gute Sache zu realisieren.
32. Wein (Vine) - der kleine Tyrann, rücksichtslos dominierend.
33. Walnuß (Walnut) - die Essenz für den Durchbruch bei wesentlichen Neubeginnen im Leben, gegen vorübergehenden Wankelmut und Unsicherheit (Beeinflußbarkeit).
34. Sumpfwasserfeder (Water Violet) - zeitweilige innere Reserviertheit, Stolz, isoliertes Überlegenheitsgefühl.
35. Weiße Kastanie (White Chestnut) - gegen den inneren Dialog, ständig kreisende Gedanken ohne voranzukommen, blockierte Entscheidungsfähigkeit.
36. Waldtrespe (Wild Oat) - Unzufriedenheit, weil man die eigene Lebensaufgabe nicht findet.
37. Heckenrose (Wildrose) - teilnahmslos, apathisch, innere Kapitulation.
38. Gelbe Weide (Willow) - "Opfer des Schicksals", innerer Groll. Verbitterung, mürrisch.
39. Rescue Remedy - Mischung für erste Hilfe aus 6, 9, 18, 26 und 29.

Die Blütenessenzen von D. Harald Alke

40. Blaue Kreuzblume - öffnet den Herzlotos, Erkenntnis des Herzens, der gute Hirte in jeder Therapie.
41. Knabenkraut - öffnet die Verbindung vom 2. zum 6. Chakra und umgekehrt, zwischen körperlicher Liebesfähigkeit und geistiger Einsicht vom 3. Auge, hilft bei der Erweckung und Nutzung der Chakra-Energie, beim Kundalini Yoga.
42. Spitzwegerich - Harmonisierung des Energiehaushaltes, hilft das 3. Auge zu öffnen, gegen emotionale Beklemmungen und Atemwegserkrankungen (Energieprobleme!)
43. Heublume - gegen Allergien aller Art.
44. P-Gras - gegen Alterserscheinungen, Impotenz und Gefühlskälte.
45. Hanf - Öffnung des 3. Auges, geistig klar durchblicken, stärkt die Intuition.
46. Stechapfel (Datura) - Kontakt zum Unterbewußtsein, zu unserem Verbündeten.
47. Eisenhut (Aconitum) - Regulierung der Hypohyse + Epiphyse, macht nachdenklich, regt zu inneren Reflexionen an.
48. Hühnerbiß - gegen zu viel Energie, egal woher, dämpf Affekte, hilfreich in der Therapie bei Neurosen, Psychosen und Epilipsie.
49. Laya - Wirkstoffkombination für emotionale Stabilität in der Therapie, bei Streß, auch vorbeugend, (enthält 26, 31, 40 (ersatzweise 52), 41, 44, 47).
50. Bohnenkraut - reguliert die Sexualkraft und sorgt für physische Stabilität.
51. Wermut - gegen Schwermut, Trauer und Kummer. Man gewinnt Abstand von den Belastungen und Ansprüchen anderer Menschen.
52. Roter Klee - öffnet das 4. Chakra und das Herz (Ersatz für die blaue Kreuzblume, die in machen Jahren nur schwer zu finden ist).
53. Ringelblume (Calendula) - unterstützend in der Wundheilung, Rekonvaleszenz, stabilisiert den physischen Körper.

Das A und O der Blütenessenzen nach der Methode von Dr. Bach ist die Reinheit der Pflanzen, des Quellwassers, des destilierten Alkohols und die Verarbeitung. Außerdem fließen hier die Schwingungen der Menschen ein, die die Blüten pflücken und den Prozeß verarbeiten. Das zeigt bereits, daß man bei einer großen Menge

bereits Schwierigkeiten in der Herstellung bekommt. Als die ersten Blütenessenzen auf den Markt kamen, so etwa um 1980, war die Qualität der Produkte aus England hervorragend gut.
Als wir 1986 einige Essenzen testeten, war die Qualität z.T. schon gesunken. Zu diesem Zeitpunkt waren alle unsere Essenzen aus den Pyrenäen wesentlich besser, stärker und reiner. Alle Essenzen, die wir 1986-90 in Deutschland anfertigten, waren minderwertig. Es muß am Land liegen, an den Menschen und an der Umweltverschmutzung.
In einem Gespräch über die Bach-Essenzen teilten mir einige Heilpraktiker im Juni 2001 im Rahmen eines Erfahrungsaustausches mit, daß sie die englischen Essenzen nicht mehr verwenden. Ich vermute, daß der Schwund an Qualität mit der Massenproduktion und der Umweltverschmutzung in England zu tun hatte. Wie gut die neuen Essenzen aus Californien und aus Australien sind, weiß ich persönlich nicht. Heiße Gebiete sind grundsätzlich vorzuziehen, weil die Sonne und die Pflanzen mehr Energie haben. Abgelegene Gebiete und wild gewachsene Pflanzen sind ein weiterer Vorteil. Die anwesenden Heilpraktiker zogen jedenfalls diese neuen Essenzen vor.

Aromatherapie

In unserer oft genug verschmutzten und schlecht riechenden Umwelt haben wir die Fähigkeit zu riechen stark eingeschränkt. Das heißt keineswegs, daß wir nicht mehr in der Lage wären, zu riechen. Es ist genauso wie mit anderen Störungen, die uns belasten, z.B. dem Ticken eines Weckers. Nach einiger Zeit hören wie ihn nicht mehr, obwohl er da ist und tickt!
Ebenso ist es mit unserem Geruch. Er funktioniert, jedoch setzen wir selbst in unserem Bewußtsein eine Zensur ein, was wir von den Gerüchen der Umwelt noch wahrnehmen wollen.
Diese Zensur wird stark beeinflußt durch die Erziehung, was ist gut, riecht gut und was ist schlecht, riecht schlecht. So sind z.B. alle Gerüche im Zusammenhang mit der Ausscheidung und den Geschlechtsorganen als "schlecht" deklariert. Das hat aus hygienischen Gründen seinen Sinn, wird aber ebenso als regelnde und einschränkende Maßnahme zur Sexualerziehung angewendet.
Der Gipfel sind dann chemische Intimsprays, die unseren Eigengeruch völlig vertuschen. Einem Fachmann, der Gerüche bezüglich ihrer chemischen Herkunft und Zusammensetzung identifizieren kann, wird allein schon von diesem Geruch Angst und bang! Das ist wirklich eine "chemische Keule" gegen jede Sinnlichkeit.
Damit Sie den Zusammenhang zwischen → Sexualität und Nase richtig verstehen können, beachten Sie bitte, daß sowohl im Atembereich, als auch im Geschlechtsbereich Schleim produziert wird. Außerdem gibt es auf der geistigen Ebene einen Zusammenhang zwischen Geschlechtsorgan und Nase. Zur Produktion von Schleimes braucht unser Körper das Element Kupfer. Darum ordnet man Kupfer dem Planeten Venus bei (Liebeskraft).
Um unseren Geruch wieder zu erwecken und zu trainieren, sind fremde, wohltuende Düfte gut geeignet. Wir verwenden dafür ätherische Öle, die essentiellen Wirkstoffe der Pflanzen. Sie bieten eine Vielfalt von sinnlichen Anregungen und bringen unsere Nase wieder richtig auf trapp.
Um die erwähnten Zusammenhänge zwischen Geruchs- und Geschlechtsorgan noch einmal zu verdeutlichen, beachten Sie bitte, daß fast alle pflanzlichen Essenzen, die auf die Atemorgane wirken, gleichzeitig auch eine heilende Wirkung im Urogenitalbereich entfalten. Z.B. hilft Thymianessenz bei Atemwegserkrankungen und bei Erkrankungen der Harnwege.

Bei der heutigen Einstellung zur Sexualität wundert es sicher nicht, daß die Mehrzahl der Menschen in unserer Gesellschaft mehrmals im Jahr verschnupft ist, → Grippe hat, unter Husten leidet usw. Mit zunehmender Selbsterkenntnis, Ehrlichkeit und liebevoller Pflege des ganzen Körpers verschwinden diese Leiden von selbst.
Entwicklungsgeschichtlich stammt die Fähigkeit, Schleim zu produzieren von den Mollusken (Weichtiere) aus grauer Vorzeit, als es vermutlich noch nicht einmal freien Sauerstoff gab!
Die Aromatherapie kann uns sehr gut helfen, wieder ein neues, tieferes Gefühl für unseren Körper und für Gerüche zu entfalten. Wir nehmen diese pflanzlichen Wirkstoffe bereits mit der Atemluft auf. Geruch ist eine Eigenschaft des 1. Chakras und stärkt unseren Selbsterhaltungstrieb. Die ätherischen Öle wirken also äußerlich, beim einreiben und massieren durch die Haut, über die Atmung, durch die Luft, auf die Atmungsorgane, und wir können Sie einnehmen oder auch im Essen verwenden, je nachdem worum es sich handelt.
Alle Essenzen der Aromatherapie gleichen hochkonzentrierten Heilmitteln und Gewürzen. Die aromatischen Öle werden durch Wasserdampfdestillation aus dem Pflanzenmaterial ausgetrieben und in einem Kühlbehälter kondensiert. Das kann man nicht einfach daheim machen wie die Blütenessenzen. Diese Destillate sind sehr konzentriert. Um z. B. solch ein ätherisches Öl aus Lemon Gras oder Citronelle zu machen, brauchen Sie etwa 10 kg Pflanzenmaterial für 10 ml reinstes Öl. Darum sind diese Öle grundsätzlich teuer. Früher war die Benutzung der ätherischen Öle im Wesentlichen eine Angelegenheit der orientalischen Länder. Wegen ihrer engen Beziehungen nach Afrika und Arabien waren in Europa vor allem die Franzosen, Italiener und die französische Schweiz Handelspartner und Nutznießer dieses Wissens. In den vergangenen 10 Jahren hat das Interesse an den ätherischen Ölen offenbar weltweit stark zugenommen und damit die Nachfrage. Es muß mehr produziert werden, manches ist billiger geworden, doch die Qualität hat gelitten.
Im Moment sieht es so aus, daß wir hier in Deutschland ein großes Angebot an ätherischen Ölen haben. Sie werden von Esoterikläden über Bioläden, Apotheken bis zum Supermarkt angeboten. Dabei können Sie davon ausgehen, daß ätherische Öle in einer Kollektion mit einem Durchschnittspreis von vielleicht 2,- € / 10 ml Fläschchen zum Großteil gar nichts taugen können! So ein Preis wäre für Zitronenöl okay, für Lavendel gar nicht zu denken.

Mir ist aufgefallen, daß manche Apotheken eine billige, minderwertige Serie anbieten, die nichts taugen kann. Diese Essenzen riechen schrecklich. So etwas darf man gar nicht verwenden. Über den Apothekengroßhandel kann der Apotheker geprüfte, reine Essenzen in guter Qualität bekommen, aber dann hat er das Problem, daß er selbst abfüllen und Etiketten drucken muß. Die Verpackung ist dann nicht so schön, der Preis wäre sicher doppelt so hoch bei den billigen Marken, und so kursieren mehr minderwertige Produkte, als gute.
Manche essentiellen Öle riechen ganz rein so stark, daß wir ihren wahren Duft bei einigen Sorten gar nicht richtig einschätzen können. Erst in größerer Verdünnung entfalten viele von ihnen ihre ganze Duftfülle.
Reine ätherische Öle kann man als Heilmittel einnehmen. Wenn Sie ein bestimmtes Symptom haben, dann nehmen Sie einfach drei bis vier Tropfen mit ein bischen Zucker dreimal täglich ein. Damit können Sie eine Wirkung erzielen, als ob Sie ein Pfund von der entsprechenden Heilpflanze essen. Sie können nicht ein Pfund Thymian auf einmal essen. Davon wird Ihnen schlecht. Es könnte sogar zu Vergiftungen führen. Aber das reine ätherische Öl, der Wirkstoff aus dem Thymian, den können Sie in der Menge von 3-4 Tropfen mehrmals täglich zu sich nehmen. Ätherische Öle darf man nicht in die Augen bringen, weil es sehr konzentrierte Stoffe sind. Viele wirken ätzend auf die Schleimhäute.
Auch wenn die ätherischen Essenzen wirklich rein sind, so sind es doch noch Mischungen von verschiedenen einzelnen Ölen, wie sie eben in der jeweiligen Pflanze vorkommen. Die Natur liefert uns also immer gewisse Mischungen. Die Pharmazeuten haben in den vergangenen Jahrhunderten immer wieder versucht, herauszufinden wie denn nun jeder einzelne Bestandteil einer Pflanze oder eines Extraktes wirkt. Das mag wissenschaftlich gesehen interessant sein. Aber je mehr einzelne Stoffe isoliert werden, desto mehr sind die Probleme mit den Nebenwirkungen aufgetaucht. Der natürliche Cocktail in einer Pflanze hat in der Regel eine Zusammensetzung, die verschiedene Wirkungen so kombiniert, daß wir eine gewisse Wirkung erhalten, aber z.B. nicht zu viel davon aufnehmen können. Beispiel: Die natürlichen Cocablätter dämpfen den Hunger, machen unempfindlich gegen Kälte und Schmerzen und sie machen nicht süchtig. Sie wirken eher beruhigend und aufbauend. Das reine Kokanin ist jedoch eine gefährliche Droge.

Die Nahrungspflanzen wachsen ja schließlich für uns! Die Natur auf diesem Planeten lebt integrativ, d.h. wie leben zusammen und bedingen uns gegenseitig. Erst in aufwendigen chemischen Prozessen wird aus dem Mohnsaft das gefährliche Heroin. Mohnsaft wirkt einfach nur beruhigend auf die Verdauung. Die Forschungsinteressen der Pharmaindustrie sind also zu einem großen Teil sehr akademischer Natur und werden mit dem Bestreben durchgeführt, daß man neue, ungewöhnliche Heilmittel produzieren kann, die dann einen gewissen Show-Effekt haben.
Für mich gehören ätherische Öle in die Hausapotheke. Man muß nur darauf achten, daß man wirklich reine Öle bekommt. Zur Anwendung im Einzelnen orientieren Sie sich bitte an dem Buch → "Aromatherapie" von Valnet im Literaturverzeichnis und an den folgenden Tabellen.

Um 10 ml ätherisches Öl zu gewinnen braucht man folgende Mengen Pflanzenmaterial:

Bergbohnenkraut	10 kg Kraut + Blütenstände
Citronellgras	10 kg Gras
Eukalytus	1 kg Blätter
Geranie	1,5 kg Pflanzen
Kiefer	1,5 kg Nadeln
Lavendel	3 kg Blütenstände
Majoran	3,5 kg blühende Pflanzen
Mandarine	2 kg Schale
Myrthe	7 kg Pflanzen
Niauli	1 kg Blätter
Orange	3,5 kg Schale
Patchouli	0,5 kg Blätter
Pfefferminze	7 kg Planzen
Rosmarin	3 kg Pflanzen
Sandelholz	0,25 kg Holz
Thymian	3 kg Pflanzen + Blüten
Wachholder	1,2 kg Beeren
Ylang-Ylang	3 kg Blüten
Zitrone	3 kg Schale

Die ätherischen Öle aus den Schalen der Zitrusfrüchte werden durch Kaltpressung gewonnen.

Diese Übersicht macht deutlich, warum die essentiellen Öle teuer sind, sehr sparsam verwendet werden sollten und warum schon wenige Tropfen eine große Wirkung entfalten können!

Normaldosis: 2-4 Tropfen 2-3 x täglich mit etwas Zucker oder in heißem Wasser, bei einigen auch direkt in den Mund.

Qualität und Preise ätherischer Öle

Ätherische Öle werden oft mit einem billigeren, neutralen Pflanzenöl gestreckt um sie in einem vom Kunden akzeptierten Menge/Preis-Verhältnis anbieten zu können.
Außerdem ist praktisch jede Firma gezwungen, bestimmte billige Öle überteuert anzubieten (z.B. Eukalyptus), um dadurch andere, sehr kostbare und teure Öle im Angebot halten zu können, ohne daß daran etwas verdient wird (z.B. Ylang-Ylang).
Preise, die wesentlich von unserer Orientierungshilfe abweichen sind entweder überteuert oder zu billig und verschnitten. Allerdings muß auch beachtet werden, daß der Markt für ätherische Öle Schwankungen unterliegt, in Abhängigkeit von den Ernteerträgen, dem Klima und der Inflation. Da internationale Geschäfte meistens in US $ abgerechnet werden, spielt hierbei wiederum der Stand vom US $ zum € eine Rolle.
Wir geben die Orientierungspreise für Frankreich an, da die Franzosen schon eine seit dem Mittelalter für Europa führende Position für den Handel mit Pflanzenessenzen haben. Später bauten sie ihr Angebot durch ihre Überseekolonien noch weiter aus. In der französischen Naturheilkunde ist die Anwendung von ätherischen Ölen beliebt. Auch ein Teil der Ärzteschaft verschreibt Essenzen. So kann man über französische Apotheken alle ätherischen Öle in sehr sauberer Qualität beziehen.

Orientierungs-Preise 2000 in Frankreich in € pro 10 ml ätherisches Öl, gute Qualität:

Eukalyptus 2,-; Birke 3,-; Eisenkraut 10,-; Geranium 10,-; Ingwer 10,-; Majoran 13,-; Muskat 4,-; Myrte 3,-, Gewürznelke 5,-; Orange 2,-; Pfefferminze 2,-; Thuja 10,-; Zimt 4,-; echte Rose aus Rosenblütenblättern: 1 ml 20,- €!

Die Wirkung ätherischer Öle

Bergamotte -	stark antiseptisch, krampflösend, gegen Darmparasiten, beruhigt + belebt, Hautpflege, Abszesse, sollte verdünnt werden. Vorsicht: kann konzentriert wiederum Hautreizungen verursachen!
Bergbohnenkraut	alle Arten von Verdauungstraktstörungen, geistige Erschöpfung, Asthma, Bronchitis, Wundheilung, Aphrodisiakum.
Citronelle	belebend, erfrischend, gegen Insekten, bei Rheuma,
Eisenkraut	bei Darmentzündungen, Krämpfen, Streß, gegen Läuse, fördert die Milchproduktion bei Frauen.
Eukalyptus	gegen Leiden der Luft- und Harnwege, Darmparasiten, Fieber, Migräne, Wundheilung, gegen Läuse (Insekten).
Geranie	geistig öffnend, fördert das Wachstum der weiblichen Brust und strafft.
Gewürznelke	gegen allgemeine Müdigkeit, Gedächtnis schwäche, Darminfekte, Geburtsvorbereitung,Zahnschmerzen, Wundheilung.
Kiefer	bei alle Erkrankungen der Atem- und Harnwege, fördert Auswurf, antiseptisch, antibakteriell, für Inhalationen.
Kamille	gegen Entzündungen aller Art, Neuralgien, Blutarmut, Migräne, Rheuma, Darmparasiten.
Kümmel	bei Appetitmangel, Blähungen, allen Verdauungsstörungen, Menstruationsbeschwerden, fördert die Milchproduktion, gegen Herzkrämpfe, Krätze, stärkt die männliche Potenz.
Lavendel	bei Gereiztheit, Streß, Krämpfen, alle Atemleiden, Hautleiden, Weißfluß, Neuralgien, gegen Insekten.
Majoran	gegen allgemeine Müdigkeit, Beklemmung, Atembeschwerden.
Mandarine	krampflösend, beruhigend, bei Darminfektionen, Hautpflege.

Muskat	bei Darminfekten, appetitanregend, geistig anregend.
Myrthe	entzündungshemmend, krampflösend, Expektoranz, öffnet geistig (Tempelduft).
Niauli	bei Bronchitis, Sinusitis, alle Atem- und Harnwegbeschwerden, Wochenbett infektionen, wundheilend, Keuchhusten.
Orange	anregend, belebend, verdauungs beruhigend, antiseptisch, Hautpflege, speziell für junge Frauen.
Origanum	bei Appetitmangel, Bronchitis, Asthma (!), Rheuma, Ausbleiben der Menstruation, gegen Läuse. Vorsicht: ziemlich ätzend!
Patchouli	Aphrodisiakum, antiseptisch, ausgleichend und anregend.
Pfefferminze	bei Entzündungserscheinungen, Verdauungsschwäche, Durchfall, leberstärkend, Herzklopfen, Asthma, Menstruationsbeschwerden, Zahnschmerzen, gegen Insekten.
Quendel	krampflösend bei Asthma, beruhigend + anregend, für die Hautpflege 1:50 in Öl, verdauungsfördernd. Vorsicht: ziemlich ätzend!
Rosmarin	bei allgemeinen Schwächezuständen, zur Rekonvaleszenz, revitalisierend, bei Atem weg- und Lebererkrankungen, wundhei lend, gegen Migräne und Insekten.
Salbei	revitalisierend, Rekonvaleszenz, Nerven leiden, Asthma, kalter Schweiß, Schweißfüße, gegen Bluthochdruck, Kräftigungsbäder, Wohnraumdesinfektion, Menstruationsbeschwerden, zum Abstillen, gegen Wespenstiche.
Sandelholz	(Santal), bei Harnweginfektionen (Tripper), bei chronischer Bronchitis, gegen Durchfall. Aphrodisiakum.
Thuja	(Lebensbaum), reintegrierend, regenerierend, antiseptisch, für Regenerationskuren, belebend.

Thymian	gegen allgemeine Schwächezustände, bei allen Atem- und Harnwegerkrankungen, für ruhigen Schlaf.
Terpentin	bei chronischer Bronchitis, Harnwegerkrankungen, Blutungen, Rheuma, Krämpfe, Migräne, Darmparasiten, Gicht, Läuse, Krätze, Neuralgien.
Wacholder	bei Erschöpfung, vorbeugend gegen Infek tionen, Gicht, Rheuma, Wassersucht, Muskelzerrungen, wundheilend, Akne.
Ylang-Ylang	erotisierend, anregend, gegen Impotenz, Bluthochdruck, Herzklopfen, Darminfekte, Frigidität.
Zimt	beruhigend für Herz- und Kreislauf, bei Darminfekten, Aphrodisiakum, krampflösend, antiseptisch.
Zitrone	gegen Infektionen, Rheuma, Gicht, Venenentzündungen, Verkalkung, Wachstumsstörungen, Blutungen, Warzen, Leberentzündungen, wundheilend, gegen Flechte.
Zitronenmelisse	Wirkstoff des Melissengeistes pur; anregend und beruhigend, Kreislauf regulierend, schmerzstillend.

Wenn Sie sich ein neues, reines, ätherische Öl gekauft haben, das Sie auch innerlich anwenden möchten, testen sie es mit 2-3 Tropfen auf etwas Zucker, im Mund zergehen lassen. Auf diese Weise können Sie kosten, wie starkt und vielleicht ätzend es ist. Danach können Sie es angemessen dosieren. Ätherische Öle gehören jedenfalls nicht ohne Aufsicht in Kinderhände!
Die Haltbarkeit der verschiedenen Öle ist sehr verschieden. Ich fand 1988 in einer französischen Apotheke ein Originalfläschchen Nelkenöl von 1932. Es war eine wundervolle, ganz außergewöhnliche Essenz. Andere Öle halten sich nur wenige Jahre und werden dann ranzig. Wenn heutzutage die Nutzpflanzen für die Öle mit Dünger und Pestiziden gezogen werden, kann man natürlich ganz unangenehme Überraschungen erleben. Solche Essenzen werden dann für 1,20 € / 10 ml angeboten. Von einer inneren Anwendung ist tunlichst abzuraten. Auch bei den ätherischen Ölen in Bio- und Reformläden möchte ich lieber nichts garantieren. Ich habe dort

Öle gefunden, die genauso minderwertig sind wie die Billigserien in Supermärkten, nur teurer.

Für die Praxis: Mischungen ätherischer Öle

Für äußere Behandlungen mit Massageöl kann es je nach Art und Qualität ausreichend sein, auf 100 ml gutes Öl, z.B. Jojoba oder Distelöl, nur 5-10 Tropfen einer ätherischen Essenz zu geben. Die Obergrenze dürfte bei 10 ml ätherische Essenz pro 100 ml Öl liegen, um ein gutes Massageöl zu produzieren. Wenn Sie sich selbst etwas mischen, testen Sie immer wieder den Geruch. Der kann am Anfang sehr stark sein, dann verschwinden, Sie geben wieder etwas hinzu, dann geht er wieder unter, und vielleicht nach 2 Tagen merken Sie erst richtig, was Sie produziert haben. Derartige Mischungen "leben", sie arbeiten. Wenn Sie solche Öle für den Eigenbedarf selbst herstellen, können Sie viele wunderbare Erfahrungen gewinnen. Sie brauchen allerdings ein bischen Muße, um in Ruhe abzustimmen, was gebraucht wird.

Zur Wundheilung:
Kamille, Lavendel, Bergamotte, Rosmarin, Melisse

Bei Atemwegserkrankungen:
Origanum, Orange, Eukalyptus, Majoran, Niauli, Terpentin, Kiefer, Rosmarin

Dynamicum:
Majoran, Orange, Pfefferminze, Rosmarin, Salbei, Wacholder

Beruhigend und erfrischend zugleich:
Bergamotte, Eisenkraut, Zimt, Melisse, Fenchel

Erotisierend:
Ylang- Ylang, Orange, Bergbohnenkraut, Zimt, Patchouli, Santal

Für Frauen:
Bergbohnenkraut, Eisenkraut, Kümmel, Pfefferminze, Thymian, Ylang-Ylang, Niauli, Orange

Für Männer: Bergbohnenkraut, Persilie, Kümmel, Niauli

Als Ölgrundlage verwenden Sie bitte ein reines pflanzliches Öl, daß nicht so schnell ranzig wird, z.B. Jojoba oder Distelöl. Die Zutatenmengen stimmen Sie bitte selbst ab. Richtlinie: Alle ätherischen Zutaten zusammen mit 1% bis maximal 10% ergibt bereits sehr gute bis sehr starke Heilölmischungen. Wenn Sie können, pendeln Sie es aus, oder testen Sie die Mengen zusammen mit einem/r Freund(in) über die kinesiologischen Muskeltests.

Deutsches Recht:

Wenn man bei einem Tee nicht mehr drauf schreiben darf, wofür die Inhaltsstoffe gut sind, weil es dann ein Gesundheitstee ist, der in der Regel nicht zugelassen wird, dann ist das eine Verblödung des Kunden, weil jeder in einem Kräuterbuch nachlesen kann, wozu der Tee gut ist. Eine Zulassung kostet 50.000 - 750.000 €.
Diese Zerstückelung von Informationen dient nur der Verdummung der Kunden und dem Schutz der Tees aus den großen Firmen, die man in der Apotheke kaufen muß. Wer also keine Abgaben an die Priesterkaste zahlt, wird unterdrückt.

Das Arzneimittelgesetz ist mittelalterliche Pfründewirtschaft und ein Verstoß gegen die Freizügigkeit des Handels mit unbedenklichen Produkten.

Das gilt auch für den Kräuterschein, der dem Bio-Handel vor 20 Jahren aufgezwungen wurde!

„Wer Kräuter sammelt, macht sich strafbar!"

Die Inquisition!

Das ist nicht so witzig wie es klingt, die alten Geier sind wiedergeboren.

Krankheiten / Ätherisches Öl	Anis	Basilikum	Bergamotte	Bergbohnenkraut	Cajeput	Euklyptus	Fenchel	Fichte	Geranium	Gewürznelke	Ingwer	Kamile	Koriander	Kümmel	Lavendel	Majoran	Origano	Pfefferminze	Rosmarin	Salbei	Sandelholz	Terpentin	Thymian	Wacholder	Ylang-Ylang	Zimt	Zitrone	Zypresse
Akne					•										•													
Alterserscheinungen																						•					•	
Antiseptisch						•		•							•				•			•	•		•	•		
Appetitlosigkeit			•				•				•	•	•	•			•			•							•	
Arthritis																•											•	
Asthma	•			•	•	•		•							•	•	•	•	•	•			•				•	
übelriechender Atem																		•	•				•					
Atemnot	•																									•		
Augenentzündung									•			•											•				•	
Beklemmungszustände		•													•	•												
beruhigend	•	•										•			•					•						•		•
Bettnässen																												•
Blähungen	•	•	•	•			•		•		•	•		•	•	•	•		•	•		•	•				•	
Blasenentzündung					•	•	•	•							•			•			•	•	•	•		•		
Blutarmut												•											•				•	
zu hoher Blutdruck															•	•									•		•	
zu niedriger Blutdruck																			•	•			•					
Brandwunden						•						•			•				•	•								
Bronchitis				•	•	•		•							•		•	•	•	•	•	•	•			•	•	
gegen Cholesterinspiegel																			•				•					
Darmkrämpfe	•		•	•	•		•	•		•		•		•	•			•				•				•		
Darmparasiten			•	•	•	•	•			•		•		•	•			•				•	•			•	•	
Darminfektionen		•	•		•				•			•			•			•	•			•			•		•	
Depressionen												•			•								•					
Desinfektion						•									•									•				
Leichter Diabetes						•			•											•				•				

Ätherisches Öl / **Krankheiten**	Durchfall	Eierstockbeschwerden	Ekzeme	Erbrechen	Erkältungen	Fieber	Anal Juckreiz	Gallenblasenentzündungen	Gedächtnisschwäche	geistige Überbeanspruchung	Leberschwäche	Gicht	Grippe	Haarausfall	Hämorrhoiden	harntreibend	Harnwege Reizung	Harnwegsinfektion	trockene Haut	Hautkrankheiten	Halsreizung	Herz: belebend	Heuschnupfen	Husten	Impotenz
Anis																•								•	
Basilikum									•	•		•												•	
Bergamotte										•															•
Bergbohnenkraut	•																								
Cajeput																	•	•		•					
Euklyptus						•							•					•						•	
Fenchel												•	•			•	•	•							
Fichte								•				•	•					•							•
Geranium	•		•								•							•		•					
Gewürznelke	•								•	•							•								•
Ingwer	•																								•
Kamile	•											•	•							•					
Koriander																									
Kümmel																									
Lavendel	•		•				•						•			•		•	•					•	
Majoran																									
Origano																								•	
Pfefferminze	•			•									•												•
Rosmarin	•							•	•	•	•	•	•									•		•	•
Salbei	•	•	•										•	•		•			•	•					
Sandelholz																		•							•
Terpentin								•									•	•						•	
Thymian	•				•					•	•	•	•	•				•		•	•			•	•
Wacholder	•		•									•				•	•	•		•				•	•
Ylang-Ylang																									•
Zimt	•											•									•				•
Zitrone	•				•	•							•				•	•	•					•	
Zypresse		•													•						•		•	•	

Ätherisches Öl / Krankheiten	Nebennierenrinde: belebend	Nervensystem: belebend	Infektionen	allgemeine Infektionen	Infektionen Urogenitalbereich	Insektenstiche	Juckreiz	Kopfschmerzen	Kreislauf: belebend	Krampfadern	Krämpfe	Infektionskrankheiten	Kreislaufstörungen	Lebererkrankungen	Lungenkrankheiten	Erkrankung des Lymphsystems	Magenbeschwerden	Menstruation -ausbleiben	Menstruation -schmerzen	Migräne	fördert Milchabgabe	stillt Milchabgabe	Mineralmangel	gegen Motten	gegen Mücken	Mundschleimhautentzündung
Anis																			•		•					
Basilikum		•															•	•		•						
Bergamotte																										
Bergbohnenkraut	•	•				•											•									
Cajeput															•		•		•							
Euklyptus			•	•								•								•					•	
Fenchel															•		•	•			•					
Fichte	•			•											•	•	•									
Geranium	•																•							•	•	•
Gewürznelke			•	•								•			•	•									•	
Ingwer			•																							
Kamile																	•	•	•	•						
Koriander											•															
Kümmel																	•				•					
Lavendel					•	•		•			•	•			•	•		•		•				•		
Majoran																				•						
Origano																										
Pfefferminze							•	•						•			•	•	•	•		•			•	
Rosmarin		•												•		•	•		•	•						
Salbei	•	•				•								•	•	•		•	•			•				•
Sandelholz					•										•											
Terpentin					•						•				•					•						
Thymian					•							•	•	•	•			•	•							
Wacholder					•									•												
Ylang-Ylang																										
Zimt			•						•																	
Zitrone						•	•	•		•		•		•	•		•			•			•	•		•
Zypresse				•						•	•		•		•			•	•							

Ätherisches Öl / Krankheiten	brüchige Nagel und Haare	Nierenbeckenentzündungen	Menopauseprobleme	Prostataleiden	Rachenentzündung	Rachitis	Reizbarkeit	Rekonvaleszenz	Rheuma	Schlaflosigkeit	Schwächezustände	Schweißausbrüche	schweißtreibende Mittel	Sehschw äche	Schnupfen	Venenentzündungen	Verdauungsbeschwerden	Verstopfung	Warzen	Weißfluß	Wundenheilung	Zahnfleischpflege	Zahnschmerzen
Anis																	•						
Basilikum										•							•						
Bergamotte																	•						
Bergbohnenkraut											•						•				•		
Cajeput					•				•												•		•
Euklyptus									•												•		
Fenchel																	•					•	
Fichte		•		•		•			•		•												
Geranium											•										•		
Gewürznelke											•						•				•	•	•
Ingwer									•		•						•						
Kamile			•				•		•	•							•				•		
Koriander									•								•						
Kümmel																	•						
Lavendel							•		•	•	•						•			•	•		
Majoran							•		•	•	•												
Origano									•								•						
Pfefferminze											•						•				•		•
Rosmarin									•		•			•			•	•		•			
Salbei			•			•		•			•	•					•			•	•	•	•
Sandelholz																							
Terpentin		•																•		•	•		
Thymian		•				•		•	•	•	•				•		•			•	•	•	
Wacholder											•		•				•			•	•		•
Ylang-Ylang																							
Zimt											•						•			•			
Zitrone	•		•					•			•					•	•		•			•	•
Zypresse							•		•				•										

Drogen

Das Bedürfnis der Menschen, ihre Routine zu durchbrechen und vielleicht völlig ungewöhnliche Erfahrungen zu machen, ist der Grund, warum vor allem junge Menschen in der Entwicklungszeit zwischen 15 und 25 zu den unterschiedlichsten Drogen greifen. Wieviel positive Effekte damit erzielt werden können, sei dahingestellt. Die ständigen Horrormeldungen sind haltlos. Die am häufigsten verwendeten "Designer-Drogen" auf Amphetaminbasis, sowie Haschisch, sind nicht so schlimm, wie behauptet wird (Abhängigkeiten). Ein großer Teil der legalen Medikamente, z.B. viele Psychopharmaka, Schmerzmittel und Barbiturate, dürften mindestens so gefährlich sein. Hier geht es nur um die Frage wer mit den Bedürfnissen der Menschen verdienen darf. Tabak kostet jedes Jahr mehr Tote, als Heroin, und Tabak ist legal! Es gibt extra Kliniken für Alkoholkranke, und Alkohol ist eine fest einkalkulierte Steuerquelle unserer Politiker. Für alle Drogen gilt, daß sich ihre Wirkung sehr bald abnutzt, so daß die Konsumenten die Menge steigern müssen, um noch positive Effekte zu erzielen. Das ist für manche Menschen eine Schraube ohne Ende.Trotzdem schätze ich die Gefahr mit Haschisch oder Exstasy geringer ein, als mit Tabak oder Heroin.

Das spirituelle Ziel der Naturmenschen wird jedoch bei diesem gesellschaftlichen Konsum nicht erreicht, weil die Umstände nicht stimmen. Bei den Naturvölkern ist es so, daß von Zeit zu Zeit der ganze Stamm ein Fest feiert, bei dem vielleicht auch ein Gebräu mit Drogen getrunken wird. Das kann zu Visionen führen, die dann der ganze Stamm teilt. Es verbindet die Menschen. Es gibt klare Regeln der Vorbereitung. Es ist Teil des gemeinsamen Lebens.

Ebenso benutzen Schamanen in aller Welt Drogen, um sich in einen exstatischen Zustand zu bringen, damit sie ihre jeweiligen Götter und Dämonen channeln können. Sie benutzen ihre speziellen Drogen, z.B. die Fliegenpilze, um bestimmten Menschen tiefere Einsichten in die jeweilige Krankheit zu geben. Das setzt aber einen Lehrer und einen Schüler voraus. Die beteiligten Personen müssen die gleiche Weltanschauung und tiefes Vertrauen zueinander haben. Dann kann eine natürliche Droge zu einem Einweihungsritual verwendet werden.

Da es diese recht aufwendigen und umfangreichen Vorbereitungen, einschließlich erfahrener Schamanen, bei uns nicht gegeben sind, haben die Drogenrituale in den Discotheken einfach nur den

Sinn, sich abzureagieren. Und dieser Erfolg wird bald fade. Die jungen Menschen benutzen die Drogen u.a. deshalb, damit sie sich aus der faden Routinewelt ihrer Eltern lösen können. Vielleicht hilft es ihnen sogar in einem gewissen Umfang, die überholten Erziehungsmaßstäbe engstirniger Eltern zu durchschauen. Je offener und aufgeklärter die Situation im Elternhaus ist, desto geringer ist das Drogenrisiko. Interessanterweise sind die Kinder von Karriere-Eltern, Richtern, Anwälten, Politikern und Bankern stark betroffen, und das nicht nur, weil diese Kinder genug Geld haben. Die sexuelle Enthemmung spielt ebenfalls eine wichtige Rolle. Viele junge Leute wollen etwas erleben und die "one-night-stands" haben eine traurige Berühmtheit erlangt. Doch auch da steuert die Natur bereits einen anderen Kurs: Viele junge Menschen wollen neuerdings mit Sex wieder bis in die Ehe warten.
Wenn Sie zur Elterngeneration gehören, sollten Sie nicht zu viel Angst haben um ihre Kinder. Nach meinen Beobachtungen ist das Interesse an Drogen für die Mehrzahl der Jugendlichen eine pubertäre Erscheinung, die bald wieder nachläßt, wenn sie überhaupt damit anfangen. Was mich verblüfft ist die Tatsache, daß inzwischen ganz normale Arbeiter, Landarbeiter und Spießbürger in erheblichem Umfang Haschisch konsumieren. Mir wurde wiederholt von Klienten berichtet, daß diese Droge bereits in weiten Kreisen der Bevölkerung als kleiner Wochenendkick konsumiert wird. (→ Exstase!) Ohne die globale Kriminalisierung hätten wir überhaupt kein Drogenproblem. Hier ein paar zweckdienliche Hinweise:

Marihuana, Haschisch und Weihrauch

enthalten THC, wirkt beruhigend, entspannend, die gesellschaftliche Moral und der Streß fallen ab, sexuelle Hemmungen (Erziehung) werden abgebaut, Suchtwirkung geringer als bei Tabak, bei langfristigem Genuß in größeren Mengen kommt es zu einem Verlust von Verantwortungsgefühl, keine Lust mehr auf irgendwelche Verpflichtungen: "cool". Die Pagoden, Tempel und Pyramiden wurden mit Haschisch gebaut. Es beruhigt, reduziert Hunger, hält die Sklaven bei simplen Arbeiten am laufen, vermeidet Aufstände. Wenn es irgendwann freigegeben wird, werden es vermutlich die Fließbandarbeiter entdecken. Da es viele psychosomatische Probleme kompensiert, ist die Freigabe natürlich ein Horror für die Pharmaindustrie. Aber irgendwann wird man sich den Handel mit Marihuana ganz legal an Land ziehen und dann die beruhigenden

Zigaretten teuer aus dem Automaten verkaufen oder in der Apotheke.
Bereits 1994 hat das Bundesverfassungsgericht in einem Grundsatzurteil festgehalten, daß Haschisch nicht als Einstiegsdroge bezeichnet werden kann, da zahlreiche wissenschaftliche Studien das Gegenteil beweisen. Allerdings brauchte das oberste deutsche Gericht 28 Monate, um die Sache überhaupt zu bearbeiten. Jetzt im Frühjahr ist wieder ein Fall zur Entscheidung beim Bundesverfassungsgericht gelandet. Drogen sind Bundessache, doch alle Bundesländer haben ihre eigenen Gesetze gegen den Besitz von Haschisch erlassen, mit zum Teil krassen Unterschieden in der möglichen Bestrafung. Diese Praxis verstößt eindeutig gegen Bundesgesetze. Die Stimmen für die Freigabe und die kontrollierte Vermarktung werden immer lauter.

Haluzinogene Drogen: Mescalin, LSD, manche Amphetamine, Psylocybin (Pilze), Muskatnußöl

führen zu Visionen unterschiedlicher Art, können für schamanische Rituale verwendet werden, keine Suchtwirkung. Die Konsumenten hören bald von allein wieder auf. Die behaupteten Todesfälle mit LSD konnten bei einer gewissenhaften Recherche auf einen einzigen Fall 1966 zurückgeführt werden. (➔ Hofmann) Damals hatte die CIA einem Soldaten ohne sein Wissen eine hohe Dosis verabreicht, um zu sehen, ob es sich als Waffe eignet. Der Mann fuhr nach Hause, dann setzte die Wirkung ein, er verlor völlig die Kontrolle und stürzte von seinem Balkon. Wenn jemand bewußt einen Tripp nimmt und sich in sein Zimmer setzt, dann weiß er, daß etwas kommt und wird nicht so unkontrolliert reagieren.
Es ist jedoch sehr zu bezweifeln, daß ein durchschnittlicher Bürger ohne spezielle Fachkenntnisse in Psychologie oder Esoterik etwas mit diesen Tripps anfangen kann. Aus diesem Grund ist die Verbreitung sehr gering. Viele Benutzer haben auf ihrem Tripp phantastische Visionen und Gefühle der vollkommenen Verbundenheit mit Gott und/oder dem Universum. Sie meinen, Lösungen für spezielle Probleme zu finden. Zurück in der Realität gelingt es jedoch kaum, diese Visionen anderen Menschen näher zu bringen oder praktisch umzusetzen. Künstler und Musiker können davon profitieren. In diesen Kreisen finden sich derartige Drogen. In diese Gruppe gehört auch noch **Ketamin,** das in Kliniken zur Narkose verwendet wird.

Die →Bücher von Albert Hofmann, John C. Lilly, Carlos Castaneda, Claudio Narranyo, Stanislav Grof, Thimothy Leary und R.A. Wilson sind sehr aufschlußreich.
Eine weitere halluzinogene Droge ist **Harmalin.** In Afrika wird es zur Geburtsvorbereitung eingesetzt, also als normales Heilmittel eingestuft, daß keinerlei Schäden verursacht. In größeren Mengen verursacht es starke Visionen und heftige Nebenreaktionen wie Erbrechen und Durchfall. Die Voodoo-Master sagen, der Körper muß erst gereinigt werden, bevor der Geist des Gottes des Harmalin hineinfahren kann. Die Schamanen und Voodoo-Master benutzen es für ihre Trance-Visionen. Man wird sehr lichtempfindlich und verträgt die Sonne nicht mehr, darum wird es nur nachts verwendet. Bei allen derartigen Drogen verbraucht der Körper mehr Energie. Man könnte auch sagen, die Menschen leben für einige Stunden viel intensiver. Dadurch nehmen die Leute ab, wenn sie es öffter und regelmäßig verwenden. Bei exzessivem Gebrauch treten Erschöpfungszustände auf, verbunden mit einer zunehmenden Belastung der Leber

Designerdrogen, Amphetamine: Speed, MDA, TMA, MMDA, MDMA (Exstasy)

teils halluzinogene Wirkung, teils emotionale Enthemmung, teils intensive Steigerung der Gefühle oder Aufputschmittel. Diese Drogen wurden zwischen 1960 - 1980 vielfältig in der Psychotherapie verwendet, da sie unter Anleitung durch einen guten Therapeuten zu tiefgreifenden Erkenntnissen führen können. → Naranjo, Lilly. Auch Künstler und Musiker verwenden derartige Drogen, seit es sie gibt. Sie überwinden Hemmungen und "gehen aus sich heraus".
MDA wurde bis in die achtziger Jahre in den USA, Holland, England und vermutlich auch in Deutschland als Mittel gegen Eßlust verkauft. Das Bedürfnis, übermäßig zu essen, verschwindet. Auch andere psychosomatischen Störungen verschwinden. Dann entdeckten manche Hausfrauen, die abnehmen wollten, daß sie durch Einnahme von mehreren Kapseln Gefühle von Glück und Freude bekamen. Das ist natürlich schlecht für das Geschäft mit der Krankheit und für die Psychologen. Die Kunden blieben aus. Also wurden diese Glückspillen verboten. Die Suchtgefahr ist gering. Bei dauerhafter Einnahme von größeren Mengen läßt die Wirkung bald nach, die Leber wird belastet wie mit häufigem Alkoholkonsum, und die Phasen der Freude muß man hinterher mit Phasen der Müdig-

keit bezahlen. Bei diesen Drogen verbraucht der Körper offenbar wesentlich mehr Energie, daher auch der Abnehmeffekt.
In diese Gruppe fallen die heute gängigen Drogen unter dem Sammelbegriffe Exstasy, die in Discos und Schulen verbreitet werden. Eltern sollten nicht zu viel Angst haben, falls ihre Kinder damit anfangen. Wenn das Elternhaus stimmt, die schulischen Leistungen normal sind, dann läßt es bald wieder nach. Haltlosigkeit kommt nicht direkt von diesen Drogen, sondern aus dem enthemmten Menschen und von einer für ihn unzumutbaren Umgebung. Mit diesen Drogen finden Kinder jedoch auch den Mut, sich Zwang und Aggressionen der Eltern zu widersetzen. Das macht natürlich derartigen Eltern ebenso Angst wie autoritären Lehrern. Die Kinder werden aber nicht aggressiv, sondern entziehen sich eher dem Druck.

Kokain, Morphium, Heroin

Das sind die wirklich harten Drogen, die schnell zu einer Abhängigkeit führen. Das Problem entsteht, weil diese Drogen hochgereinigte Stoffe aus wilden Pflanzen sind.
Wenn die Indianer die natürlichen Kokablätter kauen, ist es ein Mittel gegen Hunger, Krankheit und Kälte. Reines Kokain führt zu einem scharfen, analytischen Verstand. Man denkt sehr schnell, ist erfolgsbewußt, hemmungslos in bezug auf Moralvorstellungen. Die typische Droge für Broker, Politiker, Analysten, karrieregeile Menschen und Callgirls. Setzt man die Droge irgendwann ab, lassen die Denkleistungen nach. Der Absturz kommt. Also möchten die Benutzer weiter machen und ihre Erfolge halten.
Morphium wirkt betäubend, nimmt die Schmerzen, stellt ruhig. Es war früher und z.T. bis heute die gängigste Droge unter Ärzten, die damit ihren harten Beruf besser aushielten.
Heroin tut das, was sein Name sagt: Die Menschen fühlen sich total stark, denken, sie sind die Größten, haben keine moralischen Hemmungen mehr und stürzen nach ihrem Tripp in ein Loch. Langfristig führt es zu einem totalen Zerfall der Persönlichkeit. Die Therapie mit Methadon ist genau so übel wie die Droge selbst. Die Leute werden von Heroin entwöhnt und sind fortan abhängig von der legalen Droge Methadon. Vorher zahlen sie an die Maffia, hinterher an die Pharmakonzerne, und das für den Rest ihres Lebens.
In der Schweiz und in Holland hat man bereits vor 15 Jahren damit begonnen, diesen Suchtkranken legal Mescalin zu geben. Der

Drogenkick durch Mescalin ist wesentlich geringer, aber so, wie die Medizinmänner ihre Schüler mit Mescalin einem Einweihungsritual unterziehen, scheint Mescalin den Heroinsüchtigen Stückchen für Stückchen ihre zerstörte Identität zu reparieren, so daß die Junkies nach einigen Jahren aus der Abhängigkeit entkommen und wieder ein normales Leben führen können, im Unterschied zu dem chronisch betäubten Zustand der Methadonopfer. (➔Literatur)
Zusammenfassend möchte ich noch einmal betonen, daß die öffentliche Propaganda gegen die illegalen Drogen nur ein Krieg um Marktanteile ist und um die Frage, wer womit wieviel verdient. Die legalen Drogen wie Librium, Valium, Nobrium, Atosil und alle ihre Nachfolger dienen dazu, die Menschen emotional "umzustimmen", abzuschalten, gefügig zu machen, damit sie arbeiten können. Bei allen Psychopharmaka ist die Suchtgefahr gegeben, ebenso bei Schlafmitteln und Schmerzmitteln. Die Suchtwirkung ist sogar erwünscht. Es sichert den Umsatz.
Wenn Jugendliche eine Droge entdeckt haben und sich high fühlen, ist das Schlimmste, was Eltern tun können, ein riesiges Geschrei anzufangen. Wenn Sie Druck ausüben und ihre Kinder zur Polizei oder zur Drogenberatung schleppen, erzeugt das nur Gegendruck. Die erste Neugierde ist mit Drogen garantiert stärker als das hysterische Geschrei dagegen. Bleiben Sie cool, sprechen Sie in Ruhe mit Ihren Kindern. Geben Sie ihnen die Gelegenheit, von ihren Erfahrungen zu berichten. Zeigen Sie Verständnis. Meine Bücher können Ihren Kindern helfen, die Gesellschaft, Gesundheit und Krankheit mit anderen Augen zu sehen. Wer die Chance hat, sich frei mit einem Thema zu beschäftigen, gerät viel weniger aus der Bahn, als jemand, der von allen Seiten angegriffen und verletzt wird. ➔Tabak und ➔Alkoholiker

Ich habe im Laufe meiner rund 35 Jahre Beruf, im Krankenhaus und in meiner Beratungspraxis, oft mit Menschen Kontakt gehabt, die Drogenerfahrungen hatten, sei es persönlich, oder deren Kinder. Z.B. die Konsumenten der halluzinogenen Drogen haben sich immer wieder für meine Trainingsmethoden, Esoterik und Meditation interessiert, um auch ohne Drogen positive, bewußtseinserweiternde Erfahrungen zu bekommen.
Eltern haben versucht, mit meiner Hilfe ihre Kinder zu retten. Wenn die Kinder (Jugendliche) Haschisch oder halluzinogene Stoffe konsumierten, war es eher notwendig, die Eltern zu beruhigen. Die Konflikte ließen sich im Einvernehmen mit den Jugendlichen arran-

gieren. Die Angst dieser Eltern war also größer als die Gefahr. Es waren vorübergehende Erscheinungen. Diese Jugendlichen waren im Vollbesitz ihrer geistigen Kräfte, aber in einer Protesthaltung. Bei einigen der Eltern hat es mich nicht gewundert, daß die Kinder auf der Flucht waren.
Im Unterschied dazu gehörten die Fälle, wo ich Heroinsüchtigen helfen sollte, zu den unlösbaren Situationen in meiner Praxis. Diese Menschen waren keiner Argumentation zugänglich. Es war weder eine Verständigung möglich, noch eine Verbesserung der Situation. Man redete aneinander vorbei. Die wollten und konnten nicht!
Noch schlimmer waren die wenigen Fälle von Methadonopfern, die ich wieder aufbauen sollte, um nach dem Heroinentzug zu einem normalen Leben zu finden. Diese bedauernswerten Menschen erinnerten wirklich an Zombis, mit denen keine Kommunikation möglich ist. Sie waren auf einer unerreichbaren Wellenlänge. Ich weiß auch nicht, warum diese Menschen überhaupt noch lebten und irgendwie am Lebensablauf teilnahmen. Es ist eine undurchdringliche Wand zwischen diesen Menschen und dem Rest der Welt.
Ich habe insgesamt drei Männer kennen gelernt, die zeitweilig auf Heroin waren und damit leben konnten. Sie hatten es geschafft, damit zu leben und diese Erfahrungen unter Kontrolle zu behalten. Der eine war sogar ein erfolgreicher Informatiker. Ein anderer war ebenfalls zwar Außenseiter, aber beruflich aktiv und einigermaßen erfolgreich, also kein Problemfall. Alle drei waren bereits über dreißig und benutzten die Droge seit zehn bis fünfzehn Jahren. Auch das ist also möglich. Für mich werfen diese "lebensfähigen" Fälle die Frage auf, wie sich wohl die vielen Ausgestoßenen verhalten würden, wenn sie nicht kriminalisiert würden.
Im Austausch mit einigen Psychiatern und Psychotherapeuten konnte ich erfahren, daß sie selbst mit Hilfe halluzinogener Drogen ihre beruflichen Einsichten wesentlich verbessert und vertieft haben. Sie haben diese Drogen z.T. auch in ihrer Praxis bei manchen Patienten erfolgreich angewandt. → Naranjo, Lilly, Hofmann u.a.
Diese Erfahrungen möchte ich keineswegs verallgemeinern. Es sind zahlreiche einzelne Erfahrungen. Es zeigen sich deutliche Tendenzen bezüglich der verschiedenen Gruppen von Drogen. Trotzdem mag es sein, daß andere Menschen wieder anders reagieren. Die Frage, wie die verschiedenen Stoffe auf die verschiedenen Menschen wirken, kann nur so beantwortet werden, daß die

Persönlichkeit des einzelnen und seine persönlichen Lebensumstände ganz entscheidend daran beteiligt sind, was daraus wird. Es können vorübergehende, außergewöhnliche Erfahrungen sein, oder es kann zur persönlichen Katastrophe führen. Beides liegt in der Bandbreite menschlicher Verhaltensweisen.

Die legalen Drogen: Alkohol, Tabak, Medikamente und Kaffee

Die Massendrogen der westlichen Welt, des Christentums und des Kapitalismus, sind Tabak, Alkohol und Medikamente aller Art, allen voran Psychopharmaka, Schlaf- und Beruhigungsmittel als Ersatz für natürliche Drogen. Alle diese legalen Drogen haben einige Eigenschaften gemeinsam: Sie dämpfen, verdummen und behindern den Benutzer, wenn er ihnen verfällt. Ich kann hier keine Liste der vielen Medikamente anführen. Man sollte mit allen synthetischen Medikamenten vorsichtig sein. Sie haben praktische alle Nebenwirkungen. Das ist beabsichtigt, um die Folgeschäden zu behandeln und daran zu verdienen.

Alkoholismus

Alkoholsucht ist eine Verdrängungskrankheit. Der Mensch versucht durch eine bestimmte Droge, die das Bewußtsein und den klaren Verstand dämpft, seine Probleme zu beseitigen indem er sie wegspühlt. Alkoholiker weichen der aktuellen Realität aus. Trinken ist der erste Ernährungsprozeß beim Baby. Häufiges Trinken von betäubenden Flüssigkeiten verursacht eine Regression. Der betroffene Mensch fällt innerlich unbewußt in kindliche Verhaltsmuster zurück. Er versetzt sich stimmungsmäßig in die Babyphase, als seine Welt noch in Ordnung war.
Bei meinen langjährigen Beratungen mit Menschen mit allen nur erdenklichen Schwierigkeiten konnte ich viele Erfolge erzielen, selbst bei Menschen mit angeblich unheilbaren Erkrankungen. Bei Alkoholikern waren jedoch die Erfolge immer nur vorübergehend. Die einzige Möglichkeit, diesem Laster zu entkommen, besteht darin, die sozialen Bedingungen grundlegend zu verändern. Gerade beim Alkohol kann der Therapeut fast gar nichts erreichen. Der Impuls muß aus dem kranken Menschen selbst kommen! Wenn ein Mensch sein soziales Umfeld verändert, sich z.B. aus einer schwierigen Beziehung löst, einen anderen Job sucht, eine neue Wohnung bezieht und den Willen hat, neu anzufangen, dann kann es

klappen. Wir können ihn ermutigen, sich selbst zu befreien, mehr nicht. Wenn Sie einem Alkoholiker helfen wollen, seien Sie vorsichtig! Sie versprechen alles und halten nichts.
Erst wenn sie selbst die Wende einleiten, lohnt sich eine Hilfe von außen. Falls Sie mit einem Alkoholiker zusammenleben, besteht wenig Hoffnung, das Problem in der Familie zu lösen. Wenn der / die Kranke zu den anonymen Alkoholikern geht und auf diese Weise im Kreis von Gleichgesinnten Hilfe und Verständnis findet, kann eine Heilung beginnen.
Die Kranken lasten in der Regel der Umwelt (Partner/in, Eltern, Chef) die Schuld auf und übernehmen selbst keine Verantwortung. Ohne gewollte Initiative des Kranken hilft nur die Trennung.
Der berufliche "Streß-Alkoholismus" entsteht, wenn speziell Männer dauerhaft überfordert sind. Sie benutzen Alkohol zum abreagieren. Wenn es nicht zu schlimm ist, hört dieses Problem mit der Pensionierung von allein wieder auf.
Die Mengen an Alkohol, die ein Mensch verkraftet, ohne ernsthaft zu erkranken, sind sehr unterschiedlich. Die Obdachlosen ernähren sich fast vom Alkohol. Dabei sind die Chlochards in Frankreich nach öffentlichen Untersuchungen in einem sehr guten gesundheitliche Zustand, was man in Deutschland aber nicht behaupten kann.
Alkoholkonsum hat also immer etwas mit unterdrückten Emotionen, Frust und Flucht aus dem Alltag zu tun. Irgendwie braucht der Mensch von Zeit zu Zeit seine Realitätsflucht. Wie er das organisiert, ist verschieden. Das kann auch ein schöner Urlaub sein. Ob aus einem gelegentlichen Trinkgelage eine Krankheit wird, liegt an der Labilität des Einzelnen und an der Schwere seines seelischen Problems.
Im Mittelalter verteilte man in den Kirchen Wein vom Mittelmeer, der mit verschiedenen Drogen vergoren war, z.B. mit Haschisch, Opium, Herbstzeitlose, Tollkirsche usw. Da bekamen die Armen jeden Sonntag in der Kirche ihren kleinen Tripp, um vorübergehend aus dem bedrückenden Alltag auszusteigen. Der in den Kirchen verbrannte Weihrauch enthält den gleichen Wirkstoff wie Haschisch (THC). Der Weihrauch sollte nicht nur den Gestank der Menschen vertuschen, sondern "den Weg zu Gott" erleichtern. (→ Wasson/Hofmann) Damals war es in Europa nicht üblich, sich zu waschen...

Tabak

Ich hatte schon darauf hingewiesen, daß die Indianer kein Gesundheitsproblem mit Tabak hatten, weil sie ihn nur gelegentlich benutzten. In Europa und Asien, vielleicht könnte man sagen in der ganzen zivilisierten Welt, ist Tabak zum Problem geworden. Wie funktioniert Tabak? Das Nikotin ist unserem lebensnotwendigen Vitamin B 3 ähnlich, dem Nikotinsäureamid. Vitamin B 3 wird regelmäßig gebraucht und verbraucht. Der Körper verwechselt offenbar das Nikotin und baut es im Körper ein, statt es sofort wieder auszuscheiden. Auf diese Weise kommt es zu einer langsamen, ständigen Zunahme von Nikotin im Körper. Wenn jemand einige Jahre ziehmlich viel geraucht hat, 10 Zigaretten und mehr pro Tag, dann braucht er je nach Belastung 7 - 12 Jahre, um das wieder auszuscheiden.

Der Körper baut also Nikotin ein und behält es lange Zeit. Nikotin ist die einzige Droge, bei der ich feststellen mußte, daß es im Körper das Energieleitsystem der Nadies blockiert. Nikotin wirkt also direkt im feinen Energiebereich. Bei der Beobachtung von Rauchern konnte ich immer wieder feststellen, daß viele von Ihnen eigentlich eine sensitive Veranlagung haben. Sie wollen aber mit diesen subtilen Wahrnehmungen nichts zu tun haben. Nikotin behindert diese feine Wahrnehmung und hat so einen beruhigenden Effekt, der aber einen buchstäblich vernebelten Bewußtseinszustand herstellt. Es ist eine Art Schutz gegen zu viel subtile Information. Der Suchteffekt ist nach der Eingewöhnungszeit stark. Die Droge paßt zur intellektuellen Zivilisation. Die Raucher können technische Aufgaben durchaus gut erledigen, die feineren Zusammenhänge bleiben verborgen. Tabak hat sehr wohl einen Anteil an der umweltzerstörenden Arbeit der Techniker und Wissenschaftler.

Makaber ist es, daß jedes Jahr mit Sicherheit weltweit hunderttausende von Menschen an den Spätfolgen des Tabak sterben, und trotzdem die Regierungen gerade die Raucher über hohe Steuern ausbeuten. Nicht zumutbar ist es auch, daß die Masse der Versicherten in unserem System diese gewaltigen Drogen-Folge-Kosten tragen müssen. Jeder Raucher müßte einen Sondertarif zahlen. Wenn Sie Therapie mit Rauchern machen, rechnen Sie als Therapeut lieber nicht mit ehrlicher und engagierter Kooperation. Die Raucher wollen meistens ihren Zustand erhalten. Reduzierter Durchblick bedeutet weniger Verantwortung.

Praxis: Der Tabak-Entzug

Wenn Sie sich von der Sucht befreien möchten, müssen Sie kurzfristig einen Plan machen und sofort knallhart durchsetzen, sonst werden Sie immer rückfällig. Also, nicht der Therapeut, sondern der Tabakabhängige muß es allein schaffen! Sagen Sie z.B.
1. "Ich rauche jetzt noch eine Woche ganz bewußt!"
2. Diese 20 Stück sind jetzt die letzten.
3. Rauchen Sie diese 20 Stück sehr langsam, bewußt. Benießen Sie es, so voll es geht!
4. Am festgelegten Tag früh morgends ist Schluß. Aus.
5. Beginnen Sie möglichst schon einige Wochen vorher mit Energytraining, besonders mit den Atemübungen des Pranayama! Ab da, wo Sie aufhören, machen Sie mehrfach täglich intensiv Feueratem. Essen Sie immer dann, wenn es Sie noch einmal überkommt, eine grüne Pepperoni, aber fassen Sie keine Zigarette mehr an. Halten Sie 14 Tage durch, dann sind Sie über den Berg. Meiden Sie Menschen und Plätze, wo geraucht wird.

Kaffee, Tee

Der Wirkstoff Coffein kommt im Kaffee und im Tee vor. Er ist unserem Harnstoff sehr ähnlich. Der Körper verwechselt diese Stoffe. Wenn wir Kaffee oder Tee getrunken haben, denkt unser Körper, er hätte nicht richtig sauber gemacht. Er beeilt sich, das Coffein wieder auszuscheiden. Das führt zu einer Belebung des Ausscheidungskreislaufs. Deshalb müssen wir nach starkem Kaffee auch bald zur Toilette. Kaffee ist sicher keine schlimme Droge. Es ist eine Gewohnheitssache.
Man kann es sich an- und abgewöhnen. Es paßt zu den Industriemenschen, die intellektuell, kopflastig und nervös sind. Er fördert diese Nervosität. Versuchen Sie mit wenig davon auszukommen. Dann kann es ab und zu auch interessant sein.
Heute sind eher die Pestizide bei der Teeproduktion das Hauptproblem und nicht der Genuß des Tee an sich. Kräutertees sind wesentlich besser verträglich.

Warum wirken die Drogen?

Weil es in unserem Körper ähnliche Stoffe gibt. Manchmal wachsen wir in gefährlichen Situationen über uns selbst hinaus (heroisch). Manchmal verlieren wir alle Hemmungen (verliebt). Manchmal erleben wir unglaubliche Dinge (religiös). Wer intensive und ungewöhnliche Dinge erleben will, sollte die Möglichkeiten seines eigenen Körpers auf Hochleistung bringen. Dann wird er ganz legal, aus seiner inneren Kraft heraus, neue Welten und neue Kräfte entdecken (→Energytraining, Kundalini Yoga).
Für die Esoteriker unter meinen Lesern möchte ich anmerken, daß die indischen Yogis keine derartigen Hemmungen oder Probleme hatten. So, wie sich in den Yoga Sutras Anweisungen für erregende sexuelle Praktiken finden, die dann von den verkrampften christlichen Europäern nicht mit übersetzt werden, so finden wir auch die Hinweise auf den Somatrank, bei dem es sich wohl um Milch mit Honig und Haschisch handelte.
Bei all diesen Praktiken geht es um die Frage, was der Einzelne daraus macht. Die gesellschaftliche Kriminalisierung einer Sache hat noch nie zu positiven Veränderungen geführt. Im Gegenteil, es führte schon oft zu der Einstellung "was verboten ist, muß interessant sein!" Will unser Staat mit den Verboten diese Drogen verbreiten?
Friedrich der Große hat ja auch ganz gezielt Kartoffeln als seine "geheime, verbotene, königliche Frucht" anbauen und von seinen Soldaten bewachen lassen. Dann ließ er irgendwann die Soldaten abrücken. Die Bauern stahlen die Kartoffeln und pflanzten sie selbst. So wurde die Kartoffel in Deutschland eingeführt.
Oder denken Sie an den Bericht der TV-Sendung "Frontal" im Jahre 2000: Bei einem Wischtest mit feuchten Tüchern fand man auf zahlreichen Toiletten im Bundestagsgebäude in Berlin Kokain. Ob's stimmt? Wer weiß...
Wie man heute hören kann, hat in Holland mit der Freigabe von Haschisch das Ausmaß der Szene radikal nachgelassen. Viele Konsumenten von Amphetaminen weichen auf diese nun legale Droge aus. Außerdem ist es zu einer direkten Entflechtung von harten Drogen und der Haschisch-Szene gekommen. Die Freigabe war also ein voller Erfolg. Die Gesellschaft als Ganzes hat davon profitiert. In der Schweiz, Holland, England und in einigen deutschen Städten haben Versuche mit der kontrollierten Abgabe von Heroin oder Mescalin an Junkies gezeigt, daß die Beschaffungs-

kriminalität sofort zusammengebrochen ist. Das ist ein voller Erfolg, gegen den massiven Wiederstand konservativer Kräfte. Ich bin der Meinung, daß bei Heroin die kontrollierte Betreuung durch Ärzte und der langsame Ausstieg ohne Methadon genau die richtige Lösung ist.
Harmlose Drogen mit sanften, geistig anregenden Wirkungen, sind die ätherischen Öle folgender Pflanzen: Geranium, Jasmin, Myrthe, Thuja, Wachholder, Sandelholz, Patchouli und Ylang Ylang.

Einfache Naturheilmittel

Calendulaöl

Wenn Sie schwere Wunden haben, Brandwunden oder Entzündungen, dann nehmen Sie Calendulablütenblätter (Ringelblume) und geben sie in ein gutes neutrales Öl, z. B. kalt gepreßtes Diestelöl. Beim solchen Heilölen kommt es im Unterschied zu den Blütenessenzen nicht darauf an, ob Sie die Blütenblütter anfassen. Rupfen Sie die Blätter aus und füllen Sie ein Glas damit. Füllen Sie das Glas mit dem Öl auf. Dann schließen Sie das Glas. Stellen Sie es für ein bis zwei Tage in die Sonne. Mit diesem Calendulaöl können Sie Wunden bestreichen. Das Calendulaöl ist entschieden besser, als das so hoch gelobte Johannisöl.
Ich habe einmal in den Bergen einen jungen Mann der mehreren schweren Brandwunden 3. Grades versorgt. Er hatte schlimme Visionen. Er erinnerte sich an seine früheren Erdenleben. Er sah in seinen Visionen, daß er als junger, fanatischer Priester viele junge Frauen, auf die er eigentlich scharf war, der Inquisition auslieferte und dann zusah, wie sie gefoltert und verbrannt wurden. Als ihm seine Erinnerungen keine Ruhe mehr ließen, ging er auf eine Müllkippe, übergoß sich mit Benzin und zündete sich an. Jemand fand ihn.
Er war dann 2 Wochen in einem Krankenhaus gewesen, die Wunden heilten nicht und er begann allergisch auf die Antibiotika zu reagieren. Er war nicht versichert, und die Ärzte ließen ihn fallen. Eine der Krankenschwestern zahlte die 2 Wochen Behandlung aus ihrer eigenen Tasche! Daraufhin brachte sie ihn auf meinen Hof in den Bergen. Sie hatte irgendwie von mir gehört. Ich behandelte ihn 10 Tagen mit diesem Calendulaöl. Dann waren die schlimmsten Wundschorfe abgeheilt. Es bildete sich neue Haut. Er konnte sich wieder normal bewegen. Die junge Frau war die Reinkarnation eines seiner Opfer aus dem 14. Jahrhundert. Sie hatte ihm verziehen, aber er hatte seine Lektion immer noch nicht begriffen.
Ein weiteres, einfaches Mittel gegen Brandwunden und Hautschorf ist → **Vitamin E,** pur oder 1:1 mit einem anderen Öl, z.B. Jojoba. Dann verteilt es sich leichter. Vitamin E pur ist sehr zäh.

Reinigungsbäder

Hier möchte ich Ihnen einige einfache Naturheilmittel vorstellen. Wenn Menschen unter allergischen Reaktionen wie Heuschnupfen, Hautallergien oder Atemwegserkrankungen leiden, kann es hilfreich sein, wenn sie in einem Heuaufguß baden. Dazu ist es am Besten, wenn Sie die Möglichkeit haben, sich **frisches Heu** von einer Wiese zu holen. Wenn das nicht geht, kaufen Sie sich frisches Heu für Hasen und Hamster im Futterbedarf für Tiere. Es ist in der Regel von guter Qualität. Stopfen Sie eine ordentliche Menge in einen großen Topf mit Wasser und lassen Sie es aufkochen. Wenn das nicht möglich ist, lassen Sie das Heu in der Badewanne mit möglichst heißem Wasser auflaufen und ziehen. Ebenso kann man Blumen aller Art aufgießen oder Tannenzweige abkochen.
Diese Naturstoffe sind das beste Hilfsmittel gegen derartige Erkrankungen. Ich habe mit diesen Naturmitteln die besten Erfahrungen gemacht, will jedoch nicht ausschließen, daß bestimmte Allergiker aus unbekannten Gründen hysterisch reagieren. Aus diesem Grund und in Anbetracht der deutschen Gesetze muß ich Sie bitten, selbst zu entscheiden, ob derartige Mittel für Ihr Wohlbefinden geeignet sind.

Für die Reinigung des Körpers empfiehlt sich ein simples **Schwefelbad.** 1 Eßlöffel genügt für eine Wanne. Ein heißes Schwefelbad zieht Schadstoffe aus der Haut und strafft das Fettgewebe unter der Haut. Anschließend sollte man nicht duschen, sondern in eine Decke gewickelt schwitzen. Es ist ebensogut wie eine intensive Sauna. Ich empfehle ein Bad für die Entschlackung und zur Regulierung des Kreislaufs 1x im Monat. Interessanterweise wirkt ein Schwefelbad auch bei Erkältung und Grippe wahre Wunder, ebenso bei rheumatischen Erkrankungen, Gicht, Arthritis und Gelenkschmerzen. Es tötet alle Infektionserreger ab, die außen auf der Haut sitzen, bekämpft Hautinfektionen und schlecht heilende Wunden. Im Unterschied zu "modernen" chemischen Mitteln mit erschreckenden Nebenwirkungen kann bei einem simplen Schwefelbad nichts passieren, außer daß es muffig riecht. Wenn Sie Probleme haben mit Orangenhaut oder beim schwitzen unangenehm riechen, ist ein regelmäßiges Schwefelbad unbezahlbar.

Zur Straffung der Haut und zur Festigung des Gewebes empfiehlt sich außerdem **Eichenrindenbad.** Es zieht die Haut zusammen

und beseitigt Unreinheiten ebenso wie Hautkrankheiten. Als weiteres einfaches Mittel hatte ich an anderer Stelle schon normalen **schwarzen Tee** erwähnt, einfach 10 Teebeutel ins Badewasser hängen. Er wirkt desinfizierend und zusammenziehend, ähnlich wie Eichenrinde, aber nicht so stark. Er kann bei der Schwangerschaftsnachbehandlung helfen, bei Ausfluß und bei Hefeinfektionen der Vagina. Für diesen Zweck wurde er früher auch in Asien eingesetzt.
Diese einfachen Hausmittel waren früher überall gängig. Heute sind sie ganz zu Unrecht aus der Mode gekommen. Sie wirken anregend und belebend, ohne die Haut auszutrocknen. Falls Sie derartige Bäder in der Apotheke kaufen, müssen Sie darauf achten, daß keine chemischen Zusätze darin sind. Es gibt derartige Bäder mit erschreckend hohen Mengen an Schmerzmitteln, um Rheumatikern mit hoch dosierten Schmerzmitteln von außen die Schmerzen zu vertreiben. Das kommt einer erneuten Vergiftung gleich.
Für eine weiche, geschmeidige Haut kann man 2-3 Liter **Vollmilch** ins Badewasser gießen, um sich dann in der Wanne kräftig zu massieren.

Kräuterwein

Ein sehr einfach herzustellendes Hausmittel ist Kräuterwein. Kaufen Sie einen trockenen Weißwein. Öffnen Sie die Flasche und gießen Sie den Hals leer. Füllen Sie dann z.B. 2-3 Eßlöffel Rosmarinblätter gerebelt ein, die Flasche verkorken und einmal pro Tag umschütteln. Nach ca. einer Woche können Sie dann den Wein durch ein Sieb abgießen. Flasche ausspühlen, Wein einfüllen, verschlossen aufbewahren. Trinken Sie von ihrem Rosmarinwein jeden Abend und jeden Morgen ein halbes Glas. Er ist gut gegen Depressionen, revitalisiert den ganzen Körper, erfrischt Seele und Geist. Er ist gut gegen die Winterdepression und gegen die Frühjahrsmüdigkeit. Das Rosmarin-Rezept stammt übrigends von Nostradamus.
Ebenso können Sie Kräuterweine mit anderen Heilkräutern machen. Lesen Sie dazu die Tabellen der ätherischen Öle. Dort finden Sie die Wirkungsweise der verschiedenen Kräuter.

Beruhigungsmittel

Der gute alte Baldrian tut immer noch seine Wirkung. Es ist das einfachste Mittel gegen Nervosität und Streß.

Hilfsmittel bei intensiver geistiger Arbeit.:

Neben den bekannten Wirkungen gegen Husten ist Spitzwegerich ein Mittel zum Abbau innerer Spannungen und ein nützliches Mittel bei allen Formen der Psychotherapie und intensiven geistigen Schulungen. Für die Dauer solcher Arbeit oder Therapie empfehlen wir bei Bedarf die Einnahme von den Vitaminen B1, B6, B12, sowie von Magnesium- und Calziumtabletten.

Heilerde

Achten Sie in der richtigen Weise auf Ihre Ernährung. Lassen Sie sich nicht verführen von den vielen Nasch-Angeboten und den vielen ungesunden Produkten. Ein sehr einfaches und wirkungsvolles Mittel ist Heilerde. Davon gibt es verschiedene Sorten, zumindest in französischen Apotheken. Die gepulverte Erde enthält viele Mineralstoffe, beruhigt, heilt Magenschleimhautentzündungen, bindet Krankheitserreger und Pilzkeime im Darm, und sie bindet viele Giftstoffe.
Erst jetzt hat man in Südamerika entdeckt, daß dort viele Tiere weichen Lehm essen. Es schützt sie vor einer Vielzahl von Pflanzengiften. Sie könnten auf diese Weise sogar sehr gifte Früchte essen.

Mit Yoga-Tips gegen Süßigkeiten und Frust:

Nach Meinung der indischen Yogis ist der Grund für einen großen Konsum an Süßigkeiten Frust, Traurigkeit, Einsamkeit, Gefühlsarmut. Wissen wir alles. Aber die Yogis sagen, dazu kann es nur kommen, weil Du zu wenig Energie! Sie empfehlen gegen diesen Frust, der mit Süßigkeiten bekämpft werden soll, scharf essen und immer ein Glas grüne, Pepperonis im Kühlschrank! „Scharfe Gewürze“ sind reich an Sonnenenergie. Wenn Du statt einem Wunsch nach Schokolade eine Pepperoni ißt, wird sich bald Dein ganzes Eßverhalten verändern. Probieren Sie es aus! Ich kenne viele, denen es geholfen hat!

Teil 4

Die Sprache meines Körpers

Die indischen Weisen nannten avidia (Nichtwissen) eine Schuld, weil wir das Richtige nicht erkennen und tun können, solange wir es nicht wissen. Avidia ist eine Schuld, weil jeder Mensch die Möglichkeit hat, Wissen zu erwerben, um seine Aufgaben und Probleme zu lösen.
Die Ursache jeder Krankheit liegt stets im Denken. Der Zustand unseres Körpers ist nur die sichtbare Information über die Art und Weise unseres Denkens. Sobald wir dies wissen, liegt es in unserer Hand, gesund zu bleiben. Das gilt besonders für den Zustand unseres Körpers. Nur ein kleiner Teil der körperlichen Beeinträchtigungen sind schicksalsbedingt. Wir bringen sie mit aus früheren Erdenleben. Den größten Teil unserer Schwächen und Probleme verursachen wir laufend aus Unwissenheit, Gedankenlosigkeit und Bequemlichkeit im aktuellen Leben.
Natürlich gibt es auch "fremde Einflüsse" von außen, von anderen Menschen, den Geistern der Verstorbenen oder wem auch immer. Doch es ist wiederum unsere Aufgabe, diese fremden Störungen zu erkennen und uns dagegen abzugrenzen. Daß es regnet, können wir nicht verhindern. Wohl aber, daß wir naß werden. Und wer die geistigen Gesetze begriffen hat, der kann es sogar regnen lassen. Wenn Sie sich an meine Worte über das Weltbild → Rudolf Steiners erinnern wollen: Wenn die Macht der Engel und Erzengel in Regen und Wind zum Ausdruck kommt, dann kann also ein geistiges Gebet, daß die Ebene der Erzengel erreicht, sehr wohl das Wetter verändern. Ich habe es bei den Kundalini Yoga Festivals immer wieder erlebt.
Die meisten Menschen halten sich für gesund, solange sie an sich keine Krankheitssymptome entdecken. Doch ist es bereits der Beginn einer Störung, wenn wir nervös und angespannt sind, wenn wir rauchen oder zuviel trinken, wenn wir uns falsch ernähren und uns zu wenig bewegen, wenn wir uns nicht mehr richtig am Leben erfreuen oder deprimiert sind, oder sogar im Leben keinen Sinn mehr erkennen können.

Schon wenn wir nur gelangweilt, unzufrieden oder ärgerlich sind, zeigt dies, daß wesentliche Bedürfnisse nicht befriedigt werden, was irgendwann zu einem körperlichen Symptom führen wird. Es wäre besser, den Mangel gleich zu erkennen und zu beseitigen. Der Mangel liegt immer in uns, in unserer Einstellung zu den Dingen. Wenn wir von Menschen belästigt oder angegriffen werden, dann kann das nur passieren, weil wir innerlich eine Resonnanz zu diesen Problemen haben. Ereignisse, die für uns überhaupt keine Bedeutung haben, werden uns auch gar nicht zustoßen. Das Universum kennt keine nutzlosen Ereignisse.
Wenn uns eine Störung widerfährt, die wir eigentlich schon überwunden haben, dann sollten wir uns an die biologischen Zyklen erinnern. Für uns Menschen spielt der 7 - Jahres - Sonnenfleckenzyklus eine große Rolle. Wir reagieren sehr unterschiedlich auf die höhere kosmische Strahlung bei einem Sonnenfleckenmaximum, als auf die niedrigere Strahlung bei einem Sonnenfleckenminimum. So kann es sein, daß wir irgendein schlechtes Ereignis haben, vielleicht eine vorübergehende, schwere Krankheit. Dann meinen wir, alles sei vorbei und wir haben die Lektion begriffen. Doch nach rund 7 Jahren tritt die gleiche Krankheit wieder auf. In diesem Fall tut man gut daran, sich an die letzte Erkrankung und an den genauen Ablauf zu erinnern. Offensichtlich hatten wir damals nicht die geheime Lektion begriffen, die in dem Vorfall steckte. Wir hatten die Krankheit nur überwunden, weil sich die → Sonnenfleckenaktivität weiter veränderte und die Krankheit nicht mehr begünstigte. Das mag Ihnen jetzt sehr kompliziert erscheinen, doch das Leben ist zwar einerseits sehr einfach konzipiert, es umfaßt andererseits jedoch ein sehr vielfältiges, komplexes Netz aus den verschiedensten Einflüssen.
Menschen mit psychosomatischen Krankheiten neigen dazu, diese ersten Wahrnehmungen zu ignorieren. Sie können oder wollen die ersten Signale des Körpers nicht verstehen. Damit zwingen sie ihren Organismus zu einer deutlicheren Information. In welchem Stadium sich eine Krankheit auch befindet, immer steht dahinter ein ungelöstes Problem. Das Symptom macht uns lediglich auf eine bestimmte geistige Fehlhaltung aufmerksam und fordert zur Korrektur auf.
Krankheit ist kein Schicksal, Gesundheit ist kein Zufall. Die Krankheit soll uns zu einer Korrektur des falschen, disharmonischen Lebens veranlassen und notfalls dazu zwingen. So wie ein Splitter im Finger schmerzt, damit wir ihn heraus ziehen, bevor der ganze

Organismus leidet, so will uns die Krankheit veranlassen unser falsches Verhalten zu ändern, bevor wir größeren Schaden nehmen.

Heilen bedeutet nicht, den alten Zustand wieder herzustellen, denn der hat ja die Krankheit hervorgerufen. Heilen bedeutet eine wesentliche Verbesserung der Situation, hin zu einem besseren Zustand. Egal, ob wir eine Krankheit durch Chemie oder Kräuter, durch Operation oder Geistheilung korrigieren wollen, es kann nur helfen, wenn wir neben der körperlichen Heilung einen Erkenntnisprozeß, eine Erweiterung unseres Bewußtseins haben.
Jedes Organ ist die Entsprechung einer kosmischen Energie, und jeder Körperteil entspricht einem bestimmten geistigen Inhalt. Daher können über bestimmte Körperteile auch bestimmte seelische Probleme gelöst werden. Wir bestimmen über unser Bewußtsein den Zustand unseres Körpers. Der Körper verursacht kein Problem. Er ist nur das "Fahrzeug der Seele". Der Krankheitsverlauf zeigt genau die Lernschritte im Bewußtsein. Die Heilung zeigt an, daß der geistige Lernprozeß beendet ist. Darum wird man nach jeder Krankheit reifer sein als vorher.
Im Symptom wird sichtbar, was wir vorher nicht sehen wollten oder verdrängt haben. So betrachtet, ist jede Krankheit ein Hilfsmittel zur Selbsterkenntnis. Die meisten Menschen haben Probleme, über ihre Mängel zu sprechen, aber über ihre Krankheitssymptome reden sie ständig. Auf diesem Umweg erzählen sie dann ganz klar, wo es fehlt. Wenn sich ein Mensch in Harmonie mit der Natur, mit seinen Mitmenschen und mit Gott befindet, ist er wirklich gesund. Ohne eine Änderung im Bewußtsein ist Heilung gar nicht möglich. Es gibt also keine unheilbaren Krankheiten, sondern nur unbelehrbare Menschen, die jetzt eine Heilung noch nicht zulassen wollen.
Krankheit zeigt sich auch in unserer Partnerschaft, im Beruf und in unserem sozialen Verhalten. Alle Funktionen des Körpers werden vom Bewußtsein gesteuert. Heil werden kommt nur aus dem Bewußtsein, so wie auch krank sein aus dem Bewußtsein kommt. Wenn wir wirklich unser Bewußtsein verändern, gesunden wir in allen Bereichen.
Manche Menschen glauben, Krankheit sei Gottes Wille, in den man sich fügen müsse. Wie aber kann ich gesund werden, wenn ich so denke? Ein Krankheit kommt nie von Gott, sondern immer von meinen eigenen falschen Gedanken. Wenn wir also einen Schicksalsschlag erleiden, das kann in Form von Leid oder Krankheit

geschehen, dann müssen wir uns fragen, was soll mir das zeigen? Was will mir mein Selbst damit sagen? Wo bin ich aus der Ordnung gefallen? Und was muß ich tun, um wieder ganz in Ordnung zu sein? Das Schicksal ist der beste Therapeut, den es gibt. Und es ist in jedem einzelnen Fall erfolgreich. Es ist immer gerecht. Es ist nur die Frage, ob wir in der Lage sind, den großen, oft verborgenen Zusammenhang zu erkennen.
Wir haben die Freiheit zu wählen, ob wir durch Erkenntnis lernen wollen, oder durch Leid. Das Ziel der Evolution ist die Ganzheit des Seins, das Heilsein. Und dieses Ziel wird auch erreicht. Jeder einzelne von uns kann Heilung erfahren, ganz gleich woran er erkrankt ist, indem er die Ordnung wieder herstellt. Wir wollen uns jetzt mit dem Erkennen und dem Wiederherstellen der Ordnung befassen. Sobald wir die Sprache der Symptome beherrschen, erkennen wir auch, daß der Körper nicht lügt. Wir verstehen endlich, was unser Organismus vielleicht schon seit Jahren versucht uns zu sagen, können die Ordnung wieder herstellen und sind gesund.

Bevor wir uns mit den Organen, Symptomen und ihrer Bedeutung befassen, sehen wir noch eine allgemeine Betrachtung, die uns hilft die einzelnen Symptombereiche besser zu verstehen.

- Ein Körperteil oder ein Organ kann sich entzünden, es ist zu viel Hitze, zu viel Energie vorhanden. Das bedeutet, geistig-seelisch ist eine akute Belastung vorhanden.
- Es kann vereitern, das bedeutet, daß etwas Fremdes eingedrungen ist und entfernt werden sollte, auch im geistig-seelischen Bereich.
- Ein Körperteil kann überdehnt sein, oder gar reißen oder brechen. Das bedeutet, daß eine zu große Beanspruchung beseitigt werden muß, auch im geistig-seelischen Bereich.
- Etwas kann sich verrenken, d. h. also, auch geistig-seelisch etwas ist nicht in Harmonie und sollte eingerenkt werden. Das kann auch eine äußere Situation sein, z.B. in der Partnerschaft.
- Ein Körperteil oder ein Organ kann zu schwach sein, das bedeutet auch geistig-seelisch etwas muß geübt, gestärkt oder gefördert werden. Ich werde gefördert, indem ich gefordert werde.
- Ein Körperteil oder ein Organ kann gestört sein, also muß ich mich fragen: Was stört mich in Wirklichkeit? Und wie kann ich die Ordnung wieder herstellen?

- ❖ Etwas kann brennen oder jucken. Und hier muß ich mich fragen: Was brennt mir wirklich auf der Haut? Oder was juckt mich, um mich zu zwingen, mich damit zu befassen?
- ❖ Etwas kann verengt sein. Also frage ich mich: Was engt mich ein? Wie kann ich die Enge in meinem Bewußtsein beseitigen?
- ❖ Etwas kann aber auch erweitert sein. Also bin ich wohl zu weit gegangen. Habe ich etwas überdreht? Etwas zu stark in Anspruch genommen?
- ❖ Es ist jedoch zu beachten, daß ein bestimmtes Problem oder eine Belastung sich durch verschiedene Symptome oder Projektionen ausdrücken kann. Welche Projektion gewählt wird, ist vor allem von der individuellen Einstellung zum Problem abhängig.
- ❖ Wenn jemand unter Druck steht, so kann sich das als aggressives Verhalten anderen gegenüber zeigen, aber auch als Bluthochdruck, Hypertonie oder als erhöhter Augeninnendruck, oder als angespannte oder verspannte Muskulatur, was bis zur Verhärtung der Muskulatur gehen kann oder als Magendrücken, aber auch als Abzess.

Wenn wir die einzelnen Varianten des Ausbruchs betrachten, erkennen wir aus der gewählten Projektionsfläche sehr schnell die Einstellung zum Problem. Das aggressive Verhalten anderen gegenüber zeigt, hier wird der innere Druck nach außen auf die anderen abgeladen. Beim → Bluthochdruck dagegen besteht die Absicht zu einer Aktivität, ohne sie jedoch auszuführen, um so den Druck zu lösen. Dieser Mensch richtet seine → Aggressionen nicht gegen andere, sondern gegen sich selbst. Beim → Glaukom zeigt sich, daß die Sicht der Dinge, die eigene Ansicht, zum Druck führt. Eine angespannte Muskulatur zeigt die mangelnde Bereitschaft, sich seelisch mit dem Druck auseinander zu setzen und ihn zu verarbeiten. Er wird einfach in der Muskulatur eingefroren. So ein Mensch müßte aktiv werden und seine Spannungen verarbeiten.
Beim → Magendruck sehen wir, daß Umstände nicht akzeptiert werden, nicht verdaut werden. Es besteht also eine Unfähigkeit oder Unwilligkeit etwas hinzunehmen. Und der → Abzess zeigt, daß der Druck über einen bestimmten Punkt seinen Weg nach außen sucht und daher auf einem bestimmten Punkt unserer Körperfläche durch die Haut in Erscheinung tritt.
Kinder und Tiere werden sehr deutlich von dem Bewußtsein, das sie umgibt, beeinflußt. Wenn wir also mit Kindern oder Haustieren zu tun haben, so müssen wir das Bewußtsein der Eltern, Lehrer

und Bezugspersonen klären, die sie umgeben. Es geht darum, über das Körperliche hinaus zum seelisch-geistigen Grund zu gelangen. Nur dann können wir unerwünschte Zustände durchschauen und auflösen.
Wenn also ein Klient zu mir kommt und ein Problem mit → Verstopfung hat, wüßte ich, daß er an seine Begrenztheit und an seinen Mangel glaubt. Er hat → Angst etwas loszulassen, aus Angst, es nicht ersetzen zu können. Dies äußerst sich nicht nur in einer geizigen Art, mit Geld umzugehen, sondern auch in der Angst, eine Beziehung aufzugeben, die dir nichts mehr gibt, oder einen Beruf, der dich unerfüllt läßt, oder Besitz, der unbrauchbar wurde.
Versuche Dir klarzumachen, daß eine geschlossene Faust nichts Neues aufnehmen kann.
Wir müssen daran arbeiten, Dein Vertrauen in die Schöpfung zu entwickeln, die Dich versorgt, und Deinen Sinn für den Fluß des Lebens verfeinern. Ich möchte Dir helfen wahrzunehmen, daß es einen ununterbrochenen Kreislauf des Lebens gibt, mit dem Gutes kommt, so daß du, was du nötig hast, nehmen kannst. Laß das Übrige los, um für Neues Platz zu machen. Als nächstes würde ich einen Menschen mit Verstopfung bitten, nach Hause zu gehen und seine Toilette zu reinigen, alles Unbrauchbare auszusortieren, alte Dinge wegzuwerfen, um neuen Dingen Platz zu machen; und während Du das machst, sage immer wieder laut:
"Ich mache mich frei von allen alten und überholten Dingen und schaffe Raum für meine neue Ordnung." Sobald Du das Prinzip des Loslassens zu verstehen beginnst, wird sich die Verstopfung, die eine Form des Festhaltens ist, um sich selbst kümmern. Der Körper wird freiwillig loslassen und ausscheiden, was nicht mehr brauchbar ist.
Verstopfung hat stets mit Verlust-Angst zu tun. Wenn Du heim gehst, mit der Absicht, alte Dinge wegzuwerfen, dann entdeckst Du vielleicht, daß die wegzuwerfenden Dinge von Deiner Mutter stammen. Und dann hast Du wieder Hemmungen, sie wegzuwerfen. Und damit weißt Du endlich, womit Deine Verstopfung zu tun hat, nämlich mit alten Erziehungsängsten, die von Deiner Mutter verursacht wurden. Wenn Du nun doch die alten Sachen von Mutter wegwirfst, dann kann das den Weg frei machen für neue Sachen. Du hast die Chance, neu zu beginnen. Im Zuge dieser Veränderung wird sich auch die Verstopfung lösen.

Ergänze Deine "Hausbereinigung" mit einer → Vitamin C-Kur. Sie reinigt das Blut, beschleunigt die Ausscheidung und gibt Deinem Lebenssaft frische, neue Energie!
Ich könnte tausende dieser Beispiele bringen. Es geht darum, die inneren Zusammenhänge zu erkennen. Es gibt eine bestimmte Art, die Dinge in ihrem natürlichen Zusammenhang zu sehen. Wenn wir diese Botschaft erkennen, die zugleich eine Schwingung ist, dann finden wir auch die weiteren Zusammenhänge.
Wenn wir wirklich aus der Liebe unseres Herzens heraus leben können, dann werden Frieden und Freude unser Leben erfüllen, Krankheit und Unwohlsein werden aus unserer Erfahrung verschwinden. Liebe ist die heilsamste Kraft, die es gibt. Liebe löst Wut auf, Liebe löst Unmut, Liebe löst Angst auf. Liebe öffnet den Weg, Liebe ebnet den Weg, Liebe ist der Weg. Wenn Du dich ganz liebevoll annehmen kannst, dann wird alles in Deinem Leben mit Leichtigkeit, Harmonie, Gesundheit, Reichtum und Freude fließen.

Übung: Praktiziere eine Woche lang folgendes Ritual: Beginne jeden Satz und jeden Gedanken, indem Du zu dir sagst: "Ich liebe mich - darum tue ich jetzt das und das!" Es ist eine große Entdeckung. Wenn Du diese Übung fortwährend machst, zeigt sie Dir, wie lieblos Du oft mit Dir bist, und wie es ist, wenn wir die Liebe ganz bewußt in unser Leben einbeziehen. Durch die Orientierung auf bewußte Liebe können wir unser Leben konstruktiv verändern.
Es mag sein, daß Du plötzlich bestimmte Dinge nicht mehr tun kannst, weil es mit Liebe zur Dir selbst einfach nicht mehr geht! Es ist nicht Dein Ding, es geht Dich vielleicht gar nichts an. Andere haben Dich zu diesem Tun veranlaßt. Doch nun, mit dem bewußt geäußerten Satz, "Ich liebe mich und darum tue ich..." geht es nicht mehr. Das ist eine Bewußtwerdung!

Die Aufteilung des Körpers

Lassen Sie uns mit einer neuen Betrachtung des menschlichen Körpers beginnen. Bitte vergegenwärtigen Sie sich erst einmal, daß wir alle Säugetier-Körper haben. Der Natur nach liefen wir einmal auf vier Füßen, nicht auf zwei. So betrachtet sind wir Vierfüßler. Unser Solarplexus ist die Mitte, das Zwerchfell trennt den Unterleib vom Oberkörper mit dem Kopf.

Bei unserer eigenen Entwicklung spielt die Zeit immer eine wichtige Rolle. Alles, was wir betrachten, stellen wir in einen zeitlichen Bezug. Die Aufteilung in Gegenwart und Vergangenheit finden Sie auch in unserem gesamten Verdauungssystem. Was Sie aufnehmen, was Sie essen und trinken, das ist Gegenwart. Auch das was Sie einatmen, ist ja das, was Sie jetzt einatmen. So besehen ist unser Kopf vorn - in die Zukunft gerichtet - und wir stellen uns z. B. die Frage: Was werde ich morgen essen?

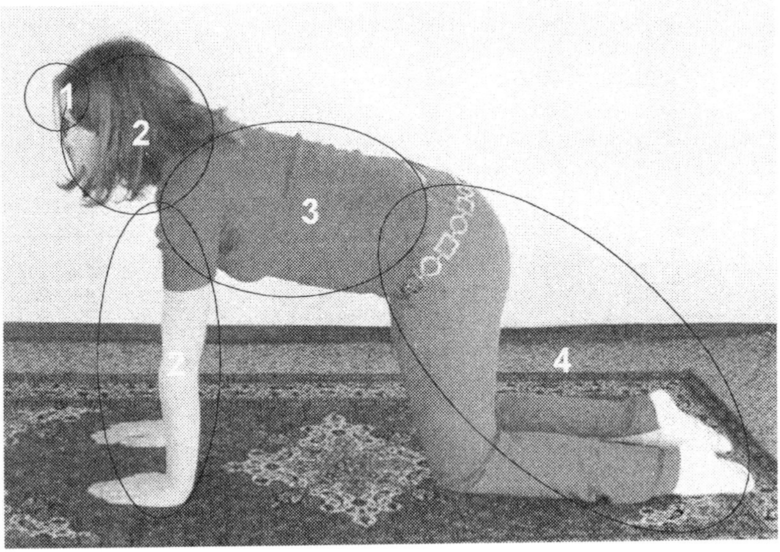

1 Zukunftsplanung
2 Gegenwart, Nahrungsaufnahme, Sprache, Kommunikation, Hände, Arbeit
3 nahe Vergangenheit, Verdauung
4 Vergangenheit

Krankheitserscheinungen im zeitlichen Kontext betrachten:
Interessanterweise ist sogar in unserem Kopf die Zeit wieder vorn. Man konnte nachweisen, daß Zukunftsplanungen in unseren vorderen Stirnlappen ablaufen. Im mittleren Teil des Gehirns geschieht die Gegenwart, und hinten sind z.B. die Bildspeicher unserer Erinnerungen, also die Vergangenheit.
Ab dem Mund mit der Nahrungsaufnahme und bis zum Zwerchfell, in der Mitte unseres Körpers, ist die Gegenwart und die nahe Ver-

gangenheit. Was unter dem Zwerchfell kommt, ist schon verdaut, wird verbraucht und ausgeschieden. Es ist Vergangenheit.
Ereignisse oder Probleme, die in Ihrer Vergangenheit aufgetaucht sind, finden sich körperlich und organisch gesehen, eher in den Beinen oder im Unterkörper. Bitte betrachten Sie alles etwa ab der Körpermitte aufwärts als aktuelle Angelegenheiten und Probleme, die natürlich sehr wohl bei chronischen Leiden in die Vergangenheit reichen können. Alles, was unterhalb der Körpermitte in Erscheinung tritt, betrifft eher die Vergangenheit.
Das mag Ihnen etwas wunderlich erscheinen. Doch ich stieß immer wieder darauf, daß ein Mensch alte und vergangene Probleme in Krankheiten zum Ausdruck bringt, die eher unten im Leib liegen.
Aktuelle Probleme kommen eher im Oberkörper zum Ausdruck. → Asthma wird durch seelischen Druck verursacht. Er kann von außen kommen, oder selbst verursacht werden. Doch die Zustände betreffen stets die bereits existierende, gegenwärtige Situation. → Bronchitis hängt direkt mit "Umweltproblemen zusammen. Bei diesen Umweltproblemen kann es sich um familiäre Schwierigkeiten handeln, aber ebenso um schmutzige Luft oder eine laute Wohnung an einer Eisenbahnlinie. Die Sorgen um eine unsichere Zukunft oder das Bestreben, alle Mitmenschen kontrollieren zu wollen, führen eher zu → Kopfschmerzen. Magenschmerzen bekommt ein Mensch, wenn er ständig mehr haben will, als er bekommt.
→ Dickdarmprobleme und Verstopfung sind eher "alte Sachen". Sie werden vielleicht jetzt ausgelöst, doch dahinter stehen Kindheitsängste, eine falsche Erziehung, sexuelle Verbote, oder religiöse Engstirnigkeit.
Sexuelle Probleme mögen jetzt vorhanden sein (Gegenwart), doch unser Sexualverhalten ist eindeutig eine Frage der frühkindlichen Erziehung. Wer sich über seine alten, hinderlichen Programme hinwegsetzen kann, wird jetzt in seiner Gegenwart eine erfüllte Sexualität finden.

Noch eine zweite Einteilung ist wichtig, und zwar die in rechts und links. (Zeichnung S. 126) Bei unserem Gehirn ist es so, daß die linke Großhirnhälfte die rechte Körperseite steuert. Das ist unser Verstandesgehirn, das Digitalhirn. Es ist verantwortlich für rationale Entscheidungen und für ein klares Bewußtsein im rationalen Sinne. Dazu gehört also die rechte Körperseite. Die rechte Körperseite ist zuständig für alle Angelegenheiten die unsere Außenwelt betreffen. Darum ist heute die Masse der Menschen Rechtshänder.

Die rechte Großhirnhälfte ist zuständig für die Steuerung der linken Körperhälfte. Die linke Körperhälfte betrifft mehr gefühlsmäßige Sachen. Auf der linken Seite tragen wir unser Herz. Wir sprechen bei der rechten Gehirnhälfte, die zur linken Körperseite gehört, vom Analoghirn oder intuitiven Hirnteil. Intuitive, emotionale Denkprozesse entspringen der rechten Hirnhälfte und dem limbischen System, dem Zwischenhirn. Was ist als Phantasie bezeichnen, ist wesentlicher Bestandteil der rechten Großhirnhälfte.
Es ist sinnvoll, die linke Körperhälfte bei jedem Menschen als die weibliche, gefühlvolle Körperseite, zu bezeichnen. Ebenso ist es sinnvoll, die rechte als männliche Körperseite zu bezeichnen. Dazu gehört, daß die rechte Gehirnhälfte weiblich ausgeprägt ist und die linke Gehirnhälfte männlich geprägt ist.

Die Organzeituhr

Kommen wir zur Organzeituhr. Zu jeder Tageszeit ist ein anderer Teil unseres Körpers besonders angesprochen und aktiv. Man kann das als die Vorzugszeiten bezeichnen, zu denen unserer Organe und die damit verbundenen Meridiane besonders gut mit Energie versorgt sind. Der Reihe nach:

- Morgens um 6 Uhr, wenn viele Menschen aufstehen, ist der Dickdarm besonders aktiv. Es ist die Zeit für die Ausscheidung. Das ist sozusagen das Ende der aufgenommenen Stoffe und Erfahrungen aus dem vorangegangenen Tag.

- Um 8 Uhr ist der Magen besonders aktiv, eine günstige Zeit für das Frühstück.

- Um 10 Uhr sind Milz und Pankreas aktiv, d. h. das Aufgenommene wird bereits verarbeitet und die Reinigung durch das Lymphsystem ist besonders aktiv.

- Um 12 Uhr ist das Herz besonders aktiv, da sind wir offen nach außen, für Kontakte, für die Welt.

- Um 14 Uhr ist es der Dünndarm, also die Zeit nach dem Mittagessen.

- Um 16 Uhr die Blase, die Ausscheidungen, um diese Zeit haben alle Menschen einen gewissen Tiefpunkt.

- Um 18 Uhr die Niere, die Reinigung des Körpers von den Tagesaktivitäten.

- Um 20 Uhr unser Kreislaufsystem und unser Sexus.

- Um 22 Uhr ist unser Kreislauf und Temperaturmeridian besonders angesprochen.

- Um 24 Uhr die Gallenblase, jetzt erfolgt die Auflösung der alten Blutkörperchen.

- Um 2 Uhr nachts die Leber, Regulation der Energiereserven.

- Um 4 Uhr nachts die Lunge und morgens um 6 Uhr wieder der Dickdarm.

Je nachdem wann bei Ihnen irgendwelche Probleme, gesundheitliche Schwierigkeiten etc. auftreten, könne Sie sich nach dieser Gesundheitsuhr einen Eindruck verschaffen, welcher Körperteil von Ihnen gerade besonders belastet ist, auch wenn keineswegs nur in diesem angesprochenen Körperteil, sagen wir die Blase, eine Schwierigkeit auftritt.
Wenn z. B. zu der Zeit, wenn die Niere aktiv ist, Kopfschmerzen auftreten, dann wissen Sie, daß es wahrscheinlich ratsam ist, Ihre Ernährung umzustellen, denn eine zu starke Belastung Ihres Ausscheidungsapparates oder Ihres Ernährungsapparates mit Schadstoffen und Umweltgiften führt zu Kopfschmerzen. Versuchen Sie diese Muster anzuwenden. Sie werden sehen, bei der Diagnose einer Krankheit hilft Ihnen dieses Betrachtungschema weiter. Diese Beobachtungen zeigen Zusammenhänge auf. Sie helfen uns bei der Problemlösung.

Organe und Symptome - allgemeiner Teil

Den Komplex "Sexualität und Fortpflanzung" habe ich im Anschluß an dieses Lexikon zusammengefaßt und mehr nach dem Sinn geordnet, damit die einzelnen Bescheibungen nicht wegen dem Alphabeth auseinander gerissen werden. Beachten Sie auch die gesellschaftlichen Zusammenhänge →"Der Mensch, seine Gesundheit und die Gesellschaft", →Tantra

Abszesse und Akne

Abszesse, Akne oder andere Ausscheidungen von irgendwelchen Schmutzstoffen oder Schadstoffen durch die Haut zeigen an, daß Sie entweder sich selbst und Ihr eigenes Äußeres nicht leiden können, oder daß Sie sich in einer Art und Weise ernähren, daß ihr Körper bestimmte Schadstoffe über die Haut ausscheiden muß. Es kann auch sein, daß Sie sich im geistigen Sinne mit bestimmten schlechten Gedanken und Gefühlen innerlich verschmutzen, und irgendwo muß dieser Schmutz wieder aus dem Körper hinaus.
Wenn Sie z. B. Ihren eigenen Stuhlgang oder Ihren eigenen Urin als besonders unangenehm riechend empfinden, dann ist es ein Zeichen, daß Sie wirklich dafür Sorge tragen sollten, daß Sie sich gesünder ernähren müssen, möglichst vegetarisch, daß Sie mehr Wasser trinken müssen, (Fruchtsaft ist bereits wieder ein volles Nahrungsmittel) und daß Sie erheblich mehr als bisher Vitamin C zu sich nehmen sollten, bis diese Zustände beseitigt sind. → Vitamin C in hohen Gaben von 1 Teelöffel pro Tag über einige Wochen, aufgelöst und schluckweise getrunken, ist eine gute Möglichkeit, um solche inneren Verunreinigungen, die an allen möglichen Stellen des Körpers auftreten und zum Vorschein kommen, zu beseitigen.
In Umstellungszeiten wie z.B. bei der Umstellung des Babies von Muttermilch auf andere Kost, viel stärker dann bei der hormonellen Umstellung in der Pubertät und in der Menopause, können Ausschläge auftreten. Wer über längere Zeit bestimmte Medikamente oder Drogen nimmt, muß damit rechnen, daß Überreste der Substanzen im Fettgewebe der Unterhaut abgelagert werden. Das Fettgewebe ist wenig aktiv und dient dem Körper auch als "Müllkippe" für Schadstoffe. Macht man nun → Reinigungskuren, z.B. in Verbindung mit Sauna, nimmt viele Vitamine oder trainiert mehr,

dann kann es zur Ausscheidung dieser Schadstoffe durch die Haut kommen.

Aggression

Bei Aggressionen werden die Muskeln vorgespannt, angespannt und jemand will angreifen, er "geht in Aktion". Die Verdauung wird ruhig gestellt. In dieser Situation kann man nicht verdauen.
Die Energie wird für den Angriff benötigt. Die Verdauung setzt erst wieder ein, wenn der Angreifer seinen Feind (bildlich gesprochen) auffressen kann. Das sind Studien aus der Verhaltenspsychologie.
Der mit Aggression geladene Mensch bleibt mit seiner ganzen körperlichen Substanz in dieser Haltung (Bereitschaft), bis er seinen Gegner "geschafft hat".
Kann er sich nicht abreagieren, dann wendet sich diese innerlich bereit gestellte Energie gegen ihn selbst. Wenn ein Mensch durch seine soziale oder berufliche Situation dauernd unter Druck steht, unzufrieden ist (also ohne inneren Frieden), dann kann es sein, daß seine Aggressionen zu einem Dauerzustand werden. Das führt dann zu → Bluthochdruck, zu → Magenbeschwerden und zu Verdauungsstörungen.
Alle Pflanzenfresser kennen Aggressionen nur zur Selbstverteidigung oder in der Zeit der Fortpflanzung: "Wer ist der stärkste Bulle?" Menschliche Aggressionen sind eher gleichzusetzen mit den Aggressionen von Fleischfressern. Da ein kultivierter Mensch jedoch nicht beliebig wie ein Raubtier seinen Gegner töten und auffessen kann, greift er zu Ersatzhandlungen: Viel Essen, Alkohol, Tabak, Drogen und Sex.
Weitere Möglichkeiten um derartige Spannungen abzubauen sind z.B. Kampfsportarten. Beim Kampfsport steht und fällt die positive Wirkung jedoch mit dem Leiter der Gruppe. Wenn der Meister auch die philosophischen Aspekte des Kampfsports vermittelt, dann ist diese Ausbildung wertvoll. Kann oder will er das nicht, so kann eine aggressive Darstellung zu weiteren Aggressionsproblemen führen.
Im Gruppensport kann man lernen mit einer Gruppe zu arbeiten, anstatt dagegen. Gruppensport kann das Sozialverhalten günstig beeinflussen. Dafür geeignet sind vor allem Handball, Volleyball und alle anderen Sportarten, die den ganzen Menschen einbeziehen. Fußball, Football und Rugby erfordern schon wieder ein höheres aggressives Potential und wirken sich je nach Charakter des Einzelnen nicht immer positiv aus.

Wenn aus Aggressionen Feindseligkeit wird, wird der Sympathikus weiter angeregt, geradezu überreizt. Diese Situationen werden uns in modernen Filmen ständig vor Augen geführt: Menschen kommen in schwierige Situationen, flippen aus, werden brutal, nehmen Rache usw.
Kann man diese Aggression nicht auf natürliche Weise ausleben, kommt es zum Kampf oder zur Fluchtreaktion. Der Naturmensch konnte sich auf der Jagd abreagieren und Erfolge verzeichnen. Derartig leicht verständliche Erfolge gibt es für uns kaum noch. Eine Gehaltserhöhung von 3% erzeugt nicht gerade Begeisterungsstürme, und täglich am PC sitzen ermüdet uns, ohne den Körper anzustrengen. Ist der Sympathikus blockiert, weil die Aggression und auch andere Gefühle nicht ausgelebt werden können, dann führt dies zu vielfältigen Krankheitserscheinungen.
Ein umfangreicher Test in den USA brachte das Ergebnis, daß ein Mangel oder ein Überangebot an Cadmium, Magnesium, Kupfer und Zink mit den Gehirnreaktionen direkt in Verbindung stehen und zu Aggressionen führen. Diese metallischen Spurenelemente sind z.B. im Smog jeder Großstadt enthalten. Alle Autos stoßen diese Schadstoffe aus. Kein Wunder, daß in den meisten Großstädten ein aggressives Reizklima herrscht, dem sich kaum jemand entziehen kann. Kein Wunder, daß die Menschen in ländlichen Gebieten wesentlich ruhiger wirken.

AIDS

Die neue "Lustseuche" ist vermutlich der größte Betrug, der jemals in der Neuzeit produziert wurde. AIDS, aus dem Englischen übersetzt, heißt "Hilfe". Das sieht aus wie ein Hilferuf, aber von wem? Nach allem Wissen, daß uns zur Verfügung steht, ist Aids in seinem Erscheinungsbild ein Sammelsurium von Krankheiten unter dem Oberbegriff der Immunschwäche. Inzwischen wissen wir auch, daß keineswegs alle Menschen mit diesem HIV Virus dahinsterben. Manche leben jetzt schon seit Jahrzehnten damit. Eher sieht es so aus, als wenn dieser Virus gar nichts dafür kann. Es gibt ihn eben. Wenn wir eine Massenuntersuchung auf HIV machen würden, dann würden wir garantiert bei vielen gesunden Menschen den HIV finden. Sind die deshalb krank? Sie werden erst krank, wenn man es ihnen massiv einredet. Heute haben viele Menschen eine Immunschwäche, weil die Lebensumstände zweifelhaft sind. Dazu braucht es keinen HIV. Einige Autoren vertreten die Meinung, daß

HIV gezielt in Umlauf gebracht wurde, um z.B. die Menschen in Afrika zu dezimieren, und daß es sich vielleicht um einen Kampfstoff der US-Army handelt. Andere berichten, daß es eine Notlüge aus einem Krebsforschungslabor in USA war, denen man die Gelder streichen wollte. Egal, was die genauen Zusammenhänge und Hintergründe sind: Bei der Angst vor Aids geht es darum, Menschen mit ihrer Sexualität und Liebe voneinander zu trennen.
Diese Seuche, wenn es überhaupt eine ist, befällt Menschen, die sich sexuell unrein fühlen. Sie betrifft Menschen mit schlechter Ernährung und einem zweifelhaften Lebenswandel, wie Homosexuelle, Prostituierten und Europäer, die in Übersee fremd gehen. Die Nebenwirkungen der Aids-Medikamente sehen so aus, wie die Symptome, die man bekämpfen will. Komisch, nicht wahr? Vielleicht geht es nur darum, mit einer Seuchenangst Millionen von Impftests und Milliarden von Pillen zu verkaufen, die dann erfreulicherweise genug Leute krank machen, die man wieder ewig kurieren kann.
Die Aidslüge hat eine Trennwand zwischen die beiden Geschlechter geschoben. Wenn heute Menschen zusammen sind, schieben sie eine Gummidichtung dazwischen, so daß möglichst keine genetische Information ausgetauscht wird. Darüber hinaus entsteht ein Verhalten, als wenn jeder neue Partner erst einmal gefährlich und verdächtig ist, und das ausgerechnet in der Liebe! Wer weiß, mit wem der oder die es getrieben hat, und wie unrein die nun wieder waren. Liebe wird zum russischen Roulett. In meinen Augen ist bereits die so suggerierte Angst ein Ausrottungsprogramm. Wer davon profitiert, ist die Gummiindustrie, die Militärs, die Psychiater, die katholische Kirche und all jene, die von der Angst und Unsicherheit der Menschen leben.
Bereits 1988 veröffentlichte der angesehene US-Wissenschaftsjournalist → Jon Rappoport sein Buch "Fehldiagnose AIDS - Geschäfte mit einem medizinischen Irrtum". Es ist nur eines von vielen kritischen Werken, die in der Öffentlichkeit tot geschwiegen werden. Auf der anderen Seite stehen der AIDS-Maffia Millionen für ihre Werbung zur Verfügung. Junge Menschen werden nach einer kurzen Periode der sexuellen Freiheit (1966-69, die Blumenkinder) wieder mit Angst vor Liebe und Sex vergiftet, um zu neurotischen, aggressiven und frustierten Menschen heranzuwachsen., die man als Kranke ausbeuten und für Kriege mißbrauchen kann.

Allergien

Allergien passen immer besser mit Depressionen zusammen, als mit Aggressionen. Allergien sind eine Abwehrhaltung. Bei aggressiven Menschen richten sich die Kräfte gegen andere Menschen, bei eher depressiven Menschen richten sich die Kräfte der Abwehr eher gegen ihn selbst.
Es ist immer die Frage: gegen was ist jemand allergisch? Meistens bedeutet Allergie, daß jemand einen bestimmten Zustand oder Umstand in seinem Lebensumfeld nicht ertragen kann. Ist er z. B. gegen Hausstaub allergisch, dann heißt es, daß er die eigene Familien- oder Wohnsituation nicht erträgt, daß er eigentlich sauberer, reiner und finanziell besser gestellt leben sollte, oder daß er durch seine Arbeitsstätte total überlastet ist und eigentlich eine andere Arbeit braucht, oder daß seine Familiensituation so kritisch ist, daß er sie eigentlich nicht ertragen kann.
Bei jungen Frauen, die Asthma haben und mit der Familie nicht zurecht kommen, ist es oft die Angst vor dem nicht mehr vorhandenen Geborgenheitsgefühl, solange sie noch bei ihrer Mutter zu Hause waren und die Unsicherheit, ob sie mit ihren eigenen kleinen Kindern, die sie nun aufziehen sollen, fertig werden. Oft spielt bei Allergien → Sexualität eine Rolle. Heuschnupfen, häufiger chronischer Schnupfen, Husten etc. sind Hinweise darauf, daß der Betreffende mit seiner Lebens-, Liebes- und Wohnsituation nicht fertig wird. Heuschnupfen als Allergie wird ausgelöst durch die männlichen Blütenstoffe der Blütenpflanzen. Diese Blütenstoffe sind Sexualinformationsstoffe und haben auch auf den Menschen als Säugetier eine Auswirkung. Wenn jemand sexuell zufrieden und ausgelastet ist und wenn er zu seiner Sexualität steht, dann hat er keinen Heuschnupfen und auch keinen chronischen Schnupfen.
→ Hauterkrankungen sind ebenfalls abwehrende Allergien, die einen Protest gegen Umweltprobleme zum Ausdruck bringen (siehe unter Hautkrankheiten!). Die Bekämpfung der Allergien wird heute meistens mit Cortison-Präparaten durchgeführt. Cortison kommt aus der Nierennebenrinde und hat im Körper Aufgaben zur Energieregulation. Wenn ein Mensch optimal in Form ist, dann hat er ein hohes, starkes Energieniveau. Er hat viel Energie zur Verfügung, kann sich verteidigen, weiß wo er sein Geld und seine Nahrung herbekommt und hat auch sexuelle Erfolge. So ein aktiver Mensch hat kaum eine Allergie.

Die eher depressiven Menschen haben viele Allergien, weil sie in unserer Gesellschaft nicht mehr wissen, wie sie ihre Bedürfnisse optimal befriedigen sollen. Solchen Allergikern habe ich manchmal empfohlen, ihre normalen Jobs (Büro, Verwaltung, Verkauf) aufzugeben und in der Landwirtschaft oder in einer Gärtnerei zu arbeiten, an der frischen Luft, mit Pflanzen und Tieren. Wenn es dann noch möglich war, die Familiensituation zu verbessern, verschwanden die Allergien.
Durch die Anwendung von Energytraining können alle Allergien überwunden werden. Allerdings müssen auch die krankmachenden Zustände beseitig werden. Wenn jemand verheiratet ist, aber ein Partner will keinen Sex mehr, kann das den anderen langfristig krank machen.

Altern

Zum Prozeß des Alterns läßt sich sagen, daß es derzeit auf der Welt einige Menschen gibt, die nachweislich 150 und mehr Jahre alt sind. Aus der Bibel können Sie entnehmen, daß die Urväter der Bibel beschrieben werden als Menschen, die 300 bis 900 Jahre alt geworden sind. Ich bin sicher, daß diese Angaben einen wahren Kern haben. Die Alterung hängt davon ab, was wir für einen Eindruck von uns selbst haben und ob wir es für Wert halten, länger zu leben oder nicht.
Wenn man sich einreden läßt, daß mit 50 - 60 Jahren alles zu Ende ist, dann sind Sie selbst schuld. Wenn Sie 100 Jahre alt werden und gesund bleiben möchten, dann können Sie das mit einer gesunden Lebensweise und mit Energytraining, Yoga oder Tai Chi erreichen. Ich kann Ihnen mitteilen, daß einer meiner Yoga-Lehrer 84 Jahre alt war und jeden Morgen seinen Dauerlauf machte. Wenn man ihn von weitem beobachtete, dann dachte man, es ist ein magerer junger Mann, so locker hat er sich bewegt.
Der Alterungsprozeß ist zum einen eine Notwendigkeit. Möchten Sie heute noch so sein wie als Baby? Sicher nicht. Unsere Lebenserfahrungen prägen sich in den Körper ein und werden Teil unseres Zellbewußtseins. Unsere Spezies verwandelt sich also langsam durch die Erfahrungsprozesse aller einzelnen Mitglieder, die sich vermehren. Die Erfahrungsdaten werden mit den Zellen vererbt.
Zweitens wird die Alterung durch die kosmische Strahlung verursacht, der wir ab der Geburt ausgesetzt sind. Die Erde unterliegt

einer ziemlich harten Weltraumstrahlung. Natürlich sind wir daran angepaßt, aber trotzdem werden immer wieder einzelne Erbinformationen (Gene) in einzelnen Zellen durch die Bestrahlung zerstört. Das führt ebenfalls zum Alterungsprozeß. Wir trocknen langsam aus, die Haut wird härter, die Knochengelenke nutzen sich ab. Wer intensiv Energytraining praktiziert und auf eine gesunde Lebensweise achtet, kann diesen Verfallsprozeß bremsen. Der Erfolg des Trainings beruht darauf, daß wir durch dieses Training die innere Spannung, unsere innere Energie erhöhen. Ganz konkret bedeutet es, daß das Magnetfeld jeder einzelnen Körperzelle verstärkt wird. Und das verhindert die Strahlenschäden durch die natürliche Belastung mit der kosmischen Strahlung.
Die nahe Zukunft wird zeigen, wie sehr sich der Mensch durch die ungeheure Zunahme an Elektrosmog zusätzlich belastet. Auf der einen Seite haben wir heute eine relativ gute Ernährung und beheizte Räume, auf der anderen Seite steigt die Zahl der unfruchtbaren Menschen und der Allergien ständig an. Wir werden sehen, ob wir damit zu leben lernen, oder ob wir uns durch unsere Kultur selbst dezimieren. Je mehr ein Mensch seine Lebensaufgabe erfüllt, desto besser kann auch seine Gesundheit sein, bis ins hohe Alter. Je mehr er an seiner Aufgabe scheitert, desto eher wird er krank oder stirbt relativ früh.
Wer seine aktuelle Lebensaufgabe vollkommen erfüllt hat, kann sehr wohl bei bester Gesundheit den Tod erleiden, denn es gibt jetzt und hier nichts mehr für ihn zu tun. Sein Leben wird auf einer anderen Ebene fortgesetzt. Wer den Sinn des Lebens erkannt und durchschaut hat, kann hier bleiben, solange er will, in gerade der Verfassung, wie es ihm angenehm ist. Für ihn gibt es weder Alter noch Tod.
Man kann sogar aus einem Leben in ein anders hinübergehen, ohne zu sterben. Ebenso ist es möglich, mehrere Leben parallel zu führen. Es wurde in den klassischen indischen Texten oft genug mit Beispielen beschrieben. (→ Yogavasistha)

Alzheimer

Nach der medizinischen Definition fallen bei Alzheimer nach und nach Hirnbereiche aus. Sie beginnen sich aufzulösen oder zumindest werden sie nicht mehr ausreichend versorgt. Sie funktionieren also nicht mehr. Zweifellos gibt es ältere Menschen, bei denen zunehmend das Denkvermögen schwindet. Sie bekommen nicht

mehr den Sinn von dem mit, was man ihnen sagt. Sie können nicht mehr sinnvoll antworten. Dazu möchte ich zwei konkrete Fälle schildern, die sehr bemerkenswert waren.
Ein Mann bat mich um Rat wegen seiner Mutter, die bereits seit zwei Jahren ein Pflegefall und nicht mehr ansprechbar war. Diagnose: Alzheimer. Sie wurde bereits künstlich ernährt, konnte aber noch trinken. Sie starrte Löcher in die Luft und konnte ihn nicht mehr erkennen, Alter 78.
Ich empfahl ihm, der Mutter hoch dosierte Vitaminpräparate nach dem Rezept von Linus Pauling einzuflößen, in Wasser gelöst (→ Vitamin B-Komplex, Vitamin C, und B_3). Die Pflegeschwester war einverstanden und half ihm dabei. Sie gaben der alten Frau pro Stunde eine Tagesdosis. Bereits am Abend zeigte sie gewisse Reaktionen der Augen. Am zweiten Tag nachmittags drehte sie etwas den Kopf und sah ihren Sohn an. Am dritten Tag nachmittags sprach sie leise seinen Namen. Sie erkannte ihn also! Es wurde so viel besser, daß sie offensichtlich registrierte, was er ihr erzählte, und das Sie in einfacher Weise antworten konnte. Ich weiß nicht, wie es weiter gegangen ist.
Aus diesem Fall möchte ich jedoch ableiten, daß es unbedingt lohnen wäre, alten Menschen bei derartigen Situationen viel höher dosierte Vitamine fürs Nervensystem anzubieten, als heute in Deutschland üblich ist. Die Chance, daß Nerven repariert werden, geht aus den weiter vorn zitierten Forschungsberichten eindeutig hervor! Ich halte es gut für möglich, daß vor allem beginnende Alzheimer gebremst und verbessert werden könnte.
In einem anderen Fall von "Verdacht auf Alzheimer" konnten wir den Zustand eines alten Mannes von über 80 Jahren, der völlig geistesabwesend reagierte, aber noch essen konnte, etwas laufen konnte, die Toilette aufsuchen konnte, mit diesen Vitamingaben so weit verbessern, daß er wieder fast normal ansprechbar war und täglich allein mit seinem Stock einen Spaziergang im Park machen konnte. Ich glaube nicht, daß es immer helfen wird, doch die Chancen der Vitaminversorgung werden viel zu wenig berücksichtigt. Es wirft vor allem die Frage auf, wieviel Alzheimer und andere gestörte alte Menschen wir hätten, wenn man sie rechtzeitig mit genug Vitaminen versorgen würde!

Anämie

Anämie (Blutarmut) ist ein Mangel an Freude, ein Mangel an Leben, ein Mangel an Interesse zu leben, es ist eine Lebenshaltung. Anämie können Sie entgegenwirken durch Genuß von Rohkost, frische, grüne Salate, rohes rotes Fleisch (Tartar), ein frisches Ei zum Frühstück, in der Sonne liegen und das Leben bejahen, und durch Spaß an Sex. Lassen Sie sich begehren und lieben, sagen Sie JA zum Leben. Bei der frischen Kost, egal ob frisches Fleisch oder lebendiger Salat, geht es um die Aufnahme der Lebensenergie aus der Nahrung, erst an zweiter Stelle um die Rohstoffe. Durch frisches, grünes Gemüse (Chlorophyll) nehmen wir Magnesium auf. Das ist wiederum wichtig für ein gut funktionierendes Nervensystem. Das Magnesium sollte dem Körper in großer Menge angeboten werden, weil es ein bestimmtes Gleichgewicht zwischen Eisen (Blutfarbstoff Hämoglobin) und Magnesium gibt. → Ernährung

Wenn Anämie durch radioaktive Strahlung verursacht wird, dann können wir sehen, daß zuviel konzentrierte Energie den Schaden verursacht. Der betroffene Mensch ist nicht mehr in der Lage, dieses Zuviel an Energie in der richtigen Art und Weise zu verarbeiten. Experimente haben ergeben, daß Menschen, die regelmäßig und intensiv → Feueratem praktizieren, wesentlich resistenter auf alle Arten von Strahlenbelastungen reagieren. Feueratem stärkt das Magnetfeld unserer Zellkerne. Die Verstärkung der zellularen Magnetfelder stärkt unsere Aura. Das ist ein gutes Mittel gegen Anämie, gegen Strahlenbelastungen und Elektrosmog.

Feueratem animiert den Körper dazu, Eisen aus der Nahrung aufzunehmen. Er wirkt somit der Anämie direkt entgegen. Käufliche Eisenpräparate gegen die Anämie haben kaum einen Nutzen. Bis 1979 habe ich im Universitätskrankenhaus Eppendorf in Hamburg in der Grundlagenforschung gearbeitet. Damals waren alle erhältlichen Präparate nutzlos. Was jedoch einen nachweislichen Nutzen brachte, war der Verzehr von Schweinefleisch, möglichst frisch und noch roh. Unser Körper kann also den roten Blutfarbstoff aus dem Schweinefleisch leicht für seine Zwecke nutzen. Das kann bei Anämie helfen. Ob heute bessere Präparate auf dem Markt sind, weiß ich nicht.

Das Entscheidende ist jedoch nicht das Angebot an Eisen++, sondern die Bereitschaft des Menschen, es aufzunehmen. Das hat etwas mit dem Überlebenswillen und der Durchsetzungsfähigkeit zu tun. Diese beiden Kräfte aus dem → 1. und dem 3. Chakra werden ganz konkret durch Feueratem gefördert.

Angina pectoris

Angina bedeutet Enge und hat auch etwas mit Angst zu tun. Angina ist eine Bedrückung und Bedrohung im Herz-, Hals- und Lungenbereich. Sie zeigt eine Enge und einen Mangel im Gefühlsleben an. Der Anfall kann ausgelöst werden durch Arbeitsbelastung, Kälte (schwere Arbeit in der Kälte), zu schweres Essen oder Angst vor einer großen, wichtigen Sache, deren Ausgang ungewiß ist.
Es kann auch eine Überbewertung des Einzelnen für bestimmte Situationen sein. Sie kann resultieren aus einem Mangel an Aufmerksamkeit seitens der Mitmenschen für ihn und sein Leben. Er möchte sich bemerkbar machen, aufspielen, wichtig tun, weiß aber nicht so recht wie. Dabei stellt der Körper Energie für seine Aktivitäten bereit. Die Energie wird aber nicht sinnvoll eingesetzt, weil die passenden Handlungen nicht stattfinden. Der Mensch, speziell seine Herzkranzgefäße, verkrampfen sich. Letztlich heißt das, er setzt sich selbst emotional unter Druck.
Bemerkenswert ist es, daß der Krampf dann weniger am Herzen selbst, sondern in der Mitte der Brust empfunden wird. Und das bedeutet wiederum, daß die Verkrampfung des Herzens die → Thymusdrüse negativ beeinflußt. Sie ist für die Regulation unserer Lebensenergie und für die Produktion von aktiven weißen Blutkörperchen, den sogenannten T-Zellen, verantwortlich. Ein Angriff auf die Thymusdrüse ist immer eine Einschränkung der Überlebenskraft und eine Einschränkung unserer Verteidigungsfähigkeit gegen Infekte.
Angina pectoris findet sich oft bei Menschen, die in der frühen Kindheit mit ihren Eltern, speziell mit der Mutter, ein verkrampftes, unbefriedigendes Leben hatten und die noch als Erwachsene der Kindheit nachtrauern, die sie nicht in der gewünschten Weise ausleben konnten. In irgendeiner Weise wurde diesen Menschen ihr Recht auf Leben eingeschränkt.
Es sind Menschen, die versuchen, Ihre Probleme durch Denken zu lösen und die sich schwertun mit wichtigen Entscheidungen und Handlungen. Wenn Sie zielstrebig das tun, was ihnen am Herzen liegt und was Sie für richtig erachten, wenn Sie also handeln, anstatt zu grübeln, dann kann sich der innere Druck lösen. Auch

wenn es Ihren Mitmenschen nicht paßt, tun Sie das für Sie Richtige. "Das Richtige tun" bedeutet innere Befreiung!

Angst

Der Begriff Angst kommt von dem lateinischen Wort *angus* und bedeutet *Enge*. Angst ist also eine Begrenzung, ein Mangel. Angst bedeutet einen Mangel an Energie oder einen Mangel an Bewußtsein. Wir haben Angst, weil wir unsere eigenen Impulse nicht durchsetzen können, weil uns die Energie fehlt, weil wir uns selbst beschränken, oder durch geheime, oft unterbewußte Blockaden gebremst werden.
Angst hat aber auch einen Nutzen. Auf Grund von schlechten Erfahrungen schützt uns die Angst vor einer Wiederholung. Ein Mensch wird von einem Hund gebissen und hat dann Angst vor weiteren Hunden. Es ist nun die Frage, wie er seinen Unfall mit dem Hund verarbeitet, und wie stark er sich fühlt. Ein selbstbewußter Mensch wird begreifen, daß er den Vorfall nicht verallgemeinern muß. Er wird vorsichtig sein, ohne in Panik zu geraten. Ein schwächlicher oder nervöser Mensch wird eher dazu neigen, aus dem einen Vorfall ein beängstigendes Drama zu machen.
Auf alle Fälle verursacht Angst intensive, beklemmende Gefühle. In einer langweiligen Umwelt, z.B. eine langweilige alltägliche Routine daheim und im Büro, wo nichts Bemerkenswertes mehr geschieht, kann die Menschen dazu veranlassen, daß sie sich regelmäßig schlechte Filme ansehen, deren Hauptaufgabe darin besteht, den Menschen Angst zu machen. Manche Menschen projizieren dann nach und nach die Zustände aus diesen Filmen auf die Realität und versetzen sich so systematisch in Angst. Es wird zur Gewohnheit. Im Grunde genommen sind diese Menschen auf Droge: Es sind ihre eigenen Hormone, die den Angstzustand signalisieren, was eigentlich zu einer Flucht führen sollte.
Der Vertrieb aller Massenmedien beruht nur auf 2 Faktoren, auf Angst und auf Sex. Warum lassen sich die Menschen durch Angst und Schrecken regieren? Weil sie sich selbst intensiv spüren wollen und weil sie sich dadurch stärker und dauerhafter spüren, als durch Liebe und Glück. Angst ist immer eine Strategie der Herrschenden gewesen. Die tägliche Berichterstattung über Mord, Unfälle, Katastrophen, Krankheiten und Kriege lenkt von der privaten Langweile, von der politischen Misere und von den wahren Absichten der Herrschenden ab. Es ist leicht, die Menschen regelmäßig

zu ängstigen und auszubeuten. Außerdem wird die Liebe dadurch etwas Besonderes und um so wertvoller, da man sie sich nur manchmal gönnt. Jeden Tag die große Liebe, wer hielte das schon aus!
Ein dynamischer Mensch, der genug Energie hat, um seine eigenen Ziele zu verwirklichen, verliert sehr bald seine Ängste und ebenso das Interesse an der destruktiven Berichterstattung der Massenmedien. Er lernt statt dessen selbst bewußt zu leben. Statt der allgegenwärtigen, unterschwelligen Angst in der Masse, erlebt ein bewußter Mensch seine Individualität als Freiheit und als Chance.
Eine positive Partnerschaft ist die beste Grundlage, um Angstzustände zu überwinden. Seien Sie gewiß: Angst ist eine Vorsichtsmaßnahme gepart mit Unwissenheit. Sie kann so leicht überwunden werden, wie Sie unter die Dusche steigen und sich reinigen! Es besteht kein Grund, eine Schlange oder eine Spinne anzufassen, vor der sie vielleicht Angst haben. Die Tiere gehen ihnen aus dem Weg, wenn Sie zur Seite gehen.
Nur wenn Sie auf ihrer Angst beharren, werden Sie sich selbst in Situationen hineinmanövrieren, in denen Sie dann wieder Grund bekommen, Angst zu haben. Der systematische Aufbau von guter Laune mit Hilfe eines Partners und die sachliche, ruhige und vernünftige Betrachtung der Umstände kann derartige Begrenzungen (Angst) überwinden.

<u>Übung</u>: Zählen Sie ihre eigenen Ängste auf, die großen und die kleinen. Schreiben Sie eine Liste auf. Was ist am Schlimmsten, was ist vernachlässigbar? Vergeben Sie Nummern für die Wertigkeit. Die größte Angst bekommt die Nr. 1.
Danach überlegen Sie bitte gut, was diese Ängste wert sind. Wovor soll Sie so eine Angst vielleicht schützen? Hat sie überhaupt noch einen Wert? Ist sie vielleicht längst überholt? Woran werden Sie gehindert, weil Sie diese Angst haben? Was können Sie dagegen tun? Wie sieht das ihr(e) Lebenspartner(in)? Räumen Sie das alles auf und aus!
Hier ein paar Hinweise für gängige, aktuelle Ängste: Elektrosmog, Ernährung, Infektionen, Krankheit, Krieg, Armut, Wasseradern, ungenügend sein, untüchtig, ungeliebt, nutzlos, das Leben ist sinnlos, nicht anerkannt werden, sich behaupten müssen und nicht wollen, sich verweigern. Lesen Sie hierzu bei der → Transaktionsanalyse nach!

Wieviel von diesen allgemein verbreiteten Ängsten betrifft Sie denn wirklich und direkt? Bei jeder Angst, auch vor Tieren, lohnt sich in jedem Fall eine therapeutische Beratung, um den Druck abzubauen, zu minimieren und um so die blockierte Energie freizusetzen. Dann entsteht schnell ein neues, besseres Lebensgefühl.
Wann immer Sie unter die Dusche steigen, stellen Sie sich vor, daß Sie alle Ängste und Probleme abwaschen. Jede Dusche sollte eine geistige, seelische und körperliche Reinigung beinhalten.

Arteriosklerose

Arteriosklerose ist eine Krankheit, die Menschen betrifft, die sich hier auf Erden immer mehr in den irdischen Belangen verfangen und sich immer mehr entfernen von geistigen und seelischen Freude und Genüssen. Es sind Menschen, die sich immer mehr verkrampfen und immer mehr vor den Lebensprozessen verschließen. Wer nicht in der Lage ist, sich für die Freuden des Lebens zu öffnen, der braucht sich nicht wundern, wenn seine Energie nicht mehr richtig fließt. Bei der Arteriosklerose verhärten die feinen Verästelungen der Arterien, die bestimmte innere Organe versorgen. Die Nieren arbeiten nicht mehr richtig, d.h. die Verarbeitung und Ausscheidung von Problemen funktioniert nicht mehr richtig. Ebenso kann es im Gehirn passieren. Die Menschen können nicht mehr klar denken. Die Bauchspeicheldrüse und damit unsere Energieregulation funktioniert nicht mehr optimal. Die Milz und damit die lymphatische Gewebereinigung streikt. Die Retina im Auge hört auf zu funktionieren und wir sehen unsere Umwelt nicht mehr richtig.
Wer das Leben bejaht, eine positive Partnerschaft hat und noch etwas erleben will, kann mit einer positiven Grundhaltung die Arteriosklerose verhindert oder zum Stillstand bringen. Frustrierende Lebensumstände und eine schlechte Partnerschaft sind der Anfang vom Ende. Wer diese Krankheit hat, muß ernsthaft überlegen, ob er noch einmal anfangen will. Oft sind schlechte Vorbilder die Ursache, z.B. gab es ähnliche Erkrankungen bei den eigenen Eltern. Dann brauchen Sie den Mut und den festen Glauben an sich selbst, um nicht so zu werden, wie Ihre Mutter oder ihr Vater.
Die schon mehrfach empfohlenen → Vitaminkuren können auch hier helfen, denn Vitamin C aktiviert die roten Blutkörperchen und macht das Blut "dünnflüssiger". Es nimmt mehr Sauerstoff auf. Die Blockaden in den Endbereichen der Arterien, die das aktive Blut

transportieren, werden abgebaut oder zumindest nicht schlimmer. Lesen Sie hierzu die Forschungsberichte über → B-Komplex.

Arme

Probleme mit den Armen zeigen an, daß ein Mensch Schwierigkeiten hat, seine aktuellen Probleme zu meistern und das Leben richtig anzufassen. Die → Hände zeigen an, ob ich in der Lage bin, fest zuzufassen oder ob ich schwach bin, ob ich meine Interessen wirklich verteidigen kann oder nicht. Die Hände sind der Teil meines Körpers, mit dem ich in die materielle Welt hineingreife, um mir meinen Anteil zu nehmen, um Dinge zu untersuchen, um zu essen usw. Die Hände dienen dem Tastsinn, dem Gefühl.
Probleme mit den Armen betreffen aktuelle Angelegenheiten. Wer seit kurzer Zeit Schwierigkeiten mit dem Job hat, kann Ellenbogenschmerzen bekommen, weil er sich jetzt nicht durchsetzen kann. Er müßte dann vielleicht seinen Job wechseln. Eine Sekretärin, die Ärger mit dem Chef hat, bekommt Sehnenscheidenentzündung, obwohl die Arbeit nicht mehr ist als zuvor. Es ist die Kombination aus der Handarbeit an der Tastatur plus Ärger am Arbeitsplatz, die die Erkrankung verursacht. Findet sie einen neuen Job, genau das Gleiche, aber eine sympathische Umgebung, dann ist die Entzündung der Handgelenke bald wieder weg. Im Unterschied dazu kommen Erkrankungen der Beine eher im Zusammenhang mit älteren Problemen auf, also aus einer Situationation von einem aktuellen Problem, das auf alten Problemen beruht.
Unsere Hände strahlen Energie aus. Sie sind im geistigen Sinne mit Scannern ausgestattet. Wir ertasten nicht nur, sondern wir nehmen auch die Energiesignatur eines anderen Lebewesens oder eines Gegenstandes auf. Aus diesem Grund können wir bereits ein subtiles Gefühl bekommen, wenn wir z.B. ein Nahrungsmittel in die Hand nehmen. Nehmen Sie einmal im Supermarkt eine abgepackte Ware in die linke Hand, z.B. etwas Gemüse, Obst, Käse oder Fleisch. Wenn Sie ein bischen üben, werden Sie plötzlich fühlen, ob die Ware Ihrer Hand gut tut, ob Ihr Körper positiv reagiert oder nicht.
Die linke Hand ist sensitiver, nimmt noch besser auf, denn ihre Nervenbahnen laufen über den linken Oberarm. Hier befinden sich Reflexzonen, die direkt mit dem Herzen in Verbindung stehen. Die sensitive Wahrnehmung der linken Hand wird also mit dem Herzchakra kombiniert, mit unserem inneren, unbestechlichen → Herz-

lotos. Der linke Arm und die ganze linke Körperseite wird von der rechten, intuitiven Gehirnhälfte gesteuert. Die linke Hand kann mehr Energie aufnehmen als die rechte.
Der rechte Arm und die ganze rechte Körperseite steht mit der linken Hirnhälfte in Verbindung, also mit dem Verstand. Sie soll in die Außenwelt hineingreifen, uns verteidigen und Signale senden. Bei Heilungen kann die rechte Hand mehr Energie geben. Die E- nergie ist härter und zielgerichteter. Der rechte Arm wird durch die Leber beeinflußt. Das bedeutet, sie wird vom → 3. Chakra und der Willenkraft gesteuert. Das verursacht ihre "harte Ausstrahlung".
Wer sich dieser Kräfte bewußt ist, kann mit seinen Händen heilen, diagnostizieren, aber auch andere Menschen beeinflussen oder abwehren. Bei den asiatischen Nahkampftechniken wird dieses Wissen ganz gezielt eingesetzt.
Wenn nun die rechte oder die linke Hand oder die Arme von Krankheit betroffen sind, sollten Sie diese Zusammenhänge in Rechnung stellen. Heilung ist möglich, wenn Sie entsprechend meiner Ausführungen für den linken Arm Übungen aus dem Energytraining machen, die zum 4. Chakra oder zum Herzen gehören, für den rechten Arm wählen Sie Übungen, die das 3. Chakra stärken, also Ihre Durchsetzungsfähigkeit.
Aus der Chakralehre wissen wir, daß die Bewegungskontrolle der Hände, Arme und Schultergelenke direkt mit dem → 2. Chakra in Verbindung stehen. Das bedeutet, unser Energiekörper steuert den vorderen Bewegungsapparat direkt mit dem kreativen, schöpferischen Energiezentrum. Tatsächlich wurden ja alle Schöpfungen unseres praktischen menschlichen Lebens mit den Händen vollbracht.
Ebenso spielen unsere Hände und unser Tastsinn für die Fortpflanzung, Liebe, Sex und Erotik eine große Rolle. Auch das ist ein wesentlicher Teil unserer kreativen Energie.
Frustierte Frauen neigen viel mehr dazu, ihre Freizeit mit stricken, häkeln und anderer Handarbeit und Hausarbeit zu vollbringen, als sexuell befriedigte. Die Volkshochschulen sind angefüllt mit dieser Gruppe. Der Putzfimmel gehört auch in diesen Bereich.
Frustierte Männer neigen zum basteln, Holz hacken (wenn sie noch mehr Power haben), oder halten sich an Flaschen und Zigaretten fest.

Übung: Wenn Du Probleme mit Armen und Händen hast, obendrein mit der Durchsetzung Deiner Interessen, dann stelle Dich irgendwo aufrecht vor ein Fenster, schaue in die Ferne, halte Deine Arme waagerecht in Schulterhöhe nach vorn ausgestreckt. Greife nun langsam und fest zu. Stelle Dir vor, daß Du jetzt Deinen Anteil am Leben ergreifst. Das bedeutet, daß Du Deine Finger langsam und unter Anspannung fest zur Faust schließt, immer mit der Vorstellung, daß Du etwas fest ergreifst! Das ist eine Übung, die aus dem Karate kommt. Mache diese Übung so lange wie Du kannst, bis zu 100 mal. Wenn Du diese Übung so oft schaffst, dann wird sich Dein Erfolg im Zugreifen bald in Deiner Außenwelt zeigen. Du wirst energischer, aufmerksamer und erfolgreicher!

Arthritis

Arthritis (Gelenkentzündung) hat viel zu tun mit innerem Groll, Bitterkeit, Kritik. Es sind Menschen, die sich ungeliebt fühlen und die natürlich durch ihr Verhalten leicht dazu kommen, daß sie unbeliebt sind. Diesen Menschen sollte man ebenso wie den Sklerotikern empfehlen, daß Sie sich für das Leben öffnen und Schritt für Schritt für innere Reinheit sorgen. Wiederum intensive → Vitamin C - Gaben, die über das Maß der normalen (deutschen) ärztlichen Empfehlungen weit hinaus gehen. Lesen Sie dazu am Besten die → Vitamin-Bibel von Linus Pauling.
Arthritiker sollten sich öffnen für Kontakte mit jüngeren Menschen, um wirklich offen, freiherzig und freizügig zu werden. Der positive Kontakt mit jungen Menschen gibt ihnen die Anregungen wieder, die ihnen im Lebensprozeß verloren gegangen sind. Menschen mit Arthritis sind meistens mißmutig, unzufrieden, frustriert. Bildhaft ist es die ältere Frau, die immer etwas an den Enkelkindern auszusetzen hat und der Rentner am Stammtisch, der über alles schimpft, aber sich kaum noch bewegen kann.
Auch wenn es ihnen schwer fällt, müssen sich diese Menschen ganz besonders auf die Freude im Leben ausrichten. Du mußt bereit sein, die Freude ganz groß und den Ärger ganz klein und unbedeutend zu sehen, dann hälst Du die Krankheit auf!
Nimmt in einem organischen System die Energie zu, ohne eine angemessene Aktivität, so kommt es zu Ausfällungsreaktionen, Kristallisationen, Ablagerungen, zur Mineralisierung. Die Folge sind Arthritis, Arthrose, Rheuma und Verkalkung. Bietet man dem flüssig-organischen Körpersystem viel Bewegung, eine gute Durchblutung und Mineralstoffe (Calzium und Magnesium), so werden die körpereigenen Ablagerungen gebremst. Multivitaminpräparate mit

→ Spurenelementen sind eine sinnvolle Ergänzung. Darin sollte Mangan enhalten sein. Es fördert bei jungen Menschen, vor allem Frauen, die Fruchtbarkeit (2.Chakra) und bei alten Menschen erhält es die Kreativität.

Atembeschwerden und Asthma

Bei Erkrankungen und Allergien dieser Art liegt ein organisches Entgegenkommen vor. Das heißt, in diesem Organbereich liegt eine Schwäche vor, die noch gesteigert wird durch Konfliktstoff.
Der Konfliktstoff bei Atembeschwerden (Asthma, Bronchitis) beruht auf Interaktionen des Großhirns mit seelischen, gemütsmäßigen Reaktionen (limbisches System).
Die eine Seite denkt, die andere Seite fühlt. Die Beschwerden treten auf, wenn das Fühlen und das Denken nicht in Einklang gebracht werden können. "Ihm bleibt die Luft weg."
Asthma ist eine Unterdrückungskrankheit. Asthma zeigt an, daß der betreffende Mensch empfindlich und übersensibel ist und daß er sich schwer tut, die Schwierigkeiten und Belastungen aus seiner Umwelt zu ertragen und sich zu behaupten. Asthma ist oft ein unterdrücktes Weinen. Der betreffende Mensch fühlt sich traurig, erdrückt von seinen Problemen oder unterdrückt von seinen Mitmenschen und seiner Umwelt.
Asthma tritt sehr häufig durch eine Belastung in der Umwelt auf (Schadstoffe), was natürlich niemanden weiter verwundert in der heutigen Zeit hier in Mitteleuropa. Es tritt aber ebenso häufig auf, weil Kinder von den Eltern nicht angenommen werden oder spüren, daß Sie unerwünscht zu früh gekommen sind, daß sie angeblich zuviel Unkosten verursachen, oder daß sich die Eltern darüber Gedanken machen, wie sie die Kinder ernähren sollen. Es ist ein Problem der Kriegs- und Nachkriegsgeneration. Es wird ebenso zum Problem-Ausdruck der No-Future-Kinder aus den vergangenen 20 Jahren. Ein großer Teil der deutschen Kinder aus den vergangenen 20 Jahren sieht keinen Sinn mehr im Leben. Sie sind intelligenter und weltoffener als frühere Generationen. Sie sehen die Mißstände in der Gesellschaft, in Politik und Wirtschaft, finden keinen Job und haben Angst vor einem neuen Weltkrieg.
Der Asthma-Anfall ist eine typische Situation, die zeigt, daß der Betreffende nicht mehr atmen kann, daß er seine Energie gegen sich selbst richtet. Der erste Auslöser ist oft eine zu ängstliche oder eine zu harte Mutter. Die Asthmatiker haben hohe moralische An-

sprüche. Sie betrachten sich meistens selbst als edle und feine Menschen. Oft genug werden sie von der Umwelt nicht als edle Menschen akzeptiert. Das liegt nicht unbedingt nur an den Asthmatikern, denn die Umwelt fühlt sich vom Asthmatiker durchschaut. Es ist dann ein Trickspiel hin und her, wo es immer die Frage ist, wer letztlich für die Probleme des Asthmatikers die Verantwortung übernehmen soll.
Natürlich muß er sie selbst übernehmen, soweit es die Krankheit betrifft, aber an so einer Krankheit, ebenso wie an chronischem Husten oder an chronischem Schnupfen, ist zweifellos die ganze Familie mitverantwortlich.
Bei der Konfrontation mit den Ansprüchen oder mit den Machtinteressen eines Anderen verschlägt es dem chronischen Bronchitiker oder Asthmatiker leicht die Sprache. Er weiß nicht mehr, wie er sich durchsetzen soll und ist der Ohnmacht nahe. Es ist seine eigene Hilflosigkeit, weil er sich beispielsweise in seiner frühen Kindheit nicht gegen die Reglementierungen einer harten Erziehung durchsetzen konnte. Er weiß nicht mehr, wie er sich Luft machen soll. Sein Leben beinhaltet zu wenig Lust und Freude. Zum Schluß bleibt nur noch der Husten übrig, und der Husten ist identisch mit dem Bellen der Hunde, wenn sie versuchen, durch Laut geben ihr Revier abzugrenzen. Asthmatiker und Bronchitiker sollten darauf achten, daß sie in einer sauberen, klaren Umwelt leben, daß sie mit anderen Menschen, die das nicht genauso sehen wie sie selbst, etwas Nachsicht haben und daß sie ihren eigenen Anteil zu einer sauberen, klaren Umwelt beitragen.
Beim Asthma geht es mehr um wechselseitige Machtspiele und um Unterdrückung. Dabei kann es sehr wohl so sein, daß ursprünglich ein Kind unterdrückt wurde und sich dann nach und nach das Asthma als Notsignal etabliert. Später reagiert dieser Mensch immer dann mit Asthma, wenn er sich nicht durchsetzen kann. Und noch später kann es sein, daß er sich mit einem Asthmaanfall hilflos darstellt, um wieder bemuttert zu werden und um mit seiner Krankheit seine Umwelt zu kontrollieren oder zu terrorisieren.
Weitere Ursachen für diese Atembeschwerden sind Trennungsängste. Diese Erlebnisschocks werden meist in früher Kindheit ausgelöst. Zum Beispiel in der Baby- oder Kleinkindphase durch Verlust eines Elternteils. Ein Muster, das daraus resultiert, ist der Ausdruck: "Ich bin ja so hilflos." "Ich kann nicht." "Bitte hilf mir doch."

Asthma kommt vom Verhalten, fragt sich nur, was sich da jemand verhält. Bronchiale Erkrankungen haben immer was mit "nicht gefallen wollen" oder "nicht genug können" zu tun. Menschen mit derartigen Erkrankungen sollten lernen, ihre Ansprüche zu relativieren, vielleicht zu reduzieren. Sie müssen lernen, sich selbst zu lieben und anzuerkennen. Sie sollten mein → "Erfolgskonzept" gewissenhaft studieren, um aus der eigenen Verantwortung und der eigenen Stärke ihre eigene Welt zu regulieren. Nur so werden sie sich von dem Zuspruch anderer unabhängig machen und mehr Lebensfreude empfinden.
Bei diesen Erkrankungen wird empfohlen, daß der Mensch seine Reflexe besser trainiert. Er könnte zum Beispiel ein Instrument spielen lernen und 10-Finger-blind-Schreibmaschine. Auch die Beschäftigung mit einem modernen Videospiel ist ein gutes Mittel gegen Asthma. Dabei kann der Kranke zugleich seine unterschwelligen Aggressionen abreagieren. Die Autorennen im Computer sind relativ harmlos und ein gutes Hilfsmittel für diese Zwecke. Kinder mit Atemwegserkrankungen vergessen für die Zeit des Action-Spiels ihre Krankheiten und husten viel weniger, erst recht, wenn sie das Spiel erfolgreich beherrschen.
Autogenes Training ist ein sehr wertvolles Hilfsmittel gegen diese Krankheiten. Beim Autogenen Training kann es anfangs zu einer erheblichen Verschärfung derartiger Krankheiten kommen. Die Übungen sollten dann besser im Sitzen ausgeführt werden. Dem Kranken wird seine Misere und seine Verkrampfung bewußt. Es ist vielleicht wirklich seine Art, andere mit seinem Asthma zu erpressen (Er kann nicht arbeiten). Beim AT wird ihm schnell bewußt, daß er diese Zustände kontrollieren kann. Damit verliert er ein Machtmittel. Es kann auch sein, daß ihm im AT die alten Zustände aus der Kindheit bewußt werden, die seine Krankheit verursacht haben. Überwindet der Mensch dann diese Erinnerungen und macht weiter mit dem AT, dann wird schon nach wenigen Wochen eine deutliche Verbesserung seiner Situation eintreten. Besonders leicht und erfolgreich kann das → AT mit meinen beiden CD + Trainingsbuch erlernt werden.

Augen

Die Augen sind die Tore der Seele. Wir können wirklich in den Augen und aus den feinen Reaktionen der vielen kleinen Fältchen um die Augen herum sehr vieles über den betreffenden Menschen erfahren. Alle Regungen und Erinnerungen finden hier ihren Ausdruck. Alle Gefühle werden in unseren Augen und deren direkter Umgebung sichtbar.

Exkurs: Verändertes Wahrnehmungsspektrum der Augen

Die Wahrnehmungsfähigkeit unserer Augen ist durch Erziehung und Erfahrung definiert, festgelegt und begrenzt. Wir können unter bestimmten Umständen noch ganz andere Bereiche des Spektrums wahrnehmen, empfinden und u.U. sichtbar machen. In dem auf diese Weise in Erscheinung tretenden verschobenen Spektralbereich erscheinen wiederum die gewohnten Farbabstufungen.
Nach der folgenden Erfahrung (s.u.) erkennen wir, daß die optische Wahrnehmung in der Tat von der Sinnestätigkeit abhängt und in Wechselwirkung mit der vorhandenen Photonenenergie festgelegt wird. Wenn sich das ganze Band der Wahrnehmung verschiebt, erscheint im nun angesteuerten Spektralbereich wiederum das bekannte Spektrum der Farbabstufungen.
Grün ist folglich nicht Grün, sondern Grün ist nur in etwa die Mitte des heutzutage üblicherweise durch Erziehung und Gewohnheit festgelegten sichtbaren Spaltes des elektromagnetischen Spektrums. Verschiebt sich unser Wahrnehmungsbereich, so erscheint die Mitte des angesteuerten Spektrums wiederum als Grün. Grün definiert also in etwa die Mitte des sichtbaren Spektralbereiches und nicht eine ganz bestimmte Farbe.
In diesem Zusammenhang möchte ich darauf hinweisen, daß Druck auf die verschlossenen Augenlider Lichtreflexe erzeugt und z.T. charakteristische Muster liefern kann. Auch dieser Druck ist nicht Licht in der gesehenen Form an sich, sondern hier wird Druck in Form von Lichtimpulsen wahrnehmbar gemacht.
Um in diesem Bereich Fortschritte zu erzielen, könnte man vielleicht das Auge unterschiedlichen Frequenzen aussetzen. Natürlich würde beim konform erzogenen Menschen kein Licht sichtbar. Der Verstand würde in der Kontrolle die entsprechenden Daten ausfiltern und verleugnen. Vermutlich könnten wir jedoch z.B. durch Messungen des Hautwiderstandes bestimmte Hinweise finden auf das, was vom Auge wahrgenommen wird. Ich könnte mir einen Film vorstellen, der z.B. im unsichtbaren IR-Spektrum aufgenommen und wiedergegeben wird und der unsere Sinne unterschiedlich stark anspricht. Obwohl direkt "unsichtbar" müßte dann, wenn mei-

ne These gültig ist, eine meßbare Reaktion beim Zuschauer auftreten.
Ich erwähne das IR-Spektrum, weil ich es für möglich halte, daß ich bei dem folgenden Beispiel IR-sichtig war. Im Zusammenhang mit dem folgenden Beispiel sollte beachtet werden, daß Schamanen und Yogis immer wieder von außergewöhnlichen Wahrnehmungen berichten, daß sie die Aura des Menschen sehen können usw. Ich selbst praktiziere zwar seit vielen Jahren Yoga, bis zu diesem Ereignis hätte ich es aber selbst nicht für möglich gehalten, daß derartige Wahrnehmungen mit dieser Klarheit möglich sind! Ein Beispiel aus der Praxis (1987):
Bei einer langen Meditation war ich irgendwann vollkommen weggetreten und ohne bewußte Wahrnehmung. Als ich nach einiger Zeit wieder zu mir kam, saß ich immer noch am gleichen Platz. Meine Frau und andere Teilnehmer hatten jedoch den Raum verlassen, und die Gäste waren nach hause gefahren.
Der Raum war vorher mit einer kleinen Lampe spärlich beleuchtet. Jetzt war er taghell erleuchtet. Ich stutzte und dachte für einen Moment, ob es schon früh morgens sein könnte, doch es waren meiner Empfindung nach vielleicht zwei Stunden vergangen. Es schien jedoch sehr helles Sonnenlicht zu sein, allerdings wirkte es etwas unwirklich, etwas merkwürdig und fremd.
Meine nächste Reaktion war: Ich sehe alles zu hell, weil ich die Augen geschlossen hatte! Wieso konnten die Anderen nicht das Licht löschen, bevor sie gingen? Wer hatte überhaupt die große Lampe angemacht und die kleine gelöscht? Mir war deutlich klar, daß die kleine Lampe aus war.
Ich stand auf und sah mich im Raum um. Alles wirkte etwas überzeichnet hell, mit einem Messingfarbton im Licht. Ich konnte Bücher und Broschüren im Regal deutlich lesen und auch die poppigen Farben von der Titelseite eines Buches klar erkennen. Da am Fenster kein Vorhang war, sah ich hinaus. Draußen war alles merkwürdig blauviolett und unwirklich. Da mir alles zu hell war, ging ich zum Schalter und schaltete die Deckenlampe 'aus'.
Plötzlich begann sich alles zu verändern! Sattgelbe Lichtstrahlen durchdrangen die sonnenhelle Beleuchtung. Dann brach die andere Sicht langsam zusammen. Die Oberfläche der Glühbirne erschien durchscheinend schwarzbraun, Strahlenbündel waren sichtbar, so als wenn vielleicht die Sonne durch Nebelbänke scheint.

Das Licht der Lampe setze sich durch. Ich erkannte endlich, daß ich bei voller Dunkelheit alles hell gesehen hatte. Das echte Licht war mir sehr lästig.
Ich schaltete wieder aus. Die zweite Wahrnehmung flackerte noch einmal kurz auf, dann stand ich bei sparlichem Mondlicht im Dunkeln.
Diese veränderte Wahrnehmung habe ich zweimal in größeren Zeitabständen sehr intensiv erlebt und einige Male schwächer, jedoch in ähnlicher Form. Einmal hatte es eher den Charakter sehr hellen Mondlichtes, und die Farben waren nicht so deutlich zu erkennen.
Nach diesen und vielen anderen speziellen Erfahrungen steht für mich fest, daß wir den Bereich unserer optischen Wahrnehmung durch Erziehung und Übereinkunft festlegen. Er kann verändert werden, wenn wir ungewöhnliche Trainingsmethoden anwenden. Folglich können wir auch etwas tun, wenn unsere Augen schlechter werden.

Übung: Augenreflex - Reflex der Seele

Es gibt unter den Naturheilverfahren eine eigene Diagnostik-Methode, die mit der Iris arbeitet. Manche Heilpraktiker wenden sie erfolgreich an.
Bei indianischen Medizinmännern erlernte ich eine andere ungewöhnliche Methode der Therapie, die ebenfalls mit den Augen arbeitet. Wenn ein Mensch in der Therapie von seinen Problemen spricht, dann wird er sich irgendwann bewußt oder unbewußt an die wahre Ursache seiner Krankheit oder Problematik erinnern. Wenn er sich in einer gelösten, entspannten Stimmung befindet, dann kann es sein, daß plötzlich in seinem Auge, dort wo Pupille und Iris einander begrenzen, ein winziger Lichtreflex erscheint, der dem geübten Auge des Schamanen auffällt. Fixiert er sich nun auf diesen Punkt im Auge des Patienten, dann scheint es so zu sein, als führe von dort auf wunderbare Weise ein feiner Kanal, eine Lichtspur, bis ins Gehirn des Patienten. Die Spur führt den Heiler zu dem Platz, wo die Ursache gespeichert ist.
Die magischen Geschichten, die darüber erzählt werden, tun für uns nicht viel zur Sache. Wichtig ist nur Folgendes: Konzentriere ich mich einfach auf diesen feinen Lichtreflex, während der Patient mir seinerseits nicht direkt in die Augen schaut, sondern einfach ins Leere starrt, dann beginnt dieses Auge bald zu tränen und den

Patienten überkommt zumeist eine gewisse Traurigkeit. Nach vielleicht einer Minute verschwindet der Reflex. Die "geistige Operation" ist abgeschlossen.
In Einzelheiten konnte ich niemals klären, was denn nun die Ursache seiner Probleme gewesen ist. Fest steht nur, daß im Krankheitsbild des Betroffenen ein Wandel eintritt, eine Veränderung zum Positiven. Er gewinnt neue Erkenntnisse aus sich selbst und eine positivere Lebensauffassung.
In unseren modernen Worten möchte ich das so formulieren: Über das Auge erreiche ich sein Gehirn und sein Bewußtsein. An einer Speicherstelle in seinem Gehirn wird eine Umprogrammierung vorgenommen. Auf wundersame Weise reicht es, die Stelle zu erfassen, sie zu fixieren, und die unerwünschte Information wird gelöscht oder ihre Bewertung im Patienten wird verändert. Ich gehe heute davon aus, daß bei dieser Therapie ein innerer Austausch zwischen neuen Informationen des Medizinmanns und den verborgenen Informationen des Kranken vor sich geht. Wir wissen beide nicht, was im Einzelnen geschieht, doch der innere Austausch kann eine positive Veränderung bewirken.
Diese Methode hat nichts mit Hypnose zu tun. Nehmen wir einfach an, daß ein Schamane den natürlichen Kräften näher steht und einen besseren Draht zu den Göttern hat. Dieses Wissen stellt er den Störungen des Patienten gegenüber. In dem dann folgenden Abgleich findet der Patient zu den natürlichen Quellen seiner Energie zurück.
Außerdem konnte ich beobachten, daß gerade kopflastige, intellektuelle Menschen hinterher deutlich weniger lamentieren und diskutieren. Sie wirkten wesentlich geradliniger, sachlicher, selbstbezogener. Die besserwisserische Tour, alles "ausdikutieren und wissen zu wollen" wurde ersetzt durch eine Art Erfahrungswissen, daß plötzlich von innen kommt, obwohl es ganz offensichtlich eher auf dem Wissen des Schamanen beruht.

<u>Übung</u>: Augenaustausch beim Tantra

Etwas ähnliches ist der Augenaustausch beim Tantra. Wenn Du mit einem sympathischen Menschen Tantra machst, egal ob mit oder ohne sexuelle Beziehung, dann ist der seelische Austausch über die Augen von großer Bedeutung. Zuerst praktiziert ihr gemeinsam einige Übungen aus dem Energytraining oder andere Yogaübungen. Dann setzt ihr euch vis-à-vis im Yogasitz oder auf 2 Stühle.

Schaut euch ruhig und tief in die Augen, ohne an etwas Spezielles zu denken. Akzeptiert einfach euer Gegenüber als einen wundervollen Menschen, mit dem ihr jetzt diese tiefe Erfahrung teilen könnt.
Konzentriere dich dabei mit deinen beiden Augen jeweils nur auf ein Auge des Partners / der Partnerin. Es ist kein Machtspiel. Übe keinen Druck aus. Bleibe ruhig, gelassen, freundlich, liebevoll. Nimm die Schwingungen und die Informationen auf, die der/die Partner(in) sendet! Du kannst dich auch auf den Punkt des 3. Auges konzentrieren (beide machen stets das Gleiche!). Wenn ihr gut vorbereitet seid, werdet ihr nach wenigen Minuten eine tiefe, innere Verbundenheit fühlen, und es findet wirklich ein unglaublicher Strom an Datenaustausch statt. Ich vermute, wenn wir das 10 Minuten oder länger machen, dann können wir unsere gesammten Lebensdaten unbewußt übertragen, nicht nur aus diesem Leben, sondern aus allen anderen früheren Leben, die wir jemals gelebt haben. Es sind faszinierende Erlebnisse. Hier lernst du einen anderen Menschen besser kennen als irgendwie sonst. Es ist die Grundlage für eine intensive, menschliche Partnerschaft.

Augenprobleme

Bei allen Betrachtungen berücksichtigen Sie bitte, daß das rechte Auge mit unserer linken Hirnhälfte verbunden ist und das linke mit der rechten. Das rechte Auge steht in Bezug zur Außenwelt, zu Aktivität, Durchsetzungsvermögen, Kritik und Verstand.
Das linke Auge steht in Bezug zur Phantasie, Intuition, zum Gefühl und zu unserem Innenleben.
Die Dioptrienzahl zeigt nicht nur den Grad der Fehlsicht, sondern ebenso den Grad der geistigen Fehl-Haltung in Bezug auf die Umwelt. Ebenso hat der Neigungswinkel der Fehlsicht etwas mit der Fehleinschätzung der Umwelt zu tun. Unsere Augäpfel bekommen je nach Stimmung eine andere Krümmung, eine andere Spannung oder eine Trübung. Das bewirkt die Fehlsicht. Und ebenso ist es auch wieder rückgängig zu machen.
Alle Augenprobleme sind Harmonieprobleme. So können Augenprobleme auch durch ein entsprechendes Training behoben werden. Je mehr sie mit ihrer Umwelt in Harmonie kommen, desto besser werden ihre Augen! Meine eigenen Augen waren im Alter von 29 bis auf -2.75 kurzsichtig geworden. Im Laufe von rund 6 Jahren Yogatraining, ohne spezielles Training für die Augen, wur-

den sie wieder besser bis auf -0,5. Dieser positive Zustand hielt einige Jahre an. In dem Maße, wie ich in den folgenden Jahren mehr Arbeit, mehr Verantwortung, mehr Belastung durch die Probleme meiner Klienten hatte, sank der Wert wieder auf -1,5. Als ich dann begann, viel mit dem Bildschirm zu arbeiten sank der Wert weiter auf -1,75. Dort hat er sich erst einmal stabilisiert.
Daß es sich primär um seelische Belastungsfaktoren handelt, erkenne ich daran, daß ich in Zeiten, wenn ich mich sehr gut fühle, die normale Brille gar nicht brauchen kann. Meine Augen sind dann zeitweilig völlig okay. Ebenso kann ich etwas weit Entferntes spontan ganz klar sehen, wenn es mir sehr wichtig ist. Die Elastizität meiner Augen ist also noch vorhanden.
Ich habe sogar einige Menschen kennengelernt, die durch ein bewußtes und intensives Training ihre Augen vollkommen korrigieren konnten. Es ist nur die Frage, wieviel positive Aufmerksamkeit Sie ihren Augen widmen möchten und wie gut Sie die Umwelt ertragen. Beachten Sie bitte den Abschnitt "Augentraining - Sehtraining".
Einweiteres Augenproblem ist die Trockenheit in unseren Räumen mit Klimaanlage und Zentralheizung im Winter. Die Augen trocknen aus. Das führt zu Reizungen. Wenn Sie das bemerken, waschen Sie sich mehrfach pro Tag das Gesicht und die Augen, um diesem Problem entgegen zu wirken.

1. Grüner Star ist die Folge von Überanstrengung, zu viel Aufregung, Angst, Sorge, Streß, zu viel Arbeit, Mühsal, eine unharmonische Verteilung der eigenen Energie, Konflikte mit der Arbeit, der Familie, Religion, Moral, gesellschaftliche Stellung.
Diese Menschen brauchen dringend eine emotionale Veränderung in ihrer Umwelt, sie brauchen Harmonie und Verständnis, sie brauchen Hilfe, um die Welt wieder locker und fröhlich zu sehen. → Autogenes Training und die Atem- und Konzentrationstechniken des Pranayama können helfen.

2. Grauer Star wird hervorgerufen durch geistigen und körperlichen Bewegungsmangel, sowie durch Stoffwechselstörungen. Wenn es noch nicht zu schlimm ist, kann er durch eine gute, vegetarische Diät und ausgeglichene, regelmäßige körperliche Arbeit an frischer Luft behoben werden.
Grauer Star zeigt an, daß dieser Mensch eine Lebensaufgabe braucht, an die er glauben kann, die ihm seinen sinnvollen Anteil an der Gestaltung des Lebens und der Zukunft zeigt.

Ich habe einen älteren Mann erlebt, der jedes Jahr für einen Monat zu uns kam, um in der Landwirtschaft mitzuhelfen. Er war bereits auf einem Auge wegen Grauem Star operiert und die Operation hatte seinen Zustand eher noch verschlimmert.
Das Jahr über hatte er als Pensionär daheim zu wenig zu tun. Er sah keinen Sinn in seiner Tätigkeit. Im Urlaub arbeitete er energisch mit, aß bei uns überwiegend vegetarisch und verzichtete auf Tabak und Alkohol. Seine Augen wurden durch diese selbstgewählte Therapie so gut, daß er hinterher für einige Monate deutlich besser sehen konnte. Seine Ärzte waren regelmäßig verblüfft, wie er zwar abgekämpft und abgemagert heimkam (in jedem Urlaub nahm er 10 kg ab), und doch hinterher regelmäßig in einer besseren Verfassung war als zuvor. Auf die Idee, derartige Aktiv-Therapien zu verordnen, sind sie allerdings nicht gekommen. Sie warnten ihn im Gegenteil vor den Gefahren dieser 'harten Arbeit'.
3. Kurzsichtigkeit heißt, daß jemand aus Überforderung, Unsicherheit oder Angst die Welt nicht so wahrnehmen möchte wie sie ist. Er zieht sich in den engeren Nahbereich zurück, der noch überschaubar ist. Er braucht Training, daß ihn befähigt, mehr aus sich heraus zu gehen, um in die Ferne und in die Zukunft zu schauen und um seine Umwelt und seine Lebensaufgabe zu meistern.

4. Weitsichtigkeit bedeutet, daß jemand seine nähere Umgebung nicht so sehen mag, wie sie ist. Er hat Probleme, oft unbewußt und uneingestanden, mit seiner Familie, mit der Arbeit und seiner Lebenssituation. Er schaut lieber weit in die Ferne oder in die Zukunft, ob es dort vielleicht etwas besseres für ihn geben wird. Er sollte lieber hier und jetzt zu leben lernen. Er sollte sich auch einmal die Frage vorlegen, ob er sich selbst zu gering einschätzt!

5. Ein **Glaukom** zeugt von großem, inneren, seelischen, emotionalen Druck. Es entsteht nicht über nacht, sondern es wird über lange Zeit aufgebaut. Es sind langanhaltende Gefühle der Verletztheit, des Verletztseins, der Trauer, nicht verstanden zu werden im Kummer. Diese Menschen brauchen mehr innere Liebe und mehr Selbstsicherheit. Sie brauchen die Gewißheit, daß sie selbst gut und in Ordnung sind. Sie müssen lernen, zu einem Menschen, der sie mag und anerkennt, Vertrauen zu finden.

Übungen: Augentraining

1. Stellen Sie sich als neutrale Selbsttherapie von Zeit zu Zeit vor einen Spiegel. Stützen Sie sich an die Wand, auf ein Waschbecken, oder auf einen Tisch. Betrachten Sie in Ruhe ihr eigenes Gesicht. Konzentrieren Sie sich dann auf ein Auge. Fixieren Sie dann dieses eine Auge für einige Zeit. Beobachten Sie sehr aufmerksam, was geschieht. Es kann sein, daß sich Ihr Gesichtsausdruck verändert. Vielleicht wirken sie plötzlich wie jemand anderes. Konzentrieren Sie sich danach auf das andere Auge und wiederholen Sie diese Übung aus konzentrierter Aufmerksamkeit und ruhiger Beobachtung.
Schielen Sie danach über kreuz, so daß sich Ihr rechtes aufs linke und das linke aufs rechte Auge fixiert. Halten Sie diesen Zustand einige Zeit.
Fixieren Sie dann beide Augen auf Ihr → 3. Auge, auf diesen Punkt zwischen Ihren Augenbrauen in der Mitte der Stirn. Das sind Übungen, die eine gewisse Ähnlichkeit mit der Tantraübung und mit der schamanistischen Methode haben. Es kann zu einer besseren Selbstakzeptanz, zu einer gewissen Nachdenklichkeit und zu innerer Ruhe führen.

2. Zünden Sie abends eine Kerze an und stellen Sie die Kerze etwa einen Meter vor sich auf einen Tisch oder Schrank. Setzen Sie sich entspannt und aufmerksam zugleich mit gerader Wirbelsäule auf einen Stuhl, oder im Yogasitz auf den Boden. Die Kerze sollte in Augenhöhe sein oder etwas tiefer, nicht höher.
Beobachten Sie ruhig die Flamme, zuerst mit beiden Augen, dann abwechselnd mit einem Auge. Das andere schließen Sie. Versuchen Sie dann über die Kerze hinweg in die Ferne zu schauen, ohne jedoch die Blickrichtung zu verändern. Sie regulieren also die Distanz, wo Ihre Augen scharf sehen, über die Kerze hinaus, immer weiter fort, dann vor der Kerze, immer näher an Ihr Gesicht heran, bis Sie auf Ihre Nasenspitze schielen. Behalten Sie trotzdem den Eindruck der Flamme, der einzigen Lichtquelle im Raum.
Dann schließen Sie die Augen und fühlen nur noch die Gegenwart der Kerze. Schießen Sie die Übung ab, indem Sie sich mit geschlossenen Augen auf Ihr 3. Auge konzentrieren. Dafür werden die Augäpfel bei geschlossenen Lidern nach innen oben zur Nasenwurzel hin verdreht. Halten Sie diese innere Konzentration so lange es geht. Wiederholen Sie diese Übung regelmäßig. Sie för-

dert die Energieregulation vom → 6. Chakra, damit verbunden die Epiphyse, und das fördert innere Sicherheit und Stabilität. So können wir den Lebensaufgaben gefaßt entgegentreten und sie meistern. Diese Übung fördern die innere Ruhe und löst uns aus der alltäglichen Routine. Wir trainieren die Beweglichkeit unserer Augen in Verbindung mit einer ursprünglichen, natürlichen Lichtquelle, einer kleinen Flamme.

3. Falls Sie eine Brille tragen, legen Sie sie zur Seite. Setzen Sie sich entspannt an einen angenehmen Platz. Gerade sitzen, der Kopf bleibt stets ganz ruhig, gerade ausgerichtet und soll sich nicht bewegen. Nun schielen Sie so weit es möglich ist nach links, um zu erkennen, was Sie ohne Kopfbewegung gerade noch am linken Rand des Blickfeldes sehen können. Ihre ganze Aufmerksamkeit konzentriert sich auf den äußersten Randbereich des Blickfeldes. Alles was Sie geradeaus im Mittelfeld vor den Augen sehen könnten, ist jetzt unwichtig. Sobald Sie die Beobachtung auf den Randbereich links ausgerichtet haben, beginnen Sie nach links oben mit den Augen zu rollen, und dann bewegen Sie die Augen immer im Kreis herum. Sie bleiben konzentriert bei der Sache, um stets nur den Randbereich des Sehfeldes zu beobachten.
Die normalen Menschen sind immer nur auf das Zentrum vor sich fixiert und vernachlässigen die Randbereiche der Wahrnehmung. Das führt zu einer gewissen Trägheit der Augen, und man verliert den Blick für Zusammenhänge. Die indianischen Schamanen praktizieren viele Übungen, um gerade umgekehrt schauen zu lernen. Auf diese Weise bleiben sie geistig beweglich. Gerade in diesen ungewohnten Randbereichen unseres Sichtfeldes können übersinnliche Erscheinungen auftauchen und wahrgenommen werden.
Sie können diese Übung bei einer Wanderung machen: Laufen Sie auf einem normalen Weg durch einen Park oder Wald, wo es kein Risiko gibt, daß Sie stolpern. Versuchen Sie wiederum nur den Randbereich Ihrer Sicht rechts und links wahrzunehmen und ignorieren Sie das Mittelfeld.
Es kann helfen, wenn Sie sich dafür vorstellen, daß Sie ihre Augen auf einen Punkt vielleicht 30 cm vor dem Gesicht fixieren. Da ist ja nichts, doch die Wahrnehmungsfähigkeit für den Randbereich kann dann wesentlich besser werden.
Als Letztes steigen Sie mit einem Freund in ein Auto. Die andere Person fährt. Fahren Sie für diese Übung niemals allein! Sie sitzen auf dem Beifahrerplatz. Fahren Sie am besten über Land, grüne

Wiesen, Felder und Wald, keine Stadt. Nun entspannen Sie sich. Stellen Sie ihre Augen wieder auf einen Punkt dicht vor dem Gesicht ein, und lassen Sie nur noch die vorbeifließende Landschaft wirken. Es ist wie eine Art Hypnose. Manchmal können Sie selbst bei höherer Geschwindigkeit noch etwas scharf erkennen, manchmal reißt es Sie fort in einen visionären Zustand. Es kann sogar sein, daß Sie in Trance fallen und die Seele den Körper verläßt. Keine Angst, der Körper liegt sicher angeschnallt im Auto, und ein Freund steuert das Fahrzeug!

4. Setzen Sie sich vor ein Fenster mit guter Aussicht oder im Freien auf einen guten Aussichtsplatz. Beobachten Sie die Natur direkt in der Umgebung vor Ihnen. Dann lassen Sie Ihren Blick und Ihre Konzentration in die Ferne schweifen. Es muß wirklich eine gewisse Distanz sichtbar sein. Versuchen Sie so weit wie möglich aufmerksam zu sehen, was es da gibt. Dann kehrt Ihr Blick zurück in die Nähe, und nun immer nah und fern, hin und her. Schließlich folgt eine Phase, wo Sie sich vorn auf Ihre Nasenspitze konzentrieren und dann auf den entferntesten Punkt! Derartige Übungen fördern die Beweglichkeit der Augen, und Sie trainieren die Sehzentren.

5. Jetzt schließen Sie bitte die Augen. In Gedanken stellen Sie sich ein Reiskorn vor. Es schwebt direkt vor Ihnen in der Luft. Schicken Sie nun das Reiskorn auf eine Reise. Es entfernt sich, und in Gedanken gehen Sie mit und schweben über die Erde, durch die Wolken. Gehen Sie mit dem Reiskorn auf eine Weltreise. Ziehen Sie über Land und Meer. Genießen Sie die Freiheit und das Gefühl, fliegen zu können. Diese Übung können Sie abends vor dem Einschlafen im Liegen machen oder im Yogasitz, ebensogut in einem bequemen Sessel. Senden Sie immer wieder Ihr Reiskorn um die Erde, bis es nach einiger Zeit zu Ihnen zurückkehrt. Ihre Seele wird mit dem Korn auf die Reise gehen.

6. Setzen Sie sich aufmerksam irgendwo hin. Es kann ein ganz normaler Raum sein oder im Park auf einer Bank, wo Sie sich nicht gestört fühlen. Beobachten Sie aufmerksam Ihre Umgebung. Prägen Sie sich alles gut ein: Die Helligkeit, die Klarheit, die Farbqualität. Nun reiben Sie Ihre Handflächen aneinander, bis sie warm werden. Dann halten Sie ihre leicht gewölbten Handflächen so vor die Augen, daß Sie nichts mehr sehen können. Sie sollen den Au-

genbereich gut abdecken und verschließen. Spüren Sie die Wärme und die Strahlung der Hände auf den Lidern. Öffnen Sie nun die Augen hinter den Handflächen. Es sollte wirklich dunkel sein. Schauen Sie 10 - 20 Sekunden in die dunklen Handflächen.
Dann nehmen Sie die Hände spontan von den Augen und beobachten sehr genau, wie Sie nun die Umgebung sehen! Mit unseren Händen können wir Energie geben und Heilungen durchführen. Warum also nicht mit den eigenen Augen? Geben Sie Ihren eigenen Augen Reiki. Sie werden erkennen, daß zumindest für die ersten Sekunden Ihre Umwelt plötzlich anders aussieht als vor der Übung.
Der Effekt wirkt sich bei den Menschen je nach ihrer Natur verschieden aus: Es kann sein, daß Sie die ganze Umwelt in ein feines, milchigweißes Licht getaucht sehen. Alles ist von einem Lichtnebel erfüllt. Das ist die feine Energie, aus der alles erschaffen ist, was existiert. Sie kommen in Kontakt mit den göttlichen Ebenen jenseits der Maya.
Es kann aber auch sein, daß Ihr Sehzentrum den Energieimpuls nutzt. Sie sehen plötzlich alles sehr scharf, heller und in prächtigen Farben.

7. Arbeiten Sie mit der Sonne: Schauen Sie vormittags bis gegen 10 Uhr mit geschlossenen Augen in die Sonne. Fühlen Sie die Wärme! Wenn Sie das als angenehm empfinden, öffnen Sie vorsichtig das rechte Auge ein bischen, und wenn Sie das aushalten, sogar noch weiter, bis Sie ruhig in die Sonne schauen können. Dann schließen Sie das rechte Auge und benutzen das linke.
Später versuchen Sie, mit beiden Augen in die Sonne zu schauen. Wenn Sie diese Übung alle paar Tage wiederholen, dann trainieren Sie die Intensität, die Sie vertragen.
Übertreiben Sie es nicht, aber lassen Sie sich auch nicht gleich Angst einjagen von Leuten, die das nie gemacht haben und nicht aushalten. Vormittags bis gegen 10.00 Uhr und abends nach 17.00 Uhr sehe ich darin keinerlei Risiko. Mittags um 12.00 Uhr und dann noch im Sommer sollte man vorsichtig sein. Ich habe auch das trainiert, ohne schädliche Folgen, aber das müssen Sie selbst wissen.
Mir ist aufgefallen, daß in den vergangenen ca. 15 Jahren immer mehr Filme auf den Markt gekommen sind, in denen wir kaum noch etwas farbiges, buntes, helles und fröhliches zu sehen bekommen. Sehr viele Filme spielen nur noch abends, nachts, in der Dunkel-

heit, arbeiten mit Angst, Terror, Problemen. In den Köpfen der Hersteller dürfte es ähnlich aussehen. Wir werden massiv manipuliert. Wir sollen uns an diese düsteren, negativen Zustände gewöhnen. Sie passen zu den politischen Zuständen. Diese Filme arbeiten mit der Angst der Menschen, und sie verderben die Wahrnehmung unserer Seele. Das einzig lebhaft Bunte ist noch die Werbung. Und das soll uns das Geld aus der Tasche ziehen, uns die Energie stehlen. Mit dieser Lichtübung und mit der folgenden Pranaübung wirken wir der negativen Beeinflussung entgegen.

8. Lernen Sie die Pranapartikelchen sehen. Lesen Sie das Kapitel über → Prana beim Energytraining. Wenn Sie erst einmal wissen, worum es geht, können Sie die Pranateilchen überall entdecken. Sie sind Teil der Schöpfungsenergie, ebenso wie der zuvor erwähnte feine Lichtnebel.
Wenn Sie diese 8 Übungen in beliebiger Reihenfolge immer wieder anwenden, dann bestehen gute Chancen, daß Ihre Augen etwas besser werden, zumindest aber nicht mehr schlechter. Unsere Augen sind oft nur müde, weil das, was sie sehen, Routine ist, langweilig und unerfreulich. Wer in der Stadt lebt, zwischen grauen Mauern, hat sowieso nichts zu lachen. Machen Sie regelmäßig Ausflüge aufs Land, wo die Gelegenheit besteht, weit zu schauen und die Natur zu beobachten. Nur wenn wir uns wieder mit der Natur verbinden, werden wir sie verstehen. Das macht uns gesünder. Es bringt wieder Farbe und Freude in unser Leben.

Bandscheiben

Bandscheibenprobleme zeigen an, daß der Betroffene in seiner Gesamtstruktur zu sehr belastet ist. Etwas, das uns belastet, drückt sich zuerst in den Schultern und im Kopf aus. So ist unsere heutige Erziehung aufgebaut. Wir empfinden Anstrengungen im Kopf, Kopfschmerzen und Migräne, dann verspannen sich die Schultern und dann wächst der Druck auf die Wirbelsäule und die Bandscheiben. Je mehr die Belastung zunimmt und je länger sie dauert, desto mehr fühlt sich der Mensch durch den psychischen Druck innerlich zusammengepreßt. Er kann dem Druck nicht mehr standhalten. Wenn er in eine gefühlsmäßige Ruhesituation kommt und sich erleichtert fühlt, lassen die Bandscheibenprobleme nach.
Natürlich gibt es viele Berufe, in denen die Menschen schwer arbeiten, oft über die gesundheitlich verträgliche Grenze hinaus. Die

Folgen schwerer Belastungen der Wirbelsäule zeigen sich oft erst in späteren Jahren, wenn man mit der schweren Arbeit schon aufgehört hat, oder wenn zur körperlichen Belastung seelische Belastungen hinzukommen. Solange wir durch eine regelmäßige Tätigkeit körperlich gleichmäßig ausgelastet sind, erzeugt der Körper ein Geflecht von Muskeln und Sehnen, die uns helfen, mit der Belastung fertig zu werden. Verschwindet dann die körperliche Belastung, so werden überschüssige Muskeln und Sehnen abgebaut. Erst dann bemerken manche Menschen die latenten Schäden an den Bandscheiben.

Bandscheibenschäden können ebenso bei Menschen in verantwortlichen Positionen auftreten, die jahrelang mit Verantwortung und mit Entscheidungen überlastet sind.

In so einem Fall sollten Sie mit den Übungen des Energytrainings vorsichtig umgehen. Sie dürfen Ihre Bandscheiben und die gesamte Rückenmuskulatur nur vorsichtig, langsam und in Maßen durch Dreh- und Dehnübungen trainieren. Trotzdem ist es wichtig und sinnvoll, daß sie in Bewegung bleiben. Früher haben die Ärzte die Menschen mit Bandscheibenschaden oft sofort "ruhig gestellt", z.B. in Gips, oder operiert. Bei dieser Ruhigstellung können die Rückenmuskeln noch mehr degenerieren. Die Folgen der Operation sind zweifelhaft. Trotzdem läßt sich das nicht immer vermeiden. Bandscheibenprobleme sind ein typischer Fall, wo Sie einen seriösen Arzt brauchen, der nicht nur operieren will und sachliche, nicht überzogene Diagnosen stellt.

Seelisch sollten Sie die Haltung einnehmen, daß wir uns aus allen Schwierigkeiten, in die wir uns hineinmanöveriert haben, auch herausholen können, wenn wir den Sinn der Krankheits-Lektion begreifen und unseren überlasteten Körper in Zukunft besser behandeln.

Weiter sollten Sie bedenken, daß viele Menschen die Angewohnheit haben, sich selbst für vieles verantwortlich zu fühlen, was sie nichts mehr direkt angeht, speziell wenn das Leben ruhiger wird und die Kinder aus dem Haus sind. Auf diese Weise sorgen die Rentner oft für die gewohnte Belastung, die ihnen im Ruhestand fehlt. Wenn Sie nun statt schwerer Arbeit dauernd im Streß sind, wie es Ihren Kindern geht, ob alle zurecht kommen usw., dann kann es sein, daß der unbewußt gewollte psychische Streß ebenfalls auf die schwachen Bandscheiben geht.

<u>Affirmation</u>: Ich finde innerlich Ruhe. Ich lasse los. Ich erhole mich aus meinem innersten Wesen heraus. Die Welt ist in Ordnung.

Bauchspeicheldrüse

Die Bauchspeicheldrüse ist ein Organ, das zu unserem → 3. Chakra gehört. Das 3.Chakra ist zuständig für alles, was mit Macht, Energiekontrolle, Energieanwendung, Machtausübung und mit unserer Kraft zu tun hat. Die Mystiker ordnen dem 3. Chakra das Element Feuer bei. Feuer bedeutet, daß Energie freigesetzt werden kann. Die Funktionen der Bauchspeicheldrüse sind sehr komplex und betreffen unseren Stoffwechsel und den Energiehaushalt. Sie produziert wichtige Verdauungssäfte (Enzyme), die dafür zuständig sind, daß die Nahrung, die wir aufnehmen, optimal verwertet, also zerstört werden kann, um dann aus der aufgelösten Nahrung wieder körpereigene Säfte, unsere Körperzellen, unser Fleisch und unsere Knochen aufzubauen.
Über Menschen, die an einer Unterfunktion der Bauchspeicheldrüse leiden, können wir sagen, daß diese Menschen Probleme mit Macht und Energie haben. Sie trauen sich nicht, Ihre Interessen wahrzunehmen. Eine Überfunktion der Bauchspeicheldrüse bedeutet, daß diese Menschen zu große Macht- und Interessenansprüche haben und sie mit aller Gewalt durchsetzen wollen, aber es nicht können. Wenn jemand zuviel Insulin freisetzt, dann zerstört er den Zuckerhaushalt seines Körpers. Er verbrennt sehr viel Energie. Er kann sehr viel essen ohne dick zu werden. Er ist gierig. Wenn er zu wenig Insulin hat und den Nahrungsstoff Zucker nicht richtig umsetzen kann, dann bedeutet es, daß dieser Mensch sich selbst nicht für Wert schätzt, daß er den Zucker nicht annehmen kann, der stets ein Symbol für Liebe, Zuwendung und Aufmerksamkeit ist.
Kinder helfen sich bei zu wenig Liebe und Aufmerksamkeit seitens der Eltern oder bei zu viel Streß in der Schule, indem sie ihren Zuckerkonsum steigern. Wenn Menschen sich an einen hohen Zuckerkonsum gewöhnen und dann mit Macht und Streß in Konflikt geraten, wenn sie außerdem ihre Bedürfnisse und Interessen nicht realisiert sehen, dann bekommen diese Menschen schließlich Diabetes.
Altersdiabetes ist eine Verschleißerscheinung und bedeutet, daß ein Mensch alt geworden ist und keinen Sinn mehr sieht, warum er überhaupt noch leben und wozu er noch Energie freisetzen soll. Seine Fähigkeit, mit seinen Energiereserven angemessen umzugehen, geht verloren und er neigt sich zum Grab. Menschen mit derartigen Problemen müssen ihre Ansprüche an sich und an ihr

Leben reduzieren. Sie brauchen dringend Ruhe. Sie brauchen Abstand zu ihrem bisherigen Verhalten. Sie müssen kürzer treten, entspannen, → Autogenes Training lernen, meditieren. Das kann die Krankheit verlangsamen.
Die Übung des → "Feueratems" aus dem Energytraining, zusammen mit Übungen, die auf die Bauchmuskulatur wirken, z.B. die "Rückenschaukel mit Feueratem" wirken aktivierend auf die Organe im Bauchraum. Sie können dazu beitragen, die Aktivität der Bauchspeicheldrüse zu normalisieren. Wenn sich das Leben wieder mit mehr Ruhe und Gelassenheit füllt, wenn man wieder an den kleinen Dingen Freude findet, dann kann man die Krankheit, wenn noch nicht zu weit fortgeschritten, bis ins hohe Alter aufhalten.

Behinderungen

Angeborene Behinderungen sind immer ein Zeichen für bereits gemachte Fehler. Dabei treffen mehrere Fehler aufeinander, nicht nur einer. Die Seelen, die so wiedergeboren werden, müssen ein schweres Karma aufarbeiten, daß sie früher verursacht haben. Die Eltern, die ein behindertes Kind bekommen, haben ebenfalls etwas zu verarbeiten, was sich anders nicht erreichen ließ. Oft sind die Seelen der Beteiligten direkt durch Ereignisse aus früheren Leben miteinander verflochten. Dabei können wir ohne gründliche Prüfung in einer Rückführung nicht aussagen, wer Schuld auf sich geladen hat oder nicht, wer der Gute und wer der Schlechte war.
Wenn im letzten Leben ein Mensch im KZ zu Tode gequält wurde, dann wird er dieses Mal vielleicht mit einer Behinderung im Haus seiner ebenfalls wiedergeborenen Mörder erscheinen, und diese müssen ihn, jetzt der eigene Sohn, jahrzehntelang betreuen. Doch es kann ebenso umgekehrt sein und der Täter wird bei seinem Opfer wiedergeboren und ist auf dessen Liebe und Großmut angewiesen.
Fest steht nur, daß wir Fälle mit Behinderungen unbedingt in einem großen Kontext sehen müssen, wenn wir die Hintergründe aufklären möchten. Es hat auch keinen Wert, die Beteiligten besonders zu bedauern. Sie haben einen Grund für diese Art von Leben: Nennen wir es eine stillschweigende Übereinkunft, mit dem Ziel einer gemeinsamen Therapie.
Wir konnten bei der Arbeit mit behinderten Kindern und Jugendlichen feststellen, daß sie sehr positiv auf indische → Mantramusik ansprechen. Von den Sanskritmantras wird gesagt, daß sie eine

Verbindung zu den göttlichen Kräften des Universums herstellen. Da diese behinderten Menschen ganz anders funktionieren als wir modernen Menschen, mag es sein, daß sie aus diesen Mantras noch viel mehr profitieren, als uns klar ist. Den Versuch ist es auf alle Fälle wert. Ebenso konnten wir feststellen, daß manche behinderte Jugendliche sehr positiv auf die Energiepyramiden reagieren. Offenbar gefällt ihnen diese spezielle Schwingung. Man sollte derartige Beobachtungen nicht verallgemeinern, doch einzelne, positive Beobachtungen können sehr wohl Therapiemöglichkeiten aufzeigen.

Beine

Die Beine zeigen an, ob ich in der Lage bin, mich vorwärts zu bewegen oder ob ich Angst davor habe, voranzukommen. Wiederum ist das rechte Bein der Außenwelt zugeordnet und berührt die Frage, ob ich meine Interessen vertreten kann. Das linke Bein betrifft mehr die Frage meiner gefühlsmäßigen Situation. Im Unterschied zu den Armen kommen Erkrankungen der Beine eher im Zusammenhang mit älteren Problemen auf. Wir finden also ein aktuelles Problem, das auf alten Problemen beruht. Wenn ein Mensch durch das Arbeitsleben ausgelaugt ist, dann treten Hüft- und Knieprobleme auf. Wenn ein Mensch seelisch müde wird, hat er Probleme, sich zu bücken. Wenn es einem Menschen an Demut mangelt, bekommt er Knie-Erkrankungen. Nicht von ungefähr beten die Menschen in allen Religionen auf den Knien.
Erkrankungen im Bereich der Knöchelgelenke haben stets auch etwas mit unseren Fortpflanzungsorganen zu tun. Die Reflexzonen der Geschlechtsorgane befinden sich seitlich der Knöchel.
Die Bewegungsfähigkeit der Beine wird vom → 1. Chakra gesteuert und steht mit unserem Überlebenstrieb in Zusammenhang. Das ist leicht zu verstehen: Wenn wir etwas zu essen brauchen, müssen wir uns wohl bewegen. Die Menschen waren ursprünglich Jäger und Sammler. Wenn wir uns vermehren wollen, neigen die Frauen eher zum weglaufen und ausweichen. Sie wollen wohl sehen, ob dieser Mann, der hinter ihnen her ist, sie erwischen kann. Das sind Naturtriebe, die immer noch in uns stecken.
Ebenso dienten die Beine der Flucht, denn in der Wildnis gab es mehr Gefahren, als friedvolle Stille. Von der Aktionsfähigkeit unserer Beine hing also die Nahrungssuche, die Fortpflanzung und das Überleben durch Flucht ab.

Aus spiritueller Sicht können wir sagen, daß der Mensch sich von einem kriechenden Tier aufgerichtet hat, bis jetzt nur noch sein Fuß auf der Erde läuft. Die Achse des Weltenrades ruht in unserem Knöchel. Alles, was hinauf in den Himmel wächst, ist schon mehr oder weniger durchgeistigt, vom großen Geist berührt, nur die Füße sind noch total erdverbunden.
Manche afrikanischen Negerstämme gehen sogar schon einen Schritt weiter in ihrer Entwicklung: Diese Menschen laufen auf den Zehen und tragen dabei noch schwere Lasten. Ihr ganzer Körper, ab der Fußballen des großen Zeh, ist vom Boden gelöst und mehr durchgeistigt als bei uns. Aus diesem Beispiel sehen wir, daß sich unsere Begriffe von Spiritualität oder Geist nicht an unserer Kultur und Technik orientieren dürfen. Diese Neger, z.B. die Massai, sind technologisch primitiv, aber in der Evolution sind sie uns bereits einen kleinen Schritt voraus, warum auch immer.

Bereitstellungskrankheiten und vegetative Dystonie

Das bedeutet, bestimmte Energiereserven werden bereitgestellt, um ein bestimmtes Problem zu lösen. Das vegetative Nervensystem bleibt in Bereitstellung für bestimmte Reaktionen, z. B. Aggression. Kommt es zu keiner Entladung, also zu der beabsichtigten Aktion, dann kann das zu vegetativer Dystonie führen. Vegetative Dystonie ist die wechselnde Bereitstellung diffuser Krankheitsbilder (z.B. Magenbeschwerden / Verdauungsbeschwerden / Migräne / Kopfschmerzen / Juckreiz). Noch einmal in anderen Worten: Wenn wir ein Problem haben, stellt unser Körper die Energie bereit, damit wir etwas unternehmen, um das Problem zu lösen. Wenn dann diese Energie nicht wie geplant eingesetzt werden kann, wird sie im Körper herumgeschoben und verursacht je nach der Natur des einzelnen Menschen unterschiedliche Krankheitssysptome.
Menschen in einem Angestelltenverhältnis, die in ihrem Beruf keine besondere Entscheidungsbefugnis haben, leiden oft unter diesen Bereitstellungskrankheiten. Sie können z. B. Aggressionen an keinen ihrer Arbeitskollegen weitergeben, weil sie eben untergeordnet sind. Anders verhält es sich mit dem Chef. Er kann explodieren, sich aufregen oder jemandem beschimpfen. Er findet einen Weg zur Entladung seiner Energie.
Ein schüchterner Mensch wird vielleicht dazu neigen, sich regelmäßig zu betrinken, um seinen Kummer wegzuspühlen. Ein ag-

gressiv veranlagter Mann geht eher nach Hause und schlägt seine Frau oder die Kinder.
In jedem Fall, ob nun jemand "explodiert" oder nicht, ist Autogenes Training eine wertvolle Hilfe gegen die Bereitstellungskrankheiten. In jedem Fall werden die Spannungen gelöst, ohne daß es "zur Explosion" führen muß. Statt dessen treten beim AT körperliche Reaktionen auf: Gähnen, Magengeräusche, Muskelzucken, Zucken der Augenlider u.a. "Entladungen". Das sind alles Reaktionen, bei denen überschüssige Spannungen verbraucht werden.

Besessenheit

Channeling mit Junow, 2.1.91: Junow machte mich darauf aufmerksam, daß ich in meiner Entwicklung durch einen Geist behindert werde, der bei und in mir lebte, und bei dem es sich um den Schatten meiner Seele aus einer früheren Inkarnation handelte. Er empfahl mir ein Reinigungsgebet, um mich von diesem relativ eigenständigen Geist zu befreien. Es wirkte sofort. Ich spürte eine deutliche Erleichterung.
Diese Aussage möchte ich erläutern. Wenn der Mensch in einer früheren Inkarnation im Moment des Todes bzw. kurz danach nicht zur Einsicht des Todes gelangt, wenn er es nicht wahrhaben will, wenn er vielleicht viel zu stark am irdischen Leben hängt oder irgendeine Aufgabe unbedingt noch erfüllen will, dann wird seine Seele, die als Mittler zwischen Geist und Körper fungiert, zumindest teilweise erhalten bleiben. Diese seelischen oder ätherischen Fragmente führen ein Eigenleben und warten manchmal die Wiedergeburt ihres Schöpfers ab. Dann werden sie von dem neu inkarnierten Geist mit magischer Gewalt angezogen. Wenn der Geist des Neugeborenen stark und gesund ist, erfolgt keine Integration dieser ätherischen Fragmente in die neue Seele. In diesem Fall führt das Fragment ein Schattendasein im Umfeld des heranwachsenden Menschen und versucht seinen ursprünglichen Bestimmungsauftag zu erfüllen.
Daraus wird deutlich, daß jeder Mensch ab der Zeugung immer wieder aufs neue einen Seelenleib oder Ätherkörper aufbaut, der ihm im neuen Leben dienen soll. In der Schwangerschaft wirkt die Mutter maßgeblich daran mit. Ab der Geburt formt ihn das neu geborene Kind selbst weiter. Erziehungsmuster, Erfahrungen, Prägungen aller Art werden nun in den neuen Ätherkörper aufgenommen, um so eine Hülle als Schutz und zur Interaktion mit anderen

Wesen aufzubauen. Dabei kann es vorkommen, daß derartige alte Fragmente eine große Gewalt bekommen und der Mensch mit fortschreitendem Alter immer fragwürdiger, immer kränker und schlechter erscheint. Im Extremfall, wenn er z.B. in mehreren früheren Inkarnationen die gleichen Fehler gemacht hat und zahlreiche Schatten vorhanden sind, kann er sogar von ihnen überwältigt werden. In so einem Fall wurde früher von Besessenheit gesprochen. Die Belästigung oder Besetzung durch derartige "Unreine Geister", "Phantome" oder "Fragmente" kann aber auch durch die Fragmente anderer Menschen verursacht werden. Dabei kann es sein, daß ein Verstorbener seinen Peiniger oder seinen Mörder verfolgt.
Heute bezeichnet man das als Fälle akuter Schizophrenie und andere Fälle von Geisteskrankheit. → Psychosen können so begründet sein. Ich möchte mir hier an dieser Stelle folgende Vermutung erlauben:
Die nach medizinischer Meinung unheilbaren Psychosen liegen dann vor, wenn ein oder mehrere solcher Schatten die Herrschaft über Teilbereiche oder das ganze Leben eines Menschen an sich reißen. Er ist dann eine Marionette. Sein ursprünglich bei der Geburt vorhandenes Eigenbewußtsein ist völlig unterdrückt oder gar erloschen.
Eventuell könnte mit derartigen Einsichten ein Weg gefunden werden, um den einen oder anderen Fall einer Heilung zugänglich zu machen. Auf Grund von Erfahrungsberichten indianischer Medizinmänner halte ich es für möglich, daß z.B. durch deren rituelle Medizin unter dem Einsatz von →Mescalin das gesunde Egobewußtsein für die Zeit der Drogenwirkung bloßgelegt und zur freien Kommunikation angeregt werden könnte. Ich kann mir vorstellen, daß ein ehrlicher Erfahrungsaustausch zwischen Medizinmännern, Naturheilkundigen und unseren Psychiatern fruchtbar sein würde und Hinweise zu neuen Heilungsmöglichkeiten liefern könnte. Bei der Überheblichkeit westlicher Psychiater ist das jedoch eher ein Wunschtraum.

Bettnässen

Bettnässen ist eine Ausdruckskrankheit, die meistens emotionale Ursachen hat. Babies scheiden Urin nicht nur aus, um verbrauchte Stoffe loszuwerden, sondern sie nutzen die Ausscheidung auch, um Spannungen abzureagieren. Babies reagieren besonders empfindlich auf die Gefühlslage ihrer Mutter. Sie bekommen die Stim-

mungen der Mutter sehr genau mit. Die seelische und energetische Verbindung von Muter und Kind ist sehr eng. →Blasenprobleme der Kinder, das Bettnässen, hat oft seine Ursache in Streitereien und Differenzen der Eltern untereinander.
Wenn Bettnässen bei größeren Kindern nicht verschwindet oder bei Erwachsenen wieder auftaucht, ist es immer ein Zeichen der Angst. Die Gründe können sehr unterschiedlich sein. Vielleicht ist es Angst vor den Eltern, speziell der Mutter. Vielleicht ist die Mutter zu streng. Vielleicht spürt das Kind, daß die Mutter einen großen Abscheu gegen die Windeln des Kindes hat. Das regelmäßige schlechte Gefühl der Mutter belastet das Baby. Statt seltener in die Windeln zu machen, passiert es aus Angst häufiger. So sind Mutter und Kind schnell in einem Teufelskreis gefangen. Später wird das Kind immer wieder ins Bett machen, wenn es sich unter Druck fühlt, z.B. weil es vor der Situation im Kindergarten oder der Schule Angst hat.
Es kann auch eine Schocksituation aus der frühen Kindheit sein, die das Kind im Traum zu verarbeiten wünscht, aber nicht richtig verarbeiten kann. Sobald im Traum die Angst aufkommt, macht das Kind oder sogar der Erwachsene ins Bett. Man kann sagen, daß Bettnässen ein Weinen mit der Blase ist. Wenn das Kind tagsüber auf Grund seiner Erziehung keine Gelegenheit hat zu weinen, dann kann das zu Husten oder Schnupfen, zu Atemnot, oder später zu Asthma werden. Ebenso können die unterdrückten Gefühlsregungen nachts durch Bettnässen zum Ausdruck kommen.
Die Eltern selbst sind kaum in der Lage, diese unterschwelligen Probleme des Kindes zu durchschauen und zu überwinden. Mit Liebe allein ist es nicht getan. Ein guter Therapeut kann sicherlich die Hintergründe aufdecken. Danach ist es jedoch erforderlich, daß das Kind oder der Erwachsene ein einfaches Entspannungstraining erlernen, um die unterschwelligen Ängste zu kompensieren. Das Selbstbewußtsein muß gestärkt werden.
Wenn der erwachsene Mensch selbst in der Lage ist, die Ursachen seiner Angstsituationen zu erkennen, dann kann er sie abstellen, und das Bettnässen verschwindet ganz von selbst.
Die Ursache dieser Probleme stammt meist aus der Babyzeit. Mit einem ausreichendem Maß an Liebe und Zärtlichkeit braucht man nicht einmal die Ursachen zu kennen, sondern es verschwindet einfach. Es kann auch sein, daß das Bettnässen großer Kinder verschwindet, sobald sie aus dem Elternhaus gehen. Oft ist nur die Situation im Elternhaus oder ein Elternteil der Auslöser.

Bettnässen kann bei größeren Kindern zwischen 8 und 12 Jahren wieder auftreten, wenn diese Kinder bereits sexuelle Träume haben. Sie kennen die Organe in Ihrem Unterleib noch nicht richtig und haben sie nicht unter Kontrolle. Wenn in einer Familie verkrampft oder negativ über Sexualität gesprochen wird, ist es um so schlimmer. Dann werden solche einzelnen Fälle von Bettnässen hochgespielt und dramatisiert. Der Zusammenhang mit unbewußten sexuellen Empfindungen wird nicht erkennt und verleugnet. Also muß es eine Krankheit sein!
Auch →Besetzungen können Bettnässen verursachen. Der innere Widerstand des Kindes und die Angst vor den Belästigungen rufen manchmal diesen Effekt hervor. Es muß also vielseitig geprüft werden, wo die Ursachen liegen.
Eine sinnvolle sportliche Betätigung, Gesellschaft von ein paar guten Freunden und eine interessante Beschäftigung sind gute Mittel gegen Bettnäsen. Diese Menschen brauchen Anerkennung. Sie möchten ernst genommen werden, doch wir dürfen sie nicht überfordern. Sie brauchen mehr Selbstvertrauen und einen guten Plan, wo es in ihrem Leben hingehen soll.
→ Autogenes Training, Atem- und Konzentrationsübungen sind wieder eine gute Hilfe. Diese Menschen können mit AT lernen, ihre ungewollten Reaktionen zu kontrollieren und abzustellen.
Wenn junge Menschen mit diesem Problem eine liebevolle Partnerschaft eingehen, verschwindet die Krankheit sofort. Wenn die Partnerschaft zerbricht, kann gerade das Bettnässen als Ausduckskrankheit wieder auftreten.

Bindegewebe

Das Bindegewebe verbindet die einzelnen Teile meines Körpers. Vor allem die einzelnen Muskelpartien und Organe werden durch das Bindegewebe von einander getrennt und zugleich eingebunden. Es gibt mir nach außen und innen Halt. Bindegewebsschwäche ist ein Mangel an Spannkraft und an Konzentration. Es ist ein Mangel an Widerstandskraft und innerem Halt.
Diese Menschen sind leicht verletzlich. Sie bekommen bei den kleinsten Prellungen bereits blaue Flecken. Wir empfehlen ihnen, etwas widerstandsfähiger zu werden und nicht so nachtragend, nicht so empfindlich zu reagieren. Sie fühlen sich ungerecht behandelt und haben Probleme, ihre Interessen zu vertreten. Sie

müßten sich mehr auf ihre aktuellen Aufgaben konzentrieren. Sie brauchen mehr Konzentration, mehr Elastizität, mehr Spannkraft.
Jede Art von sportlicher Betätigung ist gut. Am Anfang eine leichte Gymnastik, die sich zu aktiveren Sportarten steigern kann. Sie brauchen mehr Selbstbewußtsein. Wenn Sie aus der eher depressiven, gequälten, unzufriedenen Stimmung heraus sind, könnte ihnen die Beschäftigung mit Kampfsportarten sowohl die körperliche Fitness, als auch das nötige Selbstbewußtsein geben.
Bindegewebsschwäche kann als Ausdruckskrankheit betrachtet werden. Es gilt, die innere Haltlosigkeit zu überwinden. Eine aktive Lebenshaltung ist der wichtigste Schritt zur Genesung!

Blase

Die Blase sammelt alles Überflüssige. Sie sammelt alles, was aus unserem Körper hinaus muß. Sie drückt sich z. B. bei Ängstlichkeit zusammen. Sie kennen es sicher, daß Sie vor Streßsituationen oder Prüfungen dringend zur Toilette müssen. Man möchte sich noch einmal erleichtern, damit man sich danach besser konzentrieren kann. Wasser lassen ist also auch eine Vorbereitung auf eine vielleicht länger andauernde, schwierige oder gefährliche Situation. Wird eine schwierige Situation am Arbeitsplatz oder eine problematische Partnerschaft zum Dauerzustand, kann das zu einer nervösen Blase führen.
Wenn Sie längere Zeit stark belastet gewesen sind, ganz gleich ob emotional oder mit einer aktiven Tätigkeit, dann müssen Sie dringend Wasser lassen. Wenn Sie einen aufregenden Film voll miterlebt haben, tritt der gleiche Effekt ein. Die Blase scheidet die Abfälle aus, die von starkem Energieumsatz in unseren Körper herrühren. Fühlt sich ein Mensch permanent überlastet, dann können Blasenprobleme auftreten.
Blasenprobleme können ebensogut bedeuten, daß jemand sich an alten Ideen festklammert und nicht loslassen will. Der betreffende Mensch sollte sich fragen: Warum stehe ich so unter Druck? Welchen Ballast schleppe ich mit mir herum? Was muß ich loslassen?
Wenn man viel trinkt, kann es sein, daß durch das reinigende Wasser bereits das Blasenproblem reduziert wird. Es wird gerade nicht schlimmer, wie manche Menschen befürchten! Wer extra wenig trinkt, unterdrückt die Reinigungsmöglichkeit seines Körpers.

Blähungen

Sie weisen darauf hin, daß jemand irgend etwas nicht begriffen hat, daß er es in sich wälzt und wieder ausstößt. In der heutigen Zeit können wir leicht auf eine mangelhafte Ernährung tippen. Blähungen können außerdem ein Zeichen dafür sein, daß jemand von seiner Umwelt nicht ernst genommen wird und sich aufblasen will, um größer zu erscheinen, damit man ihn ernst nimmt. Es kann sein, daß er Angst hat, und er bläst sich auf, um bedrohlicher zu erscheinen. Zumindest fällt er unangenehm auf, wenn es schlimmer wird. Wir empfehlen viel Bewegung an frischer Luft, bessere Ernährung, Rohkost, Yoga, und die Greifübung für die → Hände.

Blinddarm

Der Blinddarm ist ein Organ, das für bestimmte physiologische Steuerungsfunktionen, also Drüsenfunktionen, zuständig ist. Er ist mit der älteste Teil in unserem gesamten Verdauungsapparat. Er hat die Aufgabe, bestimmte Enzyme zur Umwandlung der aufgenommenen Nahrung bereitzustellen. Wenn sich etwas im Blinddarm festsetzt und sich der Blinddarm entzündet, z. B. ein Kirschkern, was immer wieder einmal vorkommt, dann ist es ein Zeichen dafür, daß der betreffende Mensch in seinen eigenen Urgründen, in seiner eigenen, uralten Vergangenheit herumsucht und dort irgend etwas ausfindig machen will. Er hat irgend ein Problem entdeckt, das gar nicht aus diesem Leben, sondern schon aus einem seiner Vorleben stammt.
So betrachtet ist eine Blinddarmentzündung eine akute Krise, in der ein Mensch die Weichen für seine zukünftige Entwicklung stellt. Nach dieser Krise, die sehr wohl lebensgefährlich werden kann, ist er ein anderer Mensch.
Heutzutage ist es in Deutschland und zahlreichen anderen Ländern üblich, sofort zu operieren. Die Operation ist nicht sehr riskant und hat auch keine dramatischen Folgen (wenn alles richtig gemacht wird). Interessanterweise gibt es in Wien einen anerkannten Facharzt in einer großen Klinik, der nicht operiert, sondern nur bestimmte Kräutertees zu trinken gibt und Tee-Einläufe verordnen. Eine Statistik hat ergeben, daß in seiner Abteilung pro 1000 Fälle exakt genau so viel Patienten versterben, wie dort, wo operiert wird.
Diese Aussage ist verblüffend, beweist sie doch, daß die Frage von Leben und Tod bei dieser heiklen Krankheit sowohl radikal (Opera-

tion) als auch sehr sanft (desinfizierender Kräutersud) gelöst werden kann, und daß, unabhängig von der Behandlung, eine bestimmte Anzahl von Patienten diese Umstellungs-Krise nicht übersteht, also die darin verborgene Lektion in der persönlichen Entwicklung nicht begreift.
In grauer Vorzeit, als wir noch nicht einmal Säugetiere waren, sondern eine ganz andere Art von Lebewesen, war der Blinddarm ein "Rezeptaculum seminis". Manche Würmer, Molche und Reptilien, ebenso manche Vögel und sogar die Kaninchen-Weibchen können in einem bestimmten Teil des Darmes die Samenzellen des männlichen Tieres speichern, um im Verlauf ihres Lebens Nachkommen zu produzieren. Manche Tiere müssen nur einmal befruchtet werden, bewahren das Sperma in einer Darmtasche auf und befruchten dann mehrfach dosiert ihre Eizellen. Unser Blinddarm war vor ewigen Zeiten solch ein Organ.

Blut - Blutdruck

Blut ist ein flüssiger Stoff, der unseren ganzen Körper durchdringt, der überall hingelangt und der unsere Lebenskraft an sich widerspiegelt. Es liefert den Sauerstoff bis in die letzte Zelle, es transportiert die Nährstoffe zu den Zellen, und es transportiert die Abbauprodukte aus den Zellen zu den Reinigungs- und Ausscheidungsorganen.
Probleme mit Blutunreinheit, mit zu schwachem, krankem Blut zeigen an, daß der betroffene Mensch zu wenig Lebensfreude und zu wenig Lebensenergie sein eigen nennt, zu wenig Freude überhaupt! Er glaubt nicht mehr an seinen eigenen, inneren, guten Kern. Er hat Probleme mit der Lebensbewältigung und in der Auseinandersetzung mit anderen Menschen. Es fällt ihm schwer, seine Bedürfnisse in der richtigen Weise zu vertreten. Er ist "angegriffen".

1. Blutkrankheiten: →Anämie: Damit ist gemeint, daß ein Mensch zu wenig rote Blutkörperchen im Serum hat. Siehe weiter unter →Leukämie, bei der zum einen die weißen Blutkörperchen nicht mehr richtig ausreifen und in 50% der Fälle ein Überschluß an weißen Blutkörperchen auftritt, die allerdings ihre Verteidigungsaufgaben im Körper nicht mehr richtig erfüllen.
Die 3. Blutkomponente sind unsere Thrombozyten. Die Aufgabe der Blutplättchen ist es, Wunden zu verschließen. Wenn sie nicht richtig funktionieren, liegt eine Bluterkrankheit vor (Erbschaden).

Der Mensch hat eine "dünne Haut" und kann sich nicht richtig schützen und reparieren.

2. Niedriger Blutdruck: Es handelt sich um übersteigerte Parasympathikus-Reaktionen. Der betroffene Mensch dämpft sich selbst. Er neigt vielleicht zu Depressionen oder hat eine Antriebsschwäche. Er richtet bereitgestellte Energie gegen sich selbst. Er verkriecht sich eher in einer Ecke und meint, er schaffe es doch nicht, als daß er sich trauen würde, den Kampf aufzunehmen. Es fällt ihm schwer, seine eigenen Interessen richtig auszudrücken und zu verteidigen.
Niedriger Blutdruck und Sensitivität werden oft gemeinsam gefunden. Viele Menschen, die sich mit Esoterik, Lebensphilosophie und spiritueller Entwicklung befassen, gehören hierher. Diesen Menschen fällt es leichter, nach innen zu lauschen. Auf der anderen Seite kann ein Mangel an Durchsetzungsvermögen leicht zu einer pseudo-religiösen Haltung führen.
Es müßte erst noch einmal definiert werden, was überhaupt ein normaler Blutdruck ist! Das, was in Deutschland als zu niedriger Blutdruck bezeichnet wird, existiert im anglo-amerikanischen Raum gar nicht als Krankheit. In unserer heutigen Zeit, wo fast alle Menschen mehr oder weniger gestreßt sind, mag es sein, daß ein von Natur aus normaler Blutdruck schon als zu niedrig eingestuft wird, einfach weil er so selten vorkommt! Fest steht, daß die Menschen mit niedrigem Blutdruck vielleicht eine gewisse Antriebsschwäche haben, aber dafür länger leben und seltener an Streßkrankheiten leiden. Sie belasten ihren Kreislauf weniger und haben gute Chancen gesund alt zu werden.
Der Mensch mit niedrigem Blutdruck sollte sich fragen: Habe ich genug Grund und Lust zu leben? Wie kann ich meine Lebensfreude erhöhen? Wie kann ich mein Leben besser genießen? Er sollte sich auch fragen: Wer oder was bremst meine freie Entfaltung und meine Lebensfreude? Menschen mit niedrigem Blutdruck sollten die Geselligkeit suchen und z. B. Gemeinschaftsspiele (Mannschaftssport) betreiben.

3. Hoher Blutdruck: Im Unterschied zum niedrigen Blutdruck ist das wirklich eine bedenkliche Krankheit. Menschen mit zu hohem Blutdruck leiden unter einer Übersteigerung des Sympathikus. Sie stehen ständig unter Druck, fühlen sich angegriffen und sind leicht verletzlich. Sie stellen ständig Energie bereit, um sich zu verteidigen, oder um andere anzugreifen und um andere zu kritisieren. Diese Menschen sind eher aggressiv, ständig gestreßt, sie empören sich leicht über andere. Sie wollen ständig kämpfen oder meinen, sich verteidigen zu müssen. Dabei fühlen sie sich trotzdem leicht hilflos, weil sie meist nicht so recht wissen, wo, wie oder an wem sie ihre Aggression auslassen sollen. Bluthochdruck berührt auch immer die Vertrauensfrage zwischen den Menschen, zwischen Ehepartnern ebenso wie zwischen Mitarbeitern und Chef.

Diese Menschen sollten sich unbedingt die Fragen vorlegen: Warum rege ich mich auf - was regt mich auf - wer regt mich auf? Seit wann stehe ich unter Druck? Wer ärgert mich oder was ärgert mich? Sie müssen lernen, andere Menschen so zu lassen, wie sie sind, statt sich über Kleinigkeiten aufzuregen, statt andere anzugreifen und zu beschuldigen.

Die entscheidende Frage ist: Warum begebe ich mich in Situationen, in denen ich dann in Rage komme? Meistens hat eine frühere, unerträgliche Situation diesen Zustand ausgelöst - z. B. ständige Maßregelung durch einen Elternteil und Hilflosigkeit des Kindes. Später wird dann jeder andere Mensch, der den Bluthochdruck-Patienten kritisiert oder belehrt, mit der alten, wirklich unerträglichen Situation gleichgesetzt. Der Zorn des Hochdruck-Patienten kommt über ihn.

Bluthochdruck entsteht nicht nur aus einer chronischen, ärgerlichen Situation heraus. Oft ist diese Krankheit gepaart mit einem nicht eingestandenen Minderwertigkeitsgefühl, welches überkompensiert wird. Ebenso kommt es oft vor, daß ein Bluthochdruckmensch unbedingt bestimmte Ziele erreichen will, für die er sich verantwortlich fühlt, die aber doch nicht seine eigenen sind. Es sind vielmehr Ziele, die ihm andere Menschen eingeredet haben, z.B. die Eltern oder der Lebenspartner. Ein weiteres wiederkehrendes Merkmal ist Angeberei und sich wichtig tun, um Anerkennung zu bekommen. Dahinter stecken auch wieder die Minderwertigkeitskomplexe.

Gelassenheit und das unerschütterliche Wissen darum, daß letztlich alles gut ist, alles einen Sinn hat und jeder für alle Ereignisse in seinem eigenen Leben die Verantwortung trägt, wird den Menschen, der so unter Druck steht, zu innerer Ruhe und Harmonie führen. Leider lieben die Bluthochdruckmenschen ihren oft cholerischen Streß, und da sie sich wenig sagen lassen, haben wir auch wenig Chancen, sie aufzuklären.

Sie sollten auf einem kleinen Heim-Trampolin Dauerlauf üben, nicht zu lange und nicht zu schwer, doch regelmäßig. Ebenso hilft ihnen

Autogenes Training und Yoga sowie Energytraining. Bei starkem Bluthochdruck sollte vor jedem Training ein Arzt um Rat gefragt werden.

Bronchien

Bronchiale Belastungen sind immer ein Zeichen für eine schlechte oder verwirrt-chaotische familiäre Situation. Die Bronchien leiten die Luft in unsere Lunge. Sie sind der Durchgangsort für unser größtes Kontaktorgan. Bitte bedenken Sie dabei, daß unsere Lunge eine Bläschen-Oberfläche hat, so groß wie ein Fußballplatz. Auf so einer riesigen Fläche entnehmen wir der Luft das, was wir brauchen, also den Sauerstoff und auch ein kleinwenig CO_2.

Auf der anderen Seite wird natürlich gerade in der heutigen Umwelt, in den Städten mit dem Verkehr, mit der Schadstoffbelastung aus der Abluft der Fabriken und aus den Heizungen, unsere Atemluft dermaßen stark belastet, daß unsere Lunge permanent filtern muß. Wir brauchen uns wirklich nicht zu wundern, wenn in städtischen Bereichen die Lunge dazu neigt, sich zu entzünden oder zu verkrampfen. Sie ist ja chronisch verschmutzt.

Die seelischen Hintergründe müssen wir bei den Bronchien darin sehen, daß ein Mensch entweder durch zuviel Fürsorge zu sehr bemuttert und unterdrückt wird, oder daß er durch mangelnde Fürsorge nicht genug beachtet wurde. Er leidet darunter, daß er von den Menschen, mit denen er zusammenlebt, nicht die Liebe und Anerkennung bekommt, die er braucht. Er wird zu einem Verhalten gezwungen, daß seiner Natur zuwider läuft. Das gilt heute für sehr viele Kinder, die keine sinnvolle Zukunftsperspektive sehen und die von unserem völlig veralteten Schulsystem angeödet werden.

Cholesterin

Cholesterinablagerungen in unserem Körper führen zu Verstopfungen der Adern, und das bedeutet, daß die Energie, die Freude und Liebe ausmacht, nicht richtig fließt. Es ist ein Hinweis auf Angst, auf Verkrampfung. Es ist außerdem ein Hinweis darauf, zuviel haben zu wollen, und das, was man hat, halten zu wollen, es nicht wieder hergeben und es nicht in der richtigen Art und Weise umsetzen zu können.

Der ganze Cholesterinkrieg wurde von den Margarinefirmen inszeniert, die mehr verkaufen wollten als die Butter-Bauern. Zahlreiche Studien haben inzwischen bewiesen, daß es nicht das Fett an sich oder die Art der Fette ist, was die Veränderungen des Cholesterinspiegels ausmacht.
Es ist vielmehr die Frage der Geisteshaltung und damit verbunden die Frage, was der Körper des einzelnen Menschen mit dem Fett in der Nahrung macht. Die Menschen reagieren sehr unterschiedlich. Ich empfehle Ihnen dringend, nicht auf die Cholesterinhysterie hereinzufallen und einfach in Maßen und mit etwas Feingefühl das zu essen, was Ihnen schmeckt und gut tut!

Darmerkrankungen

1. Dickdarm Im Dickdarm wird der Nahrung die Flüssigkeit entzogen und der Dickdarm hat stets einen Bezug zu unserem Unterbewußtsein. Hier kommen wir in den Bereich hinein, wo alte Geschichten, alte Probleme, alter Ängste ihren Ausdruck finden. Der Dickdarm neigt dazu, sich zu verkrampfen, wenn wir ängstlich sind, im Gegensatz zum oberen Bauch- und Brustbereich, der dazu neigt, sich aufzublasen, wenn wir Angst haben (→ Blähungen). Wer Probleme mit dem Dickdarm hat, der kann nicht in der richtigen Art und Weise die Energie fließen lassen. Er kann alte, überholte Geschichten nicht loslassen. Er braucht mehr Gelassenheit (gehen-lassen!), um in der richtigen Art und Weise geben zu können. Er hat nicht genug Abstand von den Dingen, und er hat Schwierigkeiten, alte Dinge hinter sich zu lassen.
Die Menschen reagieren unterschiedlich. Sowohl Verstopfung wie auch Durchfall können mit Angst zu tun haben. Angst und weder loslassen, noch weglaufen können, ergibt Verstopfung.

2. Verstopfung ist ein typisches Zeichen dafür, daß jemand keine neuen Substanzen aufnehmen kann. Er müßte eigentlich längere Zeit fasten. Verstopfung läßt sich leicht beheben, indem Sie mehrmals am Tag ein Glas mit einem vollen Teelöffel Ascorbinsäure (→ Vitamin C-Kur) trinken. Vitamin C wird im Magen und im oberen Dünndarm resorbiert. Wenn die Menge, die der Körper brauchen kann, überschritten ist, fließt der Überschuß an Vitamin C durch bis in den Dickdarm und Enddarm. Der Körper möchte das aber verhindern, weil das saure Vitamin C hier nichts zu suchen hat. Um es loszuwerden scheidet der Körper Wasser aus der Körperflüssigkeit

in den Darm aus. Es kommt zum Durchfall, und Sie können sich vollkommen entleeren. Danach sollten Sie einige Fastentage einlegen. Sie werden sehen, daß ohne große Problematik alles wieder ins richtige Lot kommt.
Rhizinuskapseln sind ebenfalls ein natürliches Mittel gegen Verstopfung. Sie entspannen lediglich die Eingeweidemuskulatur. Wer also innerlich krampfhaft festhält (Angst, vor was auch immer), kann dieses krampfhafte Festhalten durch etwas Rhizinusöl lösen.
Wenn man sich sexuell nicht ausleben kann, nicht darf, oder Angst vor Sex hat, kann es langfristig gesehen ebenfalls zu Verstopfungen kommen. Verstopfung kann auch bei schwangeren Frauen auftreten, die Hemmungen haben, ihr Kind zu bekommen. Sie möchten nichts herauslassen. Sie haben Angst, daß das offenbart wird, was da in ihrem Uterus heranwächst. In der traditionellen Medizin wurde Rhizinusöl auch gegeben, wenn sich eine Frau bei der Entbindung verkrampft und nicht loslassen kann. Anstatt einen Kaiserschnitt zu machen, gab man ein paar Kapseln Rhizinusöl. Es wirkt optimal und ohne Nebenwirkungen.

3. Durchfall ist ein deutliches Zeichen dafür, daß jemand schnellsten alles loswerden will, was ihn belastet. Angst, loslassen und weglaufen, ergibt Durchfall. Wenn man alles Überflüssige hinter sich läßt, kann man befreiter weglaufen. Durchfall ist ein Zeichen für eine radikale Reinigung. Es ist eigentlich ein Zeichen dafür, daß das Schlimmste schon vorbei ist. Wer nach dem Durchfall, der zwei bis drei Tage dauern kann, wieder sparsam und gesund zu essen beginnt, kann sicher sein, daß so etwas nicht so schnell wiederkommt. Wenn der Patient in der Lage ist, seine Energie zu konzentrieren und seine Aufgaben Schritt für Schritt anzugehen, dann ist Durchfall nur ein Zeichen von Reinigung und nicht von Krankheit.

4. Dickdarmentzündung kann von einer strengen Erziehung und Druck seitens der Eltern auf die Kinder herrühren. Es ist ein Zeichen von Unterdrückung, von einer erlebten oder befürchteten Niederlage. Es kommt zu einer ständigen verkrampften Konzentration im Unterleib. Man muß sich "zusammenreißen", wo man lieber schreien und weglaufen möchte.
Zweifellos brauchen die Menschen mit Dickdarmproblemen Zuwendung. Sie sollten schauen, wie Sie ihrer Umwelt liebevoll entgegentreten können, um mehr Zuwendung zu bekommen.

Jogging und jede Art von sportlicher Bewegung an frischer Luft, verbunden mit Rohkost und viel Vitamin C können diese Probleme lösen. Affirmation: Ich lasse alles Alte los und gehe locker in die Zukunft!

5. Dünndarm Dünndarmkrankheiten weisen darauf hin, daß der betreffende Mensch mit der Nahrung, also mit den fremden Stoffen, die er aus der Umwelt aufnimmt, nicht fertig wird. Er ist nicht in der Lage, sie richtig zu verdauen und zu assimilieren. Man kann vermuten, daß er auch im Alltagsleben, bei seinen äußeren Problemen Schwierigkeiten hat, die Aufgaben in der richtigen Art und Weise zu lösen. Er/sie braucht mehr Selbstbestimmung und mehr Mut, um sich selbst richtig anzunehmen.
Bei Verstopfung auf Grund einer Verkrampfung im Dünndarm kann Rhizinusöl ein sehr wirksamen, harmloses Abführmittel sein. Rhizinusöl entspannt die Eingeweidemuskulatur.

Depressionen

Sie sind ein Zeichen dafür, daß irgend etwas uns niederdrückt. Am Anfang meines Buches hatten wir beschlossen, selbst die Verantwortung zu übernehmen für alles, was geschieht. So müssen wir bei einer Depression davon ausgehen, daß irgendwelche Umstände in unserer Umwelt uns belasten. Wir sind nicht in der Lage, das, was auf uns zukommt, richtig zu verarbeiten. Wir lassen uns von solchen falsch verstandenen Problemen und Aufgaben niederdrücken. Falsch verstanden, werden Sie vielleicht fragen?
Bitte beachten Sie folgenden Grundsatz: Das kosmische Schicksal hat dafür gesorgt, daß Sie überhaupt leben. Wenn uns die kosmische Kraft, die für unsere Existenz verantwortlich ist, vor eine Aufgabe stellen, dann wird Ihnen die gleiche kosmische Kraft auch die erforderliche Energie geben, damit Sie ihre Aufgabe lösen. Eine Aufgabe, die wir nicht lösen können, ergibt keinen Sinn. Es gilt, den Inhalt unserer Lebensaufgaben zu erkennen! Das Universum kennt nur den perfekten Erfolg und eine Vielzahl von Möglichkeiten, erfolgreich zu sein. Wenn Sie meinen, daß Sie erfolglos sind, dann heißt das lediglich, daß Sie etwas nicht richtig durchdacht und nicht richtig verstanden haben.
Wenn Sie sich durch Depressionen belastet fühlen, dann sollten Sie sich immer fragen: Welcher kleine Ausschnitt aus dem alltäglichen Leben macht doch noch ein bischen Spaß? Konzentrieren Sie

sich auf eine interessante Sache. Irgend etwas wird es doch noch geben, das Sie noch nett finden?
Eine Stimmung von "alles sinnlos", "no futur", sich abgeschaltet fühlen, kann eine Schwellenangst sein. Wenn wir in unserer Entwicklung vorangehen sollen, fühlen wir uns oft den alten Zuständen verbunden. Es sind Gewohnheiten. Es kann auch sein, daß die notwendige Veränderung nicht nur unsere Weltanschauung, sondern unser Leben verändert. Ein Mensch wird verunsichert, beginnt an sich oder seiner Partnerschaft zu zweifeln. Es ist die Angst, das Leben umkrempeln zu müssen. Und diese Angst kann depressive Stimmungen hervorrufen. Aus spiritueller Sicht ist die Schwellenangst, die sich in einer Depression äußert, eine Prüfung. Sind wir schon reif für den neuen Lebensabschnitt? Wenn Sie derartige unklare, depressive Stimmungen durchbrechen wollen, dann sind → Mantra-CDs eine gutes Hilfsmittel.
Wenn Sie einer depressiven Stimmung entfliehen wollen, suchen Sie die Gesellschaft anderer Menschen, gehen Sie ins Kino. Im Fernsehen schauen Sie einmal Sachen, die Sie eigentlich nicht auswählen. Lesen Sie ein interessantes Buch. Und wenn der Film oder das Buch zu Ende ist, dann komme Sie wieder auf Ihre aktuelle Lebenssituation zurück.
Treffen Sie bereits vorher die Entscheidung, daß Sie sich jetzt etwas ablenken und danach Ihre Aufgabe erfolgreich angehe. Affirmation: Ich habe verstanden und löse meine Aufgabe.
Nur wenn Ihr Leben einen Sinn hat, sind Sie auch in der Lage, mit Depressionen und Langeweile fertig zu werden. Die Schamanen und Medizinmänner der Naturvölker sagen, daß Langeweile und Depression etwas ist, was primär die Intellektuellen, die erwachsenen und gebildeten Menschen trifft. Der indianische Lehrmeister Don Juan hat gesagt: Wenn Dein Verstand die Kontrolle verliert und wenn sich Dein Leben interessant verändert, dann gaukelt er Dir gerade vor, daß Du depressiv sein sollst und daß nur noch Langeweile ansteht. In Wirklichkeit kommt es darauf an, daß Du eine Aufgabe unter Deine Kontrolle bekommst und zu Ende führst. Du darfst nicht mehr Dein gesamtes Leben Deinem Verstand unterordnen. Höre auf zu denken, beginne zu leben!

Ekzeme

Ekzeme signalisieren Schwierigkeiten mit unserer Umwelt, denn unsere →Haut ist nach der Lunge unser größtes Organ, und sie ist

wie die Lunge ein Organ mit Bezug zur Außenwelt. Wenn wir Ekzeme, → Akne, oder → Juckreiz haben, dann müssen wir uns mit diesen Dingen auseinandersetzen. Wir müssen schauen, warum wir Probleme mit der Umwelt haben und nicht mit unseren Aufgaben fertig werden. Früher nannte man das Aussatz, und es zeigt, wie es schon der Name sagt, daß wir uns ausgesetzt fühlen. Wir fühlen uns in Distanz zu anderen Menschen. Früher wurden die Menschen wegen Hauterkrankungen tatsächlich ausgesetzt! Der Begriff wurde keineswegs nur für Lepra verwendet, sondern für alle schlimmeren Hautkrankheiten.
Heute finden wir in den Grundschulen viele Kinder mit Hauterkrankungen. Man spricht von Neurodermitis, von nervlich bedingten Hauterkrankungen. Es ist eine Protesthaltung gegen die Lebensumstände, gegen die Schule oder das Elternhaus. Viele Kinder leben nur noch zwischen Schule, Computer und Fernseher. Die sozialen Kontakte verarmen.
Später erleben sie ihre hormonalen Umstellungen in der Pubertät als bedrohlich. Kinder mit sexualfeindlicher Erziehung empfinden sich als schmutzig, bekommen passend dazu Akne und Hauterkrankungen. Je schlechter die Ernährung (Fastfood und Süßigkeiten), desto stärker die Umstellungsprobleme.
Kinder aus Familien, in denen Sexualität etwas normales ist, zeigen viel weniger Ausschlag und Entzündungsprobleme auf der Hautoberfläche. Wenn über Sex in einer normalen, freundlichen Weise geredet werden kann, haben sie die Sexualität bewußtseinsmäßig in ihren Horizont integriert und reagieren ohne entstellende Hautprobleme.
Bei der Beschreibung des Thymus, habe ich erwähnt, daß das →4. Chakra für selbstlose Liebe, warme Gefühle und auch für die Empfindsamkeit unserer Haut verantwortlich ist. Was wundert es da, wenn seelisch vereinsamte Kinder Hautkrankheiten bekommen!

Gegen Ekzeme gibt es einfache → Naturheilmittel:

1. Ehrliche Liebe und Führsorge, also Anteilnahme ohne Gejammer und ohne Übertreibungen.
2. Gesunde, leichte Kost und sportliche Betätigung, am Besten im Gemeinschaftssport.
3. Wohltuende Bäder:
a) Schwefelbäder, und zwar nur einfacher, kolloidaler Schwefel, ohne chemische Zusätze, hilft bei sehr vielen Hauterkrankungen.

Dazu sagte Rudolf Steiner, daß Schwefel überall dort wirkt, wo es um die Integration von kosmischer Energie in unseren Körper geht.
b) Eichenrindenbad (Pulver) ist ebenfalls ein gutes natürliches Hautheilmittel.
c) Schwarzer Tee war früher in Asien ein Mittel für die Hautpflege, aber unparfümiert! Baden Sie in einem Aufguß mit schwarzem Tee. Eichenrinde und schwarzer Tee sind gut nach einer Geburt.
4. Benutzen Sie regelmäßig eine Sauna und schwitzen Sie sich die Probleme aus.

Entzündungen

Entzündungen sind Erhitzungen. In dem betroffenen Teil des Körpers ist zuviel Energie vorhanden. Dort ist etwas aus der Ordnung, oder es ist etwas hineingeraten ist, was nicht hinein gehört. Die Luft um uns her ist angefüllt mit Mikroben, Sporen, Viren und in den Städten zusätzlich mit Schadstoffen aller Art. Trotzdem fallen wir nicht gleich alle tot um. Entzündungen können erst entstehen, wenn zu der Infektion einer Wunde noch ein schwaches Immunsystem hinzukommt. Eine lokal begrenze Entzündung ist keine Krankheit, sondern ein Reinigungsprozeß. Kranke Zellen werden abgestoßen und Erreger abgetötet. Die Hitze des Kampfes und des Wiederaufbaus eigener Zellen verursacht die Entzündung.
Je nachdem, welches Organ betroffen ist, sollten wir unser Wissen über die verschiedenen Organe berücksichtigen. Wenn jemand eine Leberentzündung hat, müssen wir fragen: Hat dieser Mensch Angst vor Energie, vor dem Einsatz seiner Kraft, oder hat er sich bereits übernommen? Wenn eine Entzündung als Folge einer Verletzung vorliegt, kann ich davon ausgehen, daß z.B. eine Verletzung der linken Hand mit aktuellen Gefühlsproblemen in Verbindung steht.
Wenn sich ein Auge entzündet, will der Betroffene etwas nicht sehen. Eine Mittelohrentzündung steht mit Autoritätskonflikten in Zusammenhang. Jemand will nicht hören, vielleicht weil er mit einer strengen Erziehung oder Bevormundung zu kämpfen hat. Hinterfragen Sie immer das Umfeld des Menschen.

Epilepsie

Epilepsie ist ein Gewitter im Gehirn. Es ist ein spontanes Übermaß an geistiger Energie, konzentriert im Gehirn. Epilepsie ist ein Zustand, den Menschen in ferner Zukunft als völlig normal erfahren werden, wenn wir gelernt haben, mit bestimmten Schaltstellen in unserem Gehirn richtig umzugehen. Heutzutage zeigt der Epileptiker Reaktionen, die er nicht kontrollieren kann.

Wenn Epilepsie auftritt, ist dem immer ein Machtkampf vorausgegangen. Es kann sein, daß ein gesundes, starkes Kind durch die Art der Erziehung ständig unterdrückt wird. Es schafft es einfach nicht, sich sinnvoll zur Wehr zu setzen. Innerlich staut sich die bereitgestellte Energie. Von Zeit zu Zeit kommt es zu einer Entladung. Es will sich verteidigen, aus einer geheimen oder offenen Angst heraus. Dieser geistige Ausbruch richtet sich gegen das Kind selbst. Sein Energie- und Nervensystem bricht zusammen. Es ist nicht gewalttätig-aggressiv nach außen, sondern die Energie läßt seine Nervenreaktionen zusammenbrechen.

Es kann ebenso vorkommen, daß ein tyrannisches Kind seine Umwelt kontrollieren will. Wenn die Eltern mit Maßen reagieren und konsequent ablehnen, kann es zu Wutausbrüchen und später sogar zu Epilepsie kommen. Das Kind setzt geistige Machtmittel ein, um seine Umwelt zu beherrschen und zu kontrollieren. Wieder trifft der Energieausbruch das eigene System.

Manche Menschen haben ein hohes spirituelles Potential und müßten eigentlich ein systematisches Training machen, damit sie diese besondere Energie beherrschen lernen. Leider ist das in unserer Gesellschaft die Ausnahme. So kann es zu Entladungen psychischer Kräfte kommen, ohne daß der Mensch lernt, sie zu kontrollieren.

Allen Epileptikern sollte ein systematisches → Autogenes Training nahe gelegt werden. Mit den von mir empfohlenen Trainingsmethoden kann man die fehlgeleitete Energie unter Kontrolle bekommen. Es ist zu schaffen, wenn man die Begleitumstände analysiert, regelmäßig trainiert und die Folgen von früheren Inkarnationen einbezieht. Die Entladungen der Epileptiker haben in den von mir untersuchten Fällen immer ihre Wurzeln in früheren Inkarnationen gehabt. Das gilt aber nicht als Entschuldigung. Die Kenntnis der verborgenen Ursachen ist hilfreich, aber nicht unumgänglich für eine Kontrolle des Problems. Das Wichtigste ist die ganz bewußte, gezielte Einflußnahme des Patienten auf sein Problem. Dafür ist Autogenes Training sehr gut geeignet. AT ist der richtige Einstieg. Später sollte ein weiterführendes Mentaltraining hinzukommen.

Beispiel: Eine attraktive junge Frau litt unter heftigen epileptischen Anfällen. In ihrer Kindheit hatte sie unter einem cholerischen, diktatorischen Vater zu leiden und bedauerte auch ihre Mutter, die unter dem Vater litt. Einiges spricht dafür, daß sie Anfälle bekam, wenn der Vater die Mutter schlug, ebenso, wenn sie selbst angebrüllt oder geschlagen wurde.
Sie heiratete sehr früh einen sehr dynamischen jungen Mann. Sie hatten ein wildes Sexleben und vorübergehend ließen auch ihre Anfälle stark nach. Doch ihr Mann wollte tatsächlich dauerhaft mindestens zweimal pro Tag wilden Sex. Er kam manchmal mittags schnell von der Arbeit nach Hause, um seine Frau zu besuchen. Innerhalb von zwei Jahren geriet die junge Frau durch die sexuellen Aktivitäten ihres Mannes in ähnlicher Weise psychisch unter Druck, wie früher durch den Terror ihres Vaters. Die Anfälle nahmen wieder zu. Sie wollte sich widersetzen. Ihr Mann wurde brutal. Sie hatte bald eine ähnliche Situation, wie früher mit dem Vater, nur daß der damals lediglich aggressiv gegen die ganze Familie war und von der Muter keinen Sex verlangte. Doch wir können vermuten, daß die ständigen Aggressionen des Vaters ebenfalls mit uneingestandenen sexuellen Konflikten zu tun hatten.
Man kann sagen, daß in diesem Fall eine Abhängigkeit aus starken sexuellen Bedürfnissen plus Aggressionen die beiden Menschen aneinander banden. Sie meinte, hilflos zu sein. Ihre eigenen Aggressionen entluden sich in epileptischen Anfällen. Sie war wirklich aufreizend attraktiv, was natürlich ihren sexbesessenen Mann ständig reizte. Durch eine gründliche Analyse ihrer Situation kamen wir dahin, daß sie ihre Energieausbrüche nicht mehr als totale Hilflosigkeit erkannte, sondern als fehlgeleitete Kraft. Mit Hilfe von → AT und Feueratem kamen wir dahin, daß sie sich besser unter Kontrolle bekam. Sie nahm innerlich eine Haltung ein, daß sie ruhiger werde, nicht mehr so gereizt nach außen wirkt, und daß ihr Mann ebenfalls zur Ruhe kommen soll. Sie fing also an, ihr geistiges Energiepotential zu dämpfen und zu nutzen.
Bereits nach wenigen Wochen wurde ihr Mann etwas ruhiger, wirkte eher irritiert, wollte aber in keiner Weise an aufklärenden Gesprächen teilnehmen, verlor plötzlich das Interesse an ihr und suchte sich eine wilde Affäre. Sie nutzte die Gelegenheit zu einer Scheidung. Obwohl er früher gesagt hatte, daß er sie umbringen würde, wenn sie fremd geht oder weglaufen will, willigte er jetzt ohne Debatte ein. Er wollte seine Lebensweise beihalten. Seine geistig veränderte Frau paßte da nicht mehr hinein.

Sie war ihren neurotischen Vaterersatz los und konnte ein neues Leben beginnen. Als ich sie einige Jahre später wieder traf, war sie neu mit einem ruhigen, netten Mann verheiratet. Die Anfälle waren im Verlauf von rund 4 Jahren völlig verschwunden.
Mit diesem Beispiel will ich nicht sagen, daß Epilepsie und Sex automatisch zusammengehören. Es kann sein, muß aber nicht. Es geht jedoch um große Energiemengen, die der Kranke nicht regulieren kann. Wenn er das lernt, wenn er außerdem lernt, die Ursachen und Auslöser zu begreifen, dann kann die Krankheit stark reduziert oder sogar aufgelöst werden.

Erbrechen

Es ist ähnlich wie bei Blähungen, aber noch stärker. Jemand hat zuviel oder die falschen Dinge aufgenommen. Er fühlt sich belastet und will die belastenden Dinge schnell loswerden. Sein Körper weigert sich, die Sachen zu verdauen. Das muß nicht nur an verdorbener Speise liegen. Wenn wir irgendwo Speisen essen, die von einem - für unser Empfinden - ganz üblen Menschen zubereitet wurden, dann wird uns von der Energie schlecht, die ins Essen gerührt wurde, nicht von der Nahrung selbst. Sensible Menschen reagieren auf Mikrowellenkost ebenfalls mit Ablehnung, bis hin zu Erbrechen.
Wenn wir nach einem schweren Essen in eine bedrohliche Krise geraten, z.B. ein Unfall oder große Angst, dann erleichtert sich der Körper ebenfalls. Wir können nicht in Ruhe verdauen und zugleich weglaufen, um uns zu retten. Siehe auch bei →Dünndarm, Dickdarm.

Erkältungen

Erkältungen sind ein Zeichen dafür, daß irgendwo die Energie nicht richtig fließt, oder daß zu wenig Energie vorhanden ist. Der landläufige Glaube, daß wir durch kalte Zugluft, durch ein zu dünnes Hemd, oder feucht geworden im Regen, krank werden, ist Unfug. Wenn wir durch Abkühlung oder Nässe zur Erkältung kommen, waren wir vorher schon schwach. Wir sind total verwöhnt durch die Zivilisation. Trotzdem sollten wir eine Energiereserve haben, die uns schützt. Wenn jedoch zur Abkühlung noch ein großer Frust und die Angst vor Grippe hinzu kommen, dann wird es uns erwischen. In der Nase nehmen wir die Luft auf, riechen, was um uns herum

los ist, entnehmen der Luft das Prana und regulieren durch die Art der Atmung unsere Energie. Viele Menschen sind überreizt und schwach. Eine geringfügige Mehrbelastung führt dann dazu, daß die Krankheit ausbricht.
Alle Erkältungskrankheiten sollten im Zusammenhang mit unserem Energiehaushalt betrachtet werden. Alle Erkältungskrankheiten stehen außerdem im Zusammenhang mit unserem Gefühlsleben, mit unserem seelischen Wohlbefinden und mit unserer ➔ Sexualität. Alle schleimbildenden Organe werden von Gefühlen beeinflußt (Mund und Nase, Darm, Sexualorgan). Diese Bereiche reagieren sehr empfindlich auf unsere Gedanken. Wenn also jemand seine Gefühle nicht ausleben kann oder vom Partner im Stich gelassen wird, kann er leicht mit Erkältung reagieren. Wenn jemand ständig Angst hat, daß er wegen leichter Unterkühlung schon krank wird, dann schafft er es auch. Wir sind wirklich verweichlicht. Wir sollten etwas mehr für die Vitalität tun, und weniger an Erkältungen denken.
Weiter sollte berücksichtigt werden, daß Erkältungen typische "Umstellungskrankheiten" sind. Wenn wir unsere Weltanschauung verändern und die Art unseres Lebens neu organisieren müssen, dann treten derartige Krankheiten auf. Das ist eigentlich ein gutes Zeichen. Mein Onkel, ein erfahrener Arzt, pflegte zu sagen: "Wenn Du zum Arzt gehst, dauern diese Krankheiten 14 Tage. Wenn Du zu Hause bleibst, 2 Wochen." Mit Routine im Energytraining dauern sie 3-4 Tage. ➔Grippe

Erschöpfung

Das Vergnügen, das wir empfinden können, hängt immer von der Größe unserer verfügbaren Lebensenergie ab. Jede Krankheit beginnt mit einer Erschöpfung unserer Lebensenergie. Geht diese Erschöpfung weiter, werden irgendwann Organe angegriffen, zerstört und der Mensch stirbt. Die Art seiner Krankheit zeigt uns dann, was er nicht begreifen konnte oder wollte. Wer sich häufig erschöpft fühlt, sollte über seine Lebensart nachdenken. Analysieren Sie die Situation mit den Fragen in diesem Buch. Es muß sich etwas ändern!

Fieber

Fieber bedeutet, daß irgend ein Teil des Körpers, oder vielleicht der gesamte Körper, erkrankt ist, Der betroffene Mensch möchte diesen Krankheitszustand mit Gewalt zu Ende bringen. Ein Fieberanfall ist ein Energieeinsatz gegen sich selbst, gegen den eigenen Organismus. Mit dem Fieberanfall sollen eingedrungene Krankheitskeime bekämpft werden. Unser Körper erhitzt sich. Seine Infrarotstrahlung erhöht sich, um die Störungen durch Erreger zu beseitigen, um die Erreger abzutöten. Wenn jemand eine falsche Geisteshaltung hat, dann kann es sein, daß er sich längere Zeit davor drückt, seine Haltung zu verändern. Es kann sein, daß er sich dagegen mit aller Gewalt wehrt. Er will die Veränderung in seinem Leben nicht hinnehmen. Auch das kann zu einer Art Grippe und zu fiebrigen Zuständen führen. Wenn ein Mensch kurze Zeit hohes Fieber hat, dann ist in der Phase sein Verstand und sein Bewußtsein reduziert. Im Fieberschub wird ein Kampf ausgefochten. Danach sieht man die Welt wirklich mit anderen Augen. Es ist ein Neubeginn, nachdem man vielleicht schon an der Schwelle des Todes war.
Es ist grundlegend falsch, jeden Anflug von Fieber im Keim zu ersticken. Es verhindert wichtige Entwicklungsschritte und es behindert unser natürliches Immunsystem. Unsere Fähigkeit zur Selbstverteidigung wird untergraben. Meine Kinder haben nur selten Fieber gehabt und bis 40° habe ich gar nichts unternommen, sondern nur aufmerksam beobachtet. In einem Fall, als einmal das Fieber bei meinem Sohn auf 41° stieg, habe ich vorübergehend Wadenwickel gemacht. Das war alles. Nach wenigen Tagen war jedes Kind wieder okay. Schon bald waren sie stärker und lebhafter als zuvor. →Entzündung

Flüssigkeitsansammlungen

Flüssigkeitsansammlungen im Körper sind ein Hinweis darauf, daß der betroffene Mensch in dem betreffenden Bereich Angst hat, etwas zu verlieren. Er sollte sich fragen, was er da zu verlieren glaubt. Wasser in den Beinen: Alte Gefühlswelten lassen sich nicht aufrecht erhalten, können aber auch nicht bewältigt werden. Wasser in den Armen: Kann sich nicht verwirklichen. Die unterdrückten Gefühle machen die Arme unerträglich schwer. Wasser im Bauch-

raum: Fehlender Halt, versinkt in bedrückenden Gefühlen. (➔Bindegewebe!)
Hilfe: Alle Übungen und Gedanken, die a) eine Verarbeitung (Aussprache) über den alten Kummer ermöglichen und b) viel Feueratem, weil er im Hirn eine beruhigende und ausgleichende Alpha-Frequenz erzeugt, was Kummer lösen kann und neues Selbstvertrauen aufbaut.

Füße

Die Füße haben etwas mit meinem Standpunkt zu tun. Es geht um die Frage, wie ich mich fortbewege, ob ich vorankomme. Bei Beschwerden an den Füßen muß ich mich fragen: Was kann ich nicht ver-stehen? Ist mein Standpunkt falsch? Bin ich vielleicht schon zu weit gegangen? Welche notwendigen Schritte muß ich unternehmen, um meine aktuelle Situation zu klären und in den Griff zu bekommen? Habe ich vielleicht Angst vor der Zukunft? Angst drückt sich z. B. durch kalten Schweiß an Händen und Füßen aus. An den Füßen, wenn es um den Standpunkt geht, an den Händen, wenn es um das Begreifen, ums Zugreifen, oder um Verteidigung geht.
Die feinen Energiekanäle, die Nadis, enden alle in unseren Händen, Füßen und in unserem Kopfhaar. Daher wissen wir aus der ➔ Hand- und Fuß-Reflexzonentherapie eine ganze Menge über Hände und Füße, was ich hier nicht wiederholen will. Die Einzelheiten sind ganz leicht zu merken:
Stellen Sie Ihren Fuß nur mit der Ferse fest auf den Boden. Auf der einen Seite steht Ihr Bein und der Körper, und vorn heben Sie den Fuß so steil es geht empor. Im Fuß spiegelt sich jetzt von der Ferse aufwärts der Körper wieder. In der Ferse sind die Akupressurpunkte für Dickdarm und Unterleib, in der Fußsohle der Bauch, unter den Zehen die Brust, in den Zehen der Kopfbereich. Je nachdem, wo es weh tut oder wo Sie sich verletzt haben, können Sie aus der Fußreflexzonenkarte etwas über die Natur der Verletzung und die seelischen Hintergründe erfahren. Regelmäßige Reflexzonenbehandlung ist ein gutes vorbeugendes Mittel gegen alle gesundheitlichen Störungen. Lesen Sie auch unter ➔ Hände und ➔Mudras.

Galle

Innerhalb von 24 Stunden wird etwa 1 Liter Gallenflüssigkeit von der Leber produziert, in der Galle gesammelt und schubweise an den Darm weitergegeben. Sie kennen den Spruch, wenn jemandem "die Galle überläuft", oder eine Laus über die Leber läuft. Das sind Hinweise darauf, daß jemand ärgerlich, aggressiv oder unlustig ist. Wer gereizt, verärgert, aggressiv ist, der produziert mehr Galle. Wenn die Galle beim schlachten ausläuft, wird das Fleisch oder die Leber für uns ungenießbar. Die Galle ist eine konzentrierte chemische Lösung, um Fett zu zersetzen. Die Galle ist ein sehr aktiver Wirkstoff, der nur wohldosiert im Darm zum Einsatz kommen kann. Wenn es im Körper zu viel Galle gibt, dann ist der Mensch zu aggressiv, zu böse, zu sehr verärgert. Er sollte nach Ruhe und Gelassenheit trachten und nach einer ausgeglichenen, ruhigen Ernährung.
Gallenflüssigkeit entsteht aus dem Abbau roter Blutkörperchen. Wer häufig aggressiv ist, verbraucht also mehr rote Blutkörperchen. Er greift sich selbst an. Deshalb passen →Aggressionen immer mehr zu einem fleischessenden Tier. Es will kämpfen, töten und die Beute essen. Gibt es für einen genervten Menschen kein Ventil, weil er sich bei seinem Bürojob nicht abreagieren kann, dann wird er vielleicht → Magenkrank, weil ihm die Galle hochkommt.
Gallensteine sind ein Hinweis darauf, daß der Mensch so verbittert und verbissen ist, daß er die Galle schon nicht mehr ganz ausscheiden kann. Seine Aggressionen kristallisieren sich in der Galle selbst aus. Der Hintergrund davon ist meistens arbeitsmäßige, familiäre oder psychische Überlastung. Alle Menschen, die unter Kristallisationskrankheiten leiden, unter der Ablagerung von Mineralstoffen im Körper, in den Gelenken usw., sind Menschen, die sich zu sehr dem irdischen Lebenskampf hingegeben haben. Sie leben zu wenig im geistigen und seelischen Bereich.

Gelbsucht

Gelbsucht und gelb gefärbte Augen sind ein Zeichen dafür, daß der Energiehaushalt der Leber überlastet ist. Der Menschen ist bis an die Grenzen seiner Energiereserve gegangen. Das spiegelt sich in gelben Färbungen im Auge. Infektiöse Hepatitis oder ein hoher Alkoholkonsum haben den gleichen Effekt. Mit der Leber wird immer die Energiereserve des Menschen angegriffen.

Die Antwort: Mehr gesunde Bewegung an frischer Luft, gesündere Ernährung, kein Alkohol, kein Fett in der Nahrung, auf keinen Fall Tabak!

Gesicht

Unser Gesicht ist unsere wichtigste Kommunikationsfläche mit der Umwelt. Im Rahmen meiner therapeutischen Arbeit konnte ich an mir selbst und bei vielen meiner Klienten bemerken, daß sich das Gesicht innerhalb von wenigen Sekunden oder Minuten mehrfach total verändern kann.
Ein Mensch kann in Augenblicken eine Fülle von Gesichtern zum Ausdruck bringen und wieder umschalten. Wenn man aufmerksam genug beobachtet, dann kann man entdecken, daß die beobachteten Menschen mit diesen Gesichtsveränderungen innere Stimmungen und Erinnerungen durchspielen. Als Therapeut fragen wir vielleicht nach der Ursache eines Problem. Sie können es uns nicht sagen, aber ihr Gesicht verändert sich so stark, daß uns plötzlich ihre eigenen Eltern und alle möglichen anderen Leute anschauen, die ihnen einmal wichtig gewesen sind.
So kann ein Mensch mit seinem Gesicht Erinnerungen signalisieren, die uns helfen, sein Problem zu erkennen. Die Bilder können aus diesem und aus früheren Leben kommen. Sie können aus seiner frühen Kindheit stammen oder aus seiner Schulzeit. Es kann sein, daß uns jemand mit seinem Gesicht die Erinnerung an einen Lehrer signalisiert, der ihn schikaniert hat, oder ebenso die Erinnerung an einen geliebten Menschen, den er verloren hat. Wenn wir uns mit einem Menschen unterhalten, dann können wir an seinen Gesichtszügen sehr viel ablesen. Wir bekommen Hinweise darauf, woher der betreffende Mensch die Krankheit hat. Ebenso können wir aus dem Gesicht eines Menschen ablesen, in welcher Stimmung er ist, ob es ihm gut geht, oder ob er deprimiert ist.
Wenn ich hier vom Gesicht eines Menschen spreche, meine ich jedoch nicht nur seinen Kopf, seine Muskeln im Gesicht, die sich verziehen. Das, was wir als Gesichtsausdruck wahrnehmen, umfaßt außerdem die Ausstrahlung des Menschen, seine Aura, seine Energiemuster, die Botschaft aus seinen Augen und aus seinem 3. Auge. Unser Austausch von Mensch zu Mensch, oder auch zwischen uns und einem Tier, ist viel komplexer, als wir allgemein beachten. Um diese anderen Gesichter wahrzunehmen, muß man

nicht unbedingt sensitiv veranlagt sein, oder die Aura sehen können. Doch mit einem Sensitivitätstraining geht es natürlich besser.
Unser Austausch mit anderen ist also vielfältig. Er beruht auf vielen unterschiedlichen Signalen. Gerade deshalb kommt es zwischen den Menschen so oft zu Mißverständnissen. Sie nehmen nicht mehr alles wahr. Naturmenschen hatten es diesbezüglich wahrhaftig leichter. Sie waren auf diese Signale getrimmt. Sie nahmen intuitiv wahr. Je mehr wir bei uns selbst sind, also ruhig und aufmerksam, desto besser fühlen wir die unbewußten Nachrichten, die uns ein Mensch vermittelt. So können wir auch mit Fremden sprechen, die eine andere Sprache haben als wir und sogar mit Tieren. Je näher ein Mensch an der Natur lebt, desto besser ist seine Fähigkeit, auch fremde Informationen ohne die Sprache zu begreifen. Das reine Verstandesdenken verdirbt diese wertvolle Erkenntnismöglichkeit. Der Verstand entfernt die Menschen voneinander.
Ich bin auch der Überzeugung, daß Fernsehen und Filme unsere gesunde Wahrnehmung verderben. Alle Filme sind gespielt. Die Schauspieler tun ja nur so. Sie lügen. Die Botschaft kommt nur über manipulierte Filmstreifen. Wir müssen uns die Gefühle an Hand der wenigen Signale auf dem Streifen zusammenreimen. Dazu werden wir durch schrille Musik aufgereizt oder durch gefühlvolles Gedudel manipuliert. Nichts davon ist echt! Es sind alles nur Ersatzgefühle.
Eine Gesichtsmassage erreicht in gewisser Weise unsere Seele. Sie kann uns helfen, die Gesichtsmuskeln zu entspannen. Nach einer guten Gesichtsbehandlung sieht jeder Mensch ausgeglichener und erfrischt aus. Aus diesem Grund gehen Frauen, die älter werden, gerne zu derartigen Behandlungen. Es sind zugleich Streicheleinheiten für die Seele.
Es kann jedoch nicht der Sinn sein, alle Falten verstecken zu wollen. Unsere Falten drücken unsere Lebenserfahrungen aus. Sie hängen davon ab, was wir erlebt haben und wie wir damit umgehen können. Es war für mich faszinierend, wenn ich manchmal im Rahmen einer Therapie die Gelegenheit hatte, mit einem geistig gereiften, fortgeschrittenen Menschen zu arbeiten. Auf den ersten Blick drücken die vielen Falten nur "Alter" aus. Die vielen Falten um die →Augen senden ganz bestimmte Schwingungen aus, die mit den Lebenserfahrungen in Verbindung stehen. Es scheint fast ein Kanal zum Akasha zu sein!
Wenn ich die Aura betrachte, gehen aus der äußeren Aura des Menschen feine, vielfarbige Schwingungen gleich einem Strudel

oder Spiralnebel bis zu den feinen Falten um die Augen. Wenn es mir gelang, mich auf diese Energie einzustellen, und ich nun wiederum vom Auge einer Person über die feinen Schwingungen nach außen zu gehen vermochte, dann konnte ich durch die Aura hindurchgehen, bis hinaus in den Weltenraum.
Besonders bei einigen alten Damen, die mir begegnet sind, zeigten sich faszinierende Wirbel. Die Person, der Geist des Menschen, saß in einem alten Körper. Über die feinen Schwingungen des Geistes wurden die Augenfalten gleich einer hügeligen Landschaft geschaffen. Davon gehen feine Schwingungen aus, die die Person bis tief in den Kosmos hinein mit dem Universum verbinden. Wir sind wirklich eingebunden in diese kosmische Existenz! So betrachtet ist es lächerlich, wenn sich Menschen ihrer Falten schämen oder sie entfernen lassen. Oder müssen sie von ihrer Entwicklung etwas verstecken, dessen sie sich schämen?

Gicht

Gicht ist eine Stoffwechselkrankheit, bei der Harnsäure vermehrt entsteht und nicht ausgeschieden, sondern primär in den Gelenken abgelagert wird. Die betroffenen Menschen zeigen Ungeduld, Ärger und eine herrische Art. Wenn Menschen schon in jungen Jahren von Gicht befallen werden, zeigen sie eine konservative Gefühls- und Geisteshaltung. Überwiegend sind Männer betroffen. Gefördert wird die Gicht durch die typischen Bauarbeiter-Gewohnheiten und Bedingungen: Viel Alkohol, zeitweilige Unterkühlung auf der Baustelle, sowie körperliche Anstrengungen.
Betrachten wir den seelischen Hintergrund: Im Stoffwechsel werden Eiweißstoffe abgebaut und müßten mit dem Urin ausgeschieden werden. Die Frage, wie gut sich ein Mensch fühlt, hängt von der Anerkennung ab, die er bekommt. Wenn er gelobt wird und einen Sinn im Leben sieht, fühlt er sich anerkannt. Dann funktioniert auch sein Stoffwechsel optimal. Er weiß, wofür er lebt.
Wenn jemand sein Leben lang auf dem Bau arbeitet, wird er wenig Anerkennung bekommen. Die bekommen später die Architekten. Man bekommt diesen Job auf die Dauer nur hin, indem man abschaltet. Es ist ja nicht das eigene Heim, für das man begrenzte Zeit gut motiviert arbeiten würde. Diese Symptome und Ursachen gelten im übertragenen Sinn für alle gichtkranken Menschen: Zu wenig Sinn in dem was man tut, schwere Arbeit im Freien, zu wenig Rücksicht auf den eigenen Körper, zu wenig Motivation durch

die Familie, Probleme in der Partnerschaft. Wenn Sie diese betrüblichen Faktoren in ihrem Leben abstellen können, mehr Freude hineinbringen, die Partnerschaft verbessern, sich wärmer anziehen und auf Alkohol verzichten, dann läßt sich die Gicht zumindest stoppen. Ein regelmäßiger Konsum von ➔ Vitamin C kann sich positiv auswirken. Es ist nicht richtig, daß Vitamin C die niere gefährdet. ➔ Linus Paulings Vitamin-Bibel.

Grippe

Die Grippe ist eine typische Zivilisationskrankheit. Sie hat weniger etwas mit den betreffenden Viren zu tun, sondern damit, wie die Betroffenen mit dem Virus umgehen können.
Betroffen sind unsere Schleim produzierenden Organe, der Hals-Nase-Ohren Bereich. Die Grippe gehört zu den ➔ Erkältungskrankheit. Das ist die typische Geschichte unserer heutigen Zivilisation. Erkältungskrankheiten zeigen an, daß etwas mit unserem Liebes- und Energiehaushalt nicht stimmt. Wenn der HNO-Bereich gestört ist, dann ist oft, zumindest indirekt, der Urogenitalbereich mit betroffen. Eine nervöse Blase, eine innere Schwäche, keine Lust auf Sex, oder Frust wegen Mangel an ➔Sex.
Ein Krankheitsbild in einem Teil des Körpers liefert immer Hinweise auf Störungen in einem anderen Teil. Ein unausgeglichenes Verhältnis zur Sexualität schlägt sich leicht in Erkältungskrankheiten, ➔Bronchitis und Husten nieder. Der Zusammenhang zwischen Schleim ausspucken müssen und der Abgabe von Sperma ist evident.
Auf der anderen Seite sind Krankheitserscheinungen, wo der Mund austrocknet, die Nase schmerzhaft trocken ist und brennt, oder sich der Hals trocken und brennend anfühlt, ein Zeichen dafür, daß auch der Sexualbereich zuviel Energie hat. Die Energie fließt nicht richtig. Das kann, vor allem bei Frauen, mit einem Mangel an Vitamin B_6 zusammen hängen.

Es dürfte Sie auch interessieren, daß die natürlichen Heilmittel, ➔ ätherische Öle, Pflanzenheilmittel aller Art, die für unseren Urogenitalbereich heilsam wirken, ebenfalls heilend in unserem Nasen-Mund-Rachenraum wirken.
Das Wichtigste bei der Grippe ist, daß wir das Konzept der ➔Viren begreifen. Das Beste, was Sie dagegen tun können, ist eine aktive, positive Lebensweise, genug ➔Vitamine und genug Sex. Wer sei-

nen Körper mit Sport oder Fitness gut durchblutet, genug Vitamine hat, eine gute Beziehung hat und geistig beweglich ist, braucht die Grippe nicht zu fürchten.
Seit ich 1976 begann, Kundalini Yoga regelmäßig zu praktizieren, hatte ich niemals eine Grippe. Verschnupft war ich dann, wenn es im Privatbereich (Gefühle und Sexualität) Einschränkungen gab. Die Asiaten haben ein völlig anderes, viel normaleres Verhältnis zur Sexualität. Dort sind Erkältungskrankheiten weitgehend unbekannt und zugleich werden sie, wenn sie einmal auftreten, mit viel mehr Abscheu und Erschrecken betrachtet, weil bei diesen Erkrankungen die Energie in der beschriebenen Weise aus dem Lot ist.
Die Tatsache, daß immer wieder neue Grippewellen auftreten, empfinde ich als Bestätigung für meine Thesen. Gerade Grippeviren scheinen gängige Daten zu übermitteln, die das emotionale, soziale und sexuelle Verhalten der Menschheit regulieren, bzw. die Entwicklungssprünge in diesem Bereich vermitteln.
Die Virologen kennen heute über 300 "Grippeviren". Falls jemand an Impfschutz glaubt: Gegen welchen Erreger soll man impfen? Bei anderen Seuchen ist es ähnlich. Die heute gängige Methode, den Grippeimpfstoff mit einer Pistole durch die Haut zu schießen, ist ebenfalls mit Vorsicht zu genießen. Ich mußte mich im Alter von 21 als Mitarbeiter in der Forschung im Kernforschungszentrum Karlsruhe zwangsweise gegen Grippe impfen lassen. Eine Woche später bekam ich die schlimmste und längste Grippe meines Lebens. Die Einschußstelle am linken Oberarm wollte nicht heilen, war wochenlang vereitert, später monatelang feucht, und dann bildete sich ein kleiner, harter Schorf, der immer wieder nachwuchs und erst völlig abheilte, als ich mit 29 mit Kundalini Yoga begann! Ich hatte fast 9 Jahre diesen Schaden am Körper!
Zum einen habe ich mir vermutlich von einer schmutzigen Düse von einem anderen Menschen eine Infektion geholt. Es wäre wohl besser gewesen, wenn die Ärzte die Düse abgewischt hätten, statt meinen Oberarm. Zum anderen wurde offensichtlich das Gewebe zerschossen und massiv mit den Grippeviren verseucht. Mein Körper hatte lange zu tun, bis das endgültig verschwunden war.
Denken Sie bitte nicht, es läge an mir. Meine ganze Familie hat sehr gesundes Blut, wir sind kaum je beim Arzt gewesen, und Wunden verheilen bei mir in wenigen Tagen. Ich entsinne mich noch sehr gut, daß nach den Pockenimpfungen bei Schulantritt mehrere meiner Klassenkameraden für längere Zeit verschwunden waren. Ebenso ist mir noch gut in Erinnerung, daß nach der Kinder-

lähmungsschluckimpfung (Nachimpfung) ein Klassenkamerad erkrankte. Ich habe ihn nie wieder gesehen. Das wurde nicht etwa zum Anlaß genommen, Bedenken gegen diese "Schutzimpfungen" zu bekommen, sondern man sagte uns, "Da seht ihr, wie wichtig diese Impfungen sind!" → Literatur über Impfungen, → Impflüge.

Haare

Unsere Haare sind Antennen, mit denen wir aus der Umgebung sensitive Wahrnehmungen und Energie aufnehmen. Ebenso geben wir über unsere Haare Schwingungen an die Umgebung ab, senden also Signale. Aus diesem Grund wird so viel Reklame gemacht mit gesundem, schönen und locker fallendem Haar. Es ist ein Zeichen für viel positive Energie.
Strähnige, fette Haare, Haarausfall, sowie Erkrankungen der Kopfhaut sind ein Zeichen für Stoffwechselstörungen, mangelhaft fließende Energie, Ärger, Kummer, nachlassende Lebenskraft usw. Haarausfall kann psychisch induziert werden und in so einem Fall auch wieder kuriert werden, wenn der Betroffene seine Haltung ändern, neue Lebensfreude entfaltet, seine Energie durch Training steigert usw. Ebenso kann gesunde Ernährung und Sport die Haarqualität wieder verbessern.
Der allgegenwärtige Schmutz in der Luft in unseren Städten, im Verkehr, Abgase und Smog sind ein Problem. Die indischen Sikhs tragen darum immer einen Turban und die indischen Moslems einen Fez. Unsere Haare sollten immer sauber sein, also bitte regelmäßig waschen. Unbedingt milde Shampoos verwenden. Die Stoffe hönnen durch die feuchte Kopfhaut in den Körper eindringen.
Die folgenden Meridiane laufen über den Kopf: Der Magenmeridian über Wange und Stirn, der Blasenmeridian von der Stirn über den Kopf und den Nacken hinunter, der Gallenblasenmeridian in Schleifen über beide Seiten des Kopfen, das Gouverneursgefäß von hinten über den Nacken und die Kopfmitte bis zur Oberlippe. Diese Meridiane und alle Störungen, die damit zu tun haben, also auch Störungen der dazu gehörenden Organe, beeinflussen die Haare und ihre Qualität. Pickel und Mitesser auf der Kopfhaut liegen meistens auf den Meridianen von Magen (Stirn, Wange), Kopfseite (Galle, Blase) und sind heutzutage eine Folge von Schadstoffen in der Nahrung, die unser Körper schnell wieder los werden will.

Graue Haare oder weiße Haare sind ein Zeichen für eine veränderte Lebenskraft, mehr zurückgezogen aus der aktiven Außenwelt und mehr geistige Aktivität. Das ist nicht automatisch ein Verlust an Lebenskraft, sondern eine Verlagerung der Kräfte. Es kann aber einen Zerfall der Lebenskraft beinhalten, erst recht, wenn die Haare sehr dünn werden, schütter werden, partiell ausfallen.
Glatze muß ebenfalls nicht automatisch einen Schwund der Lebenskraft bedeuten, kann es aber anzeigen. Die ZEN Mönche rasieren sich Glatze, um ihren Kontakt zur Außenwelt zu unterbinden. Bei Krebspatienten ist es eine Folge der akuten Vergiftung mit Antibiotika und anderen gefährlichen Chemikalien.
Die "Geheimratsecken", fehlende Haare vorn rechts und links, sind typisch für intellektuelle Männer, die zu viel denken, die "Stirnglatze" spricht für Männer, die ständig mit geistigen Zukunftplanungen beschäftigt sind, wo aber eine angemessene Umsetzung fehlt, also zu wenig Praxis.
Die "Platte", oder bei den katholischen Mönchen die rasierte Tonsille, also Glatze nur im Bereich des 7. Chakras auf dem Hinterhauptswirbel, ist eine Methode, sich durch falsches Verhalten oder bewußt durch Rasur von dem Kontakt in die geistige Welt zu distanzieren. Wenn dort Glatze ist, dämpft es unseren Kontakt mit den jenseitigen Welten.

<u>Hals</u>

Der Hals und Krankheiten im Hals, z. B. Angina oder Verkrampfungen, Schluckbeschwerden, Entzündungen usw. haben immer etwas mit Wahrheit und Kommunikation zu tun. Die Sprache entsteht direkt aus dem → 5. Chakra, zu dem die Schilddrüse gehört. Wenn hier etwas nicht stimmt, dann hat es etwas mit unserer Bereitschaft und Fähigkeit zu tun, die Wahrheit zu erkennen oder nicht erkennen zu wollen.
Kehlkopfentzündungen können aus Angst entstehen, oder durch die Schwierigkeit, sich nicht richtig ausdrücken zu können oder zu dürfen. Es ist ein Groll gegen Aktivität, Streß, Umwelt und Autorität. Auch unterdrückte Wut kommt als Kehlkopfbeschwerde zum Ausdruck. Sie wissen selbst, wie wichtig die Sprache für einen Menschen ist, wenn es darum geht, ihn gut zu verstehen. Alles, was Ihr Geborgenheitsgefühl stärkt, hilft Ihnen auch im Ausdruck der Sprache. Alles, was die Selbstsicherheit fördert, dient auch dem klaren Ausdruck.

Hämorrhoiden

Hämorrhoiden sind ein Ausdruck des 1. Chakras. Das 1. Chakra ist das Energiezentrum für unsere persönliche Sicherheit. Wenn diese Sicherheit nicht gewährleistet ist, dann neigt ein Mensch zu Hämorrhoiden und zu Afterjucken. Es ist zu wenig Energie da. Die Energie ist verkrampft und fließt nicht, wie sie soll. In der Rosette des After-Schließmuskels laufen alle Meridiale des Körpers zusammen. Der → Juckreiz ist in der Regel nicht auf den gesamten Bereich ausgedehnt, sondern es sind einzelne Stellen in der Umgebung des Afters, die Jucken. Gibt der Patient dem Juckreiz nach und kratzt diese Stellen, dann ist das eine Akupressur, mit der er diese speziellen Punkte aktiviert und die Energie wieder zum fließen bringt. Das sind also Signale einer Störung. Kratzen und jucken Sie bei Bedarf zurück! Es hilft. Es hat keinen Wert, auf so eine intime Sache pikiert zu reagieren. Es ist eine Störung im Energiesystem, und sie muß beantwortet werden.
Wenn der gesamte Afterbereich juckt, und wenn trotz peinlicher Sauberkeit Feuchtigkeit auftritt, dann muß man allerdings eine Infektion im Darmbereich z.B. mit Hefepilzen in Betracht ziehen. Einfachstes Hausmittel, wenn es nicht zu schlimm ist: Einreiben mit Lavendel-Öl. Dann sollten Sie eine Reinigungskur mit reiner Rohkost machen, ausschließlich Gemüse, kein Obst, dafür Vitamingaben, viel Vitamin C, unter striktem Ausschluß von Zucker.
Hämorrhoiden in Verbindung mit →Verstopfung sind stets ein Zeichen von Angst. Der Mensch kann alte Sachen nicht loslassen, er verkrampft sich, hat meisten zusätzlich eine sture, harte, konservative Lebenseinstellung. Er klammert sich an alte Zustände. Er hat zu wenig Vertrauen in die Zukunft. Ich empfehle unbedingt eine →Vitamin-C-Kur, bis Durchfall auftritt. Da muß er endlich einmal alles herauslassen, was er schon lange in seinen Eingeweiden verkrampft festhält.
Hämorrhoiden in Verbindung mit →Durchfall: Ebenfalls Angst, doch dieser Mensch möchte alles loswerden, alles hinter sich lassen. Er möchte weglaufen und hat zu wenig Energie. Hier helfen alle Trainingsübungen aus dem → Energytraining, die auf die unteren 3 Chakras wirken.

Hände

Wenn wir über die Hände sprechen, meinen wir das Begreifen, Ergreifen und "etwas festhalten wollen". Das sollten wir auch im übertragenen Sinn mit einbeziehen. Wenn jemand Probleme mit seinen Händen hat, dann hat er vielleicht auch Probleme, eine Situation zu begreifen. Bei Beschwerden an den Händen muß ich mich fragen: Was kann ich nicht begreifen? Begreife ich die Umstände, unter denen ich lebe? Begreifen meine Hände, womit ich es zu tun habe, worum es bei meiner aktuellen Situation geht? Habe ich die Sache nicht richtig im Griff? Woran hindert mich diese Störung?

Übung: Dabei geht es auch ums Loslassen. Nehmen Sie einen Gegenstand in eine Hand und danach, ohne loszulassen, einen zweiten, dann einen dritten. Sie werden merken, mehr als ein oder zwei, höchstens drei Gegenstände können Sie nicht auf einmal in einer Hand halten. Das ist ein wichtiger Hinweis auf das, worum es im Leben geht. Wir können zugreifen, festhalten und begreifen, aber wir müssen einen alten Zustand oder eine alte Sache loslassen, um eine neue Sache erfassen zu können.
Die indische **Mudra-Lehre** beschreibt exakte Positionen der Hände, Finger, Füße und Zehen. Jeder Finger hat eine bestimmte Energie und steht mit bestimmten Hirnzentren in Verbindung. Das gilt gleichermaßen für die Füße und die Zehen, nur, daß wir mit den kurzen Zehen nicht so eine komplizierte Arbeit machen können wie mit unseren Fingern.
Die Daumen und die großen Zehen haben eine Beziehung zu unserem Ego. Wenn wir aus Zeigefinger (lernen) und Daumen (Ego) einen Ring bilden, dann wird in unserem Hirn ein bestimmter Schaltkreis geschlossen. Diesen Ring aus Zeigefinger und Daumen bezeichnet man als Gyan Mudra: Wir können besser intuitiv lernen. Das ist der Sinn der Meditation: Auf einer höheren Ebene lernen, ohne sich anzustrengen.

Die Bedeutung der Finger: Daumen = Ego, Zeigefinger = lernen, Mittelfinger = Macht, Ringfinger = Karma, Kleiner Finger = Kommunikation. Mit den Mudras der Finger fördern wir die entsprechenden Eigenschaften und Fähigkeiten, wie ich sie gerade aufgezählt habe:

Daumen + Zeigefinger =
Gyan Mudra: besser lernen, verstehen

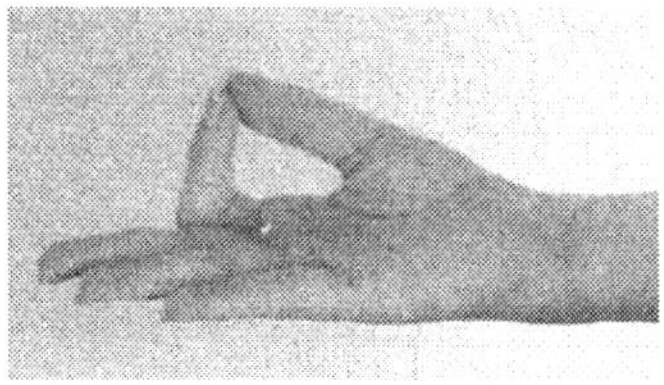

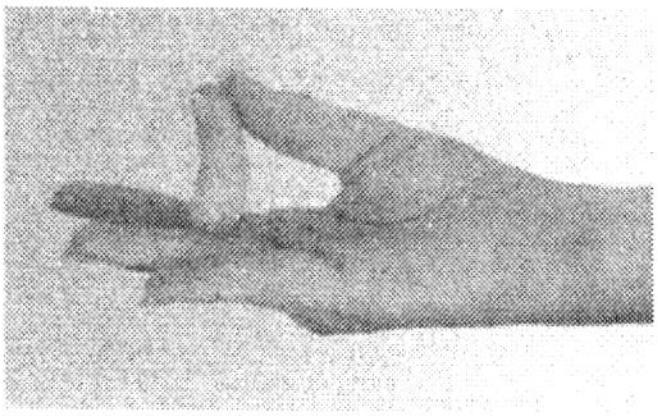

Daumen + Mittelfinger =
Shuni Mudra: Energie konzentrieren

Daumen + Ringfinger =
Ravi Mudra: Karma begreifen und auflösen

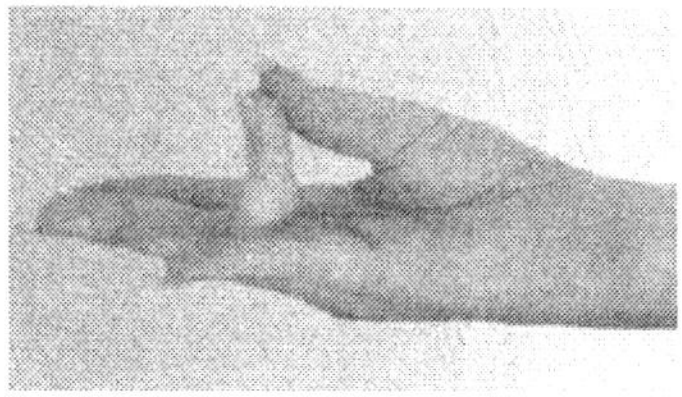

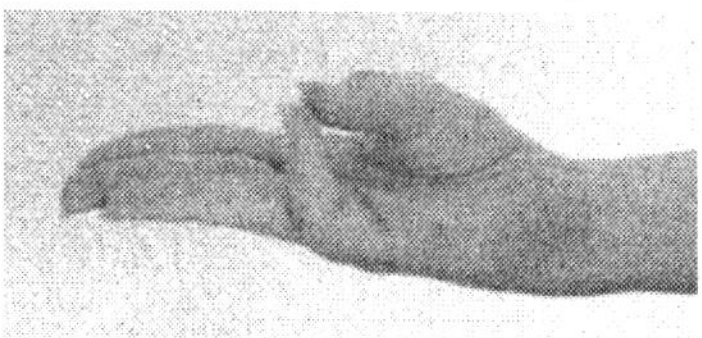

Daumen + Kleiner Finger = Buddhi Mudra: verstehen und verstanden werden

Den Ehering tragen wir am Ringfinger. Die Partnerschaft ist Teil unseres Karma. Mit einer Partnerschaft können wir neues Karma schaffen und vielleicht gemeinsam altes Karma auflösen. Zwei Eheringe, von beiden Partnern getragen, in der gleichen Art hergestellt, sind wie Antennen, die für eine konstante Kommunikation der beiden Partner sorgen.

Übung: Wenn Sie einmal eine wichtige Verhandlung, ein Gespräch oder eine Prüfung haben, dann haken Sie die beiden kleinen Finger ein, und ziehen Sie fest nach rechts und links. Wenn wir die kleinen Finger etwas dehnen, fördert das unseren Durchblick. Wir

begreifen besser, was andere von uns wollen, und wir können uns besser verständlich machen.
Die Hände werden vom 2. Chakra gesteuert und sind Ausdrucksorgane unserer Kreativität. Wir sollten sie stets in diesem Zusammenhang sehen. Wenn Sie sehen, wie gerade oder krumm Ihre eigenen Finger und Zehen sind, dann bekommen Sie einen Eindruck davon, wie gerade oder wie schwierig für Sie der geistige Umgang mit Ihrer Außenwelt und mit Ihren Mitmenschen ist.
Wiederum gilt, daß es bei der linken Hand mehr das Gefühlsleben betrifft und bei der rechten Hand mehr die Verstandesleistungen. Die linke Hand ist an die rechte, intuitive Hirnhälfte angeschlossen und die rechte Hand an die linke Hirnhälfte mit dem Verstand.
Kalte Hände bedeuten eine schlechte Durchblutung. Es bedeutet, daß Du dich aus der Außenwelt zurückziehst bzw. Angst hast, voll hineinzugreifen. Das läßt sich beheben, indem Du regelmäßig die Hände fest aneinander reibst, bis sie warm werden.

Übung: Praktiziere außerdem Greifübungen, indem Du dir vorstellst, daß Du ganz fest Deinen Anteil am Leben ergreifen willst: Strecke die Arme waagerecht nach beiden Seiten aus, die Handflächen weisen nach vorn, dann unter Anspannung die Hände fest schließen. Stelle Dir vor, daß rechts und links, eigentlich überall um uns herum, goldene Energiebänder durch den Raum laufen. Ergreife einige dieser goldenen Fäden, dieser "Phasen". Du sollst jetzt imaginär Dein Glück ergreifen und festhalten, ganz fest zufassen, und dann unter Anstrengung Deine Hände und diese goldenen Fäden nach vorn vor Deine Brust bringen. Greife nach den goldenen Fäden, die alles und jeden auf diesem Planeten irgendwie miteinander verbunden! Ziehen Deinen Teil davon zu Deiner Mitter, zu Deinem 4. Chakra, vor Deine Brust. Während Du mit locker ausgestreckten Armen zugreifst, atmest Du tief und ruhig ein. Wenn die Fäuste geschlossen sind, Atem anhalten. Nun Hände und Arme anspannen und vor die Brust bringen. Dann die Hände locker lassen und die Übung wiederholen. Mindestens 10 mal wiederholen! (➔ Arme)

Fingernägel

Wenn Kinder oder Erwachsene ihre Fingernägel zerstören oder an den Fingernägeln kauen, dann ist das ein Zeichen dafür, daß Sie geheime Aggressionen und Gelüste haben, von denen Sie nicht

wissen, wie Sie sie ausdrücken sollen. Dann richten Sie diese Energie gegen sich selbst. Sie beißen sich selbst in Ihre Fingernägel, also Ihre Krallen, mit denen Sie eigentlich Ihre Interessen verteidigen sollten. Sie beißen diese sehr nützlichen, natürlichen Werkzeuge ab.
Solche Kinder brauchen mehr Aufmerksamkeit. Sie brauchen die Gewißheit, daß sie ihre Interessen ausleben können. Nägelbeißen kommt meistens aus einer Konfliktsituation zwischen dem Kind und den Eltern, der Oma oder einem Lehrer. Es hat etwas mit Autoritätsangst in Bezug auf die Familiensituation oder in Bezug auf eine bestimmte Erziehungsperson zu tun.

Signale: Auf der anderen Seite mag es interessant sein, daß Frauen, die sich die Fingernägel rot anmalen, eigentlich darauf hinweisen, daß sie blutige Fingernägel haben. Sie sind also bereit, mit Gewalt und Aggression ihre Interessen zu vertreten. Das ist ein Verhalten, das zu jeder Raubkatze paßt. Sie erregen Aufmerksamkeit und signalisieren damit eine gewisse Gereiztheit. Die Frauen mögen sich Gedanken darüber machen, was das bei ihnen für eine Rolle spielt. Wenn sich Frauen dann noch größere Krallen ankleben, also die Fingernägel künstlich verlängern, ist es ein Zeichen für gesteigerte Gereiztheit. Sie wollen auffallen, zeigen sich "aufreizend" und "kratz-bürstig". Das paßt natürlich gut zu Frauen, die als Vorzimmerdame den Freiraum von ihrem Chef verteidigen müssen, damit er seine Ruhe hat. Gleichzeitig signalisiert es, daß dieser Chef eine paarungsbereite Katze in seinem Revier hat. Egal ob er etwas mit dieser Frau hat oder nicht, er kann sie sich leisten!
Es paßt zum Sexualverhalten der Katzen: Sie reizen und fetzen sich, bevor sie sich vielleicht für kurze Zeit hingeben, um danach den Partner zu verjagen. Sie wollen erobert werden, geben nur wiederwillig nach, sind kurze Zeit heiß und dann wieder feindseelig gegenüber den Katern.
Es ist schon lustig, wie gut diese Beschreibung der "Katzenliebe" sowohl zu den meisten Raubkatzen (außer den Löwen) paßt, und gleichzeitig zum "Liebesleben der Großstadtmenschen in den Führungsetagen".

Haut

Hautkrankheiten resultieren aus Berührungsängsten. Diese Menschen sollten lernen sich zu lieben. Die Haut ist unser größtes äu-

ßeres Kontaktorgan. Wenn unser Kontakt zur Umwelt gestört ist, dann kann sich das leicht in Hauterkrankungen ausdrücken, ebenso durch schlechten Mundgeruch, denn auch dadurch halten wir uns andere Leute auf Abstand. Die Bewegung der Haut wird vom → 4. Chakra gesteuert und sollte in diesem Zusammenhang betrachtet werden.
Wir müssen uns bei Hautkrankheiten überlegen, ob es → Angst ist, also spröde Haut: Ich will meinen Panzer verhärten und verstärken, bis er bricht und spröde wird, oder ob ein Mensch übermäßig schwitzt. Allerdings fördert die trockene Heizungsluft in unseren Häusern ein Austrocknen der Haut und der Augen. Dieses gesellschaftliche Symptom paßt wieder zu dem Mangel an echten Gefühlen. Gefühle werden immer symbolisch mit Wasser gleichgesetzt. Daran leiden wir Mangel.
Ein Mensch, der stark schwitzt, will innen Schmutz entfernen, will sich reinigen, von innen nach außen reinwaschen, will durch die Haut hindurch oder "aus seiner Haut heraus". Alle unsere Gefühle hängen von →Hormonen und Enzymen ab. Die wiederum verändern unseren Geruch. Will man sich durch einen starken, unangenehmen Geruch andere Menschen auf Abstand halten?
Bei derartigen Reinigungsprozessen hilft es, wenn Sie scharf essen, z. B. Peperonis, Sambal olek und Cayennepfeffer. Die scharfen Gewürze wirken von innen nach außen und treiben Schadstoffe und Ablagerungen aus dem Körper. Sie haben alle eine stark desinfizierende Wirkung, und sie aktivieren den Stoffwechsel. Die Engländer sagen bewußt "hot spices". Nach Meinung der Naturvölker haben diese scharfen, heißen Gewürze sehr viel Sonnenenergie gespeichert. Die hohe Energie macht sie heiß!
Es ist nicht richtig zu sagen, daß wegen der scharfen Gewürze Südländer oder orientalische Leute Ausschläge bekommen. Man muß im Gegenteil sagen, wenn jemand schlechte, ungeeignete oder schmutzige Nahrung zu sich nimmt (Pestizide), dann hilft ihm das scharfe Essen, damit er diesen Schmutz über die Nieren und über die Haut ausscheidet. Würde er nicht scharf essen, dann wäre er gesundheitlich viel schlechter dran.
Hautprobleme haben immer etwas mit Gefühlsproblemen und Empfindlichkeit zu tun. Es ist meistens eine Bedrohung der Individualität, ein Mangel an Sicherheit oder Ungeduld, die wieder in Schweiß zum Ausdruck kommt. Ausschläge und entsprechende Kinderkrankheiten sind ein Zeichen dafür, daß sich die Kinder in irgend einer Beziehung geistig und emotional umstellen von einer

Baby- oder Kleinkindphase auf die Haltung eines größeren Kindes oder eines Erwachsenen.
Z. B. können Sie alle Krankheiten, die rote Pusteln oder einen roten Ausschlag erzeugen (Masern, Röteln, Scharlach) sehr schnell und harmlos zum Ende bringen, indem Sie das Kind in ein Zimmer mit roten Vorhänge und roten Lampen stecken. Wenn Sie einen Menschen mit roten Krankheitserscheinungen auf der Haut rot beleuchten, dann geht die Krankheit schnell und harmlos vorüber. Diese Erkenntnis stammt aus der chinesischen Medizin. Ich habe sie bei meinen Kindern angewandt, und es kappte sehr gut.
Eine Channelbotschaft von Junow 19.2.91: „Menschen mit Hautkrankheiten sollten sich Salz vom Toten Meer kaufen und darin baden.“

Herz

Das Herz ist das organische Zentrum des Menschen. Es ist das Zentrum, von dem unser inneres Gleichgewicht und unsere innere Harmonie geregelt wird. Das Herz gibt in unserem Gefühlsleben den Ton an, oder es sollte zumindest den Ton angeben. Wenn das Herz unregelmäßig wird, dann kann es daran liegen, daß ein Mensch zu viel denkt, zu verstandesmäßig ist und sich einbildet, er könnte alles rational regeln. Das ist nicht möglich. Wir fühlen uns wesentlich besser, wenn wir Harmonie und Rhythmus von unserem Herzen bestimmen lassen. Herzrhythmusstörungen und das sogenannte Herzstolpern, wenn also das Herz ab und zu für einen Schlag aussetzt, können ganz natürlicherweise auftreten, wenn ein Mensch seine Geisteshaltung ändert und auf eine neue Wahrnehmungsebene geht. Sein Herz wird nach dem Übergang nicht mehr ganz genauso schlagen wie zuvor, sondern geringfügig anders. Dieses Krankheitsbild sollte folglich nicht sofort Hysterie und Angst auslösen, sondern man sollte seinen Lebenswandel und seine Beziehungen überprüfen.

Übungen: Außerdem sollte man derartige Störungen direkt zum Anlaß nehmen, um → Feueratem und → Energytraining zu praktizieren. Denken Sie auch an → AT, die Herzübung ist sehr hilfreich. Am wichtigsten ist jedoch Feueratem und → Sat Kriya.
Für viele Ärzte ist die geringste Veränderung eine Einnahmequelle. Lassen Sie im Zweifelsfall die Herzenzyme (LDH, GLDH) testen

und sich das Ergebnis erklären, sowie mit ca. 2 Wochen Abstand 2 x ein EKG machen.

Das Herz kann uns vor Freude bis zum Hals schlagen, oder vor Schreck stehen bleiben. Herzkranke Menschen hören kaum noch auf ihr Gefühl. Daher wirken sie erregt und zugleich verkrampft. Wer nicht genug auf sein Herz hört, leidet unter zu viel Ego. Wenn der Verstand das Herz kontrolliert, kann es brechen (Herzinfrakt). Wenn der Betroffene an Herzschlag stirbt, dann war sein Herz zu hart, denn nur etwas Hartes kann brechen. Solange das Herz elastisch ist, ist es auch in der Lage, seine Schwingung zu verändern, so daß der betreffende Mensch sich in Harmonie mit seiner Welt befindet.
Mir ist oft aufgefallen, daß sich Menschen über lange Jahre in einen steigenden Streß hineinsteigern, bis zum Herzinfarkt. Wenn sie es überlebt haben, waren sie danach wesentlich sanfter und ruhiger. Der hohe Streß war weg. Er starb mit dem Herzinfarkt. Danach ging es ruhiger weiter, mit deutlich besserer Selbstbesinnung. Für einen Menschen mit Herzproblemen ist es das Wichtigste, seine stressige, verkrampfte Haltung loszulassen. Das Beste, was ihm passieren kann, sind Momente der Zärtlichkeit, der Herzlichkeit und Führsorge durch einen liebevollen Partner. Schlimm wirkt es sich aus, wenn sich ein Mensch für die Familie einsetzt, sich abrackert, und stets nur mit Verachtung gestraft wird. Wer ein Infarktrisiko und einen kalten, herzlosen Partner hat, sollte wählen zwischen einer neuen Partnerschaft oder dem Tod. Manche Menschen treiben sich in einer langdauernden, abgenutzt Partnerschaft gegenseitig in Krankheiten. Der Schwächere muß mit Herzinfarkt rechnen. Früher war Herzinfarkt primär eine Männerkrankheit. In den letzten 20 Jahren hat es aber in zunehmendem Maße auch Frauen getroffen.
Herzprobleme sind grundsätzlich langfristige, ernsthafte und emotionale Probleme. Wenn man einen Herzschrittmacher einsetzt, dann ist es eine typisch intellektuelle Lösung. Sie zeigt, daß dieser Mensch unfähig ist, mit seinen Gefühlen umzugehen. Es sind Menschen, die am K(r)ampf ums Leben scheitern und die zu wenig an das Gute im Menschen glauben.

Heuschnupfen

Heuschnupfen hatte ich vorn schon erwähnt. Ich möchte noch einmal betonen, daß Heuschnupfen als sogenannte → Erkältungs-

und →Allergiekrankheit eindeutig mit der →Sexualität verbunden ist. Der auslösende Stoff für den Heuschnupfen sind die männlichen Duft- und Fortpflanzungsstoffe, die Pollen der Pflanzen. Wer mit seinem Sexualhaushalt im Gleichgewicht ist, der hat auch keinen Heuschnupfen.
Heuschnupfen kann heute zusätzlich ein Pestizidschnupfen sein. Die rapide Zunahme dieser und anderer Atemwegserkrankungen legt die Vermutung nahe, daß diese Erkrankungen gehäuft auftreten, weil zuviel gespritzt wird. Wieviel Heu gibt es denn noch in städtischen Gebieten? Die Spritzmittelwolken aus den ländlichen Gebieten sind z. T. größer als die Staubwolken, die Pollen enthalten. Dagegen helfen die Schnupfmittel nicht. Diese Meinung stammt übrigends von einem Landarzt und nicht ursprünglich von mir. Ich gebe ihm jedoch vollkommen recht.
Stellen Sie sich beharrlich vor, daß Ihre Umwelt sauberer wird! Achten Sie darauf, daß vor allem Ihr Liebesleben in Ordnung kommt. Das wäre die beste Versicherung gegen derartige Krankheiten.

Hüftgelenke

Die Hüftgelenke sind die Verbindung zwischen unserem Fortbewegungsapparat und dem ganzen Körper, einschließlich Hände, Arme und Kopf. Sie haben etwas mit unserem Fortschritt zu tun. Menschen, die nicht so recht vorankommen, neigen zu Hüftproblemen.
Hüftgelenkluxation ist ein Zeichen, daß die Hüfte ihre Funktion zum geraden Vorankommen nicht mehr erfüllen kann. Dementsprechend laufen die Menschen mit Hüftgelenkluxation mehr oder weniger schief nach einer Seite geneigt. Daran sehen wir, welche Seite gestört ist, die gefühlsmäßige linke Seite oder die verstandesmäßige rechte Seite. Bei diesen Menschen spielt Lebensangst und Unsicherheit im Umgang mit anderen Menschen eine große Rolle. Sie haben oft erhebliche Probleme mit der ehrlichen Betrachtung ihres eigenen Lebens und neigen gleichzeitig dazu, sich nichts sagen zu lassen.
Einige Fälle mit Hüftgelenkluxation, mit denen ich persönlich zu tun hatte, zeigten den Ursprung ihrer Erkrankung in einem früheren Leben. Sie waren so nachhaltig erschüttert worden, daß der Schaden aus einem früheren Leben jetzt noch nachwirkte. Wenn es ihnen gelingt, trotz dieser Behinderung Freunde zu finden und ihren Charakter so zu formen, daß sie als Mitglieder der Gesellschaft

anerkannt werden, dann wirken sie damit nicht nur auf ihre erschwerten Lebensumstände ein, sondern sie sorgen vor, um in zukünftigen Leben ohne derartige → Behinderung zu leben.

Husten

Husten bedeutet bellen. Die Tiere bellen, um ihr Revier abzugrenzen. Außerdem ist es eine Drohgebärde zur Verteidigung. Wer unter Druck arbeitet, wer im Streß lebt und Nervosität, Ärger und Kritik abreagieren muß, der neigt zu Hustenerkrankungen. Wer am Leben erstickt oder wer seinen eigenen Lebensausdruck nicht richtig darstellen kann, beginnt zu husten. Er will Abstand. Er droht unterschwellig indem er bellt. Etwas paßt ihm schon lange nicht, aber er traut sich nicht, es offen zu sagen.
Er wird nicht in der rechten Weise ernst genommen. Er weiß nicht, wie er seine Interessen vertreten soll. Andererseits hat er vielleicht zu hohe Ansprüche ans Leben, die nicht gerechtfertigt sind.
Keuchhusten soll zwar, wie man hört, eine gefährliche Infektionskrankheit sein. Doch bezeichnenderweise trat Keuchhusten vor allem in der Zeit zwischen Mitte des 19. Jahrhunderts (ab 1850) und bis 1945 auf. Es war eine Zeit, in der es gewaltige kulturelle und soziale, außerdem gewaltige religiöse Veränderungen gab.
Ich würde es gerne so formulieren: In diesen rund 100 Jahren war zum einen die Ernährung der Menschen mangelhaft und unzureichend. Hinzu kam, daß die Erziehung, also die Denkmuster der einen Generation, bereits für die eigenen Kinder völlig überholt war. Es gab ständig von einer Generation auf die nächste sehr hohe Spannungen. Liberale, philosophische und rücksichtsvolle Menschen waren äußerst selten, die Masse Mensch war aufgewühlt, rechthaberisch, wollte die Welt erobern und alles ständig anders machen.
Gleichzeitig war eine große Angst vor den Veränderungen vorhanden. Es ging zu schnell. Das war das Milieu, in dem viele Kinder der ärmeren und mittleren Bevölkerungsschichten unter Keuchhusten litten. Mit dem Ende des 2. Weltkrieges verlor der Keuchhusten an Bedeutung. Ähnliches gilt für die →Kinderlähmung. Zweifelhafte medizinische Konzepte und die betrügerische → Impfpraxis halfen bei der Verbreitung dieser Krankheiten.

Hysterie

Dieser Menschentyp hat einen außenständigen Konflikt, mit dem er nicht fertig wird. Er nimmt diesen Konflikt in sein Nervensystem hinein und spielt den Konflikt wie in einem Computer durch. Er tut so, als wäre er Gegner und Angreifer in einem.
Medizinisch und elektrotechnisch sind Hysterieanfälle gemessen worden. Dabei wurde festgestellt, daß bei Hysterie riesige Energiemengen hin und her gewälzt werden. Dieser Kampf wird solange in sich selbst ausgetragen, bis es zum Ausbruch kommt. Das kann zu hysterischen Lähmungen oder zur Erblindung führen. Die Hysterie geht über in organische Reaktionen.
Ein solcher Menschentyp ist nicht bereit, für das, was er tut, die Verantwortung zu übernehmen. Er sucht die Schuld für unerwünschte Zustände woanders. Er verleugnet seine eigene Beteiligung und fühlt sich als Opfer.
Das Krankheitsbild der Hysterie ist typisch für Wunderheilungen. Der Schaden wurde psychisch verursacht und wird später durch eine "Wunderheilung" aufgehoben. Bei einer Querschnittslähmung wird der Unterkörper mit der ganzen emotionalen Energie eines Schockzustandes blockiert. Man will nicht vorwärts kommen. Z.B. habe ich Unfallopfer erlebt, die nachweislich nicht organisch behindert waren, und die nach einer Rückführungstherapie lange aufrecht erhaltenen Blockaden lösen konnten. Danach war ein längeres Training erforderlich, um die degenerierten Muskeln wieder zu aktivieren. Ein Mann war über 6 Jahre querschnittsgelämt, ein anderer über 22 Jahre linksseitig gelähmt. Es war psychische Energie, die ihren Körper blockierte. Beide waren Unfallopfer. Irgendwann konnten sie wieder laufen.
Alle hysterischen Krankheiten können jederzeit wieder rückgängig gemacht werden. Es bleiben keine körperlichen Schädigungen zurück, außer gewisse Degenerationen, weil bestimmte Muskeln erst wieder aufgebaut werden müssen.
➔Regression und Hysterie sind ➔Ausdruckskrankheiten. Man bringt durch diese Krankheiten eine bestimmte Sache zum Ausdruck. Menschen, die zu diesen Krankheitsbildern neigen, haben ein schwaches Ich. Man kann sagen, daß man sich beim Autogenen Training freiwillig für eine bestimmte Zeit schwach macht und verletzlich ist, sich also nicht wehren kann. Wer bereit ist, diese bewußte Regression zu trainieren, kann über AT auf derartige Krankheitsbilder einwirken.

Planen Sie die erforderlichen Ruhephasen in unserem aktiven und dynamischen Leben nicht freiwillig ein, dann werden Sie irgendwann "von innen" abgeschaltet. Das beste Mittel gegen hysterische und nervöse Erkrankungen sind Meditation, Autogenes Training u.a. beruhigende Methoden, wie z.B. Tai Chi.

Infektionen

Infektionen sind immer ein Zeichen dafür, daß der Energiehaushalt eines Menschen nicht im Gleichgewicht ist. Es kann eine Folge von →Ärger, Streß oder Wut sein. Es kann daran liegen, daß sich ein Mensch von jemand anderem etwas einreden läßt. Meiner Meinung nach ist es korrekt zu sagen, daß wir Menschen die verschiedenen Infektionskrankheiten nach und nach erfunden haben. Selbstverständlich gibt es in der Natur massenhaft Mikroorganismen aller Art. Nur sollten wir beachten, daß diese Mikroorganismen überall als unsichtbarer Staub in unserer Atemluft vorhanden sind

Auch gefährliche Keime sind in machen Regionen vorhanden. Die gefährlichen Keime haben aber zu verschiedenen Zeiten einen ganz anderen Einfluß auf die Menschen. (→Kinderlähmung, →Keuchusten oder →Aids)

Es ist keineswegs so, daß die Medizin die Pocken, → Diphtherie, TB oder Pest ausgerottet hat. Die Keime befinden sich immer in relativ geringem Maße in der Natur. Aber das Interesse der Menschen an diesen Erkrankungen hat radikal nachgelassen. Wir haben gelernt, anders zu leben. In den vergangenen Jahrhunderten haben diese Krankheiten mehrfach in furchtbarer Weise die Menschheit in Europa dezimiert, aber jeweils nur bestimmte Krankheiten zu ihrer jeweiligen Zeit. Wenn die Menschen in Europa daran gedacht hätten, sich regelmäßig zu waschen und ihre schmutzigen Wohnungen zu reinigen, dann hätten sie sich viele Krankheiten erspart.

Bis ins 18. Jahrhundert gab es keine Toiletten. Die meisten verrichteten ihre Notdurft direkt auf der Straße oder hinter dem Haus. In den großen Palästen von Ludwig dem XIV. machten die Leute einfach in die nächste Ecke oder auf den nächsten Flur. Kaum zu fassen. Die Adligen flohen im Sommer wegen dem Gestank aus den Städten aufs Land. Das Fachwort der Japaner für Europäer war 'Gaishin". Es bedeutet Stinker. Japan hat solche Seuchen nie gesehen, weil dort Hygienevorschriften seit 1000 Jahren bekannt sind.

Heute haben wir eine neue Seuche, und das ist → Aids. In wieweit das überhaupt noch etwas mit dem HIV-Virus zu tun hat, ist zweifelhaft. Viel eher ist es eine vollständig eingeredete Anti - Lust - Seuche.
Die nun schon 100 Jahre andauernde Verwendung von Antibiotika hat das Immunsystem der Menschen schwer angegriffen. Die meisten modernen Menschen sind dekadent. Sie befinden sich auf dem absteigenden Ast. Bitte machen Sie sich klar, daß Antibiotika den menschlichen Körper genauso schädigen wie die Mikroorganismen, nur daß wir viel größer sind. Unser Körper besteht aus viel mehr Zellen, als die infektiösen Bakterien, die wir in uns haben. Darum sterben die Infektionserreger eher als unser Körper. Wenn die Ärzte einem Baby aufgrund einer riskanten Operationen eine große Menge Antibiotika geben, dann wird der ganze Wachstumsprozeß dieses Babys entschieden gebremst. Es ist die Frage, ob es sich überhaupt noch einmal ganz normal entwickeln kann. Die letzten 10 Jahre haben gezeigt, daß die Mikroorganismen wieder auf dem Vormarsch sind. Die meisten Antibiotika haben kaum noch eine wirkung. Es gibt inzwischen rund 6.000 Arten von Antibiotika, aber die Míkroben verändern sich schneller, als wir.
Bei uns dauert eine Generation durchschnittlich 25 Jahre. Das bedeutet, wie bekommen durchschnittlich im Alter von 25 Jahren unsere Kinder. Bei den meisten Bakterien dauert eine Generation 25 Minuten. Alles klar? Wenn sich ein Mensch eine schwere Infektion zugezogen hat, leben in seinen Wunden oder in seinem Darm Milliarden von Bakterien, denn wenn es nicht solche Mengen wären, würden sie gar nicht als Krankheitsherd auffallen. Nun werden sie mit Antibiotika vergiftet. Wenn von den vielleicht 100 Milliarden Bakterien auch nur eine Zelle, unter der tödlichen Gefahr des Antibiotikums, ihre DNA rechtzeitig verändert, dann wird sie überleben. bereits nach 25 Minuten teilt sie sich und es sind 2. Nach einem Tag sind es 2^{57} = 144.115.188.075.855.872 Zellen. Das sind 144,115 Trilliarden Zellen. Sicherlich werden eine Menge gleich wieder von unseren weißen Blutkörperchen vernichtet oder von weiteren Antibiotika vergiftet, doch müssen wir damit rechnen, daß nach einem Tag noch 10^{17}, das sind rund 100 Trilliarden übrig sind. Allein aus dieser Kalkulation wird wohl deutlich, worauf sich die Ärzte eingelassen haben.
Es erscheint auch gar nicht mehr logisch, daß es allein die Antibiotika sind, die uns von den Mikroben befreien. Ich nehme vielmehr

an, daß die Heilung von einer Infektion nur in der Weise stattfindet, daß die Masse der Mikroben von einem Antibiotikum im ersten Rundumschlag vernichtet wird. Danach müssen unsere eigenen Abwehrkräfte in der Lage sein, den Feind zu vernichten.
Den weißen Blutkörperchen ist es egal, ob sich die Bakterien an das Antibiotikum angepaßt haben oder nicht. Sie sind viel besser als ein Antibiotikum in der Lage, die feindlichen Zellen einzuwickeln und zu eliminieren. Unsere Schutzpolizei nutzt sich also im Unterschied zur chemischen Keule keineswegs ab. Sonst wären wir nämlich schon lange ausgestorben! Wenn Menschen jedoch nach schweren Operationen oder nach Krebs massiv mit Antibiotika behämmert werden, bricht ihr eigenes Immunsystem zusammen. Durch die nun rund 100 Jahre dauernde Nutzung von Antibiotika haben wir also selbst einen Feind herangezogen, der uns eines Tages vernichten könnte. Wir haben mit dieser Methode die natürlichen Mikroben zu verstärkten Mutationen herangezüchtet.
Wir müssen unsere eigene Energie aufbauen und genug Abwehrzellen produzieren. Das ist unsere Überlebensgarantie! Der einzige Schutz, den wir haben, ist unsere persönliche Energie. Unser eigenes Magnetfeld muß stark genug sein, um die Erreger abzuwehren. Dr. F. und S. Delarue: "Die Entwicklung der Diphtherie in Frankreich von 1912 bis 1960: Je mehr gegen Diphtherie geimpft wurde, umso stärker stiegen die Erkrankungen an. Die Ergebnisse überraschen jeden...Ebenso die Entwicklung der → Diphtherie in Deutschland von 1920 bis heute...von 1925 bis 1944 wurde sehr viel geimpft. Die Erkrankungen steigen von 40 000 auf 240 000 pro Jahr. Ab 1945 fehlen die Impfstoffe. Die Erkrankungen fallen in wenigen Jahren auf unter 50.000." (→Literaturliste)

Instinktreaktionen

Der erste Gehirnteil, der sich bei uns entwickelt, ist der innerste Teil des sogenannten Großhirns. Dieser Strang ist die Verlängerung des Rückenmarks, das Stammhirn, auch Alt- oder Reptilhirn genannt. Dort ist der Sitz unserer Instinktreaktionen. Eine Instinkreaktion ist z. B. eine Aggression (Emotion) in Bezug auf ein Territorium: "Was ist mein Privatbereich?"
Von Instinkt spricht man bei reflexmäßig ablaufenden Reaktionen auf einen äußeren Reiz. Je nach der Art eines Lebewesens bezieht sich die Instinkt-Handlung auf einen bestimmten Reiz. Die Instinktreaktionen sind von Art zu Art verschieden. Die Fluchtreaktion bei

einem Huhn sieht ganz anders aus, als die Fluchtreaktion eines Hundes. Die Hühner sind nicht sehr schnell. Wenn ein Raubtier kommt, flüchten sie buchstäblich durcheinander und in alle Richtungen. Das verwirrt den Gegner. Hunde versuchen sich erst zu wehren, und wenn es nicht geht, fliehen sie alle in eine Richtung, weil sie schnell sind. Das Rudel gibt ihnen eine gewisse Stärke. Hühner dagegen können gar nicht kämpfen. Sie können nur weglaufen. Indem sie alle durcheinander flattern, erzeugen sie ein Chaos, daß oft den angreifenden Bussard verwirrt. Damit steigt die Chance, zu überleben.
Wenn wir unsere Instinkte durch die vielen Regelungen in unserer Gesellschaft unterdrücken, dann führt das zu psychosomatischen Erkrankungen aller Art. Im Grunde genommen ist Europa völlig überbevölkert, und nicht etwa Afrika oder China. Bei uns kommen doppelt so viele Menschen auf einen Quadratkilometer als in China und dreimal so viele wie in Afrika! Dadurch werden sehr viele Regelungen notwendig. Diejenigen mit einem starken Selbsterhaltungstrieb erobern sich Machtpositionen und nutzen sie aus, um sich zu verwirklichen. Die breite Masse hat Glück, wenn sie überleben kann.

Instinkte: Lebenserhaltung (Kampf zur Verteidigung, Fluchtreaktionen, Essen, Trinken), Sex, Schutz der Nachkommen, Lernen (Experimentieren, neue Gebiete erforschen, um die anderen Aufgaben zu erfüllen), Schlaf, Erholung.

Juckreiz

Juckreiz an einer Stelle ist ein Zeichen dafür, daß dort die Energie nicht richtig fließt. Der Juckreiz ist eine Aufforderung, die Energie wieder zum fließen zu bringen! Es kommt zu einem Energiestau. Vielleicht muß auch ein Mitesser oder das Gift aus einem Mückenstich entfernt werden. Wenn man an dieser Stelle juckt oder drückt, dann ist manchmal ein leichtes Stechen zu spüren. Wenn Sie über Akupunktur und Reflexzonentherapie Bescheid wissen, dann werden Sie feststellen, daß Schwankungen in ihrem Energiehaushalt den Juckreiz bewirken. Wenn Sie dann auf diese Stelle drücken, kneifen oder jucken, bringen Sie die Energie wieder zum Fließen und Ihr Energiehaushalt kommt wieder ins Lot. Wenn es regelmäßig auftritt, lohnt es sich, in einer Akupressurtabelle nachzusehen, um welche Punkte es sich handelt und was uns dieser Reiz sagen will. Vorbeugung: Eine gelegentliche "Abreibung" mit einem harten Schwamm oder mit einer Bürste bringt den ganzen Körper ins Lot. Ebenso die →Plasmamassage und die Sauna. Ätherisches Öl: Lavendel.

Kinderlähmung

Diese Krankheit wird wohl durch einen Virus verursacht. Doch wenn wir den medizinischen Berichten glauben können, die Sie in den hinten angegebenen Fachbüchern finden, dann wurden seit Mitte der fünfziger Jahre nur noch Kinder durch Impfungen infiziert, nicht mehr durch eigene Infektionen. Ich konnte einige derartige Fälle begutachten. Das Bild, daß vor meinem inneren Auge entstand, sah folgender Maßen aus: Kinderlähmung fing erst ab dem 1. Weltkrieg an, eine Rolle zu spielen, besonders schlimm wurde es in der Phase des 2. Weltkriegs und kurz danach. Die Kinder, die nach den Kriegen geboren wurden, waren überwiegend wiedergeborene Kriegsopfer aus den jeweiligen Kriegen! Die Krankheit betrifft überwiegend Jungen. Sie starben unter schlimmen Bedingungen im Schützengraben, wurden von Minen oder Bomben zerrissen, verbluteten in Erdlöchern, wurden z.T. gefoltert, oder ermordeten brutal andere Menschen. Diese schrecklichen Taten, zwischen eigentlich schon relativ kultivierten Menschen, waren nicht zu verkraften.
Männer, die dieses schlimme Schicksal ereilte, bekamen als kleine Jungs nach ihrer Wiedergeburt Kinderlähmung. Die Krankheit mag vielleicht durch diesen Virus ausgelöst werden, doch er wirkt nur, wenn eine bestimmte seelische Not aus dem früheren Leben den Körper lähmt. Es sei dahingestellt, ob es mit dem Menningitus-Virus genauso ist wie mit dem HIV: Vielleicht war er nur zufällig da, wenn diese Menschen der Schock der früheren Inkarnation traf. (→Viren und →Aids)
Dr. med. G. Buchwald: "14361 Versorgungsanträge aufgrund von Impfschäden gab es in Deutschland von 1972 bis 1993. Das ist eine mittlere Kleinstadt ganz oder teilweise zerstörter Leben, und doch nur die sichtbar gewordene Spitze eines ungeheuren Eisbergs." Buchwald befaßt sich mit der breiten Palette von Impfschäden und weist anhand weltweiter Forschungen und Literatur enge und erschreckende Zusammenhänge nach zwischen Impfungen und neurologischen Schäden, AIDS, Krebs, Leukämie, Herzschä-

den, multipler Sklerose, plötzlichem Kindstod, Charakterschäden usw. (→Literatur: "Impfungen - der unglaubliche Irrtum")

Knie

Probleme mit unseren Knien und mit dem Meniskus berühren die Frage der Flexibilität und der Angst, vorwärts zu kommen. Es können Ego-Probleme sein und die Unfähigkeit, sich zu beugen. Gebetet wird auf den Knien. Wer zum König oder Papst gerufen wurde, mußte auf die Knie fallen. Starrköpfigkeit kommt ebenfalls in den Knien zum Ausdruck. Elastizität und die Frage, ob wir geistig vorankommen, hängen eng zusammen.

Knochenprobleme

Knochenprobleme sind eine Rebellion gegen Autorität, gegen Konservatismus, gegen alte Strukturen, sie sind der harte Kern, den wir alle in uns tragen. In unserem Knochenmark, also gut geschützt vor der Außenwelt, werden unsere roten Blutkörperchen produziert, das Kernstück unseres Energieversorgungssystems.
Wenn wir mit unserer eigenen inneren Struktur in Konflikt geraten, dann können die Knochen weich werden, brechen, spröde werden, ihre Blutproduktion ist gefährdet, oder zwischen den einzelnen Knochen fehlt die Gelenkschmiere. Sie reiben sich aneinander. Unser eigener harter Kern wird uns dann auf sehr schmerzhafte Weise bewußt.
Ein Gefühl der Zufriedenheit im praktischen Leben erscheint mir als wichtigste Grundlage für gesunde Knochen. Achten Sie darauf, daß Sie sich selbst nicht überfordern, sondern daß Sie sich die erforderliche Ruhe gönnen. Es braucht einen Freiraum für Erholung. Dann kann auch die Pflicht Freude bereiten.

Kopfschmerzen

Kopfschmerzen zeigen Spannungen an, die in diesem Moment nicht ausgeglichen werden können. Kopfschmerzen sind ein Zeichen, daß eine Blockade vorliegt. Einige Zellen in unserem Hirn arbeiten aktiv und wollen ein Problem lösen oder bearbeiten, andere Teile des Hirns nehmen diese Informationen nicht auf. Es kommt zu einem Stau, zu einer Blockade. Unser Gehirn besteht aus 2 Teilen, der rechten und der linken Großhirnhälfte. Diese beiden

Hälften sind mit dem sogenannten "Balken" in der Mitte verbunden. Die linke Seite ist der Sitz des Verstandes, die rechte Seite ist der Sitz der Intuition und der Phantasie. Wenn sich intuitive Einsichten, Ahnungen, und rationale Überlegungen widersprechen, kann es zu Blockaden kommen. Die Ursachen werden uns meistens nicht bewußt. Vielleicht erfahren wir sie später, wenn der akute Streß verschwunden ist. Es ist möglich, in einer Rückführung die Ursachen zu erforschen, durch die Fragen des Therapeuten erneut Streß zu erzeugen, und vielleicht eine Antwort aus dem Unterbewußtsein zu bekommen. Es ist sicher auch nützlich, einige einfache Übungen zu kennen, mit denen man Kopfschmerzen abbauen kann, ohne Tabletten zu schlucken.

<u>Hilfreiche Übungen gegen Kopfschmerzen</u>:

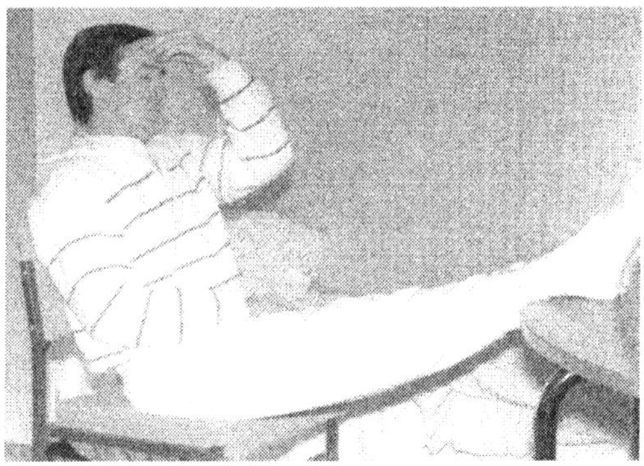

1. Wenn die Blockaden, also die Schmerzen, nur in einem Teil des Kopfes auftreten, sollten wir schauen, ob wir sie mit der **<u>Stress-realease-Übung</u>** beseitigen können:
Berühren Sie einfach mit Daumen und Zeigefinger oder mit 3 Fingern plus Daumen die beiden Stirnhöcker. Das sind leichte Erhebungen auf der Stirn, ca. 4 cm oberhalb beider Augenbrauen. Dadurch bewirken Sie einen Energieausgleich. Statt im Kopf zu rotieren, läuft die Energie nun außen durch die Hand. Setzen Sie sich an einen Tisch. Stützen Sie dann im Sitzen die Ellenbogen auf die Tischplatte. Atmen Sie ruhig und entspannt. Überbrücken Sie mit den Fingern und dem Daumen der rechten Hand die beiden Stirnhöcker. Es ist der gleiche Effekt, als wenn die Mutter einem kranken Kind beruhigend die Hand quer über die Stirn legt.

2. Als nächstes kann es helfen, wenn Sie sich eine liegende Acht denken, die gleich einem Lichtbogen durch ihr Gehirn läuft, beständig hin und her. Denken Sie einfach daran, daß die Spannun-

gen im Kopf, also die überschüssige Energie, gleich einem Lichtbogen hin und her fließt.
Die Übung mit der liegenden 8, daß die Energie in einer Unendlichkeitsschleife kreist, kommt der Wirklichkeit schon sehr nahe. Tatsächlich könnten hellsichtige Menschen wahrnehmen, daß unser ➔ 3. Auge ein "zweiblättriger Lotos" ist. Das heißt, vor unserer Stirn kreist diese geistige Energie gleich einem Möbiusband (liegende 8, ∞).
Wenn wir nun Kopfschmerzen haben, speziell im Stirnbereich, dann heißt das, unsere Sektoren für die Zukunftsplanung, für die Vorhersage, sind überlastet. Sie liegen direkt hinter der Stirn. Es ist hilfreich, die Streß-Release-Übung zu machen oder mit der rechten Hand, ohne die Stirn zu berühren, diese Kurve nachzuzeichnen. Noch besser ist es, wenn Sie einen Helfer haben, der das für Sie machen kann. Wenn Sie eine Frau sind, ist es günstig, wenn Sie sich irgendwo bequem hinsetzen oder legen, und Ihr Partner führt die Finger seiner rechten Hand in Form einer liegenden Acht vor der Stirn hin und her. Für einen Mann ist es günstig, wenn eine Frau die Übung durchführt. ➔ Plasmamassage.

3. Des Weiteren kann es helfen, wenn man dem Betroffenen die linke Hand auf die schmerzende Stelle am Kopf legt oder dicht darüber halten und die rechte Hand auf seine Füße oder auf den Unterleib. Der Patient, der unter Kopfschmerzen leidet, sollte sich dafür hinlegen, die Beine wenn nötig angezogen. Wir nehmen mit der linken Hand an seinem Kopf die störende Energie auf und leiten sie durch unsere Arme zu seinen Füßen oder zum Unterleib. Mit Unterleib ist gemeint, daß Sie die rechte Hand auf oder über sein Schambein halten. So entsteht eine Zirkulation der in seinem / ihren Kopf gestauten Energie durch unseren Körper. Lassen Sie die Energie des Patienten frei fließen! Sonst kann es sein, daß Sie selbst hinterher verspannte Schultern oder einen verspannten Nacken haben.
Auch das Streichen mit der rechten Hand vom Kopf bis zu den Füßen, ohne dabei den Körper zu berühren, kann Linderung bringen. ➔ Plasmamassage.
Störungen aller Art werden uns heute zuerst im Kopf bewußt. Wir müssen uns aber die Mühe machen, nach der Ursache zu suchen. Spannungen im Kopf kommen auch an anderen Stellen im Körper zum Ausdruck. Wenn wir die Zusammenhänge erkennen, sind wir

auch in der Lage, den ganzen Komplex zu behandeln, zu korrigieren.
Dabei gilt es zu bedenken, daß einige der Akupunktur-Meridiane über den Kopf laufen (→ Haare) und daß Spannung in diesen Meridianen ebenfalls zu Kopfschmerz führen können.
Ebenso führt schweres Essen und Alkohol, besonders vor dem Schlafengehen, vielleicht noch verbunden mit zu wenig Flüssigkeit, zu einer Überlastung der Nieren und der Leber. Schadstoffe im Blut führen uns wieder zu den Kopfschmerzen. Unser Gehirn muß gut versorgt werden mit Sauerstoff, Wasser, Nährstoffen und freigehalten werden von Giften aller Art. Bereits salziges Essen plus Alkohol kann Kopfschmerzen erzeugen. Es erzeugt einen Mangel an Wasser, den typischen Brand nach einem Abend in einer Gaststätte. Alkohol allein wäre weniger schlimm, als gleichzeitig ein salziges Essen.

Krampfadern

Krampfadern haben ihre Ursache in der Venenklappenerschlaffung, in venösen Stauungen. Sie sind ein Zeichen für inneren Krampf, für eine langdauernde, chronisch angespannte Haltung. Es sind Zeichen für Verhärtungen und Versteifungen, für jemanden, der auf einem Standpunkt stehenbleibt, der nicht mehr elastisch ist, wo der innere Friede ebenso fehlt, wie die innere Begeisterungsfähigkeit. Es betrifft jemanden, der nicht die richtige Aufgabe hat, der eigentlich eine andere Aufgabe bräuchte und nicht weiß, wie er aus seiner Situation herauskommen soll. Dazu gehört natürlich jede Form von überarbeitet sein und verkrampft sein. Eine Vielzahl der Arbeitsaufgaben, die im heutigen Berufsleben an die Menschen herangetragen werden, widersprechen unserer Natur.
Bei Krampfadern wäre es völlig falsch, sich nur noch still in die Ecke zu setzen und die Beine zu schonen. Sie müssen im Gegenteil wieder besser in Betrieb genommen werden. In diesem Sinn ist es von Bedeutung, daß ein Mensch sein Umfeld neu gestaltet, wenn Wadenschmerzen beginnen. Um mit diesem Problem fertig zu werden, sollten Sie sich selbst Freude und viel Bewegung an frischer Luft verordnen (Jogging, Radfahren, Fußball, Bergwandern). Die Freude, die wir empfinden können, hat viel mit Zwischenmenschlichkeit zu tun, genauer gesagt, mit dem Austausch zwischen uns und anderen Lebewesen. Umgekehrt verkrampfen wir uns und schrumpfen mit unseren Lebensäußerungen zusam-

men, wenn wir von einem oder mehreren Menschen unterdrückt werden oder wenn wir vereinsamen.
Der Austausch kann am Besten mit anderen, freundlichen Menschen erfolgen, wo wir uns gegenseitig Anregungen geben. Darum ist Gruppensport auch für ältere Menschen hilfreich, ebenso das Wandern in der Gemeinschaft.
Wer keinen Draht zu fremden Menschen hat, kann sich ein geeignetes Haustier anschaffen, das ihm den Austausch ermöglicht und ihn in Gang hält. Mit einem Hund müssen Sie "Gassi gehen". Die Freude an den natürlichen Lebensprozessen überträgt sich auf den Menschen. Aus diesem Grund kann auch eine Aquarienzucht oder eine Rosenzucht im Garten (am besten beides zusammen) der seelischen Leere und somit den Krampfadern entgegenwirken. Dieser Mensch freut sich dann über die Vermehrung seiner lebhaften Fische im Aquarium, er kann sie drinnen beobachten, und er hat Bewegung im Garten an frischer Luft, was ihm gut tut für die Beine, für die Lunge, und fürs Herz, wenn seine Rosen blühen.

Krämpfe

Krämpfe sind immer ein Zeichen dafür, daß wir etwas festhalten und begreifen wollen und es nicht greifen können. Es sind Spannungen da, und wir können nicht loslassen. Sie sind eine Aufforderung zu Entspannungsübungen, zu Autogenem Training und anderen Übungen, die uns wieder eine Möglichkeit verschaffen, das Leben zu genießen.
Zusätzlich zu den Entspannungsprogrammen sollte erforscht werden, welche Bedeutung das betroffene Organ im Körper hat. Krämpfe in den Waden deuten außerdem auf einen Mangel an Calzium und vielleicht zusätzlich an Magnesium hin. Es kann ebenso ein →Vitamin-C Mangel oder ein Mangel an Vitaminen des →B-Komplex vorliegen, B_1 / B_6 / B_{12}.
→Angina pectoris und →Herzkrämpfe zeigen Überforderung in einem Bereich, "den man sich zu Herzen nimmt".
Krämpfe im →Magen zeigen, daß man entweder nicht genug bekommt, oder daß man sich nicht traut, das zu nehmen, was man braucht, weil es einem andere nicht gönnen, oder daß man von der Fülle der Aufgaben überfordert ist.
Krämpfe im →Nacken-Schulterbereich zeigen Überlastung im Bereich Verantwortung und Durchsetzung an. Man muß mehr Ver-

antwortung tragen, als gut ist, oder man muß sich durchsetzen, schafft es jedoch nicht.

Krebs

Krebs bedeutet, daß in dem betreffenden Menschen, an der betroffenen Stelle, die natürliche Ordnung zusammengebrochen ist. Das betroffene Organ macht sich selbstständig. Es beginnt unkontrolliert zu wachsen. Man könnte auch sagen, daß ein fremder Einfluß dieses Organ zu Wucherungen veranlaßt. Die Einzelheiten zu den betreffenden Organen und ihre Bedeutung können Sie bei den jeweiligen Stichworten nachlesen.
Seelische Ursachen sind darin zu sehen, daß sich ein Mensch selbst überfordert, überlastet, sich zerstört, daß er sich tief verletzt fühlt, daß sein Ärger ihn zerfrißt, oder daß er in einer seelischen Isolation steckt, in der er sich selbst zerstört. Er zerstört sich in einer so eindringlichen Weise, um seinen Mangel an Austausch mit anderen Menschen auszugleichen. Im Zusammenhang mit Krebs finden wir immer einen heruntergesetzten physischen und psychischen Allgemeinzustand. Es gibt immer unverarbeitete Konflikterlebnisse, die oft sehr lange zurückliegen und unbekannt sind. Es erfordert therapeutische Gespräche oder eine Rückführung, um diese verborgenen Ursachen aufzudecken. Wenn man in der Lage ist, die Hintergründe zu erkennen und zu klären, dann ist es meistens auch möglich, den Krebs zum Stillstand oder zur Auflösung zu bringen.
Kluge Ärzte haben immer wieder betont: "Wenn die Seele gesund ist, läßt sie den Krebs nicht herein." Esoteriker haben hinzugefügt, daß "Krebs durch fremde Energie erzeugt werden kann, die in unseren Körper eindringt." Beides ist richtig. Die Ursache kann in verborgenen, alten Problemen liegen. Die Ursache kann in verletzenden zwischenmenschlichen Beziehungen liegen, und die Ursache kann durch fremde Energie verursacht werden. Diese fremde Energie kann aus jenseitigen Welten kommen. Es kann sich um eine Form der Besetzung handeln, um einen Angriff aus dem Jenseits, z.B. von Verstorbenen, die sich an einem lebenden Menschen rächen wollen. Oft kommen mehrere dieser Faktoren zusammen.
Eines haben jedoch diese verschiedenen Quellen der Krebserkrankung gemeinsam: Der betroffene Mensch ist mit seiner Energie nicht im Gleichgewicht. Er ist in eine bestimmte Richtung chronisch

überfordert. Das betroffene Organ ist überlastet. An anderer Stelle habe ich davon gesprochen, daß sich in einem gesunden Organ die feinen Magnetfelder überlagern und so einen festen Energiecocon bilden, der dieses Organ und seine gesunde Funktion schützt. Wenn dieser natürliche Energieschutz gestört wird, z.B. durch eine chronische Schwäche in Folge einer Vergiftung mit Pestiziden, oder durch ständigen Elektrosmog, dann entsteht Chaos in diesem Organ. Wir bekommen eine latente Entzündung. Das Organ erhitzt sich. Der Schutzschirm wird durchlässig. Das ist damit gemeint, daß die Seele "den Krebs nicht hereinläßt".
Zum ersten Mal wurde die seelische Krebsursache 1971 von Ärzten des "sozialistischen Patientenkollektivs" in Heidelberg an der Universität aufgestellt. Die links orientierten Ärzte wollten die permanente Bevormundung und Ausbeutung der Patienten nicht mehr mitmachen und bildeten Selbsthilfegruppen gegen die älteren Ärzte. Es gab jede Menge Ärger mit der damals noch neuen "Krebsgesellschaft". Die alten Ärzte empörten sich und versuchten die kritischen jungen Kollegen zu entlassen. Die Studenten beschimpften die Ärzte als Faschisten, die Menschenexperimente machen und über Leichen gehen.
Die vielleicht wichtigste Veröffentlichung zu Krebs ist das Buch von ➔Dr. Simonton aus New York. Er bestätigte 10 Jahre später die Thesen der heidelberger Studenten und Assistenzärzte. Er wendet die gleichen Methoden an wie ich. Er sagt von sich selbst, daß er "nach einer Erleuchtung die Zusammenhänge erkennen konnte". Er redet den Menschen ins Gewissen, macht mit ihnen eine fünftägige Rückführung, um ihre Beweggründe für die Krebserkrankung zu ergründen, motiviert ihre Selbstheilungskräfte, behandelt sie mit hoch dosiertem Vitamin C und läßt der Natur ihren Lauf. Die Hälfte seiner Patienten begreift diese Botschaft und überlebt, obwohl sie bereits von anderen Ärzten abgeschrieben wurden!
➔ Prof. Enderlein hat in seinen Schriften bereits seit den fünfziger Jahren des letzten Jahrhunderts immer wieder darauf hingewiesen, daß jedes Organ eine geschlossene Einheit ist. Er hat weiter ausgeführt, daß unsere Blutkörperchen eigenständige Lebewesen sind. Nach seiner These ist der menschliche Körper eher eine Gemeinschaft von Organe und Einzellern, nicht aber ein einziges Lebewesen.
Ich selbst habe ähnliche Beobachtungen gemacht, wenn ich mit meinen sensitiven Sinnen einen Menschen und seine Energie beobachtet habe. Ich habe es dann so formuliert: Die Organe in unse-

rem Körper erinnern mich an Dörfer und Städte, die Blutzellen an Menschen, die dazwischen auf Straßen (die Adern) und in den Orten (die Organe) zirkulieren. Alles zusammen erinnert mich eher an ein Land mit einem Volk, bestehend aus vielen größeren und kleineren Einheiten. Der Begriff Einheit muß für unseren Körper anders verstanden werden als bisher. Es ist keine Einheit, eher eine Gemeinschaft. Unser Geist ist in diesem Körper ein Gast. Unser Geist sollte alles zusammenhalten, kontrollieren und dirigieren. Wenn ihm diese Kontrolle entgleitet, machen sich einzelne Organe selbstständig. Dann kann Krebs entstehen.

Man kann sagen, daß →Aids, der Zusammenbruch des Abwehrsystems, in seiner Natur dem Krebs ähnlich ist. Bei Aids bricht das Abwehrsystem des Körpers gegen eine Vielzahl kleiner Erreger zusammen, während auf der anderen Seite bei Krebs ein bestimmtes Organ von innen her durch Spannungen zerstört wird. Der betroffene Mensch hält die Situation, in der er lebt, nicht mehr aus und zerstört sich von innen selbst. Bei Aids hält er ebenfalls die Situation und die Belastung, in der er lebt, nicht mehr aus und wird durch belanglose Erreger zerstört. Bei Aids spielt vor allem seine moralische Art zu leben eine Rolle. Nicht umsonst nennen es manche Leute eine "moderne Lustseuche"! Ein gesunder Mensch eliminiert die zahllosen Erreger, die er einatmet oder mit der Nahrung aufnimmt. Es schadet ihm nicht oder nur geringfügig. Als früher die kleinen Kinder noch im Masch und in der wilden Natur spielen könnten, haben sie sich unzählige Male infiziert und verunreinigt. Doch das Immunsystem eines Kindes ist viel leistungsfähiger als bei einem älteren Menschen. Wenn wir Kinder in klinischer Atmosphäre aufziehen, brauchen wir uns nicht wundern, wenn das Immunsystem nicht lernen kann, und wenn wir später leicht erkranken. Die gängigen →Impfungen können diese natürlichen Immunisierungsprozesse nicht ersetzen. Sie sind im Gegenteil ein weiterer, gefährlicher Angriff auf unsere Immunstabilität.

Kreuzschmerzen

Es gibt einen direkten Zusammenhang zwischen dem oft direkt nach der Geburt verabreichten Schlag auf das Hinterteil eines Kindes, wobei es meistens an den Beinen hochgehalten wird, und dem gestörten →Sexualverhalten des späteren Erwachsenen. Der

Schlag wird verabreicht, angeblich, um das Kind zum durchatmen zu bewegen und damit es eventuellen Schleim ausspuckt.
Dieser Schlag trifft meist nicht direkt das Gesäß, sondern das untere Rückgrat-Ende. Beim Neugeborenen ist der Abstand ohnehin gering. Genau dort befindet sich aber das sogenannte erste "Schloß", das den Energiefluß der Kundalini vom → 1. Chakra aufwärts regelt. Statt also die Energie frei fließen zu lassen, wird hier durch einen "gezielten Schlag" die Zirkulation direkt nach der Geburt unterbrochen. Dieser Schock zieht eine Fülle von Folge-Krankheiten nach sich. Vor allem stehen Kreuzschmerzen, →Verstopfung und gestörtes → Sexualverhalten in einem direktem Zusammenhang damit.
Erfreulicherweise ist man in den vergangenen 20 Jahren immer mehr dazu übergegangen, den Babys den Schleim aus dem Mund abzusaugen, statt sie als erstes nach der Geburt zu schlagen, um ihnen so den ersten Schock ihres Lebens zu verpassen.
Kreuzschmerzen beim Erwachsenen haben neben beruflicher Überlastung (Schwerarbeit, Bandscheiben) immer etwas mit Blockaden der Sexualenergie zu tun. Die Tendenz dazu kann mit dem Schlag auf den Po ausgelöst werden. Jede Art von Liebesverlust, verbunden mit dem Mangel an Sex, wiederum verbunden mit einem Mangel an Anerkennung als sexuelles, liebenswertes Wesen, verursacht derartige Blockaden.
Wer in einer unterprivilegierten Position lebt, unterdrückt wird und seine Fähigkeiten nicht ausleben kann, neigt ebenfalls dazu. Er blockiert sich auf diese Weise. Er hat zu viel Energie im →2. Chakra, kann sie aber nicht ausleben. Seine Energie kann nicht in die höheren Chakras aufsteigen. Dann hat er als Folge nicht genug Energie im →3. Chakra, also einen Mangel an Willenskraft. Das hindert ihn daran, sich einen passenden Sexpartner zu erobern. Der Mensch steckt in einem kleinen Kreislauf von Blockaden. Findet dieser Mensch plötzlich einen neuen Freund oder eine neue Freundin, um seine Sexualität auszuleben, sind die Kreuzschmerzen oft schon nach dem ersten Orgasmus verschwunden.
Eine Heilung derartiger Krankheiten ergibt sich meist automatisch, wenn der Betroffene im Verlauf von →Rückführungen und Reinkarnationstherapie die Ursachen erfaßt. Natürlich ist danach noch eine Umsetzung seiner Erkenntnisse erforderlich, was durch Autogenes Training und durch Energytraining vorbereitet werden kann. Sex kann aber nicht durch AT ersetzt werden. Sie brauchen eine(n) passende(n) Partner(in).

Lähmungen und Ohnmacht

Lähmungen und Ohnmacht gehen noch einen Schritt weiter als die Krämpfe. Ein bestimmter Teil oder der ganze Körper wird abgeschaltet, ist auf Widerstand gepolt. Der Körper oder ein Teil davon ist schockiert, will die Flucht ergreifen, und weil eine Flucht nicht möglich ist, bricht das System teilweise oder vollständig zusammen.
Viele Unfall-Folgeschäden beruhen auf psychischen Blockaden. Teile des Körpers reagieren mit Lähmung. Es ist der in die Zellen einprogrammierte Todesschock. Das Gleiche gilt für chronische Schmerzen nach einer schweren Operation. Es kann sein, daß der Operationsschmerz nach der Operation als Dauerschmerz erinnert wird. Es muß also kein Fehler der Ärzte sein.
Für alle Lähmungen, Blockaden und Schmerzen, deren Ursache nicht eindeutig organischer Natur ist, gilt, daß wir das Vertrauen des Patienten gewinnen müssen. Er muß seinen Therapeuten als glaubwürdig akzeptieren. Als nächstes müssen wir ihm klarmachen, daß er einen Grund für seine innerlich induzierten Blockaden hat. Er muß diesen Zustand erkennen, damit er loslassen kann. Dann können wir als nächstes an ihn appelieren, daß er sich sozusagen in das betroffene Organ, vielleicht ein gelähmtes Bein, hineinfühlt. Und wenn er bereit ist, es auch nur zu versuchen, werden positive Reaktionen auftreten, die er selbst spürt. Dann ist der Weg frei für die Überwindung der Blockaden, bis hin zur Querschnittslähmung. Er wird die Unfallfolge, die Todesangst, die ihm in den Gliedmaßen steckt, überwinden. Er kann wieder laufen lernen.
Psychisch induzierte Lähmungen, ebenso → Amnesie, können überwunden werden, wenn der Patient bereit ist loszulassen. Er kann wieder am normalen Leben teilnehmen. Psychische Lähmungen können auch durch eine religiöse Überzeugung überwunden werden. Der Patient steigert sich in die Hoffnung hinein, daß ihm Gott helfen werde. Irgendwann macht er eine Wallfahrt nach Lourdes in Südfrankreich, wo schon viele Gelähmte Hilfe fanden. Dann trinkt er das "heilige Wasser" und wirft seine Krücken fort. Gott hat ihm geholfen. In Wirklichkeit hat er genug Glaubensenergie angesammelt (→ 4.Chakra), um seinen vorangegangenen, lähmenden Schock zu überwinden. Hilf dir selbst, dann hilft dir Gott! Wenn es tatsächlich Gottes Gnade wäre, dann sollte sie ihn wohl daheim genauso erreichen wie in Lourdes.

Das Wasser von Lourdes ist übrigends nicht mehr zu empfehlen. Es ist zu sehr von Umweltgiften belastet. Allerdings liegt Lourdes auf der großen, marginalen Leyline von Europa, so daß die Heilungskräfte der Leyline vielleicht diese Erfolge mit begründen.

Leber

Ein deutscher Arzt kann ihnen sagen, daß z. B. die Leber krank ist und daß die Leber ein Organ ist, das Glykogen speichert, einen Reservestoff, der für unsere Kräfte von Bedeutung ist. Er kann auch diagnostizieren, daß jemand z. B. zuckerkrank ist, daß ihm Insulin fehlt.
Zur gleichen Situation könnte man im Sinne der Yogalehre sagen, daß die betroffene Person eine Störung ihrer Energie im → 3. Chakra aufweist (Nabel-Kraftzentrum). Und ein Indianer würde sagen: Dein Wille ist gestört!
Leber und Bauchspeicheldrüse haben in der Tat etwas mit unserem Energiehaushalt zu tun. Und alle drei Aussagen sind richtig. Zusammen ergeben sie ein vollständigeres Bild, als eine Aussage für sich allein.
Ein Mensch mit einer Lebererkrankung, verzehrt sich selbst, oder er versucht in übersteigerter Art und Weise bestimmte Ziele durchzusetzen. Wenn wir zu viel Wollen, oder wenn wir uns unter Druck gesetzt fühlen, wenn wir fremden Ansprüchen gerecht werden wollen, die nicht unsere eigenen sind, dann belasten wir bestimmte Organe unseres Körpers. Wir zerstören das innere Gleichgewicht.
Ein westlicher Mediziner kann darauf in seiner Art eine Antwort geben. Z. B. Medikamente und Diäten. Aus der Yoga-Lehre können wir gezielt bestimmte Übungen verordnen, um die Disharmonie zu beseitigen und die Krankheit in den Griff zu bekommen. Von den Indianern wissen wir, daß es speziell eine Frage des Willens ist. Nehmen wir dieses Wissen zusammen, dann kann der betroffene Mensch schnell ins Gleichgewicht kommen, vorausgesetzt, er macht die Übungen und ändert sein Leben.
Die Leber ist das Zentrum des physischen Stoffwechsels. Sie hat die Aufgaben der Energieproduktion und der Energiespeicherung. Sie ist für den Eiweißstoffwechsel zuständig, für Entgiftung, und sie produziert die Gallenflüssigkeit. Leberkrankheiten haben immer etwas mit Maßlosigkeit, Angst vor Energie, mit viel zu wenig Energie, sich gesteigert engagieren wollen, gesteigerte Expansion, Bewertungs- und Verwertungsproblemen, sowie Kritik aller Art zu tun.

Man muß sich fragen, wo das rechte Maß für diesen Menschen ist. Bei Leberproblemen, wie bei vielen anderen Drüsenproblemen, ist eigentlich zu empfehlen, daß der Mensch Kundalini-Yoga macht, weil Kundalini-Yoga gezielt Drüsenprobleme lösen kann. Lesen Sie dazu bei →Drüsen und Chakras nach.
Der →Alkoholiker zerstört seine Leber, sein Kraftzentrum, und macht dabei als "Flaschenkind" deutlich, daß er sich nicht erwachsen fühlt, sondern schwach, klein und hilflos. Er übernimmt keine Verantwortung für sich und sein Leben. Ein Kind kann das eben nicht. Vielleicht leidet dieser Mensch unter zuviel Verantwortung und betäubt sich mit dem Alkohol regelmäßig selbst. Vielleicht möchte er auch seine Mutter bestrafen, die ihm nicht genug Liebe geben konnte, oder weil er nie die Mutterbrust bekam.

Leistenbruch und Nabelbruch

Bruch ist ein Zeichen für zu großen Druck, für geistige Überlastung. Es kann auch sein, daß man Beziehungen zu anderen Personen, beim Nabelbruch zur Mutter, wieder herstellen will. Es geht um zerbrochene Beziehungen und um Beziehungen, die man zerbrechen möchte. Es geht um Menschen, die endlich frei sein möchten und zugleich Angst davor haben, verlassen zu werden. Beim Leistenbruch finden wir einen Mangel an innerem Halt. Ist der Leistenbruch erst einmal aufgetreten, muß er vielleicht operiert werden. Wie bei →Bindegewebsschwäche muß dieser Mensch lernen, an sich selbst zu glauben. Er muß den Mut zum Leben wieder bekommen. Er muß lernen, "sich selbst zusammenzureißen". "Nimm dich zusammen!" Er muß aktiv, doch ohne zu übertreiben, für sein eigenes Leben einstehen.

Lunge

Die Lunge verwertet die eingeatmete Luft. Je geringer meine Lebenskraft ist, desto mehr kann ich von einer Depression und von einem Druck sprechen. Desto mehr habe ich auch Schwierigkeiten, meine Lunge auszuweiten und ihre Kapazität voll zu nutzen. Der Normalbürger in einer normalen Stadt mit der heute üblichen Umweltbelastung tauscht pro Atemzug durchschnittlich 150 - 450 ml Luft aus. Ein bewußter tiefer Atemzug tauscht 1500 ml Luft aus. Das Gesamtvolumen unserer Luft liegt jedoch bei 2,5 - 4 l , d. h. wir tauschen nur einen geringen, oberflächlichen Teil aus. Durch die

flache Atmung wollen wir uns vor den Belastungen der Umwelt abschirmen. Des weiteren führen Streßzustände zu einer flachen Atmung.
In der **Lungenentzündung** kommen seelische Verletzungen, Lebensmüdigkeit und gefühlsmäßig schwerwiegende Probleme zum Ausdruck. Sie zeigt immer eine große seelische Unruhe an.
Lungenprobleme sind grundsätzlich beängstigende äußere Umstände. Sie zeigen an, daß jemand Schwierigkeiten hat, das Leben so zu nehmen wie es ist, es wirklich zu meistern.
Lungenkrebs wird häufig durch Rauchen verursacht. Die Ursache für Lungenkrebs ist oft die Angst vor dem Tod. Beim Rauchen geht es nicht nur um die →Droge des Nicotins. Rauchen widerspricht der menschlichen Natur. Eigentlich fliehen Menschen den Rauch. Feuer war für den Naturmenschen eine Gefahr. Die gezielte, ständige Beschäftigung mit dem Glimmstengel weckt uralte, primitive Rituale, mit denen Steinzeitmenschen Ihre Angst bekämpften, das Feuer besiegten und sich selbst in Ritualen mit Pflanzendrogen betäubten, um exstatische Zustände zu bewirken. Es kann nicht von Nutzen sein, wenn wir in der heutigen Zeit derartige Rituale wiederholen, noch dazu mit einer giftigen Pflanzendroge.

Magenerkrankungen

Der Magen ist das Organ, in dem wir alle Rohstoffe, die wir hineingeben, auch verarbeiten müssen, um sie vorzubereiten für die Reise durch unseren Körper. Ein Magenkranker zeichnet sich dadurch aus, daß er mit diesem grob verarbeiteten Material, wie es durch kauen in den Magen gerät, nicht so recht fertig wird. Die häufigste Problematik ist zuviel Magensäure. Wenn jemand sagt, daß er sauer ist, dann heißt es, daß er sich gewaltsamer als notwendig mit der Außenwelt auseinander setzt. Er spürt, daß er mit der Außenwelt nicht fertig wird. Er kann seine Aggressionen außen nicht so richtig loslassen. Weil er innerlich dadurch zu sauer wird, läuft er Gefahr, daß er sich selbst verdaut. Die Magensäure greift seinen eigenen Magen an. Er beginnt sich selbst aufzulösen. Er wird mit seelischen Problemen nicht fertig. Ein Teil seiner Energie richtet sich gegen ihn selbst, weil sie in der Außenwelt nicht richtig eingesetzt wird.
Es ist ein Mangel an Geborgenheitsgefühl. Er traut sich aus Angst vor Liebesentzug nicht, seine wahren Bedürfnisse zu äußern. Die ständigen Übersäuerungen führen zu **Magengeschwüren.** Die

Magengeschwüre sind wieder vergleichbar mit starken Umweltbelastungen, wie wir sie auch bei Geschwüren auf der → Haut finden. Magenkranke tun sich sehr schwer mit Kritik. Sie wollen Konflikte vermeiden, weichen lieber aus, aber das Wissen liegt ihnen im Magen. Sie werden nicht damit fertig. Magenkranke haben Probleme, neue Ideen richtig aufzunehmen und zu verarbeiten. Genauso haben sie auch Probleme, Nahrung in der richtigen Art und Weise aufzunehmen und optimal zu nutzen.
Hinzu kommt auch, daß Magenkranke dazu neigen, Luft zu schlucken. Das ist ein Zeichen dafür, daß sie sich aufblasen, weil sie denken, daß sie nicht wichtig genug sind oder daß man sie nicht ernst nimmt. Sie wissen nicht, wie sie ihre Problematik lösen sollen. Biologisch gesehen produziert der Magen Blähungen und sie schlucken Luft, um die flüssige Säure von der angegriffenen Magenwand fern zu halten.
Diese Menschen müssen unbedingt kürzer treten. Sie brauchen Pausen in ihrer Routine. Sie brauchen Ruhe und Erholung. Sie sollten weniger, in Ruhe und mit Bedacht essen. Rohkost und Gemüse sind gesund. Gemüsebrei und Suppen sind gesund. Fleisch und Fett sollte sparsam genossen werden, Alkohol möglichst gar nicht.

Mandelentzündung

Die Mandeln sind Drüsenorgane, die immer noch in den Einflußbereich des → 5. Chakras gehören. Sie weisen darauf hin, daß jemand sich nicht so ausdrücken kann, wie er es eigentlich sollte, um mit seinem eigenen Leben zufrieden zu sein. Hier äußern sich unterdrückte Gefühle, → Ängste oder ein Groll gegen bestimmte Menschen, die der eigenen Entwicklung im Wege stehen. Deswegen finden wir Mandelentzündungen bei Menschen, die eine recht enge Bindung an ihre Eltern oder eine bestimmte Person haben und die sich in dieser Abhängigkeit nicht wohl fühlen. Zu viel Kontrolle induziert Mandelentzündungen. Geistig und seelisch freie Atmosphäre, Freundlichkeit und Freiheit im Denken fördert das 5. Chakra und vermeidet die Mandelentzündung.
Die Indianer sagen, daß derartige Halserkrankungen bis hin zu **Diphterie** die Vorbereitung sind, damit aus einem normalen Kind ein Medizinmann oder eine Medizinfrau werden kann. Sie behandeln diese Krankheiten nicht, weil die Unterbindung der Halskrankheiten die Kraft zum Schamanen in einem Menschen abtötet. Eine

Medizinfrau aus Kalifornien berichtete von sich, daß sie ab ca. 6 Jahren "Diphterie" hatte. Ihre Eltern und der Großvater, ein Medizinmann, versteckten sie vor der US-Gesundheitsbehörde, damit der Stamm endlich einmal wieder eine echte Medizinfrau bekommt. Ihre Krankheit dauerte 12 Jahre, weil sie, verdorben durch das heutige Leben, so lange brauchte, bis sich "die Stimme der Geister" bei ihr meldete. Dann war sie über Nacht gesund und trat die Nachfolge ihres Großvaters an.

Migräne

Migräne ist eine spezielle Form vom →Kopfschmerz und steht praktisch immer im Zusammenhang mit sexuellen Spannungen und Streß im Privatleben. Bitte verstehen Sie mich richtig: Dieses Problem muß der betreffenden Person durchaus nicht bewußt sein. Wir wissen jedoch, daß Menschen mit einer Neigung zu Migräne auch Orgasmusschwierigkeiten haben. Nach einem Orgasmus ist jede Migräne verschwunden!
Angst vor →Sexualität, geheime Verbote, die in der Erziehung ausgesprochen wurden, führen ohne das Wissen der betroffenen Person zu starken inneren Spannungen. Wir können das in Befehle oder Programme fassen, z. B.: "Ich will, aber ich darf nicht!" "Ich brauche das, aber es ist unsauber!" "Wenn Du das tust, bist Du unsauber, unwürdig etc.!" Betrachten Sie Migräne als Orgasmus im Kopf, die Energie findet ihren Weg nicht bis in den Unterleib. Hierbei sollten wir bedenken, daß sich in Familien, wo ein Partner, meist die Frau, davon betroffen ist, bestimmte Verhaltensweisen einprägen, die oft bei einem Verbot sexueller Empfindungen seitens der Eltern der Mutter begannen.
Weiter geht es damit, daß die Frau vielleicht zusätzlich Migräne vorschürzt, wenn sie ihre Ruhe haben will, weil sie das auch bei der eigenen Mutter beobachtete. So mag aus z. T. erzwungener Problematik (Erziehungsbefehl) plus eigener Einflußnahme auf die Umwelt (Beobachtung der Mutter) bald ein schwerwiegendes Problem werden, das sich in gewisser Weise selbständig macht. Die Frau hat nun oft und regelmäßig Migräne und ist nur noch ein halber Mensch. Ohne ihr Wissen verursachen Berührungen mit dem Thema Sex bei ihr immer wieder Migräne. Sexuelle Wünsche des Mannes (Druck) verschärfen die Situation. Uneingestandene eigene sexuelle Bedürfnisse haben den gleichen Effekt. Aus Untersuchungen ist bekannt, daß viele Frauen unterdrückte, nicht ausge-

lebte sexuelle Phantasien (also Bedürfnisse) haben, die zu unserem zivilisierten Leben kaum passen (→Instinkte). Wir sind alle "schaumgebremst". Unsere Instinkte sind animalisch. Unser praktisches Leben ist kastriert.

Mundprobleme

Mundproblem weisen darauf hin, daß jemand Schwierigkeiten hat, neue Ideen aufzunehmen, daß er Schwierigkeiten hat, die aktuelle Situation zu verarbeiten. Krämpfe im Kieferbereich weisen darauf hin, daß er eine gewisse Verbissenheit zur Schau stellt, daß er sich schwer tut umzudenken. Spannungen im Kiefer sind unterschwellige Aggressionen. Mundgeruch zeigt, daß jemand durch seine innere Einstellung etwas Neues und die Menschen, mit denen er zu tun hat, zurückweist. Es kann aber auch von schmutzigen Einstellungen im moralischen Sinne herrühren. (→Magenbeschwerden) Sie müssen mehr Frische in Ihr Leben bringen! Regelmäßig tiefer atmen lernen, mehr Bewegung für den Kreislauf, frische Luft und gesundes Essen. Das beste natürliche hilfsmittel: Kaufen Sie sich ganze Kardamomsamen, zerteilen Sie die kleinen Schoten und kauen Sie ein bischen davon. Das ist Indiens Hausapotheke. Da die Inder Spaß haben an Sex und gerne küssen, achten sie auch stets auf einen frischen Atem.

Müdigkeit

Allgemeine Müdigkeit drückt aus, daß der betroffene Mensch Widerstände gegen seine aktuelle Lebenssituation hat. Er langweilt sich. Er hat einen Mangel an Liebe für das, was gerade geschieht. Er ist unzufrieden mit seiner aktuellen Situation. Nur selten ist es wirklich Müdigkeit. Wenn jemand den ganzen Tag gearbeitet hat, ist es die Langeweile, weil ihn seine alltäglichen Beschäftigung nicht befriedigt. Wenn wir gesund sind und tagsüber eine interessante Tätigkeit haben, brauchen wir nur etwa 4 - 6 Stunden tiefen, ruhigen Schlaf.
Wenn wir allerdings viel Fernsehen, viele Zeitungen lesen, uns um aktuelle Politik und scheinbar wichtige Probleme kümmern, belasten wir unser Gemüt. Wenn wir uns um die sogenannte öffentliche Meinung mit ihren Probleme kümmern, um politische Probleme, soziale Probleme, Katastrophen, Unfälle, schlechte Filme usw., dann belasten wir unser seelisches System.

Wir belasten uns über unsere eigenen Aufgaben und Probleme hinaus mit einer Vielzahl von fremden Schwierigkeiten, die uns überhaupt nichts angehen und die von uns mit Sicherheit nicht gelöst werden können.
Wer keinen Sinn mehr in seinem Leben oder in seiner Partnerschaft sieht, neigt ebenfalls zur Müdigkeit. Er schaltet ab. Wenn wir uns dagegen auf unsere eigenen Aufgaben konzentrieren und unseren eigenen Lebensstil finden, dann brauchen wir nur ca. 6 Stunden Schlaf. Wir brauchen uns nicht durch Müdigkeit aus der Affäre ziehen, wenn das Leben Spaß macht. Wenn eine Beziehung nur noch das Leben bremst, lösen Sie sie auf. Lieber ein Ende mit Schrecken, als ein Schrecken ohne Ende.
Unverarbeitete seelische Probleme, z.B. der Todesfall eines geliebten Menschen, können ebenfalls zum abschalten führen. Dann gilt es in einem therapeutischen Gespräch die Ursache zu erkennen, damit Sie durchstarten können. Stets daran denken: Das Leben endet nie, es verändert nur seine Form.
Empfehlung: Aktivitäten aller Art. Fangen Sie einfach etwas neues an. Beginnen Sie wieder mehr unter Menschen zu gehen und aktiv zu leben. Hausmittel: Das ätherische Öl der Zitrone, mehrmals täglich 3-5 Tropfen auf etwas Zucker.

Multiple Sklerose

Organisch gesehen handelt es sich um das Absterben bestimmter Nervenzellbereiche, Markscheidenzerfall und Gliawucherungen. Das Nervensystem ist das wichtigste Steuerungsinstrument des menschliches Geistes, um sich im Körper und in dieser materiellen Welt zu verwirklichen. Eine Zersetzung des Zentralnervensystems bedeutet eine Zerstörung unseres Körpers. Der Körper ist jedoch "das Fahrzeug der Seele".
Bei MS halten die eigenen Ansichten mit der Wirklichkeit nicht mehr Schritt. Man ist nicht mehr fähig, sich normal zu bewegen. Der Kranke vergiftet sich und seinen Lebensraum durch seine starre Haltung. Manchmal sind es aber auch positiv gesinnte Menschen, die nur in bestimmten Dingen nicht mit sich reden lassen, die zum Teil erstarrt und abgestorben sind.
Wenn man tiefer in die Situation hineingeht, dann wird man entdecken, daß diese Menschen ein uraltes Problem in ihrer unterbewußten Welt verborgen halten und sich selbst jeden Zugang zu diesen uralten, geheimen Problemen verweigern. Sie stürzen sich

dann mit einem eisernen Willen und mit einer starren Haltung auf ein positives, akzeptables Problem, auf ein soziales Problem, und versuchen, an dieser Einzelproblematik das gutzumachen, was bei ihnen selbst daneben geraten ist.
Bei MS sollte unbedingt mit hoch dosierten Vitamingaben (➔B-Komplex + Vitamin C + Vitamin B3) gearbeitet werden. Die Literatur zeigt auf, daß die psychotropen B-Vitamine eine sehr gute Heilwirkung bei krankhaften Störungen des Nervensystems entfalten können, allen voran B6 und B12. Am besten wäre es zweifellos, durch eine geistig offene Haltung und durch positive Lebensumstände dieser Art von Verhärtung und Auflösung vorzubeugen.

Nackenprobleme

Wenn wir Nackenprobleme haben, liegt ein "Verantwortungsproblem" vor. Überlastung mit Verantwortung und Probleme mit der Durchsetzung der eigenen Ziele belasten den Nacken. Die Muskelstränge, die vom Genick seitlich zu den Schultern laufen, werden als "Nackenfell" bezeichnet. Sie verspannen sich oder schwellen sogar an, wenn wir angegriffen werden und in Verteidigungsstellung gehen. Sie schwellen ebenso an, wenn wir kämpfen und uns durchsetzen wollen. Gelingt es dann aber nicht, dieses Vorhaben zu verwirklichen, dann bleibt die Energie im Nacken und in den Schultern stecken. Es kommt zu Verspannungen. Werden diese Probleme chronisch, bekommen wir einen steifen Hals.
Nackenprobleme haben also immer etwas mit der Art und Weise zu tun, wie wir leben und welche Alltagsprobleme auf uns lasten. Eine Steifheit im Nacken kann herrühren von ➔ Angst und Unsicherheit, doch der Kampfeswille ist noch nicht gebrochen. Wir sind zur Verteidigung bereit und warten vielleicht auf unsere Chance. Ebenso kann es von einer beruflichen, stressigen Überlastung herrühren. Der Chef geht einem auf die Nerven, aber man darf nicht zurückschlagen.
Der steife Nacken drückt Unbeweglichkeit aus und die Weigerung, alle Seiten der einen Sache zu sehen. Es weist darauf hin, daß man in vielerlei Hinsicht überlastet ist. Je flexibler wir im Geiste sind, desto flexibler und leistungsfähig sind auch unsere Muskeln und Organe. In den Bereichen, in denen wir durch Moral und Erziehung Schwierigkeiten haben, elastisch zu sein, haben wir auch Schwierigkeiten, unseren Körper zu dehnen und zu strecken. Wenn die Menschen älter und geistig unbeweglicher werden, fällt es ih-

nen schwer, den Kopf zu drehen und zurückzuschauen. → Energytraining.

Nervenprobleme

Wenn wir Nervenprobleme haben, Nervosität, Nervenentzündungen, dann weist es darauf hin, daß es Schwierigkeiten gibt in unserer Kommunikation, sowohl in unserem Körper, zwischen Körper und Geist, als auch im Austausch mit anderen Menschen. Die Ursache ist der Kampf ums alltägliche Leben. Wir sind zu hastig, zu unsicher. Wir haben zu wenig Glauben an uns selbst. Wir haben Schwierigkeiten uns vorzustellen, daß das, was wir aktuell tun, wirklich in absehbarer Zeit zum gewünschten Ergebnis führt. Ebenso kann ein inneres Chaos, ein geistiges Durcheinander, Ängste und Furcht zu Nervosität, zu Spannungen, zu → Kopfschmerzen oder sogar zu Entzündungen der Nerven führen. (→ Multiple Sklerose)
Meditation, AT, ET und Tai Chi führen zu einer Beruhigung. Oft ist die Sache sehr einfach: Ein Mangel an →B-Vitaminen. Versuchen Sie es zuerst damit.

Neurosen

Neurosen sind nervliche Überlastungen. Ein Mensch kann seine Umstände, seine Aufgaben und seine Lebenssituation nicht mehr befriedigend verarbeiten. Es können → Angstzustände auftreten. Man möchte vor allem weglaufen, ganz weit weg. Hier gilt es einzulenken und ein Training zu beginnen, daß vor allem das Selbstwertgefühl stärkt. Das Gefühl, selbst etwas erreichen zu können, muß neu geschaffen werden.
Neurosen können entstehen, indem bei einer Partnerschaft ein Partner den anderen konstant unter Druck setzt, ihn massiv mit einer bestimmten Voreingenommenheit konfrontiert und ihm bestimmte Dinge einredet, die vielleicht gar nicht zutreffen. Solche gegenseitigen Einflußnahmen laufen in allen Partnerschaften, doch hier, im Fall der Neurose, bekommen sie ein krankhaftes Ausmaß.
Neurosen können auch mit → Besetzungen im Zusammenhang stehen. Im Unterschied zu → Psychosen liegt bei den Neurosen die Entscheidungsgewalt noch in den Händen des Egobewußtseins des Patienten. Was ihn dermaßen neurotisch macht, ist das Bewußtsein dieser ätherischen Fragmente, Phantome oder Geister,

die ihn beeinflussen, so daß er überhaupt nicht Herr im eigenen Körper ist. In diesem Fall kämpft also der Neurotiker um seine Identität, gegen negative Einflüsse aus dem Jenseits, und braucht dafür sachkundige Unterstützung. Dabei bin ich sicher, daß die Aspekte, wie bei Psychosen geschildert, bei der Analyse helfen können und das in jedem Falle → Energytraining neue Energiestrukturen schafft, die der wahren Natur des Patienten entsprechen und diese mentalen Fragmente verdrängen. Gleichzeitig stellt Energytraining die erforderliche Energie für die Genesung, sprich geistige Befreiung, zur Verfügung.
Eine optimale Versorgung mit → Vitamin B-Komplex ist unbedingt wichtig!

Nierenprobleme

Dabei handelt es sich stets um Partnerschaftsprobleme. Das können wir allgemein für alle paarigen Organe sagen. Wenn es Probleme gibt mit paarigen Organen, dann ist meistens die Partnerschaft und die Sexualität mit angesprochen. Seien es die Hoden, die Eierstöcke, die Nieren, die Ohren, die Augen, die Nase hat zwei Eingänge, das Herz hat auch zwei Kammern vorn und zwei Kammern hinten.
Es ist die Frage, ob man in einer Partnerschaft zu einer Einheit zusammenwachsen und sich so gut verstehen kann, daß zwei Menschen wirklich eine Einheit, ein Ganzes bilden, oder ob man sich um bestimmte Prioritäten und Möglichkeiten der Gestaltung des gemeinsamen Lebens streitet und Schwierigkeiten hat, die eine oder andere Linie klar und mit der notwendigen Disziplin und Ausdauer durchzuführen.
Es muß nicht unbedingt ein Geschlechtspartner oder ein Ehepartner sein. Nierenprobleme können auch bei Geschäftspartnern auftreten, zwischen Kindern und Eltern, zwischen Sohn und Mutter, Sohn und Vater oder zwischen Geschwistern, die aufeinander angewiesen sind und die die Probleme der Eltern austragen.
Die **Schrumpfniere** ist ein Ausdruck der Unfähigkeit, diese Probleme zu lösen. Wer langfristig gesehen derartige Nierenprobleme hat und sich weigert seine Lebensumstände und seine Partnerschaft zu ändern, der wird irgendwann eine künstliche Niere bekommen und wird es hinnehmen müssen, daß man ihm eine seiner Nieren wegoperiert.

Im Zeitalter der Organtransplantation ist eine besonders makabere Situation entstanden: Da liegen nun tausenden von Menschen in Krankenstationen herum und hoffen darauf, daß doch möglichst bald ein geeigneter Mensch zu Tode kommt, damit ihnen dessen Niere zugeteilt werde! Nebenbei fand ich bei einem Patientenbesuch in der Uniklinik Mainz in der Schublade eines Krankhausbettes 1994 ein Reklameblatt, auf dem man erklärte, daß man in der Lage sei, Nieren für die Transplantation zu beschaffen. Die Operation würde 145.000,- DM kosten. Danach müssen die Menschen für den Rest ihres Lebens mit Chemikalien behandelt werden, um die Immunfunktionen des Körpers abzutöten, damit das fremde Organ nicht abgestoßen wird. Eine zuverlässige Einnahmequelle der Krankheitsindustrie bis zum Tod des Patienten.
Je nach dem, ob die rechte oder linke Niere besonders schlimm betroffen ist, wird es uns wieder einen Hinweis darauf liefern, ob dieser Mensch mit seinen emotionalen oder mit seinen wirtschaftlichen, finanziellen und beruflichen Problemen nicht fertig geworden ist (links: Gefühle, recht: Außenwelt, Job).
Kritik geht immer an die Nieren, ebenso Überempfindlichkeit, Enttäuschungen und Frustrationen. Aus diesen Berichten und aus der Darstellung dieser Zusammenhänge ergibt sich für Sie die Möglichkeit, anders und besser zu handeln.
Falls Sie der eine oder andere Fall betrifft, können Sie aus der Darstellung der Ursachen für die Gesundheitsprobleme ableiten, wie Sie im positiven Sinn Ihr Leben umstellen müssen, um aus der krank machenden Situation herauszukommen.
Wer in einer Partnerschaft herumnervt, ist gefährdet. Wer sich an einen Partner klammert, ist gefährdet. Wer sich unterdrücken läßt, ist gefährdet. Wer eine erbauliche, liebevolle Partnerschaft hat, kann sogar bestehende Nierenprobleme überwinden. Wer bereit ist, nach zunehmenden Nierenproblemen seine Partnerschaft zu beenden, kann gewinnen. Wer in einer krankmachenden Geschäftssituation steckt, sollte lieber das Geschäft wechseln, statt seine Niere zu opfern. Sonst bekommt er irgendwann einen treuen, zuverlässigen, aber ebenso kalten Partner: Die Dialysemaschine.
Zu den schlimmen Folgen der Transplantation lesen Sie →Jakoby.
Über die andere Seite, daß in manchen Ländern schon die Maffia auf Bestellung die Organe von frisch ermordeten Menschen liefert, möchte ich gar nicht weiter eingehen (UdSSR, Südamerika, Afrika). Gerade im Januar 2002 flog ein schwunghafter Organhandel von Ärzten in Polen auf, und in China werden viele Todesurteile gegen

Verbrecher vollstreckt. Die Leichen werden den westlichen Organhändlern verkauft.

Ohnmacht

Wer ohnmächtig wird, zieht sich selbst aus dem Verkehr. Er zieht sich aus dem aktuellen Leben zurück. Er sieht keine Möglichkeit mehr, seine gegenwärtige Situation zu meistern. Man stellt sich tot. Man gibt den Verstand auf und überläßt dem Unterbewußtsein die Bewältigung der Situation. Genauso kann es sein, daß ein Mensch längere Zeit in diesem Zustand bleibt und dabei schwere Verletzungen heilt (Koma). Es kann jedoch vorkommen, daß er nicht mehr in diese Realwelt zurückkehrt. (➔Lähmung)

Ohren

Mit den Ohren hören wir, und wir sollen gehorchen. Wir sollen uns nicht verschließen und doch sagt man in der deutschen Sprache: Hör gut zu. Aus Experimenten weiß man, daß so ein Wörtchen "zu" immer etwas ausdrückt, daß verschlossen wird. Der Umgangsspruch "Jetzt hör mir mal gut zu" findet sich oft bei Lehrern, Erziehern und Eltern. Er weist darauf hin, daß die Kinder und die jungen Menschen, die er betrifft, gut hören sollen und trotzdem "zu machen sollen". So nimmt es nicht Wunder, daß der "Getroffene" hinterher oft Schwierigkeiten hat, sich an diese Anweisung zu erinnern.
Eigentlich müßt es heißen "Hör gut auf". Nur, "aufhören" hat für uns heute eine ganz andere Bedeutung. Dann wäre es vielleicht besser zu sagen "Paß bitte gut auf" oder "Achte jetzt bitte gut auf das, was ich sage". Wer nicht hören will, der muß fühlen. Diesen Spruch kennen Sie alle.
Die Ohren sind Gleichgewichtsorgane. Wenn wir Probleme mit den Ohren haben, kommen wir aus dem Gleichgewicht. Dann sollten wir uns fragen, was uns aus der Bahn geworfen hat. Wenn wir in der Lage sind, im geistigen und gefühlsmäßigen Sinn unsere Probleme zu erkennen, dann werden auch die Ohrenprobleme verschwinden.
Man sagt, daß mit dem Alter die Ohren schlechter werden und manchmal stimmt das wohl auch. Was bedeutet das nun wieder? Ein Mensch, der alt geworden ist, hat eine bestimmte Meinung. Er hat sich einen bestimmten Lebensweg aufgebaut. Er will rein kör-

perlich, aber auch im geistigen oder seelischen Sinn nichts mehr dazulernen. Er will einfach nichts mehr hören. Dafür möchte er lieber kommandieren. Hier sehen wir einem Zustand, wo alte Menschen starr und verbissen werden, wo sie ihre eigenen Idee vertreten und völlig unzugänglich sind für neue Ideen. Irgendwann kommen wir dann dahin, daß jemand wirklich nicht mehr hören kann.
Dabei mag es Sie wieder interessieren, daß man durch bestimmte psychologische Tricks, durch Überraschungen, die die Natur des betreffenden Menschen direkt ansprechen, erreichen kann, daß der betroffene Mensch, indem man ihn überrascht und austrickst, doch noch einmal hört.
Aus solchen Situationen lernen wir, daß die betroffenen Menschen nur ihre Hörfähigkeit abgeschaltet haben und sehr wohl hören, aber nicht mehr auf das reagieren, was sie hören.
Genauso hören Sie einen Wecker nicht mehr, der Ihnen auf die Nerven geht. Er tickt aber trotzdem und funktioniert. Wir sollten uns bei Ohrproblemen immer überlegen, was man nicht hören will. Beim "nicht hören können" und "nicht hören wollen" spielen also Starrköpfigkeit, Protest gegen Lebensumstände und der Ausstieg aus der Realwelt der Anderen eine Rolle. Das kann bei starren alten Menschen ebenso auftreten wie bei bockigen oder traurigen Kindern.

Mittelohrentzündung hat immer etwas mit Unterdrückung, Angst und Empörung über Erziehungsmaßnahmen zu tun. Es kann außerdem durch den Verlust eines geliebten Menschen oder durch einen bösartigen Menschen ausgelöst werden. Im Zusammenhang mit den Ohren spielt wiederum die Bereitschaft zur Erkenntnis (→5. Chakra) eine Rolle. Wer nicht hören will, muß fühlen: Dann sinkt seine Wahrnehmung aus dem Bereich des 5. Chakras eine Etage tiefer in den Einfluß des → 4. Chakras (Gefühle, tasten).

Psychose und Psychiatrie

Der Psychotiker (in ausgepägter Form) kann nicht mehr unterscheiden zwischen der Projektion und dem, was Realität ist. Das heißt, bei ihm gibt es keine brauchbare Realtitätsprüfung. Wenn sie mit einem Psychotiker zu tun bekommen, erkennen Sie dessen Psychose, sein absurdes, abstraktes Realitätsbild an. Nehmen Sie sein "Realitätsbild" an, was sonst keiner akzeptiert, dann wird sich

der Betroffene öffnen, weil er endlich jemanden gefunden hat, der ihm zuhört.
Je nach dem, wie die Psychose geartet ist, z. B. eine Art von Größenwahn, oder eine psychotische Angst vor einem speziellen Auslöser ("Böse Mächte machen sich an mir zu schaffen!"), kann es sein, daß dieser Mensch Sie in seinen Wahn hineinziehen will. Aber vielleicht ist es gar kein Wahn? Vielleicht kann er tatsächlich fremde Mächte fühlen, die ihn angreifen? Nun, die einzige Methode, damit umzugehen, ist, daß wir ihn annehmen, ohne jedoch in seinen Wahn hineingezogen zu werden. Aus seiner Vision heraus hat er gewiß recht!
Ich konnte solchen Menschen helfen, indem ich ihnen passend zu ihrer Vision eine Hilfe angeboten habe, z.B. einen schamanistischen Talisman oder ein Ritual zur Vertreibung der bösen Geister. Es ist mir egal, ob der Kranke Recht hat oder spinnt. Ich glaube ihm einfach seine Darstellung. Ich mache ihm klar, daß es ebenso geheimnisvolle Kräfte gibt, die ihm helfen, wenn er dazu bereit ist. Wenn er darauf eingeht, kommen wir zusammen aus der Misere heraus.
Ich meine, die "normalen Ärzte und → Psychiater" sind nicht flexibel genug. In der Steinzeit hätte man diese Fachleute therapiert und zwar nicht zu knapp. Heute sind die psychiatrischen Anstalten angefüllt mit echten "unheilbaren Fällen", aber in noch größerem Maße mit absonderlichen Menschen, die einfach in einer anderen Realität leben, die zum Teil sehr sensitiv sind, die die jenseitigen Welten schauen können usw. Ich bin sicher, daß spirituelle Heiler, Schamanen und Yogis einen Großteil dieser "Geisteskranken" befreien und befrieden könnten.
Doch das ist offensichtlich nicht erwünscht. Die Kranken und die Ärzte machen sich gegenseitig das Leben zur Hölle. Bei meinen Arbeiten fiel auf, daß in derartigen "Instituten" Patienten und Therapeuten z.T. schon seit Jahrhunderten in welchselnden Rollen ineinander verbissen sind. Im Mittelalter haben die Starken die Schwachen gefoltert, verstümmelt, massakriert, verbrannt. Wer in einem Leben die Qualen ertragen mußte, kam als Racheengel im nächsten Leben zurück. Aus Tätern wurden Opfer und umgekehrt. Heute kann man bei diesen Menschen kaum noch sagen, wer angefangen hat. Alle sind ineinander verwoben in einer düsteren Manege mit dämonischen, schwarzmagischen Praktiken.
Überlegen Sie selbst: Da werden den Patienten jahrelang schlimmste Drogen verabreicht, sie bekommen Elektroschocks,

werden lobotomiert (ihr Gehirn wird im Balken durchtrennt!), Gehirnsektoren werden ausgebrannt usw. Das soll Therapie sein?
Sicherlich haben Sie schon von →Scientology gehört. Als diese Bewegung ca. 1950 in England anfing, da gingen → Hubbart und seine Therapeuten in die psychiatrischen Anstalten, um mit ihren neuen Methoden die schwierigen Fälle zu therapieren. Sie konnten reihenweise "unheilbare Fälle" klären (genau wie ich). Was war die Folge? Man verbot nach 3 Jahren den Leuten von Scientology den Zutritt zu den Anstalten! Was sollen die Psychater auch tun, wenn wir ihnen die Opfer wegnehmen?
Ich bin wirklich froh, daß ich mehrfach die Gelegenheit hatte, mit psychotischen Patienten zu arbeiten und einmal mit einem "abtrünnigen" Psychiater, der bei mir Hilfe suchte. Es hat meinen Horizont erweitert. Doch sollten wir an dieser Stelle bedenken, daß wirklich alles seinen Sinn hat.
Es hat einen Grund, daß diese Menschen in solchen Anstalten miteinander im Krieg liegen. Sie müssen altes Karma aufarbeiten. Wir müssen uns nicht einmischen. Wenn ein Mensch dort heraus will, um diesen dramatischen Schicksalskreis zu durchbrechen, dann wird er Freigang bekommen, zufällig bei einem Therapeuten wie mir landen, Hilfe finden und gesund werden.
Ebenso wird manchmal ein Arzt aussteigen, weil er es nicht mehr aushält. Er wird eine private Praxis eröffnen, vielleicht Yoga studieren, und mit seinem erweiterten Wissen draußen anderen Menschen helfen.
Wenn wir einem Psychotiker z.B. Autogenes Training anbieten, wird er die Übungen immer nur soweit praktiziert, wie seine Psychose erhalten bleibt. Das kann in einem Seminar zu Konflikten führen. Wir können solche Menschen nur einzeln betreuen. Das Einzige was Sie machen können ist, ihn vorbehaltlos annehmen und beobachten, ob er sich selbst klärt. Er muß sich selbst klären, nicht wir ihn! Passen Sie auf, ob dieser Patient versucht seine Realität bei Ihnen durchzusetzen. Dann werden die Therapeuten zu Ausgebeuteten, denen der psychotische Patient ständig die Energie stiehlt. Es ist bewundernswert, wenn gute Therapeuten es schaffen, solchen Menschen zu helfen, ohne selbst krank zu werden.

Rachitis

Rachitis ist in der heutigen Zeit meistens keine direkte Mangelkrankheit im Bezug auf Vitamin D, sondern eher die Folge einer gefühlsmäßige Unterernährung, ein Mangel an Liebe und Sicherheit.

Regression

Von Regression sprechen wir, wenn ein Mensch geistig und psychisch in frühere Lebensumstände zurückfällt, um sich von einer Alltagsrealität zu erholen, die ihn überfordert. Wenn Menschen von ihrer Umwelt bevormundet und unterdrückt werden, kann es zu gelegentlichen und später zu dauerhaften Regressionen kommen. Sie reagieren dann nicht "erwachsen", sondern kindisch, albern, oder wie ein Tier, das man herumstößt. Der erwachsene Verstand setzt aus, wenn er denn überhaupt entwickelt ist. Auf dem Land, in bäuerlichen Gegenden, fand man immer Menschen, die von anderen unterdückt und nicht ernst genommen wurden. Sie waren die Prügelknaben für die "Normalen". Viele Beziehungsstörungen in einer normalen Ehe rühren daher, daß sich der einer oder beide Partner bei Belastungen in unterschiedlicher Weise in einer Regression ausruhen. Wenn beide von diesen Dingen keine Ahnung haben, fühlt sich der gerade "normale" Partner vom regredierten Partner mißverstanden oder angemacht. Er beschimpft den regredierten Partner, was dieser in der Regression wiederum nicht begreifen kann. So reden beide emotional kräftig aneinander vorbei. Für viele Beziehungen kommt irgendwann das Aus, nicht wegen Bösartigkeit, sondern aus mangelndem Verständnis.
→Autogenes Training leitet eine kontrollierte Regression ein. Der Übende fällt in beruhigende, einfache, natürliche Zustände zurück. Der nervige Verstand ist nicht gefragt. Das Augenmerk liegt auf körperlichen Reaktionen (Ruhe, Wärme, Schwere, ruhiger Atem, kühler Kopf). Die Übungen bringen den Betreffenden wenigstens für diese 10-20 Minuten geistig zur Ruhe. Mit Autogenem Training gehen Sie willentlich in diese Ruhepause (Regression) hinein und wieder heraus. Daraus ergibt sich der therapeutische Effekt des Autogenen Trainings.
Menschen, die in ihrer Kindheit zu wenig Wärme, Liebe und Harmonie im geistigen, seelischen und körperlichen Sinne, also zu wenig Nestwärme erfahren haben, können wir mit AT Stück für

Stück ein bischen von dieser Nestwärme nachträglich verabreichen. Damit holen sie sich aus ihrem eigenen Schatz an körperlich-geistigen Möglichkeiten ein wenig Nestwärme und fühlen sich beruhigter. Sie spüren, daß sie diese Fähigkeit zur Entspannung in sich tragen. Sie sind hinsichtlich dieser Versorgung auf niemand anderen mehr angewiesen.
Systematisches und regelmäßiges Üben mit Autogenem Training führt dazu, daß die Menschen lernen, sich selbst besser zu versorgen. Autogenes Training, richtig verstanden, führt zu Selbstbewußtsein und Selbständigkeit. Der erste Schritt dorthin ist die Selbstversorgung!

Reisekrankheit

Reisekrankheit ist ein Zeichen dafür, daß sich jemand starr an seinen Platz gebunden fühlt. Er hat Schwierigkeiten, sich im geistigen und gefühlsmäßigen Sinn für neue Eindrücke zu öffnen. Es fällt ihm schwer, voranzukommen.
Die Tatsache, daß einem Menschen das Geschaukel in einem Auto schlecht bekommt, hat etwas mit dem Verlust der Kontrolle zu tun. In der Regel kann auch ein "Autokranker" selbst gut Auto fahren, ohne daß ihm schlecht wird, aber nur, solange er die Kontrolle und das Lenkrad in der Hand hat! Ist er einem anderen Fahrer ausgeliefert, wird ihm bald schlecht. Das hängt also mit einem Mangel an innerem Selbstvertrauen zusammen, daß man sich sicher fühlt, egal was außen passiert.

Rheuma

Hierbei handelt es sich um eine Krankheit, die ehrgeizige Menschen betrifft, die sich selbst überfordern, die einen Vorrang beanspruchen, den sie nicht durchsetzen können. Sie wollen alles sehen und kontrollieren. Sie gehen in eine falsche Richtung und bleiben trotzdem stur bei ihrer Meinung. Sie haben sich eine große Aufgabe gestellt und dann nicht die Möglichkeit, sie wirklich zu erreichen. Sie sind nicht gut aufs Dienen zu sprechen, sondern auf Herrschen. Sie haben ein Geltungsstreben und starke Ansprüche an ihre Umwelt. Sie sind aber nicht in der Lage, diese Interessen umzusetzen. Alles das mögen sie natürlich nicht gerne hören. Es ärgert sie schon wieder.

Wir finden bei Rheumatikern einen Mangel an Liebe und Zuwendung, der vielleicht schon in der Kindheit angefangen hat. Daraus resultiert dann ihre Bitterkeit, ihr Ärger und ihre Rachegefühle gegenüber der Umwelt, was wiederum zu noch mehr Verhärtungen führt. Vielleicht hat ein Elternteil sie schlecht behandelt oder ihnen zu wenig Liebe gegeben. Dafür verlangen sie dann vom Ehepartner mehr Liebe und Führsorge, als diese(r) geben kann. Das führt zu weiterer Unzufriedenheit. Zweifellos wollen sie kontrollieren, statt sich anzupassen.
Kurz gesagt ist Rheuma eigentlich nur eine totale Verspannung und Verkrampfung des Organismus und ein Mangel an gesunder Ausscheidung von allem, was überholt und verbraucht ist. Hier spielen oft karmische Verwicklungen aus früheren Leben hinein. Eine gute Rückführung kann helfen. Doch sollte sich der Therapeut nicht darauf verlassen, daß er für seine Bemühungen Lob oder Dankbarkeit erntet. Rheumatiker neigen dazu, ihre Krankheit beizubehalten und zu verschärfen, um auf bestimmte Menschen in ihrer Umgebung Druck auszuüben, oft auf die ganze Umwelt, die sie erreichen. Es kann bereits helfen,→ Vitamin C in hoher Dosierung regelmäßig einzunehmen, zuzüglich →Vitamin B-Komplex. Außerdem sollten sie Entspannungstechniken erlernen und versuchen, die Welt positiv zu sehen.

Rückenschmerzen

Rückenschmerzen zeigen an, daß jemand mit dem, was er zu tragen hat, nicht mehr fertig wird, daß er es nicht mehr tragen oder ertragen kann. Es ist eine Fehlhaltung, bei der die Umwelt Druck auf den betreffenden Menschen ausübt. Der betroffene Mensch ist nicht in der Lage, seine Interessen zu vertreten und dem zu widersprechen. Er kann nicht loslassen. Er weiß nicht, wie er seine Schuld- oder Angstgefühle loslassen soll. Er weiß nicht, wie er seine Verpflichtungen einhalten soll. Er ist willensmäßig verkrampft. Manchmal fehlt es ihm an Ehrlichkeit in Bezug auf die eigenen Probleme.
Trifft es die Schultern, dann sind es mehr soziale Lasten und Verantwortung. Trifft es den mittleren Teil des Rückens, dann sind es eher Herzprobleme, Liebe, Gefühle und Zwischenmenschlichkeit. Trifft es den unteren Bereich des Rückens, dann handelt es sich um sexuelle Probleme oder um Probleme, die die finanzielle Situation, die Existenz- und Lebenshaltung betreffen.

Wenn jemand einen Buckel hat, dann bedeutet das zumeist, daß sich auf seinem Rücken bestimmte Muskelpartien dermaßen verspannen, daß die Wirbelsäule oder ein Teil des Brustkorbes verkrümmt wird. Es ist ein Zeichen für uralte Aggressionen, für Wut im Rücken, für aufgestauten Ärger und für einen Mangel an Flexibilität. Der betroffene Mensch hat Schwierigkeiten, seine Interessen durchzusetzen aus Angst vor irgendeiner Person, z. B. Mutter, Vater oder Großeltern. Er fühlt sich in einer Abhängigkeit, aus der er nicht entkommen kann. Am liebsten würde er explodieren. Die Bürde des Buckels kommt wohl immer aus einem früheren Leben. Sie kann im jetzigen Leben induziert werden, wenn ein Kind ungewollt ist und bereits vor der Geburt abgelehnt, unterdrückt und versteckt werden soll. Dabei spielt nicht nur die Haltung der Mutter eine Rolle, sondern auch bösartige Verhältnisse in ihrer Umgebung (Großeltern, Gesellschaft, Religion), sowie negative Kräfte aus dem Jenseits (Besessenheit).

Schilddrüse

Zu den Schilddrüsenfunktionen haben wir schon einmal Stellung genommen (→ 5. Chakra). Wenn sich jemand überfordert fühlt, versucht er, seine Schilddrüsenfunktionen zu unterdrücken. Dann "blickt er nicht mehr durch". Er schaltet ab. Wenn er sich unterfordert fühlt, dann neigt er zu einer Übersteuerung der Schilddrüse und versucht mit seinen Problemen fertig zu werden, aber sie wenden sich vielleicht gegen ihn selbst. Oft möchte der Betroffene bemuttert und versorgt werden. Solange er liebevoll versorgt und betreut wird und er das Gefühl hat, daß man ihn ernst nimmt, lassen Schilddrüsenstörungen auch wieder nach. Ängste und Aggressionen aller Art finden ebenfalls ihren Niederschlag in den Funktionen der Schilddrüse.
Abhilfe bei Überfunktion: Meditation, beruhigende Übungen, sage Dir selbst, "Ich schaffe es, mein Leben zu bewältigen. Ich habe genug Zeit. Alles regelt sich von selbst, wenn die zeit reif ist."
Bei Unterfunktion: Du mußt bereit sein, auch das anzusehen, was dir nicht gefällt. Willst Du als alter Spießer leben und sterben? Konservatismus lähmt die Schilddrüse. Kochsalz mit Jod, Urlaub an der See, sowie Wanderungen am Meer sind hilfreich.

Schlaflosigkeit

Ein gesunder und erholsamer Schlaf ist sehr wichtig, damit wir geistig-seelisch gesund bleiben. Schlafprobleme und ihre Lösung durch sanfte Medizin und → Psychokybernetik habe ich in meinem Buch → "Gesunder Schlaf" ausführlich dargestellt. Fassen wir die wichtigsten Aspekte kurz zusammen: Schlaflosigkeit resultiert aus seelischen Überlastungen oder aus Störungen durch Fremdeinwirkung, die Geräusche in einer Stadt, schlechte Luft oder schlechter Schlafplatz. Die fremden Faktoren können Sie ändern, indem Sie umziehen in eine ruhige, saubere Gegend.
Normalerweise verarbeiten wir im Traum unsere Alltagsereignisse und planen unsere Zukunft. Gelingt das nicht, weil wir chronisch überlastet sind, dann entsteht eine innere Unruhe. Die normale Traumarbeit ist gestört. Man hat irgendwann schon vor dem Einschlafen Angst, weil die Träume unbefriedigend sind und weil unlösbare Probleme Tag und Nacht Angst verbreiten. Der Zusammenhang muß dem Betroffenen keineswegs bewußt sein!
Wird vor dem Einschlafen noch Alkohol getrunken, stört das die Traumarbeit und die nächtlichen Reinigungsfunktionen der Leber. Statt auf diese Weise den Schlaf und die Träume zu stören, sollte man lieber täglich für mehr Bewegung an frischer Luft sorgen. Eine gute Durchblutung und Sauerstoffversorgung des Hirns sind wichtige Faktoren für guten Schlaf. Machen Sie vor dem Schlaf sportliche Übungen und Feueratem.
Eine langweilige, monotone Tätigkeit und ein Mangel an menschlichen Kontakten (Vereinsamung), führen ebenfalls zu Schlafstörungen. Das ändert sich, wenn sich der Mensch eine geistig interessante, anregende und auf Dauer motivierende Tätigkeit verschaffen kann. Interessante Tätigkeiten, die uns motivieren, sind für viele Krankheitssympthome die richtige Antwort.
Schlaftabletten sind jedoch Betäubungsmittel und haben höchsten ganz kurzfristig und vereinzelt ihren Nutzen, auf keinen Fall als regelmäßige Hilfe. Lernen Sie → Autogenes Training und Meditation. Gegen Nervosität kann Baldrian helfen. Schlaflosigkeit kann auf jeden Fall überwunden werden.
Was man vor dem Einschlafen denkt, nimmt man mit in den Schlaf hinüber. Also bitte, denken Sie kurz vor dem Einschlafen an gute und erbauliche Dinge. Ebenso können Sie sich vor dem Schlaf auf bestimmte Fragen konzentrieren. Mit etwas Glück erwachen Sie morgens oder mitten in der Nacht mit der richtigen Antwort! Weitere

Einzelheiten über das Schlafverhalten, was normal ist oder nicht, erfahren sie in meinem Buch → "Gesunder Schlaf". → "Yoga und Schlaf".

Schlaganfall

Beim Schlaganfall kommt es zu einem Gerinsel im Hirn, wodurch bestimmte Nervensektoren oder Nervenbahnen blockiert werden. Es kann zu einer einseitigen oder partiellen Lähmung bestimmter Körperteile kommen.
Ein Mensch, der einen Schlaganfall erleidet, zieht sich aus dem Leben zurück. Er schaltet schlagartig ab. Er will nicht mehr mitmachen. Es ist eine Blockade, die ein Mensch gegen sich selbst errichtet. Es ist ein starker Widerstand gegen die Umstände, unter denen der betreffende Mensch lebt. Wir sollten nicht auf das biologische Blutgerinsel achten, sondern auf die Blockade.
Es ist keineswegs so, daß dieser Zustand irreversibel ist, wie viele Ärzte meinen. Wenn der betroffene Mensch den ersten Schock über diesen Vorfall überwunden hat, kann es ihm mit viel eigener Willenkraft gelingen, seinen Zustand ganz wesentlich zu verbessern. Dabei zählen Beharrlichkeit, ohne geistig Druck auszuüben, und der feste Glaube an sich und sein Leben. Zusätzlich braucht er eine liebevolle Betreuung durch einen Therapeuten, der ihm hilft, die geheimen Ursachen zu erforschen. Mir sind einige Fälle bekannt, bei denen ein Mensch fast vollständig wieder hergestellt wurde. Dabei wurden von den Therapeuten Edelsteintherapie, schamanistische Methoden und Energiepyramiden eingesetzt, um den Zustand der Patienten tiefgreifend zu verändern.
Hilfe ist also möglich. Trotzdem ist jeder Fall einzigartig. Wir dürfen nichts verallgemeinern. Durch die beharrliche innere Suche kann ein Mensch in seinem Hirn Umwege finden, die die blockierte Stelle umgehen. Das ist sehr wohl möglich. Wir wissen seit einigen Jahren, daß sogar bis ins hohe Alter noch neue Nervenfasern wachsen können, was die Mediziner lange genug völlig verleugnet haben. Das Schlimmste, was uns bei so schweren Störungen passieren kann, sind eigensinnige, unflexible Mediziner, die den Patienten krank reden.

Schmerzen

Schmerzen weisen darauf hin, daß in einem bestimmten Teil unseres Körpers etwas nicht in Ordnung ist. Das kann eine Stauung, eine Blockade sein, eine Gewebeverletzung, sodaß ein bestimmter Prozeß nicht mehr richtig abläuft. Sie sind ein Hinweis darauf, daß irgendwo unsere Energie blockiert ist oder daß ein Teil unseres Körpers repariert werden muß. Vielleicht brauchen wir nur Ruhe oder eine andere Ernährung. Chronische Schmerzen sind ein Dauersignal, eine ständige Warnung. Was sollten Sie unterlassen, damit dieser Teil des Körpers zur Ruhe kommt?
Schmerzen können aber auch fiktiv sein, also "eingebildet". Wenn Sie mit Ihrer Lebensweise gegen Tabus aus Ihrer Erziehung verstoßen, kann das erst sporadisch, später chronisch zu irgendwelchen Schmerzen führen. Das schmerzende Organ sagt wiederum aus, wo in etwa das Tabu liegt. Wenn z.B. eine Frau immer Regelschmerzen bekommt, dann hat das mit sexuellen Tabus zu tun. Sport, Fittness und eine positive →Sexualität überwinden die Regelschmerzen sehr schnell (→Migräne).
Gelenkschmerzen: Der Mensch kommt nicht mehr voran.
→Magenschmerzen: Das eigenen Leben ist nicht mehr verdaulich.
→Schulterschmerzen: Überlastung mit Verantwortung, unterdrückte Aggressionen.
Dumpfe Bauchschmerzen: Angst.

Schultern

Hier tragen wir unsere Verantwortung. Wir müssen acht geben, daß wir wegen Belastung und Schwierigkeiten keinen "starren Hals" bekommen. Redewendung: 'Mann, schiebt der einen Hals!' Das heißt, er ist wütend, es hat es dick.
Wir müssen unsere Verantwortung und unsere moralischen Lasten auf den Schultern zu tragen. Wird die Last zu groß oder das Leben zur Qual, dann müssen wir mit Schulterproblemen rechnen. Dann können wir die Arme nicht mehr frei bewegen. Wir können nicht mehr so richtig zugreifen, aber auch nicht mehr richtig loslassen. Bei Schulterproblemen sollte ich mich immer fragen: Was kann ich nicht mehr tragen oder ertragen? Was ist mir lästig? Was bedrückt mich? Wie kann ich das abstellen? Sportliche Übungen mit Hanteln oder Liegestütze stärken die Muskulatur im Schultergürtel. Das

wird dazu führen, daß Sie auch im übertragenen Sinn ihre seelische Last besser ertragen können.
Mir ist aufgefallen, daß "normale" Frauen keine Liegestütze machen können und sich nicht durchsetzen können. Trainieren sie ihre Muskeln mit kleinen Hanteln u.a. Übungen, bis sie schließlich doch 5 - 10 Liegestütze schaffen, dann stärkt das direkt sichtbar ihre geistige Haltung! Sie fassen plötzlich Mut, um sich aktiv am Leben zu beteiligen. Sie lernen, die Verantwortung für ihr Leben zu übernehmen. Dieser Zusammenhang ist evident. Ich habe es oft mit Erfolg empfohlen. Dann erschrecken die Mitmenschen, wenn die kleine, unscheinbare Frau plötzlich weiß, was sie will! →Rückenschmerzen

Seekrankheit

Seekrankheit ist genauso wie →Reisekrankheit eine Angst vor weitreichenden Veränderungen. Durch die Schaukelei wird unser Gefühl stark angesprochen. Die Unmenge von Wasser um uns herum erinnert uns an unsere Gefühle und an unser Unterbewußtsein. Die Psychologie bringt Unterbewußtsein, Gefühle und alte Erinnerungen aus dem Unbewußten immer mit Wasser in Verbindung. Seekrankheit ist ein Zeichen für unbewußte →Angst und Furcht, manchmal Todesangst.
Es ist ein merkwürdiges Gefühl, wenn wir auf einem schwankenden Schiff den Naturgewalten ausgeliefert sind. Wer es gewohnt ist, die Kontrolle zu behalten, muß hier plötzlich loslassen. Wer seine Umwelt verstandesmäßig kontrolliert, kann hier nichts mehr erreichen. Er ist von anderen Menschen und von der Natur abhängig. Bei der Seekrankheit spielen oft alte, unbewußte Erinnerungen eine Rolle.
Nicht umsonst begeistern sich Führungskräfte fürs Segeln und für Motorjachten. Die erfolgreiche Auseinandersetzung mit dem Meer festigt die Persönlichkeit. Wenn wir jemandem, der unter Seekrankheit zu leiden beginnt, eine Tätigkeit offerieren, die ihm wichtig erscheint, vergißt er seine Seekrankheit und fühlt sich wieder wohl. Er richtet dann seine Aufmerksamkeit von der inneren Verkrampfung und von der heftigen Bewegung auf eine aktuelle, wichtige Aufgabe. Aus diesem Grund kann ein gemeinsamer Segeltörn oder eine gemeinsame Fahrt auf einem Fischkutter bei bewegter See den Zusammenhalt in einem Arbeitsteam fördern.

Sinusitis

Stirnhöhlenprobleme oder Nebenhöhlenprobleme haben stets etwas mit dem Gefühlsleben und mit den sozialen Kontakten des Patienten zu tun: Probleme in der eigenen Familie, sexuelle Problem, nicht anerkannt werden, die eigene →Sexualität nicht in der richtigen Art und Weise ausleben können, das sind die wichtigsten Ursachen. Nebenhöhlenprobleme treten auf, weil dort zuviel Schleim produziert wird, statt daß dieser Schleim in den Geschlechtsorganen produziert würde, wo er für den Sexualakt gebraucht wird.
Eine Gesichtsmassage, stets von der empfindlichen Partie hinter den Ohren, dort wo der Unterkiefer eingehängt ist, nach vorn zum Mund, sowohl über den Unterkiefer, als auch direkt über die Wangen nach vorn, kann eine Heilung fördern. →Ätherische Öle können für die Massage verwendet werden. Alle ätherischen Öle, die für die Nebenhöhlen aktiv sind, wirken auch positiv auf die Funktion der Geschlechtsorgane ein, z.B. Bergbohnenkraut, Niauli oder Ylang Ylang.
Achtung: Bergbohnenkraut ist sehr stark und kann empfindliche Haut ätzen, für die Massage1:10 mit Speiseöl verdünnen.
Ähnliches gilt für die Stirnhöhle: Blockaden in der Verständigung mit anderen, nahestehenden Menschen, zuviel Spannung, zuviel Hitze und Energie im Austausch mit anderen Menschen, führen zu dieser Erkrankung. Das →3. Auge ist dann blockiert und die sensitive Verständigung mit anderen Menschen wird unterdrückt. Frage: Was steigt diesem Menschen zu Kopf? Was blockiert seine Wahrnehmung? Was will er nicht sehen? Hier eignet sich für Massage eher Zitronenöl, weil es eine stark erfrischende und belebende Wirkung hat, außerdem Jasmin, Geranium, Eisenkraut (auch stark!) oder zur Beruhigung Lavendel.

Stottern

Wenn jemand stottert, hat er Angst, daß das, was er sagt, nicht angenommen wird. Er oder sie hat Angst, überhaupt etwas zu sagen. Stottern finden wir bei Menschen, die schon als Kinder von ihren Eltern unterdrückt worden sind, die Streit mit ihren Eltern bekamen, die sich nicht äußern durften, die den Mund halten mußten und die man niemals ernst genommen hat. Es ist ein Mangel an Selbstsicherheit und an Ausdrucksfähigkeit. Meistens betrifft es

Jungen, die von ihrem Vater unterdrückt werden. Aus dieser Beschreibung wird gleichzeitig klar, daß die Krankheit überwunden werden kann. Zuerst sollten diese Menschen unbedingt → Autogenes Training lernen und so Kontrolle über wichige, vegetative Körperfunktionen bekommen. Daraufhin werden sie nach und nach mehr innere Sicherheit entwickeln, schließlich die Angst überwinden und frei sprechen lernen.
Ich habe einmal als Student einen Freund betreut, der kaum reden konnte. Wir sind nach diesem Muster vorgegangen. Nach einem halben Jahr konnte er ohne die Anwesenheit seines Vaters schon recht gut sprechen. Parallel dazu haben wir seinen Vater analysiert: Ein spießiger, diktatorischer Beamter. Er war nicht gewalttätig, sondern er tyrannisierte die ganze Familie mit Worten und Verordnungen. Er tyrannisierte auch die Mutter total, was ihren Sohn von Geburt an erschüttert hatte. Als sein Sohn (23) ihm dann irgendwann vorsichtig, fest und bestimmt sagte, was er von ihm hielt und warum er 22 Jahre lang nicht reden konnte, bekam der Vater hysterische Anfälle. Der Sohn ließ ihn stehen und ging zu seinen Freunden. Das Vater hatte anschließend einen Zusammenbruch. Er konnte nie wieder in dieser Art seine diktatorische Show ablaufen lassen (preußische Zucht und Ordnung).
Mit der völlig unerwarteten Tatsache, daß sein "unfähiger und unerwünschter Sohn" ihm plötzlich qualifiziert die Meinung sagen konnte, ist er nicht fertig geworden. Der Sohn ist kurz danach in eine WG gezogen und wurde endlich erwachsen.

Streß

Streß ist eigentlich gut und normal. Streß ist nur die Aktivität, die entsteht, wenn wir etwas unternehmen wollen, wenn wir also eine Aufgabe erkennen und lösen wollen. Permanenter Streß ohne Aktivität, führt zu Fehlfunktionen. Der Körper stellt Energie bereit, sie wird jedoch nicht eingesetzt. Die Energie kreist im Körper, der Mensch gerät unter dauernden Streß. Die Muskulatur ist ständig in Bereitschaft, ohne daß etwas passiert. Wenn wir nicht arbeiten oder kämpfen können, um das Problem zu lösen, sollten wir vielleicht besser "weglaufen". Darum wirkt Jogging ja so befreiend auf gestreßte Bürger.
Hier hilft wieder einmal →AT. Die physische Wirkung des Autogenen Trainings ist gekennzeichnet durch eine Herabsetzung des Muskeltonus. Der Muskeltonus sorgt für die ständig vorhandene

Spannkraft der Muskulatur, welche für die Bewegung des Organismus notwendig ist. Eine chronische Überspannung reduziert aber unsere Einsatzfähigkeit. Richtige Entspannung ist heutzutage sehr wichtig! AT und Jogging sind eine gute Kombination gegen Streß.

Sucht

Jede Sucht sucht etwas! Der Süchtige ist auf der Suche nach einer positiven Veränderung für sein Leben. Jede Sucht, egal mit welchem Produkt, ob mit Zucker, Tabak, sonstigen →Drogen oder Medikamenten (das sind auch nur Drogen!), ist ein Zeichen, daß sich der betreffende Mensch selbst nicht richtig annehmen kann. Er hat Angst, daß er aus sich heraus nicht genug Lebenskraft hat. Sucht zeigt immer einen Mangel an Liebe, Aufmerksamkeit und Freude. Sucht kann entstehen aus Einsamkeit, aus Angst, aus einer monotonen Tätigkeit oder aus Neugierde. Wie sehr es den einzelnen Menschen erwischt, hängt von seiner inneren Stärke ab.
Dabei gibt es national oder rassisch bedingte Unterschiede. Die verschiedenen Völker reagieren verschieden auf die gleichen Drogen. Die Indianer hatten den Tabak, aber nie ein gesundheitliches Problem damit. Sie haben ihn nur sehr mäßig benutzt. Sie haben auch starke halluzinogene Drogen wie Peyote (→Mescalin) und Psilocybin nur für heilige Rituale genutzt, ohne als Volk darunter zu leiden.
Der Alkohol hat sie fast ausgerottet. Die Völker in Skandinavien, speziell in Schweden, Finnland und Norwegen, sowie die Eskimos, haben ein viel schlimmeres Alkoholproblem als z.B. Deutschland oder Italien. Diese nordischen Völker haben traditionell Met getrunken und Fliegenpilze als Droge verwendet, was aber niemals zu einem gesellschaftlichen Problem geworden ist. Dafür gibt es bei uns in Mitteleuropa mehr Tabaksüchtige als unter den Indianern.
In Asien, speziell in China, war Opium eher ein Heilmittel und eine Droge für alte, kranke Menschen mit chronischen Schmerzen. Die Engländer versuchten China mit ihrer Opiumpolitik zu vernichten. Sie zwangen mit ihren schwer bewaffneten Schiffen die Chinesen zum Verkauf ihrer Waren und "bezahlten" sie mit → Opium (Kanonenbootpolitik). Doch die Chinesen haben das Problem nach und nach wieder in den Griff bekommen.
Die Indianer in Südamerika kauen Kokablätter, ohne daß es sie vernichtet hätte. Sie sterben erst jetzt in den Slums der westlichen

Großstädte. Nach einer französischen Drogenstudie wird das meiste Kokain an Broker und Banker in USA und Europa verkauft, weil es sie schneller und analytischer denken läßt.
Die jungen Menschen bei uns versuchen mit "Designerdrogen" (→ Amphetaminderivate) aus dem tristen Alltag auszusteigen. Es gibt wohl keine moderne Jugendband, die ohne derartige Hilfsmittel ihre anstrengenden Musicshows liefert. Wie auf der Bühne, so unten im Saal: Die Hemmungen verschwinden, man findet den Mut, sich abzureagieren, auch die sexuellen Hemmungen verschwinden. Man überwindet die einprogrammierten, überholten gesellschaftlichen Moralvorstellungen. Ob es dann gelingt, neue Regeln fürs Leben zu entwickeln, sei dahingestellt. Es ist ein Versuch. Nach meinen Beobachtungen kommen die meisten jungen Leute bald wieder davon weg. Man muß eben trotzdem sein Leben auf die Reihe bringen.
Die Indischen Pagoden und die ägyptischen Tempel wurden mit Haschisch gebaut (so wie unsere Häuser mit Bier und Schnaps). Trotzdem war Hanf nie ein Problem für diese Länder. Erst die westliche Pharmaindustrie macht aus diesen natürlichen Pflanzendrogen ein Problem. Sie verbietet die Konkurrenz! Statt dessen verkauft man den Menschen für teures Geld unzählige abhängig machende Medikamente und manipuliert die Volksmassen über Drogen wie Schlafmittel (alle Barbiturate machen abhängig!), Psychopharmaka, Antidepressiva usw.
→ Haschisch ist sicher gut gegen Streß oder gut für Arbeiter, die einen monotonen Fließband-Job machen müssen. Die Industriebosse sollten es freigeben. Es würde die Arbeiter besser beruhigen, als die Gewerkschaft. Es würde nur den Absatz an anderen Medikamenten reduzieren.
Wenn Sie mich fragen: Die beste Droge ist Liebe und Erfolg. Wenn Sie eine gute Beziehung haben, Spaß am Leben und erfolgreich sind, dann können Sie das Leben genießen und auf derartige Drogen verzichten.

Thymusdrüse

Der Thymus ist unser Lebensindikator. Er reagiert sehr empfindlich auf psychische Signale aller Art, also Bilder, Klänge, Zeichen, Farben. Im Wesentlichen steht unser ganzes Überleben im Zusammenhang mit der Thymus-Funktion. Der Thymus kontrolliert die Energie im Meridian-System. Der Thymus ist das Bindeglied zwi-

schen Körper und Geist. Im Griechischen bedeutet thymos die Lebenskraft, Seele und Sensibilität, aber auch "Rauch, Dunst" und ist ein Hinweis auf den Ätherkörper. Der Thymus ist das organische Bindeglied zwischen Körper, Seele und Geist.
Unser Thymus wird stark beeinflußt von unseren sozialen Verhältnissen. Unangenehme Personen lösen sofort eine Schwächung aus, der Name genügt! Berichte von Krieg, Gewalt, kurzum von allem, was Leben zerstört und gefährdet, schadet dem Thymus. Verzerrungen, Übertreibungen und gefletschte Zähne, z. B. in der Werbung, erzeugen eine Unausgeglichenheit und Streß im Thymus. Kennzeichen unserer Gesellschaft ist ein niedriges Energieniveau und eine Schwäche der Thymusfunktion.
Jede Krankheit beginnt mit einer Erschöpfung der Lebensenergie, verbunden mit einer Schwäche im Thymus. Geht diese Erschöpfung weiter, wird irgendein Organ angegriffen und später zerstört.
Gerade die Kinesiologie hat im Bereich der Thymus-Reaktionsforschung eine sehr wertvolle Aufklärung geschafft:
Gesunde Familien, liebende, offene Arme, ein Bild mit einem Kind auf den Armen, Bilder von glücklichen Babys, stärken den Thymus und heben die Lebenslust.
Gekreuzten Linien, also alle Kreuze, besonders wenn ein Toter daran hängt, führen sofort zu einer Verkrampfung des Thymus und zu einer Schwäche unserer Immunfunktionen.
Diagonale Linien, Trapez, Dreiecke, Pyramiden und X-Zeichen stärken den Thymus.
Wirkt eine Stimme gepreßt, wenn jemand redet, schwächt es den Thymus der Zuhörer. Positive Worte bauen auf, negative ab. Die Macht der Worte und der Symbole ist real zu spüren. Sie kann mit den Übungen der Kinesiologie getestet werden.
Die Hemisphären-Integration in unserem Hirn ist notwendig, da links Logik + Sprache gesteuert wird und rechts Rhythmik + Intuition. Unsere normale Denkweise und Lebensweise führt ganz systematisch zu einer inneren Spaltung der Persönlichkeit. Der alte Grundsatz "teile und herrsche" wird durch unser Schulsystem festgeschrieben. Es ist die Grundlage der heutigen Herrschaftsverhältnisse. Die Vervielfältigung negativer Reden und Informationen über TV und Presse sichert den Erhalt unseres Systems. Nach Betrachtung der normalen, nutzlosen und negativ angefüllten Nachrichten ist bei jedem Betrachter die Thymusfunktion "im Keller". Bilder von Rauchern schwächen auch Gesunde.

Armbanduhren können in 4 möglichen Positionen getragen werden, linker und rechter Arm auf oder unter dem Handgelenk. Testen Sie es mit der →Kinesiologie (→Chakraheilung)! Meist ist nur eine Position erträglich. Alle anderen schaden dem Thymus. Sensitive Menschen vertragen gar keine Uhr am Körper. Am schädlichsten sind die modernen Uhren mit Quecksilberbatterie und Schwingquarz. Am besten zu ertragen sind alte Uhren mit Rädchen zum aufziehen oder mit Automatik, ohne Quarz.
Schuhe mit hohen Absätzen signalisieren "beide Füße machen einen Schritt". Das ist unlogisch und irreal. Hohe Schuhe werden als Sexartikel verwendet. Sie signalisieren den Männern eine unsichere Frau auf der Flucht, ein sexuelle Opfer, das man bald einfangen wird. Sie schwächen den Thymus der Frau.
Lachen ist Medizin! Lächeln stärkt den Thymus.
Alle vis-á-vis-Situationen bewirken einen Energie-Ausgleich. Wenn wir einem Menschen von Angesicht zu Angesicht in der Therapie gegenüber sitzen, müssen wir stark sein, um ohne Schaden behandeln zu können. Aus diesem Grund legen wohl die Psychologen ihre Opfer auf die Bank und schauen nur in ihre Notizen.
Im engen Kreis einer Familie erfolgt stets ein Thymus-Ausgleich, einer wie alle, alle wie einer. Die Mitglieder der Familie schauen sich an und gleichen sich aus. Geht ein Mitgleid längere Zeit eigenen Wege, beginnt bereits eine Entfremdung.
Gedichte und Lyrik wirken aufbauend für unseren Thymus, ebenso Naturbilder und -geräusche.
Kopfnicken stärkt den Thymus, Kopf schütteln schwächt den Thymus, auch bei anderen Menschen, die es sehen.
Telefonieren fördert die Einseitigkeit, wechseln Sie den Hörer bei längeren Gesprächen hin und her.
Gymnastik fördert das "switching", das- hin und herschalten zwischen den beiden Hirnhemisphären, und nicht die Hirnkoordination! Gymnastik ist also kein sinnvolles Heilmittel. Nur der → Kreuzgang fördert die Hemisphärenintegration und den Thymus zugleich. Jede Geste, die wir machen, ist eine Reaktion zum Ausgleich unseres Energiesystems.
Wenn Sie testen möchten, wie ein Mensch zu bestimmten Dingen, Personen oder Orten steht, machen sie den Basistest der → Muskelreflexdiagnose. Stellen Sie ihm Fragen. Lassen Sie ihn die eigene Adresse sagen. Fragen Sie ihn nach seinen Wohnverhältnisse, zur Familie, zum Chef, zu seiner Nahrung. Er soll sich Tätigkeiten vorstellen. Alle seine inneren Reaktionen kommen über den Basis-

test zum Ausdruck. Das, was da reagiert, ist sein Thymus, sein Herz und sein Solar plexus, also zusammengefaßt sein → 4. Chakra und sein → Herzlotos. Der Thymus und das 4. Chakra liegen auf dem Zentralgefäß (Konzeptionsgefäß). Das ist der Akupunkturmeridian, der vorn von unserem Geschlechtsorgan in der Mitte des Bauches und der Brust nach oben läuft und in der Mitte der Unterlippe endet.

Wenn wir die Zunge oben in den Gaumen drücken, stärkt das den Thymus und somit unsere Selbstheilungskräfte. Mit der Zunge überbrücken wir den Hohlraum Mund und stellen die Verbindung her zum Gouverneursgefäß, welches hinten vom After über die Wirbelsäule in der Mitte des Körpers nach oben läuft, zentral über unseren Kopf und die Nase. Der Gouverneurskanal der Akupuktur endet in der Mitte der Oberlippe. Mit der Zunge den Gaumen berühren, ist eine uralte Übung des Kundalini Yoga. In der Forschung von "Touch for Health" (Kinesiologie) wurde sie analysiert.

Umarmen, auch als Geste, stärkt unseren Thymus. Liebe ist beste Medizin für den Thymus!

Das Vergnügen, das wir empfinden können, hängt immer von der Lebensenergie ab, die wir zur Verfügung haben!

Tod

Grinsen kann auch ein Skelett. Ob noch Leben drin steckt? Bedingt durch die christliche Verleugnung der Wiedergeburt haben alle westlich erzogenen Menschen Angst vor dem Tod. Er scheint das Ende zu sein.

Wer das Leben meistern möchte oder wer in seiner Verwandschaft mit einem nahen Todesfall konfrontiert ist, wird sich wohl eine Meinung bilden müssen, sonst wird er in die Gefühle der Angst mit hineingezogen.

Die Botschaft des Todes ist eine zweifache. Zum einen: Habe ich mich so entwickelt, daß ich meine geplanten Pflichten erledigen konnte? Er mag auch kommen, weil keine Chance mehr besteht, daß ich die noch anstehenden Pflichten erledigen werde.

Zum anderen: Es ist nicht mehr zu erwarten, daß ich der Botschaft und Zielsetzung des Lebens in meiner gegenwärtigen Inkarnation noch etwas Wesentliches hinzufügen kann. Folglich werde ich überflüssig.

Mein Körper wird recycled wie ein altes Auto, das sich verbraucht hat. Er ist das "Fahrzeug der Seele". Alte Körper werden aus der

menschlichen Gesellschaft ausgeschieden, wie die Hüllblätter eines Spargeltriebes, der zur Sonne strebt. Sie wissen gar nicht oder nur vage, wie die spätere, fertige Pflanze einmal aussehen wird. Aus alledem können wir entnehmen, daß wir ein natürliches Recht haben, sehr alt zu werden, solange wir der Welt noch neue, wertvolle Entwicklungsimpulse hinzufügen können. So lange bleibt unser Geist flexibel und der Körper wird erhalten.
Wer allerdings in Folge von uneinsichtigen Jugendsünden seinen Körper frühzeitig verschlissen hat, der wird vielleicht abtreten müssen, um die Chance für einen neuen zu bekommen. Lesen Sie auch bei →Religion und →Reinkarnation nach.
Ein aktuelles und nützliches Buch ist der Titel von →Jakoby, "Das Leben danach". Es schildert gewissenhaft die Erfahrungen von Menschen, die kurzfristig tot waren und wiederbelebt wurden. Es kann keinen Zweifel daran geben, daß jedem dieser Menschen klar ist, daß wir nach dem irdischen Tod weiterbestehen. Das Leben endet nie. Es wechselt nur die Ebene. Wer noch Zweifel daran hat oder die reinkarnation für Unsinn hält, sollte dieses Buch lesen und seine Überheblichkeit, gepaart mit Angst, ablegen.

Träume

Die Intensität unserer Träume, sowie unsere Ergebnisse mit der Psychokybernetik hängen davon ab, wie viele Endorphine unser Körper produziert und bereitstellt. Attraktive Gespräche und Situationen mit attraktiven Menschen oder einer attraktiven Umgebung (Park, Bergwelt, Meer) regen unsere Phantasie und die Endorphinproduktion an. Sie lassen uns geistig bewußter und kreativer sein.
Erotik ist ein toller Promotor. Wenn wir sexuelle Bedürfnisse haben, leben wir sie in unseren Träumen aus. Das belebt unser ganzes biologisches System.
Wenn wir Ängste und Probleme haben, leben wir sie ebenfalls aus. In unseren Träumen versuchen wir Lösungen zu finden. Darum bezeichnet man die Träume auch als "Handeln auf Probe".
Wir können lernen, unsere Träume bewußter wahrzunehmen. Der erste Schritt ist die Beschäftigung mit Meditation. Dann sollten wir darauf achten, daß wir direkt vor dem Einschlafen etwas Positives denken oder eine Frage aufwerfen und uns vorstellen, daß wir in den folgenden Träumen eine Lösung finden. Nach und nach kann es uns gelingen, die Träume und ihre Bedeutung bewußt zu erleben. Im Traum selbst schauen wir uns zu, erkennen, daß wir träu-

men und begreifen den Sinn. Dann werden wir irgendwann erkennen, daß wir tatsächlich in unseren Träumen unsere Zukunft planen und zwar lange voraus, auf Monate und Jahre.
Von Zeit zu Zeit haben wir déjà-vu Erlebnisse, dieses Gefühl, eine Situation schon erlebt zu haben. Genau das sind Szenen aus unserer unbewußten Traumarbeit, die wir irgendwann zuvor geplant haben.
Wir haben viele Freiheiten in Bezug auf den Ablauf unseres Lebens. Bestimmte Dinge sind dabei ziehmlich unwichtig und können auf verschiedene Weise ablaufen. Es geschieht einfach, z.T. bewirkt durch andere. Wem Sie z.B. in der Stadt über den Weg laufen, ohne daß eine persönliche Begegnung zustande kommt, das ist natürlich unwichtig.
Doch wenn Sie einen bedeutenden Kontakt machen wollen, dann wird nichts dem Zufall überlassen. Zwei Menschen planen, jeder für sich, einen komplizierten Reigen, bis sie sich endlich irgendwo begegnen. Und dann denken beide: "Das ist es! Der oder Die ist genau Die oder Der Richtige!" Dann werden diese Begegnungen zwischen zukünftigen Liebespaaren noch mit zahlreichen Komplikationen versehen (geplant), damit die Sache auch so richtig spannend wird. Derartige starke Begegnungen, aus denen eine intensive Partnerschaft wird, sind großartige Schauspiele, in denen zwei Menschen ihr Leben und ihren Höhepunkt planen, oft mit einer Menge Statisten.
Ebenso kann es sein, daß zwei Menschen in einer bestimmten Angelegenheit unbedingt recht behalten wollen. Oder sie wollen beweisen, wer der Stärkere ist. Dann kommt es zu persönlichen Konflikten, die sich steigern können bis zu einem Krieg, bei dem die beiden Fanatiker ganze Völker aufmaschieren lassen, nur um zu beweisen, wer stärker ist oder recht hat. Das Gleiche kann passieren im Spiel von einem Mann und einer Frau, die dann als Kontrahenten und Regierungschefs verfeindeter Länder in Erscheinung treten und notfalls ihr Volk zugrunde richten, nur um nicht klein beizugeben.
Alle diese menschlichen Schauspiele, Komödien und Tragödien werden in unseren Traumwelten über die Grenzen einzelner Erdenleben hinaus geplant. Wenn Sie begreifen, wie wichtig, wie wertvoll, wie interessant unsere Träume sind, dann werden Sie sicher gerne schlafen gehen und schauen, was es alles zu erleben gibt.

Trigeminus Neuralgie

Die Trigeminus Neuralgie ist eine Kollision von bestimmten Positionen und Idealen. Dabei handelt es sich um Menschen, die sich ständig gegen ihre eigene Situation auflehnen, sich überfordert fühlen, die sich in dem Zwang fühlen, daß sie dienen, helfen oder sich unterordnen sollen.
Zumeist haben sie eine schlechte Meinung von sich selbst. Sie bemitleiden sich selbst, und sie beklagen ihre Situation. Sie wissen oft, was getan werden sollte und tun trotzdem das Gegenteil. Das bewirkt Störungen in ihrem Energiehaushalt und in ihrem Nervensystem.
Antwort: Stehe dazu, wer Du bist und wie Du bist! Tue jetzt bitte das, was Dir gut tut! Laß Dich nicht durch Gewohnheiten im Rahmen familiärer Beziehungen erpressen. Gewinne Abstand. Lebe selbst.

Tumor → Krebs

Übergewicht

Übergewicht kann verschiedene Ursachen haben. Übergewicht ist ein Versuch, die innere Leere auszufüllen. Menschen unterdrücken mit Essen ihren Streß, Angst, Unzufriedenheit, Enttäuschung und Kummer. Sie wollen ihr Alleinsein überwinden, indem sie sich durch essen beweisen, daß Energie da ist, und daß noch etwas anderes außer ihnen selbst da ist.
Es ist ein Zeichen für mangelnde Liebe, für Depressionen. Sie suchen Kontakt und Zärtlichkeit, Geborgenheit, Erfolg und Anerkennung. Sie finden all das leider nicht in ihrem Essen oder nur für wenige Minuten.
Es kann sich aber auch um Menschen handeln, die "den Hals nicht voll bekommen", die Machtgierig sind und ihren Geltungstrieb nicht befriedigend verwirklichen können. Dabei spielen wiederum die zuerst genannten Punkte hinein.
An der Frage, wo sich die Fettpolster befinden, kann man die geheimen Ursachen erkennen. Bei Verdauungsstörungen und allgemeinem Lebensfrust, außerdem bei nicht ausgelebten Machtgelüsten, ist es Fett im Bereich von Magen und Bauch. Der dicke "Ranzen" schützt seinen Träger und tut sich zugleich wichtig. Er muß mehr erscheinen als er ist. Er will eine dicke Schutzschicht zwi-

schen sich, seinen Bauch (sehr empfindlich für Gefühle und Streß!) und die Außenwelt mit ihren Anfeindungen legen.
Wenn der Speck an der Taille und an den Hüften ist, dann hat dieser Mensch zu wenig Bewegung und zu wenig Zuwendung. Es ist ein Mangel an Liebe und Zärtlichkeit. Bei der Liebe kommt man ja auch in Bewegung, und bei einem Orgasmus werden eine Menge Kalorien verbraucht.
Wenn speziell Arme und Beine zu dick sind, ist der betroffene Mensch unfähig, mit der Außenwelt fertigzuwerden.
Sind es zu stramme Oberschenkel (Reithosenspeck) und ein runder Po, dann ist das ein Hinweis auf die Sexualität. Dieser Mensch (primär Frauen) hat zu wenig sexuelle Erlebnisse. Das bedeutet aber nicht, daß sich ein seelisch verarmter Mensch ohne Sex diese seelischen Probleme eingesteht. Auch wenn ein Mensch unter einem Mangel oder einer Krankheit leidet, hat er trotzdem noch einen Grund, warum er sich das antut. Er muß die verborgenen Ursachen erkennen und sein Leben verändern, dann kann er der Not entkommen.
Es gibt noch weitere Ursachen. Menschen, die unter einer →Besetzung leiden, neigen oft zu einer großen Körperfülle, denn sie sind nicht allein in ihrem Körper. Sie haben "Untermieter". Der Körper braucht Raum für mehrere Geister. Wenn Sie z.B. im Rahmen einer →Rückführung derartige Umstände durchschauen, dann kann es ihnen vielleicht gelingen, sich von den Besetzungen frei zu machen. Das Schwingungsfeld der → Energiepyramide C verdrängt diese Besetzungen. Sie können sich in dieser Schwingung nicht lange halten. Aus diesem Grund nehmen manche Menschen viel ab, nachdem sie sich eine derartige Energiepyramide angeschafft haben. Doch, wie schon oft erwähnt, man kann derartige Ergebnisse nicht verallgemeinern. Es kann passieren, es kann helfen, muß aber nicht. Es können auch ganz andere Zusammenhänge existieren.
Sensitive Menschen, die aus irgendeinem Grund nie zum Training ihrer sensitiven Begabung gekommen sind, werden oft von den Gefühlen und Gedanken anderer Menschen überflutet. Sie kompensieren diese sensitiven Wahrnehmungen durch regelmäßiges, häufiges Essen. Solange unser Magen beschäftigt ist, können wir nicht richtig meditieren. Essen dämpft sowohl die sensitiven Fähigkeiten, wie auch den Frust.
Gesteigerte Sensitivität kann also ein weiterer Grund sein für zu viel Gewicht. Wenn diese Menschen ein spirituell ausgerichtetes

Training machen, gewinnen sie an innerer Stabilität, werden mit der Flut ihrer Impressionen fertig und hören auf übermäßig zu essen.

Übelkeit

Übelkeit ist immer ein Ausdruck davon, daß jemand mit der Situation nicht fertig wird. Das kann am Essen oder an den Menschen liegen, die gerade in seiner Umgebung sind. Er ist mit dieser Situation nicht zufrieden und versucht die Situation zu ändern. Er möchte alles los werden. Er möchte sich übergeben. Er möchte sich frei machen von diesen Belastungen. Erst wenn wir frei sind von alten Belastungen, sind wir auch frei für neue Aktionen. ➔ Schwangerschaftserbrechen.

Unfälle und Quetschungen

Quetschungen und Unfälle sind Situationen, die wir selbst herbeiführen, um uns anzuhalten. Der Unfall beendet radikal irgendeine Tätigkeit, die wir ausführen wollen oder sollen. Wir können das nicht sofort vernünftig begründen, aber es gibt diesen verborgenen Grund! Wenn wir die Ursache erkennen, vermeiden wir weitere Schäden. Woran will uns der Unfall hindern?
Z. B. ein Mensch hackt Holz, weil er meint, das Holz für seinen Kamin zu brauchen. Gleichzeitig fühlt er sich aber in seiner Situation total überlastet. Er schlägt sich in den Arm, kommt ins Krankenhaus, wird krankgeschrieben und jemand anderes muß das Holz hacken. Er kommt aus seinem Rhythmus heraus. Vielleicht wollte er nicht mehr arbeiten gehen. Vielleicht lernt er im Krankhaus seine zukünftige Frau kennen.
Ein Mensch auf dem Weg zur Arbeit, der total überlastet ist und seine Arbeitsstelle als katastrophale Überlastung empfindet, verursacht einen Unfall und kommt statt dessen im Krankenhaus an. Die Arbeitsstelle ist erst einmal an ihm vorbeigegangen.
Unfälle sind zumeist ein Aufmucken gegen autoritäre oder rechtliche Verhältnisse, gegen die man mit moralischen Begründungen aus eigene Kraft nicht ankommt. In diesem Sinn ist der Arzt heute das einzige Alibi, um nicht zur Arbeit gehen zu müssen. Und die eigentliche Krankheit in unserem Staat sind die Politiker.

Verdauungsstörungen

Bei Verdauungsstörungen hat jemand Probleme, mit seiner Umwelt fertig zu werden. Er ist nicht stabil. Er ist unsicher und kann nicht loslassen. Viele Menschen ernähren sich ganz gezielt schlecht, um sich in einer schlechten gesundheitlichen Verfassung zu halten. Damit können sie ihren Arbeitsverhältnissen oder Familienverhältnissen ausweichen. Sie sind nicht voll leistungsfähig. So haben sie einen Grund, um zu sagen: Ich kann für mich und mein Leben nicht die volle Verantwortung übernehmen, denn mir geht es ja so schlecht. Wer aktiv Ja sagt zu seinem Leben, mäßig ißt, einen guten Anteil Rohkost zu sich nimmt und eine Perspektive hat, der überwindet seine Verdauungsprobleme.

Verstopfung

Verstopfung ist die Angst loszulassen und das Alte, das bereits ausgedient hat, gehen zu lassen oder hinauszuwerfen. Das hängt oft mit der Verdrängung von unbewußten Problemen zusammen. Man kann auch sagen, daß jemand vor seinen eigenen alten Problemen oder vor den Problemen der eigenen Unterwelt (Unterbewußtsein) davonläuft. Menschen mit Verstopfen sind in der Regel eigensinnig (Kinder) und konservativ (ältere Menschen).
Bei Verstopfung kann aber auch die Unterdrückung durch einen Ehepartner eine große Rolle spielen. Das betrifft primär Frauen. Wenn der Ehepartner oder der Chef im Büro eine Verhaltensweise zeigt wie ein strenger Vater, dann kann das zu einer permanenten Unterdrückungssituation führen. Wenn dann noch die Angst um den Arbeitsplatz hinzu kommt, ist das ein typischer Auslöser für Verstopfung.
Frauen, die eine unterdrückte →Sexualität erfahren, die schon verkrampft erzogen wurden und später keine Gefühle ausleben dürfen, sind ebenfalls Opfer dieser Erkrankung. Je älter sie werden, desto mehr geraten sie in einen Konflikt. Sie verhalten sich so wie früher die eigene Mutter. Sex ist Tabu oder schmutzig, verboten oder unangenehm. Wenn der Partner dann trotzdem noch will, wird das als Belastung empfunden. Die Frau verkrampft sich. Es kann zu chronischer Verstopfung kommen, bis hin zum Darmverschluß.
Dagegen ist es das beste, wenn Sie sich einmal mit ihrem Partner, mit einer Freundin oder einem Therapeuten aussprechen, um diese Probleme zu beseitigen. Gerade wenn man diese Probleme ver-

schweigt, werden sie schlimmer. Wenn man es schafft, mit einem geeigneten Menschen offen darüber zu sprechen, wird es besser. Der Druck läßt nach.
Eine größere Menge Vitamin C zu trinken ist eine gute Möglichkeit, um über einen akuten Fall von Verstopfung hinwegzukommen. (➔Vitamin-C-Kur) Das ist aber keine Lösung für das seelische Problem.

Viren

Sind Sie neuen Ideen zugänglich? Wie offen ist Ihr Horizont? Ihre Offenheit für neu Phänomene könnte der sicherste Schutz gegen Viruserkrankungen aller Art sein! Ich vertrete seit 20 Jahren die These, daß Seuchen auslösende Viren "intermittierende" DNA-Datenträger sind, mit Hilfe derer ganze Populationen Daten austauschen, die die Entwicklung betreffen. Das möchte ich jetzt ausführlich erläutern:
Viren sind keine echten Lebewesen. Sie haben keinen Stoffwechsel. Sie haben keine Möglichkeit der Vermehrung wie z.B. Geschlechtsorgane oder den Austausch von DNS. Sie können sich nicht fortbewegen. Die Masse der Viren wird nie erkannt, weil sie einfach ihren Job tun, ohne aufzufallen. Ohne ihre speziellen Wirte (?) haben sie keine Funktion. Erst wenn sie in einen geeigneten Organismus hineingeraten, dort dann auch noch in die passenden Zellen geraten, werden sie von den Wirtszellen aufgenommen, in deren genetisches Programm integriert, in größerer Menge reproduziert, was zur Zerstörung der Wirtszelle führen kann, und schließlich werden sie von dem erkrankten Wirt ausgestoßen und weiter verbreitet. Die Produktion und Integration von Viren wird durch Hormone, Enzyme und Messenger-Substanzen induziert. Die Viren selbst haben Arme, mit denen sie sich an einer geeigneten Zelle festklammern und ein Injektionssystem, mit dem sie ihre Erbsubstanz in die Zelle injizieren.
Aber wo kommen denn diese Viren ursprünglich her? Es gibt in Wirklichkeit tausende von Viren, und niemand weiß, wozu sie gut oder schlecht sind. Man findet sie noch nicht einmal alle. Wer Lust hat, könnte aus der normalen Atemluft jede Menge Mirkoorganismen bis hin zu Viren herausfiltern und untersuchen. Da treiben sich unzählige Viren auf unserem Planeten herum, die keinen Schaden anrichten. Trotzdem atmen wir sie ein und wieder aus, oder sie verlassen uns über unsere Ausscheidung.

Ich möchte der naturwissenschaftliche Virusdefinition eine ganz andersartige entgegenstellen.
Der Bauplan der Viren gleicht einer Diskette oder CDRom für den PC mit einem speziellen Programm zum öffnen. Sie können nur von dem dazu passenden Programm geöffnet werden.
Viren sind intersomatische, freibewegliche, genetische Kommunikationsträger. Wir selbst produzieren sie ständig. Sie werden mit der Atemluft und unseren sonstigen Ausscheidungen verbreitet. Solange keine Epidemie auftritt, wird gar nicht danach gesucht. Wenn ein Mensch zu neuen Erkenntnisebenen vordringt, produziert er neuen Viren und verbreitet sie. Andere Menschen integrieren sie in ihr System.
Nur wenn ein Teil der Bevölkerung die neue Botschaft nicht versteht, werden diese Leute krank. Das heißt, sie haben sich einer neuen, übergeordneten Botschaft widersetzt. Wer sich beharrlich weigert, eine neue Nachricht zu integrieren, stirbt unweigerlich ab, z.B. an "Kopfgrippe". Nur in diesem Fall finden die Außenstehenden die Botschaft, den "Brief", die "Diskette", die Viren als Ursache. Je höher sich einzelne Avangardisten (Menschen, die vorangehen) entwickeln, desto schwerer kommen die ewig Gestrigen, die "Konservativen" mit. Sie versuchen ihren Status zu konservieren, weil er ihnen aus irgendeinem Grunde gut erscheint. In Wirklichkeit sind sie unfähig, sich noch weiter zu entwickeln. Aus diesem Grunde kommt es immer wieder vor, daß bei älteren Menschen die Zirbeldrüse verkalkt, um eine weitere geistige Entwicklung zu verhindern. Und aus diesem Grund töten die Konservativen oft die Propheten, die schon Botschaften von morgen verbreiten.
Wozu sind diese Viren nun gut? Die meisten einzelligen Organismen vermehren sich nur durch Zweiteilung. Also wie kann überhaupt ein Austausch zwischen den Lebewesen einer Art stattfinden, wenn sie sich nur teilen?
Die höher entwickelten Pflanzen und Tiere, einschließlich dem Menschen, sind zweigeschlechtlich.
Im Laufe eines Lebens können die verschiedenen Individuen einer höheren Rasse oder Art nur begrenzt DNA-Erfahrungsaustausch mit anderen Lebewesen ihrer Art haben. Bei den Bäumen fliegen die Pollen in Massen durch die Luft und ein Baum kann zugleich von tausend anderen Pollen von tausend verschiedenen anderen Bäumen in seiner Umgebung bestäubt werden. Das ermöglicht also einen maximalen Austausch von Erbgut.

Für uns Menschen oder alle anderen Säugetiere ist das nur sehr begrenzt möglich. Die Zahl unserer sexuellen Kontakte in einem Leben ist begrenzt. Die Zahl der möglichen Nachkommen pro Frau ist noch mehr begrenzt.
Wir wissen inzwischen mit Sicherheit aus der Forschung, daß völlig unterschiedliche Mikroorganismen, z.B. in der menschlichen Jauche, ihre Daten untereinander austauschen, obwohl sie nicht im Mindesten verwandt sind und sich so fremd sind wie eine Giraffe und ein Krokodil (z.B. Salmonellen und Escherichia coli). Sie helfen sich gegenseitig gegen die Seuche Mensch mit seinen Antibiotika. Sie tauschen Daten aus, wie man sich gegen unsere Chemiewaffen schützt. Irgendwie "erklären" unsere normalen Darmbakterien E. coli, die von einem Menschen ausgeschieden werden, der gerade mit Antibiotika vergiftet wurde, ihren fremden Genossen Salmonalla in der Jauche, wie man seine DNA verändern muß, um die chemischen Angriffe zu überleben. Das ist wirklich so gewaltig, als wenn eine Giraffe einem Krokodil erklärt, wie man ohne Wasser überlebt, oder umgekehrt, als wenn ein Krokodil der Giraffe beibringt, wie man taucht und Eier legt, wenn die große Flut kommt. Wie sie das machen, ist noch unklar.
Jedes Individuum kann nur mit einer begrenzten Anzahl von Artgenossen kopulieren, mit der Masse niemals. Mit anderen Arten und Gattungen schon gar nicht. Wie werden also Evolutionsdaten, die aus der Erfahrung und der Denkleistung einzelner Individuen erwachsen, verteilt?
Ich meine, daß das der Sinn der DNA-Datenpakete in den Viren ist, die von Fall zu Fall irgendwo in uns geschaffen und verteilt werden. Wer diese "Disketten" mit dem Wind oder wie auch immer aufnimmt und in seine Matrix integriert, der wird gar nicht erst krank. Es geht einfach weiter. Aber wer blockiert ist, schwächlich oder krank, den wirft die neue Botschaft um. Er erkrankt. Begreift er die Lektion, ist er bald wieder gesund. Weigert er sich in der Entwicklung mitzugehen, stirbt er irgendwann.
So betrachtet, sind Viren ein sinnvolles Mittel, um zwischen sehr vielen verschiedenen Mitgliedern einer Rasse, oder aber zwischen fremdartigen Rassen, Erfahrungen über die DNA auszutauschen. Aus diesem Grund leiden wir in Europa viel mehr unter einer Hongkong-Grippe, als unter unserer eigenen, und die Asiaten haben viel mehr Angst vor unserem Schnupfen, als vor Cholera.
Lernen wir die Natur begreifen. Das hier ist ein gutes Beispiel für die Vielfalt des Lebens. (➔Aids-Lüge oder ➔BSE).

Wahnsinn

Wahnsinn, geistige Störungen, sind immer eine Flucht in eine bestimmte Idealwelt oder in eine irreale Welt, in der man bestimmte Teile seines Lebens ganz anders sieht, als die restliche Menschheit. Man versucht, durch diese Flucht in die eigene Illusionswelt, zum Alltag mit seinen Problemen Abstand zu gewinnen. Man trennt sich auf diesem Weg von seinem eigenen Leben, von der Familie oder von Arbeitsproblemen. Der Wahnsinnige lebt also in seinem Wahn, in einer anderen Realität. Deshalb bezeichnet man ihn auch als "Verrückt". Er ist tatsächlich ver-rückt, ver-setzt, ver-schoben. Er ist nicht auf der gleichen Wellenlänge wie die Mehrheit der Menschen in seiner Umgebung. Es kann sein, daß wir bei einer vorsichten, einfühlsamen Analyse entdecken, daß so ein Mensch in einer Illusionswelt lebt, die einer früheren Kulturepoche der Menschheit entspricht. Er hat sich wieder inkarniert und glaubt, noch in der alten Zeit zu leben.
Aus dieser Beschreibung können Sie entnehmen, daß es durchaus möglich ist, mit den Wahnsinnigen zu kommunizieren, wenn wir uns auf ihre Ebene begeben. Wenn sich die Lebensumstände ändern oder wenn wir in der Lage sind, das Problem eines Geisteskranken zu erkennen, zu analysieren, wenn wir seine Sprache, seine Mitteilungsmethode richtig erfassen können, dann ist es oft möglich, die schlimmste Situation und die schlimmste Problematik aufzulösen.

Beispiel: Ich konnte einmal einer jungen Frau in nur einer Stunde intensiver Rückführung helfen. Sie wurde von ihren Freunden und Verwandten als "ziehmlich verrückt" betrachtet. Sie hatte Ängste, Wahnvorstellungen und Visionen. Sie flog auf mich zu und wußte genau, daß ich endlich die Rettung brachte. Ich war der erste Mensch, der sie mit ihren Visionen annahm und achtete. Ich sagte nur: Du bist okay, erzähle mir von Deinen Leiden und ich werde sie dir erläutern. Sie legte sich auf eine Liege und begann zu sprudeln. Was sie mir berichtete, war ein kurz zusammengefaßter Bericht von schrecklichen, leidvollen Ereignissen aus mindestens 4 verschiedenen Leben im Mittelalter zwischen 1100 und 1400. In dieser Zeit wurde sie in mehreren Leben aus Liebe ungewollt schwanger, verlassen, verstoßen, mißbraucht, ihre unehelichen Kinder wurden ihr weggenommen oder getötet und sie selbst wurde als Hexe zu

Tode gefoltert und verbrannt. Und das alles zusammen in jedem Leben in unterschiedlicher Weise noch einmal.
Diesmal war sie eine "harmlose Verrückte" die von ihren schrecklichen Visionen gequält wurde. Kein Psychologe oder Arzt nahm sie ernst. Man gab ihr Drogen zum Vergessen. Die Aussprache mit mir und meine Erläuterungen waren die Erlösung aus dem scheinbaren Wahn. Eine Stunde war genug. Sie normalisierte sich sofort in ihrem Verhalten. Sie hatte sich abreagiert, ihr Leid mitgeteilt und war als normaler Mensch mit einem alten Problem akzeptiert worden.
Mit meinen Erläuterungen der Reinkarnation konnte sie ihre Situation sofort begreifen: Du bist nicht verrückt! Du leidest unter Erinnerungen. Sie fand danach sehr schnell einen liebevollen jungen Mann, der gut zu ihr paßte. Sie bekamen zwei gesunde Kinder. Ihre Albträume und Schreckensvisionen traten sind mehr auf.
Generell müssen wir festhalten, daß auch der "Verrückte" einen guten Grund hat für seinen wahnsinnigen Zustand. In "wahnen" steckt ja "ahnen"! Ob wir diesen Grund je erfahren, sei dahingestellt. Mein gerade geschilderter Therapiefall ist ein Glücksfall. Für diese junge Frau war die Zeit reif, alles hinter sich zu lassen. Sie litt unter diesen Rückerinnerungen aus früheren Leben, aus früheren Katastrophen. Ich war 'zufällig' bei Bekannten von ihr zu Gast, nur das eine Mal. Sie war 'zufällig' mit anderen Bekannten dazu gekommen. Ich vermute, ihr Schutzengel hatte das Treffen arrangiert.
Nach meiner Kenntnis der Dinge war es nicht nur so, daß ihr der passende Therapeut fehlte. In den Jahren vor unserer Begegnung hat sie sich und ihre Umwelt mit ihren Wahnvorstellungen genervt. Hysterisches Benehmen, nächtliches Erwachen mit Angstträumen, wahnsinnige Abscheu vor bestimmten Menschen, Flucht in die geistige Isolation.
Ich gehe davon aus, daß sich in ihrer Umgebung Menschen befanden, die damals im Mittelalter ihre Folter, ihre Verurteilung und ihren gewaltsamen Tod mit verschuldet hatten. Jetzt demonstrierte sie diesen Menschen gleich einem dramatischen Schauspiel ihr Leiden und Sterben. Nachdem sie diese Aufgabe erfüllt hatte, konnte sie loslassen, mir begegnen und herüber kommen in ein neues Leben. (➔Psychosen)

Wirbelsäule

Unsere Wirbelsäule ist die Achse unseres Körpers, um die sich alles dreht und ein Symbol des inneren Halts, aber auch der Be-

weglichkeit. Die Frage, wie beweglich und elastisch unsere Wirbelsäule ist, ist immer ein Zeichen dafür, wie geistig beweglich und emotional flexibel wir unser ganzes Leben gestalten. Jede Veränderung in unserer geistig-seelischen Verfassung hat unmittelbar Einfluß auf unsere Wirbelsäule.
Durch die Wirbelsäule fließen die wichtigsten Energiekanäle, Ida, Pingala und die Shushumna.
Durch den Zentralkanal der Shushumna steigt die Kundalini auf. Aus der Shushumna zweigen die verschiedenen Blüten der → Chakras ab, durchdringen unseren Körper, die dazu gehörigen Organe, regulieren den physischen Körper und schaffen unsere → Aura.
Alle Yogatechniken bieten ein vielseitiges Training der Wirbelsäule. Nur mit einer flexiblen und starken Wirbelsäule können wir die außergewöhnlichen Erfahrungen der → Kundalini erfahren. Ein Ausbruch der Kundalini kann unser ganzes System erneuern, → Blockaden beseitigen, Bandscheibenprobleme aufheben und uns körperlich verjüngen. Achten Sie gut auf Ihre Wirbelsäule und halten Sie sie gesund und beweglich! →Schultern

Zähne

Zähne: Die Breite des Gaumenbogens wird mit achteinhalb Wochen beim Embryo angelegt. Unausgeglichene, raffinierte Nahrung in der Schwangerschaft, weißer Zucker, überhaupt viel Zucker, Weißmehlprodukte statt Vollkornmehl, Mangel an Vitaminen und Mineralstoffen, sowie Pestizide führen zu einer engeren Krümmung und später zu Zahnproblemen.
Die Milchzähne sind relativ weich und werden uns von den Eltern geschenkt. Das Erbgut der Eltern und die Ernährung der Mutter formt die Milchzähne. Sie haben bald ausgedient. Gute Zahnärzte sagen ausdrücklich, daß Milchzähne nur repariert werden sollten, wenn echte Schmerzen vorliegen. Außerdem müssen sie als Platzhalter erhalten bleiben, wenn die neuen Zähne noch nicht nachschieben. Sie sollten also möglichst nicht entfernt werden, auch wenn es nur noch ein brauner Stumpf ist.
Die folgenden, eigenen Zähne sind wesentlich härter. Unsere Zähne sind kristalline Strukturen und der härteste Kern in unserem Körper. Die Zähne sind Ausdruck all unserer Erfahrungen. An der Frage, wie gut oder schlecht Ihre Zähne sind, können Sie erkennen, welches Karma Sie aus früheren Leben mitgebracht haben,

wie Sie Ihr Leben bisher gemeistert haben und mit wie vielen Problemen Sie belastet sind. An den Milchzähnen sollte so wenig wie möglich repariert werden. Sie sollten auch möglichst nicht gezogen werden, denn sie dienen als Platzhalter für die richtigen Zähne.
Unsere Zähne sind, wenn man so will, tatsächlich Minerale, die an die Edelsteine der Erde erinnern. Sie haben wirklich im geistig-astralen Sinn eine ähnliche Funktion wie die Edelsteine in der Erde.
Wenn sich ein Mensch Zähne aus Metall oder Metallfüllungen machen lassen muß, dann ist es ein Zeichen dafür, daß er auf so harte Sachen gebissen hat, daß er damit nicht mehr fertig wird. Wir brauchen dann Metallzähne oder Porzellan als Ersatz.
Sie können Ihre Zähne durch bewußte innere Programmierungen gesund erhalten. Was die Zähne zerstört, sind unverarbeitete, belastende Einflüsse. In diesem Sinn könnte Zucker als "übertriebene Eigenliebe aus Mangel an äußerer Zuwendung" interpretiert werden. Sie wissen ja, daß Zucker ein Ersatzmittel für Liebe ist. Das süßeste Mittel, daß wir als Babies bekommen, ist die Muttermilch. Sie ist viel süßer als Kuhmilch oder Ziegenmilch. Zucker macht unsere Zähne am ehesten krank. Ohne Liebe gehen die Zähne kaputt. Jeder Mensch sollte sich vornehmen, daß er seine Aufgaben bewußt erledigt und somit seine Zähne bewußt gesund erhält.
Die Erfahrungen unseres Lebens werden in die Zähne einprogrammiert und sind in der Erde noch nach Jahrmillionen zu finden. Denken Sie an die Ausgrabungen. Die weichen, kranken Zähne heute lebender Menschen werden allerdings schon in wenigen Jahrhunderten verschwunden sein. Daran können Sie den Wertunterschied eines Dinosauriers und eines Industriearbeiters abmessen.
Wer regelmäßig Yoga macht und auf seine Ernährung achtet, kann seine Zähne bis ins hohe Alter schützen. Wer die dritten Zähne bekommt, hat sich an der materiellen Welt die Zähne ausgebissen und wird jetzt von ihr künstlich versorgt.
Plomben aus Metall sind künstliche Antennen und können auf den heutigen Elektrosmog so stark anspechen, daß wir im Kopf Radio hören (Kurzwellenbereich). Das kann zu dauerhaften Störungen im Wohlbefinden führen.
Alle Zähne stehen mit den verschiedenen Akupunkturbahnen in Verbindung, die ja nur ein Teil unseres Energiekörpers sind. Manche Akupunkturärzte können Zahnschäden durch Akupunktur stoppen. Umgekehrt stoppt die Reparatur der Zähne oft genug andere

Krankheitssymptome, ohne daß den Menschen oder dem Arzt der Zusammenhang klar ist.
Wenn wir einen geistigen Entwicklungsschub erleben, z.B. nach intensiven Erfahrungen im Tantra, nach einer starken und positiven Therapie, wenn wir einen sehr gut passenden neuen Partner finden, einen heilsamen Schock erleiden, der uns aus einer alten Denkweise reißt, dann kann es sein, daß unsere Zähne wieder zu arbeiten und zu wachsen beginnen. Der Körper will die neuen Erfahrungen für die Nachwelt einprogrammieren. Derartiges Ziehen in den Zähnen, sporadische Schmerzen oder der plötzliche Verlust einer Plombe sind kein schlechtes Zeichen. Wenn Sie sich entspannen, geht das schnell vorüber.
Wenn Sie sich jedoch ängstlich auf den Schmerz konzentrieren, nimmt er zu. Geraten Sie dann noch an einen eifrigen Zahnarzt, dann repariert er ihnen Zähne, die gesund sind. Zahnärzte sind ein heikles Thema. Dort werden Lebensumstände repariert, aber auch zerstört. Viele Reparaturen und vor allem Kronen sind überflüssig. Wohl dem, der einen Zahnarzt gefunden hat, der ihn nicht nur als lukrative Baustelle betrachtet.

Zahnfleisch

Das Zahnfleisch gibt den Zähnen Halt, ernährt sie und ist ein Symbol unserer Selbstsicherheit und unseres Urvertrauens. Zahnfleischbluten ist ein Zeichen dafür, daß unser Urvertrauen gestört ist. Unsere Selbstsicherheit ist gefährdet. Bildet sich das Zahnfleisch zurück, so bildet sich auch unser Selbstvertrauen oder unser Urvertrauen zurück. Es mag einher gehen mit Prostataerkrankungen. Zahnfleischprobleme zeigen immer die Unfähigkeit, bereits getroffenen Entscheidungen umzusetzen, weil es an der notwendigen Entschlußkraft fehlt. Lange Unentschlossenheit oder die Unfähigkeit, notwendige Entscheidungen zu treffen, zerstören unsere Zähne.

Karies: ist ein Zeichen inneren Mangels und ein Mangel an innerer Festigkeit. Innere Leere, die unausgefüllt ist und nun durch Zement, Kunststoff oder Metalle ausgefüllt wird. Als Füllmittel verwendete die Krankheitsindustrie lange Zeit eine Paste, in der Quecksilber enthalten ist. Quecksilber ist das flüssigste, lebendigste Metall, das es gibt. Es ist ein Zeichen dafür, daß mangelnde Flexibilität in den geistigen Entscheidungen die Krankheit verur-

sacht hat. Quecksilber ist hochgiftig. Diese Plomben (von französisch 'plomb' für Blei) wurden 100 Jahre lang verwendet und vergifteten Millionen von Menschen. Erst in den vergangenen 10 Jahren hat sich der Überlebensinstinkt der Menschen durchgesetzt. Die giftigen Amalgamgemische werden durch moderne Kunststoffe ersetzt. Ob die wirklich gesünder sind, wird sich noch zeigen.
Die Angst vor den alten Plomben sollte nicht übertrieben werden. Die Menschen reagieren sehr unterschiedlich. Je nach Qualität der Feuchtigkeit im Rachenraum, mehr oder weniger alkalisch, bilden die alten Plomben im günstigen Fall eine oxidierte Oberfläche, im ungünstigen Fall lösen sich aber ständig Spuren der giftigen Metalle und verseuchen den Körper.
Bevor man sich alte Metallplomben entfernen läßt, was wiederum mit Risiken verbunden ist, sollte man eine präzise Analyse der Metallbelastungen im Urin vornehmen lassen. Dafür gibt es bestimmte Verfahren (→ Dr. Rackow, Aystetten). Bei mir und meiner Frau liegen trotz mehrerer alter Plomben keine Urinbelastungen vor. Vielleicht liegt das an unserem Yoga, an unserer positiven Geisteshaltung oder an dem Einfluß unserer Energiepyramiden. Jedenfalls besteht kein Grund eine Plombe zu entfernen, wenn keine Beschwerden vorliegen.

Parodontose Wer Parodontose hat, dem fehlt es an innerem Rückhalt, an der Fähigkeit, sich durchzubeißen. Er ist überfordert, er ist erschlafft, ihm fehlt es an Training, wie das Leben zu meistern sei. An dem, was von unseren Zähnen noch übrig bleibt, wenn wir unser Leben durchlebt haben, erkennen wir wie dieser Mensch mit seinem Leben umgegangen ist.
Im Gebiß der Toten befinden sich die Minerale, die Kristalle, die wir in unserem organischen Körper gezüchtet haben. Sie sind der Erfahrungsschatz unseres Lebens, den wir an Mutter Erde, die uns alle hervorgebracht hat, zurückgeben. Wir können zum Schluß bei dem Verstorbenen sehen, wie er sein Leben ausgerichtet hat, wie er damit fertig geworden ist.
Man sollte in diesem Zusammenhang daran denken, daß die Menschen in der westlichen Welt zum Teil drei Gebisse brauchen oder mehr, so sehr belasten wir uns durch unsere Art zu leben. Auf der anderen Seite wissen wir aus Sibirien, aus der Mongolei und aus verschiedenen anderen Ländern Asiens, Australiens, Afrikas und Südamerikas, daß dort in relativ sauberen Gegenden die Menschen mit einer gesunden, naturverbundenen Lebensweise, noch

mit 100 Jahren recht gut erhaltene Zähne haben. Dort gibt es keinerlei Genußmittel und die Menschen leben naturverbunden.
Es mag Sie interessieren, daß es auch hier in Deutschland eine christliche Vereinigung gibt, die erzählt, daß es möglich ist, daß man sich eine dritte Garnitur neuer, gesunder Zähne wachsen lassen kann. Ich habe allerdings den Kontakt zu dieser gruppe veloren und kann nicht sagen, wie erfolgreich sie waren. Wenn Sie sich überlegen, daß unsere Samen- und Körperzellen ein Leben lang produziert werden, oder daß unsere Fingernägel stets weiterwachsen, erhebt sich wirklich die Frage, warum die Zähne nicht weiterwachsen, wenn wir heute länger leben als früher. Die normalen Körperzellen leben maximal 7 Jahre, dann werden sie vom Körper ersetzt. Man kann leicht feststellen, daß die Zahnarztindustrie ein gigantisches Geschäft ist. Die Zuckerindustrie und die Fluorindustrie haben ihren Einfluß ausgebreitet. Mit ihren Zuckerbergen und dem →Fluor vergiften sie Salz und Trinkwasser und gefährden unsere Gesundheit. Wenn wir in der Lage wären, uns dritte Zähne wachsen zu lassen, würde die gesamte Zahnindustrie zusammenbrechen. Die Zuckerindustrie kann aber nur reduziert werden, wenn viele Menschen gesund und bewußt leben. Solange frustrierte Menschen sich mit Zucker befriedigen, lebt dieser Industriezweig.
Unsere Zähne sind also elementare Bestandteile unseres Körpers und Ausdruck unserer Lebensprozesse. Sie zu erhalten ist äußerst wichtig. Seit ich begonnen haben, intensiv Kundalini Yoga zu praktizieren (ab 29 Jahre), ließen die Schäden an meinen Zähnen rapide nach. Es mußten nur noch alte Plomben ausgewechselt werden. Ich würde es so formulieren: Wenn genügend Liebe und Kraft im Inneren wächst, bleiben die Zähne gesund.

Zwölffingerdarm

Geschwüre im Zwölffingerdarm zeigen, daß sich jemand mangelhaft mit der Außenwelt auseinandersetzt. Er ist nicht in der Lage, seine Problematik zu bewältigen. Er leidet unter Ärger, Streß, Hektik oder Kritik. Das sind Situationen, die er selbst mit herbeigeführt hat. Die Geschwüre, die Probleme in seinem Leib, führen dann dazu, daß er seine Problematik noch einmal verstärkt. Er neigt um so mehr zu Kritik, Streß und Hektik. Ein Mensch mit dieser Problematik muß sich möglichst ruhig stellen und ein Training machen, mit dem er von seinen Alltagsproblemen Abstand gewinnt, z. B. → Yoga, Tai Chi oder Autogenes Training.

Organe und Symptome: Sonderteil Sexualität und Fortpflanzung

Die Weisen Indiens sagen, daß die ursprüngliche Kraft des Universums, das unbeschreibliche Brahman, sich seiner selbst bewußt werden wollte. Weil eine einzige, in sich unterschiedslose Energie, sich auch nicht wahrnehmen kann, teilte sich das Brahman in Gott Brahma, mit der Fähigkeit der Erkenntnis (Chit, Rationalität) und Atman, die weibliche Seele, mit der Fähigkeit der Empfindung, des Gefühls (Ananda). Aus dieser Ursprünglichkeit entstanden alle zweigeschlechtlichen Wesen, die nun Gottes ursprüngliche Absicht der Erkenntnis ausführen (ausleben).
Sexualität ist also die ursprünglichste, natürlichste Sache der Welt. Sie ist der größte Motor für unser Handeln, denn wenn wir, diesem göttlichen Auftrag gemäß, die Welt erkennen und Erfahrungen gewinnen, dann wollen wir diese Erfahrungen weitergeben an unsere Nachfahren. Das geschieht über den Sexualakt. Unser Bücher werden verloren gehen. Doch eine Essenz unserer Erfahrungen wird Teil unserer Gene. Wir tragen bereits das Wissen aller Generationen vor uns in unseren Genen.
Bei den umfangreichen Untersuchungen zum Kindsey- und zum Masters-Report in der Mitte des letzten Jahrhunderts stellten die Forscher fest, daß ein Teil der Spermien durch das lockere Gewebe in den Körper der Frau eindringt und dort "resorbiert" wird. Wozu? Eine Schwangerschaft kann das nicht geben. Offensichtlich tragen die Spermien, die beim Mann täglich neu produziert werden, seinen Erfahrungsschatz in sich. Ja, unsere Erfahrungen werden in die Genome neu zu produzierender Spermien integriert. Das bedeutet, je mehr Lebenserfahrung ein Mann sammelt, desto mehr kann er an seine Kinder weitergeben.
Aber auch die Frau, mit der er schläft, nimmt einen Teil seiner Spermien, seiner Daten in sich auf und integriert sie in ihren Körper. Aus diesem Grund sagen die Yogis, daß eine Frau "das Bild eines jeden Mannes in sich trägt", mit dem sie Sex hatte (ohne Gummi).
Folglich sollte man sich überlegen, mit wem man ins Bett geht. Über die Schwingung der DNA stehen wir für den Rest unseres irdischen Lebens mit all jenen in Verbindung, mit denen wir ohne Präservativ Sex hatten. Eine bewußte Partnerwahl ist also sinnvoll. Je sensibler ein Mensch ist, desto mehr kann er fühlen, ob Part-

ner(innen) aus früheren Beziehungen noch in einer geistigen Beziehung zu ihm / ihr stehen.
Dabei sollte jedoch beachtet werden, daß es gerade das Ziel des Aktes ist, daß die Spermien der Frau übergeben werden. Wenn ein Mann sich "nicht in einer Frau verwirklichen kann" und eine Frau keine neuen Erfahrungen geschenkt bekommt, kann das auf die Dauer zu einem neurotischen Sexualverhalten führen. Der Akt dient dann vielleicht noch dem Abreagieren, aber der geistige Effekt fehlt. Es wird sinnlos.
Instinktiv wissen das alle. Darum fahren so viele Männer aus Deutschland über die Ostgrenzen, weil die Frauen dort Sex ohne Gummi akzeptieren. Die Männer sind zufriedener, und diese Frauen sammeln die geistigen und genetischen Daten ihrer Freier, was sie wiederum geistig voranbringt. Sie gleichen sich in ihrem Verhalten, in ihrem Bewußtsein, an den Weststandart an. Es ist eine verdrehte, überhebliche Denkweise, die Prostituierten nur als arme Opfer zu sehen. Sie hatten einen Grund für diesen Lebensweg, und manchen gelingt es sehr gut, nach diesem Leben am Rande der Gesellschaft auf andere Ebenen aufzusteigen. Ich hatte wiederholt Prostituierte in der Beratung. Ich konnte beobachten, daß diese Frauen sich durch eine intelligent, weitsichtige, ehrliche und zum Teil sogar philosophische Geisteshaltung auszeichnen, die man bei der Mehrheit unserer Gesellschaft vergeblich sucht. Auch Statistiken haben bewiesen, daß Prostituierte überdurchschnittlich intelligent sind. Wir sollten uns davor hüten, Außenseiter als schlecht oder dumm einzustufen und uns irgendwie erhaben zu fühlen. Sie sind anders als wir, doch deshalb keineswegs minderwertige Menschen.
Ein erfülltes Sexualleben ist die sicherste Garantie gegen Krankheiten aller Art. Umgekehrt ist es die beste Methode ein Volk klein, unzufrieden und krank zu halten, indem man die natürliche Sexualität unterdrückt, verteufelt und verbietet. Jede Angstneurose in Bezug zur Sexualität ist für die herrschende Kaste und für die Krankheitsindustrie ein Schlüssel zum Erfolg.
Da Sexualität eine Lebensäußerung aus dem 2. Chakra ist, aus dem Zentrum unserer kreativen, schöpferischen Kraft, fördert eine positive sexuelle Beziehung jede andere Art von Erfolg. Wer sexuell angeregt und zufrieden ist, kommt auf eine Menge guter Ideen, hat Lust auf neue Projekte, traut sich mehr zu, ist engagiert, will sich und dem Partner / der Partnerin beweisen, daß das Leben einen Sinn hat und Spaß macht.

Wem das alles fehlt, der kommt auf abartige Gedanken und Ängste aller Art. Er / sie wird zuerst unzufrieden, dann aggressiv oder depressiv und leidet unter allen nur erdenklichen Störungen und Krankheiten. Seine / ihre Kreativität bricht zusammen oder sie bekommt eine verkrampfte Note. Der Verlust kommt in seinen / ihren Werken zum Ausdruck.
Wenn Sie ein krasses Beispiel möchten: Die Erfindung und Verbreitung der Pille war ein Befreiungsschlag für die Sexualität. Diese Entdeckung fiel zusammen mit dem wirtschaftlichen Boom der Nachkriegszeit. Die Pille kam ab ca. 1962 groß heraus. In den siebziger Jahren lief sie parallel zur weltweiten Studentenrevolte, zur Verbreitung von Haschisch und LSD (die Blumenkinder), zur vorzeitigen Beendigung der US-Kriege in Asien und zu einem wirtschaftlichen Boom weltweit, sowie zu einem Schrumpfen des christlichen Einflusses der Großkirchen mit ihrer Sexualfeindlichkeit.
Die Propaganda für → AIDS ab 1982 war ein Hilfeschrei der gequälten Seelen aus dem Vatikan und der Pharmaindustrie. Man produzierte eine neue Lustseuche und redete mit massiver Propaganda ganzen Völkern einen neuen Horror vor Sex ein. Parallel dazu entstand unter jungen Menschen die Stimmung von "No Futur" und "Null Bock", die Wirtschaft quälte sich immer langsamer voran, bis wir nun 2002 die höchsten Arbeitslosenzahlen seit 30 Jahren erwarten, die Wirtschaft sich in USA und Deutschland de facto in einer Rezession befindet (rückläufig), die deutschen Schulen in internationalen Standarts auf Platz 25 gelandetet sind und die jungen Menschen Angst haben, überhaupt miteinander ins Bett zu gehen. Parallel dazu hat Amerika einen neuen Krieg angefangen, der "so schnell noch nicht zu Ende gehen wird" weil man ja "noch so viel gegen den Terrorismus tun will". Wer gegen diesen Krieg und gegen Aids ist, ist ein Terrorist.
Verstehen Sie mich bitte richtig: Ich bin nicht für Promiskuität. Ich halte nichts von "one night stand". Ich bin gegen →Drogen und Perversionen aller Art, ebenso gegen Gewalt. Wer seelisch gesund ist, braucht weder Gewalt, noch sonstige Krankheiten.
Eine gesunde Sexualität ist jedoch ein elementarer Bestandteil unseres Lebens. Als in vergangenen Jahrhunderten und auch noch in den letzten 20 Jahren Menschen aus Europa z.B. den Yoga aus Indien mitbrachten, waren sie auch nicht gerade ehrlich. Wir bekamen Yoga hier als eine Art steriles Programm für Asketen geliefert. In Wirklichkeit waren diese verklemmten Engländer aus der theo-

sophischen Weltbewegung viel zu christlich, als daß sie die Texte ehrlich übersetzt hätten. Die indischen Yogis waren Männer und Frauen. Sie lebten oft zusammen und hatten Sex miteinander. In den Originalschriften des Patanjali u.a. alten Texten finden sich attraktive Anweisungen, wie der Yogi Sex am Besten in den Yoga integriert. Mit Hilfe seiner Yogini, die seinen Lingam als Flöte benutzt, wird er in höchste Höhen geschickt, wo die kreative Kraft der Sexualität ihn mit den göttlichen Ebenen verschmelzen läßt. Das steht im Hathayoga, nicht etwa im Tantra. Dort ist es sowieso normal.
Sie sehen, wenn wir uns in der Welt umschauen, dann gewinnen wir ganz andere Einsichten in die Funktionsweise des menschlichen Lebens, als uns die christlich-kapitalistische Schulweisheit zugesteht.
Die alten Yogis waren der Meinung, man sollte sich eine(n) gute(n), passenden Partner(in) suchen, sich auf diese(n) konzentrieren und gemeinsam den Weg der Erkenntnis beschreiten. Sicher wird es vorkommen, daß man im Laufe seines Lebens verschiedene Sexualpartner(innen) hat, doch sollte man seine Sexualität stets bewußt leben und genießen.
Es ist ebenso normal, daß Menschen im Laufe ihrer Entwicklung, meistens zwischen Anfang 20 und Ende 30 das Bedürfnis haben, Sex mit verschiedenen Partner(innen) zu erfahren. Folgen Sie Ihren Gefühlen, genießen Sie es, sammeln Sie Erfahrungen, wählen Sie bewußt, tun Sie es bewußt!
Wenn Sie irgendeine andere Krankheit haben, frustiert oder deprimiert sind, dann sollten Sie sich stets fragen, ob ihr Sexualleben in Ordnung ist, und ob man da vielleicht etwas positiv verändern könnte oder sollte. Erzwingen läßt sich nichts, doch es kann ganz neue, positive Kräfte freisetzen.

Affirmation:

Ich lebe und liebe bewußt! Ich genieße mein Leben!

Channelbotschaft von Horus über Sex und Kinder, 6.2.91 20.50 Uhr *„Es geht ums arbeiten am Selbst. Das ist ein Wesenszug der Menschen. Die Sexualität darf nicht ausgeklammert werden, sie ist ein Teil davon. Leben heißt Sex. Das ist bei allen Zellen so."*
Zu einem Mann in der Beratung:*"Dein Vater wollte Kind sein und durfte es nie. Deshalb konnte er kaum je richtig mit seinen Kindern*

umgehen. Wenn Eure Kinder so alt sind wie damals, als mit Euch als Kind etwas negatives passierte, dann kommt die Erinnerung und ihr provoziert erneut mit Euren Kindern etwas ähnliches, um es zu verarbeiten. Deine Kinder provozieren Dich, um Dich zu befreien. Nur wenn Du diese Dinge schon selbst verarbeitest hast, werden sie hinfällig, gelöscht und erlöst." Man bedenke, welches Licht diese Aussage auf das 'störende' Verhalten von Kindern wirft, die ihre Eltern provozieren, "um sie zu befreien"!

<u>Eine Channelbotschaft von Junow 19.2.91, 8.47 Uhr</u>: Auf unsere Frage, ob die Lichtwesen von Orionis auch männlich und weiblich sind, sagte uns Junow: *„Ja, wir haben sehr hübsche Frauen hier, genau wie ihr. Ja, es gibt auch Kinder, aber sie entscheiden erst später, ob sie männlich oder weiblich werden."* Meine Überlegung, ob diese Lichtwesenheiten folglich auch so etwas wie Sexualität haben, wurde sofort beantwortet: *„Wir machen es anders."*

<u>Channelbotschaft von Horus, 11.2.91, 5.57 Uhr</u>:
Frage: Gibt es eine Parallele zwischen den Kriegen, die primär die Männer anzetteln, und dem Sperma bei der Befruchtung? Eine Wiederbelebung und Aufarbeitung der Jagd zur Eizelle?
<u>Horus</u>: "Ja, auch da ist Feindschaft zwischen den Fraktionen, wie in einem Land, je nach der erblichen Anlage. Wenn eine Frau mit zwei Männern schläft, kommt es zum Kampf der Samen. Das ist so, energetisch. Manche Frauen sammeln Männer wie Trophäen. Sie wollen fühlen wer der Stärkere ist, in sich."
In der Tat haben Wissenschaftler entdeckt, wenn sie Sperma plus eine Eizelle in eine Schale geben, daß die Spermien sich nach unbekannten Regeln in verschiedenen Gruppen orientieren, sich zum Teil gegenseitig behindern, um einem aus ihrer Gruppe den "Durchbruch zur Eizelle" zu ermöglichen.
Auf der anderen Seite sagte → R.A. Wilson, *"Zufällig kann ich mich noch ganz genau daran erinnern, was für ein großartiges Gefühl es war, in diese gigantische, strahlende Halle mit dem gleich einer Sonne leuchtenden Ei hineinzutreiben. Ich wußte ganz genau, daß ich mich nicht an der allgemeinen Rangelei der anderen Samenzellen beteiligen mußte. Ich konnte mir Zeit lassen. Und dann fühlte ich Ihren Ruf, ihre Entscheidung. Leuchtende Tentakeln zogen mich heran und sie sagte: Ich will Dich! Vor lauter Begeisterung stülpte ich mich um und übergab diesem wundervollen Wesen meine Botschaft."*

Die Anderen mögen ja auf die Jagd gehen, um zu gewinnen, doch ich bin auf Grund meiner eigenen Erinnerungen und auf Grund vieler Erfahrungen aus der Reinkarnationstherapie mit anderen Menschen sicher, daß die Eizelle entscheidet, welche Samenzelle sie auswählt. Sie weiß genau, was sie will, und von welchem geistigen und genetischen Programm eine Samenzelle erfüllt ist.
An dieser Stelle sollten wir darüber nachdenken, was das wohl für ein Leben wird, daß mit dem gewaltsamen Aufreißen der Eizelle beginnt, wo gewaltsam Chromosomen hineingespritzt werden, was nur wenige Eizellen überleben: Die künstliche Befruchtung ist ein Akt schlimmster Gewalt. Das konnten sich nur Männer ausdenken, die es wohl nicht verkraften, daß die Eizelle die Kraft der Einscheidung in sich trägt und sie einer freiwilligen Auswahl unterworfen wurden. Es sind perverse Machtgelüste. Von einem US-Wissenschaftler wurde schon bekannt, daß er bei den künstlichen Befruchtungen in seinem Institut nicht den vom Typ her ausgesuchten Samen verwendet hat, sondern so weit es sich machen ließ, seinen eigenen verwendet. Auf diese Weise hat er wohl ca. 400 Frauen sein Sperma verabreicht. Auch eine Art, sich zu vermehren.

Horus, 22.2.91 *Blow your mind! Sexuelle aktive Frauen sind intuitiver..."*

Horus 7.3.2000 16.00 Uhr: *"Sexualität will ausgelebt werden. Erst wenn Du das getan hast, in einer Phase wesentlich zwischen 25 und 42, tun sich bestimmte neue Tore auf in andere spirituelle Dimensionen. Solange die Sexualität verklemmt ist, bleiben diese Tore verschlossen. Das Leben frohen Herzens genießen!*
Neue Entwicklungskonzepte eröffnen sich immer dann, wenn die Zeit dafür reif ist. Es gibt also natürliche Entwicklungskonzepte. Sie stehen für dich bereit, und es ist nur die Frage, wann du dafür bereit bist. Diese kosmischen Konzepte sind eh immer da. Die Frage ist, wo du andocken kannst, um wieder ein Türchen zu öffnen, um etwas zu erleben."

Exstase

Ex-Stasis ist lateinisch und bedeutet "aus der Ruhe". Eingeborenenfeste mit Tanz, Ex-Stasis, →Sex und →Drogen sind ein alter, natürlicher Weg, um die psychosomatischen Programme zu verändern, mit denen wir erzogen wurden. Die Erziehung ist notwendig,

um uns an die jeweilige Gesellschaft anzupassen. Doch für die Erwachsenen kann alles zur banalen, ermüdenden Routine werden. Da ist es gut, ab und zu einmal "auszuflippen". Aus diesem Grund hatte jede Zeit ihre Rituale, Feste und Drogen. Was gerade verboten oder erlaubt ist, entscheidet die Gesellschaft oder jene, die die Menschen kontrollieren. Haschisch ist entschieden harmloser als Tabak, aber das eine finden viele normal und das andere ist verboten. Vermutlich kann man an den Rauchern 2x verdienen, a) am Tabak und b) an den Erkrankungen.
Durch exstatische Erfahrungen können alte Prägungen überwunden und neue Somatisierungen (Prägungen) vorgenommen werden. Rituelle Feste, Sex und manche Drogen produzieren in unserem Körper verstärkt Endorphine. Sie steigern die Kreativität und verändern "das Schicksal". Wir können die Exstase als "intuitive und instinktive Handlung ohne Verstand" bezeichnen. Unsere animalischen Triebe und unsere natürlichen Bedürfnisse entfliehen in diesem Zustand der verstandesmäßigen Erziehung. Ob, wie und wo man heute eine Gelegenheit zur Exstase hat, sei dahingestellt. Man kann es mit einem schönen, gemeinsam vorbereiteten Tantra-Abend zu zweit erreichen. Manche Menschen wählen Extremsportarten, weil sie ähnliche Effekte verursachen. Manche nehmen an gefährlichen Touren teil. Andere flüchten mit der Lusthansa nach Thailand oder Afrika.
Wer nicht von Zeit zu Zeit seine Routine durchbricht, kann in der Eintönigkeit seines Alltags depressiv werden, oder mit der ganzen Palette an psychosomatischen Erkrankungen reagieren. Dann hat er Gelegenheit, seine Krankheiten, seinen Körper und seine Zustände zu erforschen. Das ist doch auch eine interessante Aufgabe, nicht wahr?
Das Ziel der echten spirituellen Methoden ist es, die Erscheinungen dieser Erdenwelt nicht mehr so ernst zu nehmen. Nimm Dich selbst nicht mehr so ernst! Werde gelassener. Das kann ein Weg sein, um kleine, feine Ereignisse viel bewußter zu genießen. Es kann Dich ohne "freak out" auf einen liebevollen, harmonischen Weg bringen.

Zeugung

Aus vielen Rückführungen konnten wir folgenden Ablauf erkennen: Nur wenn Vater und Mutter einen Teil der Lebensenergie aus ihrer eigenen Aura opfern, können lebensfähige Ei- und Samenzellen entstehen. Kurz vor der Zeugung befindet sich der Geist, der sich inkarnieren möchte, bereits im Raum und schwebt über dem Paar, daß mit sich und mit Sex beschäftigt ist. Ebenso anwesend sind natürlich die Eltern. Ihre psychische und mentale Energie ist für den Geist sehr genau zu spüren. Die Gefühlsstimmungen der Eltern bei der Befruchtung haben einen starken Einfluß auf die Gemütshaltung des späteren Menschen. Ist es die große Liebe? Ist es nur Sex unter Alkohol oder eine Vergewaltigung? Will die Frau gar kein Kind? Will der Mann kein Kind und läßt die Frau sitzen? Die Gefühle der Eltern bei der Zeugung prägen das Lebensgefühl des Kindes.

Weiterhin ist der Schutzengel des Geistes anwesend. Er beobachtet die Inkarnation. Wenn ein Geist in letzter Sekunde versucht, die bevorstehende Inkarnation zu verhindern, z.B. weil er Angst hat vor dem kommenden Leben hat, dann erhält er von seinem Schutzengel einen Stoß, der ihn unwiderstehlich in den Energiesog hineintreibt. Es ist also eindeutig die Funktion des Schutzengels, für den reibungslosen Ablauf der notwendigen Schritte zu sorgen. Auf der anderen Seite ist eine Inkarnation ohne die Zustimmung des Schutzengels genau so wenig möglich wie ohne die Zustimmung der Eizelle. Auf Grund dieser Konstellation von Vater, Mutter, ungeborener Geist plus Schutzengel, spreche ich bei der Zeugung von der "heiligen 4-Faltigkeit".

Der Geist, der sich jetzt inkarniert, wählt als erstes eine Samenzelle aus, die für ihn geeignet ist. Es ist eher ein Automatismus. Es passiert ganz plötzlich als eine heftige Anziehung. Der nicht inkarnierte Geist wird plötzlich von einem Energiestrudel erfaßt, ja, er wird selbst zu einem Energiewirbel, und es reißt ihn in eine bestimmte Samenzelle hinein. Ab da ist genau das Bewußtsein dafür vorhanden, was hier passiert. Die Samenzelle wird nun von dem eingetretenen Geist gesteuert und wandert durch die Organe von Mann und Frau bis zur Eizelle.

Der Geist nimmt die Ausstrahlung der Eizelle sehr deutlich wahr. Sie ist unglaublich groß. Um einen Vergleich zu bringen: Wenn wir uns die Samenzelle so groß wie einen Streichholzkopf denken, ca. 3,5 mm lang, dann wäre das Ei ca. 3,5 m im Durchmesser! Das Volumen vom Ei ist 1.330.000 mal so groß wie ein Spermium, 1 : 1,330 Millionen! Interessanter Weise ist auch das Volumen-Verhältnis von Erde zu Sonne genau 1 : 1,33 Millionen. So ein Zufall...

Der Geist im Spermium nimmt die Eizelle also sehr intensiv wahr. Er weiß schon sehr genau, daß er der Auserwählte ist. Wenn wir bei unserem Beispiel bleiben, dann hat diese dreieinhalb Meter große Kugel Tentakeln, die bis einen halben Meter lang sind. Damit sucht die Eizelle das richtige Spermium aus, führt es auf seine Oberfläche und erlaubt ihm die Abgabe der Chromosomen. Sobald die richtige Samenzelle ihren Inhalt übergeben hat, "gerinnt" die Außenhaut und tötet alle eventuell auf die Oberfläche gelangten Spermien ab. Im Inneren beginnt der Biomechanismus des Lebens zu wirken.

Fruchtbarkeit

Der Physiker Dewan, ein Spezialist für linear-polarisierte Wellen, stellte die These auf, daß der Menstruationszyklus der Frau mit dem Mondzyklus von 29 Tagen in Verbindung steht. Warum klagen dann so viele Frauen über unregelmäßige Perioden? Dewan behauptet, daß die künstliche, unregelmäßige Beleuchtung das Mondlicht ersetzt und so die Wirksamkeit der Monduhr beeinträchtigt hätte. Offensichtlich sind die Fruchtbarkeitszyklen vieler Tierarten mit dem Vollmond verknüpft. Nach Dewans Ansicht regelte die Uhr des Vollmonds zu Beginn der Evolution den Fruchtbarkeitszyklus des Menschen.
Um diese Hypothese zu prüfen, führte Dewan mit dem Psychiater Dr. John Rock einen bemerkenswerten Versuch durch. Er verpflichtete zwanzig Frauen mit chronischen Menstruationsunregelmäßigkeiten, vom vierzehnten Tag nach ihrer Periode an das Licht in ihren Schlafzimmern drei Nächte lang brennen zu lassen. Die Ergebnisse waren überraschend: Bei allen Frauen wurde der Menstruationszyklus wieder regelmäßig. Seine Ergebnisse wurden in dem angesehenen *American Journal of Obstetrics and Gynaicology* veröffentlicht. Diese Versuche verdeutlichen zugleich den Nutzen der Astrologie. Es gibt eine bedeutsame und sinnvolle Beziehung zwischen Vorgängen am Himmel und dem irdischen Leben. (➔Unfruchtbar, ➔Sex)
Der tschechische Physiater Dr. Eugen Jonas wies mit einer Treffsicherheit von 87 Prozent nach, daß Frauen fruchtbar waren, wenn Sonne und Mond zur gleichen Winkelbeziehung zurückkehrten, die sie im Geburtshoroskop der Patientin einnahmen.
Abgesehen von diesen natürlichen Faktoren wird die Fruchtbarkeit der Frau wesentlich von ihrem Sicherheitsgefühl bestimmt. Die

Fruchtbarkeit wird also von psychischen Faktoren beeinflußt. Siehe auch unter →Empfängnisregelung.

Schwangerschaft

Schwangerschaft ist die schönste Sache der Welt, wenn man Ja sagen kann zum Leben und sich einigermaßen sicher fühlt. Selbst wenn das nicht der Fall ist, kann eine Schwangerschaft auch ein Leben unter schwierigen Bedingungen verschönern und verbessern. Es ist bekannt, daß Väter aktiv werden, sich einen besseren Job suchen und mehr Erfolg haben, sobald ihre Frau schwanger ist. Besonders motivierend ist es, wenn eine Frau ein Mädchen erwartet, selbst wenn es der Vater noch nicht weiß! Das beweisen Statistiken. Es gibt also noch geheime Instinkte, die unsere Lebensmotivation regeln, von denen kaum jemand etwas weiß.
Die Tatsache, daß heute viele Menschen in Europa keine Kinder mehr bekommen können oder keine mehr wollen, ist eine krankhafte Erscheinung der Dekadenz unserer Kultur. Die Gründe sind Überernährung, Pestizide, Elektrosmog, Überbevölkerung, Perspektivlosigkeit, zu wenig Lebensmut, sowie die auf Konsum ausgerichtete Propaganda der Massenmedien. Wer permanent gierig ist auf die Befriedigung seiner eingeredeten Bedürfnisse, immer im Trend, immer neue Sachen aller Art, der hat weder Zeit noch Energie für eine gesunde Familie. Dabei verpaßt er die wertvollsten Sachen im wahren Leben: Die Schaffung neuen Lebens, mit allen darin liegenden Lehr- und Lernchancen.
Künstliche Schwangerschaften gehören eigentlich verboten. Wer nicht auf natürliche Weise Kinder zeugen kann, sollte auch keine bekommen. Die Natur hat Gründe dafür. Tatsächlich gibt es bei künstlicher Befruchtung oft Defekte, behinderte Kinder, und somit eine sichere Erwerbsquelle für die Krankheitsindustrie.
Die Medizin hat die Schwangerschaft zu einem sicheren Erwerbszweig für ihre Branche gemacht. Schwangerschaft ist eine gefährliche Krankheit, bei der man mindestens alle 4 Wochen zum Arzt muß. Deutschland hat die höchste Vorsorgerate, eine hohe Rate an Kindersterblichkeit unter den Industrienationen, eine hohe Rate an plötzlichem Kindstod und tausende von Krankheiten bei Mutter und Kind. In Rußland ist die Vorsorge miserabel, die Versorgung schlecht, die Kindersterblichkeit niedriger und die Krankheiten in diesem Zusammenhang sind kaum gegeben. Die negative Beein-

flussung und Ausbeutung der keimenden Familie wurde bei uns optimiert.
Wenn Sie ein gesundes Kind haben möchten, beginnen Sie am besten ein halbes Jahr vorher mit intensivem Energytraining. Es ist die beste Garantie für ein gesundes Leben von Mutter und Kind. Wir haben früher schwangere Frauen mit → Energytraining betreut. Sie bekamen alle ihre Kinder ohne Spritzen und Hilfsmittel, ohne Angst, in einer natürlichen Geburt.

Schwangerschaftserbrechen

Es ist eine Ablehnung der neuen Situation. Eine Frau möchte den Embryo loswerden. Sie wehrt sich gegen die Schwangerschaft. Oft ist es die Angst vor der Niederkunft und die Angst, ob man in der Lage sein wird, diese Situation zu meistern. Es kann bei jüngeren Frauen auch daher rühren, daß sie sich selbst noch zu kindlich fühlen, als daß sie der Aufgabe einer Mutter gewachsen wären.
Natürlich sollte sie darauf achten, daß sie nicht zu viel ißt, wenn das Baby schon groß herangewachsen ist. Leichte Kost und mehrere kleine Mahlzeiten sind besser als zwei oder drei große Mahlzeiten.
Frage: Warum wehren Sie sich gegen das Baby? Wollen Sie es selbst nicht, oder wer will es nicht? Wie steht der Vater dazu? Hat vielleicht Ihre Mutter etwas dagegen? Haben Sie Angst vor der Zukunft? Wollen Sie lieber Karriere machen und das Baby behindert Sie (angeblich)? Erkennen Sie die Bedeutung der Situation! Was ist langfristig gesehen wichtig? Was gibt Ihrem Leben Inhalt? Machen Sie auf Papier eine Problemanalyse oder verwenden Sie dafür meine →CD "Lebensplanung mit Erfolg!"

Empfängnisverhütung - Regelung

Im Laufe der Jahre fiel in unserer Beratungspraxis auf, daß Frauen ihrem Willen und ihrer <u>inneren Haltung</u> entsprechend steuern können, ob sie schwanger werden oder nicht. Wir haben viele derartige Beispiele erzählt bekommen, die sowohl beweisen, daß die Geisteshaltung eine Schwangerschaft verhindert, als auch, daß man sie herbeiführen kann.
Für eine voll bewußte Frau bedarf es keiner Hilfsmittel oder Präservative. Sie wird nur schwanger, wenn sie es will. Hilfsmittel sind Ausdruck der Unsicherheit und des fehlenden Selbstvertrauens.

Entscheidend ist nur, daß ob Frau wirklich weiß, was sie will! Auch ein Mann kann seine Zeugungsfähigkeit steuern, doch Männer neigen noch mehr dazu, ihren Samen erfolgreich weiterzugeben, als daß Frauen ein Kind bekommen möchten.
Drei Beispiele mögen für viele stehen, die wir aus unserer Praxis kennen:
Eine Frau traf ihren Freund am 14. Tag ihrer Periode und war in Hochstimmung. Hinterher sagte er: Ich glaube es wird ein Junge. Er spürte die Gegenwart eines Geistes, der sich inkarnieren wollte. Seine Freundin antwortete: Ich sah ihn auf der Lampe sitzen, aber ich gebe ihm keine Chance. Beide nehmen keine Verhütungsmittel, beide machen seit Jahren Bewußtseinstraining.
Eine andere starke Frau fuhr am 14. Tag zu ihrem Freund, weil sie ein Kind wollte. Sie empfing und fühlte die Inkarnation. Sie entschied sich anders, weil irgendetwas für sie nicht stimmte und bekam 3 Tage später ihre Regel (am 17. Tag).
Ein anderes Paar merkte sehr genau, daß ein Kind sich inkarnieren wollte. Sie spürten, daß die Zeit reif war und sie empfing am 26.Tag.
Eine Frau die ich kennenlernte, hat sogar während der Regel empfangen.
Die Problematik der bewußten Schwangerschaft (Empfängnis) ist heute besonders schlimm. Den Frauen wurde in den vergangenen Jahrhunderten das Bewußtsein des eigenen Körpers und ihrer intuitiven Kraft geraubt. Die Ideologie der Kirche, daß Beischlaf nur zur Zeugung erlaubt sei, scheint zu beinhalten, daß er dazu führen muß. Das stimmt natürlich nicht. Frauen sind in der Lage, das zu regulieren! Eine bewußte Frau braucht keine äußerlichen Kontrollen und Hilfsmittel. Sie ist bewußt fruchtbar oder unfruchtbar. Und sie spürt selbstverständlich, ob eine Befruchtung stattgefunden hat. Wenn eine Inkarnation erfolgt ist, spürt sie den fremden Geist, diesen Gast in sich. Sie kann fühlen, ob es ein Junge oder ein Mädchen wird.
Und ebenso kann sie einem Geist, der nach Inkarnation drängt, diese verweigern. Das setzt jedoch eine selbst-bewußte Lebensführung voraus. Die Mehrzahl der Frauen in unserer Gesellschaft dürfte zu unsicher oder zu chaotisch sein, um nur mit dem eigenen Willen die Geburt zu regeln.

Unfruchtbar?

Die Frage der Unfruchtbarkeit hat mehrere Gesichter:

- Heute sind tatsächlich mehr Frauen als früher unfruchtbar. Die Ursache müssen wir wohl in unserer dekadenten Lebensweise und in den vielen Schadstoffen sehen, die wir mit der Nahrung aufnehmen.

- Bei Männern ist es noch wesentlich schlimmer. Die Zahl der unfruchtbaren Männer erreicht in Deutschland bereits ca. 22%, in England sind es 25%. Schuld sind primär die Weichmacher der Plastikindustrie, die in unser Essen und Trinkwasser gelangen. Sie ähneln den weiblichen Hormonen und verändern den Hormonhaushalt der Männer in einer Weise, daß die männliche Fruchtbarkeit drastisch reduziert wird.

- Bereits die alten Römer haben vor 2000 Jahren berichtet, daß offensichtlich nicht jede Frau und jeder Mann zusammen passen. Sie haben einfach empfohlen, wenn eine Beziehung kinderlos ist, soll man es mit einem anderen Partner versuchen. Meistens klappt es dann sehr schnell. Aus unserer langjährigen Beratungspraxis wissen wir, daß wohl immer ein gewisser Prozentsatz an Kindern nicht vom Ehepartner abstammt. Dazu gehen die Menschen zu oft fremd. Es wird schon seinen Sinn haben, wenn ein Kind von einem Mann gezeugt und von einem anderen erzogen wird. Vermutlich brauchte dieses Kind die verschiedenen Chancen beider Männer, um sein geplantes Lebensprojekt zu verwirklichen.

- Wenn eine Frau sich unsicher fühlt in Bezug auf den Ehemann oder Partner, dann kann das ausreichend sein, um unfruchtbar zu bleiben, bis sich die Situation ändert. Ebenso kann Angst vor Armut die Fruchtbarkeit einschränken. Während aus geistiger Sicht die primitiveren Gemüter eher zu vielen Kindern neigen, um auf diese Weise biologisch die Art zu erhalten (Quantität statt Lebensqualität), wollen gebildete, geistig höher entwickelte Menschen eher nur dann ein Kind, wenn die geplanten und für notwendig erachteten Lebensumstände möglich sind.

- Wenn ein Paar heute keine Kinder bekommt, sollten Sie als erstes bei Punkt 3 anfangen. Es könnte die Unsicherheit in ihrem Leben sein. Wenn eine Frau meint, sie kann sich auf den Mann nicht verlassen, dann ist das schon ausreichend für eine zeitweilige Unfruchtbarkeit. Das muß nicht am Mann liegen, sondern es kann auch am Elternhaus der Frau, an der Religion oder einfach an persönlichen Ängsten der Frau liegen. In jedem Fall ist eine gründliche, führsorgliche und vielseitige Analyse der Situation notwendig, um das Problem aus der Welt zu schaffen.

- Erst wenn man die psychischen und sozialen Faktoren ausgeräumt hat, lohnt sich der Gang zum Arzt. Bevor man einen Kinderwunsch erzwingen will, sollten Sie überlegen, ob das wirklich sein muß, oder ob Sie sich etwas einreden! Es muß doch einen Grund haben, wenn Sie tatsächlich unfruchtbar sind. Es gibt keine Zufälle. Vielleicht liegt ihre Lebensaufgabe ganz woanders.

- Es gibt noch einen weiteren Faktor, der mit den Lebensumständen zusammenhängt. Man hat uns hier in Deutschland seit mehr als 50 Jahren eingeredet, daß wir schlechte Menschen sind, weil wir Hilter und die ganzen Folgen geduldet haben. Im Vergleich mit anderen Ländern ist das Selbstbewußtsein und das Volksbewußtsein der Deutschen so sehr gestört, daß bereits eine generelle Unlust vorliegt, überhaupt deutsch zu sein. Wer Probleme mit seiner Identität hat, schränkt ebenfalls seine Fruchtbarkeit ein. Er kann seine schlechte Meinung nicht mehr vererben.

<u>Wenn Sie diese Fragen bewegen, dann sollten Sie weiter fragen</u>:

- Möchte ich von diesem Mann, von dieser Frau ein Kind haben? Möchten Sie mit dieser(m) Partner(in) die nächsten 15 Jahre zusammenleben, bis Sie ihre Kinder ins Leben entlassen können?

- Trauen Sie sich zu, mit dieser Beziehung sicher zu stellen, daß die Kinder alles bekommen, was sie später brauchen?

- ❖ Haben Sie genug Vertrauen in sich selbst und die Natur, um heute Kinder in die Welt zu setzen und für sie zu sorgen, bis sie groß sind?

- ❖ Können Sie ihren Kindern trotz globaler Unsicherheiten den Mut zum Leben vermitteln und mit auf die Reise geben?

- ❖ Wenn Sie diese 4 Fragen mit Ja beantworten können, dann werden sie auch Kinder bekommen. Und wenn Sie welche wollen, aber Frage 1 + 2 verneinen, dann brauchen Sie eine neue Partnerschaft!

- ❖ Wenn Sie die Fragen 3 + 4 verneinen, dann müssen Sie sich selbst trainieren, z.B. mit meinen Methoden, um den nötigen Mut zu bekommen, sonst sollte man es besser lassen. Fangen Sie mit dem → "Erfolgskonzept" an oder erlernen Sie eine Kampfsportart. Das hilft sehr gut bei Entscheidungsproblemen und persönlicher Laschheit.

Verhütungsmittel

Die Temperaturmethode kann Hinweise geben, und wenn beide sich sicher sind, daß sie zwar Sex, aber kein Kind wollen, kann es recht gut funktionieren. Die obigen Beispiele zeigen, daß man sich auf den monatlichen Terminplan nicht immer verlassen kann. Die Natur geht eigene Wege.
Spermienabtötende Schaumtabletten sind so ähnlich einzustufen. Ganz sicher können Sie damit auch nicht sein. Ob es sinnvoll ist, daß eine Frau sich regelmäßig chemische Kampfstoffe gegen Spermien in die Vagina einführt, wage ich zu bezweifeln.
Die Anwendung von Präservativen ist noch mit am sichersten, zumindest bei kurzfristigen Beziehungen. Dabei sollte jedoch beachtet werden, daß es gerade das Ziel des Aktes ist, daß die Spermien der Frau übergeben werden. Wenn ein Mann "sich nicht in einer Frau verwirklichen kann" und eine Frau keine neuen Erfahrungen geschenkt bekommt, kann das auf die Dauer zu einem neurotischen Sexualverhalten führen. Der Akt dient dann zum Abreagieren, aber der geistige Effekt fehlt. Es wird sinnlos (→Sexualität!).
Die Spirale ist ein Fremdkörper in dem empfindlichsten Organ der Frau, in ihrem Energiekonverter, wie ich es an anderer Stelle genannt habe. Auch wenn diese Methode sehr sicher ist und schein-

bar nur wenige Störungen verursacht, erscheint sie mir aus geistiger Sicht doch recht bedenklich. Sie führt zu einer chronischen, unterschwelligen Reizung, die auch in eine echte Krankheit ausarten kann. Es kommt zu Entzündungen, weil der Körper das Teil los werden will.

Die Pille für den Mann ist meines Erachtens nicht ausgereift, und ich habe Zweifel, ob das jemals richtig funktionieren wird. Wenn wir an den energetischen Komplex denken, der dahinter steht, dann ist diese Pille ein Widerspruch in sich. Der Mann soll seine Erfahrungen über sein Sperma weitergeben. Diese Lebenserfahrungen werden verhindert, wenn die Weitergabe nicht möglich ist. Das Sperma ist ein konkretes Ergebnis des 1. und 2. Chakras, unseres Kreativitätszentrums. Unterbinden wir diese Funktionen, leidet unweigerlich die Kreativität und die Motivation. Ich bin sicher, daß der innere Frust noch größer wird, als wenn er langfristig und regelmäßig Präservative benutzt und nicht zum Ziel kommt. Die Antwort wären dann entweder sexueller Frust bis hin zur Impotenz, oder eine Gereiztheit, die auch nichts bringt.

Die Pille für die Frau ist meines Erachtens für Paare, die zusammen leben, die beste Lösung. In den ersten Jahrzehnten gab es überhaupt nicht so viele Probleme mit der Pille, als wie jetzt in den letzten 10 Jahren zusammengeredet wurde. Wenn eine Frau weiß, daß sie vorerst kein Kind will und ebenso weiß, daß sie in ein paar Jahren sicher eines bekommen kann, dann kann sie den latenten Zustand der Scheinschwangerschaft akzeptieren. Es mag sein, daß sie ein bischen dicker wird, weil ihr Körper passend zur Schwangerschaft, die vorgetäuscht wird, mehr Futter, also mehr Energiereserven aufnehmen will.

Die neueren Pillen enthalten nur noch 10% der Hormone von früher, ja manchmal sogar nur noch 3% dessen, was die ersten Pillen-Versuche verabreichten. Und damals gab es zwar auch Probleme, doch der Wunsch nach sexueller Freiheit war viel größer als das Problem.

Was heute Probleme bereitet, ist wohl weniger die Pille selbst, als der weitreichende sexuelle Frust in der Gesellschaft. Die ganze deutsche Nation hat ein Problem damit. Die politischen und sozialen Verhältnisse sind trotz einem deutlichen Wohlstand unbefriedigend. Die Zukunftsaussichten sind unsicher. Viele haben Angst. Die Bereitschaft, Kinder zu bekommen, ist gering. Es ist teuer, und die Leute haben wenig Lust, diesen Aufwand auf sich zu nehmen. Wenn Sie diese ganzen frustrierenden Begleiterscheinungen ab-

ziehen und ein Paar sich positiv zugetan ist, eine lange Beziehung und irgendwann Kinder einplant, dann ist die Pille für die Frau eine akzeptable Lösung.
Sehr viele Menschen sind gar nicht mehr zu einer langfristigen Beziehung fähig. Das dürfte eines der Hauptprobleme sein, warum dann aus allen Details neue Probleme konstruiert werden.
Es hat keinen Wert, mit emanzipatorischen Argumenten zu kommen. Jeder darf machen was er will. Und eine Frau, die meint, der Mann muß jetzt regelmäßig die Pille nehmen, weil sie keine Lust hat, sollte überprüfen, wie wichtig ihr die Beziehung ist und wozu sie überhaupt noch Sex haben will. Ein Mann als Gebrauchsartikel ist nicht besser, als eine Frau als dienstleistende Prostituierte. Es gibt Situationen, wo bestimmte Lösungen sinnvoll sind und andere weniger, ohne Rücksicht auf diese Art von Emanzipation. Wenn eine Frau aber unterschwellig ein Problem mit der von der Pille vorgegaukelten Schwangerschaft hat, dann wird sie natürlich Probleme mit der Pille bekommen.
Wenn Sie ein Beispiel wollen: Ich ziehe es vor, mit dem Auto zum Supermarkt zu fahren, statt mit dem Bus. Ich habe nämlich keine Lust, die vielleicht 20 kg in 5-6 Taschen erst zum Bus und dann ca. 1 km nach Hause zu schleppen. Es ist schlichtweg Unsinn. In Japan haben fast alle Einkaufszentren einen Home-Service, der zur gewünschten Zeit alle eingekauften Waren anliefert. Da kann man in Ruhe mit den öffentlichen Verkehrsmitteln fahren. Aber die Japaner finden Sex ja auch normal und kennen derartige Debatten gar nicht.

Sterilisation

Wenn eine Frau über 40 ist und sicher ist, daß sie kein Kind mehr bekommen möchte, dann sollte sie eine Unterbrechung der Tuben (Eileiter) in Betracht ziehen. Über 40 ist das Risiko für Erbschäden und eine schwierige Geburt viel höher als zwischen 25 und 35.
Sie produziert pro Monat nur ein reifes Ei. Das kann vom Körper ohne Schaden resorbiert werden. Wenn sie bereits gesunde Kinder hat, ist das eine sichere Lösung für die Zukunft. Dann ist sie garantiert frei von Produkten aller Art und kann ihre natürliche Sexualität so empfinden, wie sie ist. Eine heute oft empfohlene Einnahme der Pille bis 50 oder 60 kann ich nicht empfehlen. Die Pille kann zwar einen etwas jüngeren Körperzustand simulieren, wenn jedoch aus irgendwelchen Gründen die Pille mit 55 abgesetzt werden muß,

dann wird sich die unterdrückte Menopause um so schlimmer auswirken. Es kann zu rapide auftretenden Alterserscheinungen kommen (Falten, schlaffe Haut, Müdigkeit). Der Körper läßt sich nicht langfristig betrügen. Bei einer Sterilisation mit ca. 40 wird eine Umstellung des Körpers ohne Pille stattfinden. Dann wird jedoch die normale körperliche Entwicklung weiterlaufen, ebenso die Menopause. Diese hormonale Umstellung kann optimal durch Sport, Fitness und Energytraining beeinflußt werden. Jede Art von körperlicher Fitness ist bei Hormonumstellungen gut.
Die Sterilisation des Mannes ist wiederum problematisch. Bei einem gesunden Mann werden bis ins hohe Alter Spermien produziert.
Die Produktion der Samenflüssigkeit pro Tag beträgt bei jüngeren Männern 6 ml und mehr, bei älteren Männern immer noch 1 - 6 ml. Das sind große Mengen, die vom Körper resorbiert werden müssen, wenn die Samenleiter abgeklemmt sind. Es kommt häufig zu Entzündungen. Diese Männer sind gereizt, unzufrieden bis aggressiv oder fallen in Depressionen. Zuerst machen sie Jagd auf Abenteuer, weil sie sich ja jetzt sicher fühlen, doch bald kommt der innere Frust, weil etwas fehlt. Regelmäßiger Orgasmus ohne Ejakulation verursacht schon bald seelische und in der Tat auch energetische und physiologische Störungen. Da kann man nur empfehlen, eine andere Lösung zu finden. An dieser Stelle hat die Gleichberechtigung für Mann und Frau keinen Sinn. Gleichberechtigung kann uns nicht gleich machen. Wenn wir alle gleich wären, dann könnten wir uns diese Art von Sex sparen und unsere Nachkommen wie Amöben durch Ableger produzieren.

Geburt und Rebirthing

Ende der siebziger Jahre kam Rebirthing immer mehr in Mode. Viele Menschen hatten die Ahnung oder das Gefühl, durch ihre eigene Geburt traumatisiert worden zu sein. Beim Rebirthing wurden die Menschen zu einer hektischen Wehenatmung veranlaßt, was nach kurzer Zeit geburtsähnliche Zustände herbeiführen konnte. Bei vielen Menschen tauchten auch Bilder und Gefühle der eigenen Geburt auf. Es war eine durch Wehenatmung induzierte Rückführung. Viele Menschen empfanden diese Art von Therapie als befreiend.
Zeitweilig habe ich in ähnlicher Weise den Feueratem des Energytrainings für Rückführungen eingesetzt. Auf den ersten Blick

haben wirklich viele Menschen die Befürchtung, daß bei ihrer Geburt etwas schief gelaufen ist, zumindest nicht optimal verlief. Woher diese Grübeleien und Befürchtungen kamen und warum sie vor allem zwischen 1975, ständig zunehmend bis 1985, auftraten, dann jedoch wieder abnahmen, weiß ich nicht genau.
In der Jahren zwischen 1980 und 1988 haben sich viele meiner Klienten mit diesen Befürchtungen geäußert. Dann ließ es deutlich nach. Meine eigenen Möglichkeiten, Menschen in diese Stimmung zur Rückerinnerung zu bringen, hatten sich gewandelt. Meine Anwesenheit und meine Konzentration auf diese Stimmung reichte aus, um die Besucher ohne weitere Anstrengungen in die richtige Verfassung zu bringen. Rückblickend erscheint es mir so, daß damals viele Menschen ihre eigene Geburt bedrückend empfanden, und daß Rebirthing sie in eine zusätzliche Streßverfassung brachte. Die Erlösung von den Spannungen war befreiend.
Wenn wir in den Jahren ab 1988 zunehmend ohne diese künstlich herbeigeführten Streßzustände Rückführungen machten, dann empfanden die Klienten zwar auch manchmal Streßzustände beim Rückblick auf ihre Geburt, doch noch mehr Klienten empfanden bei genauerer Betrachtung die eigenen Geburt als völlig normal und unproblematisch, selbst wenn es vielleicht Komplikationen gegeben hatte!
Wie hängt das jetzt alles zusammen? Zum einen wurde Rebirthing von Psychologen erfunden und nicht von spirituellen Menschen oder Esoterikern. Die Psychologen glaubten keineswegs an ein Leben vor dem Leben! Der Grund für Rebirthing war, daß viele Menschen sich nicht einmal an die Zeit vor ihrem 6. oder maximal 3. Lebensjahr erinnern konnten. Mit Rebirthing klappte das gut und schnell.
Ich gehe davon aus, daß in dieser Zeit, als sich mehr Menschen für Esoterik zu interessieren begannen (ab 1975), ein gewisser geistiger Drang nach den jenseitigen Welten entstand. Die einen suchten Esoterik und Yoga, die anderen (Psychologen) verbesserten ihre Therapiemethoden mit dem Rebirthing. Einige von ihnen kamen nicht mehr daran vorbei, daß sich ihre Patienten plötzlich an frühere Erdenleben erinnerten. Das wurde zwar von den Psychotherapeuten z.T. als Unsinn abgehakt, als Phantasie, aber immerhin, es kam hoch.
Es war jedoch auch die Verfassung dieser Therapeuten und ihrer Klienten, die aus der eigenen Geburt ein Drama machten. Es muß ja dramatisch und atemberaubend sein, wenn man keine Ahnung

hat, wie denn so eine Eizelle belebt wird und zu denken beginnt! Keine Ahnung von der Existenz unseres Geistes vor der Geburt, keine Ahnung von Wiedergeburt, aber durch die intensiven Therapien kommen Bilder und Gefühle hoch, die erklärt werden wollen.
Meines Erachtens waren also die Psychotherapeuten durch ihre intellektuelle und begrenzte Denkweise Schuld an der Dramatisierung des Geburtsvorganges. In dem Maße, wie in der Öffentlichkeit das Wissen um Reinkarnation und Karma immer breiteren Raum bekam, immer mehr ins Bewußtsein rückte, in dem Maße ließ das Gefühl vom allgemeinen, generellen Geburtstrauma nach.
Die Öffentlichkeit für das so bedeutende Thema unserer eigenen Existenz war erwirkt worden. Im Unterschied zu diesen Befürchtungen von einem generellen Geburtstraumata bei fast jedem Menschen, stellte sich dann in den späteren Jahren bei meiner Art der sanften Rückführung ohne dramatische Wehenatmung heraus, daß die meisten, wenn nicht alle Menschen, ihre Geburt als so normal und natürlich erleben, wie nur eben denkbar.
Die Mutter mag ja Krämpfe kriegen, weil sie Angst hat oder vollgeredet wurde von allen möglichen unsicheren Mitmenschen. Die Geburtshelfer selbst haben heute oft mehr Angst, als angemessen ist. Eine allgemeine Geburtsneurose grassiert. Schwangerschaft ist eine bedenkliche Krankheit, kein Normalzustand, kein Anlaß zur Freude.
Das Baby aber, und zwar wohl so ziehmlich jedes Baby, reagiert nur aus dem Geist heraus, und für den ist eh alles klar, und sein Körper reagiert nur auf der animalischen Instinktebene, und diesem Instinktbündel Mensch ist auch alles klar. Das Baby will leben, will raus, und nimmt die notwendigen Anstrengungen "echt cool", wie die jungen Leute heute sagen.
Wenn Sie also noch zur Rebirthing-Generation gehören oder von Psychologen mit den Thesen vom Geburtstrauma infiziert wurden, dann versuchen Sie sich bitte aus dieser vermeintlichen Belastung zu lösen! Wie ich schon beim → Kaiserschnitt ausgeführt habe, legen sich manche Babies quer, weil sie nicht herauswollen. Na gut, das ist ja leicht zu erkennen. Die haben wirklich ein Geburtsproblem. Doch die, die es auf normalem Wege schaffen, stecken die Belastungen sehr gut weg und haben kein Problem damit. Wenn bei der Geburt noch Probleme entstehen, dann durch irgendwelche Spritzen der Ärzte, nicht aber durch eine neurotische, verkrampfte Mutter. Damit wird das Baby gut fertig. Wenn also kein Kaiserschnitt vorliegt, gehen Sie bitte davon aus, daß Ihre eigenen

Geburt normal verlaufen ist. Legen Sie diesbezügliche Befürchtungen ab. Wenn Sie mal ein Kind bekommen, bereiten Sie sich ausreichen lange vorher durch → Energytraining vor. Die Atemtechniken für Schwangere finden Sie in meinem → Buch "Die Stufen des Pranayama".

Fehlgeburten

Sie müssen keineswegs ein Krankheitsfall sein. Es kommt vor, daß eine Frau dieses Kind mit diesem Geist nicht austragen und aufziehen will. Das kann viele Gründe haben. Viele Geister kennen sich seit Generationen und wollen irgendwelche menschlichen Angelegenheiten miteinander austragen. Dabei kommt es vor, daß ein Mensch unbedingt als Kind einer bestimmten Frau geboren werden will, ob diese nun einverstanden ist oder nicht. Es kann wirklich als eine Art geistige Vergewaltigung angesehen werden. Dahinter kann Liebe aus einem früheren Leben stehen oder gerade das Gegenteil. Ich könnte hier hunderte von unterschiedlichen Beispielen bringen, die erst einmal zeigen, wie vielfältig das Leben mit all seinen Spielarten ist. Doch das würde den Rahmen meines Buches sprengen. Sicher ist nur, daß sich die Beziehungen mancher Menschen über viele Erdenleben hinziehen, als Freunde oder Feinde, oder in wechselnden Rollen.
Ebenso kann es sein, daß ein Embryo fehlerhaft ist. In so einem Fall ist die Fehlgeburt das kleinere Übel. Es kommt weiterhin vor, daß eine Frau unbedingt erzwingen will, daß sie ein Kind bekommt, vielleicht auch von einem bestimmten Mann, aber die Zeit ist nicht reif. Es findet sich kein ungeborenes Wesen, daß sich hier unter diesen Bedingungen inkarnieren möchte. Dann kann es sehr wohl sein, daß eine Zeugung stattfindet, aber der Geist fehlt. Diese "geistlosen" Embryonen führen zu einem Abort.
Eine Fehlgeburt ist für die meisten Frauen bestürzend und dramatisch. Es sollte der Anlaß sein, über das Phänomen der Wiedergeburt nachzudenken. Es war vielleicht nur der erste Versuch, dieses Kind zu bekommen. In einem konkreten Fall konnten wir in einer Rückführung aufklären, daß allein von den gewollten kosmischen Konstellationen her (Astrologie) und von der Gesundheit des Embryos her, eine Fehlgeburt entstand. Das Kind mußte unter anderen Bedingungen geboren werden, um seinen zukünftigen Lebensplan zu erfüllen. 2 Jahre später bekam diese Frau einen gesunden Sohn, der vom gleichen Geist des damals verworfenen Embryos

bewohnt war. Wenn es gelingt, das seelische Drama gedanklich zu entschärfen, dann kann es auch gelingen, daß die betroffene Frau sich entspannt und eine weitere Schwangerschaft erfolgreich ist. Lernen Sie, in größeren Zeiträumen zu denken. Unser Körper "ist das Fahrzeug der Seele", ein Werkzeug für die Verwirklichung des Erdenlebens mit all seinen wundervollen Erfahrungen. Lesen Sie dazu den Abschnitt →Empfängnisregelung und →Reinkarnation.

Frühgeburt

Psychisch gesehen: Die Mutter will das Kind loswerden, bzw. das Kind will die Mutter loswerden. Die beiden Seelen kommen nicht gut miteinander aus. Heute können physiologische Probleme hinzu kommen. Viele Frauen haben nicht mehr die beste Verfassung für eine normale Geburt. Sie sind dekadent, labil und verweichlicht. Außerdem gibt es jede Menge Störungen wegen mangelhafter Ernährung, Angstmache durch Ärzte, Angst vor den gesellschaftlichen Zuständen und vor der politischen und wirtschaftlichen Zukunft.
In Frankreich gibt man das Spurenelement Mangan. Es ist ein altes, wertvolles Fruchtbarkeitsmittel und sollte nur in den von der Medizin empfohlenen Dosierungen verwendet werden. Der Vitaminhaushalt der Mutter muß stimmen. Halten Sie sich an die Vitaminmengen, wie sie von → Pauling empfohlen werden und die ich im Kapitel Vitamine aufgezeichnet habe. Die beste Vorbeugung ist → Energytraining, damit es gar nicht erst dazu kommt. Die Mutter sollte psychisch voll da sein und ihre Beckenbodenmuskeln und Bauchmuskeln gut trainiert, um organisch voll in Form zu sein.

Kaiserschnitt

Ein Kind, daß gewaltsam durch Kaiserschnitt zur Welt gebracht wird, ist nicht richtig geboren worden. Die Ursache, die zum Eingriff führt, ist schnell erklärt. Entweder das Kind will nicht in diese Welt und legt sich quer, z.B. weil es Angst hat vor bestimmten Phasen in dem jetzt kommenden Leben, oder die Mutter will das Kind nicht heraus lassen. Die Gründe können vielfältig sein: Ahnungen bevorstehender Probleme mit diesem Kind, Angst, weil das Kind unehelich ist, konservative Eltern usw.
Wenn es sein muß, ist Kaiserschnitt natürlich ein sehr gutes und sinnvolles Mittel, um die zwei ineinander verkrampfen Wesen zu

trennen. Doch es ist keine normale Geburt. Alle Kaiserschnittkinder haben später irgendwelche Probleme, z.B. eine schwierige Beziehung zur Mutter, nicht den richtigen Lebensmut oder psychische Störungen. Da lohnt sich auf jeden Fall eine gute → Rückführung oder Rebirthing. Damit können diese Störungen gut behoben werden. Das Kind muß symbolisch seine Geburt noch einmal nachvollziehen, noch einmal erleben. Dann verschwinden viele der durch Kaiserschnitt induzierten seelischen Spätfolgen.
Bedauerlich ist nur, daß ein Kaiserschnit wesentlich lukrativer ist als eine normale Geburt. So werden heute viele Kinder "geholt", anstatt ihnen die Chance der normalen Geburt zu geben.

Weibliche Brust

Die weibliche Brust ist ein ganz besonderes Organ, das nicht nur irgendwelchen Attraktionen dient. Es ist ein Organ, das bestimmte kosmische Kräfte sammelt und in Energie umformt, um sie in der Milch dem Kind weiterzugeben.
Es ist durchaus legitim, die Brust einer gesunden Frau als Energiepol zu bezeichnen, der kosmische Kräfte konzentriert und weitergibt. Das gilt nicht nur für die Milchproduktion. Die Milchproduktion ist zwar die organische Funktion, aber sie hat ebenso für jede Partnerschaftsbeziehung eine wichtige Bedeutung. An anderer Stelle habe ich erwähnt, daß alle unsere Körper-Endigungen wie z.B. unsere Haare oder die Finger, Antennen sind, mit denen wir in die Umwelt hineingreifen. Das gilt auch für die Brüste einer Frau. Sie sind Energielieferanten, nicht nur für die Babies.
Nicht umsonst sind gerade in den letzten Jahren unheimlich viele Frauen bemüht, ihre Brüste in irgendeiner Weise zurecht zu machen, durch Implantate, Vergrößerungen oder Verkleinerungen. Das ist natürlich ein hilfloses Unterfangen. Diese Frauen fühlen, daß mit ihnen etwas nicht in Ordnung ist und wollen den Fehler mechanisch korrigieren. Was da nicht in Ordnung ist, ist aber weniger die Form oder die Größe, sondern das unausgeglichene oder schon krankhaft gestörte Verhältnis zur eigenen Weiblichkeit und zur naturgegebenen Rolle als Partnerin und Mutter.
Eine Frau, die einen Partner oder eine Familie liebevoll versorgt, wird eine gesunde, straffe Brust haben. Je weniger eine Frau die Mutterrolle und ihre Weiblichkeit akzeptiert, desto mehr ist auch ihre Brust gefährdet. Je mehr sich eine Frau überlastet oder ausgebeutet fühlt, desto leichter kann die Brust dazu neigen, daß sie

schlaff wird. Die Energie erschöpft sich. Wenn sie sich überlastet fühlt, dann kann sie sich entzünden.
Viele Frauen in unserer Gesellschaft wissen nicht mehr, was sie wollen. Sie wissen nicht mehr, welchen Standpunkt sie selbst einnehmen sollen. Sie sind hin- und hergerissen zwischen der alten, nicht mehr akzeptierten Hausfrauenrolle, dem Interesse an einer Karriere und vielleicht einem Leben als Emanze oder als Lesbe.
Aus weltweiten Statistiken ist einwandfrei bewiesen, daß Frauen, die zwei und mehr Kinder haben, kaum je Brustkrebs bekommen und ebensowenig Unterleibskrebs. Frauen, die gar keine Kinder oder nur ein Kind haben, sind stärker gefährdet. Angst vor Sexualität fördert diese Krankheiten erheblich, während ein natürliches Sexualleben, wie es vor allem bei Naturvölkern gegeben ist, die beste Garantie gegen Erkrankungen der Fortpflanzungsorgane darstellt. Die Fortpflanzungsorgane dienen dem Erhalt unserer Rasse. Wenn sie ihren normalen Zweck erfüllen, bleiben sie auch gesund. In der Sowjetunion, einem Land mit umfassenden statistische Daten, gibt es diese Krankheiten praktisch nicht. Ebenso mußten sogar die deutschen Statistiken zugeben, daß jene Frauen am häufigsten an Brustkrebs erkranken, die am häufigsten zur Vorsorgeuntersuchung gehen.
Wenn eine Partnerschaft gestört ist, dann kommt es zu Krankheiten in den betreffenden Menschen. Brustkrebs ist oft ein Zeichen dafür, daß eine Frau in einer übertriebenen Weise meint, die ganze Welt bemuttern zu müssen, was niemand ihr abnimmt. Die Menschen fühlen sich bedrängt. Diese Frau wird das Übermaß an Energie und falsch verstandener Nächstenliebe nicht los. Die Energie richtet sich gegen sie selbst. Es kommt vielleicht zu Brustkrebs.
Die zweite Gruppe sind Frauen, die eher männlich-herrisch ausgerichtet sind und nicht geben wollen. Sie sind streng mit sich selbst und mit anderen. Die vorhandene Energie richtet sich wiederum gegen sie selbst. Sie nehmen Schaden, und vielleicht sterben sie daran. Diese Frauen sollten sich fragen, wie sie eigentlich leben. Sie haben ein Problem mit Geben und Nehmen. Sie verkrampfen sich. Wenn eine Karrierefrau ihre männliche Energie fördert, kann es einen Rückschlag auf der organischen Ebene geben. Eine Frau kann sehr wohl ein Unternehmen leiten oder regieren, doch sie sollte es in einer anderen Weise tun, als ein Mann. Frauen in Führungspositionen, die in den modernen Industriealltag integriert sind, müssen acht geben, daß Sie ihre Weiblichkeit behalten, sonst kann

es in der Tat zu hormonellen Veränderungen und Krankheitsbildern kommen.

Mestruationsprobleme

Sie können nur auftreten, wenn eine Frau sich selbst, ihre Weiblichkeit und ihren Körper nicht annimmt. Menstruation ist eine ganz natürliche Erscheinung, ein monatlicher Reinigungsprozeß, der eigentlich von jeder Frau begrüßt werden sollte. Es gibt sogar Frauen, die ohne Menstruation trotzdem kerngesund leben. Frauen dieser Art habe ich einige Male während Therapien kennengelernt und mußte feststellen, daß es sich jedesmal um eine Frau handelte, die besonders bewußt und intensiv ihre Sexualität auslebt, die das Leben genießt und sich nicht einmal mit dieser monatlichen Reinigung belastet und trotzdem keine Kinder bekommt.
Trotzdem waren diese Frauen medizinisch gesehen gesund. Wenn Frauen Probleme mit der Periode haben, dann hat das meistens etwas mit Schuld, Angst, mit dem Glauben an Schmutzigkeit, Unsauberkeit und Sünde zu tun. Sobald eine Frau derartige negative Gedanken ablegt, verschwinden auch die Probleme.
Es gibt allerdings noch eine andere Situation: Bei einigen Frauen mit einer positiven Lebenseinstellung und einem guten Mutterinstinkt fanden wir heraus, daß diese Frauen mit Regelschmerzen und schlechter Laune reagierten, wenn im vergangenen Monat sexuell nicht genug passiert war. Im entspannten Zustand bei der Rückführung erkannten sie, daß sie eigentlich gerne und regelmäßig Sex haben und auch gerne schwanger sind (alle hatten schon Kinder). Wenn im laufenden Monat wenig passiert ist, weil vielleicht ihr Mann auf Geschäftsreise war, dann fühlten sie sich, als wenn es ein vertaner Monat und eine vertane Chance zur Befruchtung war. Diese verpaßte Freude löste dann ihren Ärger und die Regelschmerzen aus.
Über diese beiden Auslöser sollte sich eine Frau Gedanken machen und prüfen, welche Situation bei ihr zutrifft: Ist es eine negative Einstellung zu Sex und Angst vor den Folgen, oder trauern Sie nur um verpaßte Freuden? Beide Ursachen können durch Selbsterkenntnis geklärt und durch Energytraining und Sex behoben werden.
Die beste Medizin gegen Menstruationsprobleme und -schmerzen ist Freude an ➔ Sex, viel Sex. Wenn das nicht möglich ist, weil ein passender Partner fehlt, kann mit den Methoden des Energytrai-

nings die fehlgeleitete Energie reguliert werden. Wenn Sie regelmäßig die Übungen für den Unterleib und für das → 2. Chakra machen, gehört dieses Problem schnell der Vergangenheit an. Sollte es kombiniert sein mit Migräne, verschwindet diese gleich mit. ET reguliert den Hormonhaushalt. Nutzen Sie es ganz bewußt. Der Spaß an Sex nimmt deutlich zu. Eine gute Versorgung mit → Vitamin B_6 und mit dem → Spurenelement Mangan ist ebenfalls sehr wichtig.

Impotenz

Impotenz bedeutet aus dem Lateinischen übersetzt "Unfähigkeit bzw. Unvermögen". Sexuelles Unvermögen bedeutet primär, daß ein Mann keine Erektion mehr bekommt. Es steht direkt im Zusammenhang mit einem Leistungsdruck auf der einen Seite und mit einem schlechten Gefühl auf der anderen Seite. Wer meint, er müsse eine bestimmte Leistung vollbringen, wird → Sex als schwierig und anstrengend erfahren. Das Geheimnis der Sexualität ist darin zu sehen, daß unsere Geschlechtsorgane und die gewünschten positiven Reaktionen nur zustande kommen, wenn wir gleichzeitig erregt und entspannt sind! Das liegt an der kombinierten Steuerung unserer Sexualorgane durch Nerven des Sympathikus (Erregung) und des Parasympathikus (Entspannen). Sex unter Streß wird also schwierig.
Die Erektion des Penis und der Klitoris (das ist bei der Frau das gleiche Organ!) kommt nur zustande, wenn Sie im Unterbewußtsein relaxed sind. Der verantwortliche Nervus pelvicus gehört zum Parasympathikus und ist für unsere Entspannung und Erholung zuständig. Die Ejakulation wird dann vom Plexus hypogastricus vorgenommen. Er gehört zum Sympathikus. Das erst ist eine "echte Anspannung". Wenn wir also in einen sexuellen Akt hineingehen, eregiert der Penis als Folge einer innerlichen Entspannung, während sich der ganze restliche Körper und die Seele des Menschen in erotischer Aufregung und Tatendrang befindet. Beim Orgasmus und der Ejakulation greift die Erregung des Sympathikus auf das Geschlechtsorgan über. Kurz danach ist alles vorbei. Es kehrt Ruhe ein. Wenn wir diesen nervlichen Schaltvorgang richtig analysieren, dann ist es offensichtlich so, daß unser Geschlechtsorgan im Unterschied zum restlichen Körper eine Art Eigenleben

führt. Nur im Moment des Orgasmus bricht die aktive Energie des Körpers in diese andere Ebene durch. Es kommt zur Entladung.
Zurück zur Impotenz. Es kommt auf die Gefühlslage an. Ein Mensch möchte begehrt werden. Er möchte geliebt werden, nicht nur sexuell benutzt. Wenn ein Mann sich von seiner Gefährtin nicht mehr bejaht, nicht mehr angenommen und begehrt fühlt, dann vergehen ihm die erotischen Gefühle. Wer sich beruflich und finanziell ausgenutzt fühlt und keine attraktiven Angebote in Form von Erotik bekommt, dem vergeht es auch. Nicht um sonst ist die berufliche Leistung eines Menschen eng mit seiner Familiensituation verknüpft. Überleben ist eine Sache. Das bekommt man schon hin. Doch zeigen, was man kann, der Welt beweisen, daß man gut ist, hat stets etwas mit dem anderen Geschlecht zu tun. Mehr leisten als überleben, das dient der Familie, der Arterhaltung. Ist das nicht gegeben, kann man es sein lassen. Es ist ein offenes Geheimnis, daß impotente Männer plötzlich wieder Lust haben und können, wenn sie von einer neuen Frau aufgebaut werden. Die Aktivität muß einen Sinn haben.
Wir sollten allerdings nicht übersehen, daß die modernen Umweltgifte primär die Männer und an zweiter Stelle die Frauen sterilisieren. ➔"Auf einen Blick, 12/97: Ärzte sind alarmiert: Umweltgifte machen Zeugungsunfähig. Erkrankungen von Geschlechtsorganen von Frauen und Männern nehmen zu." In internationalen Studien hat man herausgefunden, daß die chemischen Weichmacher der Plastikindustrie Ähnlichkeit mit den weiblichen Hormonen haben. Sie sind überall im Wasser zu finden, da sie bei der Abwasserklärung nicht zerstört werden. In England sind schon die Fische in allen Flüssen weitgehend ausgestorben. Bei den Männchen mutiert der Penis. Männer haben weltweit nur noch ca. 20 - 30 % aktive Spermien im Unterschied zu den Daten von 1960. In England sind 25% der Männer steril, in Deutschland ca. 22% und vorsichtigen Schätzungen zu Folge mehr als 10% der Frauen.
Beim Mann gehören zum ➔2. Chakra die Hoden, die Geschlechtsdrüsen. Wenn ein Mann keinen kreativen Anreiz findet, sich nicht verwirklichen kann, dann führt das leicht zu Impotenz. Wenn ein Mann durch Druck im Beruf Angst ums Überleben hat, zu wenig Geld für die Familie, schlechte oder gar keine Arbeit, dann kann er ebenfalls impotent werden. Dann ist zu wenig Energie im ➔ 1. Chakra, Prostata, Überlebenstrieb.
Ein Mann braucht einen aktiven, sexuellen Zuspruch von Seiten (s)einer Frau. Der offene sexuelle Anspruch einer Prostituierten,

die sich nicht im mindesten um Moral kümmert, bringt die meisten impotenten Männer wieder in Aktion. Die Art der Animation sollte jedoch zur Geisteshaltung des Betroffenen passen. Wenn die Animation zu plump ausfällt, nutzt es auch nichts. Doch es ist billiger als nutzlose psychologische Therapien. → Frigidität

Frigidität

Sie tritt auf, wenn eine Frau, ähnlich wie der →impotente Mann, keine Lust auf ihren Mann hat, warum auch immer. Es muß eine gewisse Attraktion da sein. Wenn das nicht gegeben ist, kann man es auch lassen. Viele Frauen reagieren unbewußt sehr stark nach der biologischen Uhr. In einer Altersphase zwischen Anfang 20 und Mitte Dreißig haben sie ziemlich viel Lust auf Sex, vorausgesetzt, es ist ein akzeptabler Partner da. Viele sind natürlich trotzdem noch sehr verklemmt. Das ist ein europäisches Übel, die Christianisierung und das Verstandesdenken. Trotzdem verbinden sie Sex unbewußt mit ihrem biologischen Trieb. Haben sie ihre Pflicht erfüllt und ein Kind bekommen, ist oft schon Schluß mit dem Spaß.
Da Männer wiederum mindestens bis 50 ein lebhaftes, natürliches Interesse an Sex haben, braucht man sich nicht zu wundern, wenn sich die Männer von einer desinteressierten Frau abwenden und schauen, daß sie woanders ihren Spaß finden und vielleicht weitere Nachkommen zeugen.
Es gibt noch einen weiteren Unterschied zwischen Mann und Frau. Wenn Männer frustriert sind, versuchen sie oft, sich durch sexuelle Aktivität aufzumundern. Wenn Frauen durch ihre Lebensumstände deprimiert sind, schalten sie oft als erstes ihre Sexualität ab. Denn schlechte Lebensumstände bedeuten ja schlechte Bedingungen für Kinder. Es ist bei schlechten Lebensverhältnissen nicht ratsam, ein Kind auszutragen.
Männer möchten, selbst wenn es ihnen sehr schlecht geht und gerade wenn sie vielleicht bald sterben, noch einmal Sex haben, um vielleicht noch mit all ihren Lebenserfahrungen ein Kind zu zeugen. Auf diese Weise würden sie in ihrem letzten Kind weiter leben. Die Erfahrungen eines Lebens werden nicht nur in dem Geist der Verstorbenen weiterleben. Die Lebenserfahrungen eines Mannes werden direkt in seiner DNA registriert. Darum werden ja die Spermien täglich neu produziert. Der Mann muß nach dem Zeugungsakt nicht mehr funktionieren. Die Frau hat dann die Last der Verantwortung. Nicht umsonst nannten die alten Griechen und

auch die Chinesen den männlichen Orgasmus den "kleinen Tod". Frauen bringen einige hunderttausend fertige Eier mit auf die Erde. Davon werden später einige ausgewählt für die Fortpflanzung. Die Frau kann also ihre Eier nicht umprogrammieren. Sie gibt ihre Lebenserfahrungen direkt an jene Kinder weiter, die in ihrem Leib heranwachsen. Hat sie kein Kind, vergibt sie diese Chance, ihr Wissen weiterzugeben. Die Qualität ihrer Eier beruht auf den Gaben ihrer Eltern plus der Erfahrungen, die ihr Geist aus ihren früheren Leben mitbringt.
Die Ursache des sexuellen Unvermögens bei Mann und Frau liegt in einer falschen geistigen Haltung. Es sind falsche emotionale Situationen. Die Energie stimmt nicht. Es muß ein Anreiz da sein. Es muß frei und erlaubt sein. Es muß vielleicht die "verbotene Frucht sein", wenn man den Mut hat, sie trotzdem zu pflücken. Und letztlich ist zu wenig Energie im ➔2. Chakra. Es ist zu wenig schöpferische Kraft vorhanden. Lösen Sie sich von überholten Erziehungsmustern und bejahen Sie sich, ihren eigenen Körper und ihre Gefühle. Dann können Sie durch bewußtes Wollen auch ihre Sexualität wieder in Bewegung bringen. Es heißt nämlich woll-Lust. Man kann sie wollen, diese Lust, und man kann sie nicht wollen, dann stirbt sie ab.

Menopause

Wenn eine Frau Probleme mit der Menopause hat, dann zeigt es, daß sie Angst hat vor dem Altern. Sie lehnt sich selbst ab und meint, daß sie ihre Weiblichkeit und ihre Möglichkeit, Mutter zu sein, nicht genug ausgelebt hat. Nun ist es vorbei mit der Mutterrolle. Sie wird traurig und ärgerlich über sich selbst. Sie fühlt sich vom Leben zurückgesetzt und schlecht behandelt. Wenn sie sich selbst als gesunde, reife Frau annimmt, verschwinden diese Probleme.
Allerdings dürfen wir nicht übersehen, daß eine ungesunde Ernährung die hormonellen Umstellungen während der Menopause belasten. Aus diesem Grund sollten Frauen in dieser Zeit unbedingt Yoga, Sport oder andere Fitnessprogramme regelmäßig anwenden. Hochdosierte Gaben von ➔ Vitamin C und B-Komplex helfen hier wie bei allen Umstellungserscheinungen.

Prostatabeschwerden

Die Prostata gehört zum →1. Chakra und berührt die Frage der Basisenergie. Wer nicht genug Lebensenergie hat, wer Angst hat um seine Existenzerhaltung und wer nicht in der Lage ist oder keine Gelegenheit hat, sich sexuell in einer erfreulichen Weise zu betätigen, bei dem treten Prostataprobleme auf.
Damit sind Gefühle von Niederlage, von Versagen, von Druck, Schuld und Sühne verbunden. Außerdem ist es eine schlechte, destruktive Meinung, daß es mit dem Alter "nicht mehr so gehe mit der Sexualität", oder daß mit dem Alter →Nierenproblem und Unterleibsprobleme "normal seien". Krankheiten sind niemals "normal".
In der Tat ändert sich etwas beim Mann, wenn er in seine "Menopause" kommt. Auch beim Mann ändert sich der Hormonhaushalt. Das passiert oft schon mit Ende 30, kann aber auch erst mit Anfang 50 einsetzen. Jüngere Männer haben eher die Eigenart, daß sie kämpfen, siegen, gewinnen und Frauen erobern wollen.
Je älter ein Mann wird, desto mehr kann er sich zu geistigen Dingen hingezogen fühlen. Nach der Lebensauffassung der Japaner sollte ein Mann bis etwa Mitte 30 / 40 aktiv am Kampf ums Leben teilnehmen. Sobald er meint, daß er seinen Lebenskampf ausgefochten und sich bewährt hat, sollte er sich den schönen Künsten widmen. Tatsächlich beginnen die Samurai und andere gebildete Führungskräfte ab Mitte / Ende 40 sich für eine künstlerische Betätigung zu interessieren. Sie beginne zu malen, werden Bildhauer oder legen ihren Job nieder und ziehen sich zurück, um Ikebana zu praktizieren oder Bonsai zu ziehen. Passend zu dieser philosophischen mittleren Lebensphase werden sie ruhiger.
Das Aggressionspotential reduziert sich. Passend dazu gewinnen sie mehr Gefühle. Das wird im Körper begleitet durch eine Reduzierung der Testosteronproduktion. Sie bekommen sanftere, weibliche Gefühle. Sie werden intuitiver. Dadurch vergrößert sich automatisch die Prostata.
Das ist also normal, und sollte nicht sofort Panik auslösen! Wer in dieser Lebensphase ab 45 aufwärts noch um seinen Lebensunterhalt kämpfen muß, eine Position wahren muß, der kommt leicht in einen nervigen Dauerstreß.
Sagen wir es ganz deutlich: Statt sich mit den jungen Männern im Pissuar in die Reihe zu stellen (eine Angewohnheit aus der Steinzeit?) und dann verkrampft zu drücken, ob der Urin kommt, sollten

Sie lieber in eine Toilette gehen und sich für eine Minute in Ruhe hinsetzen und mit dem Urin auch dem Streß freien Lauf lassen! Wer angespannt ist (Kampfsituation) kann nicht entspannt pinkeln. Das kommt nach dem Kampf. Es ist Unsinn, daraus eine kranke Situation zu konstruieren.
In anderen Worten: Solange Sie angespannt sind, können Sie nicht entspannt Wasser lassen. Sie müssen erst auf Entspannung umschalten, dann geht es wieder. Im Abschnitt ➔ Impotenz habe ich das noch einmal ausführlich erklärt. Entspannung lernen Sie mit ➔AT
Geben Sie Acht: Zwar gibt es ab 50 aufwärts zunehmend Erkrankungen aller Art. Das heißt aber nicht, das das normal ist. Mit den heutigen Medikamenten ist man schneller krank als gesund. Gehen Sie nicht zu oft zu einer "Vorsorgeuntersuchung". Wenn Sie der Arzt eindringlich fragt, was wohl noch alles für Probleme vorliegen, "Prostata, das hat ja heute fast jeder!" Oh, mein Gott! Und Sie noch nicht?! Ich lehne Vorsorgeuntersuchungen nicht generell ab. Wenn Sie sich irgendwie krank fühlen, gehen Sie hin. Lassen Sie eine generelle Blut- und Urinanalyse machen. Die zeigt alle relevanten Faktoren. Alles andere ist so ziehmlich überflüssig. Heute werden die Standartwerte gleich mit ausgedruckt. Jeder kann das verstehen. Der Arzt kann es erklären. Lassen Sie sich aufklären, nicht Angst machen! Das beste Mittel gegen Prostataprobleme ist eine liebevolle Beziehung, ein bischen ➔Sex, solange Sie Lust dazu haben und die Lust zu leben (➔ 1. Chakra: Überlebensenergie!).
Und noch ein offenes wort zum Abschluß dieses Kapitels: Wenn in Ihrer Ehe nichts mehr läuft, und der Frust Sie krank und klein macht, könnte eine Geliebte oder eine neue Beziehung Sie wieder in Schwung bringen. Liebe und eine interessante Aufgabe sind die beste Arznei gegen Prostataprobleme. Das Schlimmste dagegen ist ein Arzt, den Sie häufig aufsuchen und der ihnen jedes Mal Angst macht. Wer keinen Lebensmut mehr hat, ist jedoch gefährdet.

Scheidenkrampf

Ein Scheidenkrampf ohne Sex ist ein Hinweis auf geheime sexuelle Bedürfnisse und Ängste. Die verborgenen Ursachen sollten in einem therapeutischen Gespräch oder einer Rückführung geklärt werden.

Beim Scheidenkrampf während dem Akt kann es vorkommen, daß sich die Vagina der Frau so stark verkrampf und zusammenzieht, daß der eregierte Penis abgeklemmt wird und das darin gestaute Blut nicht mehr entweichen kann. Er bleibt also eregiert und kann nicht heraus.
Ein Scheidenkrampf ist ein Zeichen dafür, daß eine Frau Angst hat, etwas Geliebtes, Positives und Begehrtes zu verlieren. Krämpfe, die manchmal unter der Geburt auftreten, sind durchaus parallel zu sehen zu Scheidenkrämpfen beim Geschlechtsverkehr. Da ist das Gefühl, etwas Falsches getan zu haben. Einerseits stehen Sie zum Sex, zu Ihrer Liebe und zur Freude, andererseits ist da die Angst vor dem Verlust und die Angst, erwischt zu werden, was die Situation wiederum verschlimmert.
Sollte so etwas einmal in Ihrem Leben geschehen, ist die erste Frage: Schaffen Sie es, loszulassen? Sich entspannen, wenn bereits ein Krampf eingetreten ist, das ist nicht so einfach. Es ist aber sehr wohl möglich. Der Krampf ist eine nervliche Überreaktion! Wenn Ihr Partner in diesem Moment keine akuten Schmerzen im Penis hat, weil Ihre verkrampfte Vagina ihn abschnürt, dann sollte auch der Partner schauen, daß er innerlich losläßt.
Der beste Weg bei Scheidenkrampf, ohne daß Sie Aufsehen erregen müssen, besteht darin, daß Sie sich mit Alkohol etwas betrinken und schauen, ob Sie loslassen können. Alkohol verändert die Schwingung des Körpers und die geistige Haltung. Wenn Ihr Partner trotzdem noch zum Orgasmus kommen kann, dann wird auch das seinen Penis erschlaffen lassen, wenn der Krampf nicht zu stark ist. Sehen Sie es einmal so: Der Schreck und der Schmerz beim Scheidenkrampf soll eine "öffentliche Offenbarung" erzwingen. Dahinter steckt ein seelisches Tabu, das Sie durch den Sexualakt verletzt haben. Gelingt es Ihnen trotzdem loszulassen, überwinden Sie nicht nur diese Krise, sondern auch das geheime Verbot, daß den Vorfall verursacht.

Ausfluß

In früheren Jahrzehnten wurde gar nicht darüber geredet. Waren die Frauen alle gesund, oder nur verklemmt? Jedenfalls ist es in Mode gekommen, daß Tag für Tag für Binden Reklame gemacht wird. Ist der Bedarf so sehr gestiegen oder nur die Werbung dafür?
In USA stellte man schon vor Jahrzehnten fest, daß der Genuß von viel H-Milch bei Frauen das Risiko von Vagina-Infektionen mit He-

fepilzen und damit den Aufluß deutlich erhöht. Milch ist ein Produkt für Kinder, nicht für Erwachsene mit ihrer Sexualität.
Wenn eine Frau ihre fruchtbaren Tage hat, kann etwas vermehrt Feuchtigkeit auftreten. Wenn eine chronische sexuelle Unzufriedenheit oder Gereiztheit vorliegt, ebenfalls. Tierweibchen werden ja nur feucht, wenn sie empfängnisbereit sind. Ist vielleicht unsere gesamte weibliche Gesellschaft sexuell gereizt oder krank? Sind es vielleicht die stressigen, aufreizenden Lebensumstände, die ewigen Anspielungen auf Sex im Fernsehen und gleichzeitig ein hoher sexueller Frust in der alltäglichen Realität, die diese Zustände hervorrufen?
Ich meine, daß in unserer Zivilisation wenig so ist, wie es natürlicherweise sein sollte. Eine dynamische Fitness für den eigenen Körper und eine gesunde Ernährung mit einem guten Anteil Rohkost kann helfen, dieses Problem zu reduzieren. Eine gesunde sexuelle Beziehung zu einem festen Partner wirkt sich ebenfalls günstig aus. Versuchen Sie in einer guten Partnerschaft eine erfüllende sexuelle Beziehung aufzubauen. Geben Sie sich selbst das Gefühl, daß Sie als Frau okay sind, wissen was sie brauchen, und daß Liebe etwas normales und schönes sein kann, wenn Sie es sich selbst gewähren.
Channelbotschaft von Jupiter, 9.2.91: *"Ausfluß bei Frauen kann von Blockaden in der Leber herrühren (Überlastung im Beruf, im Leben), Zersetzung des Blutes (schnellerer Umlauf), Abbauprodukte der verbrauchten Blutzellen. Vitamin B-Komplex + C-Vitamin lockert das Gewebe. Das führt zu einer verstärkten Reinigung des Körpers, z.B. auch bei Frauen, die sich vom Sperma früherer Liebhaber reinigen müssen. Ein Teil des Spermas wird im Gewebe bewahrt. Steigt eine Frau in ihrer Entwicklung auf ein höheres Niveau in ihrem Bewußtsein, löst sie sich von diesen Erinnerungen. Das führt zu vermehrtem Ausfluß. Es kann Blockaden im Unterleib beseitigen. Das Gleiche geschieht, wenn sie sich auf einen neuen Mann konzentriert, der ihr wirklich etwas bedeutet. Dann läßt sie die alten Geschichten hinter sich."*

Geschlechtskrankheiten

Allgemein formuliert sind Geschlechtskrankheiten ein Zeichen für sexuelle Schuld, für den Glauben, daß Sex eine Schuld oder schmutzig ist. Sie zeigen an, daß sich der betroffene Mensch durch eine Geschlechtskrankheit im Geschlechtsbereich selbst bestraft.

Er bestraft sich für seine Lustempfindungen. Wenn man sich an dem Wort Ge-schlecht (gehts schlecht?) orientiert, dann verwundert das nicht.
Durch die letzten 2000 Jahre Christentum wurde →Sexualität zu einer reinen Reproduktionsangelegenheit mit großen Gefahren für die Seele. Sex war und ist für viele Menschen verbunden mit Verboten, mit Heimlichkeiten, Schmutz und Scham.

Zysten

Zysten sind ein falsches Wachstum, ähnlich wie Krebs. Frauen, die in einem Konflikt stecken, ob sie ein Kind haben möchten oder ob sie die Verantwortung nicht übernehmen können, neigen dazu, daß sie Zysten an den Eierstöcken oder in der Gebärmutter bekommen. Es ist so ähnlich, als ob sie sich selbst befruchten wollen und ein künstliches Kind heranziehen. Ich habe Frauen kennen gelernt, die unbedingt ein Kind wollten, aber unfruchtbar waren. Sie entwickelten eine große Zyste, die eine Schwangerschaft simulierte. Eine andere Frau wollte ihrem Mann unbedingt einen Gefallen tun und schwanger werden, obwohl der Mann unfruchtbar war, jedoch seine Frau kritisierte, weil sie kein Kind bekam. Erst nach einer langen Aussprache und nach einer Fruchtbarkeitsuntersuchung für Mann und Frau, bei der dieser Tatbestand aufgeklärt wurde, ließ der Mann mit seinen Vorhaltungen nach. In den Wochen danach bildete sich die Zyste zurück.
Derartige Zysten entstehen durch fehlgeleitete Energie aus dem → 1. und 2. Chakra. Da es sich um fehlgeleitete Energie handelt, ist es sehr wohl möglich, den Prozeß durch Handauflegen oder Besprechen der Problematik zu beheben. Doch eine Zyste im Uterus oder am Eierstock kann nicht dauerhaft beseitigt werden, solange die Frau in dieser Problematik stecken bleibt oder ein unklares Verhältnis zu ihrer eigenen Sexualität, oder zu ihrem Kinderwunsch hat.

Nachwort

Bitte machen Sie sich klar, daß bereits die nachdenkliche Beschäftigung mit dem Inhalt dieses Buches dazu führen wird, daß sich in Ihrer eigenen geistig-seelischen Haltung etwas verändern werden. Man kann diese Hintergrundinformationen nicht aufnehmen und einfach so weiterleben wie bisher. Ich empfehle Ihnen, lesen Sie immer wieder einzelne Abschnitte und denken Sie über meine Anregungen nach.

Hören Sie nach Bedarf meine CDs, die sich mit verschiedenen Themen der ➔Psychokybernetik befassen, z.B. ➔"Shankaranama uvaca - der Weg der reinen Erkenntnis". Auf diese Weise gewinnen Sie mit unterschiedlichen Darstellungen neue Einsichten in die Funktionsweise Ihres Körpers, Ihrer Seele und Ihres Geistes, so daß Sie ein neues Verständnis der Gesamtsituation Ihres Lebens bekommen. Dann können Sie im Freundeskreis über den Inhalt dieses Buches diskutieren. Beobachten Sie andere Menschen mit ihren Krankheiten unter diesen Gesichtspunkten. Das wird Ihnen weitere Einsichten verschaffen. Das eigene Verständnis für das Geheimnis von Gesundheit und Krankheit wird umfassender. Vielleicht können Sie Ihre eigenen Probleme lösen oder anderen Menschen helfen.

Hier noch einmal eine kurze Übersicht, wie Sie am besten ihre eigene Krankheitssituation erkennen und lösen:

Sie brauchen die ehrliche Bereitschaft, um die Ursache wirklich zu erkennen, denn sonst führt keine Form der Behandlung zur Gesundheit. Lernen Sie das Prinzip des Erkennens beherrschen. Achten Sie nicht auf scheinbare, vordergründige Ursachen, wie z. B. "vererbt" oder "Infektion". Fassen Sie das Problem und die Krankheit in klare Worte. Schreiben Sie sich einen Text dazu auf. Verwenden nur klare, deutliche Sätze.

- Z. B.: Mir tut das Kreuz weh beim Gehen. Beim Sitzen und Liegen ist es in Ordnung.
- Frage: Warum haben Sie Probleme voranzugehen?
- Oder: Wovor haben Sie Hemmungen und Angst?
- Wohin können oder wollen Sie nicht gehen?
- Die geistige Ursache kommt stets zur Sprache, wenn Sie aufmerksam lernen hinzuhören und zu beobachten. Übertragen Sie dann die Krankheitserscheinung auf die geistig-seelische Ebene.

- ❖ Beachten Sie die Doppeldeutigkeit vieler unserer Aussagen, z. B. Augenkrankheit. Was will der Betroffenen nicht sehen? Was kann er nicht glauben, nicht "wahr-nehmen"?
- ❖ Wann traten Ihre Beschwerden zum erstenmal auf? Legen Sie möglichst genau den Zeitpunkt fest. Was ist damals oder kurz zuvor gerade geschehen? Was hat sich damals in ihrem Gefühlsleben geändert? Z. B. ein Berufswechsel, eine Schwangerschaft oder der Tod eines Angehörigen. Es kann genausogut ein Umzug gewesen sein, der Antritt einer neuen Dienststelle, oder der Kauf eines neuen Fahrzeugs.
- ❖ Vielleicht bekommen Sie Besuch von einer wichtigen Person, die Ihnen vordergründig gar nicht wichtig ist, doch nun merken Sie, daß Sie seitdem husten oder eine Erkältung haben.
- ❖ Wovon haben Sie die Nase voll, wenn Sie erkältet sind?
- ❖ Woran hindert Sie diese Krankheit?
- ❖ Was können Sie so nicht weitermachen?
- ❖ Was wollen oder können Sie auf diese Art und Weise nicht fortsetzen?
- ❖ Welche Einseitigkeit soll hier beendet werden? Z. B. zu viel Essen, zu viel Arbeit oder zu wenig Schlaf.

Die meisten Therapien, die wir heute kennen, fassen zu kurz und verfehlen das angestrebte Ziel. Wenn ein Therapeut den Klienten heute vollkommen heilen würde, dann würden viele Klienten nicht mehr wiederkommen. Genauso wenig kann man von einem Zahnarzt erwarten, daß er seinen Klienten beibringt, wie Sie sich neue Zähne züchten und nie mehr wiederkommen.
Doch es liegt auch an den Kranken. Die meisten guten Ratschläge werden nicht befolgt. Werden Sie dieses Buch konsequent anwenden, um gesund, glücklich und erfolgreich zu leben?
Auch wenn wir noch so gut und vielseitig informiert sind, auch wenn wir meinen, die Hintergründe zu kenne, es kann trotzdem vorkommen, daß ein Mensch einen Unfall erleidet oder sich eine Krankheit zuzieht.
Wenn das Problem in unser Leben tritt, ist es oft unerwünscht und ein Schock. Doch wenn wir das Problem irgendwann überwunden haben und rückblickend diese Periode studieren, dann werden wir immer entdecken, daß wir gerade in dieser vielleicht sehr schweren Zeit wertvolle Fortschritte in unserer persönlichen und charakterlichen Entwicklung gemacht haben. Freiwillig würden wir so etwas sicher kaum auf uns nehmen. Doch wenn es ich plötzlich erwischt,

dann müssen wir die Herausforderung annehmen und meistern. Das ist wohl der Grund, warum wir manchmal schlimme Ereignisse nicht vorhersehen und blind hinein laufen. Wir würden uns davor drücken. Ist es dann geschehen, muß man es auch zu Ende bringen.
Wenn Sie selbst intensiv an der Selbsterkenntnis arbeiten, dann werden Sie viele Probleme selbst lösen und vermeiden können. Und wenn Sie sich den richtigen Therapeuten und Berater heraussuchen, dann können Sie vieles andere selbst aufarbeiten.
Dann kommen wir nach der Klärung grundlegender Probleme zu dem Aspekt des Lebens, der meiner Meinung nach am meisten Freude macht: Wir fangen an, ganz bewußt zu leben, zu lernen und das Leben zu genießen. Dann sind wir unser eigener Arzt, unser eigener Therapeut und der Meister unseres eigenen Lebens.
Nach so vielen Jahren der Beschäftigung mit kranken Menschen, habe ich mich 2001 aus der Beratungspraxis zurückgezogen. Ich bitte meine Leser, die konkret Hilfe suchen, dieses Buch gewissenhaft zu studieren, mit Freunde zu diskutieren und anzuwenden. Dafür habe ich es geschrieben.
Ich denke, ich habe ausreichend deutlich gemacht, daß wir uns der Verantwortung des Lebens stellen müssen. Wir können gar nicht weg laufen. Also sollten wir es bewußt tun!
Mit der richtigen Haltung werden Sie gewiß auch einen guten Therapeuten oder Arzt finden, der Ihnen hilft, wo es nötig ist. Es gibt die guten Leute, wenn wir sie brauchen. Und wenn es Ihnen gelingt, diese Methoden erfolgreich anzuwenden und Ihr eigenes Leben neu zu organsieren, dann ist das die beste Grundlage, um auch anderen Menschen hilfreich zur Seite zu stehen!
Vielleicht eröffnen Sie ein Institut für Beratung und Lebenshilfe. Wenn Sie anderen Menschen ehrlich und gewissenhaft beistehen, ist das eine sichere Investition in die eigenen Zukunft. Lebensberater werden heute mehr denn je gebraucht! Unsere Gesellschaft ist in keinem guten Zustand, sondern in einer Umbruchphase. Die Menschen brauchen neue Vorbilder, die die anstehenden Aufgaben lösen, statt nur davon zu reden.
Ich werde mich in Zukunft primär um spirituellen Unterricht, um die Entfaltung meiner künstlerischen Möglichkeiten und um die Gestaltung des Lebens hier auf Erden kümmern.

Licht auf dem Weg wünscht Ihnen D. Harald Alke!

Ihr persönlicher Fragebogen zu diesem Buch

Es ist sehr hilfreiche, wenn wir von Zeit zu Zeit Fragen und Antworten, die unseren Lebensweg betreffen, nicht nur durchdenken, sondern aufschreiben! Mit diesem Fragebogen könnten Sie sich Ihre Erfahrungen bewußt machen und selbst analysieren. Nutzen Sie die Gelegenheit, und schreiben Sie Ihre persönliche Meinung nieder. So können Sie Ihr praktisches Leben verbessern.

- ❖ Wie war Ihre Situation vor diesem Buch und, falls Sie die Übungen gemacht haben, vor dem Energytraining?

- ❖ Haben Sie nur gelesen oder auch trainiert? Wenn ja, was hat Sie zum Training bewogen? Wenn nein, warum nutzen Sie die Chance nicht?

- ❖ Was war das Hauptproblem?

- ❖ Wie war Ihre Gesundheit vorher?

- ❖ Was hat sich verändert?

- ❖ Wie ist die Gesundheit jetzt?

- ❖ Welches sind Ihre wichtigsten Erkenntnisse oder Schlußfolgerungen?

- ❖ Welche Auswirkungen hat das neu Wissen und das Training auf Ihre Partnerschaft?

- ❖ Welche Auswirkungen hat das neu Wissen und das Training auf Ihren Beruf?

- ❖ Welche Hauptaufgaben oder Probleme sehen Sie heute?

- ❖ Wie regelmäßig haben Sie das Training gemacht, seit wann und wieviel pro Tag oder Woche?

- ❖ Was brachte Ihnen am meisten?

- ❖ Welche Fragen wurden aufgeworfen und noch nicht beantwortet?
- ❖ Wie geht es jetzt weiter in Ihrem Leben? Bestimme Sie Ihre Ziele neu!

Zum einem gesunden und erfolgreichen Leben gehört die Bereitschaft, das erworbene Wissen weiterzugeben. Die Welt braucht fähige, aktive, souveräne und gerechte Menschen. Geben Sie dieses Wissen an andere weiter, die es hören wollen und die es gebrauchen können, aber drängen Sie es niemandem auf. Das hat keinen Wert.
Dieses Wissen über die Natur des Menschen hilft uns allen, die Erde etwas lebensfreundlicher zu gestalten. Alle Schöpfungsvielfalt, die wir heute kennen, ist nichts anderes als die Ent-Faltung des einen, ursprünglichen göttlichen Bewußtseins. In dem Bestreben der bewußten Selbsterkenntnis schuf Gott all das. So wurde aus der Urschwingung **OM** der Schöpfungslaut **ONG.**
Wenn Sie diese Erkenntnis erst einmal vollständig in Ihr Bewußtsein aufgenommen haben, dann erfahren Sie, daß nur äußerer Schein, die Illusion der Maya, Sie von der wahren Realität trennen. In dem Maße, wie die Selbsterkenntnis wächst, verschwinden alle anderen Krankheiten und Probleme.
Sat nam

Erkenne Dich in allem Sein
Erkenne Dich - damit Du Gott erkennst!

Erfülle den Augenblick
Handle ohne Erwartungen
Freue Dich über jede Erkenntnis
Genieße Dein da-sein
Liebe das Leben
Sei glücklich
und alles steht wohl!

KI - das Wirken

Das Kyborg Institut (1985) und die Alke GmbH für Spirituelle Kunst & Magie (1998) wurden gegründet, um zu erforschen, wie das Leben funktioniert, woher wir kommen und wohin unsere Entwicklung geht. Dabei ist es für uns von besonderer Bedeutung, daß wir verstehen, wie wir besser mit unserem Leben zurecht kommen und unter welchen Bedingungen wir gesund werden und gesund bleiben können. Nur wer gesund ist, hat auch Freude am Leben. Wirklicher Erfolg hat seine Quelle in unserem eigenen Herzen!
Die von D. Harald Alke entwickelten Methoden dienen dazu, daß wir uns besser auf das Wesentliche konzentrieren, unsere eigene Stärke entdecken und bewußt nutzen lernen. Das funktioniert nur, wenn jemand lernt, wirklich an sich und seine innere Kraft zu glauben. Nur wenn Sie bereit sind, sich von alten Ängsten und Vorurteilen zu trennen, bekommen Sie Zugriff auf ihre inneren Energiereserven.
Wir sind alle göttliche Wesen, von göttlichem Ursprung. Was uns krank macht, was uns Angst macht, sind die Verwicklungen in die äußere, materiellen Welt. Nur wer bereit ist, regelmäßig an sich zu arbeiten, gewinnt eine neue Lebensauffassung und kann dadurch gesund werden und neue, ehrliche Freude am Leben entwickeln.
Meine Programme sind eine ehrliche Anleitung zur Selbsthilfe. Es sind keine Wundermittel, die man wie ein Medikament nur einmal nehmen muß, um dann irgend etwas zu bewirken. Wer bereits schwer krank ist und ständig auf Medikamente angewiesen, gehört in die Hand der Ärzte. Wer sich vom Einfluß der Ärzte frei machen will, muß sich als erstes einen Arzt suchen, der ihn bei seinen Versuchen, aus eigener Kraft gesund zu werden, betreut, bis die Medikamente abgesetzt werden können. Ich weise also darauf hin, daß hier keine Wunderkuren angepriesen werden!
Die Energiepyramiden sind das Ergebnis meiner lebenslangen Suche nach den göttlichen Kräften. Es ist ganz gleich, welcher Religon Sie angehören, es geht hier um die Frage, ob sie wieder lernen möchten, innere Energiereserven zu aktivieren. Die Energiepyramiden schaffen kleine, heilige Plätze, ähnlich einem kleinen Tempel, einer stillen Kapelle. Wenn Sie abends nach Hause kommen und sich an ihre Energiepyramide setzen, um zu meditieren, werden Sie schon bald eine innere Regung wahrnehmen, die aus ihrer eigenen Mitte kommt. Die Yogis sagen: Es ist die Kraft aus unserem 4. Chakra, das Energiezentrum, zu dem unser Solarple-

xus, das Herz und die Thymusdrüse gehören. Wenn ihnen das gelingt, werden Sie plötzlich ein neues Urvertrauen entdecken, das ihr ganzes Leben verändert.
Es ist wirklich möglich, sich mit Hilfe meiner Energiepyramiden an die kosmischen, göttlichen Kräfte anzubinden. Von dem Moment an, da das gelingt, sind Sie nie mehr allein. Von dem Moment an werden Sie die Kraft der allmächtigen Wahrheit fühlen und vielleicht sogar sehen können. Das Licht der Erkenntnis wird in Ihnen aufsteigen. Sie werden ganz bewußt ihre Aufgaben erfüllen und die innere Kraft finden, diese Lebensaufgaben erfolgreich zu erfüllen.
Mein geistiger Führer Horus, hat immer wieder betont:
"Es ist euer verbürgtes Recht, hier auf Erden zu leben in Glück, Wohlstand und Frieden. Richtet es euch schön ein auf Erden, auf das es euch Freude bereite. Glaube an die Kraft, die aus deiner eigenen Mitte kommt!"
Die Welt, in der wir leben, wird maßgeblich von unseren eigenen Gedanken und Gefühlen beeinflußt und verändert. Wenn sich heute viele Menschen tagtäglich von den Kriegsberichten erschrecken lassen, dann unterstützen sie bereits diesen unseeligen Krieg. Jesus hat gesagt: "Widerstehet dem Übel nicht!" Nur wenn wir uns auf die guten Werte besinnen und den schlechten Nachrichten unsere Gedanken, unsere Gefühle und unsere Aufmerksamkeit entziehen, verschwinden diese üblen Erscheinungen aus unserer Welt! Diese Denkweise mag Ihnen fremd sein, aber es ist die heilige Wahrheit. Je mehr sich jemand über das Übel in der Welt erregt, desto mehr wird er hineingezogen.
Es arbeiten bereits ein paar tausend Menschen in Europa mit meinen Energiepyramiden. Alle diese Menschen denken positiv. Wenn Sie lernen, mit meinen Trainingsmethoden zu arbeiten und mit einer Energiepyramide zu meditieren, dann gehören Sie ebenfalls zu dieser kleinen Gruppe von positiven, kreativen und erfolgreichen Menschen. Mit jeder Energiepyramide schaffen wir eine "befreite Zone". Alle Energiepyramiden kommunizieren untereinander in einem großen Netzwerk. Das ist die Anwendung der wahren, alten Prinzipien von Magie und Alchimie. Nur wenn wir begreifen, daß unsere Welt einen zutiefst spirituellen Ursprung hat, werden wir die Schlüssel für die neue Bewußtseinsebene der Menschheit finden. Wir stehen am Beginn eines neuen Jahrtausends und am Beginn zu einem neuen Bewußtsein.

Begriffs-Definitionen

Akshara, in der Überlieferung des Hinduismus die Hintergrundschwingung des Universums, in der bereits alle Möglichkeiten und Ereignisse vorgezeichnet sind. Wer diese Schwingung fühlt und erfaßt, wer mit dieser Schwingung in Gleichklang kommt, kann alles begreifen, alles vorhersehen, alle Sprache verstehen, alles erahnen und nachvollziehen.

Akasha Möglicherweise haben die Theosophen und Rudolf Steiner vor 100 Jahren etwas falsch verstanden. Den Begriff Akasha konnte ich in indischen Texten nicht finden. Doch die Definition des Akshara z.B. im Rigveda kommt der Erklärung der Anthroposophen für den Akasha sehr nahe.

Autogenes Training entwickelt 1932 von Dr. I.H. Schultz, Berlin als "Methode der konzentrativen Selbstentspannung"

Choan Sinnsprüche und Denkanstöße, die die Zenmeister ihren Schülern und Mitmenschen vorsetzen, um das 'Denken in ausgefahrenen Bahnen' zu durchbrechen und neue Erkenntnisse zu gewinnen. Choans sind z. T. für den Verstand nicht zu erfassen.

Energytraining entwickelt von D.H. Alke 1986 als "Methode zur interaktiven Nutzung und Förderung geistiger, seelischer und körperlicher Fähigkeiten"

Esoterik (griechisch) Lehre von den verborgenen Zusammenhängen in der Natur, Suche nach Ursprung und Bestimmung des Menschen

ganzheitlich (holistisch) Denken in Zusammenhängen (Synergetik)

Hara, das Nabelzentrum, im ZEN das geistige Zentrum im Leib, die geistig kontrollierte, animalische Kraft, entspricht dem 3. Chakra im Kundalini Yoga.

Intuition (lat. Eingebung), komplexes, analoges Denken der rechten Großhirnrinde, bildhaftes Erfassen von Zusammenhängen.

KI bedeutet im ZEN die Art des Meisters, die seiner individuellen Persönlichkeit und der Tiefe seiner ZEN-Erfahrung entspringende, ganz individuelle Weise, seine Schüler zu unterrichten.

Kontemplation sich in der Meditation in einen Zustand hineinversenken um zu neuen Einsichten zu gelangen, innere Identifikation mit fremden (äußeren) Bedingungen zur Problemlösung

Meditation zahlreiche, vielfältige und sehr unterschiedliche Methoden, um sich geistig ruhig zu stellen und das intuitive Denken zu fördern

Mentaltraining moderner Begriff für unterschiedliche Methoden zur Förderung unserer geistigen Fähigkeiten und Einsichten

Positives Denken Methode um durch Aufmerksamkeit und Gedankenkontrolle eine klare, positive und erfolgreiche Linie ins eigene Leben und die eigenen Handlungen zu bringen, geht davon aus, daß unsere eig3enen Gedanken die Ursache dafür sind, wie unser Leben verläuft.

Psychokybernetik (Oberstufe des Autogenen Trainings), bewußte Beobachtung, Planung, Einflußnahme auf seelische Prozesse (Gefühle, Stimmungen), Beratung und Austausch mt dem eigenen Unterbewußtsein, (deckt sich in etwa mit den Zielen des Positiven Denkens).

Religion (lat. Rückbesinnung), unterschiedliche Systemedie das Bedürfnis der Masse zum Ausdruck bringen, etwas über den Sinn der eigenen Existenz zu erfahren, um unerwünschte Lebensumstände besser zu ertragen (mit Sinn zu füllen), Religionssysteme haben jeweils für bestimmte Epochen und Kulturkreise ihren Wert.

Shankara, d.h. "heilbringend", Beiname Shivas, Zerstörer der Weltlichkeit, der Weisheit gewährende Gott und Lehrer aller Gurus; bedeutender indischer Yogalehrer, 788 - 820.

Telepathie (Empfindungs-Übertragung), geistiger Austausch zwischen Menschen (und auch Tieren), wobei meist unbewußt die Gefühle oder Stimmungen der oder des anderen wahrgenommen werden, manchmal auch klare, einzelne Gedanken und Bilder. *Unbewußt* ist in jedem Team, in jeder Abteilung jeder Mitarbeiter über die Stimmungslage der Kollegen im Bilde, ebenso ist jedem zumindest unbewußt klar, was die anderen für eine Meinung über ihn haben. Hier setzen Methoden wie "Positives Denken", Psychokybernetik und Kontemplation an.

Verstand (rationales Denken) Leistungen der linken, digital arbeitenden Großhirnrinde, schrittweises Denken im Gegensatz zum analogen Denken rechts! Der Verstand kann nur mit dem arbeiten was er schon kennt! Grundlage für konservative Einstellung.

Yoga verschiedene Systeme der integrativen Schulung von Körper, Seele und Geist (keine Religion!), Yoga heißt "das Joch" und will ausdrücken, daß jemand freiwillig eine Disziplin auf sich nimmt, um seine Persönlichkeit und seine Erkenntnisfähigkeit zu schulen. In diesem Sinne ist Energytraining ein modernes Yoga-System, ebenso wie Tai Chi Chuan.

Zen japanische Meditationsform, die darauf abzielt, innerlich vollkommen abzuschalten, alle bewußte Sinnes- und Denktätigkeit abzuschalten um nach einer Phase vollkommener Leere ("Nicht-Exisstenz") zu neuen, höheren Einsichten zu gelangen.

Anhang

Energie bewußt erleben 1:

Energiekegel und Meditationskegeln

In der esoterischen Szene wird so viel über Energie geredet. Für die Reiki-Freunde ist es eine fühlbare Sache. Für die Rutengänger ist es in anderer Form ebenfalls spürbar. Es ist immer mein Anliegen gewesen, anderen Menschen Hinweise zu geben, wie man seine eigene Energie bewußt wahrnehmen kann. Dem dient auch mein 1999 entwickelte Energiekegel.
Für die Energiearbeit mit Ihren Klienten, einzeln wie in der Gruppe, kann ich Ihnen unseren Energiekegel empfehlen. Es ist verblüffend, wie positiv die Menschen reagieren, wenn Sie bemerken, was man durch Konzentration bewirken kann, wie stark ihre eigene Energie ist und wieviel Energie von dem Kegel zurück kommt, wenn sie sich darauf konzentrieren.

Übung mit dem Energiekegel:

Stellen Sie einen Energiekegel irgendwo auf. Richten Sie ihren Blick auf die Spitze.
Vielleicht bemerken Sie schon in diesem Moment das feed back, eine Wirkung. Halten Sie Ihre Hände in seine Richtung, die Hände ein bischen vor- und zurückbewegen. Man fühlt jetzt auf alle Fälle die Energie! Etwas mehr gedankliche Konzentration, und sofort steigt das Energieniveau. In wenigen Sekunden haben Sie ein starkes Kraftfeld im ganzen Raum.

Mit 2 Personen oder mehr können Sie die Energie durch Handbewegungen hin- und herschieben, in jedem beliebigen Winkel, sogar durch verschiedene Zimmer und um die Ecke. Dafür stellt man den Energiekegel im Flur zwischen zwei Zimmern auf. Zwei Personen stellen sich in die verschiedenen Zimmer und schieben durch Gedankenkonzentration und Handbewegungen die Energie hin und her. Jeder kann den Kegel sehen, aber nicht die andere testperson. Auf diese Weise wächst sehr schnell das Gefühl für unsere natürliche Lebensenergie und für unsere gewaltigen Möglichkeiten, indem wir lernen, uns zu konzentrieren. In Zukunft reicht ein "scharfer Blick", und das Feld baut sich auf! Auf diese Weise können Sie in einem Raum ein starkes Energiefeld errichten, nur durch die Kraft Ihrer Gedanken.
Horus: *"Die Kegel dienen der Sammlung der Energie. Sie verströmt in Richtung der Spitze und zwar bis ins Magnetfeld um die Erde. Auf diese Weise teilt es sich überall mit."*

Meditationskegeln:
Sensitivity Training mit Original Kyborg Meditationskegeln (vergoldet): Die moderne, intellektuelle Erziehung und die zunehmend technisierte Gesellschaft führt zu einer emotionalen Verarmung. Viele Menschen spüren das Bedürfnis nach sensitiven Erfahrungen. Wenn Sie lernen möchten, Ihre eigenen sensitiven Fähigkeiten bewußt zu machen und zu steigern, dann finden Sie in unseren Meditationskegeln eine wertvolle Hilfe.
Mit Hilfe dieser speziell entwickelten Meditationskegel können Sie sich ihr eigenes biomagnetisches Feld bewußt machen. Sobald Sie einmal die richtigen Wahrnehmungen entwickelt haben, können Sie diese sensitiven Fähigkeiten auch in anderen Lebenssituationen einsetzen.
Die Meditationskegel bieten sich außerdem an für alle Seminare, in denen es um die Schulung sensitiver Kräfte geht. Sie sind eine nützliche Ergänzung für die Ausbildung.

Sensitivity- Übung:

Nehmen Sie eine bequeme Sitzhaltung ein oder begeben Sie sich in Ihre bevorzugte Sitzposition für die Meditation. Stellen Sie die 2 vergoldeten Meditationskegel auf Ihre Handflächen. Halten Sie die Hände waagerecht vor dem Körper. Entspannen Sie sich.

Fühlen Sie ganz bewußt die Schwingung der vergoldeten Kegel. Vielleicht fühlen Sie schon bald, daß ein Lichtbogen zwischen den Spitzen der beiden Kegel entsteht. Es ist die Energie Ihres Körpers, die, verstärkt durch die Meditationskegel, einen Ausgleich sucht zwischen der etwas unterschiedlichen biomagnetischen Ladung der linken und der rechten Körperseite.
Sobald Sie die ersten Empfindungen deutlichen fühlen, können Sie

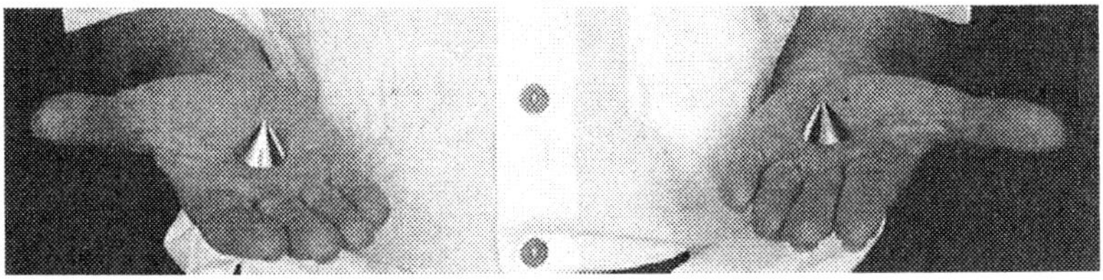

die Hände weiter auseinander halten oder enger beieinander. Als nächstes können Sie die Hände in unterschiedlicher Höhe halten.
Sobald Sie erst einmal wissen, was gemeint ist, werden Sie entdecken, daß jede Veränderung in der Position den Energiefluß zwischen den beiden Kegeln verändert. Die Meditationskegel dienen als Verstärker, um den natürlichen Energiefluß zwischen Ihrer Händen, zwischen der rechten und linken Körperseite bewußt zu machen!

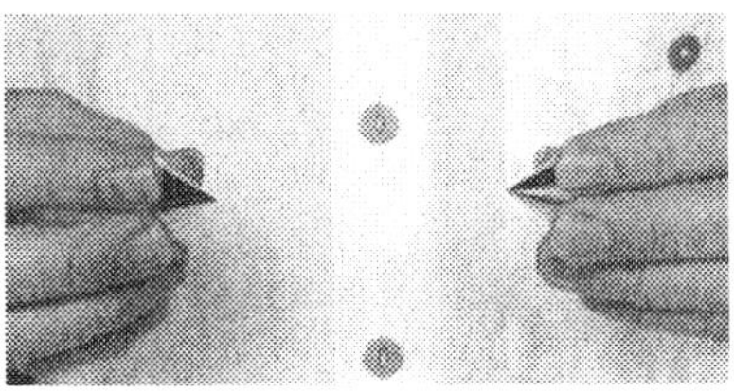

Weitere lehrreiche Spiele und Trainingsübungen, mit denen man sich die Lebensenergie bewußt machen kann, finden Sie in meinem Buch → "Sensitivity Games".

Energie bewußt erleben 2:

Magische Kunstobjekte, Dimensionstore und Zepter

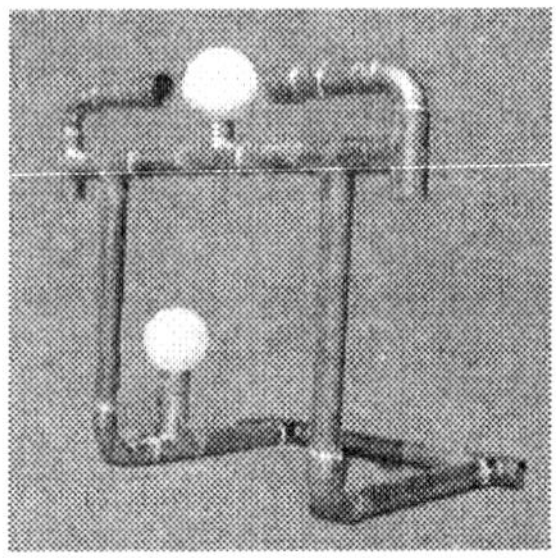

10 Jahre nach dem Bau der ersten Energiepyramide habe ich begonnen, magische Kunstobjekte anzufertigen. Die Konzepte der Dimensionstore (Foto) und der neuen magischen Geräte stammen aus uralten Zeiten. Ich empfange Botschaften aus fernen Welten und gebe ihnen Gestalt. Es sind Anregungen für spirituelle Menschen, die auf der Suche nach den Geheimnissen des Lebens sind.

Für einen optimalen Umgang mit Energiepyramiden und mit magischen Geräten empfehlen wir Atem- und Konzentrationstechniken, sowie regelmäßige Meditation. ➔ Prananyama.

Foto: Sonnenzepter

Diese Geräte sind pure Magie! Sie verändern bereits in einer ungeahnten Weise unsere Welt. Seit vielen Jahren schon lese ich im Akasha und stehe mit meinen früheren Inkarnationen in Verbindung. Die Quelle aus der ich jetzt schöpfe, ist noch älter als die Pyramiden. Die Konzepte der magischen Geräte stammen aus dem alten Persien, aus der Zeit des Ahura Mazda, andere aus Atlantis oder aus Lemuria. Ich empfange Botschaften aus fernen Welten, gehe in meine Werkstatt, beginne zu arbeiten, bis schließlich die Kraft eine neue Form gefunden hat, durch die sie uns bewußt wird und zu kommunizieren beginnt.
Magische Kunst ist mehr als nur fantasievolle Betrachtung. Sie gibt Anregungen zum entdecken, zum nachdenken, weckt Gefühle, deren Tiefe wir oft nur erahnen können.
Der Weg der inneren Erkenntnis führt durch die eigene Erfahrung zur inneren Freiheit.
Selbst etwas Neues erfahren, führt zur Erkenntnis und zur Unabhängikeit. Das ist der Weg, den jedes Kind ganz natürlich geht: Spiel, Versuch und Erfahrung. Für Erwachsene, die in der berufli-

chen Routine stecken, geraten diese Erfahrungsspiele leicht in Vergessenheit. **Sensitivity Spiele** sind eine Möglichkeit, neue Erfahrungen zu machen und eine natürliche Verhaltensweise wieder zu beleben.

Wir können diesen Weg jeden Tag neu begehen, und wir werden täglich neue Elemente, neue Kräfte und neue Wege entdecken. Die Vielfalt des Universums rückt uns näher, ohne daß wir vorher sagen könnten, wohin uns unser Weg führt. Da uns die Worte fehlen, alle Beschreibungen vage bleiben, können wir uns auch kaum mit dem eigenen Verstand im Wege stehen. Der Verstand kann diese fremden Welten und die neuen Erfahrungen nicht direkt interpretieren. So muß er sich zurückhalten. Das gibt uns die Chance, unsere Intuition neu zu entdecken und die Neugierde zu wecken, die uns in immer neue innere Welten führen kann.

Meine Aufgabe sehe ich als Vermittler, als Botschafter zwischen den Welten. Auf meinen Astralreisen bin ich oft dort gewesen, von woher ich heute diese Botschaften empfange.

Wir brauchen magische Instrumente nicht aus Knochen oder Holz zu fertigen. Die neue Zeit erfordert andere Mittel. Die Methoden der Magie sind unübertroffen gut, machtvoll und äußerst effektiv im Energieverhältnis. Nur wer fähig ist, die neue Energie mit den neuen Qualitäten richtig umzusetzen, erhält aktive Ergebnisse. Bei meinen magischen Objekten verarbeite ich Kupferrohre, Edelsteine und Acrylteile. Dabei lasse ich mich von den Channelbotschaften meiner "guten Geister" leiten.

<u>Beispiel</u>: 5.11.2001,10.00 Uhr Horus: *"Der Feueropal dient der Reinheit der Seele. Er ist höher durchgeistigt, als der rote Opal. Nutze ihn, um mit deiner Seele zu den Göttern zu sprechen. Er wäre ein passendes Geschenk für Menschen, die mit Hilfe spiritueller Magie mit den Göttern kommunizieren. Er spricht die Seele an und reinigt sie vom Karma. Nutze diesen Stein, um die Schönheit der göttlichen Schöpfung zu fühlen. Licht auf dem Weg!"* Ausführliche Channelbotschaften finden Sie in meinem Fachbuch → "Kunst und Magie mit edelen Kristallen"

Bei allen Kunstwerken geht es mir darum, Erfahrungen zu vermitteln und neue Wahrnehmungen zu ermöglichen, um so besseren Zugriff zu bekommen, auf die Benutzung unserer eigenen Sinne.

Unsere Sinne werden durch die Erziehung, durch Angst, Strafe und Moral programmiert. Mit anderen Worten, wir laufen alle als "Behinderte" durch die Welt, mit dicker Brille und mit Meßgeräten.

"Das ist es eben", sagt Horus, *"das Deine Werke Gott gefallen und den Menschen dienen. Das ist wahre Magie!"* Meine magischen Kunstobjekte sprechen zur Seele und aktivieren unseren Geist, wenn er dafür bereit ist. Jeder Schamane weiß was er tut, wenn er die verborgenen Kräfte anruft und Talismane oder magische Waffen fertigt. Um mir dieses Wissen zu erwerben, bin ich lange Jahre bei Medizinmännern in die Lehre gegangen und habe mich einem 14 Jahre dauernden Training bei asiatischen Meistern unterworfen. Die Welt der Magie ist uns näher gerückt. Wenn Sie neugierig sind auf ungewöhnliche Erfahrungen, dann besuchen Sie uns einmal im Kyborg Institut und besichtigen Sie unsere Ausstellung.

Energie bewußt erleben 3: Energiepyramiden

Die Energiepyramiden wurden durch Channelberichte von Horus realisiert. Unsere vielfältigen Erfahrungen wurden durch gesteigerte, sensitive Wahrnehmungen und mit Hilfe befreundeter Rutengänger gewonnen. Hinzu kamen im Laufe der Jahre viele wertvolle Erfah-rungen von den Anwendern.
Bei unseren Energiepyramiden geht es um die Nutzung einer neuen, spirituellen Dimension. Machen Sie einfach den Test: Gehen Sie auf eine Messe oder besuchen Sie uns im Kyborg Institut. Halten Sie einmal Ihre Hände über eine kleine Energiepyramide oder stellen Sie sich in eine große hinein. Fühlen Sie einmal die Schwingungen dieser Energie. Es wird sie schnell in eine nachdenkliche, meditative Stimmung versetzen. Sie werden interessante Anregungen bekommen und schon bald ihr Leben anders wahrnehmen.
Kyborg - Doppelpyramiden sind das Ergebnis einer langen Suche nach ganzheitlichen Energiekonzepten, die das Bewußtsein und die Chakras des Menschen einbeziehen. Ich habe mich ein Leben lang bemüht, die Herkunft des Lebens zu ergründen, und ich habe nach Wegen der Gott-Erkenntnis gesucht, um mich selbst zu verstehen. Für mich sind Energiepyramiden ein Symbol des Lebens.

Mein Ziel ist es, die spirituellen Kräfte zu fördern und den positiv orientierten Menschen eine bessere Chance einzuräumen, um ihre Ziele zu verwirklichen.
Zu allen Zeiten haben die Menschen für diesen Zweck heilige Plätze gesucht, Tempel errichtet und religiöse Instrumente erschaffen, um ihren Weg in die göttlichen Ebenen zu finden.
Bei den Energiepyramiden geht es also um die Verbindung zum kosmischen Bewußtsein. Mit einer Energiepyramide können wir uns einen heiligen Platz der Besinnung schaffen, an dem es leicht fällt zu meditieren. Sie läd uns ein zur Besinnung auf das Schöne. Sie kann uns anregen zur Meditation, zur Selbsterkenntnis und zur Besinnung auf unseren göttlichen Ursprung.
Die Energiepyramiden sind mein Beitrag für eine bessere Zukunft des Lebens auf dieser Erde. Sie sind der Anfang einer neuen, spirituellen Dimension, in der uralte magische Prinzipien auf neue Weise zur Wirkung kommen.
Wenn wir uns auf unseren göttlichen Ursprung besinnen, werden Kräfte freigesetzt und Erkenntnisse gewonnen, die jede positive Arbeit zur Blüte bringen. Es geht darum, unsere Energie auf den Punkt zu bringen!
Wir stehen heute vor globalen Problemen, die dringend einer Lösung bedürfen und die nur zu bewältigen sind, wenn sich positiv orientierte Menschen auf ihre geistigen Kräfte besinnen. Nur wenn wir unsere geistigen Kräfte konstruktiv nutzen, werden wir unseren Kindern eine Welt hinterlassen, in der es sich zu leben lohnt!
Die Energiepyramiden müssen mit einem Kompaß ausgerichtet werden. Sie treten in eine Interaktion mit dem natürlichen Magnetfeld der Erde und animieren uns zur Besinnung. Das führt uns näher an den Geist, an uns selbst und an Gott. Das Ergebnis ist Harmonie in den Lebensprozessen und ein steigendes Bewußtsein für geistige Zusammenhänge.
Krankheit ist die Folge von Disharmonie und von einer durch falsches Denken verursachten Isolation des Kranken von seinen göttlichen Quellen. Je mehr eine Rückbesinnung stattfindet, desto heiler wird der Mensch. Eine Philosophie, die das leisten kann, nennt man Religion.
Die Energiepyramiden können tatsächlich eine Anregung in diese Richtung liefern. Sie aktivieren das 4. Chakra und regen die Menschen an, sich zu erinnern.
Das wird bei jedem anders verlaufen, aber das Ergebnis wird bei allen gleich sein: Sie werden sich der Gegenwart Gottes wieder

mehr bewußt, und das führt zu innerer Ruhe, Freude, Zufriedenheit, Selbstbewußtsein, Sicherheit, Glück, Wohlstand, Gesundheit, also Lebensfreude in allem was man tut.
"Lebe glücklich und richte es dir schön ein auf Erden," das ist Horus Botschaft! Wir brauchen keine neue Religion, nur eine bewußtere und bessere Besinnung auf die bereits vorhandenen. Doch wenn die alten Religionen mit dieser einfachen Formel nichts anfangen können, dann mag es vielleicht der beginn von etwas ganz Neuem sein.
Gott ist es egal, wie du zu ihm betest. Hauptsache, es dient dir, deiner Besinnung und Hauptsache, es ist ehrlich und auf deinen Bedarf ausgerichtet, ohne andere Wesen zu beeinträchtigen.
Wenn ein Mensch das Gefühl bekommt, daß er sein Leben tatsächlich aus eigener Initiative gestalten kann, ist das der Anfang einer kreativen Lebensphase, in der man daran geht, seine unbefriedigende Vergangenheit aufzuarbeiten, um Maßstäbe zu setzen, mit denen man endlich seine eigenen Ideale verwirklichen kann.
Was die Benutzer der Energiepyramiden gemeinsam haben, ist die Suche nach neuen Wegen, eine ehrliche Spiritualität und das Bewußtsein der eigenen Kraft. Für den Wissenden gibt es viele Wege zu Gott, doch am Ende war jeder Weg der rechte, denn es gibt nur ein endgültiges Ziel, nur ein Universales Bewußtsein.
Die Energiepyramiden des Horus sind Bausteine in einer langen Treppe, die zum Licht führt. Wenn Sie möchten, kommen Sie mit! Es lohnt sich, und es ist mit viel mehr Freude im Leben verbunden, als alles andere, was wir tun. Wir brauchen eine neue ethisch einwandfreie Orientierung und wir brauchen jede Menge neuer, positiver Gedanken. Jeder sensitive Mensch kann sich mit Rute oder Pendel überzeugen, welche Kräfte hier wirken. Einfach fühlen, anschauen, meditieren und die Energiepyramiden zu nutzen lernen.
Die fachlichen Erfahrungsberichte (→ "Handbuch Energiepyramiden") können nur ins Ausland versandt werden. Diese Ergebnisse dürfen in Deutschland nicht mehr veröffentlicht werden. Die Veröffentlichung wurde uns von einschlägigen Interessengruppen gerichtlich untersagt, die durch unsere Energiepyramiden ihre Einflüsse gefährdet sehen.
In den ersten Jahren unserer Arbeit mit den Energiepyramiden waren wir bemüht, unsere Ahnungen, Visionen und sensitiven Erfahrungen durch technische Meßergebnisse zu beweisen. Bald wurde klar, daß die Meßergebnisse verschieden interpretiert und in

Frage gestellt werden können. Es wäre falsch, wenn wir uns von den Regeln der konservativen Wissenschaftler abhängig machen würden, die der ganzen Esoterik ablehnend gegenüber stehen.
Die Prämisse der Naturwissenschaftler, jedes Meßergebnis müsse beliebig reproduzierbar sein, ist Unsinn. In der Natur ist alles in einem stetigen Fluß, und es ist gerade ein herausragendes Charakteristikum natürlicher, biologischer und erst recht spiritueller Prozesse, daß sie nicht identisch reproduzierbar sein dürfen, sonst würde ja keine Ent-Wicklung mehr stattfinden. Viele neuzeitlich orientierte Wissenschaftler, z.B. die Quantenphysiker, sind sich dessen ebenso bewußt wie wir. Hier verläuft die Trennungslinie zwischen der konservativen Welt und der geistigen Neuzeit.
Ähnlich ist es mit dem Placebo-Effekt, der angeblich die Dummheit der Patienten beweist. In Wirklichkeit ist er der Beweis dafür, daß ein Mensch durch den Glauben an eine Heilwirkung seine inneren Selbstheilungskräfte aktivieren kann, um gesund zu werden.
Der geistige Ansatz einer spirituellen Forschung, die ein universales, göttliches Bewußtsein und die Tatsache der Wiedergeburt mit einschließt, unterscheidet sich grundlegend von der atheistischen und materialistischen Naturwissenschaft, die meint, daß sie alles messen kann und daß vor der Geburt nichts war und nach dem Tod nichts sein wird. Diese begrenzte Geisteshaltung führt ja erst dazu, daß man sich nicht verantwortlich fühlt, z.B. für einen Geburtsfehler, und daß man meint, in diesem Leben alles machen zu müssen oder alles ausleben will, weil danach "alles zu Ende sei".
Die gleichen Leute fühlen sich nicht verantwortlich für ihr Tun und Denken "nach mir die Sintflut". Sie werden sich wundern, wenn sie erst einmal drüben sind und die Quittung für ihre Entscheidungen fällig wird.
Was bei der konsequenten Anwendung der "wissenschaftlichen Methoden" herauskommt, sehen wir an dem katastrophalen Zustand unserer Umwelt und unseres Wirtschaftssystems. Wir möchten mit den Energiepyramiden den lebensverachtenden, zerstörerischen Methoden der wissenschaftlich orientierten Gesellschaft eine neue, schöpferische Lebensart entgegensetzen. Dabei geht es nicht um den Kampf gegen etwas, sondern um den Einsatz für etwas Neues!
Die Entwicklungsgeschichte der Energiepyramiden und die spirituellen Hintergründe habe ich in meinem auch in Deutschland erhältlichen Buch "Der Pyramidenmann" ausführlich beschrieben.

Durch die Energiepyramiden des Horus können sich positiv gesinnte Menschen neu orientieren. Die Meditation auf die Energiepyramiden kann uns zu neuen mentalen Prozessen animieren. Das ist ihre primäre Aufgabe.

Bereits die Idee frei verfügbarer Energie aktiviert die Kräfte Deines Unterbewußtseins!

Wer mit den Energiepyramiden arbeiten will, sollte bereit sein, geistiges Neuland zu betreten. *"Alghimista (Alchimie) ist der Weg, der aus dem ich in die Natur der Dinge führt und durch die Aktivierung der inneren Heilkräfte die Seele mit Gott verbindet, also Einswerdung der Natur in uns und außerhalb von uns, die Wiederherstellung der Vollständigkeit des Menschen, das ist wahre Heilung!"* Horus

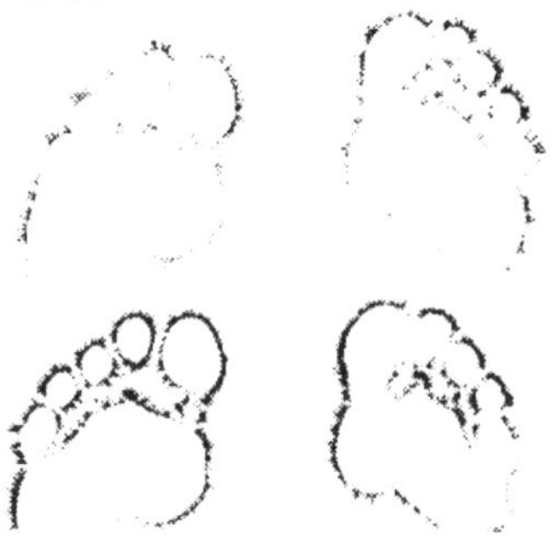

Kirlianfoto: Die Füße einer Frau.

Oben: Schlechter Energiefluß und schlecht durchblutet.

Unten: Nach 5 Minuten Behandlung mit einer Energiepyramide. Volle Energie und gute durchblutung.

12.5.99 7.16 Uhr Horus: *"Die Energiepyramiden sind Schlüssel zum Urgrund. Du kannst ihn erwecken in deinem Leben, durch die Anwendung der Energiepyramiden. Die Energiepyramiden arbeiten mit dem natürlichen Magnetfeld der Erde.*
Modell A (18 cm) dient der Seele und der feinen Steuerung der Gefühle.
Modell B (45 cm) ist für das Körper- oder Zellbewußtsein zuständig, über den Schwerpunkt im 3. Chakra.
Modell C (180 cm) faßt diese Funktionen zusammen und schafft eine Anbindung an die göttliche Ebene. Es wandelt die Magnetfeldenergie anders um. Es nutzt höhere Kräfte und manipuliert die Zeitempfindung.
Das D-Modell (270cm) dient dem geistigen Feld um die Erde. Diese Pyramide schafft internationale Kontakte und trägt dazu bei, daß Menschen sich mental näher kommen. Ihr erfahrt eine Klärung im mentalen Bewußtsein. Es schafft übergreifende Schwingungen, die

Völker verständigen und beim Abgleich von Differenzen helfen. Es sind höhere Regelimpulse. Darum sind die Menschen so interessiert, einmal hineinzusteigen. Es ist, als wenn du kurzfristig andockst an das Bewußtsein der Masse, viel klarer als es im Traum geschieht, also bei wachem Bewußtsein eine Ahnung erhalten vom Denken und Fühlen der Massen.
Modell E (360cm) ist ganz anders. Es öffnet ein Tor zu den Sternen, zu den Brüdern im All. Es schafft Verbindungen, die in den Kosmos reichen, aus dem Schwingungsfeld der Erde hinaus. Ja, je größer desto feiner und subtiler ist die Wirkung.
Modell F mit 450 cm überschreitet bereits die Raumzeitgrenze die euch hier behindert. Wie ich dir vor 10 Jahren mitteilte, lebt ihr hinter einer Barriere aus Nullenergie, die euren Sektor des Alls isoliert. Ihr bekommt nicht viel mit von dem was draußen läuft. Es ist gut so - bisher war die Erde eine Enklave für die private Entwicklung einer Primatenrasse. Wir haben es so gewollt.
Aber die Zukunft braucht eine Öffnung ins All. In dem Maße wie eure geistige Kpazität und Konzentration wächst, behindert euch diese Blase aus Nullenergie. Wir haben sie geschaffen vor Äonen, um euch Schutz zu gewähren vor fremden Eingriffen. Niemand aus dem All kann euch nachhaltig stören, wenn wir es nicht wollen. Wir lassen nur Einflüsse durch, die euch fördern oder anregen, nichts Negatives, Störendes.
Das ganz große G-Modell (900 cm) wird die Erde zum schwingen bringen. Der Erdfrequenz wird ein neues Muster aufmoduliert. Es ist die Antwort auf die Orientierungslosigkeit der gegenwärtigen Epoche. Es gilt Leben neu zu schaffen, neu zu formen, neu mit vitaler Energie auszustatten. Ohne diese neue Technologie wäre das Risiko groß, daß alle menschliche Kultur in Dekadenz versinkt. Kanalisiert die Energie gut, mit den Fähigkeiten, die ihr erlangt habt. Die spezielle Struktur des 9 m Modells ist natürlich beabsichtigt. Die neue Orientierung auf der Erde ist schon seit einigen Jahren im Gang. Aber das Signal der großen Pyramide war von entscheidender Bedeutung, um in dem Wirrwarr der Meinungen einen zentralen neuen und einzigartigen Impuls zu setzten."

Chronologie der 9 m Energiepyramide:

Sa. 31.7.99 um 12.40 wurde das große 9m Modell fertig gestellt. Am Abend wurde die Acrylachse eingebaut.

Am 11.8.99 um 14.00 wurde die Anlage auf die spezielle Energie der Sonnenfinsternis abgestimmt. Die Natur war vollkommen zur Ruhe gekommen.
Am 16.11.99 wurde das 360 cm Modell aufgestellt.
Am 31.12.99 wurde die Anlage mit dem Modelle 450 fertig gestellt.
Am 1.1.2000 wurde die Irminsul errichtet.
Am 6.1.2000 erhielten wir die endgültige Baugenehmigung für die große Pyramide.
Sa. 1.4.2000, 16.30 hat sich der Kreis geschlossen, auf dem dieser neue Energieimpuls um die Erde gelaufen ist.

Channelbotschaft von Horus 5.9.99, 16.25 Uhr *"Die große Energiepyramide verändert alles. Sie hat ein Signal initiiert, daß jetzt innerhalb von ca. 8 Monaten um die ganze Erde laufen wird. Mit diesem Signal müssen sich alle Wesen auseinander setzen. Es ist so zusagen das Feedbacksignal eines hochentwickelten Geistes, daß jetzt der Orientierung dient. Es ist eine Orientierung, eine Schnittstellen zwischen Mensch, Technik und Natur. Das, was ihr als Horus empfindet, ist ebenfalls ein Signal der Orientierung. Es dient der Lebensentwicklung seit Jahrmillionen."*

Am 6.4.2001 machte ich bei der großen Pyramidenanlage in den Pyrenäen folgende Beobachtung: In der Nacht auf Le Braquet gerate ich sehr stark in den Einfluß der Schwingungen von der großen Energiepyramiden-Anlage. Ich sehe in meinen Visionen einen ungeheuren Energiestrom, geschätzt ca. 270 cm Durchmesser, der über der großen 900 cm Pyramide senkrecht vom Himmel kommt und wie ein leuchtender Wasserfall in die große Pyramide hineinfließt. Die Energiesäule ist hellblau-weiß gefärbt. Die Energie schäumt in einer großen Sinuskurve aus der Pyramide erneut empor und ergießt sich dann über das 2. Modell F mit 450 cm Höhe in 32 m Entfernung. Dieser Lichtbogen strömt mit der nächsten Kurve hinter dem 450 cm Modell empor und geht mit der nächsten Kurve über das 360-cm-Modell E nieder, dann über Modell D mit 270 cm,

dann über C mit 180 cm, schließlich über B und A, die auf einem Tisch montiert wurden.
Bereits ab dem Modell F beginnt sich der Energiestrom etwas aufzufächern und ist keine runde Säule mehr. Die Farben ändern sich. Über Modell F sind bereits leicht andere Färbungen sichtbar. Ein Teil der Energie ist fast unsichtbar. Je mehr sich die Wellen verkleinern, desto kräftiger werden die Farben zu satten Pastelltönen in verschiedenen Schattierungen von gelb, orange und hellgrün. Immer mehr werden einzelne Lichtspuren sichtbar, die in zunehmender Entfernung in kleineren, langsameren Wellen über die Wiese strömen, breit gefächert von Nordost bis Südost.

Die große Anlage steht genau W-O ausgerichtet mit dem großen Modell G im Westen. Der Abstand der feinen, einzeln sichtbaren Schwingungslinien untereinander beträgt am Ende in der Nähe von Modell A ca. 10 - 15 cm, Tendenz zunehmend. Die Länge der Pyramidenanlage beträgt bis zum Dimensionstor 155 m.
Nur ein kleiner Teil dieser Kraftlinien fließt direkt durch das Dimensionstor, welches 17 m entfernt steht. Es sieht so aus, als wenn das Tor die ausströmenden Linien veranlaßt, nach beiden Seiten aufzufächern und sich nach Norden und Süden zu verteilen. Der nördlich strömende Teil dieser Kraftlinien folgt der hier verlaufenden Leyline, die in Richtung Nordost verläuft, mit einer Abweichung von 42,5 ° von der N-S-Achse.
Horus erklärte mir dazu, daß die Erde seit Jahrmillionen von einem Energiekokon umgeben ist, der die Erde und alle Lebensformen auf ihr vor fremden Eingriffen aus dem All schützt. Dieser Kokon ist in gewisser Weise von uns Lebewesen geschaffen worden, so wie auch jedes Lebewesen seine eigene Aura hat. Man könnte ihn als eine Art Überbewußtsein aller irdischen Lebensformen bezeichnen.

Außerdem hat Horus schon vor Jahren gesagt, daß dieser Energiekokon, der wiederum das Magnetfeld der Erde einschließt, Teil seines materiellen Körpers sei. Daraus ergibt sich, daß Horus ganz konkret etwas mit dem Überbewußtsein der Menschen zu tun hat. Trotzdem hat er ein Eingenbewußtsein, ein Ego. Er ist sich seiner Existenz bewußt, und er erinnert sich an etwa 20 Milliarden Jahre seiner eigenen Existenz. Er weiß jedoch, daß das Multiversum, also die nächst höhere Organisationsform des Weltalls, mindestens doppelt so alt ist. Horus durchläuft ebenfall Reinkarnationen. Die letzte fand vor ca. 5 Millionen Jahren statt. Seit ca. 5000 Jahren "tritt er verstärkt in Erscheinung", weil manche Menschen inzwischen ein geistiges Niveau erreicht haben, daß uns seine Schwingung ertragen und seine Existenz bewußt werden läßt.
Kommen wir zu dieser einströmenden Energie zurück. Die große Energiepyramidenanlage hat also den Zweck, kosmische Energie aus übergeordneten Räumen hierher einströmen zu lassen. Mit dem großen Modell G durchbrechen wir die Zeitenergiebarriere, die uns hier unten zwar schützt, aber auch begrenzt.
Horus sagt, daß uns diese Energieschranke "konservativ" denken läßt. Wir sind dabei, alte, bereits bekannte Konzepte zu verfeinern und zu vervollkommnen, aber wirklich total neue Ideen kommen praktisch nicht mehr zustanden.

Beispiel 1: Die Menschen benutzen komplizierte, hochgezüchtete Motoren, aber drinnen brennt immer noch ein Feuerchen wie in der Steinzeithöhle. Jetzt will man Wasserstoff verbrennen, aber es bleibt bei der Idee vom Feuer.

Beispiel 2: Die Menschen kennen seit 150 Jahren Elektromotoren, aber da drin drehen sich auch nur Räder. Es ist also bei der Erfindung des Rades vor ca. 8000 Jahren in Indien geblieben. Und irgendwo am Ende der Leitung rauscht Wasser über ein Turbinenrad, sei es in einer Talsperre oder daß man im Reaktor das Wasser kocht und dann über Turbinenräder jagt. Vom geistigen Ansatz her ist also die Atomreaktortechnik genauso primitiv wie die Lagerfeuer im Automotor. Geradezu lächerlich.

Beispiel 3: Neu wäre es, wenn wir diese primitive Technik ablegen und einen Antigravitationsantrieb verwenden, der die Magnetfeldlinien der Erde nutzt, völlig ohne Verbrennung und Räder auskommt und nur die Naturkräfte verändert. Keine Umweltverschmutzung

mehr, kein Risiko, kein Treibhauseffekt, kein Strahlentod. Nur die Atom- und Ölindustrie wären plötzlich an Ende. Mit dem Ende dieses primitiven Bewußtseins wären wir endlich aus den Steinzeithöhlen heraus und dem göttlichen Universum einen bedeutenden Schritt näher.
Von der großen Energiepyramiden-Anlage werden jetzt durch den alten Schutzschirm hindurch kosmische Kräfte auf die Erde heruntergeholt, die dann über die anderen Modelle angepaßt werden und so von uns genutzt werden können. Der Sinn der großen Anlage besteht also darin, kosmische Energie für den irdischen Bedarf "herunterzuspannen". Bis Modell D liegt diese Spannung noch primär im geistigen Bereich, bei Modell C wird bereits die Seele und der Körper mit angesprochen, bei Modell B geht es um die Energieversorgung und -regulation im Körper und bei Modell A schließlich um die Zellregulation des physischen Körpers selbst.
Auf diese Weise können primär im Einzugsgebiet um diese Anlage wirklich völlig neue Ideen gedacht werden. Bei den sich bunt färbenden Schwingungsmustern handelt es sich um Ströme der *Materia Prima,* die energetische Protomaterie, aus der letztlich alles geschaffen ist. Diese Idee wurde von der Alchimie bereits vor ca. 400 Jahren beschrieben und diskutiert. Aus der *Materia Prima* kann wirklich alles neu geschaffen werden, was wir uns vorstellen können. Hier wird neue kosmische Protomaterie in das Energiesystem der Erde eingespeist. Wir haben den Schutzschirm durchbrochen, der uns seit Jahrmillionen nur in ganz bestimmten Bahnen denken läßt. Es sind jetzt vollkommen neuartige, fremde Gedanken möglich. Die Chance, daß sich fortschrittliche Menschen untereinander über völlig fremdartige Gedanken verständigen und sie weiterentwickeln, ist erheblich gestiegen.
Das Leben verändert sich bereits jetzt. Wer eine Energiepyramide hat, kann daran Anteil nehmen. Je besser die spirituellen Fähigkeiten eines Menschen entwickelt und geschult sind, desto mehr wird er diese Impulse zu nutzen wissen. Wer sich den neuen Impulsen verschließt und das alles für Unsinn hält, darf so weitermachen wie bisher. Im Moment gibt es nur ein derartiges Zentrum auf der Erde. Wer möchte, kann dort Erfahrungen sammeln. Ab 2003 haben wir von Horus die Erlaubnis, weitere derartige Anlagen zu bauen.
Wenn man sich dem Süden Frankreichs und dieser Leyline nähert, kommt es zu Zeitverschiebungen. Es ist so, als wenn die Zeit gedehnt wird. Das erste Mal kann man den Effekt bemerken, wenn man über die Bergkette bei Lyon hinweg ist und ins Rhonetal ein-

fährt. Noch stärker wird dieser Effekt, wenn man dann im Süden auf die Autobahn Richtung Barcelona einschwenkt. Dort gibt es eine Stelle, wo man eine große Bresche durch den Kalkstein gesprengt hat. Dahinter beginnt das eigentliche Mittelmeer"klima". Das ist kurz vor Montpellier.
Die große Leyline, auf der im Süden Madrid liegt und weiter im Norden Le Braquet, schneidet das Rhonetal bei Valence, verläuft dann über Grenoble, Genf nach Zürich und weiter Richtung Augsburg. Sie kennen ja meine Berichte. Die Ruhe, die wir schon nach wenigen Tagen dort unten im Süden bemerken, die Gelassenheit der meisten Menschen, die Harmonie in der Natur, hat offensichtlich etwas mit den Auswirkungen der Leyline auf diese Region zu tun.
Horus hat einmal darauf hingewiesen, daß es stets eine Wechselwirkung zwischen den Energiepyramiden, zwischen den natürlichen Magnetfeldern der Erde und zwischen den geologischen Formationen der jeweiligen Region gibt. Die Erde selbst, das Felsgestein, die Bodenstrahlung, die einfallende Sonnenstrahlung und die kosmische Strahlung beeinflussen alle Lebewesen. Sie bringen unterschiedliche Lebensformen hervor, und die gleichen Arten bilden sich verschieden aus.

Beispiel 1: Die gleiche Pflanzenart bringt klimabedingt und bodenbedingt und geografisch bedingt verschiedene Qualitäten hervor. Z.B. wurden aus einer Paprikaart aus Mittelamerika alle heute existierenden Arten von Paprika und Pepperoni gezüchtet, aber eben nicht nur durch Zuchteinfluß des Menschen, sondern auch bedingt durch die Umweltfaktoren. Die schärfsten Pepperonis, die kleinen roten, kommen aus Mexiko, Indien und Indonesien. In unserem Klima sind sie nicht die Hälfte wert. In manchen Gegenden werden die normalen grünen Paprikas regelmäßig bitter.

Beispiel 2: Als die Buren Südafrika eroberten, wurden viele Witze gemacht über die überdimensional großen Hintern und Brüste der dort einheimischen Negerfrauen. Nach wenigen Generationen begannen auch die vorher eher dünnen holländischen und englischen Frauen solche Körperformen zu zeigen.
Das Gleiche ist in Amerika passiert. Die Indianervölker sind in der Jugend zumeist schlank und agil, kaum sind sie 30 Jahre alt, werden sie immer breiter und runder. Schauen Sie sich einmal in US-Filmberichten die Menschen auf der Straße an. In den USA gibt es

einen sehr hohen Anteil an älteren Menschen, die ziehmlich schrecklich in die Breite gegangen sind. Offensichtlich verändert das Land die Menschen, die darauf leben.

Beispiel 3: Die heutige naturwissenschaftlich-technische Kultur breitet sich vornehmlich in einem bestimmten Gürtel in der nördlichen Hemisphäre aus. Vor allem in Westeuropa, Nordamerika, Japan und nun in bestimmten Gebieten Chinas. Offensichtlich ist diese Lebensart und Kultur auch durch bestimmte Klima- und Energiezonen begünstigt. Wenn sich unsere Art zu leben in die heißen Gebiete ausbreitet, in die dortigen Länder, dann bleiben zwar gewisse Charakterzüge erhalten, doch das Gesamtbild verändert sich. Und wenn es uns hier in Deutschland nicht gelingt, uns an diese kulturellen Veränderungen anzupassen, dann werden in einer Generation ganz andere Völker vorherrschend sein, und über Deutschland wird kaum noch einer reden. Was die Inder oder die Indonesier z.Zt. aus ihrer Kultur und unserer Technik machen, zeigt bereits bemerkenswerte Unterschiede.
Was dort unten in Südfrankreich auffällt, ist, daß die Menschen ein anderes Naturell haben als wir. Die Naturkräfte wirken sich dort eben anders aus als bei uns. Ich kann mir gut vorstellen, daß unsere Pyramidenanlage neben den vollkommen neuen Energieimpulsen auch die landestypische Schwingung mit in die Leyline einspeisen und so auf der Erde verbreiten wird. Das kann nur positiv sein. Etwas mehr innere Ruhe, Beschaulichkeit, Geduld und Harmonie mit der Natur können wir hier im Norden gut gebrauchen. Wenn ich dort unten weile, kommen mir nach der Umstellung einige Tage bereits wie einige Wochen vor. Es sind ganz andere Welten, in denen wir dort leben. Diese Unterschiede waren früher schon zu bemerken, dank der Leyline. Seit dort unsere Pyramidenanlage steht, hat dieser Zeiteffekt noch einmal eine wesentliche Steigerung erfahren.
Man verliert nach wenigen Tagen das Gefühl für die Zeit, für den deutschen Streß, für die moderne Industriegesellschaft und ihre Probleme. Es ist alles sehr weit weg. Wenn Gäste aus Deutschland kommen, weiß man bald schon nicht mehr, was die eigentlich an Problemen mitbringen. Der Aufenthalt vor Ort ist bereits eine Therapie. Man braucht sich nicht erst hinsetzen und alles ausdiskutieren. Es geschieht ganz von allein. Dort unten arbeitet die Natur für uns, vielleicht, weil die Menschen dort unten nicht so massiv gegen die Natur arbeiten wie hier in Deutschland.

Kommen wir noch einmal auf die kosmischen Energiefluten zurück. Horus sagte mir, daß es primär um die Einspeisung neuer Energiequanten geht, also die Bereitstellung von Materia Prima, damit daraus etwas ganz Neues entstehen kann, überall dort, wo diese Protomaterie hingelangt.
An zweiter Stelle geht es um die "Verarbeitung der vergangenen Schmerzen und Probleme". Alle derzeit lebenden Menschen tragen noch Überreste von vergangenem Leid ins sich, in ihrem Herzen und in ihrer Seele. Es sind seelische Wunden von unterschiedlichen Ereignissen, die wir im Verlauf unseres Lebens durchmachen. Es sind aber nicht nur persönliche Erfahrungen. Das Leben einzelner Menschen kann ja manchmal ziemlich schmerzfrei verlaufen. Hier sind auch die übergeordneten Zustände gemeint, die vergangenen Kriege, Seuchen, Hungersnöte, die die Menschen in Westeuropa erlitten haben. Für andere Regionen gilt das Gleiche, nur die Gesamtsituation ist überall etwas anders.
Natürlich kann man sich denken, daß sich derartige freie Energieimpulse, die jede beliebige Form und Gestalt annehmen können, auch eine positive Auswirkung auf die Natur selbst, auf die Pflanzen, Tiere und auf unsere Gesundheit haben werden. So verklemmt und verhärtet wie wir alle sind, sollten wir nicht gleich wieder Wunder erwarten. Doch auch Lourdes liegt auf dieser Leyline, und wer weiß, was Le Braquet noch an Wundern hervorbringen wird.
Wir haben zahlreiche Zeichen der Natur erlebt, seit wir dort arbeiten. Beispiel: Am 12.10.2001 waren wir auf einem Hof, zusammen mit einigen Freunden und der Frau Bürgermeister. Sie ist an uns interessiert, doch skeptisch in Bezug auf diese esoterischen Dinge. Während wir dort standen und plauderten, kam ein riesiger Schwarm Vögel auf der Leyline von Nordost her angeflogen, zog langsam über unseren Hof und begann dann über der großen Energiepyramide zu kreisen.
Es waren über hundert sehr große Tiere. Ich dachte zuerst an Adler. Doch gibt es so viele Adler? Später konnten wir klären, daß es sich um einen großen Schwarm Gänsegeier gehandelt haben muß, die aus dem Zentralmassiv nach Süden zogen. Sie benutzen die Leyline als "Straße". Sie erkannten die Veränderung, die wir mit der großen Anlage im Magnetfeld der Erde erzeugt haben. Sie begannen in dem einfallenden Magnetstrom zu kreisen. Es schien ihnen zu gefallen. Nach ca. 10 Minuten zogen sie weiter. Die Frau Bürgermeister und alle anderen Gäste waren völlig überrascht. Das

Zeichen war so stark, daß es auch von bürgerlich denkenden Menschen nicht übersehen werden konnte.
Horus 11.8.2000 8.20 Uhr: *"Die Energie fließt verstärkt durch euch. Neue Kräfte beginnen zu wirken, und alte Lasten müssen aufgearbeitet werden. Die Energie sucht sich Kanäle. Die kosmische Energie, die ihr mit dem großen Projekt angezogen habt, erfaßt inzwischen die ganze Erde. Daraus resultieren neue Denkmuster und Bewertungen im Alltag der Menschen. Sie können nicht so weiter machen wie vorher. Sie erkennen die gesellschaftlichen Mängel. Das wird weitreichende Folgen haben. Im Moment sieht es so aus, als wenn nur die große Unruhe zunimmt, aber das ist nur die Ruhe vor dem Sturm. Es wird einiges Chaos auf Erden geben, kleine alltägliche Fehler werden sich summieren, bis der Einzelne begreift, daß er anders reagieren muß als vorher.*
Eure Arbeit ist vorgezeichnet und nicht zu verhindern. Egal was da kommt, Ihr steht unter dem Schutz der Götter. Wenn ihr es lernt, die neue Energie umzusetzen, dann geschieht alles vom Selbst."

Affirmation:

Ich bin der Meister meiner Welt!

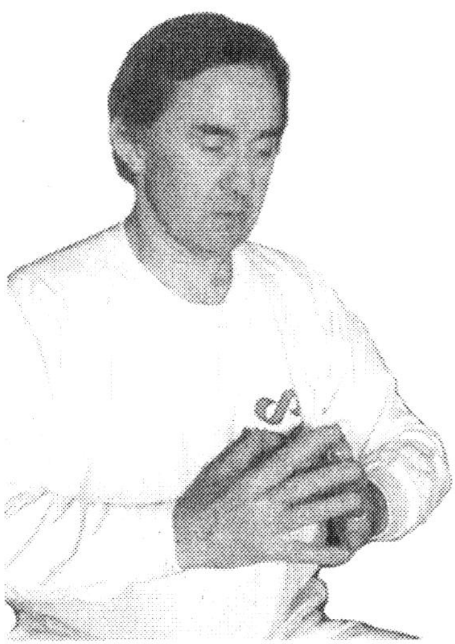

Literatur

1. Allgemeinwissen zu Gesundheit und Therapie

Abrams, Jeremiah, Die Befreiung des Inneren Kindes, Scherz 1993
Bakal, Donald, Psychologie und Medizin, Junfermann 1987
Becker, Der Funke Des Lebens, Scherz 1991
Blakeslee, Thomas, Das Rechte Gehirn, Aurum 1988
Brockmann, John, Neue Realität, Heyne Bücher 1990
Crick, Francis, Das Leben selbst, Piper 1983
Cycles, Official Bulletin of the Foundation for the Study of Cycles, Pittsburgh / USA, August 1970
Das Plocher Energie System, Bio Energetik 1994
Davidson, John, Strahlungsfeld, Knaur 1989
Davies, P.C.W./Brown, J.R., Der Geist im Atom, Birkhäuser 1988
Davies, Paul, Die Urkraft, Rasch und Röhring 1987
Dethlefsen, Thorwald, Schicksal als Chance, Goldmann 5/85
Drewermann, Eugen, Reden gegen den Krieg
Drewermann, Krieg ist eine Krankheit und keine Lösung
Dürr, Hans Peter, Physik und Transzendenz, Scherz 1994
Faller, Adolf, Der Körper des Menschen, dtv 1972
Ferzak, Franz, Karl Freiherr von Reichenbach, FFW ASP 6/87
Fischer, Jürgen, Orgon und Dor, S + L 1995
GEO 5/90, Chaos + Kreativität
Gibran, Kahlil, Der Prophet, Walter 1981
Haken, Hermann, Erfolgsgeheimnisse der Natur, Ullstein 1984
Hart, Dietrich, Die Erfindung des Gedächtnisses, Keip 1991
Hay, Louise L., Gesundheit für Körper und Seele u. alle anderen Titel, Heyne 1990-2000
Hearing Elektrokosmos, Die Grünen im Landtag Niedersachsen, Hopfenzitz, Petra, Schlank, GU 1991
Hubbard, L. Ron, Dianetik 55!, New Era Publications 1983
Hubbard, L. Ron, Dianetik, New Era Publications 1979
Hubbard, L. Ron, Dianetik, The Modern Science of Mental Health, Scientology, 1985
Hubbard, L. Ron, Die Wissenschaft des Überlebens, New Era Publications 1983
Hubbard, L. Ron, Eine neue sicht des Lebens, New Era Publications 1986
Hubbard, L. Ron, Kinder Dianetik, New Era Publications 1983
Hubbart, L. Ron, Der Weg zum Glücklichsein, Verlag Franz Mensch, 1988
Jung, C. G., Synchronizität, Akausalität und Okkultismus, dtv 6/90
Katalyse e. V., Elektrosmog, C. F. Müller 1997
Kautz, William/Branon, Melanie, Globalen Transformation, Heyne 1990
Keudell, Die Pharma-Verschwörung (Facta)

Kienle Gerhard u. a., Der Wirksamkeitsnachweis für die Arzneimittel-Analyse: Eine Illusion, Urachhaus 1983
Kirschner, Josef, Die Kunst ein Egoist zu sein, Knaur 1976
Knapp, Dieter, Gesundheit, Karl F. Haug 1986
Kopmeyer, Persönlichkeitsbildung, Ariston 1982
Lange-Ernst, Sonnenschein für die Zelle, Vitamin E, Semara 1983
Lindgren, C. E./Baltz, Jennifer, Aura, 1995
Linley, David, Das Ende der Physik, Birkhäuser 1994
Lomow, Methologische und theoretische Probleme der Psychologie, Pahl Rugenstein 1988
Lovelock, James, Gaia Die Erde ist ein Lebewesen, Scherz 1992
Lowen, Alexander, Bio-Energetik, rororo 1985
Lowen, Alexander, Lust - Der Weg zum kreativen Leben, Goldmann 12/83
Lynn, Matthew, Pillenschlacht um Milliarden, Campus 1993
Maclaine, Shirley, Zwischenleben, Goldmann 1985
Mandel Institut, Die Kunst des Heilens, Bruchsal 1992
Medwedew, Grigori, Verbrannte Seelen, Tschernobyl, Hanser 1991
Morawa, Hans, Mut zur Utopie, Moewig 1982
Naisbitt, John, Megatrends 2000, Econ 1990
Naisbitt, John, Megatrends, Heyne Bücher 1986
Parfitt, Will, Psychosynthese, Aurum 1992
Pelletier, Unser Wissen vom Bewußtsein, Kösel 1982
Phillips, Stephen M., Extra Sensory Perception of Quarks, The Theosophical Publishing House, Wheaton Ill./USA, 1980
Pillau, Helmut, Aktive Selbsthilfe! Schlafen, Herrsching 1988
Rappoport, Jon, Fehldiagnose AIDS, Verlag Bruno Martin, 1990
Rath, Das Berliner Tribunal / Das Chemnitzer Programm – Die Machenschaften der Pharmaindustrie, 1995
Reiz, Monika, Was dir dein Körper sagen will, Peter Erd Verlag 1996
Rhötlein, Brigitte, Der Mensch und sein Körper, P. M. Perspekive 9/89
Ruesch, Hans, Die Pharma Story, F. Hirthammer 1998
Scheer, Hermann, Sonnen Strategie, Piper 1993
Scholmer, Joseph, Das Geschäft mit der Krankheit, Kiepenheuer & Witsch 1984
Schwabe/Paffrath, Arznei-Versorgungs-Report '92, Gustav Fischer 1992
Schweitzer, Albert, Aus meinem Leben und Denken
Schwieger, Cäsar, Bio Energetik Praxis, Werner Flach 1977
Sills, Franklyn, Energie Arbeit, Goldmann 1993
Sommer, Karl, Der Mensch, Volkseigener Verlag 1989
Steiner, Claude, Wie man Lebenspläne verändert (Transaktionsnalyse), Junfermann 1985
Tepperwein, Kurt, Das Testbuch, Carval 1983
Tepperwein, Kurt, Krankheiten, Bechtermünz 2000
Toben, Bob, Raum Zeit und erweitertes Bewusstsein, Synthesis 1980
W. Stöcker, Biologie abc Band 1 / 2, Brockhaus 1986

Waldrich, Hans Peter, Grenzgänger der Wissenschaft, Kösel 1993
Wallnöfer, Heinrich, Besser als tausend Pillen, rororo 1997
Wiedemann, Der Gesundheit auf der Spur (Ariston) 1989
Williams, Tom, Was das Qi zum Fließen bringt, Aurum1996
Wolf, Fred Alan, Parallele Universen, insel Taschenbuch 1998
Woolger, Roger, Die vielen Leben der Seele, Hugendubel 1992
Wunder Der Wissenschaft, Das Gehirn, Time Life Bücher 1991
Zillmer, Hans-Joachim, Darwins Irrtum, Langen Müller 2000

2. Esoterik und Hintergrundwissen

Albert, Karl, Meister Eckharts These vom Sein, A. Henn 1976
Aram, Kurt, Magie & Zauberei in der Alten Welt, fourier 1998
Bock, Emil, Wiederholte Erdenleben, Urachhaus 1967
Bramly, Serge, Im Reiche des Wakan, Sphinx, 1982
Büttler, René, Die Mystik der Welt, Scherz 1992
Castaneda, Carlos, Das Wirken der Unendlichkeit, (alle Bänden!) S. Fischer 1980-2000
Cayce, Edgar, Die Geheimnisse des Bewusstseins, Goldmann1994
Cornelius Agrippa, Heinrich von Nettesheim, Die Magischen Werke, fourier 1988
Coudert, Allison, Der Stein der Weisen, Pawlak 1992
Crowley, Aleister, Aleister Crowleys Magische Rituale, Richard Schikowski 1980
Crowley, Aleister, Astrologick, Sphinx 1991
Dahlke, Margit/Rüdiger, Die spirituelle Herausforderung, Heyne 1990
Dethlefsen, Thorwald, Ausgewählte Texte, Goldmann 7/90
Dethlefsen, Thorwald, Das Erlebnis der Wiedergeburt, Goldmann 1976
Die goldenen Verse des Pytagoras, Verlag Heilbronn 1988
Ercivan, Erdogan, Das Sternentor der Pyramiden, bettendorf 1997
Fiebag, Johannes & Peter, Die Ewigkeitsmaschine, LangenMüller 1998
Gilchrist, Cherry, Alchemie, Aurum 1992
Golowin, Sergius, Paracelsus, Bindlach 1997
Griscom, Chris, Der Weg des Lichts, Goldmann 1/92
Griscom, Chris, Die Frequenz der Ekstase, Goldmann 11/90
Hay, Gesundheit für Körper und Seele, Heyne Bücher 1991
Hermes Trismegistos, Erkenntnis der Natur, Akasha 1990 (Urtext 1786)
Hetmann, Frederik, Die Göttin der Morgenröte, Fischer 1986
Hierzenberger, Gottfried, Erkundung des Jenseits, Herder 1988
Hill, Napoleon, Denke nach und werde reich, Ariston 1987
Hill, Napoleon, Erfolg durch positives Denken, Ariston 1968
Hill, Napoleon, Wunder die Sie selbst vollbringen, Ariston 1987
Jakoby, Bernhard, Das Leben danach Berichte von Menschen, die definitiv kurze Zeit tot waren, ihre Berichte über "die andere Seite", über die Erfahrungen nach dem Tod, ihre Lichterlebnisse, Tunnelerlebnisse usw. (2001)

Jongen, Marc, Das Wesen spiritueller Erkenntnis, Eugen Diederichs 1998
Junis, Manfred, Pflanzen Alchemie, Ansata 1982
Jürgen Baden, Hans, Glauben und Energiekrise, Aurum 1984
Kardec, Allan, Das Buch der Medien, Bauer 1991
Kardes, Allan, Das Buch der Geister, Bauer 1994
Kiesenwetter, Carl, Geschichte des neueren Occultismus, Ansata1895
Kolpaktchy, Gregoire, Das Ägyptische Totenbuch, Scherz 1970
Kybalion, Hermetische Philosophie, Akasha 1990
Mead, G.R.S., Die Lehre vom feinstofflichen Körper in der westlichen Tradition, Ansata 1991
Meckelburg, Ernst, PSI Agenten, Langen Müller 1994
Monroe, Robert A., Der Zweite Körper, Goldmann 11/89
Mystische Stätten, Time Life 1988
Neimark, Philip, Die Kraft der Orischa, O. W. Barth 1996
Ostrander, Sheila / Schroeder, Lynn, PSI Training, Heyne 1987
Papus, Die Kabbala, Ansata 1962
Paracelsus, Mikrokosmos und Makrokosmos, Okkulte Schriften, fourier 1994
R. Tomaschek, Kosmische Kraftfelder und astrale Einflüsse, Ebertin 1958
Remmler, Helmut, Der Königssohn, der sich vor nichts fürchtet, Kreuz 1984
Rijckenborgh, J. van, Die alchimische Hochzeit von Christian Rosenkreuz, Goldmann 1983
Roberts, Jane, Gespräche mit Seth, Goldmann 5/87
Sanders, Lea, Die Farben Deiner Aura, Goldmann 4/93
Shepherd, Dorothy, Das Wunder der unsichtbaren Kraft, Lage & Roy 1995
Tajadod, Nahal, Die Träger des Lichtes, Walter 1995
Tegtmeier, Ralph, Aleister Crowley Die tausend Masken des Meisters, Knaur 1989
Terhert, Franjo, Das Geheimnis der Eingeweihten, Ariston 1996
Thiele, Johannes, Die mystische Liebe zur Erde, Kreuz 1989
Topper, Uwe, Erfundene Geschichte, Herbig 2000
Vaillant, Bernard, Westliche Einweihungsleheren, Hugendubel 1989
Von Bernus, Alexander, Alchymie und Heilkunst, Hans Carl 1969
Werner Wolterdorf, Hans, Aufbruch in neue PSI Dimensionen, SV 1980
Whiteheart, Peter, Tate Topa Der indianische Weg, Smaragd 1992
Wilde, Stuart, Wunder in 7 Schritten, Integral, 1987

3. Yoga und Therapie

Avalon, Arthur, Die Girlande der Buchstaben, O. W. Barth 1955
Avalon, Arthur, Die Schlangekraft (Kundalini Yoga), Barth 1975
Avalon, Arthur, Shakti und Shakta, O. W. Barth 1959
Bhajan, Yogi, The Teaching of Yogi Bhajan, Arcline Publications 1986
Boeckel, Johannes, Meditationspraxis, Zweitausendeins 3/94

Devananda, Vishnu, Meditation und Mantras, Hugendubel 1986
Eswaran, Eknath, Mantram - Hilfe durch die Kraft des Wortes, Bauer 1986
Gäng, Peter, Das Tantra der Verborgenen Vereinigung, Diederichs 1988
Iyengar, B.K.S, Licht auf Yoga, O. W. Barth 1978
Johari, Harisch, Atem, Geist und Bewusstsein, Sphinx 1992
Johari, Harish, Chakras, Sphinx 1992
Kaur Khalsa, Tarn Taran, Essen für Leib und Seele, Papyrus 1987
Kaur Khalsa, Tarn Taran, Yoga für werdende Eltern
Vorbereitung auf die Geburt, Papyrus 1985
Khetsün/Hopkins, Die Praxis des Tantra, Diederichs 1988
Klein, Agnes und Reinhold, Sokrates und Yoga, Verlag Sokrates 1981
Krassa, Peter/Habeck, Reinhard, Die Palmblatt Bibliothek, Herbig 1999
Kyber, Manfred, Der Königsgaukler, Drei Eichen 1972
Lexikon der östlichen Weisheitslehren, Barth 1986
Mookerjee, Ajit/Khanna, Madhu, Die Welt das Tantra, Scherz 1987
Pandit, M. P., Kundalini Yoga, Drei-Eichen 1966
Prabhupada, Swami Bhaktivedante, alle Werke (Krshna-People), 1983 ff
Rozmann, Deborah, Mit Kindern meditieren, Fischer 1988
Sannella, Lee, Kundalini Efahrung und die neuen Wissenschaften,
Synthesis 1989
Schandler, Nina u. Michael, Mit Yoga zur sanften Geburt, Fischer 5/86
Schweitzer, Albert, Die Weltaunschauung der indischen Denker, dtv 4/82
Singh, Satya, Das Kundalini Yoga Handbuch, Heyne 1990
Suzuki, D.T., Der westlich und der östliche Weg, Zen,
Ullstein Materialien 5/1988
Swami Maheshwarananda, Paramhansa, Yoga mit Kindern,
Hugendubel 1990
Swami, Jnanavatar, Die Heilige Wissenschaft, Otto Wilhelm Barth 1984,
Watts, Alan/Anagarika Govinda, Lama, Die Kunst der Kontemplation,
Aurum 1987
Weiss, Hartmut, Quellen des Yoga, O. W. Barth 1986
White, John, Kundalini Energie, Goldmann Esoterik 11/90
Yoga Sutra, papyrus 1987
Yogananda, Paramahansa, Der Wein des Mystikers, Self Realization
Fellowship 1996
Yogananda, Paramahansa, Religion als Wissenschaft, O.W. Barth 1986
Yogavasistha, Ansata 1990

4. Naturheilkunde

Achterberg, Jeanne, Die Frau als Heilerin, Goldmann 1994
Angewandte Kinesiologie 1988
Aschoff, Dieter, Ist die magnetische Ausrichtung oder Polarisation ein
Grundelement von Gesundheit und Leben?, Institut für
Augustin / V. Schmiedel, Praxis Leitfaden Naturkunde, Jungjohann 1993

Backhaus, Manfred, Naturheilmittel gegen Frauenleiden, Ehrenwirth 1991
Backhaus, Manfred, Naturheilmittel gegen Umweltgifte, Ehrenwirth 1991
Baginski, Bodo/Sharamon, Shalila, Reiki Universale Lebenskraft,
Benner, Klaus-Ulrich, Der Körper des Menschen, Weltbild Verlag 1996
Bernau, Lutz, Schmerzfrei durch Fingerdruck, Goldmann1975
Bischof, Marco, Biophotonen Das Licht in unseren Zellen,
Chemische Boten der Gefühle, Brigitte 27.7.88
Chen, Chao-Hsiu, CHI - Lebenskraft, Peter Erd 1995
Chopra, Deepak, Gesundsein aus eigener Kraft, BLV 1989
Cummings, Stephen/Ullman, Dana, Das Hausbuch der Homöopathie,
Heyne1991
Diamond, "Der Körper lügt nicht", 1985
Diamond, John, Der Körper Lügt Nicht, VAK 1983
Die große Enzyklopädie der Heilpflanzen, Neuer Kaiser 1994
Dörfler, Hans Peter, Hausbuch der Heilpflanzen, Signa, 1997
Dörfler, Hans-Peter, Heilpflanzen gestern und heute, Urania 1990
Gesundes Wochenende mit Kneipp, Kneipp-Heilmittel-Werk 1971
Goldmann 1982
Esoterik, Goldmann 1986
Görz, Heinz, Das Kneipp-Buch, Heyne Bücher 1973
Hannemann, Holger, Energie Medizin, Ariston 1943
Heilpflanzen und ihre Kräfte, Lingen 1985
Hensel, Wolfgang, Das Kosmos Kräuterbuch, Kosmos 1998
Hesse, Gerda, Ich lerne Pendeln für den täglichen Gebrauch, Corona 1987
Hoffmann, Bernt, Handbuch des autogenen Trainings, dtv 1990
Huxley, Anthony, Das phantastische Leben der Pflanzen, dtv 1981
Jürgens, Heinrich, Die Wünschelrute und ihr Gebrauch, Bauer 1987
Juriaanse, Das praktische Pendelbuch, Hugendubel 1990
Köhn, Jochen, Homöopathie hilft heilen, Alwin Fröhlich 1975
Kruse, Waltraut, Einführung in autogene Training mit Kindern, dtv 1980
Kullmann, Wilton, Wissen von Morgen, Ennsthaler 1994
Lassek, Heiko, Orgon Therapie, Scherz 1997
Leibold, Gerhard, Kieselsäure, v.g.l. 1984
Lieblich, Lena, Orgonstrahler, Lichtquell 1994
Luetgebrune, Barbara, Handbuch der Kalifornischen Blütentherapie,
meine Familie & ich 10/90
Natur und Wissen 3, Der Mensch, Bertelsmann International 1984
Nieper, Hans, Revolution, Mit 1983
Nussbaumer, Rita, Duft und Körper, Massage mit ätherischen Ölen,
Oberbach, Josef, Das atomare Feuerwerk des Lebens, DBF 1983
Oberbach, Josef, Feuer des Lebens, DBF 1980
Oswald / K. Adam, So schlafen sie Besser, Orac 1984
Picton, Margaret, Geheime Zauberkräuter, Bassermann, 2000
Pohler, Alfred, Heilpflanzen in den Alpen, Otto Müller 1985
Prophylaxeforschung 1984

Pulvermacher, Christine, Du und Deine Gesundheit, Ullstein 1988
Röcker, Anna Elisabeth, Atlas des ganzheitlichen Heilens, Ludwig 2001
Rohrbach, Christof, Radiästhesie, Haug 1996
Rossbach, Sarah, Feng Shui Die chinesische Kunst des gesunden Wohnens, Knaur 1989
Rossbach, Sarah, Feng Shui in Architektur und Landschaftsgestaltung, Knaur 1994
Salajan, Ioanna, Bach Blüten: Zubereitung und Anwendung, Aurum 1989
Sanfte Medizin bei Fliege, Bio-Ritter 2001
Schauenberg/F. Paris, Heilpflanzen, BLV 1975
Scheffer, Mechthild, Bach Blütentherapie, Kailish Buch 1982
Schrödter, Willy, Heilmagnetismus, Aurum 1987
Schwarz, Aljoscha, Schweppe, Ronald, Heilen mit Gewürzen, Knaur, 1996
Senger, Gerti u. a., Hormone, Ariston1989
Sie machen uns gesund, fit und schön: Vitamine,
Stanway, Andrew, Das Heilbuch der Natürlichen Heilmethoden,
Stephen T. Chang, Das Handbuch ganzheitlicher Selbstheilung,
Streuer, Marianne, Gesundheit für ein ganzes Leben, Peter Erd 1984
Thie, John, Gesund durch Berühren, Kinesiologie, Sphinx 1983
Tisserand, Robert, Das Aromatherapie Heilbuch, Windpferd 1990
Topping, Wayne W. Körperenergien in der Balance, Verlag für
Topping, Wayne W. Stress Release, VAK 1986
Tudge, Colin, Wir Herren der Schöpfung, Spektrum 1994
Uyldert, Mellie, Verborgene Kräfte der Metalle, Hugendubel, 1984
Valnet, "Die Aromatherapie", P. Kart 1976
Victor S. Sussman, Die vegetarische Alternative, Hörnemann 1980
Vitaminmangel ist für jeden zweiten ein Risiko, Bildwoche Nr. 20/1989
Wetzel, Claus-Michael, Pendel und Rute für Sie, Herold Verlag 1995
Wiesenauer, Markus, Boes, Annette, Homöopathie für die ganze Familie, Winpferd 1989
Zeller, Alfred P., Die natürliche Haus Apotheke, W.V.G. 1990
Zimpel, Spagyrisches Heilverfahren, Staufen Pharma 1978
Zittlau, Jörg, Heilende Gewürzküche, Ludwig, 1998
Zoubek, Alexander, Moderne Naturmedizin, Econ 1986
Zweitausendeins 1995

5. Vitaminforschung und wissenschaftliche Fachbücher

Bresch, Hausmann Klassische und molekulare GENETIK, Springer 1970
Bristol-Myers, Patentschriften Psychopharmaka
Brügemann, Hans, Diagnose- und Therapieverfahren im ultrafeinen Bioenergie-Bereich, Haug 1985
Crapo, Lawrence, Hormone - Die chemischen Boten des Körpers, Spektrum der Wissenschaft

Dennert u.a., Zur Therapie der Zerviko-Brachialgie
(Fortschritte der Medizin 10, S.595-598, 1976)
Deutscher Heilpraktiker e. V., Natur Heilpraxis 5/87, Pflaum
Erfahrungsheilkunde, Acta medica empirica, Haug 3/89
Erfahrungsheilkunde, Karl F. Haug 1989
Experientia, Birkhäuser 1988
Gaisbauer, Markus, Homöotherapie neurologischer Erkrankungen,
Johannes Sonntag 1984
Günther, Elisabeth, Grundriß der Genetik, Gustav Fischer 1971
Hartinger, Dr., u.a. Sanum-Post Nr. 38/1997 und 51/2000
Haselhof, Hoffmann, Kleines Lehrbuch der Statistik, de Gruyter 1970
Hendrichs, Hubert, Lebensprozesse und wissenschaftliches Denken,
Alber 1988
Hochsetter, Kurt, Einführung in die Homöopathie, Johannes Sonntag 1985
Karlson, Biochemie, Georg Thieme 1970
Karrer, Paul, Lehrbuch der Organischen Chemie, Thieme 1950
Kunze, Polyneuropathien, Diagnose und Therapie
(31/190-207 Materia Medica Nordmark (Juli/Aug. 79)
Láhoda, Störungen des Methionin-Stoffwechselns bei Polyneuropathien
(Münchner Med. Wochenzeitschrift. 51, 1661-1662, 1976) 1985
Láhoda/Werner, Therapeutische Möglichkeiten bei Polyneuropathien,
Nordmark 1985
Medikamenteinformationen folgender Vitamin-Präperate: Neuro-fibraflex, Neurobion forte, Supradyn B, Supradyne Sauter, Adena, Neurotrat forte, Rochevit, Dayamineral, BVK Roche, KAL Multi Four, Eunova, Efaderm, Mucos Präparate-Verzeichnis, Mucos Pharma1988, Heilmittel-Liste für Ärzte, Weleda AG Heilmittelbetriebe 1981
Mergenthaler, Mörike, Biologie des Menschen, Quelle & Meyer 1968
Mitteilungsblätter und Geräteinformationen der Fa. VEGA Grieshaber,
Schiltach
Monographie Vit. B12, Bundesanzeiger 39.3.89, S. 1614-15
Monographie Vit. B6 (Pyridoxin), Bundesanzeiger 84,4.5.88
Monographie Vitamin B1 (Thiamin), Bundesanzeiger 131, S.9081-9082,
21.7.87
Popescu u.a. Medikamentöse Beeinflussung der
Nervenleitgeschwindigkeit (Ärztl. Praxis 21, 836-838, März 76)

Pschyrembel, Klinisches Wörterbuch, de Gruyter, 255. Aufl. 1986
Rein/Schneider, Einführung in die Physiologie des Menschen,
Springer 1973
Ringdoc V Vitamins, (Central Res. Lab. Synkyo Co. Tokyo 140, Jap.
(Vol.15, Nr.9,27.2.78))
Risikofaktor Standort, IAG Kongress 1992 Tel. 069-65 43 84
Rohen, Funktionelle Anatomie des Nervensystems (Schattauer)
Rohen, Funktionelle Anatomie des Nervensystems, Schattauer 1985

Sanum Post Firmenschrift der SANUM Kehlbeck, 1991 Nr.17
Sanum-Post, Hoya, Jahrgänge 1985-2002,
Schlegel, Anreicherungskultur und Mutantenauslese, Gustav Fischer 1965
Tappeiner, Arzneimittellehre, F. C. W. Vogel 1910
Teirich-Leube, Grundriß der Bindegewebsmassage 1986
Bioresonanzgeräte, VEGA Test usw. 1885 - 1998
F. W. Schmidt, Enzym-Fibel, C. F. Boehringer & Soehne 1966
Wittlinger, Introduction to Dr. Vodders Manual Lymph Drainage 1982
Woelk, Polyneurophatien (Fortschritte der Medizin 37, 1709-1714, 1982)
Zöllner u.a., Klinische Bedeutung von Vitamin B1, B6, B12
in der Schmerztherapie
ZDF Studienprogramm als Buch, Biotechnologie, vgs 1986

6. Allgemeinverständliche Fach-Themen Medizin

Abteilung der Firma Sanum-Kehlbeck, Sanum-Tehrapie,
Sanum-Kehlbeck 1988
Asai, Kazuhiko, Organische Germanium. Eine Hoffnung für viele Kranke,
Semmelweis 1989
Bässler K.-H. u. a., Vitamin-Lexikon, Gustav Fischer 1992
David V. Tansley, Radionik, Synthesis 1985
Delarue F und S. "Impfungen - der unglaubliche Irrtum", Anhang von Epidemieverläufe und Impfungen. Eine grundlegende Studie über Impfungen und neurolog. Schäden, AIDS, Krebs, Herzschäden, plötzl. Kindstod, genetische Schäden, multiple Sklerose usw. Im zweiten Teil zeigen 13 graphische Darstellungen "Epidemieverläufe und Impfungen", wie sich die Krankheiten ohne und mit Impfungen entwickeln. Die Autorin bringt 60 hoch interessante Grafiken. Hirthammer 1995
Der Naturarzt 5/88
Die Arzneimittel, (Bibliographisches Inst. Mannheim)
Die Arzneimittel, Klambt-Druck 1986
Enderlein, Günter, AKMON Bausteine zur Vollgesundheit und
Akmosophie, IBICA 1955
Enderlein, Günter, AKMON Bausteine zur Vollgesundheit und
Akmosophie, IBICA 1957
Enderlein, Günter, AKMON Bausteine zur Vollgesundheit und
Akmosophie, AKMON 1959
Fisch, Akupunktur 1973
Fritsch, Manfred, Ein Leben unter Spannung,
Institut für baubiologisch Anwendungen 1989
Grätz, J.F., Sind Impfungen sinnvoll? Hirthammer 1995
Immunreport, Brigitte 6/88
Kleine Nährwerttabelle, Umschau, 1971
Knapp, Gesundheit - Erkenntnis des Lebens 1983

Láhoda/W. Werner, Therapeitische Möglichkeiten bei
Polyneuropathien, Einhorn-Presse 1983
Lekim, L. Samochowiec, GERMANIUM in biologischen Systemen,
Semmelweis 1985
LEWIS, ALAN, SELEN Fakten über ein Lebenswichtiges Mineral,
Semmelweis 1983
Linus Pauling, Das Vitaminprogramm (Goldmann/Bertelsmann)
Mandel, Peter, 40 neue Therapien mit der Farbpunktur, EV 1990
Mandel, Peter, Die Akupunkt-Impuls-Therapie, Edition Energetik 1988
Mandel, Peter, Energetische Terminalpunkt-Diagnose, Synthesis 1983
Mandel, Peter, Esogetik, Edition Energetik 1991
Mandel, Peter, Induktionstherapie mit den Frequenzmustern des Menschlichen Gehirns, EV 1991
Ottinger, Ottinger- Tabellen, Hermann Bauer 1983
Pelletier R. , Gesund leben- gesund sein, Kösel 1983
Popp, Fritz-A., Biologie des Lichts, Paul Parey 1984
Psychologie Heute 4/89
Rückert, Vitamine und Mineralstoffe (Ariston) 1985
Schall, Hermann, Nahrungsmitteltabelle, Johann Ambrosius 1942
Schall, Nahrungsmitteltabelle (BARTH-Verlag Leipzig 1942)
Schall, Nahrungsmitteltabelle (BARTH-Verlag Leipzig 1942)
Schmidt, Karlheinz, Vitamin E in der modernen Medizin, MKM 1993
Schrauzer, Selen Neuere Entwicklung aus der Biologie, Biochemie und Medizin, vfm 1983
SchuitemakerG. E. , Orthomolekulare Ernährungsstoffe, VOM 1986
Simone Delarue, "Impfschutz - Irrtum oder Lüge?" Impfschutz - Anhang von Dr. med. G. Buchwald: Impfungen - ein Irrtum oder Impfungen - ein Geschäft? Eine internationale Studio über die Frage, ob Impfungen schützen und warum geimpft wird. Impfungen bei Tieren. Hirthammer 1995
Coulter, Harris L. "Impfungen - der Großangriff auf Gehirn und Seele", Anhang Dr. med. G. Buchwald: Impfschäden in Deutschland –
Impfungen sind das große Geschäft. Hirthammer 1995
Schmerztherapie, Steinkopff 1988Simonton, Carl, Krebstherapie, 1985
von Lauffenburg, Jutta, Die Frauen-Vitamine, Margit Schönberger 1990
Wirths, Kleine Nährwert Tabelle, Umschau 1989
Zhen Jiu, Akupunktur und Moxibustion 1975
Ziegler, Harald, Vitamine, Germa Press 1986
Zöllner u. a., Klinische Bedeutung von Vitamin B1, B6, B12 in der

7. Drogenerfahrungen, Drogenkunde, Drogenforscher

Altmann, Horst, Giftpflanzen- Gifttiere, BLV 1979
Berthold Röth, Mescalito Sprung in die Unmöglichkeit, 1993
Die Kunst der Schamanen, GEO 9/99
Engel, Fritz-Martin, Gift-Pflanzen Pflanzen-Gifte, Silva 1984

Fischer Ph. , Neues Manual für die praktische Pharmazie, Springer 1947
Grof, Stanislav, Auf der Schwelle zum Leben, Heyne Bücher 1989
Grof, Stanislav, Topographie des Unbewußten, Klett-Cotta 1985
Häfner, Heinz, Welz, Rainer, Drogenabhängigkeit und Alkoholismus, Rheinland Verlag 1984
Hai & Rippchen, Hanf Handbuch, Der Grüne Zweig 173 1994
Halifax, Joan, Die andere Wirklichkeit der Schamanen, O. W. Barth 4/85
Halluzinogene Pilze bei uns, Grüner Zweig 65, 1982
Harner, Michael, Der Weg des Schamanen, rororo 1996
Heinrich, Clark, Die Magie der Pilze, Diederichs 1998
Hofmann, Albert, LSD- Mein Sorgenkind, Ernst Klett 1979
Hugh, Ludlow, Fritz, Der Haschisch Esser, Sphinx 1981
Huxley, Aldous, Die Pforten der Wahrnehmung, Piper 1970
Lange, Otto, Mineral und Pflanzengifte, Kosmos 1929
Leary, Timothy, Die Intelligenz Agenten, Sphinx 1982
Leary, Timothy, Spiel des Lebens, Sphinx 1984
Lewin, Louis, Phantastica, Drogen und ihre Wirkung, Linden 1980
Lilly, John, Das Zentrum des Zyklons, Fischer 1976
Lilly, John, Der Scientist, Drogenerfahrungen, Sphinx 1984
Loye, David, Gehirn, Geist und Vision, Sphinx 1986
Morck, Hartmut, Drogenkunde, Georg Thieme 1978
Naranjo, Claudio, Rausch und Erkenntnis, Drogen in der Therapie, Knaur 1986
Rätsch, Christina, Lexikon der Zauberpflanzen, VMA 1992
Rippchen, Ronald, MDMA, die neue Sympathiedroge, Grüner Zweig 103, 1984
Roney Dougel, Serena, Wissenschaft und Magie, Zweitausendeins 1993
Roth, Daunderer, Kornmann, Giftpflanzen Pflanzengifte, Nikol 1994
Seefelder, Matthias, Opium, Nikol 1990
Szasz, Das Ritual der Drogen, Europaverlag 1988, im Kyborg Institut erhältlich (Restauflage)
Wasson/Hofmann, Ruck, Der Weg nach Eleusis, Insel 1984
Wenzel, Petra, Arzneimittel, Trias 1993
Widmer, Samuel, Ins Herz der Dinge Lauschen, Nachtschatten 1996
Wilson, Robert Anton, Cosmic Trigger, Sphinx 1979
Wilson, Robert Anton, Der neue Prometheus, Scherz 1985
Wilson, Robert Anton, Illuminatus, Bände 1 - 3, rororo 1980
Wilson, Robert Anton, Ist Gott eine Droge oder haben wir sie nur falsch Verstanden? Sphinx 1984
Wilson, Robert Anton, Masken der Illuminaten, Sphinx 1983
Zörnig, Heinrich, Arzneidrogen, Werner Klinkhard 1909

8. Religion und Orden

Asher Silbermann, Neil, Die Messias Macher, Gustav Lübbe 1995
Baigent, Michael/Leigh, Richard, Verschlußsache Jesus,
Droemer Knaur 1991
Beltz, Walter, Gott und die Götter, Aufbau 1990
Deschner, Karlheinz, Das Christentum im Urteil seiner Gegner,
Max Hueber 1986
Deschner, Karlheinz, Das Kreuz mit der Kirche, Econ 1994
Drewermann, Eugen, Krieg ist eine Krankheit und keine Lösung
Drewermann, Eugen, Reden gegen den Krieg
Eliade, Mircea, Geschichte der religiösen Ideen, Herder 1991
Evans-Wentz, W.Y., Das Tibetanische Totenbuch, WV 1977
Finkelstein, Norman, Die Holocaust Industrie, Poper 2001
Grabner, Sigrid, Mahatma Gandhi, Herder 1994
Hutchison, Robert, Die heilige Mafia des Papstes, Dreomer Knaur 1997
König, B. Emil, Geschichte der Hexenprozesse, fourier 1990
Morgan Pryse, James, Reinkarnation im neuen Testament, Ansata 1984
Schick, Hans, Das Ältere Rosenkreuzertum, Nordland 1942
Schuster, Georg, Geheime Gesellschaften Verbindungen und Orden,
fourier 1995
Schweitzer, Albert, Aus meinem Denken und Leben
Thiering, Barbara, Jesus von Qumran, Gütersloher Verlagshaus 1993
von Paczensky, Gert, Verbrechen im Namen Christi, Orbis 1991
Yallop, David, Im Namen Gottes, Knaur 1988

9. Alke, D. Harald, Bücher:

An goldenen Fäden hängt die Welt
Botschaften aus dem Licht - von Horus, Jupither und Junow
Das Erfolgskonzept
Der Pyramidenmann - Geschichte einer spirituellen Entwicklung
Die Antwort auf alle Fragen: Sag JA zum Leben!
Die Energiepyramiden des Horus / auch französisch
Die Ethik des neuen Menschen
Die Plasmamassage
Einführung in die Esoterik 1: Numerologie, Kabbalah, Tarot, Symbolik.

Energie für Millionen - Die Entwicklung des Lebens und aktuelle
Prognosen
Energiepyramiden - englische / polnische / französisch
Energytraining Band 1, Buch mit CD Mantraproben
Energytraining Band 2, Buch mit CD Shankaranama
Esoterik 2: Kunst und Magie mit edlen Kristallen

Gesund schlafen und träumen - Buch mit CD in Geschenkbox
Handbuch Energiepyramiden - Erfahrungsberichte, nur fürs Ausland
Lebensfreude und Erfolg durch Autogenes Training und Psychokybernetik
in 2 CDs in Geschenkbox / polnische Version mit 1 Kassette
Pranayama: Atmung und Konzentration
Prends ta vie en main! (Energytraining französisch)
Sensitivity Games - Lehrreiche Spiele zur Steigerung der sensitiven
Wahrnehmung
ZEN - Sprüche

CD's: Lehrreiche und hilfreiche Suggestionen:

Astralreise Neue Kraft durch eine Reise zu den Sternen
Die Steigerung der inneren Kraft
Geführte Meditation Life, 90 Minuten
Lebensplanung mit Erfolg! Zielplantechnik
Life-Aufnahme einer Reincarnationserfahrung
Mantras des Kundalini Yoga 1: Hörproben, wie man sie richtig singt
Mantras 2: Für meditative Stunden
Mantras 3: Für mehr Dynamik und neuen Lebensmut
Mantras 4: Für die Besinnung auf Gott
Optimales Gedächtnis und spielend leicht lernen!
Reise zum Ursprung des Universums!
Shankaranama uvaca! Der Weg der absoluten Erkenntnis
Tempel des Lichts - Die Zwiesprache mit dem inneren Ratgeber
Thule, Stadt der goldenen Tore

Inhaltsverzeichnis

Teil 3 Ernährung, Naturheilprodukte und Umwelt

Der Baum des Lebens

Meditationsvorlagen
der wichtigsten Chakras

1. Chakra Muladhara

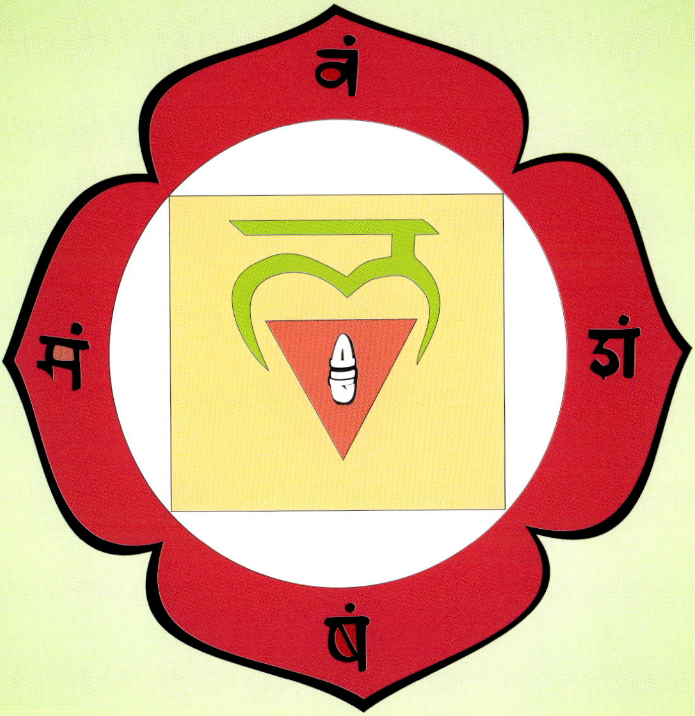

1. Chakra

Muladhara

2. Chakra

Svadisthana

3. Chakra Manipura

Brahm Atma Singh

4. Chakra Anahata

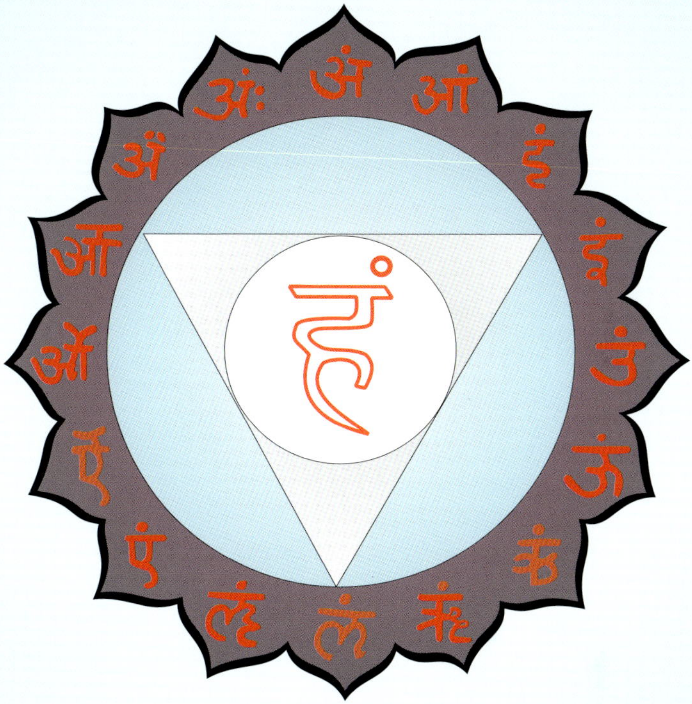

5. Chakra Vishudda

हं
क्षं
6. Chakra
Ajna

7. Chakra Sahasrara

8. Chakra — Gurdjahara